JIA

第20回 JIA関東甲信越支部
大学院修士設計展

EXHIBITION OF STUDENT WORKS FOR MASTER'S DEGREE 2022

はじめに

第20回大学院修士設計展が開催の運びとなりました。審査会としては10回目の開催となります。また今年も、本展覧会の参加作品や審査過程と講評、大学研究室紹介を網羅した「2022大学院修士設計展　作品集」を刊行することができました。本作品集の出版を無償で引き受けご尽力いただきました、総合資格 岸和子代表取締役および同社出版局の皆様に深く感謝致します。

今年は昨年同様、新型コロナウィルス感染症の影響で、例年開催していた作品展は中止せざるを得ないと判断し、展示はWEB公開にて行われました。また審査会についても例年の公開審査は断念し、書類による1次審査、その選抜者のみが直接参加した本審査を執り行い、その様子はライブ配信を行いました。コロナ禍の中、なんとか審査・配信を行えたことは関係者の皆様のご尽力によるものと深く感謝致します。

審査員にお迎えしました鈴木了二氏にも、審査資料の入念な読み込みの上で極めて明晰かつ示唆に富む審査講評を行っていただき、厚く御礼申し上げます。また出展された院生諸君は勿論のこと、大学院専攻の教員はじめ関係各位にも御礼を申し上げます。

20回目を迎えたこの修士設計展も参加作品数53となり、設計展として定着してきたと実感しています。これから一人でも多くの大学院建築系専攻の院生諸君が、この修士設計展を自身の成長の機会とし、また新しい提案の発想の源として、大学院修了後のご活躍につなげていただくことを期待しております。

まだ感染症の蔓延についてはまだ気を許すことはできませんが、次年度こそは実空間での展覧会・審査会の開催を祈りつつ、関係各位のより一層のご協力をお願い申し上げます。

大学院修士設計展実行委員会 委員長
日野 雅司

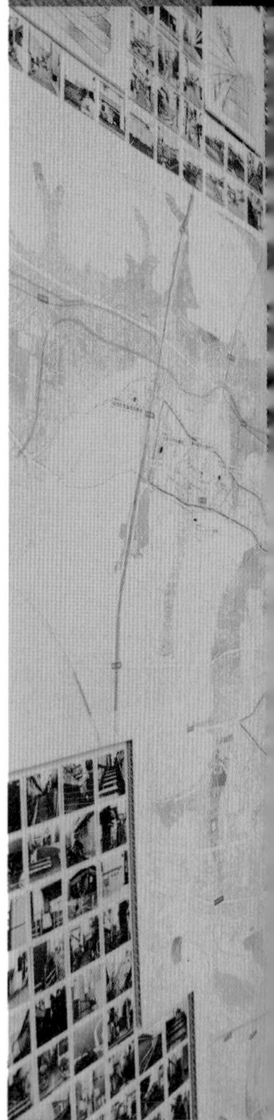

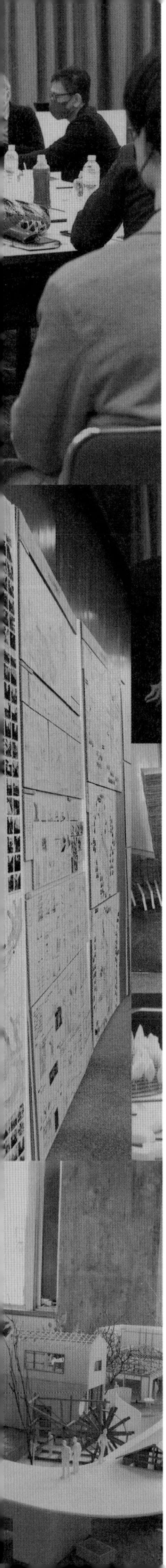

JIA 関東甲信説支部大学院修士設計展への
協賛および作品集発行にあたって

ハイレベルなスキルと高い倫理観を持つ技術者の育成を通じ、建設業界そして社会に貢献する—、それを企業理念として、私たち総合資格学院は創業以来、建築関係を中心とした資格スクールを運営してきました。そして、この事業を通じ、安心・安全な社会づくりに寄与していくことが当社の使命であると考え、有資格者をはじめとした建築に関わる人々の育成に日々努めております。

その一環として、建築に関係する仕事を目指している学生の方々が、夢をあきらめることなく、建築の世界に進むことができるよう、さまざまな支援を全国で行っております。卒業設計展への協賛やその作品集の発行、就職セミナーなどは代表的な例です。

JIA関東甲信越支部大学院修士設計展は、2012年の第10回大会まで各大学院の代表を募り、WEB上にて展覧会を行っておりました。卒業設計に比べ、作品を公にさらす場が少ない修士設計において本設計展の意義を強く感じ、当学院は2013年から協賛させていただいております。協賛して10年目となる2022年の第20回は、審査員に鈴木了二氏をお招きし、審査会を開きました。そして、その記録や出展作品をまとめた本作品集を発行することで、設計展の更なる発展を図っております。

また本作品集では、2022年度に本設計展に応募された大学から14の研究室を取材し、各研究室のプロジェクトや取り組みを掲載しております。近年の建築・建設業界は人材不足が大きな問題となっており、国を挙げて問題解決に取り組んでおります。また一方では、コロナ禍が明け、アフターコロナの社会を模索する中、生活様式や社会の在り方に大きな変革が求められています。本作品集をご覧になった若い方々が、時代の変化を捉えて新しい建築の在り方を構築し、将来、国内だけに留まらず世界に羽ばたき、各国の家づくり、都市づくりに貢献されることを期待しています。

株式会社 総合資格　代表取締役
岸 和子

CONTENTS

1 審査会前の模型搬入
2 審査員の鈴木了二氏
3 会場には2次審査に進んだ10人の模型が並んだ
4 審査は審査員の鈴木了二氏と実行委員の教員で行った
5 プレゼンをする神奈川大学大学院の三浦悠介さん

1

2

3

4

5

6

7

8

6 武蔵野大学大学院・水谷俊博研究室
7 東京理科大学大学院・垣野義典研究室
8 東京藝術大学大学院・樫村芙実研究室
9 昭和女子大学大学院・杉浦久子研究室
10 東京理科大学大学院・岩岡竜夫研究室

238 Chapter 3 研究室紹介

第20回 JIA関東甲信越支部 大学院修士設計展

［主催］

JIA関東甲信越支部大学院修士設計展実行委員会

委員長： 日野雅司（東京電機大学 准教授／SALHAUS 共同主宰）

委　員： 岡野道子（芝浦工業大学 特任准教授／岡野道子建築設計事務所 主宰）

遠藤政樹（千葉工業大学 教授／EDH遠藤設計室 主宰）

下吹越武人（法政大学 教授／A.A.E. 主宰）

杉山英知（スタジオエイチ 主宰）

古澤大輔（日本大学 准教授／リライト_D アドバイザー）

宮晶子（日本女子大学 教授／miya akiko architecture atelier）

伊藤博之（工学院大学 教授／伊藤博之建築設計事務所）

［協賛］

株式会社 総合資格　総合資格学院

［参加大学院］

神奈川大学大学院
関東学院大学大学院
工学院大学大学院
芝浦工業大学大学院
昭和女子大学大学院
女子美術大学大学院
多摩美術大学大学院
千葉大学大学院
千葉工業大学大学院
筑波大学大学院
東海大学大学院
東京藝術大学大学院
東京工業大学大学院
東京電機大学大学院
東京都市大学大学院
東京都立大学大学院
東京理科大学大学院
東洋大学大学院
日本大学大学院
日本工業大学大学院
日本女子大学大学院
法政大学大学院
前橋工科大学大学院
武蔵野大学大学院
武蔵野美術大学大学院
明治大学大学院
早稲田大学大学院

［応募作品］

53作品

［日程］

2022年3月12日（土）
1次審査　※非公開

2022年3月21日（月）
2次審査　※オンライン配信
表彰・総評

［審査員］

鈴木了二

建築家／鈴木了二建築計画事務所／
早稲田大学名誉教授

［会場］

建築家会館ホール

［受賞作品］

最優秀賞

盲と東京
―視覚障碍者とともに都市を拓く―
（法政大学大学院・服部厚介）

優秀賞

東京の自然
Breath of the Urban Water
（東京藝術大学大学院・山田寛太）

空間構成による経験と想起
ぼーっとできる建築
（日本女子大学大学院・森菜央）

奨励賞

個性の保存
歌舞伎町一丁目における都市の更新方法の提案
（神奈川大学大学院・三浦亜也奈）

日常の外縁のゆらぎを誘発する建築
―物の様相を空間に帯びさせる設計手法―
（東京理科大学大学院・山口海）

狭間の繕い
観天望気の湯屋
（早稲田大学大学院・嵐陽向）

ARCHIVE

01 **WEB版**

JIA関東甲信越支部大学院修士設計展は、「新しい提案と発想の場」として、より多くの建築学生に活用されるべく、WEBでの作品展示を行っています。WEB版では今年度の全出展作品を閲覧できるのはもちろん、過去の出展作品なども閲覧できます。
WEB版URL→https://www.jia-kanto.org/shushiten/

02 **JIA EXHIBITION OF STUDENT WORKS FOR MASTER'S DEGREE 2014**
第12回JIA関東甲信越支部大学院修士設計展

審査員：伊東豊雄
37作品掲載／17研究室紹介

03 **JIA EXHIBITION OF STUDENT WORKS FOR MASTER'S DEGREE 2015**
第13回JIA関東甲信越支部大学院修士設計展

審査員：坂本一成
41作品掲載／17研究室紹介

04 **JIA EXHIBITION OF STUDENT WORKS FOR MASTER'S DEGREE 2016**
第14回JIA関東甲信越支部大学院修士設計展

審査員：富永譲
46作品掲載／29研究室紹介

05 **JIA EXHIBITION OF STUDENT WORKS FOR MASTER'S DEGREE 2017**
第15回JIA関東甲信越支部大学院修士設計展

審査員：長谷川逸子
45作品掲載／24研究室紹介

06 **JIA EXHIBITION OF STUDENT WORKS FOR MASTER'S DEGREE 2018**
第16回JIA関東甲信越支部大学院修士設計展

審査員：難波和彦
41作品掲載／15研究室紹介

07 **JIA EXHIBITION OF STUDENT WORKS FOR MASTER'S DEGREE 2019**
第17回JIA関東甲信越支部大学院修士設計展

審査員：山本理顕
47作品掲載／18研究室紹介

08 **JIA EXHIBITION OF STUDENT WORKS FOR MASTER'S DEGREE 2020**
第18回JIA関東甲信越支部大学院修士設計展

審査員：野沢正光
43作品掲載／15研究室紹介

09 **JIA EXHIBITION OF STUDENT WORKS FOR MASTER'S DEGREE 2021**
第19回JIA関東甲信越支部大学院修士設計展

審査員：大野秀敏
44作品掲載／12研究室紹介

01

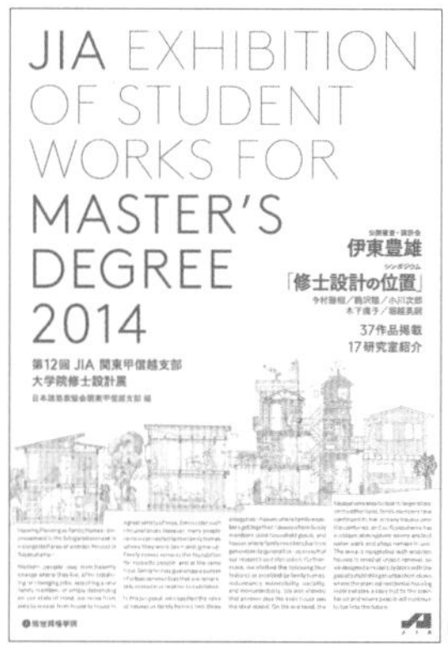

02

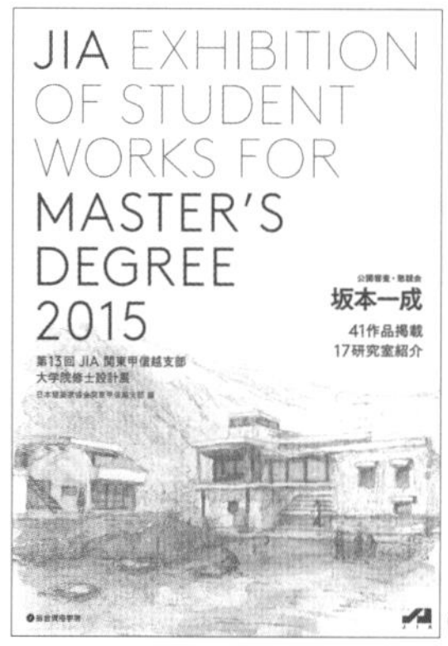

03

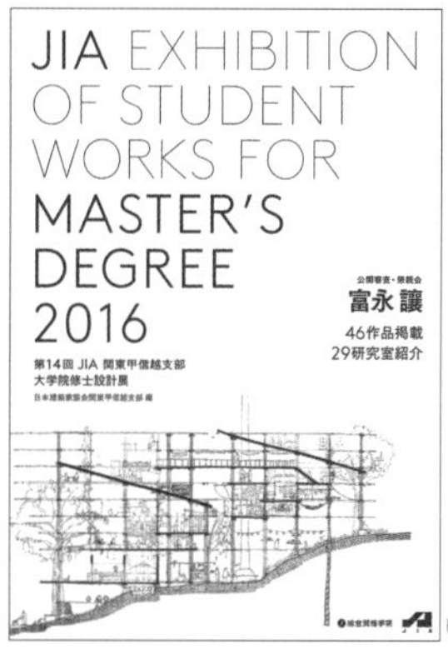

04

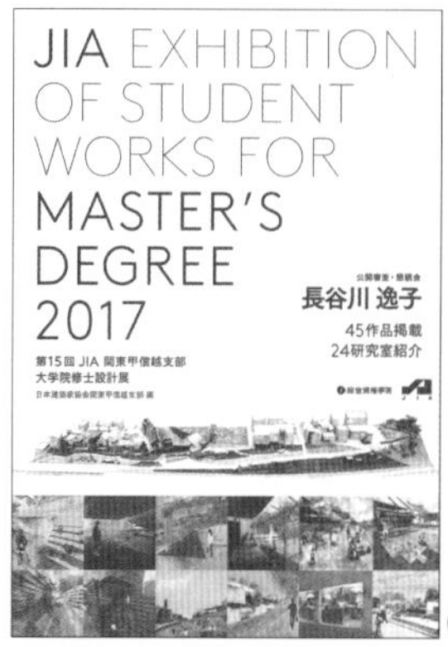

05

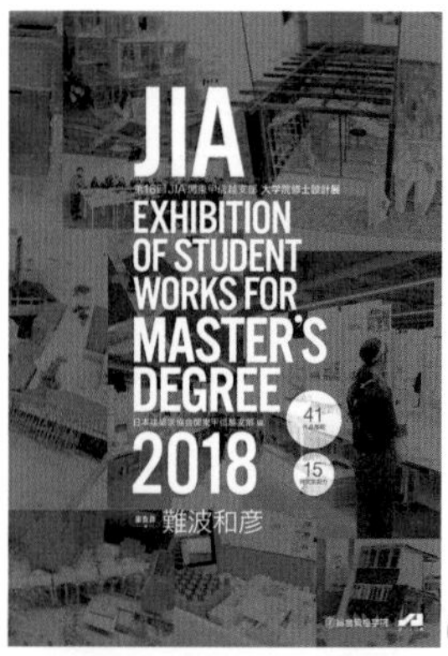

06

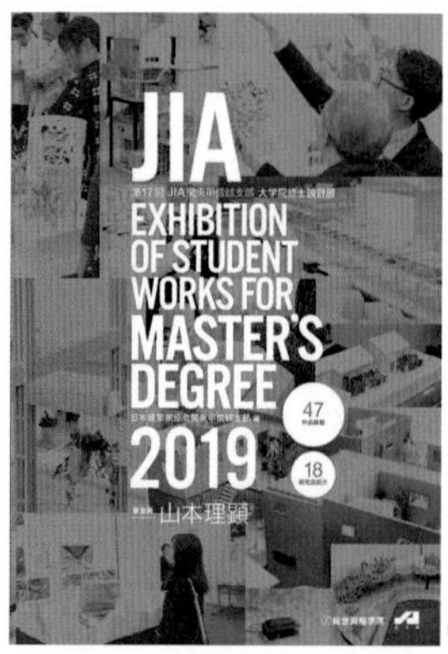

07

08

09

Chapter 1 審査会

2022年3月12日に1次審査、3月21日に2次審査が行われた。
審査員・鈴木了二氏と実行委員による審査の様子、出展者との議論、
総評を紹介する。

— Judges Document —
JIA
EXHIBITION
OF STUDENT
WORKS FOR
MASTER'S
DEGREE
2022

1次審査

1次審査は3月12日(土)、JIA館にて非公開で行われた。2022年の審査員は、建築にとどまらず映像や美術の分野にも造詣の深い鈴木了二氏。その作品は、建築、映画、インスタレーション、書籍、写真とジャンルを横断し、「物質試行」としてナンバリングされている。1人の審査員に審査方法から選出まで委ねる点が特徴のこの設計展において、鈴木氏を中心に実行委員を含めた協議を行い、2次審査に進む作品が絞り込まれていく。

審査員 **鈴木 了二** Ryoji Suzuki

建築家／早稲田大学栄誉フェロー・名誉教授

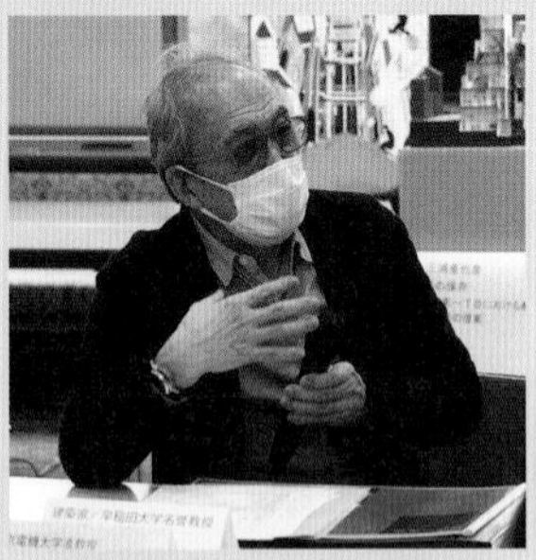

73年より自身の作品を「物質試行」としてナンバリングし、建築をはじめ、絵画、写真、映画、インスタレーション、書籍などの多領域に渡って発表し、「物質試行」は現在59を数える。
主な建築作品に麻布EDGE(物質試行20、1987)、佐木島プロジェクト(物質試行37、1966)、金刀比羅宮プロジェクト(物質試行47、2004)など。佐木島プロジェクトで日本建築学会賞作品賞(1997)を、金刀比羅宮プロジェクトで村野藤吾賞(2005)と日本芸術院賞(2008)を受賞。
主な著作に、『非建築的考察』(物質試行28、1988)、『建築零年』(2001)、『物質試行49鈴木了二作品集1973-2007』(2007年)、『建築映画　マテリアル・サスペンス』(2013)、『寝そべる建築』(2014)、『ユートピアへのシークエンス』(2017) などがある

コロナ禍で3回目の開催となった2022年。1次審査は一昨年、昨年と同様に書類による非公開審査として、審査員と実行委員が会場に集い議論した。事前に資料を読み込んできた鈴木氏と実行委員は、それぞれ気になった提案へ投票し、得票数の多いものを候補とした。そのほか、鈴木氏が特に推薦する提案も加わり、計10作品が2次審査へ進むこととなった。

2次審査進出作品

- **三浦 亜也奈**（神奈川大学大学院）
  「個性の保存　歌舞伎町一丁目における都市の更新方法の提案」
- **三浦 悠介**（神奈川大学大学院）
  「アナザーパスを有する建築　神奈川県足柄下郡真鶴町を対象として」
- **武田 千緩**（千葉工業大学大学院）
  「発酵的建築 ― 微生物と人間が堆肥する世界のための建築 ―」
- **山田 寛太**（東京藝術大学大学院）
  「東京の自然」
- **山口 裕太郎**（東京工業大学大学院）
  「熊本県小国町における地域材の持続的活用のための林工育一貫型オープンストックヤード」
- **岸 晃輔**（東京都市大学大学院）
  「無名建築の再価値化　生残・解放可能性」
- **山口 海**（東京理科大学大学院）
  「日常の外縁のゆらぎを誘発する建築
  ― 物の様相を空間に帯びさせる設計手法 ―」
- **森 菜央**（日本女子大学大学院）
  「空間構成による経験と想起　ぼーっとできる建築」
- **服部 厚介**（法政大学大学院）
  「盲と東京 ― 視覚障害者とともに都市を拓く ―」
- **嵐 陽向**（早稲田大学大学院）
  「狭間の繕い ― 観天望気の湯屋 ―」

2次審査

2次審査は3月21日(月・祝)に、建築家会館大ホールで行われた。会場に2次審査進出作品の模型が運び込まれ、出展者によるプレゼンテーションと質疑応答を実施。時には審査員の鈴木了二氏と実行委員らで模型を囲みながら議論を交わし、受賞者を決めていく。

■ 奨励賞
個性の保存
歌舞伎町一丁目における都市の更新方法の提案
神奈川大学大学院　三浦 亜也奈
▶▶▶P.036

鈴木 実は僕も三浦さんのように、都市の無秩序な景観に興味を持ってきました。最初は80年代頃だったかな、そうした景観を見つけては写真を撮ったり、模型にしてみたり。でも当時は面白がっていたのはわれわれくらいで、あなたのように研究として取り上げるような人はいませんでしたよ。ところが今になって、修士設計展というアカデミックな場に登場したことに驚いた。しかも三浦さんはシニカルではなくて、まっすぐな姿勢でこのテーマに立ち向かい、分析し、建築として落とし込んだ。その取り組みの姿勢自体を評価したいと思います。この21世紀なってついに同志が現れたのかと(笑)。三浦さんは絵がとても上手ですね。気取りのないこのゲリラ的タッチが面白いです。それから、「調停を免れた要素」として挙げている「一服バルコニー」など、ネーミングセンスも冴えている。バルコニーと呼ぶには狭すぎる隙間を単なる冗談として笑うだけではなく、そこに新しい名前を与えることによって、はじめて、その要素が目の前の都市にとって最適なものとして発見され採集される、そういう作業だったのではないかな。

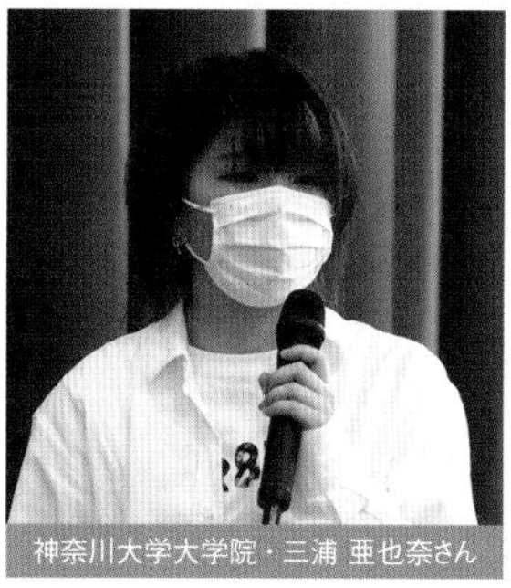
神奈川大学大学院・三浦 亜也奈さん

三浦 これらの調査は、面白おかしくやっていました。ただ、建築としてまとめると、どうしてもただ綺麗なものになってしまうと思ったので、学内発表が終わった後、自分の世界観を表現したパースを新たに用意して、今回の設計展に臨みました。何を表現したかったかと言うと、ごちゃ

ごちゃした看板やでこぼこした壁面に囲まれた、暗い雰囲気のじめじめとした空間です。

鈴木 その通りで、常識的に進めてしまうと近代建築の在り方を根本から揺さぶる論調に持っていくのが、建築化するためのセオリーになってしまいそうだけど、でも、それでは三浦さんらしさがなくなって、この調査で見出された歌舞伎町の個性とは正反対の稀薄なものができあがってしまいそうですね。このタッチのパースをもっといろいろな局面についてそれぞれ描き加えてからもう一度考え直したほうがいいかもしれないね。普通の設計と逆の進め方だけど。

三浦 建築の表層以外、土台の部分でも、危なっかしい雰囲気の狭い路地やかなり攻めた天高の室などがあり、それを建築に取り入れることで、歌舞伎町の雑多な雰囲気を醸し出す人たちの脳を刺激することを意識しました。自分はハードを用意する側だと考えたので、人の行為を誘発するものを与えて、あとは歌舞伎町の人々の手によって、面白い空間がつくられていくことを想定しています。

下吹越 歌舞伎町の個性を保存するのであれば、リノベーションという手法があったかと思うのですが、全て新築とした理由は何ですか？

三浦 新宿区の方針として、この街区一体で建替えの計画がすでに進行していたので、それに倣って建替えました。

下吹越 新築し、壁にシミなどをたくさんつくりながら、もう一度歌舞伎町化していくというイメージでしょうか。

三浦 そうですね。模型で、壁面をざらざらとした表現にしているのですが、それは経年劣化の壁の汚れなどが付きやすいようにと考えたからです。

神奈川大学大学院・三浦亜也奈さん
「個性の保存　歌舞伎町一丁目における都市の更新方法の提案」の模型

■ 奨励賞

日常の外縁のゆらぎを誘発する建築

— 物の様相を空間に帯びさせる設計手法 —

東京理科大学大学院　山口 海　▶▶▶ P.042

古澤 試設計であるハナレは、フレーミングによって視覚対象を強調していくプロジェクトでしたが、日常的に住むうえでは、そうした強烈な視対象の強調がなじまないので、次の段階の本設計ではサンプリングやビジュアライジングという手法を用いて再構成しているわけですよね。興味深い取り組みだと思いますが、ビジュアライジングについて、もう少し説明が欲しいと思いました。RC住宅と木造住宅の何かを可視化するということですが、その何かって何でしょうか？

山口 RC住宅は、構造体が外から見ても分かるような架構になっていて、その架構を構造としてそのまま持ってきています。木造住宅も同じです。

東京理科大学大学院・山口 海さん

古澤 サンプリングの構造版ということでしょうか？

山口 構造というよりは、秩序感です。

古澤 言わんとしていることは何となく分かるのですが、構造も秩序ですよね。もう少し幅を広げて、ズレをつくるようなイメージなのかな。

鈴木 設計するとき、最初に決めた自分なりのシステムに対して、出来上がったものを途中の段階でその都度チェックしていますか？ それとも、手が勝手にどんどん動いていくのでしょうか。

山口 手が先にバーッと動いて、あとからチェックします。

鈴木 なるほど。でも、現実に建っているハナレの方がはるかに説得力があり、今のままではどうしても本設計の存在感が負け続けるように感じます。

下吹越 ハナレを実際につくったという経験が、彼の中でとても大きかったのだろうと思います。本設計では、どんな場所でも、彼の言う日常である隣の家や木などを読み解いていくことが、住宅の基本的なスタートラインになるという考えを示しているという理解でよろしいでしょうか。

東京理科大学大学院・山口海さん
「日常の外縁のゆらぎを誘発する建築　―物の様相を空間に帯びさせる設計手法―」の模型

山口 はい。昨年から1年ほど、友人が現地に来るたびに周辺をいろいろと見てもらって、面白いと話に挙がったもの、友人であるハナレのお施主さんに話を聞く中で得たもの、そこから選定をして、さらにそれらをどう読み解いていくかが難しかったです。

下吹越 空間や生活の場所を非構造的に扱う、つまりとめどなくパッチワーク状にいろいろなものを引き寄せて、それによって日常にある家を組み立てていくという手法は、とても共感できます。とにかく手を良く動かしていて、素晴らしいなと思いました。

遠藤 本設計も実際にクライアントがいらっしゃるのですか？

山口 いえ、いません。でも、ハナレのお施主さんの敷地なので、将来的な可能性としてはあるというか、僕は提案したいと考えています。

遠藤 実際につくったハナレだけではなく、仮想の住宅も修士設計に取り上げた理由は何ですか？

山口 実際にハナレを施工して感じたのが、建築は空間だけでできているわけではない、ということです。ハナレの設計は絶対的な空間を切り取るような行為でしたが、もう少し日常と生活にテーマを近づけたときに、ハナレと同じように周囲の要素を取り入れるにはどのようにしたらいいのか試したいと思い、本設計に着手したという流れです。

遠藤 実施設計、施工までやるとなると、クライアントや大工さんとのやり取りをはじめ、現実問題としていろいろなノイズが発生してしまいますよね。そういう要素の方が、実は日常的と言えるのではないかと思いました。だから先ほど鈴木先生がおっしゃったような、本設計の方がやや迫力に欠けるという評価につながったのかもしれません。

日野 とても面白いと思う一方で、例えばソテツを手がかりにして設計したのに、竣工後1～2年でソテツがなくなってしまうような事態を想像して、とても不安になっています。それが日常と言われればそうかもしれませんが、そういう不安への解答や、対象の選び方にはどのような根拠があるのか、補足していただけますか？

山口 この場所に来てくれた人たちが関心を抱いた点を尊重した選び方をしています。その敷地周辺の空気感を持っているから対象に選ばれるので、ソテツが刈られても空間が残っていれば、空気感は失われないと考えています。

■ 奨励賞

狭間の繕い

―観天望気の湯屋―

早稲田大学大学院　嵐 陽向

▶▶▶P.046

遠藤 温泉のプログラムを選んだ理由は何ですか？

早稲田大学大学院・嵐陽向さん

嵐 日常的に人が必ず使うものにしたかったからです。この地域に住む人たちが、五感を通して自然に触れて欲しいという思いが込められています。お風呂は電子機器を持ってくることができないし、物思いにふけるには適しています。露天風呂であれば扉を開けたときに全身で風を感じることができ、感覚が通常よりも鋭敏になる空間だと考えました。

遠藤 よく分かりました。もう1点、環境や気候的にかなり厳しい地形を敷地に選んでいますが、君の説明は「観天望気」という言葉の選び方をはじめ、ちょっとのんびりしたような印象です。これらを踏まえて、全体的にどのようなイメージを持っているのか教えてください。

嵐 敷地は瀬戸内海沿岸なので、津波が来るとしても日本海側や太平洋側と比べると、それほど高くはありません。また、「観天望気」には、自然災害も恵みの雨も、両方を受け入れる意味を持たせています。厳しい自然を受けて建物が壊れてしまっても、その事態を受け入れていくことが、人が自然と関わる第一歩なのではと考えています。

下吹越 岩石海岸のドローイングがとても印象的でした。このドローイングを描いて読み取ったことが、どのように設計につながっているのかを、もう少し聞かせてもらえますか？

嵐 リサーチを経て形を起こしていく際、オリジナリティをどこに存在させるか迷いました。そのときに岩石海岸と出会って、これをそのまま設計へ転写するのではなく、自分の中へ一度落とし込むためにドローイングをしました。僕が岩石海岸をどのように捉えたのかは、なかなか説明が難しくて、このドローイングを見てくださいとしか言いようがないです。岩石海岸は、ドローイングしたときに線が集中するところや、崩れそうなところが時間によって全く異なります。そういった気付きが、設計の部材におりてきて、全体の雰囲気をつくっています。

下吹越 あのドローイングは、地球全体の大きなエネルギーをどのように線として置き換えていくかという、力の等高線図のようなものだと捉えていますが、建築の提案の中で、その力の密度がどこにどう転写されていくのか、ちょっとまだ分からないのです。最もドローイングが生きてくるのは、岩の目を読みながら掘削していくようなところだと思うのですが、プレゼンではあまり掘り下げた説明がなかったですよね。

嵐 プレゼンでは省略した部分もあったのですが、海岸線の形によって波がどこに強く当たるのかが分かっているので、例えばそこに堤防を建てるとします。すると、かえって他の海岸が波に侵食されてしまいます。提案では、そうした波の持つ力や土地の力を受け入れながら関わっていくことのできる造形として、建築をつくっています。

早稲田大学大学院・嵐陽向さん
「狭間の繕い　―観天望気の湯屋―」の模型

日野 とはいえ、僕も掘削には違和感があります。断面図を見ると、上部を残しながらかなり深く横穴を掘っていますよね。自然の地形をなめるような掘り方で、ギリギリ人が入れるくらいの場所をつくったという提案であれば、もっと理解しやすかったように思います。現状は、人に重きを置いて、人のための場所を創造したような印象です。このあたりの嵐さんの感覚はどんなものなのでしょうか？

嵐 この海岸は、他で堤防をつくったために海蝕現象が起こり、がけ地のようになってしまっています。僕は小さい頃ここで遊んでいましたが、今は入れない状態です。設計のための掘削と安全性確保のための掘削を同時に行ったため、大規模な掘削になりました。

日野 安全の確保というのは、崩れてしまうのを止めるというのではなく、人がそこに行っても大丈夫な状態にするという意味ですか？

嵐 そうですね。

日野 安全のための掘削と、この横穴の深さは、ちょっとつながらないようにも思えるのですが……。

嵐 支保工を建てて、安全と人のための場所の設計を両立できるような施工の方法を取りたいと思っています。

日野 提案自体は良いと思ったのですが、説明の仕方が、嵐さんの伝えたいことと合致していない部分があるのかなと感じました。

■ 優秀賞

東京の自然

Breath of the Urban Water

東京藝術大学大学院　山田 寛太

▶▶▶P.030

遠藤 水の都と呼ばれた東京は今でも水が豊富だけど、人々には知られていない。そこで、君の建築で水の都である東京の姿を示そうとしている、という理解でいいですか？

東京藝術大学大学院・山田寛太さん

山田 はい、そういう側面もあります。自然の循環系からまったく切り離されているように見える都市部でも、実は都市化したがゆえに循環系の一部になった場所があり、そこには東京ならではの景色があるということを示しています。

東京藝術大学大学院・山田寛太さん
「東京の自然」の模型

遠藤 この場所を訪れる一般の方に、どんなことを感じて欲しいか、またはどんなことをして欲しいですか？

山田 今回の設計提案により、通常の地下空間とは異なる空間ができていると考えると、ユーザー目線ではそれで十分かと思います。

遠藤 かなり大がかりな君の案を採用することで、何かが大きく変わることを期待しているわけではないのですか？例えば、ここに差し込む光が良いなとか、緑があって良いなとか、そういった程度の話でも構わないのですか？

山田 そうですね。一般のユーザーに対しては、それで構わないと思っています。

伊藤 東京の水系を自然の本質的なものと捉えて、それを地下化し、体験できる場所をつくるという着眼点はとても良いと思います。しかし、地下にはすでに地下鉄が通っていて、その地上部には幹線道路がある。開削をしても地上部はすでに道路やその他の用途に使われているでしょうから、その場合は地上とのつながりをどのように考えているのか、より具体的な提案があれば聞かせてください。

山田 敷地の東側と西側で帯水層のレベルが異なることを利用して、東側は帯水層が地下２階部分にあるため地下１階までを掘削しています。西側の帯水層は地下３階部分にあり比較的湧水を抑えられるので木造擁壁としています。また、既存の植栽帯や道路は移設して、開口部を設けています。すり鉢状の空間構成によって、地上と地下の動線を計画しました。

伊藤 地上の植栽帯や路肩の一部を使って地下に向かって斜面をつくり、採光を確保しているということですね。

宮 通常は水が入ってこないようにするための人工物を考えるところを、地下水を上手く流すための計画とした発想が面白いなと思いました。帯水層があるレベルまで入ってしまうと、かえって危ないということはないですか？

山田 乗り換え動線や公衆便所など必要なものを集めた地下１階に雨水浸透桝を設けて、湧水が浸透できる余地をつくっています。

日野 ゲリラ豪雨の際はどうなりますか？

山田 雨水は側溝で受けますので、すり鉢状の空間に直接流れ込むことはないという想定です。ゲリラ豪雨で受ける雨水が増えても、湧水は基本的に一定です。

日野 将来的には、この計画をもっと広範囲に広げていきたいですよね。しかし水が浸透できるところが都内にどんどん増えていくと、結果として湧水が多量に流れ込むということはないでしょうか？

山田 湧水の量が増えるということはあるかもしれません。ただ、公衆便所などでの湧水利用や、駅周辺の商業施設でも利用の事例があるので、増水に対してはそういった対策でまかなえるかと思います。

日野 土木構築物は、安全性を確保するためにつくられている面が多分にありますよね。この点をしっかり踏まえたうえで説明していかないと、なかなか現実味を感じづらいです。安全性の確保に関する話が少しでもあると、説明を受ける側の印象がだいぶ変わってくるのではないでしょうか。

鈴木 説明の仕方からは控えめな印象を受けますが、実際に提案している構造物そのものはスペクタクルでド派手（笑）。これだけ魅力的に、ダイナミックにつくれるのであれば、そっちの能力も遠慮せずに発揮すればもっといろいろできるような気がしますが。

■ 優秀賞

空間構成による経験と想起

ぼーっとできる建築

日本女子大学大学院　森 菜央

▶▶▶P.034

下吹越「ぼーっとできる空間」を建築の構成として、非常に丁寧に分析、もしくは組み立てながら設計していて、その点はとても共感できました。そのうえで質問ですが、プレゼンの冒頭でシンプルな空間の縁側を例に挙げていました。しかしできあがった建築は、非常に複雑な空間になっています。ぼーっとできる建築のために、なぜこのような構成が必要になったのか、もう少し詳しく教えてください。

日本女子大学大学院・森菜央さん

森 縁側を例に挙げたのは、私にとって理想的なぼーっとできる空間だったからです。縁側は、建物の側という意識と、目の前に広がる景色が合わさって、ぼーっとできる空間になっていると考えます。ただ都市の中では豊かな景色が確保できない可能性があり、今回都市の中で設計した結果、縁側とは全く異なる構成になりました。

下吹越 今の回答は、おそらくそうだろうなと思っていた内容でした。あなたの提案には外部がありませんよね。あくまで建築の構成の問題として取り組んでいる。それはある意味、非常に実験的で面白いと思う一方で、やはり建築は周囲の反響を捉えながらつくっていくという側面もありますから、外部も内部も両方提案すれば良かったのではないでしょうか。そうすれば、ぼーっとすることの選択性や複雑性がより獲得できたと思いました。

伊藤 重要なテーマを扱っていると思います。ぼーっとできる、つまりある部分からいかに全体を感じられるかということだと考えていますが、集合住宅の根本的な問題として、どうしても部分の論理で積み上げてしまう点があります。森さんは、目新しい言葉を用いて部分と全体をつなげようとしているのではという気がしています。全体を行き来できるような動線のダイアグラムがあったかと思いますが、それは実際に人が通ることができる場所なのか、それとも動き回るイメージなのか、どちらでしょうか？

森 共有通路は、自分の居住階でないフロアでも、あのダイアグラムのように回り込んで歩くことができます。

伊藤 なるほど、わかりました。では、実際に歩き回ることができる箇所も含めて、少しずつ全体を把握していくのですね。そうした点において、集合住宅というビルディングタイプに対する１つの問題提起としてとても可能性を感じます。ただ、先ほど下吹越さんが指摘されていたように、やはり周囲との関係性についてはやや物足りなく思います。しっかりとした骨格と、住戸を成立させる部分のストーリー、そこに周囲との関係が加わることで、全体がさらに豊かになるはずです。

鈴木 ぼーっとしているという状態は文章にも形にもできない、なぜならそれが「ぼーっとしている状態」ですからね。ウィリアム・エンプソンの著書、『Seven Types of Ambiguity』は知っていますか？ 目次を見ると曖昧さを７つの型に分類して論じているように見えるんだけど、そもそも分類できない状態が「曖昧さ」なんですよね。だからこの本を実際に読んでみてもそれぞれぞれの型がどう違うのかよく分からない(笑)。それでも７つの型に分類したと言い切ってしまうのがすごい。７つに分けてしまうことによって「曖昧さ」が逆説的に際立つというのかな。ぼーっとする建築も同様で、１次審査で他と違うなと感じたところはこのドローイングです。本当にぼーっとしているような雰囲気を持っていて惹きつけられました。ところがいざプレゼンを聞いてみると論理的な話になってしまった。しかし、本人がほんとうにぼーっとしていたら文章も図面も描けませんから、それも当然なんですよね。この矛盾にどう対処していくかということに僕もとても関心を持っていて、そんな難しいところに森さんがチャレンジする姿勢を好意的に捉えています。とても面白い着眼だと思いました。

日本女子大学大学院・森菜央さん
「空間構成による経験と想起　ぼーっとできる建築」の模型

■ 最優秀賞
盲と東京
―視覚障碍者とともに都市を拓く―
法政大学大学院　服部 厚介

▶▶▶P.026

古澤 中沢新一さんのアースダイバー的視点によって、岬に福祉施設を重ね合わせる視点が、とても興味深いです。磯崎新さんは1970年代に「日本の時空間 ―間―」展という展示をパリで開催しました。日本独特の、目に見えない「間（ま）」の感覚を取り上げたものですが、そこで岬は陸地の端（はし）、つまりブリッジ（橋）であると表現されていました。だから、生と死をつなぐ墓地なども橋の一種だと考えられます。そういった土地の霊のようなものを、どう建築に実装するのか、服部さんの提案は非常にスリリングな取組みです。ところが、できあがったものは近代的な建築に見えてしまうところが惜しいです。この提案は、視覚と、視覚以外の感覚を橋渡しするための建築である点が大変重要なはずです。だとすれば、ガラスのファサードという選択肢以外のものが出てくるのではないでしょうか。視覚以外の感覚として、例えば聴覚のデザインについてはどう考えていますか？ ガラス張りという環境下の音では、聴覚が覚醒されないのでは……などと気になっています。

服部 橋の断面図を見ると左側が商店街になっています。商店街のにぎわいが、この建築の内部を常に満たしてほしいと考えて、スラブを積層させたところに円筒を挿したような構成にしました。目が見えなくても、音によってこの建築の中にいると感じられるのではないかと思います。

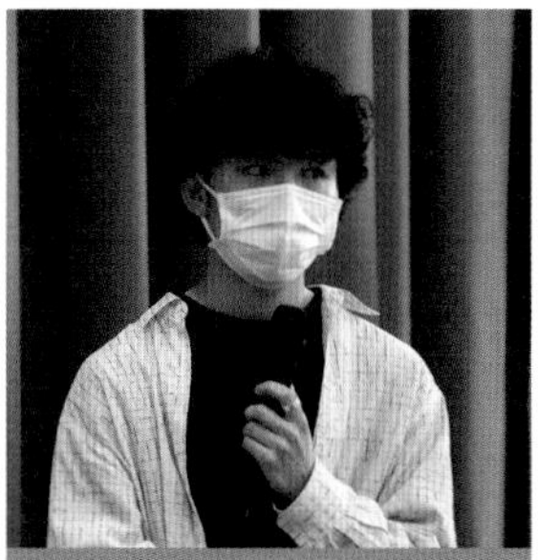
法政大学大学院・服部厚介さん

岡野 東京の地勢を読み解いて敷地を決定している流れが、非常に面白いと思います。敷地決定の際に挙げた4つの施設と、今回新たに設計する施設との行き来についてふれていたかと思いますが、行き来の際の高低差など考慮した点はありますか？ また、建築内部での反響音が快適なのか不快なのかに対しても補足説明がほしいと思いました。

服部 岬はやや波打つような形をしていて、頂点にあたる位置に人が集まる場所、公園や神社があり、そこに行くには上り坂を通るという、ちょっとしたルールが見出せます。微地形とまちの雰囲気をリンクさせて歩行することが、視覚障がい者の方に可能ではないかと考えています。建築内部については、岬の形状を取り入れていて、たわんだ床は波の形に沿うように設計したものです。

岡野 敷地の中で自立した建築のように見えてしまいました。外部との連続の仕方や、外から引き込まれるような建ち方、配置が他にあったのではないかと思っています。

服部 曙橋で設計した建築は角地を敷地としています。先程説明した円筒の部分が強い壁のように見えますが、商店街のにぎわいを内部へ引き込むために、あたかもその壁がファサードであるかのように計画しました。

杉山 視覚障がい者の方は、視覚以外の感覚がとても発達しています。先ほど古澤先生からもお話がありましたが、歩く中で得られる感覚のほかに、何か用いようとした感覚はありますか？

法政大学大学院・服部厚介さん
「盲と東京　―視覚障碍者とともに都市を拓く―」の模型

服部 青いペンで描いたスケッチでは、視覚障がい者の身体から考えた、空間把握のために有効であろう事柄を示しています。先ほどお話しした、たわんだ床であったり、見えない中心を常に感じさせることであったり、奥性も重要です。また、視覚障がい者の方は垂直方向の移動が苦手です。そのため、方向感覚のものさしとして、垂直方向に伸びる植物を配置しました。

鈴木 近代建築では視覚がとりわけ歴史的に重要視されていたと思います。でも今回出展されている作品群を見ると、点と線と面とに視覚的に単純化された近代建築の構成を、皆さんは心底嫌になっているのだということがよく分かりました。中でも服部さんは、まさにその視覚性を無効にして、戦略的に建築を組み替えて、上手く提案してきました。視覚障がい者を取り上げたにも関わらず、東京のかつての地形を現在の東京に持ち込んできて、それをたよりに視覚的な分析を可能にしている。また、視覚以外の要素として「まちの雰囲気」を用いて都市を分析し直し、その結果と現在の都市を重ねてもう一度建築に戻していくという、抜け目のない、思考の行き届いた一貫する設計プロセスでした。この場でのプレゼンにも説得力がありました。でも、結局は、似たような近代建築的な箱に回収されてしまっているのでは、という指摘もありましたが、そして、僕にもそう思わせるところがありますが、それでも、内部の壁を外壁に見立てを変えたり、用途としての意味を地形の特徴に置き変えたりするなど、そこで手を抜かずなんとか丁寧に対処しようとしている姿勢を高く評価したいと思いました。

受賞者決定・総評

鈴木 リサーチとデザインが課題としてセットになっている傾向は僕が大学で教えていたときからさほど変わっておらず、今回の審査では少し戸惑いました。リサーチからデザインへと設計を上手くつなげられればいいんだけれど、なかなかそうはならず、そもそもこの2つは共存するのかという疑問さえありました。アタマの使い方がリサーチとデザインとでは真逆かもしれないとすら思えるほどで、建築のデザインに切りかわった途端、リサーチが示している分析結果と、そこからスタートしたはずのデザインが、全く別物になってしまったケースが多かった気がしました。ほんとうに面白い提案というものは、今までの建築の枠組みから外れたところまで行ってしまうのです。先ほど、皆さんの多くは近代建築ではない何ものかに関心が向いているのではないかと言いましたが、実は僕も皆さんと同じくらいの年齢のときそういった関心を抱きました。でも当時は周辺に同志はほとんどいなかった。でも今日この場にやってきて皆さんの作品を見ると、随所に似たような関心が感じられ、驚きつつも、楽しくプレゼンを聞いていました。でも、やはり近代建築を抜け出すことはなかなか難しいですよね。そう簡単に上手い方法は見つからない。まあ、そのような状況で受賞者を決めることは難しく、どうしたら良いのか悩みますが、ここはあえて、破綻があってもどこか突出して魅力的だと思えるような提案を選ぶべきかなと考えました。

それを前提に、いくつかの提案についてコメントしていくと、神奈川大学の三浦亜也奈さんは、近代建築を無視した狂気じみたプランが面白かったです。ドローイングも魅力的。同じく神奈川大学の三浦悠介さんもスケッチが印象的でした。『舞鶴』をリサーチしたスケッチ表現には川上弘美の同名の小説のような濃密な雰囲気がたち込めていたのですが、デザインではその魅力が消えてしまった。その魅力を設計にもっと反映できていたら良かったのにと思います。東京藝術大学の山田さんは、東京の水の循環に対する大がかりな操作を、丁寧な手つきと大胆な構想をもって取り組んでいました。東京理科大学の山口さんは、設計の起点になった実作のハナレのほうは面白かったけど、肝心の本設計がそのハナレとの応答に成功したかといえば疑問が残ります。やはり現物は強い。実物のハナレをそのままここに作品として提出する方法を編み出していたら、評価も変わっていたかもしれない。日本女子大学の森さんの提案は、私個人の関心事でもあった「ぼーっとすること」、この気分をどうやって構造化するかという難しい問題に挑戦している姿勢に好感を持ちました。映画のコンテ画のように描かれたショットの選び方もとても良かった。そして法政大学の服部さん、彼は言葉の使い方も用意周到というか、簡単な箱にスラブを張ってそこに円筒を挿した吹き抜け程度でこの設計を済ましてしまっていいのかという問いに対しては「視覚障がい者にとってはこれで良い」と言い切るし、では建築が見えないのなら、触覚的にもっと積極性やアイディアが必要なのではないかという突っ込みに対しては、それでは「やりすぎ」だと言う。力を適度に抜きつつ、デザインの過剰さを避けている。かといって近代性も手放さない。このバランス感に説得力がありました。早稲田大学の嵐さんは、リサーチから設計に至る際に岩石のスケッチを手放さず、もっと活用してくれたら全然違う建築へ飛躍できたのではないかと思います。リサーチの成果だった岩石スケッチがもったいないような気がしました。ただ、皆さん総じて、難しいテーマに果敢に挑む熱量があってそこには感心しました。

総評を述べる鈴木氏

コメントはこんなところで、僕が受賞候補を6つ選ぶとすると、三浦亜也奈さん、山田さん、森さん、服部さん、嵐さん、山口さんあたりでしょうか。

日野 例年、最優秀賞1点、優秀賞2点、奨励賞2点の合計5点の受賞としていますが、この数は変わることもあると考えています。ですので、今挙がった6点の中で順位付けをしていく流れでよろしいでしょうか。この6点について、さらに議論をしていきますか？

鈴木 僕が挙げた6点はすべて並列にあるわけではなく、課題に応えたという意味では重さに違いがありそうです。リサーチとデザインをワンセットにした課題から思いついた戦略であるということ、そしてそれがそのまま視覚性に偏っていた近代建築への批判にもなり得ていたという点で、服部さんの提案が頭一つ抜けていたように思います。

日野 つまりそれが最優秀賞ということですね。

鈴木 はい、そうですね。

日野 では、まず最優秀賞として法政大学の服部さんが選ばれました、おめでとうございます。続いて、服部さんの提案を除いた5点について、優秀賞と奨励賞を決めていきたいと思いますが、実行委員からのコメントも参考にしたいというご要望があれば。

鈴木 選ぶのがいきなり難しくなってきたね……どうしようかなあ。

下吹越 ちょっと場をつなぎましょうか(笑)。実行委員から気になる提案について追加でコメント、もしくは応援演説があるといいかと思います。僕は東京理科大学の山口さんに質問があるのですが、抽出した周囲の要素の耐久性についてはどう考えていますか？ 先ほども「ソテツを切られたらどうするのか」と質問されていましたよね。建築の寿命はとても長いです。例えば30年後、建築は残っているだろうけど当時選び取った要素は残っているのか疑問です。つまり、日常性をどう獲得していくかがポイントになると思うのです。その観点で言うと、アッセンブルとビジュアライジングによって、建築をどこまで引き連れてくるのか、何か考えていることがあれば教えてください。

山口 僕が選んだものによっては、限定されてしまう日常性もあると思いますが、現地に常駐して肌感覚を得た僕が、館山の雰囲気を獲得していると感じられるものを選んでいるので、もし30年後になくなってしまっても、その場所にある風土性は変わらないと思っています。

下吹越 徹底的に現代にこだわってものを組み立てていくことが、持続性を備えていくということでしょうか？

山口 はい、現代で感じられるものは、過去の蓄積によって生成されたと考えています。館山にソテツが多いのも歴史があるからで、他にも、竹藪は防風の観点から植えられ、自生するようになったという流れがあります。

古澤 森さんの提案についてですが、実は、一次審査で鈴木先生がなぜこの提案を推したのか、いまいち分かりませんでした。でも、先ほどの質疑応答でエンプソンの曖昧性の話があって、ようやく腑に落ちました。エンプソンが述べる曖昧性の第7番目の型はアンビギュイティ、つまり両義性であって、両立しえない矛盾した項目が対立し、拮抗している状態ですよね。これを踏まえて提案のタイトルを見ると「経験と想起」となっていて、これは、経験論と観念論という哲学史的にずっと相容れない対立的な状態がそのまま表現されています。つまり、ぼーっとしているというのは、考えてみれば睡眠状態と覚醒状態の両義的な拮抗状態ということですよね。カント的に言うとまどろみ状態。そういった状態を空間化するのは、非常にスリリングなトライアルなのだと思います。さらに、まどろみ状態をつくるための空間があえてソリッドなものになっていて、このズレの飛距離がマッドサイエンティスト的な実験に見えてきて、当初の印象がガラッと変わって面白かったです。

鈴木 なるほど。森さん、これは応援演説ですよ(笑)。こんなふうに、他の候補作品について皆さんのコメントを聞いて勢いづけたいですね。

遠藤 1次審査の鈴木先生の言葉でなかなかショッキングだったのが、修士設計で重要視されているリサーチが、実は設計の足かせになってしまうのではないかという指摘です。ではなぜ皆、リサーチに凝るのだろうと考えたのですが、1つは、修士論文と肩を並べるものとしてリサーチを充実させなくてはというプレッシャーが働くのではないかということ。これは少しネガティブですね。あるいは君たち学生の中で、自分を出してはいけないという抑止力として働かせているのではないか。アリバイのように考えている。しかし、これらのことは、今日の審査で鈴木先生が完璧に否定なさっていたと思います。

ただ、修士設計からリサーチを排除するわけにはいかないので、リサーチをどのように位置づけるかを、今後の学生はもっと考える必要があります。僕が感じたことに、この点に関して潮目が明らかに変わってきたと思います。今回の受賞候補に挙げられた提案は、自分の中のジャンプに向けたリサーチをしているものが比較的多いというのが僕の印象です。しかし、そのジャンプ台が自分の設計のためのアリバイではない。本当に大きくジャンプするための台であろうとしている。地球や生態系ほどの規模をリサーチ対象にしなくてはいけないのかもしれない。その視点を持つと、東京の水文化を対象にした山田さん、東京のアースダイバー的な地形を感じ取ろうとした服部さん、自然環境との関わりの大切さについて地形を使って表現した嵐さんたちが選ばれている理由が見えたように思えて、有意義な審査会でした。

宮 今回初めて、この審査会に参加しましたが、修士設計の難しさを改めて実感したところです。修士論文は共有の知をとるために位置付けられていますが、修士設計もある種の共有の知として、個人の作家性のジャンプだけではなく、そこから人類のためのジャンプにつながることを目指してほしい。修士設計では、そのための糧になるものが発見されているかどうか、そこに注目したいです。

鈴木 リサーチに対して、審査する側が本人の意図とは別のところに関心を持ってしまうということが多々ありました。それがさほど建築につながっていなかったとしても、われわれの刺激になる。だから、リサーチの意味は確実にあります。これからも絶対に必要なものです。

宮 リサーチの意味は大いにあります。ただ建築は、最終的には“かたち”が語るものだと思います。

鈴木 そうですね、ぜひとも“かたち”まで到達してほしい。どうしてもリサーチが邪魔になったら黙って無視してもいいので。辻褄が合っていなくても形が伝えてくれますから。

宮 はい。その“かたち”の気付きが共有の知になることが、理想的には、修士設計の意味になるだろうと思っています。

伊藤 今話題に出ていたリサーチと建築の問題は、自分の実務においても悩むことで、非常に重要な問題です。やはりリサーチを充実させるほど、周辺に、あるいは条件の中に建築が溶け込んでしまう。もしくはアカデミックに論文を重視するほど、モノのメッセージが弱くなっていくということはあるのだと思います。その中で山田さんの提案は、成果物によって東京の風景を変えてしまうのではないかと感じました。既存との接続は、もっといろいろ提案してほしいと思いましたが、東京の風景を変えるだけの力は持っているということで、非常にインパクトある提案でした。

杉山 卒業設計と修士設計で最も違うところは、まさにそのリサーチだと思います。社会に出るときに、皆さんはリサーチから設計に結び付けた経験を持っているわけです。それをこの先の設計人生の中で生かしてもらいたいです。ただしリサーチの方法はたくさんあるので、教わる先生によって異なるでしょう。さまざまなリサーチのバリエーションがある中で、今日プレゼンを聞いて推したいと思ったのは、日本女子大学の森さんの提案です。推しつつも、実は気になる点があって、リサーチで取り上げたのがとても特徴のある建物ばかりなのです。これはゴールを見通したうえでのリサーチだったのか、それとも何らかの視点を持ってリサーチした結果なのか聞いてみたいです。

森 経験という軸がまったく考えられていなさそうな建築がたくさんあり、その中でさまざまなバリエーションを比較したいと思い、事例を抽出しました。そのため、特徴的な建築のリサーチになっています。

古澤 リサーチ対象に僕の自宅がありましたね(笑)。僕の家は、ぼーっとできる？

森 ぼーっとできる、できないの二択ではなく、どれくらいぼーっとできるのかなど、種類があると考えています。古澤邸は、ぼーっとできないわけではないです。

古澤 わかりました。これからはもっとぼーっとできるようにしようと思います(笑)。

岡野 修士設計の評価ポイントはやはり観察の密度であって、その密度が最終的な提案の説得力につながり、評価を得ることができるのだと思います。しかし今日は、模型というリアルを前にして、そういったことを抜きにしたものの強さや空間の心地良さ、面白さが感じられた提案がいくつかありました。１つ目が日本女子大学の森さんの提案です。リサーチした数が少なく、個人の感性による分析をしているのは、修士設計として評価していいものだろうかとも思いましたが、模型を見ると独特の空間感覚が見つけられました。例えばベッドの前にキッチンがあったり、壁柱の上をテーブル代わりにしてコーヒーを置いたり、新しい空間感覚を持つ人なのかもしれないと期待できました。

日野 今年の修士設計や卒業設計を見ていて思ったのが、テーマが少し内向的だということです。内向的というのは悪いことではありません。これまで建築のテーマにできなかったことを建築のテーマとして語る、言い換えれば広く耕そうというタイプの人と、深く掘ろうというタイプの人がいると思います。その意味では、今年は深く掘る人が多かった印象です。深く掘るタイプに起こりがちなのですが、建築以外の分野の人から「これは何のためにやっているのか？」という問いに答えづらい。文脈がないと分からない部分はどうしてもあるもので、必ずしもすべてを説明できる必要はありませんが、学問として取り組むのであれば、何かしらの意義を他の分野の人にも説明できなくては、と考えます。深く掘り下げた提案は面白いのですが、それと同時に難解にも感じる一因が、そうしたところにあるのでしょう。そのうえで今日発表された提案に対して応援演説をすると、東京藝術大学の山田さんは、僕らから見て非常に面白いだけではなく、他の分野の人にとっても、なぜこれが面白いのか、素晴らしいのかということをしっかりと説明するためのセットが組まれていると感じました。空間はまだまだ改善の余地がありそうですが、可能性は大いに感じます。先ほど最優秀賞に選ばれた法政大学の服部さんに対しても、同じような印象を持っていて、とても分かりやすく人に説明できそうです。それが全てではありませんが、そうした性質を持っているというのは、１つの重要な評価軸なのではないかと思いました。

　ということで、実行委員全員からコメントを述べました。鈴木先生、他の受賞者は決まりましたか？

鈴木 はい。ここまでの皆さんの話を聞く限り、山田さんと森さんは決まりですね。この２人を優秀賞にいたしましょう。あと受賞候補に挙げていたのは、三浦亜也奈さん、山口海くん、嵐くんで、この３名を奨励賞とすると落ち着きそうですが。

日野 ありがとうございます。これで受賞作品がすべて決まりました。おめでとうございます。

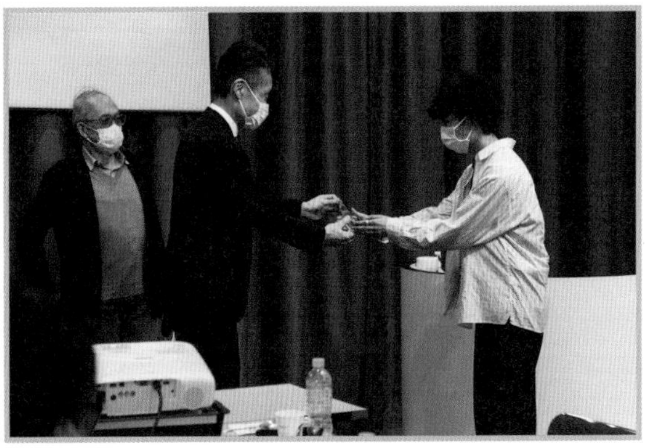

協賛する総合資格学院からは副賞が授与された

Chapter 2 出展作品

本設計展の出展者は、各大学院の専攻における代表者となる
(各専攻2作品まで)。
参加27大学30専攻の全53作品を紹介する。

— Exhibitors Works

JIA EXHIBITION OF STUDENT WORKS FOR MASTER'S DEGREE 2022

最優秀賞

盲と東京

―視覚障碍者とともに都市を拓く―

服部 厚介
Kosuke Hattori

法政大学大学院
デザイン工学研究科
建築学専攻
赤松佳珠子研究室

視覚障がい者の自由を目指して、誰もが身のこなしやすいエリアを都内で探し、2つの拠点を設計した。あらゆる身体感覚は、地図に置き換えられた。現代の都市空間は視覚刺激をエンジンとして発展してきた。このことは視覚障がい者にとって無視できない事実である。視覚障がい者が抱える問題は建築計画、都市計画が有効であると考えた。この問題を解決するために、縄文海進期の浸水域図を扱うことで、かつての浸水域が現代の都市空間に残した、目には見えない情報を明らかにし、現代の東京が持っている特徴である“微地形”と“まちの雰囲気”がリンクしていることを掴んだ。目には見えない情報が豊かにあるエリア付近に位置している、視覚障がい者へ向けた支援施設4つと私が手を組み、エリアに対して共同した福祉を展開する。

そして、浸水域によって浮かび上がってくるかつての岬が持つジオメトリを尊重し、そのジオメトリを補正、強調するような建築を計画することで、目には見えないもう一つの東京の風景を発見していく手引きを計画した。

1. 盲目主義的地域を目指して

東京でのエリア探しのため、地図上に被災歴など歴史的背景や地理的条件を重ね合わせていき、さまざまなまち並みを呈する東京の構造を解いていく。そこで注目したのが縄文海進期の浸水域図である。

縄文海進期の海面によって描かれる岬。海へと突き出した岬は、かつて神聖な場所として扱われ、多くの神社や墓地などが建てられた。かつて岬であった場所は、資本主義による開発をかいくぐってきた場所なのではないかと考える。かつての岬付近に位置する福祉施設を選定し、それら施設と施設が位置するエリアを提案の計画地とした。

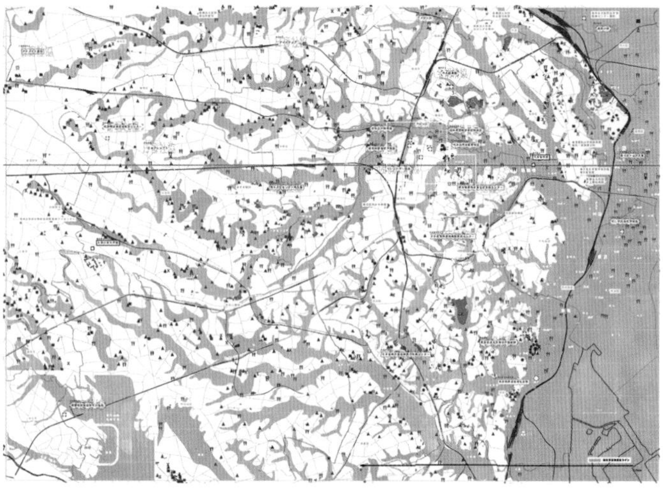

日本点字図書館

東京都盲人福祉センター

日本視覚障害者センター

東京視覚障害者生活支援センター

2. 仮説　岬は目には見えない情報に富んでいるのではないだろうか

かつての岬が現代の都市空間に与えている影響を明かすべく、計90kmにわたる歩行調査を行った。ここで経験したことが本提案を支えている。視覚障がい者に還元されるという最終的な目標を念頭におきながらの気づきをまとめていく。

実際に歩いてみると岬付近には身体に働きかけてくる情報が多くあるように思う。傾斜が急な坂道や、階段のような坂道などの“微地形”としての物理的な情報に溢れているがそれだけではない。というのも岬付近はかつてのサンクチュアリであり、古くからの人々の生活の影が伺える。具体的には、歪な低地に墓地が散在し、妙な静けさを漂わせているエリアや、2つの岬による谷道が商店街の骨格を担っていたり、高台に人々があつまる公園が位置していたり。現代の“まちの雰囲気”にも岬の存在が影響を与えている。このことを尊重したい。

3. 視覚を伴わない経験まとめ

特に支援施設が位置している街区での、身体に働きかける“微地形”や、目には見えない“街の雰囲気”の記録。黒模型では、各エリアにおける岬というジオメトリの形状把握と同時に、身体がトレースできる範囲（公道・公園・神社）を白抜きした。模型によって、岬が持つ自然由来のジオメトリと、岬を身体がトレースして描くことができるジオメトリとのズレがあることを主張したい。

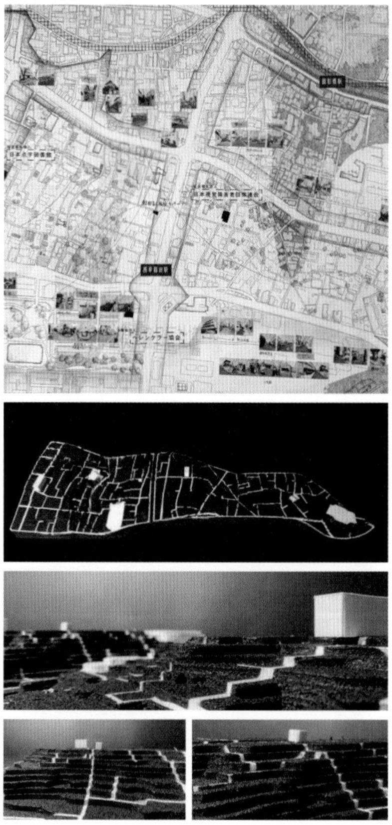

AREA4_1　高田馬場

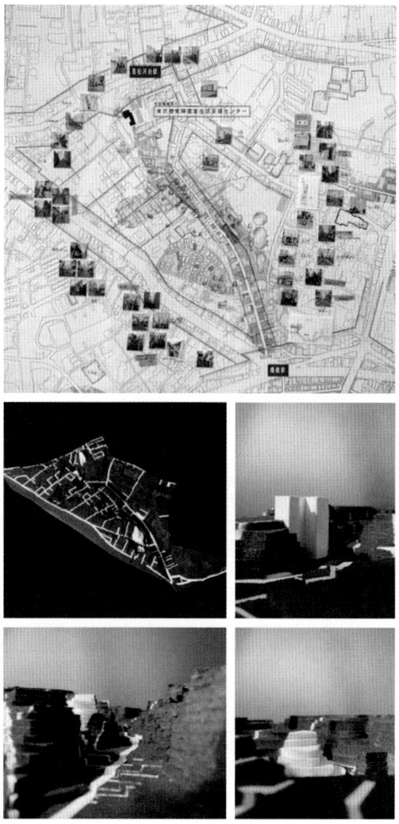

AREA4_2　曙橋

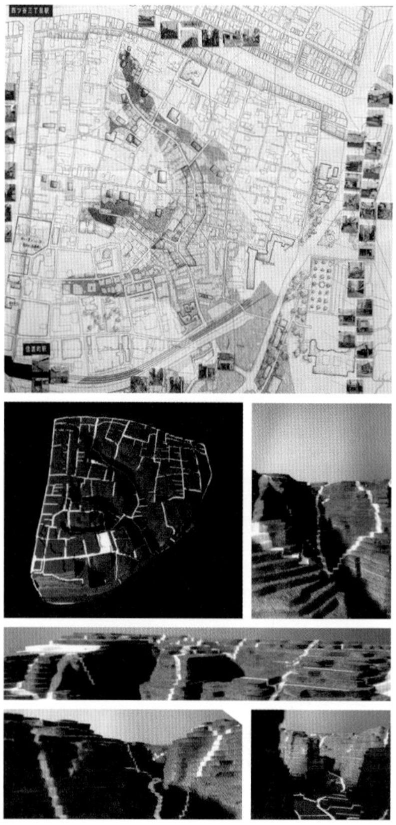

AREA4_3　四谷

4. 調査　4感ベースイメージスケッチ

視覚障がい者に対する日常生活のインタビューを通して、視覚を扱わずに空間を把握することを建築が助けるための有効な手段を考える。視覚以外の感覚を働かせて都市を歩き、イメージとして起こす。そのことを通して、視覚障がい者の身体と各エリアの都市空間との相性の良し悪しを量る。岬にはそのイメージスケッチを充実させる情報が豊富にある。身体に働きかける空間を掴むための手がかりはないかと模索する。

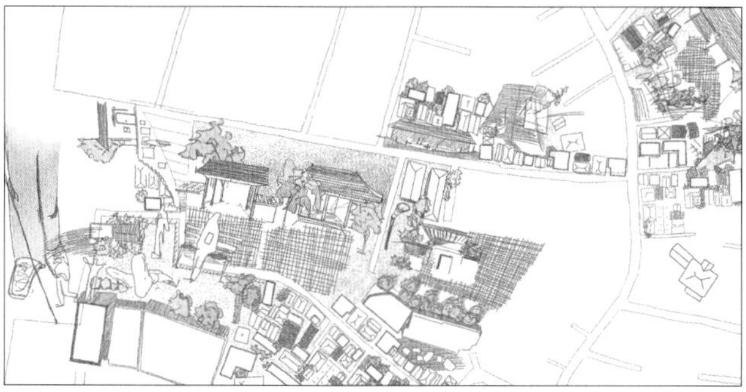

5. 調査　岬に抗う・岬を許す構築物

岬に位置しているがゆえの構築物をあげていく。視覚障がい者が都市を歩く中で自身の所在地を把握するために有効なものを探す。健常者が地図を見ながら行っていることを、視覚を扱わずに達成する方法を考える。

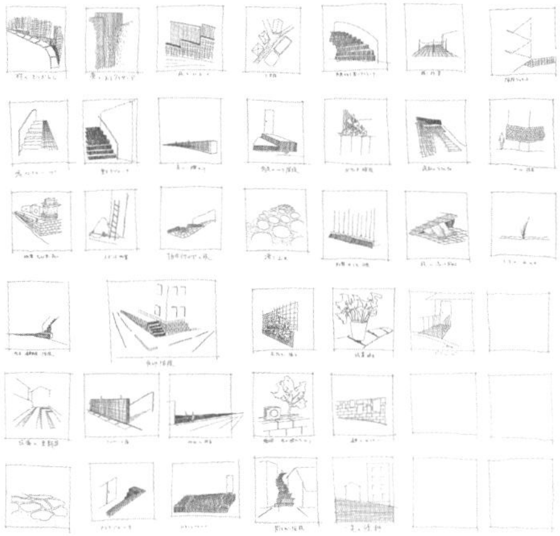

6. 見えないことから空間を考える

健常者は地図を扱い大きな全体性の中に自身を位置付ける。広がる視界を捉えることで、社会に所属している意識を得る。一方で視覚障がい者は、点字ブロックなど自分以外の何かにナビゲートされているときは、自身とその他全てのものという暗闇のような環境にいると考える。視覚障がい者も身体感覚を扱ってあるものに所属している意識を持つことができる環境を目指す。ここでは、あるものを母体、母体と身体との関係性を示すものをシグナルとして検討する。

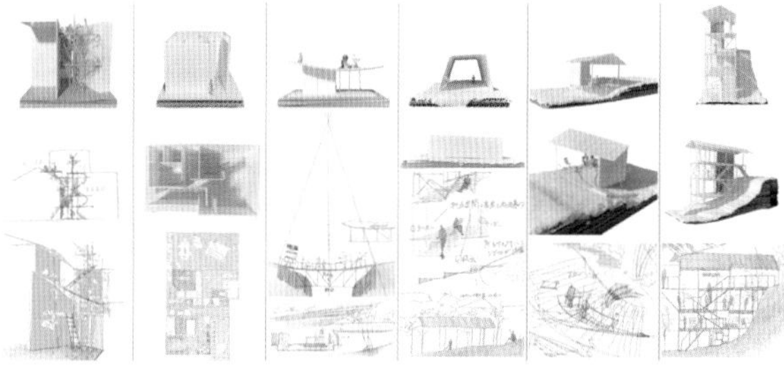

7. たわんだ幾何学

重力によって自然にたわんだ大きなスラブを母体としてあげる。シグナルは足先から感じるその場のフロアの傾きである。この幾何学は視覚を扱わずに、自身がスラブのどの場所にいるのかが常にわかる。この装置はフロアマップに取って代わる。

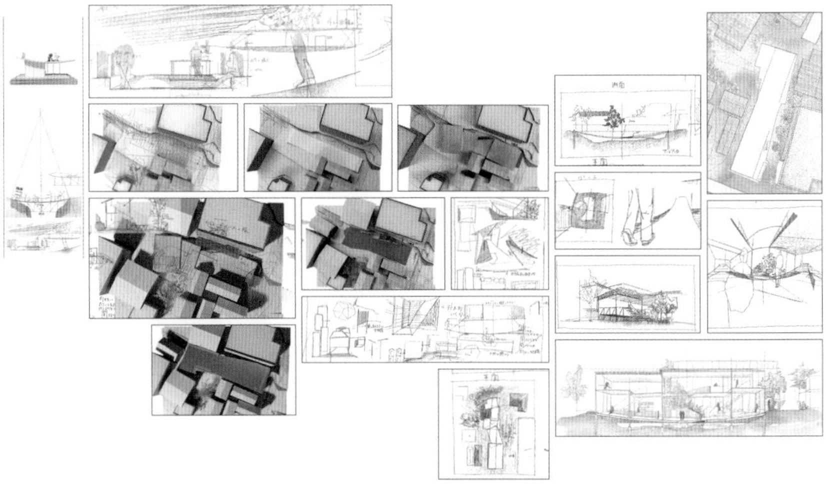

高田馬場の海を望む

9. 高田馬場　情報提供施設+食堂

学生のまちである高田馬場に、情報提供施設のような性格をした食堂を計画する。前章で検討した内容が、この建築の特徴にいくつか表れている。

第一に、身体が通過できることが、空間を描くことに繋がる。階段を両端に設えたり、テラスに出て曲がると入り口に戻って来ることができたり、この建築自体が２つの道路の橋渡しする役割を担っている。言い換えれば、終点のない平面構成をベースにプランニングされているという特徴がある。第二に、１階の大部分が重力により自然に撓んでいる。このことで足先の感覚から、自分が今この建築のどのあたりにいるのかがわかる。中央に近づけば近づくほどフロアは平坦になる。この撓みによって規定される中心において、吹き抜けにより上への抜けを感じ、また南側からの採光が十分に入ってくるような形態・周辺環境となっている。岬が持つ微地形を延長し、それによって規定される中心を、人々が集まる特別な場所として設定している。

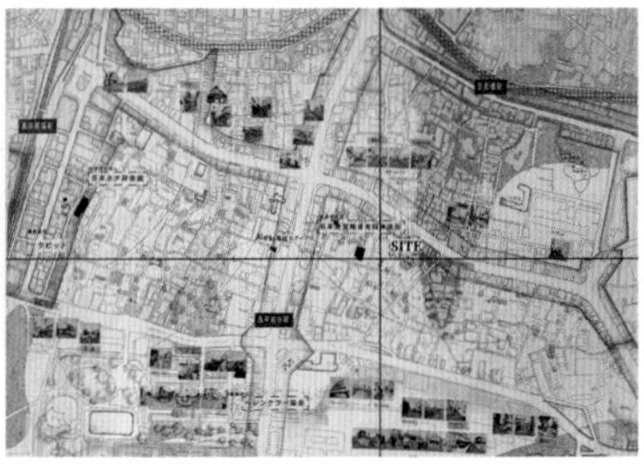

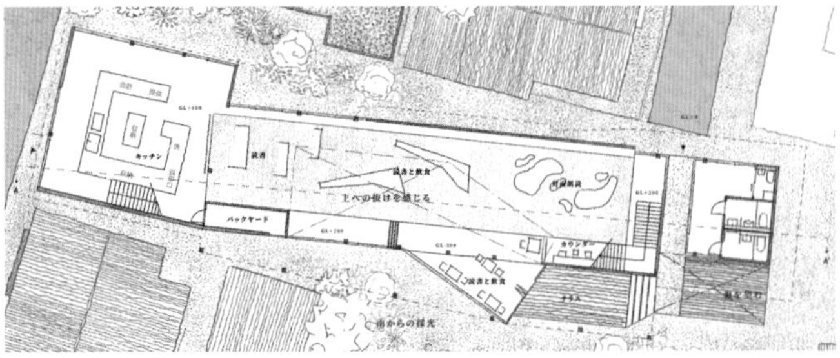

1F Plan

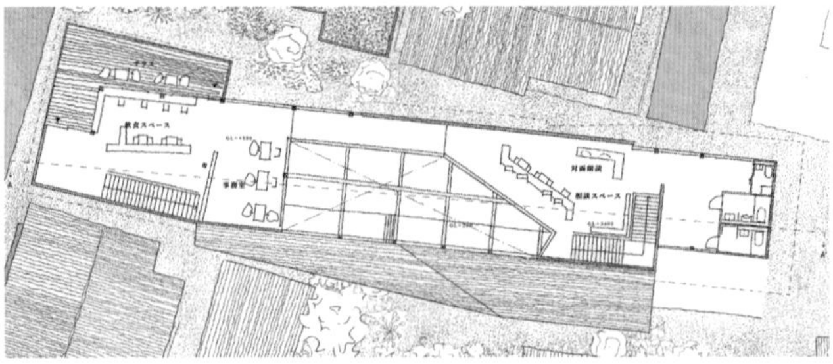

2F Plan

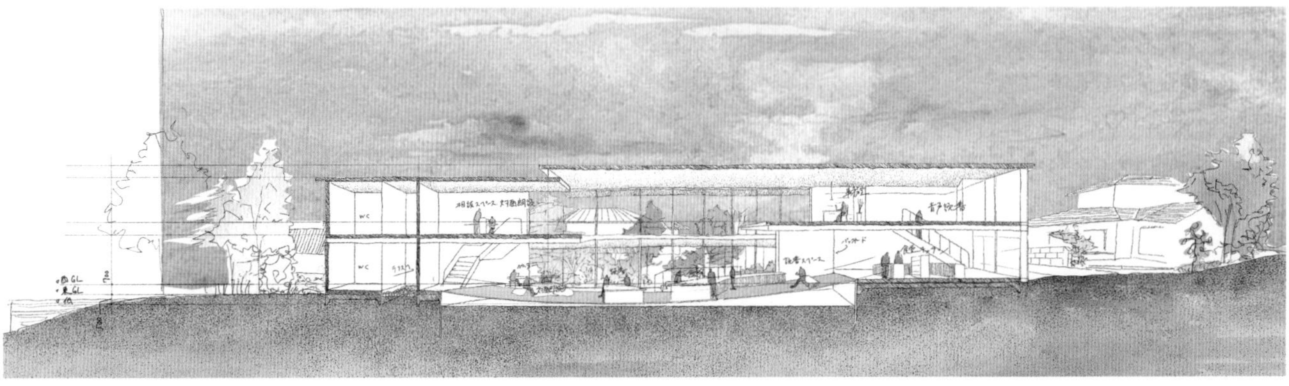

A-A' Section

8. 見えない中心

ここでは、建築を構成するあらゆるもの（壁・階段・手すり・椅子やテーブルなど）が中心にある一点を示唆している。そこは建物の中心であり、賑わいの中心であり、建築の中心である。

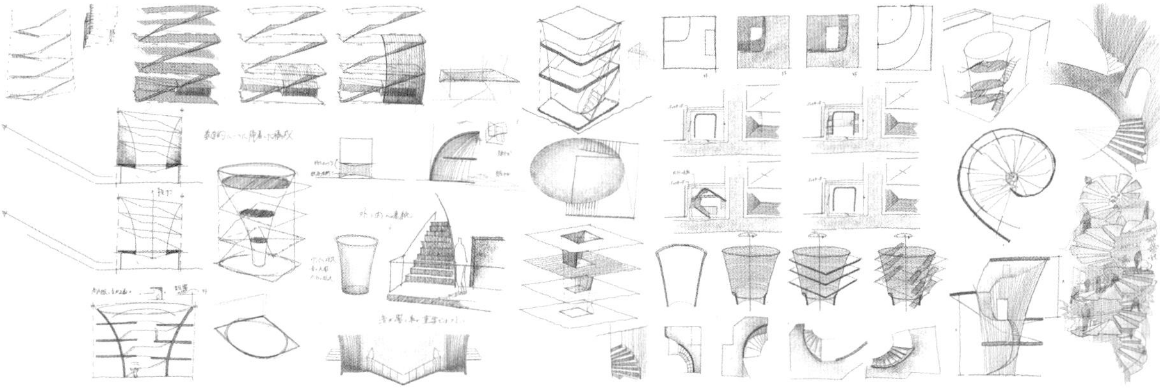

曙橋のにぎわいの中心を立ち上げる

10. 曙橋　商店+就労支援施設+出張ドクター

曙橋には、見えない中心がある。谷道である商店街によって描かれるラインとその商店街へと人が流れ込むような主張の強い坂道のラインの交点によってその中心は規定される。その中心を渦巻くように構築された壁によりこの建築は立ち上がる。積層したスラブに円筒が刺さったような構成をしており、これによって、内部と外部のどちらにも属さない、抜けを感じる筒の中の空間を計画する。筒の中心は、曙橋という岬の賑わいのツボである。

花屋やカフェとその飲食スペース、就労スペースが計画されている。就労スペースとは、この建築から北へ700m行った所に位置している「東京視覚障害者生活支援センター」の分室として機能する。この施設での就労訓練を希望する者は後を絶たない。PCを扱った業務を都内で展開しているのは、この施設と四谷にある「東京視覚障害者生活支援センター」の２箇所であり、需要も高い。その需要をカバーする役割を担う。また、３階には出張の眼科ドクターが入るための設備がある。これは、福祉支援施設と、窓口的な役割も担うドクターの連携を狙ったものである。

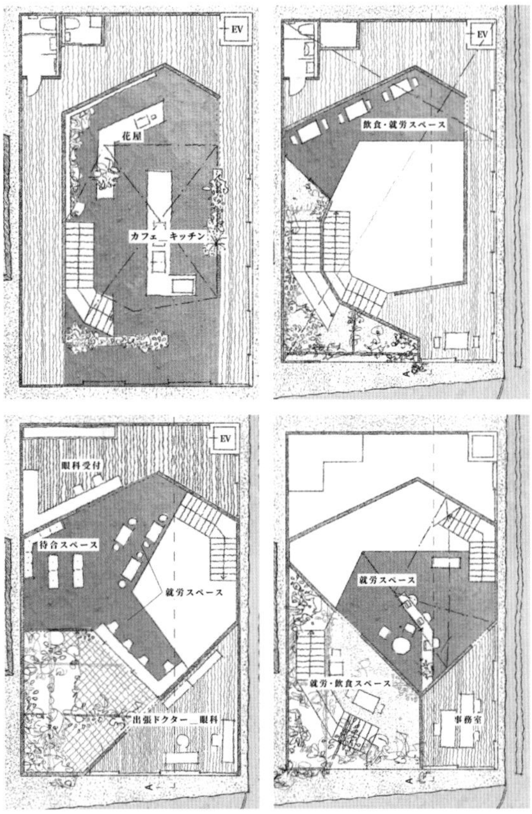

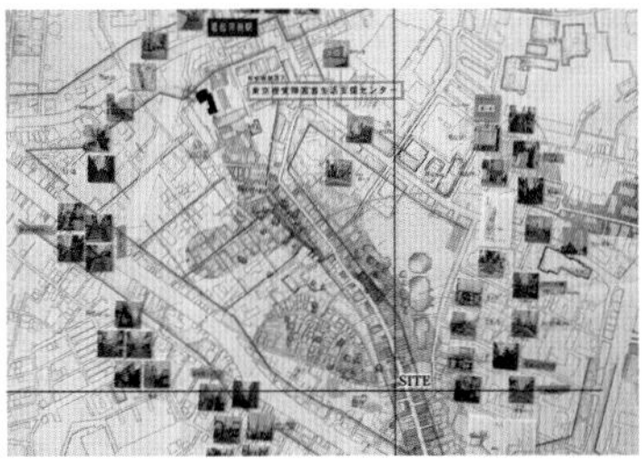

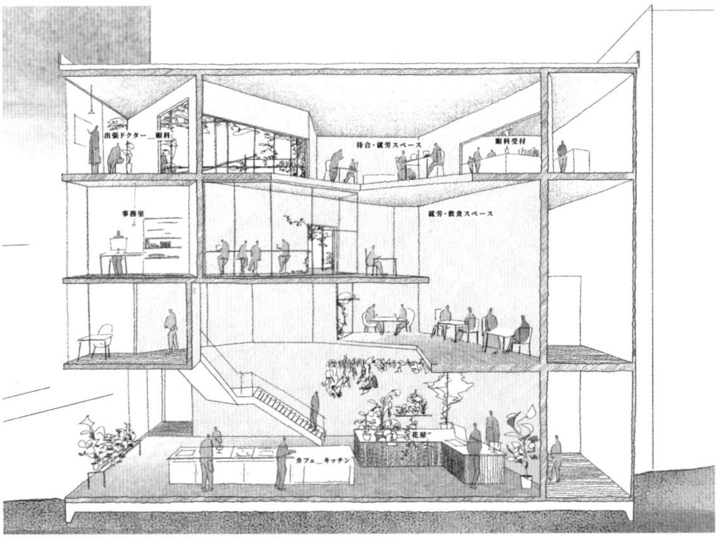

A-A' Section

■優秀賞

東京の自然

Breath of the Urban Water

山田 寛太
Kanta Yamada

東京藝術大学大学院
美術研究科
建築専攻
青木淳研究室

東京は水の都と呼ばれていた、という。ところがその面影は、近代都市になるとともに消えていった。

江戸時代、日比谷入江を埋め立ててできた軟弱な土地には外様大名の屋敷が多く建てられていたが、その際に張り巡らされた掘割は、軟弱な地盤から水を抜くという役割もあったという。同様に小川や用水路でも、雨水だけでなく地中の水が循環しながら川を流れていた。

今では堀割の多くは埋め立てられ、敷地である恵比寿駅北の渋谷川は三面ともコンクリートで覆われ雨水のためのインフラ設備となっている。掘割や川を通した地下水の循環は失われたかのように見えるが、地表浅くに開削された地下鉄には清水がこんこんと湧き出し続けている。その湧水は人工物を流れていながら下水道ではなく河川に直接放流することが特別に認められている。それは地下鉄自身が地下水脈の一部として考えられているからだ。地下鉄を通してかつての掘割や小川のような水循環が、三面をコンクリートで覆われた渋谷川で再成立している。そうであるならば、地下鉄湧水が減少するような防水工事をするのではなく、地下鉄が都市の中に生まれた水の循環系であることを評価した設計を考えてみてはどうか。

1. リサーチ　都市の中の循環系

●石積みの塀における水の動き

水路には、雨水だけでなく地中の水も循環しながら流れていた。（高田宏臣）掘割は、今では戦後のがれきを処理するために多くが埋め立てられた。

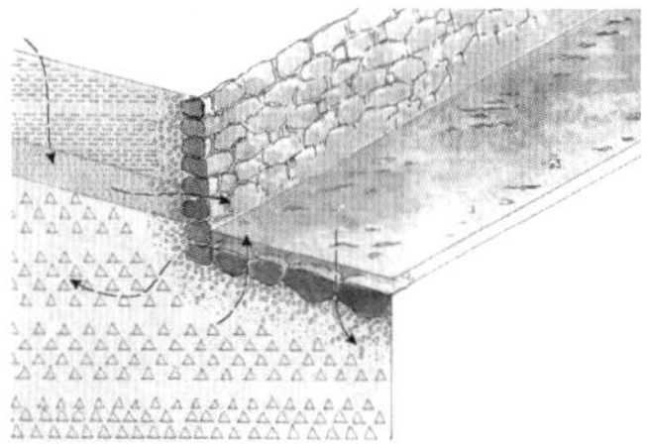

●地下鉄湧水発生状況

開削された地下鉄には昔から現在まで清水がこんこんと湧き出し続けている。図は各ポンプ室での排水量の大小を表したもの。

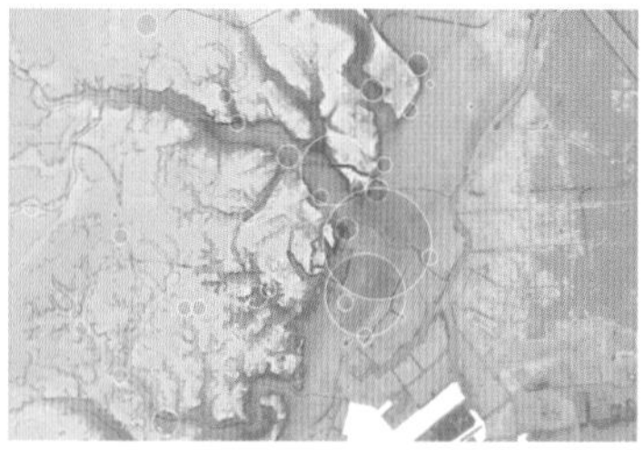

●地下水の循環系の一部としての地下鉄

地下鉄自身が都市の中に生まれた新しい、インフラ設備になる以前の川のように、地下水の循環系の一部となっているとも言える。

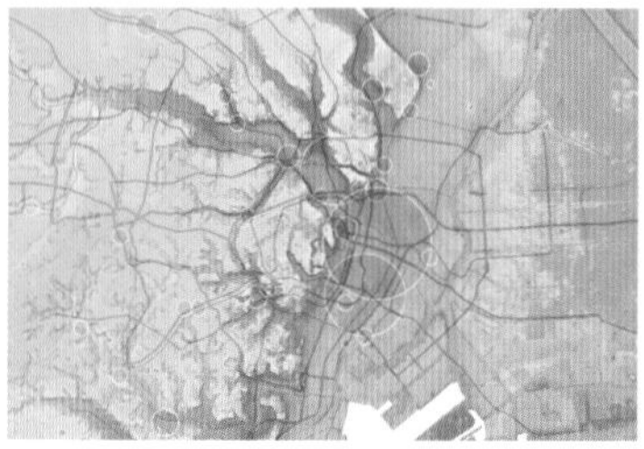

●地下水・雨水ダイアグラム

3面をコンクリートに覆われた渋谷川でも、かつての堀割などのように、水脈としての地下鉄を通して、地中の水も含めて再び循環するようになっている。

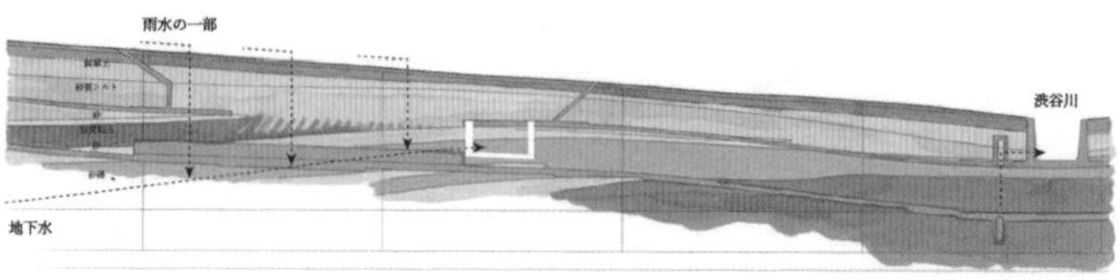

●地下水位

（カシミール3D、G-Space）

埋立地は地下水位が高く、元々江戸前島であり、現在開削工法の地下鉄がいくつも交差する銀座付近は地下水位が低くなっている。

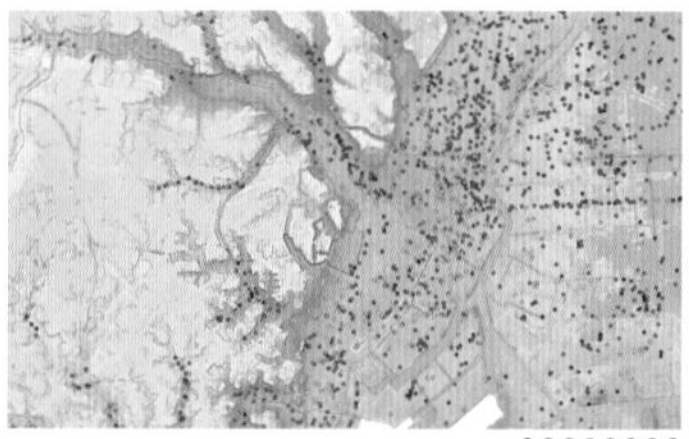

2. 計画敷地の概要と周辺環境

日比谷線の恵比寿駅は、約60年前、地表から10m前後の深さの位置で開削工法によってつくられた。恵比寿は、エビスビールの工場があったことからも分かるように当時から水資源に恵まれていた。現在では利用も湧き出すことも限られた負圧地下水が、恵比寿ポンプ室では台地の地下鉄で最も多い日量12㎥発生しており、下水道ではなく渋谷川に直接放流することを特別に認められている。恵比寿駅周辺の地質断面図によると、渋谷川に向かって帯水層が上昇し駅の東側と西側で異なる深さに位置していることがわかる。

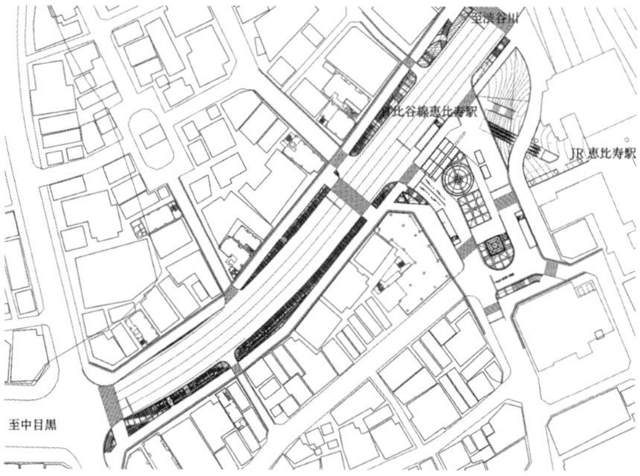

配置図

3. 設計概要　駅西側

駅の西側では、ホームより下の地下3階程度に帯水層が存在するため、ホームより上部の地下鉄の側壁を木製擁壁にし、水が循環するようにしている。この木製擁壁は草木の苗床としても機能し、また、朽ちるまでに植物が繁茂することを条件の一つとしていることから、擁壁を配する各エリアに隠樹を中心に植栽し、地上からの西日が入らない場所、あるいは日が比較的入る場所、入らない場所などとそれぞれの特性を反映した植栽計画を行う。雨水は街区沿いの側溝を通り雨水管へ流れるが、この側溝は拡幅し、雨水管上端付近の深さまで下げることで、地下への採光も確保できるようにしている。

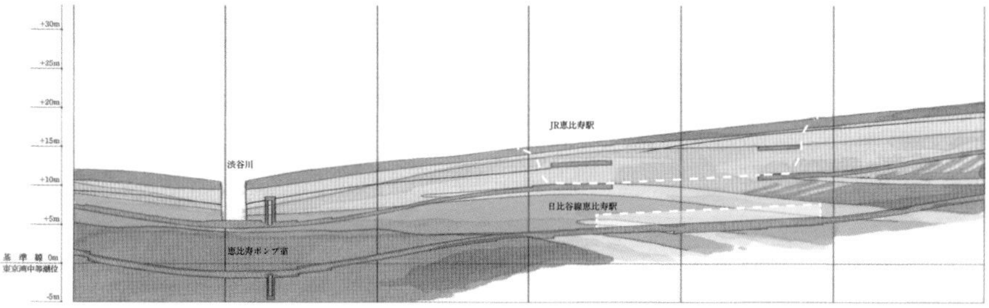

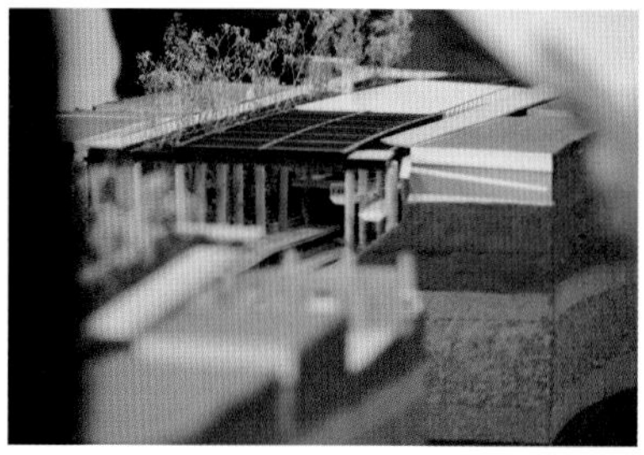

地質断面イメージ
恵比寿駅周辺の地質断面図によると、渋谷川に向かって帯水層が上昇し、駅の東側と西側で異なる深さに位置していることがわかる

アクソメトリック図

4. 設計概要　駅東側

渋谷川に近い東側は、地下２階程度に帯水層が存在しているため、地下１階部分を大きく開削。スロープで降りられるすり鉢状の空間とし、帯水層のある地下２階は駅の動線空間や公衆便所などの限られた空間のみとした。これにより地下２階には掘状の空間が出現し、ここの一部の側壁を鉄筋のみの空積み煉瓦とし、かつての堀割のように水が滲み出て循環するようにしている。

本敷地のように、地下水の利活用が限定され、また掘割や川を通した地下水の循環が限られ、地下水位が地表近くまで上昇している地では雨水の浸透は本来期待できないが、東側の堀状の空間や西側の木製擁壁により水の循環が促進され、地下鉄湧水は現在のコンクリートのものと比べ、周囲が粘土質の場合はおよそ6倍、帯水層では粒径によりさらに排水される分、雨水の浸透余地が生まれます。これを利用して、側溝下の一部を雨水浸透ますのようにして地下水を供給できるようにし、雨水が短時間で流出するのを防ぎ、地下鉄全体を通して、地下水の供給と排水が行われるようにするなど、地下鉄の地下水脈としての側面を拡張していく。

都市の中の自然といえば、ゲリラ豪雨や河川の氾濫に猛暑などが強調されるが、都市のような人為的な支配が強いように見える環境の中にも、例えば都市の中に生まれた水の循環系としての地下鉄などの、隠れた自然とのバランスから生まれる景色があり、そこから生まれる建築について考えた。

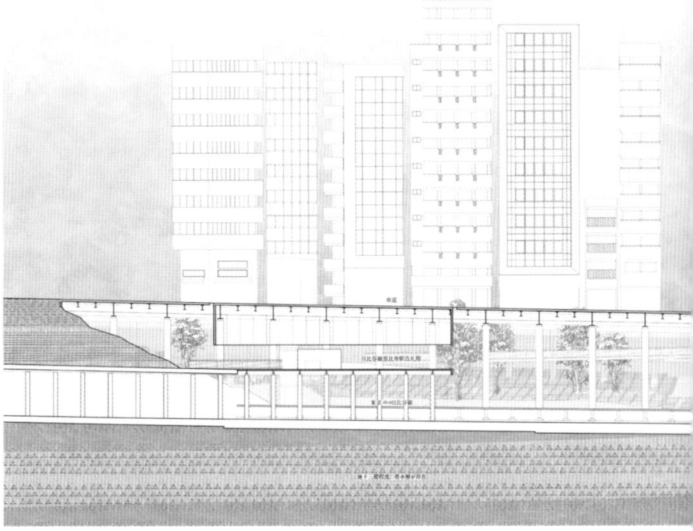

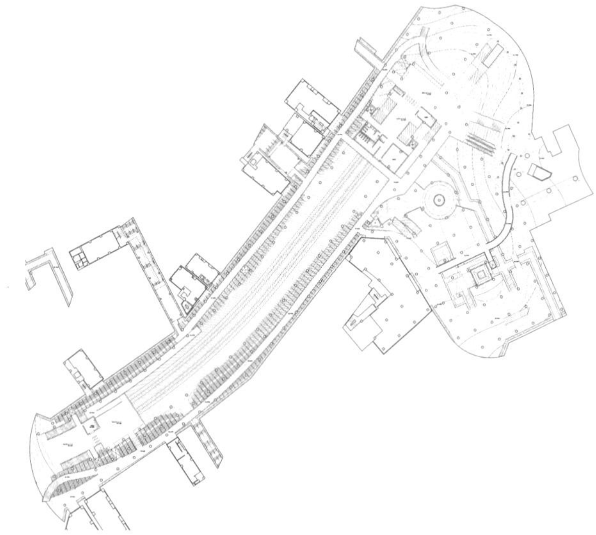

地下1階平面図

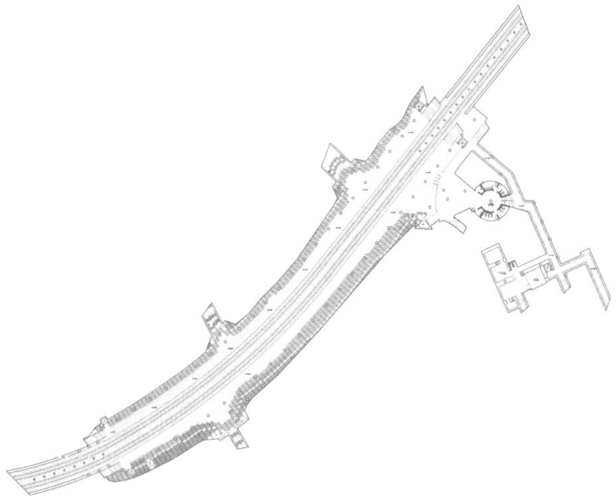

地下2階平面図

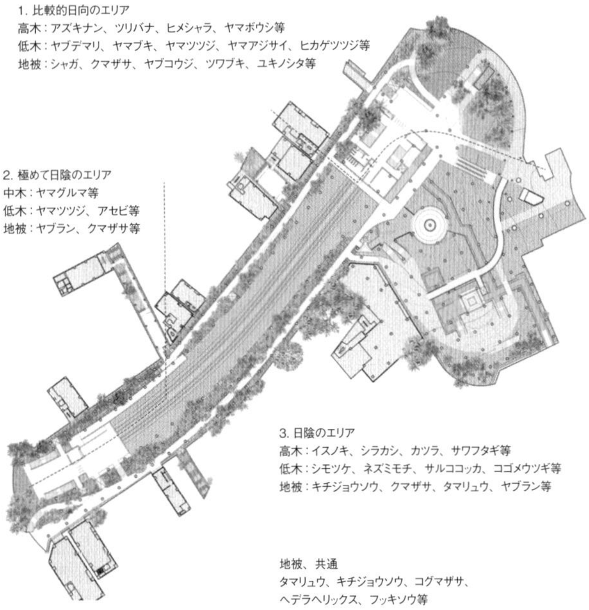

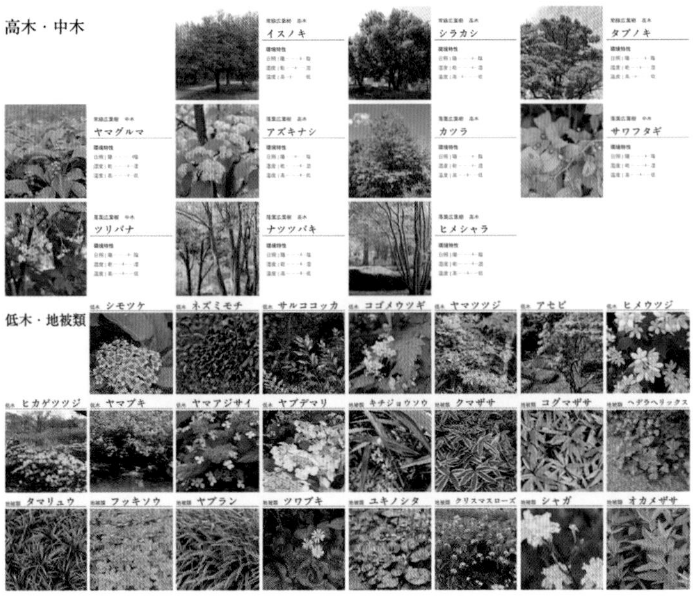

植栽配置イメージ

長手方向断面図

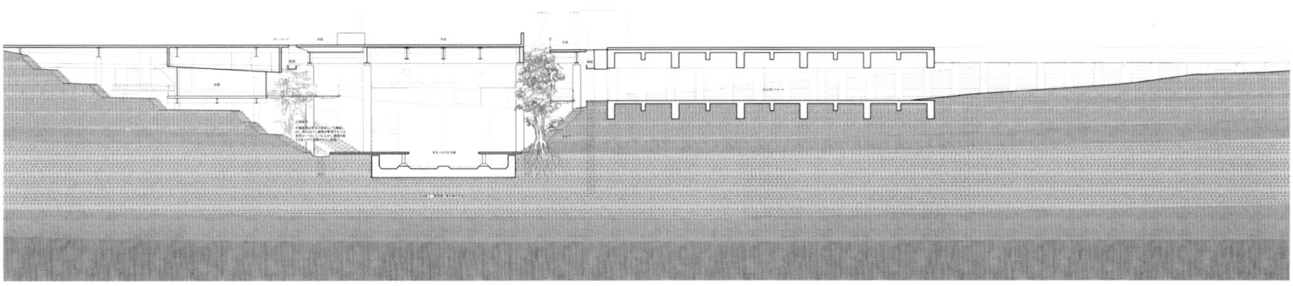

敷地東側短手方向断面図

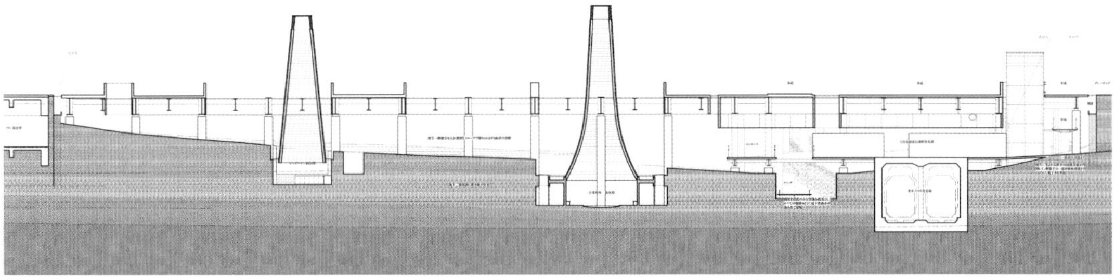

広場長手方向断面図

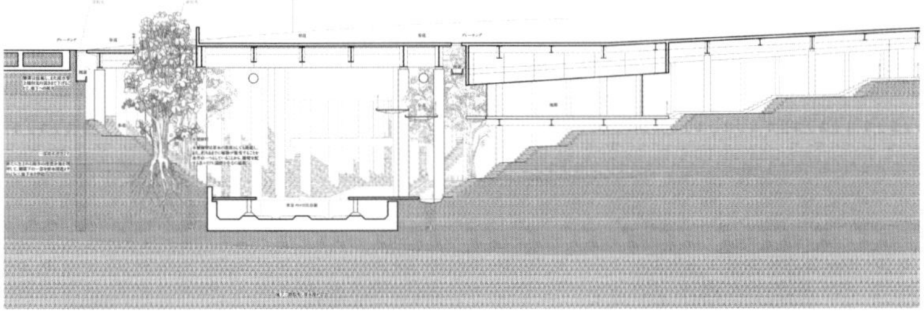

敷地西側短手方向断面図

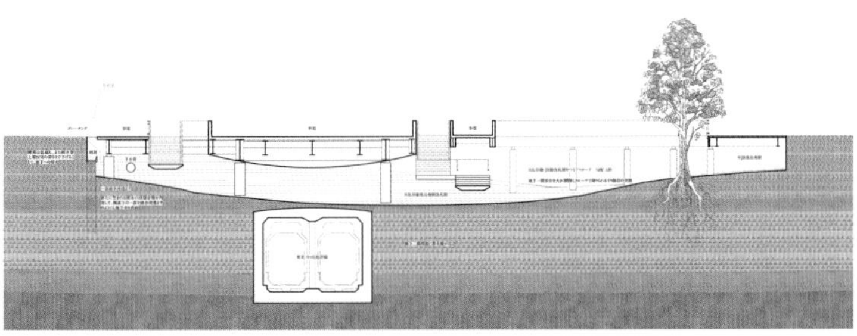

敷地極東側短手方向断面図

■優秀賞

空間構成による経験と想起

ぼーっとできる建築

森 菜央
Nao Mori

日本女子大学大学院
家政学研究科
住居学専攻
宮晶子研究室

自粛生活で家の中に長くいる体験をしたときに、ぼーっとしたいという思いがあった。意思とは関係なく、自然を前にするとぼーっとできるのに対して、私が家の中で窓からの景色を前にしてもぼーっとできなかったのは何故なのか、その空間環境と自身の関係が影響していると考えた。

ぼーっとするときとは、今いる現実から少し離れ、自分のいる状況を自分だけの想起の世界として感じるのだと考える。窓からの景色では自由な想起が生まれず、建築の中にいながら、“今、ここ”という感覚から私を包み込む建築やその周りの1つの世界を、広がりを持って想起できる状況にあることが、建築の中にいながらぼーっとできる体験を生むと考えた。そのためには建築の中での連続した経験の蓄積による空間構成の把握と空間による想起／想像の余地があることが必要だという仮説を立て、事例の研究を行い設計提案に繋げた。壁柱を利用した2つの規模の空間構成の共存を考えることで集合住宅の新しい住戸の集まり方を提案するとともに1つの場所に留まったときに、そこに至るまでの建築内での主観的な経験の積み重ねによって、自分を取り巻く建築全体の客観的な相対を心の中で思い描くことができる住戸の提案を目指した。

1. 研究背景と目的

コロナ禍での自粛生活で家にいる時間が増えたときに明らかにそれまで普通に外出していた生活との経験や記憶に関する違いを感じた。“おうち時間”というキーワードを検索して家にいる間、常に何か目的を探して時間を過ごそうとしていた。そんな中、ネット世界でもなく目的的な活動でもなく、何もせずぼーっとできる時間を持つことへの欲求を感じた。

「僕らは現実から逃れるためではなく、現実のありようを受け入れるために夢を求めている。単一の現実にいるとき、人は本当のところ、現実を見ることはできない。物事を絶対評価しながら理解することは容易ではなく、僕らは物事を比較しながら、相対性の中で位置付けていくことでしか世界を理解することができないのだ。（中略）だから僕らを知るために夢を見る必要がある。それこそが居場所をつくるということの本質ではないかと思うのである。

東京大学の石田康平氏は、論考『夢の中で暮らすことから始まる都市の公共性のこれから』（新建築　2021年10月号、株式会社新建築、2021年10月1日）でこのように述べている。私が家の中でぼーっとしたいと感じたことは、住宅の中で石田氏が言うところの夢を見るように現実から少し離れる感覚が欲しかったのだと考える。

2. 都市の中でぼーっとするためには

自然を前にしたときにその体験から実際には見たことはない大きさの自然を想像させられる。実際に地球や自然が想像しているように存在しているのか確証はないが、手元から自由に想起が広がるのである。それに対して建築物では、その全体を入る前に把握していたとしても1つの部屋に入ったときに広がるような想起が生まれず、目の前の現実から抜け出してぼーっとする体験ができない状況があると考える。全体を把握しきってしまうことは想起の範囲を定めてしまうことであり、把握できそうでしきれていない状況にあることが自由に広がる想起に繋がると考える。

そのためには、建築の全体像を一眼見て理解するのではなく、自身の経験を少しずつ蓄積していくことによって把握し、また1つの場所に留まったときにその経験から把握した像を想起するきっかけや想像の余地があることが必要だと考えた。空間構成に着目し、私の実体験と事例の分析をもとに設計提案につなげる

3. 経験と想起に関わる構成の分析

複数のリアリティを自己の中に与えうる建築が持つべき特徴「連続した経験が蓄積すること」「経験が想起されること」を軸に事例を分析し分類した。事例の分析から経験と想起に関わる空間構成が持つ特徴を４つにまとめた。

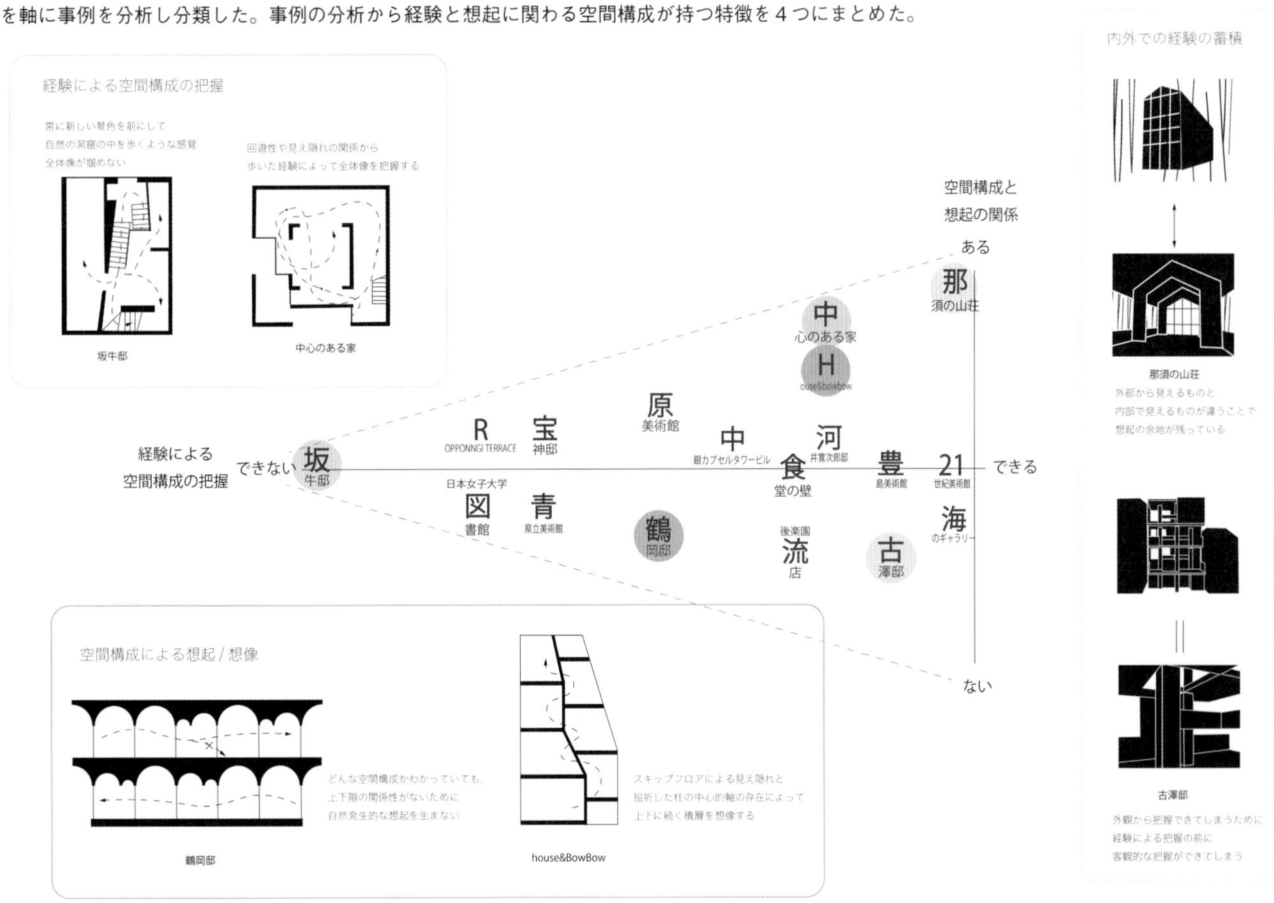

●複雑すぎない／捉えられる構成であること

ある程度の規則性やルールがある構成であることで、経験した空間を想起しやすくなり、また先を想像することができる。

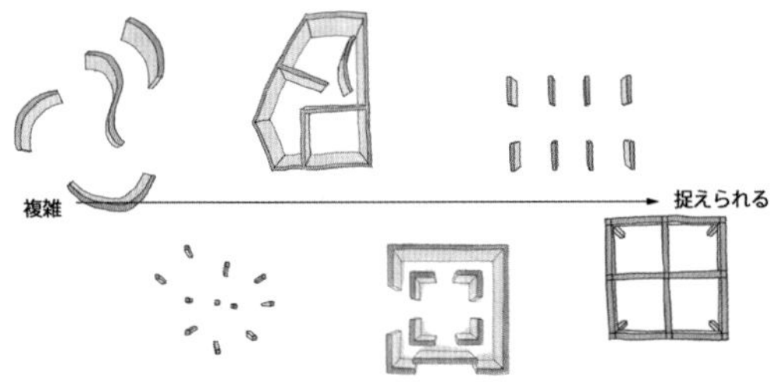

●構成に対して自由な動線／視点があること

複数の側面から見ることで頭の中で主観から離れて立体的に想起することができる。そのことが全体像への把握へ繋がる。

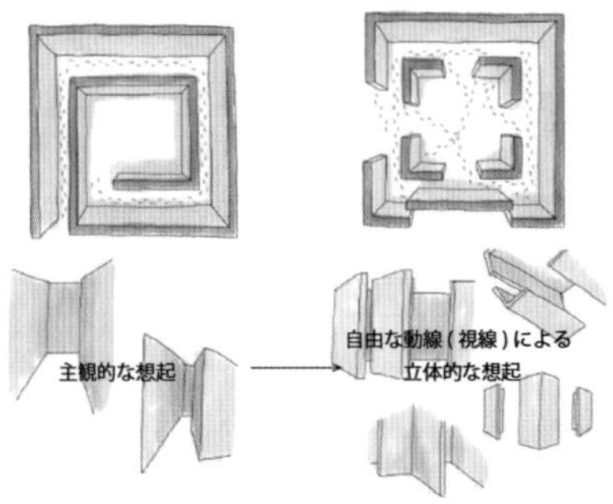

●構成に方向性があること

方向性は運動に伴って空間に変化があり、移動したことを実感し、経験として蓄積するために重要である。

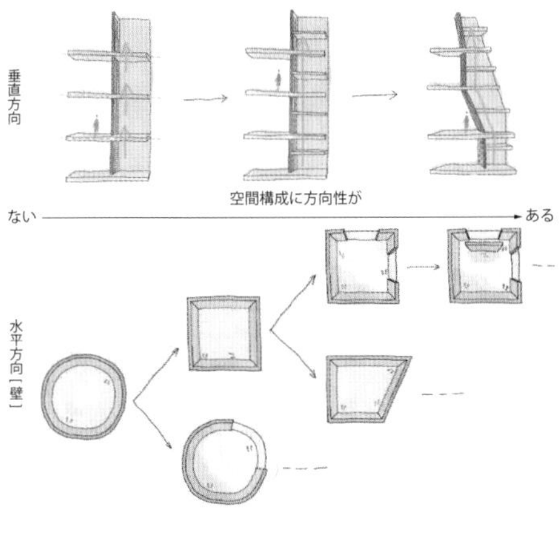

●全体を見渡せないが部分的に見えること

内部からでも外部からでも1つの場所から全体を見渡せないことによって、想像の余地が生まれ、自分の記憶に頼って想起する。また、部分的に見えることで中動的にその続きを想像する。

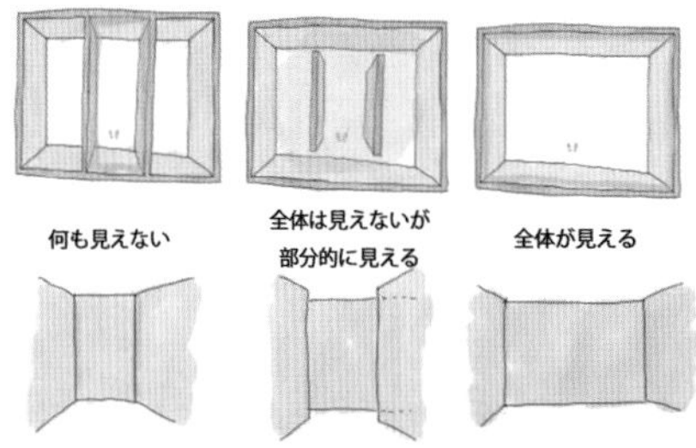

4. 計画／設計提案

●敷地

東京都西東京市谷戸町、西武池袋線ひばりヶ丘駅から徒歩10分の住宅街に集合住宅を提案する。郊外の住宅街であるため都心部に比べれば緑はあるが、公園などの部分的なものに限られている。特にこの敷地はマンションや団地に囲まれていることによって、景色に対してぼーっとできる隙間がないため、建築の中でぼーっとできる住宅を提案する。

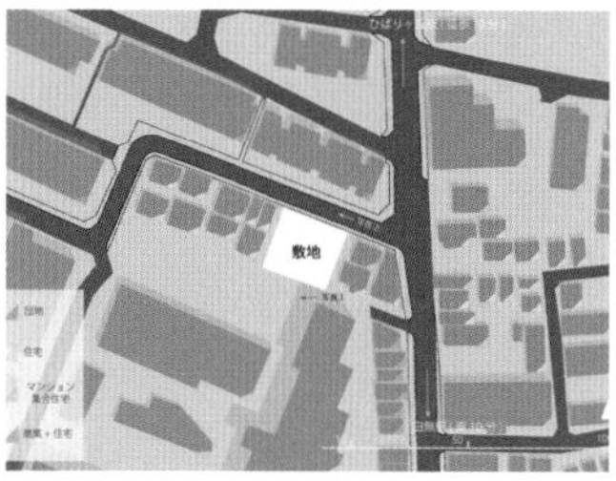

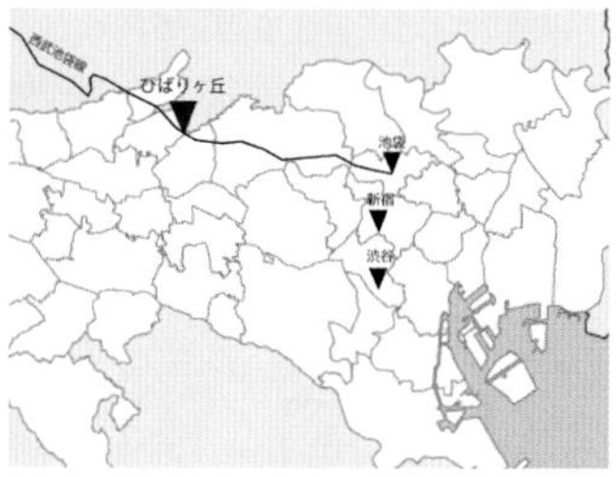

●全体と住戸の関係

集合住宅には集合住宅全体の空間構成と一住戸単位の空間構成がある。１つの場所に身を置きながら、自分の家へ、建築全体へと経験の想起が広がるために、それら２つの規模の構成が独立しながらも繋がっている提案をする。そこで幾何学的構造でもある、フラクタル構造を参考にする。フラクタル構造は部分から全体が成り立っていながら、部分を全体とも捉えることができる。このように、集合住宅とその住戸の構成が連続していながら、どちらも１つの構成として捉えられる関係を目指す。

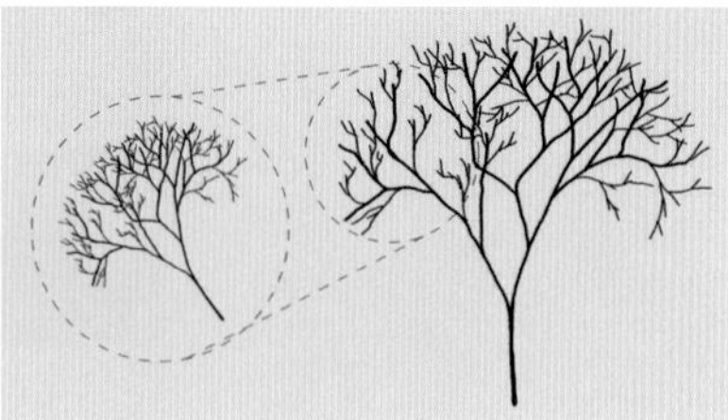

●全体の空間構成　ー壁柱ー

構成をつくり出す要素として、複数ある住戸を分断せずに横断しながら全体の構成をつくり出すために、幅を持った垂直材である壁柱を採用する。部分的な体験からその全体を想像できるためにそれらを連立させ、入れ子に配置した。その壁柱に高さを設定することにより光環境を調節すると共に、幾何学的な構成に方向性をつくり出している。

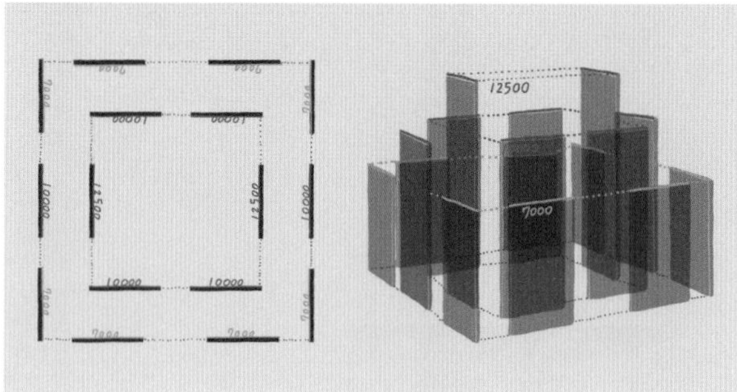

●住戸内の空間構成

住戸は凹凸を持った不規則な形態で外殻からは構成を捉えられず、住戸の中を歩き回ることで把握する。住戸の中は壁柱と住戸内の壁によって中心を持った構成となっている。不規則な形態の中での中心のある構成とは吹き抜けや光環境など空間の質によって中心性を保っている。またメゾネットによって立体的に回遊動線を生んでいる。

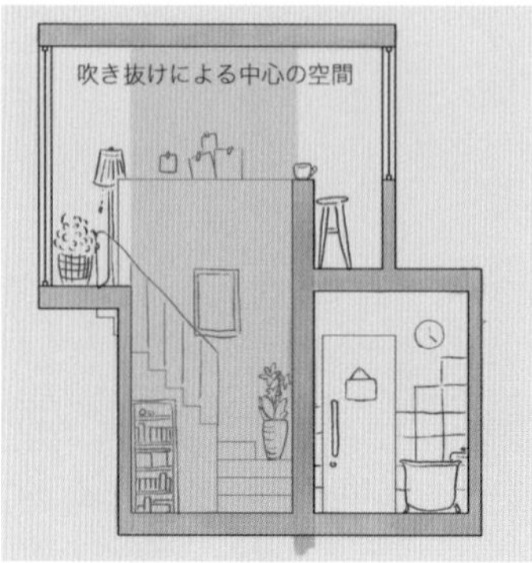

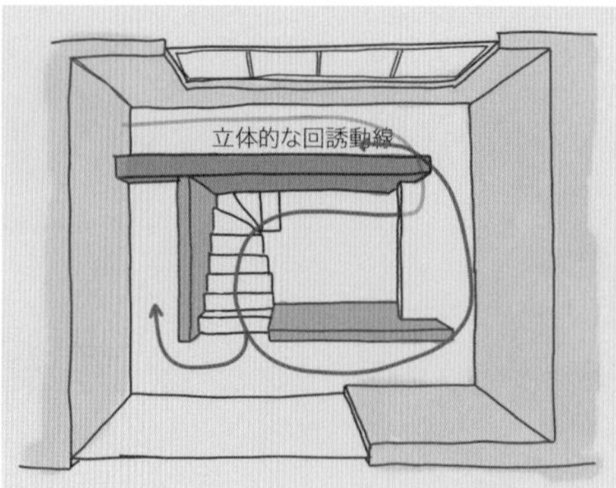

●フラクタルな関係

集合住宅に中庭という中心をつくり出している壁柱は、住戸の中でまた中心を持った構成をつくり出し、フラクタルな関係ができている。

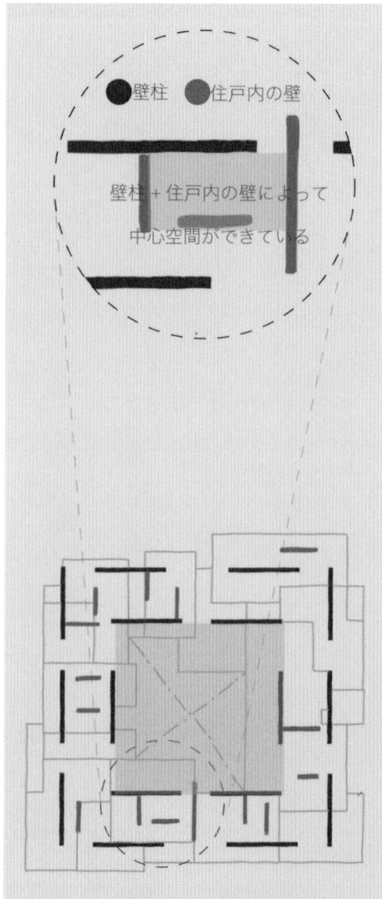

●共有動線

共有通路は壁柱の間を縫うように通っていて、屋上にたどり着くまでに様々な角度からその壁柱の配置を見ることができ、全体像の把握に繋がる。

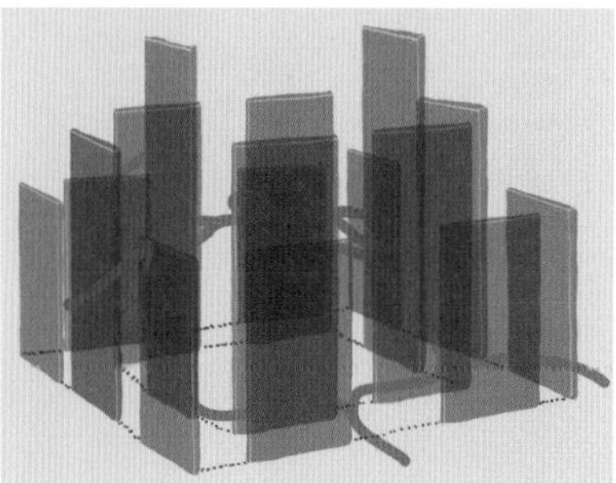

●見え隠れする壁柱

真ん中に中庭を囲うような配置の壁柱に対して凹凸を持った住戸が付随していることによって、壁柱に見えない部分と見える部分が生まれる。

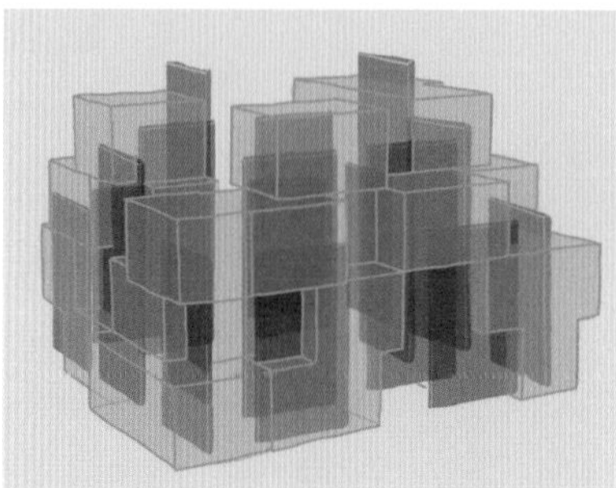

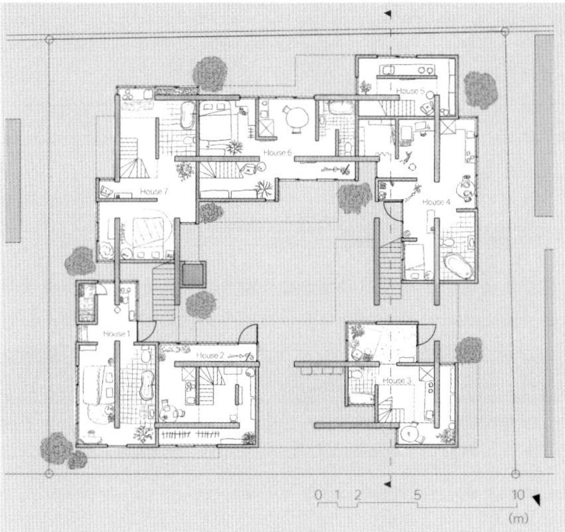

1階平面図

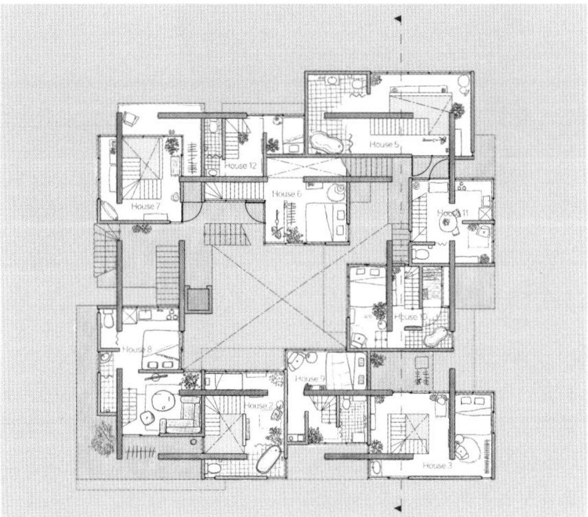

2階平面図

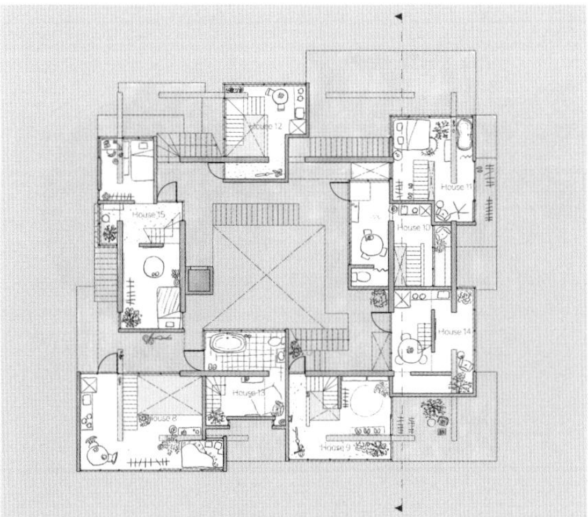

3階平面図

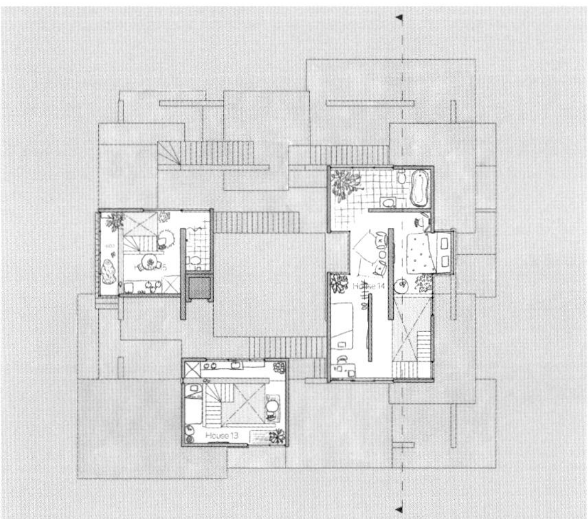

4階平面図

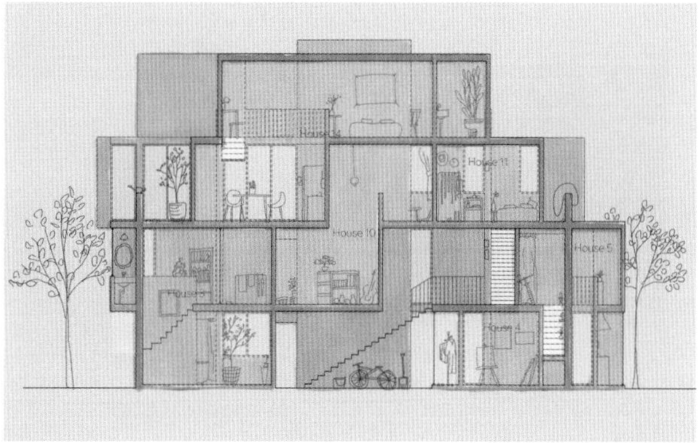

断面図

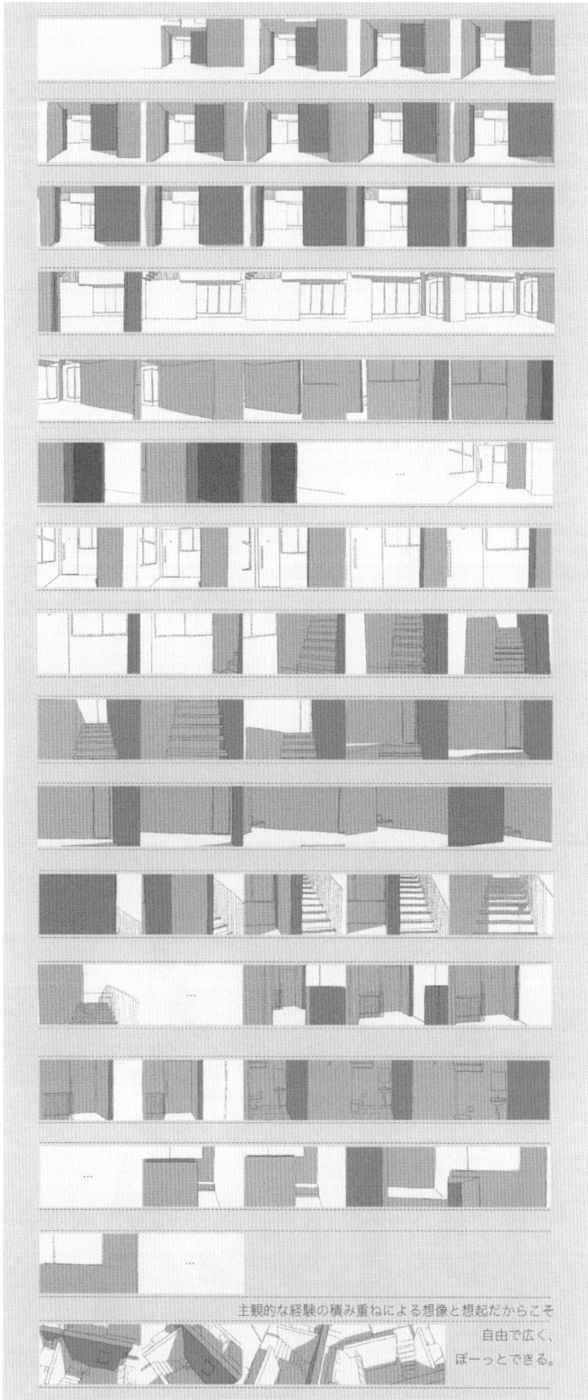

主観的な経験の積み重ねによる想像と想起だからこそ
自由で広く、
ぼーっとできる。

奨励賞

個性の保存

歌舞伎町一丁目における都市の更新方法の提案

三浦 亜也奈
Ayana Miura

神奈川大学大学院
工学研究科
建築学専攻
曽我部昌史研究室

東京を歩いていると、しばしば周辺から隔離されたような空間に遭遇する。新宿・歌舞伎町はその１つだと言える。歌舞伎町一丁目と外との境界にはところどころゲートが設けられ、それより先に足を踏み入れると、目の前に他とは一変した世界が広がる。暗闇に一晩中浮かび上がるおびただしい量の看板の数々や、建築の前面に剥き出しで配置された設備機器、異様に視界の抜けない街区構成などがこの場所の独自性の担い、他と分離した異世界感を生み出している。このような一般的にネガティブに捉えられる、調停を逃れた要素の蓄積（＝無秩序な景観）が歌舞伎町一丁目独特の景観を生んでおり、本計画ではそれらを一定の価値のあるものとみなしていきたいと考えた。一方、歌舞伎町を含む新宿では都市スケールの視点から再整備が計画されており、人の流入が加速することに加え、来訪者が知覚するような無秩序な景観が失われていくことが懸念される。こういった状況を背景に、フィールドワークによって得られたまちの個性を取り入れ、１つに凝縮した建築を提案する。今後、都市の宿命としてある程度の機能的視点の開発は免れない中、提案する建築がまちの個性を繋ぎとめる存在になることを期待する。

1. 対象エリア　新宿区歌舞伎町一丁目

計画敷地を含む新宿は、日本有数の歴史ある繁華街である。特に歌舞伎町では戦後の復興計画により、娯楽機能を有した新興文化地域として復興計画が行われ、その方針を今日まで継承している。新宿では1960年の「新宿副都心計画」に基づく都市整備が行われて以降、大規模な再編整備が行われていない。そのため建物の老朽化に対応することや巨大ターミナル駅として適した設えにすることを目的に、都市スケールの視点から整備の方針が定められ、新宿駅直近地域を中心に計画が進行している。

2. 歌舞伎町一丁目の個性の調査

●分散されたT字路（ターミナルビスタ）

歌舞伎町の街路には多くのT字路が見られる。これらはターミナルビスタという考えに基づき、戦後の区画整理によって意図的に形成された。T字路の多用によって景観が封閉され、内から外への視線が遮られている。突き当たりにたどり着き左右を見ても、また視線は行き止まりになる。そうして人は自然とまちの奥へ引き込まれていく。これが他の地区には見られない独特の迷宮感を創出し、歌舞伎町一丁目の１つの空間的特徴になっている。

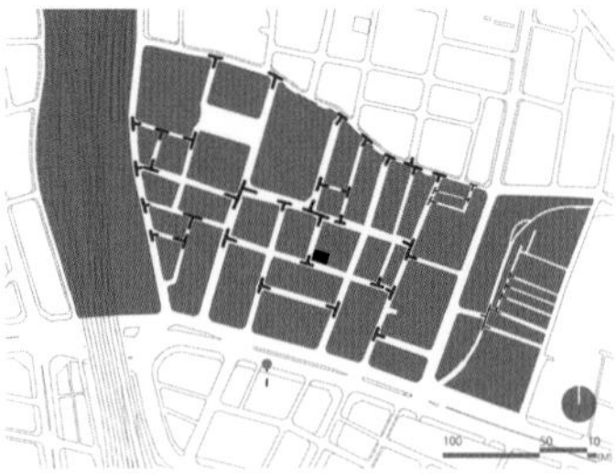

歌舞伎町一丁目内ターミナルビスタの配置

視線がぶつかる先のデザインの例

●通り

人が一人やっと通ることのできる路地から、道ゆく人々や客引き、たむろする人、搬入車両やゴミといった、多様なものを包括する大通りを持つ。幅員が大きく異なる通りを共存させることで、まち全体に奥行きを創出し、大小さまざまな人々の活動を許容する。

また、ここには裏界通路が存在する。裏界通路とは、土地区画整理事業により避難通路等の目的で設置された幅員2.0m以下の通路で、区が維持管理を行っている。舗装されているものの、薄暗く狭いためか一般の利用はあまり見られない。

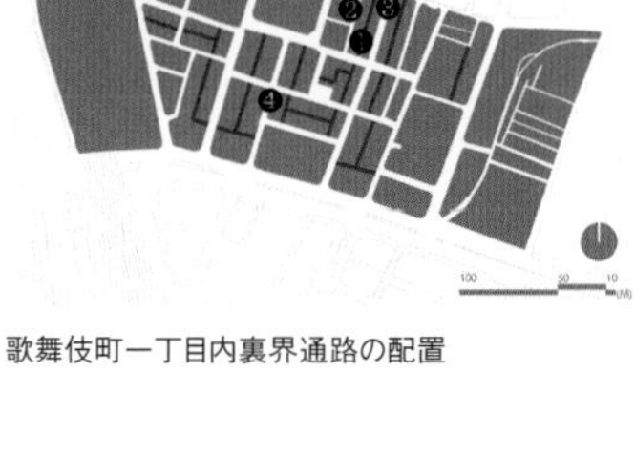

歌舞伎町一丁目内裏界通路の配置

●不揃いのファサード

建物が隙間なく並ぶ都市では、それらのファサードがまちの印象を決定する重要な要素となる。そこで、フィールドワークにより発見した印象的なファサードを、スケッチ・分析した。歌舞伎町で見られるファサードの特徴として「開口部が少ない」「内部と外部の間に階段がある」「設備機器の露呈」「各テナントに合わせたパッチワークのような仕上げ」をあげる。

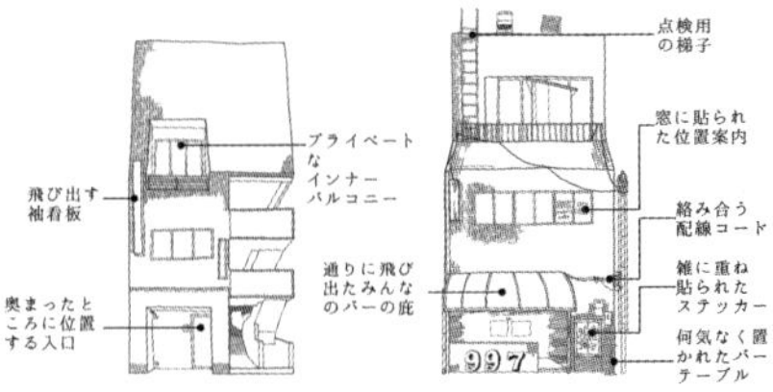

ツーフェイスドビル
性格の異なる二つの通りに面した一つのビルの二つのファサード

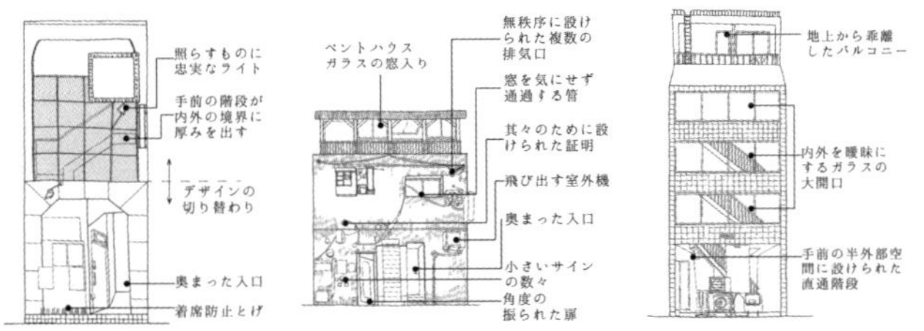

遠い道のりのビル　着飾るビル　曖昧な境界のビル

●調停を免れた要素

歌舞伎町のまちには、調停を逃れて個々の欲望のままに建物のデザインが決定されている箇所が多く見られ、歌舞伎町の個性的な景観を創出している。

3. Form Follows Desire

ルイス・サリヴァンが提唱した「Form Follows Function」から、近代化に伴い機能主義が語られた。一方、歌舞伎町のまちの個性は、調停を逃れ要素の集積から決定されていると考える。それらがまちの迷宮性と合わさり、独特の迷宮性を創出している。歌舞伎町の個性の調査で、知覚、体験できるまちの個性の形態と何によって生まれるかをまとめた。

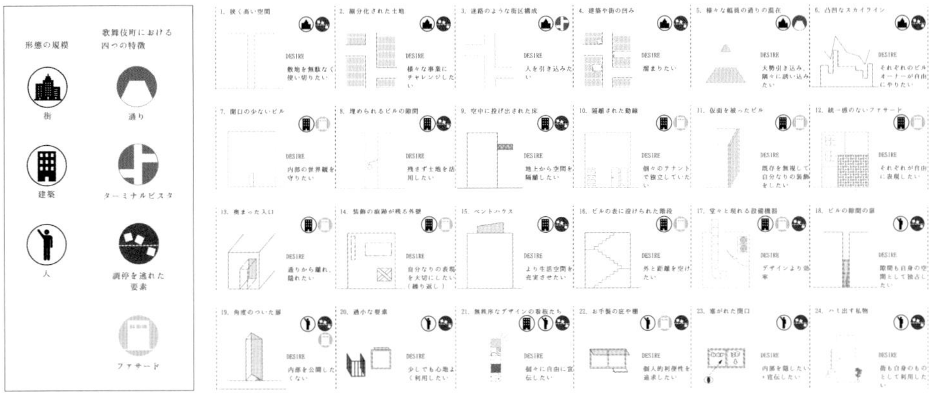

4. 計画敷地

計画敷地は小規模ビルが集積する高密なエリアに位置する。新宿東宝ビルと1つの街区を挟んだ向かいにあり、人通りの多い新宿東宝ビル脇の通りと垂直に交わる路地とでターミナルビスタを形成している。8つのビルの土地を統合して計画することから、裏界通路をまたぎ、幅員の異なる2種の通りに対してファサードを持つようになる。

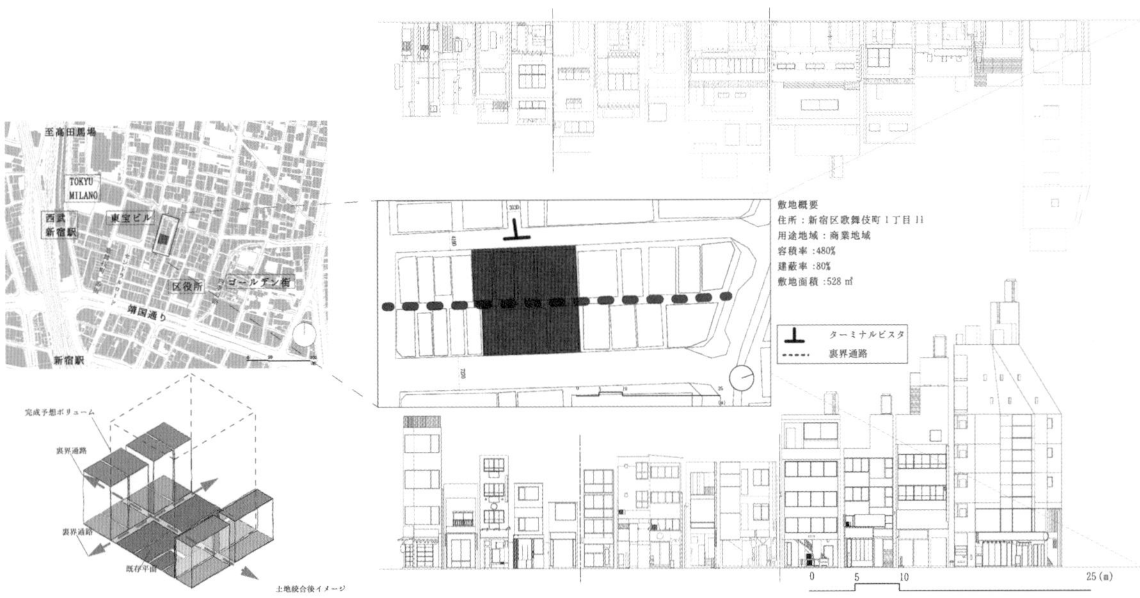

5. 建築の構成

先に挙げた「Form Follows Desire」より具体的な空間化を図り、歌舞伎町の個性を一つのビルに凝縮する。そうすることで歌舞伎町を訪れる人々が、よりまちの個性を認識しやすくなる。

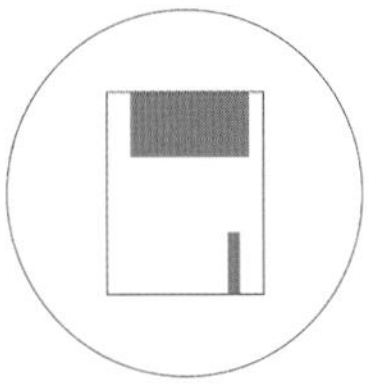

●豊富な開口パターン

幅員が狭い敷地の二面道路からは建物の全貌を視認することはできない。見る場所によって見せるものを変化させるように開口を配置する

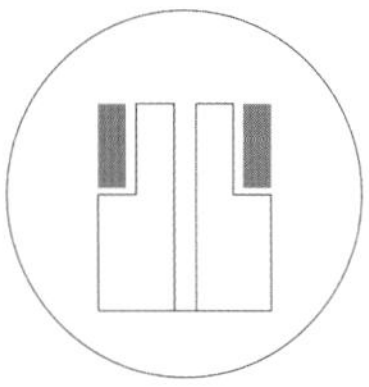

●屋上ボイド

上階に行くほどセットバックすることで、建築群の中に谷が生まれる。ここではテナントの増加に合わせて追加される機器の設置が許容される

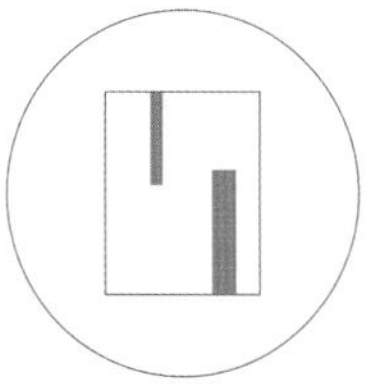

●スリッド状の空間

裏界通路を1つの建築が跨ぐことで現れるスリット状の隙間が、単なる通路ではない、歌舞伎町らしさを持つ新たな空間となる

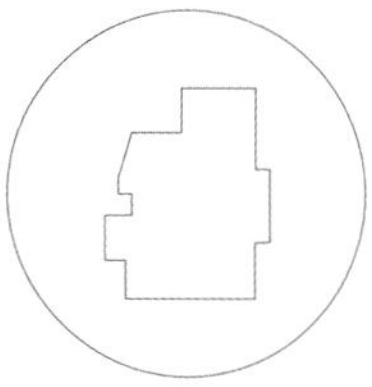

●壁面の凹凸

壁面を凹凸させることによって敷地の中に大小さまざまな空間をつくり、意図してないアクションを誘発する。また通路の幅員の変化にも利用する

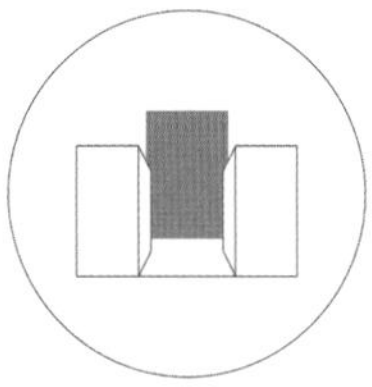

●視線の封閉

視線が通らない状況で、好奇心を駆り立てるような空間をつくり、建物の立体的な奥へ人々を誘う

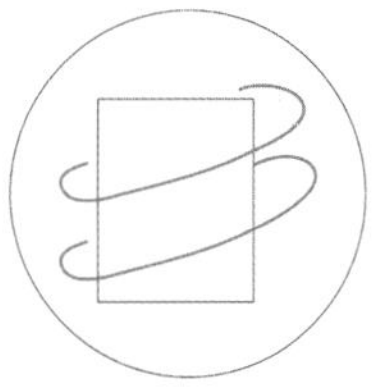

●巡る動線

躯体に2本のメイン動線が巡るように巻きつく。先への期待感が高まる動線が、歌舞伎町の迷宮性を1つの建築の空間体験で感じることを可能にする

6. 立面のデザイン

●裏界通路側

裏界通路に面する壁面には、窓をたくさん設ける。裏界通路は幅1.5m程度しかないため、地上を歩く人から窓の先は確認できない。しかし、漏れる光や音から中の賑わいを間接的に感じ取ることができ、上階へ向かうきっかけにもなりうる。開口や階段、通路を設け壁面を凹凸させることで、地上から見上げた景色が歌舞伎町らしい無秩序さを持ったものになるよう表現する。

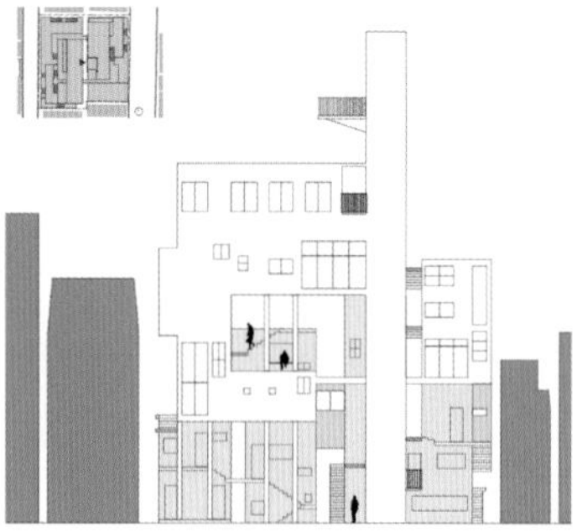

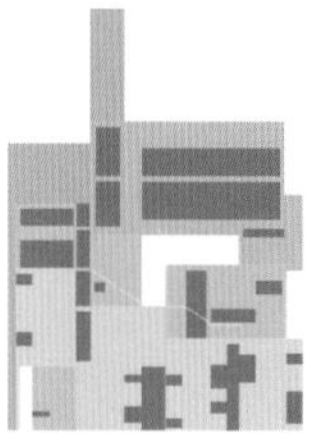

昼間は、薄暗く少し足を踏み入れづらい、歌舞伎町らしい不穏な空気を醸し出す路地が何本も通りから見える

夜間は、路地に沿って設けられた開口から明かりが漏れる。眠らない夜のまち・歌舞伎町ではこの明かりが一晩中光り続け、敷地内のスリッドは照らされ続ける

●前面道路側

前面道路に面する壁面は、歌舞伎町の建物のファサードの特徴の1つである「閉鎖的」であることを踏襲する。敷地内部へ向かう路地のスリットが垂直に伸びるのに対し、開口は横長のスリット状に設ける。その開口は路地の奥へと続き、敷地内部へと道ゆく人々を誘う。上階は壁面がセットバックしているため前面道路を歩く人から確認できない。そのため、上階にいくにつれ、開口が大きくなっていく。

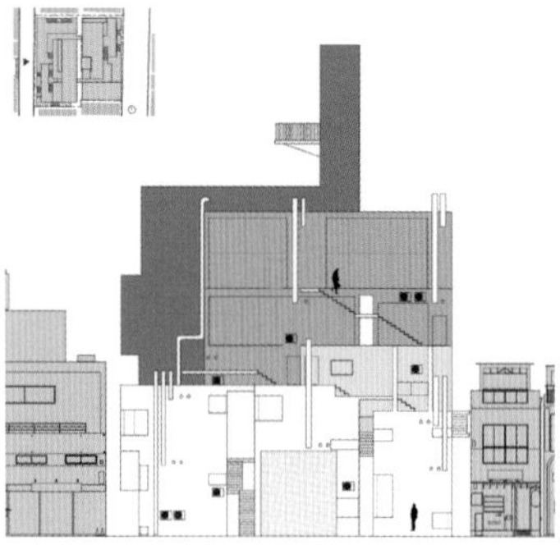

7. 多様な断面構成

2.2m～8.6mのさまざまな天高の室をつくることで空間の活用の仕方に幅をもたせ、使い手の独自性を刺激するまた地上レベルに床がなく、直接内部を視認できないつくりにすることで、内部を人で賑わう外部空間から隔離し、各テナントの独立を守る。

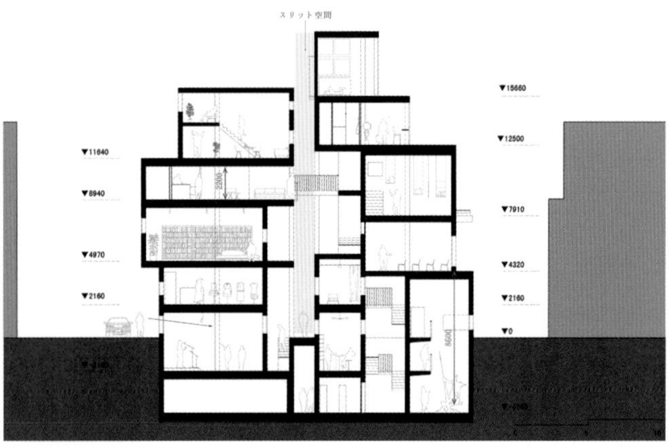

b-b' 断面図

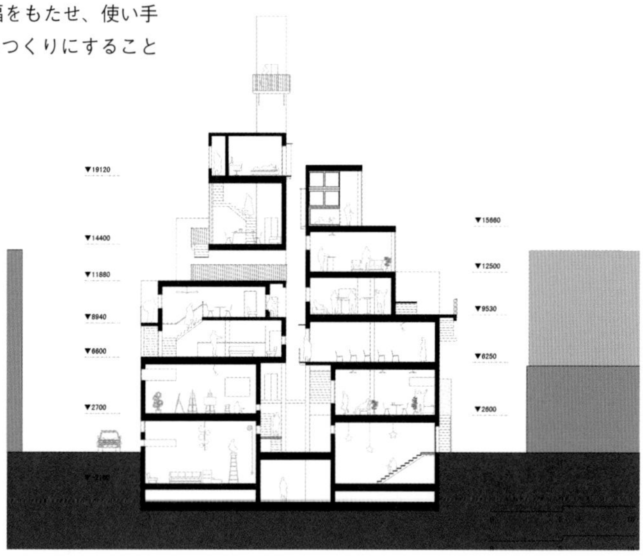

a-a' 断面図

8. 平面構成と空間体験のイメージ

①通りから路地を介して敷地に入ると突如現れる大穴。まちの奥行きを感じさせる

②ビルの合間を縫うような動線。いつもは近づけない場所にアプローチすることで来訪者に新たな刺激を与える

③普通に考えたら発生しないような謎の行き止まりを持つ階段

④動線の途中に窪みや出っ張りを設け、自分なりの心地よさをまちに見出すきっかけとする

⑤裏界通路に面した壁面の凹凸に小さな人の居場所が発生し、視線の立体交差が生まれる

⑥開口の先にはまちの一角のような景色が見えるがここはビルの4階。上階でもまちを歩くような空間体験が可能

⑦ビルのボリュームから突き出したエレベーターシャフトと天空デッキ。そこからしか望むことができない景色に想いを馳せる

⑧上階に行くにつれオープンな場所が多くなりつつ、歌舞伎町らしい不穏な路地の雰囲気は立体的に積層する

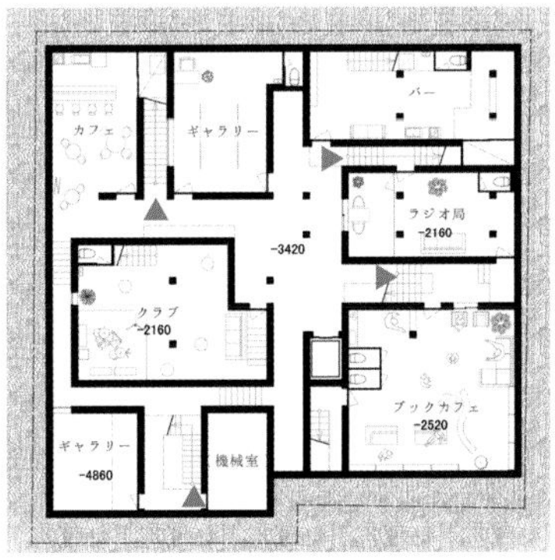

地下1階平面図

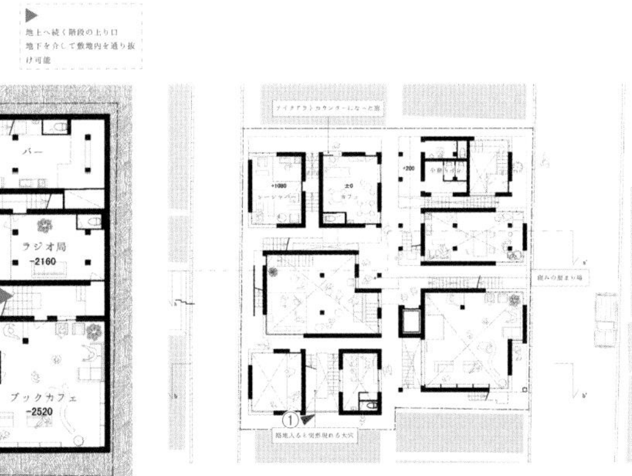

1階平面図

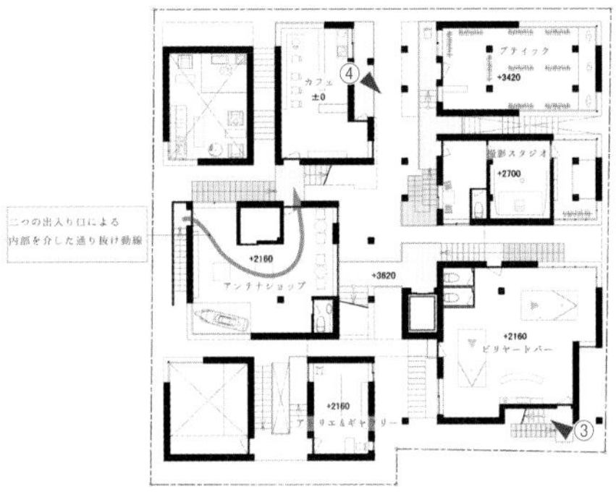

2階平面図

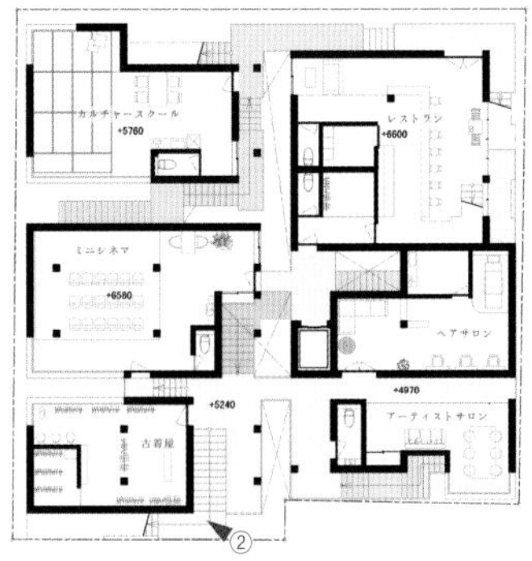

3階平面図

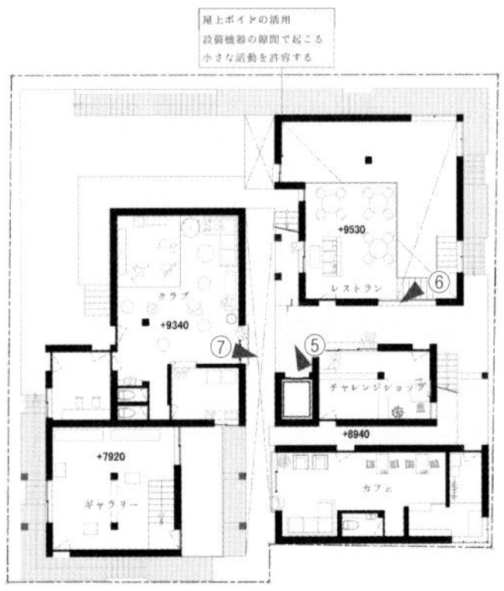

4階平面図

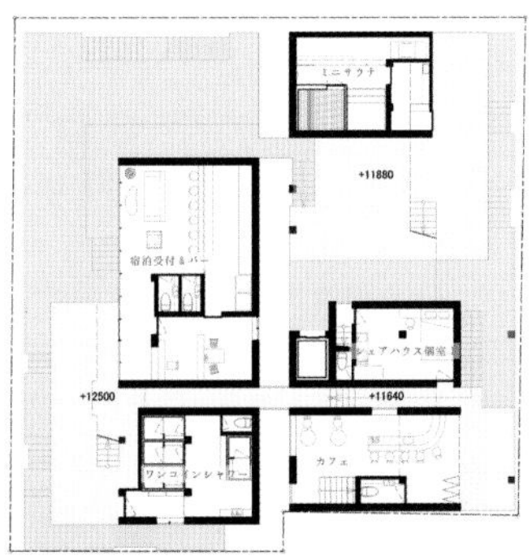

5階平面図

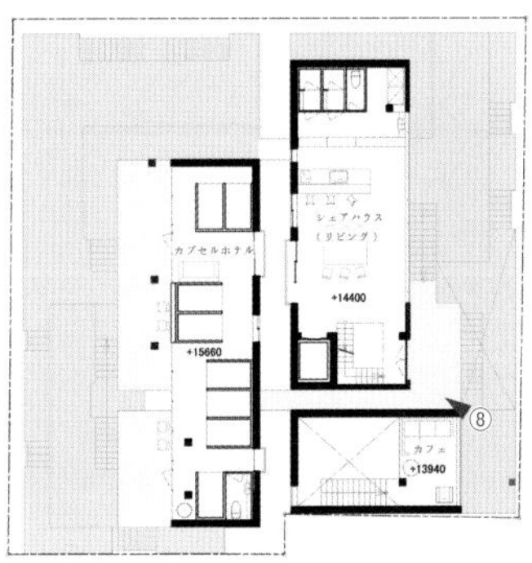

6階平面図

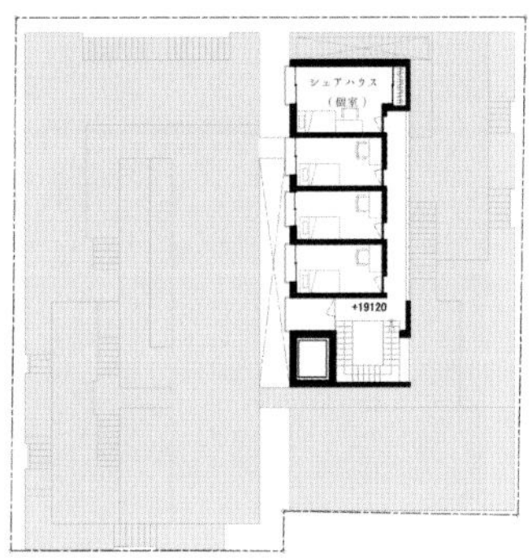

7階平面図

奨励賞

日常の外縁のゆらぎを誘発する建築

―物の様相を空間に帯びさせる設計手法―

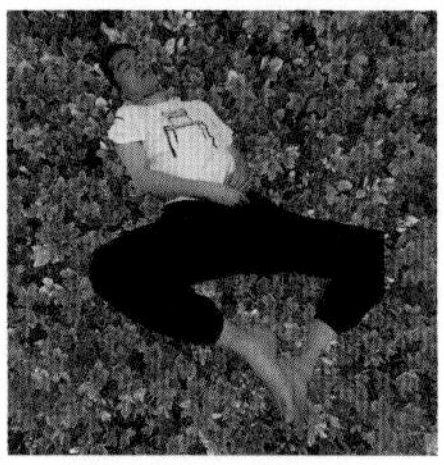

山口 海
Kai Yamaguchi

東京理科大学大学院
工学研究科
建築学専攻
坂牛卓研究室

観察とは対象を繰り返し認識することで、その対象をより深く理解できる行為である。現代生活において、観察は滅多に行われていないように思う。しかし他者を理解し、自己の感覚が相対化されるきっかけを持つ点で、観察は非常に価値のある行為であると考える。観察は非日常的行為ではあるが、現代生活でも日常的に観察に近いことが行われているように思う。

本研究では、それを観察という行為には満たない「日常の外縁のゆらぎ」と定義する。そしてこのゆらぎによって、私たちは日常的に何かを観察することを誘発される。観察への契機をも持つこの感覚を、建築を通して刺激することはできないだろうか。観察という行為に着目し、フレーミング、サンプリング、ビジュアライジングという３つの手法を展開し、試設計としてハナレを設計施工し、本設計として住宅を設計した。

1. 日常の外縁のゆらぎ

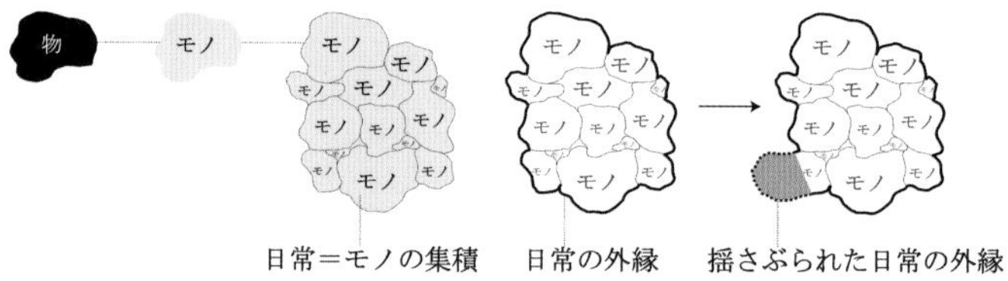

2. 認識の枠組み

主体はある刺激を認識したとき、その刺激を３つの方法で処理する。物への認識を変えることで、観察することを促すことができるのではないか。

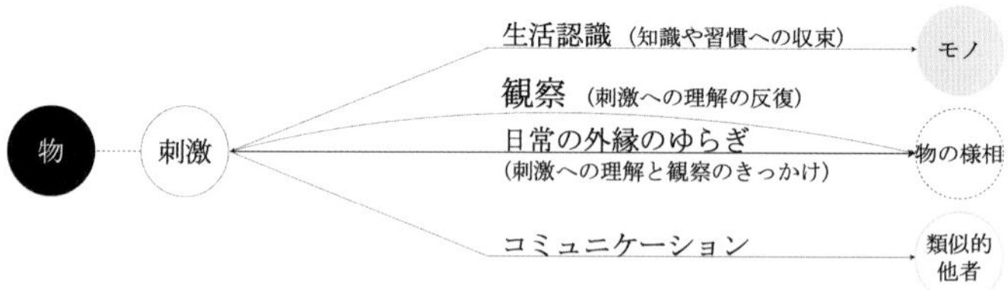

3. 物への認識を変える空間／指向空間の構成方法

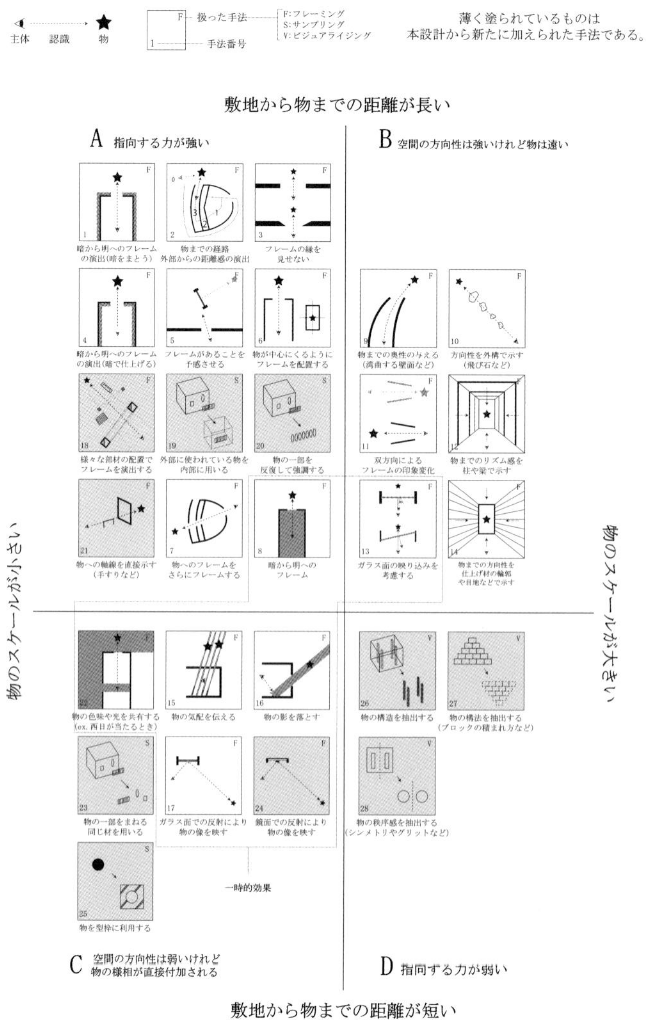

4. 設計の流れ

物の選定にあたって敷地の地形、気候、植生、生態、歴史、周辺環境などが複合的に主体に与える敷地の印象（敷地の局所的空気感）を理解する。敷地にいつでも存在し、敷地の局所的空気感をもつ物、あるいはそれに関わる物を選定する。

設計時に対象にした物とそれぞれの物に適用した手法と構成方法を表にまとめる。試設計では指向空間をつくる第一の手法としてフレーミングを提案する。フレームとフレーム周辺での、選定した物への視覚誘導と、物の様相そのものを共有することで、物を主体に強く認識させることをフレーミングと定義している。物の様相そのものの共有とは、外部にある物の影が室内に入り込む状況、また外部の物が特定の光に照らされているときに、同じ光が室内を照らしている状況など、主体が物の持つ性質（光や影）に覆われていることとする。

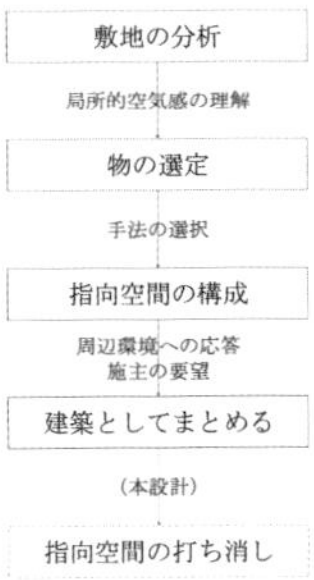

建築物	対象物	手法	構成方法	建築物	対象物	手法	構成方法
ハナレ	ソテツ	F	B	住宅	擁壁	V,S	D
	竹藪	F	C		RC住宅	F	D
	シンメトリカルな住宅	F	B		RC住宅　構造グリット	V	D
	コンクリートブロック塀	F	A		RC住宅　開口幅	S	C
住宅	ソテツ	F,S	B		RC住宅　スラブ高さ	S	C
	竹藪	F,S	C		RC住宅　仕上げ	S	C
	シンメトリカルな住宅	F,V	B		木造住宅	F	B
	コンクリートブロック塀	F,S	A		木造住宅　構造グリット	V	B
	ハナレ	V	D		木造住宅　開口幅	V	A
	ダンチク	S	C		木造住宅　屋外手すり	S	A
	坂道(私道)	V	D		外構のレンガ風タイル	S	A
	トタン屋根	V,S	C		外構の白タイル	S	A

選定した物の一覧

5. 館山のハナレ　―試設計―

千葉県館山市の南西部に位置する、閑散とした港町と別荘地との間にある、小さな集落の一角。空き家が多く、2019年の台風15号からの復興も半ばで、数年もの間、誰にも手入れされていなかった土地である。敷地に何度も出向き、さまざまな物への観察を続けた。そこから試設計では「ソテツ」「敷地からシンメトリカルに見える住宅」「住宅の解体時に取り残されたブロック塀」「竹藪」の４つの物を対象に建築をつくりあげることとした。

これらはいずれも敷地周辺の局所的空気感を纏っている。試設計のハナレは忙しい日常から距離をおき、自己を内省するような場が求められた。また、海が近いため風の強い日でも外で過ごせるように敷地西側へハナレを配置し、風を受け流すように外壁をゆるく湾曲させた。テントはここで過ごす期間のみ取り付ける仮設。外部から赤いテント、暗幕と赤い絨毯で囲われた入口、黒く塗られた室内へ動線を辿ることで内外の心理的距離をもてるよう全ての要素を空間体験の一部として構成した。

ソテツ

ソテツは館山周辺でよく見られる。誰にも手入れされていないが、生命力を非常に強く感じる

シンメトリカルな住宅

敷地周辺では珍しい、比較的新しい住宅。敷地からちょうど45°角度が振られている。雑然とした周囲から浮いて、不思議な存在感を放つ

コンクリートブロック塀

敷地の裏にあった住宅は台風の被害を受け解体された。敷地南側の崖に対面するように配され、置き去りにされたブロック塀

竹藪

海が近く、防風の観点で昔からダンチクが植えられ、自生している。ここでは珍しくダンチクとは異なる竹藪がすまし顔で綺麗に立ち並んでいた

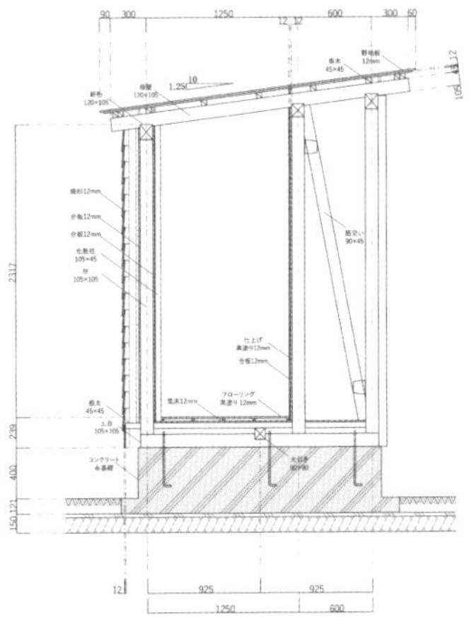

a-a' 断面図

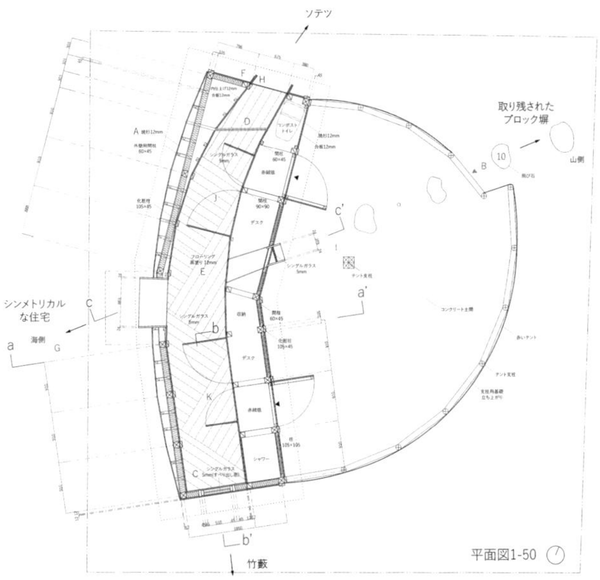

平面図

西側（海側）

扱った手法の番号

A＝1 ／ B＝2 ／ C＝3 ／ D＝3,13 ／ E＝4,12,14 ／ F＝5 ／ G＝5,7,11 ／ H＝6 ／ I＝7,11 ／ J＝8,9,12,14 ／ K＝8,9,12,14,15,16

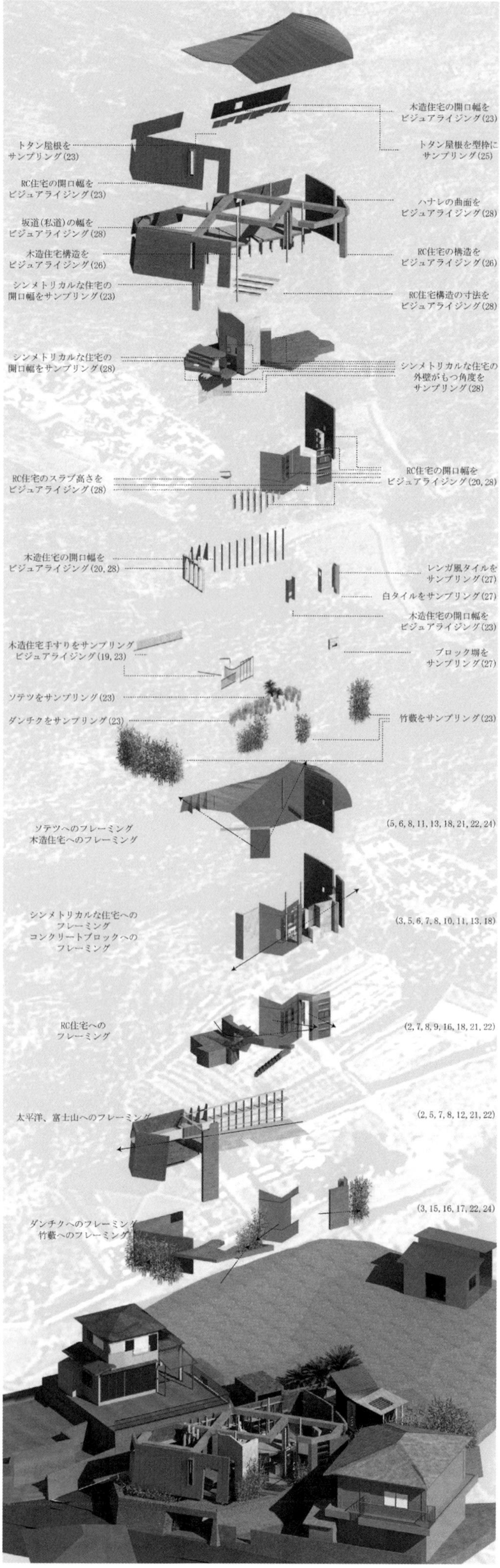

6. 石を愛でる家 —本設計—

館山のハナレの施主が定年後、施主の所有するハナレの目の前の敷地に東京から移住すると想定し、住宅を設計する。施主の要望はハナレではかなわなかった海の見えるテラスとハナレの主室とは対照的な大きな主室である。ハナレで扱った物と敷地周辺からさらに物を選定し、指向空間を構成しながら、それらの指向空間を同時に打ち消していくことで設計を進めた。エントランスから海の見えるテラスまで大きく回遊する動線で、さまざまにちりばめられた指向空間をまとめた。

7. 館山のハナレから

館山のハナレでの設計手法を見直し再提案する。ハナレでは対象にした物への指向する力が非常に強い。ハナレという日常的に使われない建物においては、その力が主体にもたらす感覚に直結するため、指向する力の強い空間が有効であると考える。しかし住宅など日常的に使われる建物では、主体が指向している対象に慣れてしまうことから、少ない数の強い指向空間を求めるよりも、数多くの弱い指向空間を設けることが有効的であると考える。そこで強すぎる指向空間を打ち消す操作に加え、指向する対象を増やし、さらに指向空間の種類を増やすためにフレーミングと並列して他の手法も取り入れることを提案する。

8. サンプリング・ビジュアライジング

フレーミング以外の手法としてサンプリングとビジュアライジングを提案する。サンプリングとは物の様相を空間に直接付加することである。物の一部をそのまま取り込むことや、物そのものをコンクリートの型枠の一部として利用することなどが例として挙げられる。例えばここでは木造住宅の手すりをさまざまな形で引用する。

ビジュアライジングは物の様相を寸法に落とし込むことである。物の構造や秩序感を抽出し、その構成を明らかにしながら参照することなどが例として挙げられる。例えばここでは木造住宅とRC住宅の構造体を取り出し、その両方を住宅に適用する。

9. 指向空間の打ち消し

指向空間を取り込みながら指向空間の軸をずらすことや、指向空間の流れを遮ることで、指向する力を弱め、空間を重層させて奥行を与える。

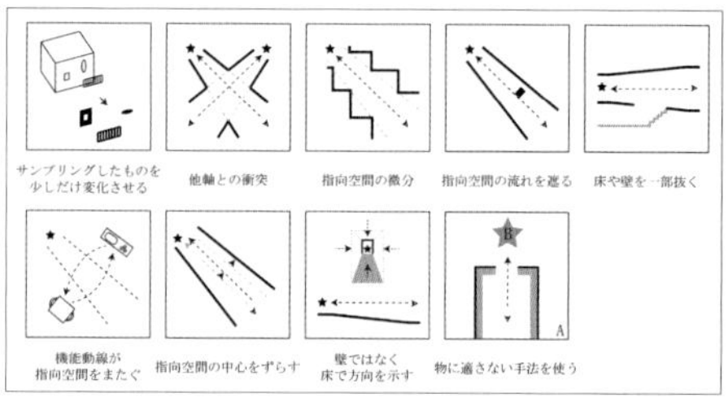

10. RCと木の混構造

木造住宅（杉浦邸）とRC住宅（飯田さんのハナレ）からビジュアライジングした2つの構造体。RCラーメン構造が外構とファサードを、木造の455mmのグリット構造が生活を支える床や壁を持つ。屋根はRCラーメン構造によって吊られたRCファサードと屋根まで伸びる木の柱によってつり合いを保ち支えられている。

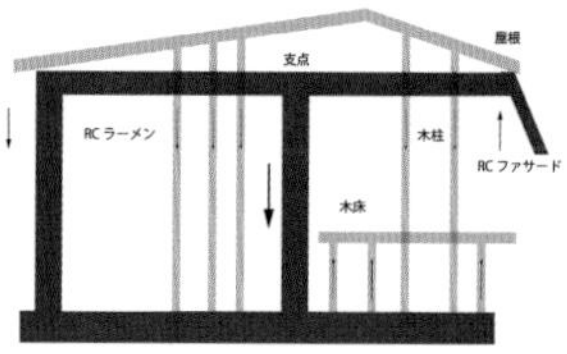

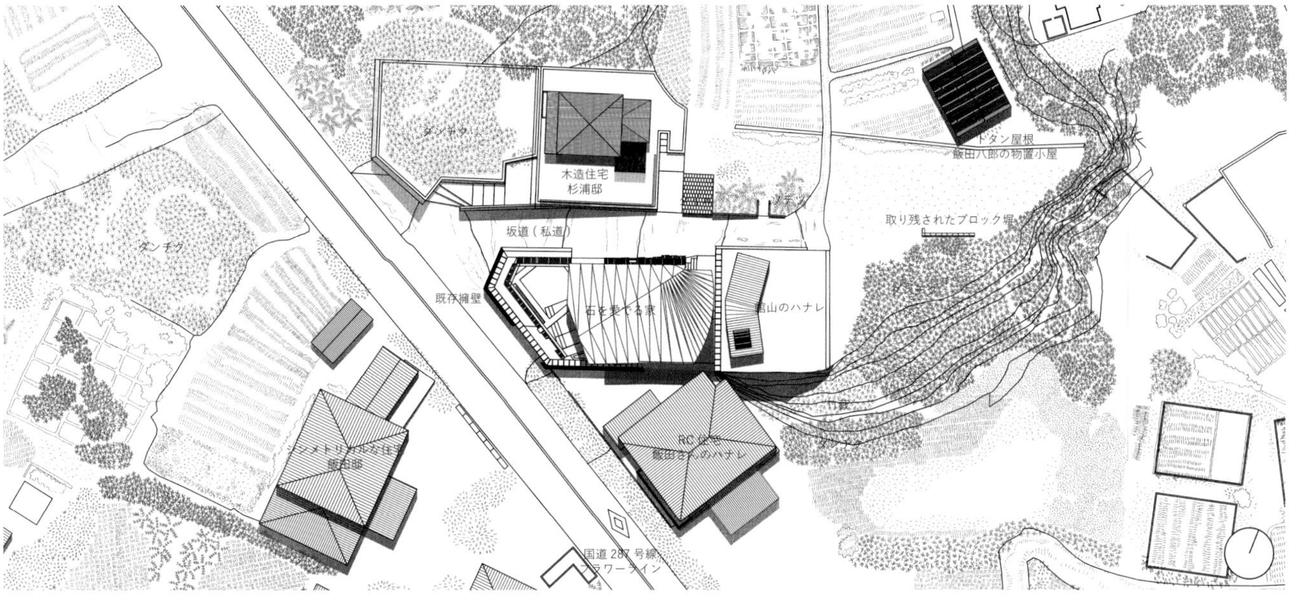

配置図

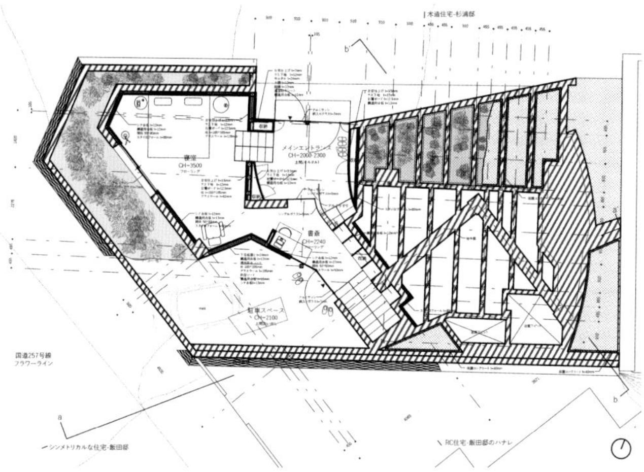

地下階平面図

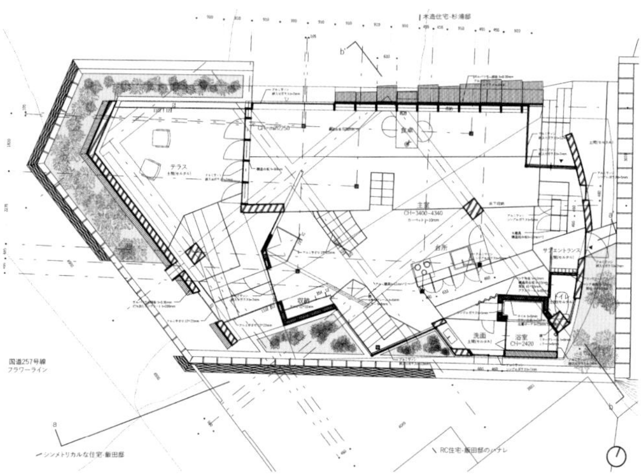

地階平面図

木造住宅からRC住宅へとゆるく曲がる軸線が、サンプリングした手すりや開口幅によって演出される

RC住宅と木造住宅からビジュアライジングした構造体が居場所を規定する

ハナレから引き継いだシンメトリカルな住宅への指向空間を残しつつ、柱や建具が空間を崩していく

対象にしたソテツが室内に映し出される。この鏡面は収納の扉としても機能している

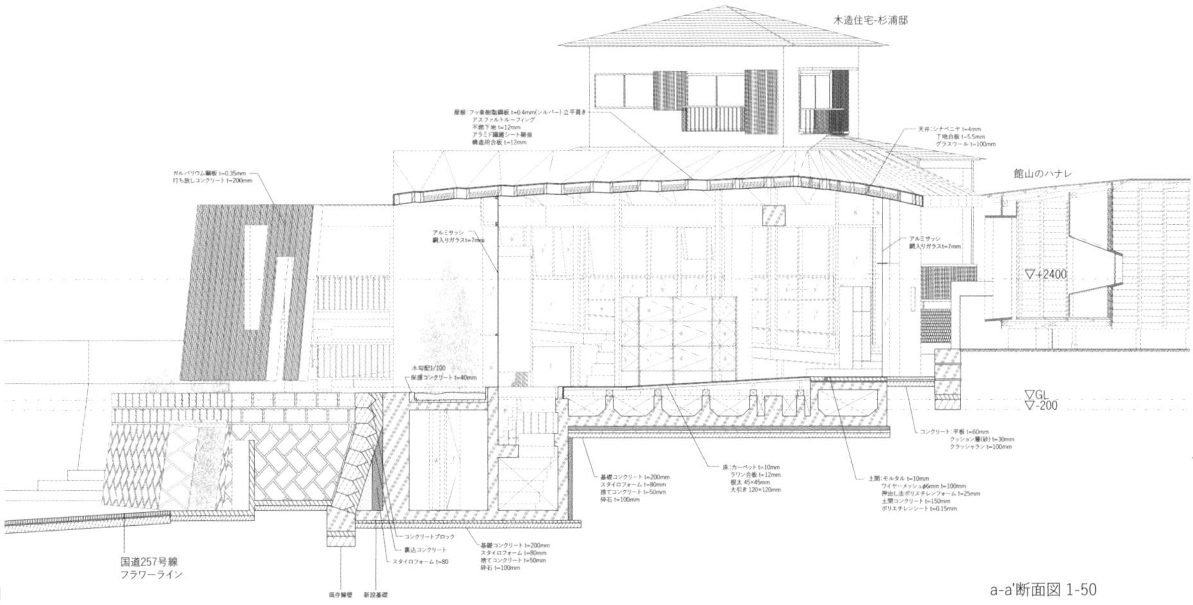

a-a' 断面図

a-a'断面図 1-50

■奨励賞

狭間の繕い

観天望気の湯屋

嵐 陽向
Hyuga Arashi

早稲田大学大学院
創造理工学研究科
建築学専攻
古谷誠章・藤井由理研究室

海と陸の狭間にある空間を考える。本計画は、人の生活と予期できない自然の取り合いの中で、線を引いて「距離を取ること」ではなく「関わり続ける」プロセスを提示するための試みである。瀬戸内海沿岸部を調査し観察する中で得た「自然の変化を察知し構築と修復を繰り返す生業」と「岩石海岸の空間性」を元に、“場所の獲得としての構築”モデル５つ、“自然の変異を察知する観天望気の構築” ５つの空間モデルを制作した。これらを手がかりに、人のカラダが一番自然に近づき、日常的に訪れる場所である風呂をテーマに計画する。自然の狭間のなかで裸になり無意識に感覚を研ぎ澄ます。何度も訪れ体験することで破損部分や見える景色の変化を感じ取ことができる、そんな空間を目指した。またつくられた構造は、何年か先、海面上昇と共に自然に還っていくことも想定している。現代に生きる私たちが、自然が取り合う場所に関わり続けるプロセスを考えることで、100年先の大地や海との関係性を問う。

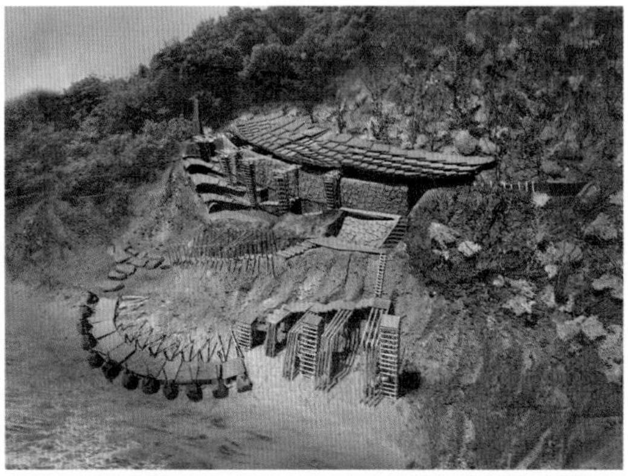

1. 自身の記憶と海際の現在

都会で生まれ育った私の原風景である愛媛県新居浜市の祖父母の実家。小さい頃はよく海辺や砂浜、海岸で遊び、楽しさや美しさ、そこに生きる生物や植物を学び、恐ろしさや危険さも同時に学んだ。祖父が亡くなり20年ぶりに訪れてみると、海際にはメガソーラーや堤防が立ち並び、昔の祖父母との記憶は戻らないものになっていた。「ヒトの理解の中で決められた安全」が島国を囲み続ける現代。安全の代わりに失われる物があるのではないか。

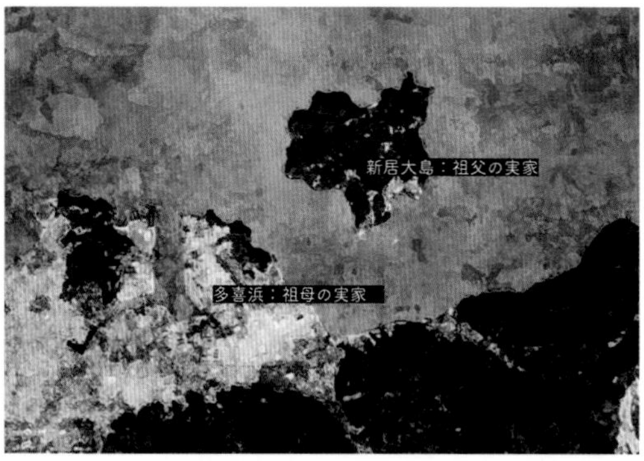

2. 瀬戸内海沿岸部の生業と自然

自分にとって瀬戸内海の海は思考の発端であり、大切な物である。本計画でも瀬戸内海から計画の示唆を得られないかと考え、２カ月かけて海際約200kmでフィールドワークを行った。その中で２つの要素を見出した。

１つは海際の生業が持つ修復と構築のプロセスである。自然の脅威も恩恵も同時に受け入れながら生活していくための知恵があった。もう１つは海と陸が取り合う場所に存在する岩石海岸である。美しく恐ろしい空間を分析することで、新たな体験を持った建築が生み出せると考えた。

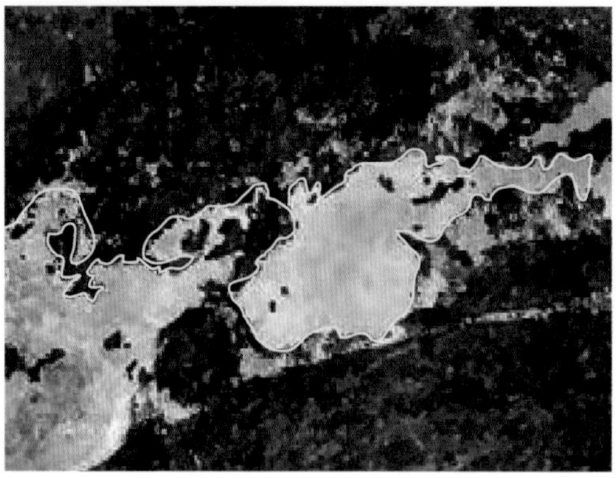

3. 海際の生業における構築と修復のプロセス

瀬戸内海に古くから存在する、自然との関わりの中で構築と修復を繰り返す生業を記録し分析した。その中で場所の獲得としての構築「削る」「積む」「囲う」「組む」と、自然の変異を察知する助けとなる構築「空を見る」「風を読む」「音を聞く」「変位を知る」という要素を見出した。自然を察知する熟達した能力は「観天望気」と呼ぶ。しかし現代の人には感じ得ないものである。こうした構築により、自然の恩恵も自然の脅威も同時に受け入れることがこの地で生業を保つ要因となっている。

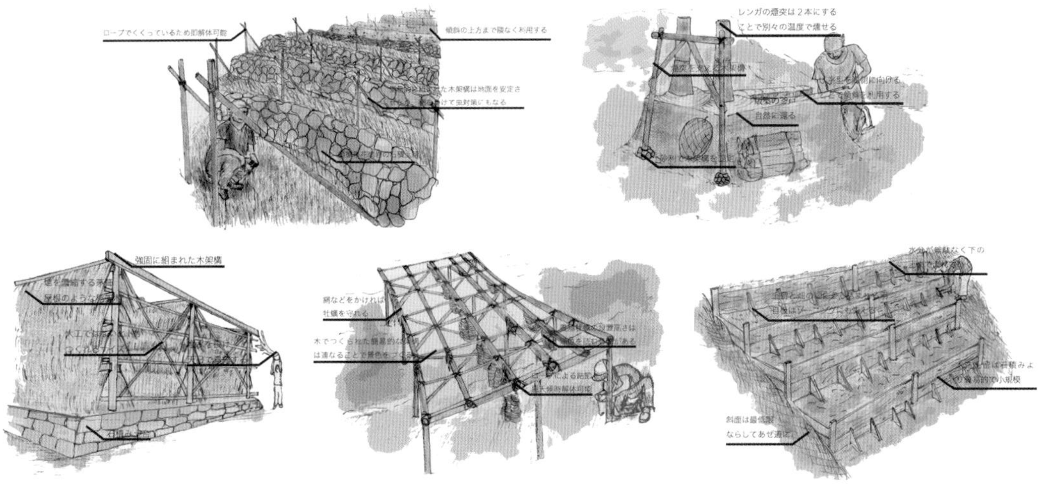

構築と修復の記録・分析

場所の獲得としての構築

削る

積む

囲う

組む

自然の変位を察知する助けとなる構築

空を見る

風を読む

音を聴く

変位を知る

4. 海と陸が取り合う空間

この分析では、先程見出したヒトの構築を自然が取り合う場所に散りばめていく際の空間設計の指針を抽出する。海岸線をフィールドワークする中で海と陸が取り合い続ける空間として「岩石海岸」に着目した。同一の地質でも削られ方、摂理の状態に同じものは存在せず、波と地層の関係の連続を表した空間と捉えて調査を行った。

約200kmを移動しながら記録し、特に自分が惹かれた空間を12カ所選定した。摂理と波の力線の関係によって空間原理を、ドローイングによって空間構成要素とそれぞれ分析し、自身が感じた、美しさや恐ろしさの言語化を試みる。

空間原理は集積した岩石の密度の大小、加わる外力の変化によって日々異なる様相を見せながら、地形全体で大きな力の流れがある。空間構成要素は線の集中する箇所で4種類の現象が場所ごとに表出し、細やかな線と鈍重なフォルムが変異しながら組み合わさっている。岩石の持つ多層性と密度の大小に加わる外力によって、空間に他視点的な状態が生まれ、特異な現象を体験できることがわかった。

自身が特に惹かれた12カ所の岩石海岸

空間原理：摂理、密度状態と波の力線の関係

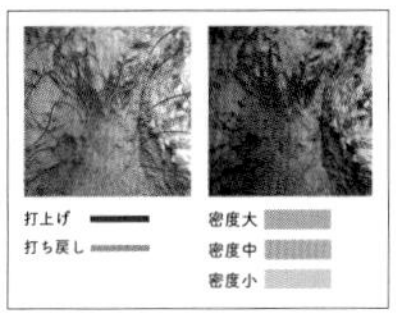

空間構成要素：線によるドローイング

5. 分析まとめ

自然とヒトの生活が連なる場所を提案するための要素

1. 修復を前提とする
2. 自然物の集積で作る
3. 「観天望気」を現代の人でも感じ取れる空間

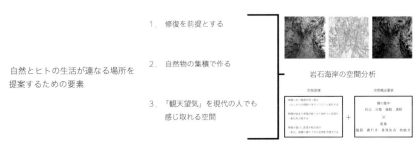

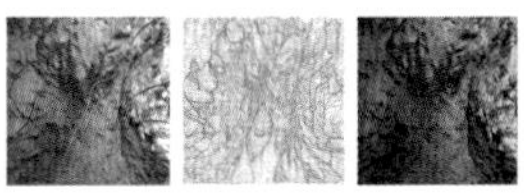

岩石海岸の空間分析

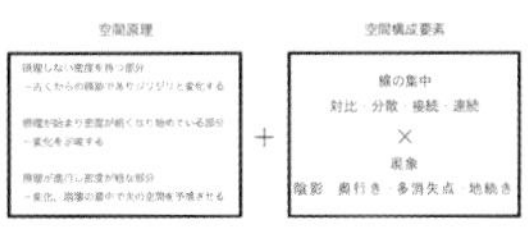

6. 空間モデルの作製

岩石海岸の空間分析をもとに、場所の獲得としての構築モデル5つ自然の変異を察知する助けとなる構築5つ、計10個を作製した。これらのモデルは自然の狭間のなかでヒトが無意識に身体感覚を研ぎ澄ますためのものであり、日常的に訪れることで破損部分や見える景色の変化を感じ取れるようにするものである。

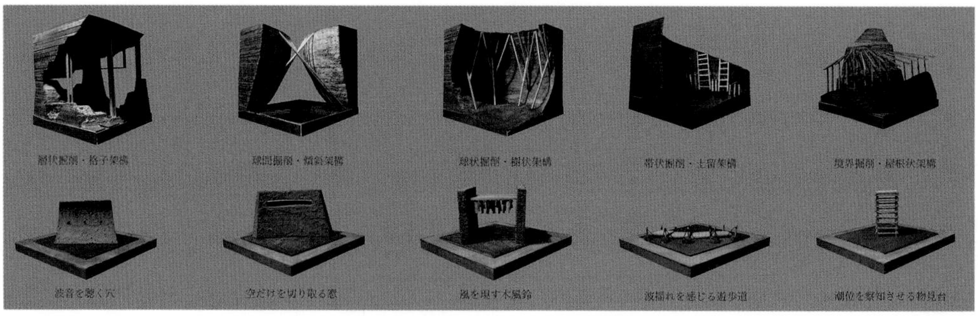

7. 敷地

敷地は黒島と呼ばれる、もとは島だった場所に位置する。対岸に新居大島があり、海中には海釜と呼ばれる特殊な地形も存在している。小さな平屋の住宅が集中し、船着き場や港も近い。しかし埋め立てや整備によって海際のカタチは直線的に変わり始めている。敷地周辺では山、陸、海、砂浜、岩石などの自然と、住宅街、堤防、メガソーラーなどの人工物が狭い中に取り合う。

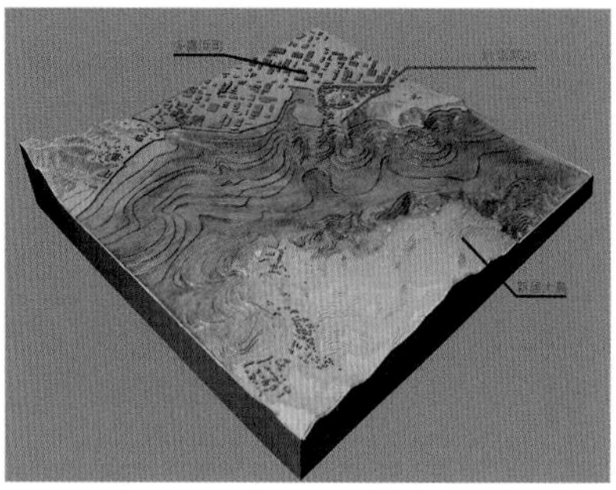

広域配置模型

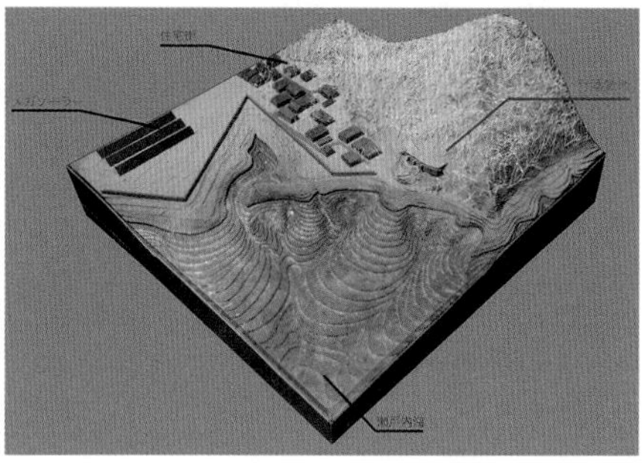

狭域配置模型

8. 設計順序

修復可能な自然物で建築を構成し、コンクリートや金属、カーボンやプラスチックは使用しない。そのため空間を獲得していく掘削行為が主体となる。瀬戸内の島々では石切の技術が高く、古くから花崗岩を切り出していた。本計画でも山の等高線や風の方向に岩盤を切り抜きながら、風の方向にそれらが簡単に崩壊しない様木材や石材、版築を用いて支えていく。

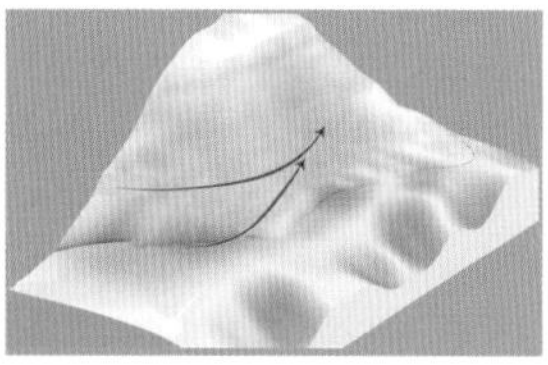

等高線に沿って岩石を掘削

→

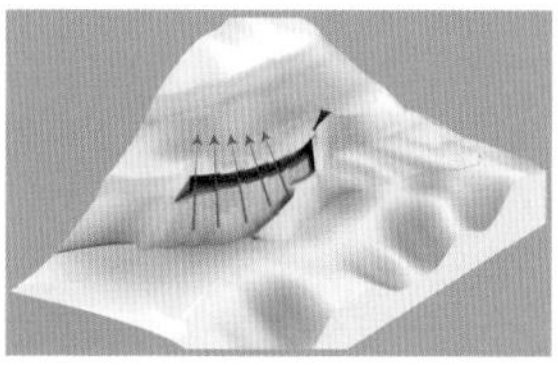

海風の吹上方向に掘削

→

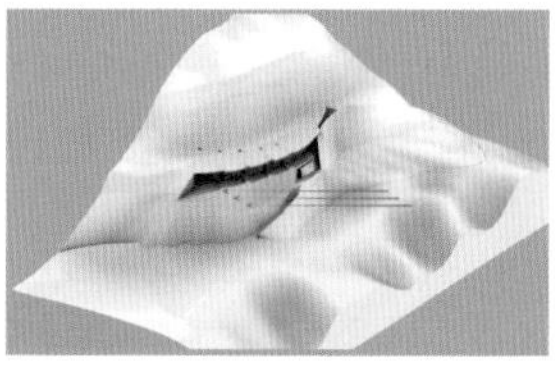

対岸の島に向けて風呂、釜戸、煙突を設置

→

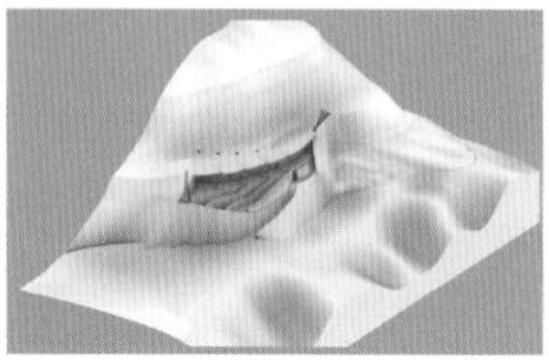

支えとなる木架構や石積み

→

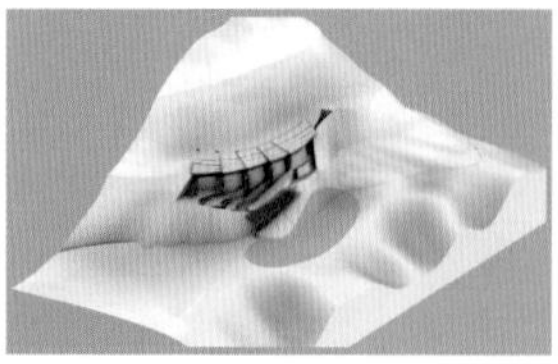

海沿いの接点の計画

→

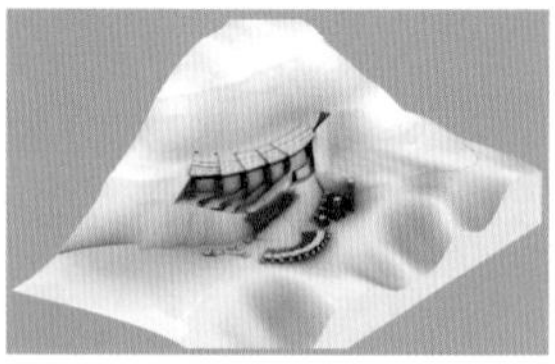

完成

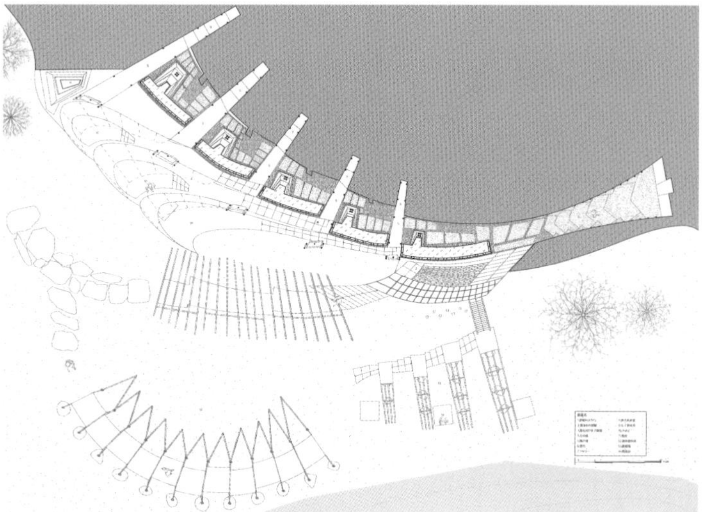

平面図

断面パース

①岩を縫い合わせるように掛けられた架構をくぐりアプローチする

②架構を抜けると風呂と釜戸と煙突が斜面地に連なっているのが見える

③狭く細い裂け目のような空間に向かい、ここで靴を脱ぐ

④裸足で飛び石を感じながら歩くと海風で木風鈴がカタカタと音をたてていることに気づき、隙間から空の様子を伺う

⑤服を脱ぎ風呂につかると地平線が切り取られ、向かいの島がよく見え、湯のなかで海との一体感がより感じられる

⑥シャワーに向かうとき、服を着ているときより、触れる自然物や風をより感じることができる

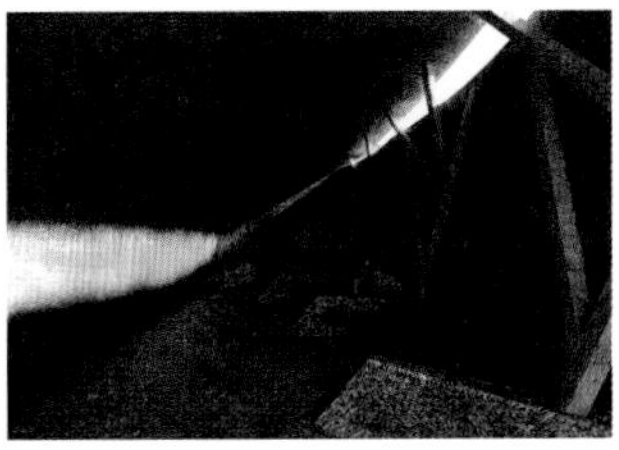

⑦風呂上がり、火照った身体を冷やすためにここで涼んでいると、背後にある穴から、波の音が聞こえてくる

⑧水位が増すと遊歩道はロープが張り、波の揺れを感じられる小さな橋に変わり、満潮時は通常の入り口が水没するため小さな船をつかってアプローチする

⑨横材の位置で潮位がわかる物見台は満潮時に船着き場に変わる

9. ヒトと自然・時間と建築

どの空間も毎日変化する自然の要素を切り抜いており、訪れたヒトは日々の小さな自然の変化に気付き、脅威を察知したり美しい景色を見たりできる。

何年先か、ここにひとがいなくなり海面が上昇していけばヒトのためにつくられた構造は自然に還っていく。木は腐り新たな生態の土台に、石や岩は削られ砂となり海の循環を助けとなる。掘削した部分は生き物のすみかに変わるかもしない。

自然が取り合う場所に関わり続けるプロセスを考えることで、100年先の場所に想いを馳せる。大地や海との不遜な関係性が見過ごされたままの今日において、この計画を、これから先建築をつくり続けていく僕自身のひとつの指針とする。

アナザーパスを有する建築

神奈川県足柄下郡真鶴町を対象として

三浦 悠介
Yusuke Miura

神奈川大学大学院
工学研究科
建築学専攻
山家京子研究室

本計画は、常時通れるわけではないが、特定の出来事により出現しまちを地続きにする空間を「アナザーパス」と呼び、それらを有する建築の提案をすることで、アナザーパスの空間可能性や地域構造の在り方を追求したものである。アナザーパスは、時間や場所による制約ゆえの魅力があり、既存動線や地域資源に付随しそれらの価値を変えつつ、新しい地域構造や場所性をつくり出す。例えば、千畳敷のように干潮により出現し、まちと洞窟を繋ぐ動線になり得ることで、千畳敷も洞窟も観光資源となる場合や、書店やカフェなど店の開閉に伴い店内空間がアナザーパスになるという建築が有する場合もある。

本計画では、アナザーパスを無作為に収集し導いた仮説から調査や設計の手がかりを得た。そして、真鶴町にて起きている出来事や動線空間、地域資源などを調査し、2つのエリアを計画対象として選出した。真鶴駅前通りエリアでは、人の営みによって出現するアナザーパスを有した3つの建築が核となり、近隣に些細な変化と共に新たな場所性を持つ計画とした。旧真鶴銀座エリアでは、他生物や植栽によって出現するアナザーパスを有した建築群が周囲の街路空間と一体になり新たなシークエンスや体験を作る計画とした。

建築がアナザーパスを有することは、建築と地域のどちらの在り方にも影響し、両者の新たな関係性を築きつつ、生活の中に些細な豊かさを認識できる場づくりへ繋がると考える。

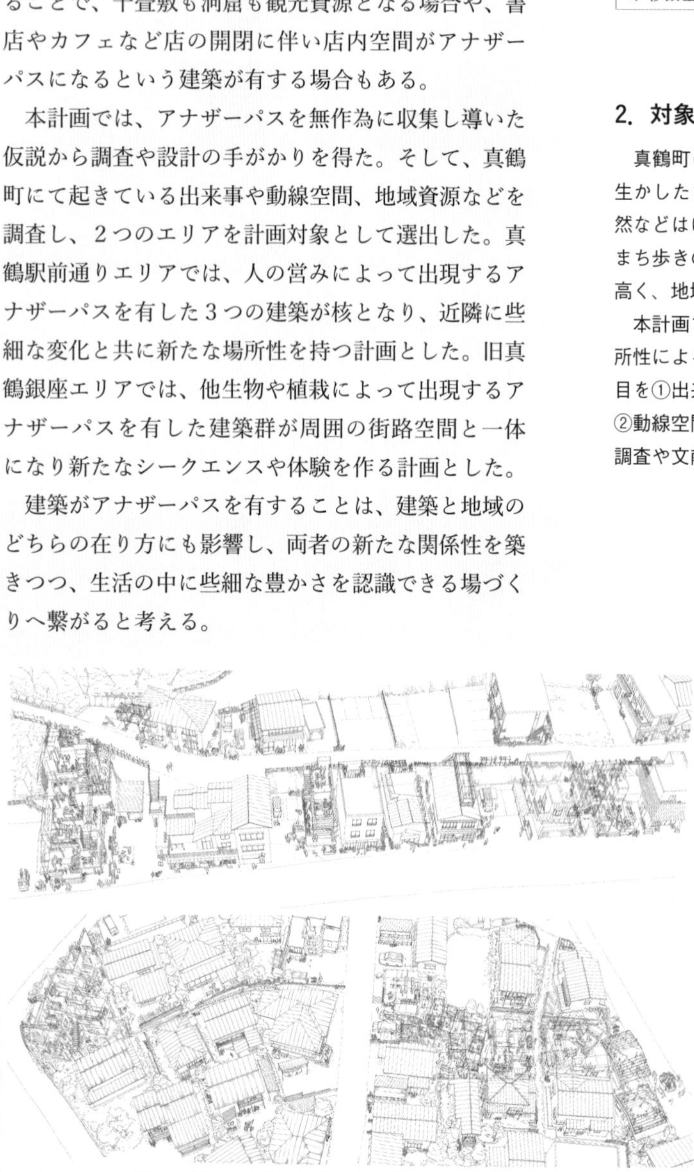

1. 仮説

調査や計画の着眼点を得るため、アナザーパスの特徴や構成要素について仮説を立てる。アナザーパスとなる空間を無作為に選出し、パスの現れ方と周辺環境の読解より導く。それらの分析から、アナザーパスを構成するには、出来事と形が連動することによる出現と地域に対し機能する立地が重要であると考えられる。

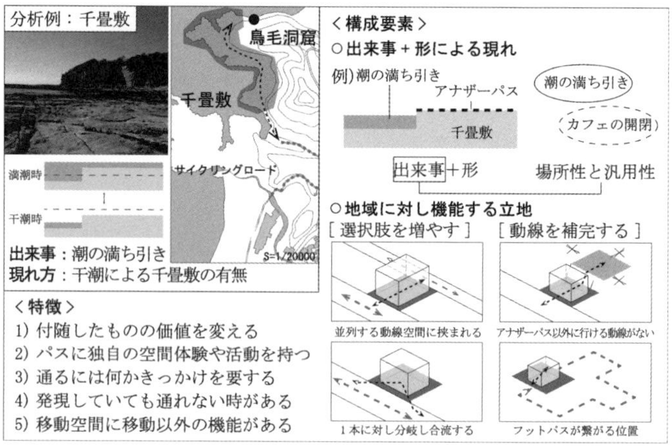

2. 対象地区　神奈川県足柄郡真鶴町

真鶴町は背戸道や遊歩道など多様な動線空間で構成されており、それらを生かしたまち歩きが地域の特色となっている。また、文化や生活、豊かな自然などはゆったりとした独特な時間による変化をつくり出している。ゆえに、まち歩きの延長となり、時間の変化を反映するアナザーパスとの相乗効果が高く、地域の魅力を生かしつつ新たな空間の可能性を見出せる場所である。

本計画では、より体験価値を高め、空間可能性について追求するために場所性による出来事を形の構築に用いることとする。仮説を踏まえて、調査項目を①出来事や出来事を生む空間要素（出来事＋形を構築する手がかり）／②動線空間や地域資源（地域に対し機能する立地の手がかり）に定め、実地調査や文献調査を行う。

3. 出来事や出来事を生む空間要素

自然現象や人の営みによる活動、用途変更が起きている。このような時間経過に伴い変化を起こす出来事や出来事を生む空間要素を形の手がかりとする。

1	各所に取り付けられた蛇口
2	敷地外でも管理される植栽
3	人を引き込むファニチャー
4	時間帯で利用の仕方が変わる漁具の干場
5	公的空間に干される各家庭の洗濯物
6	猫や鳥などの他生物
7	干場に変わるベンチや擁壁
8	展示空間を作り出す作業場や産業不用品
9	年間を通して雨がよく降る
10	祭りの動線空間利用
11	潮の満ち引き
12	季節ごとに変化する多様な植生
13	動線を繋ぐ簡易的な階段やはしご
14	家の前に併設されるダストボックス
15	アートによる場の変換
16	DIYによる生活空間の拡張・改変

4. 動線空間や地域資源

真鶴駅前や真鶴港周辺では多用される動線が複数あるが、半島の中間から南端にかけてはうねりのある１本の長い動線に絞られる。また、背戸道や散歩ルートに定められた動線空間も随所に見受けられる。地域資源は神社や祠などの歴史的なものや、産業風景や溢れ出しなどの日常の活動でつくられるものが多数存在している。

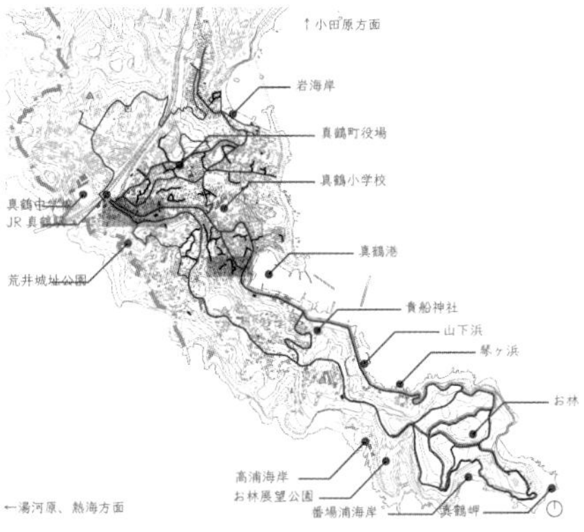

動線空間や地域資源のプロット

5. 計画エリア

●真鶴駅前通りエリア

店主や売り物が奥まる店舗が並ぶ真鶴駅前通りと住民の多様な溢れ出しにより公私が曖昧となっている荒井城址公園に向かう動線に挟まれた二面性のある街区を計画範囲とする。

●旧真鶴銀座エリア

閑静で溢れ出しもほとんどなく各敷地内で生活が完結しているように見えるが、背戸道などを介して奥へ入り込むと、つくり込まれた庭、他生物や植栽による豊かな音環境が広がっている。閑静で見えないからこその空間体験が構築されている。

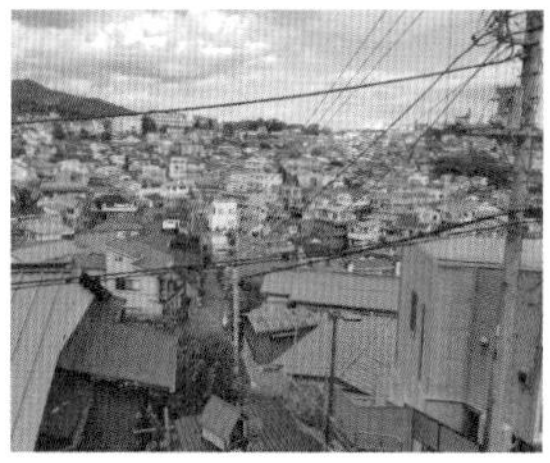

6. 設計

●構成ダイアグラム

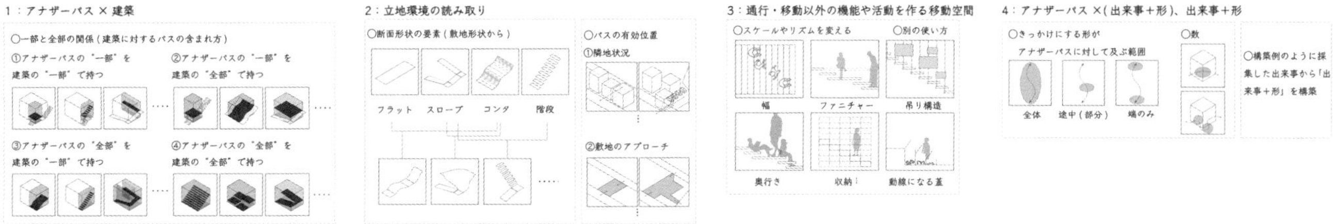

●出来事+形の構築

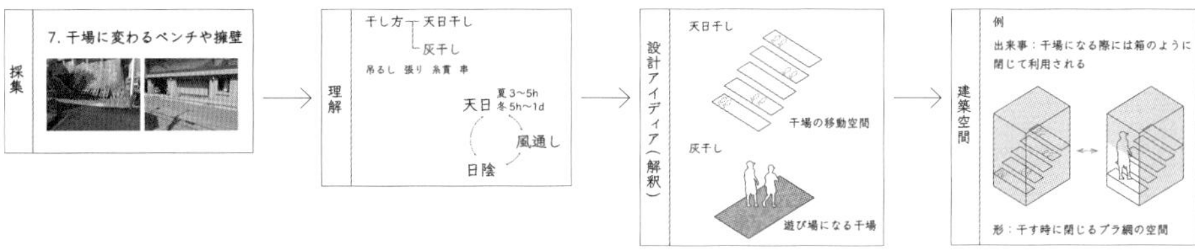

●エリアごとの共通ダイアグラム

真鶴駅前通りエリアは、エリア特有の二面性を反映し両面で異なるファサードとする。また、それらが内部で緩やかに連続するグラデーションのある構成とし、段差やスロープなど多様な移動空間を用いて起きる効果で高低差を解く。

旧真鶴銀座エリアは、背戸道などの動線空間や密集した住宅により場面変化の大きいエリアであることから、郡に対して空間変化をつくり動線空間も場面変化の一部と捉える構成とする。周辺の軸線をシークエンスの手がかりとする。

真鶴駅前通りエリア

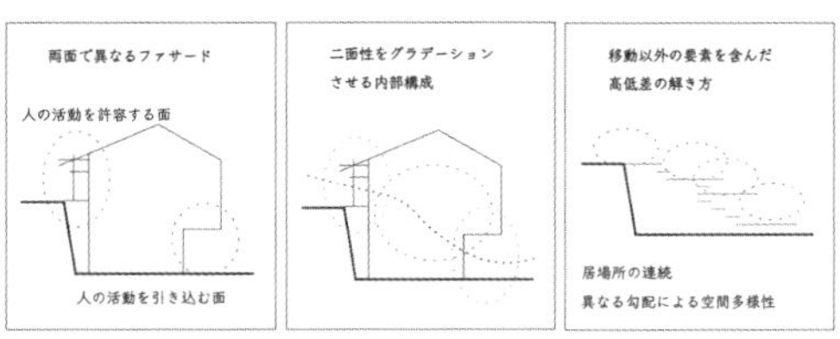

旧真鶴銀座エリア

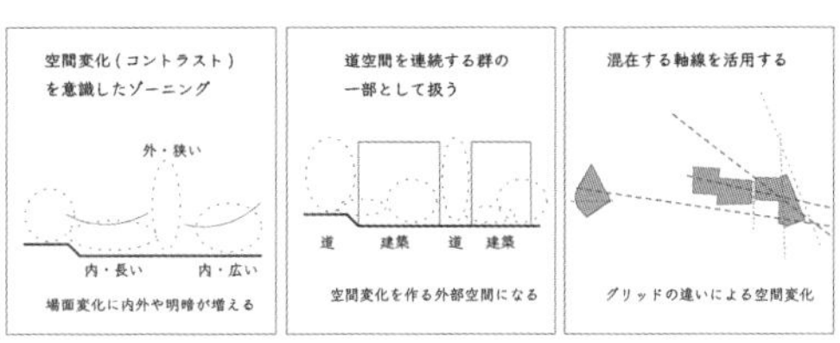

7. 計画と提案

●敷地状況とプログラム

Site A　Site B　Site C

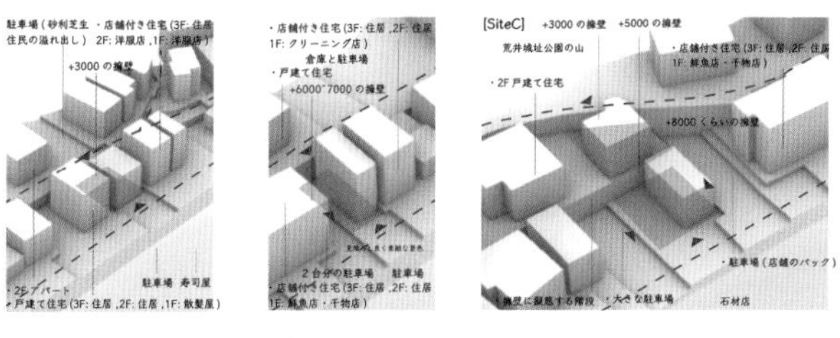

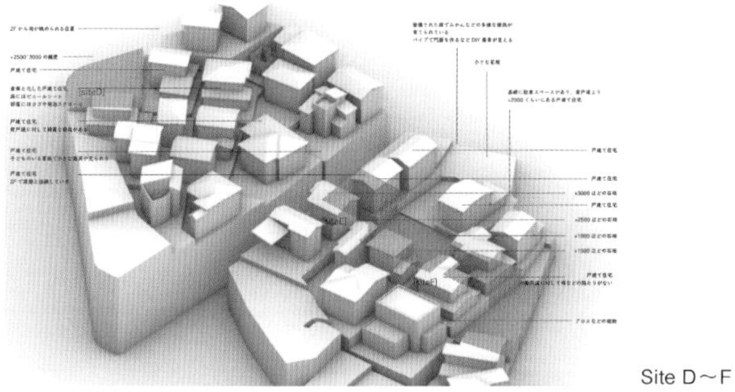

Site D～F

[真鶴駅前通りエリア]

計画敷地と出来事の連関

周囲で起きている出来事だけでなく、それらに関連する要素も絡めるように、人の営みによる出来事＋形を構築する。計画敷地はそれに加え、眺望や隣接する空地の在り方、通りに立つ住宅の在り方や見え方を変えていく核になる以下の三つを選定する。

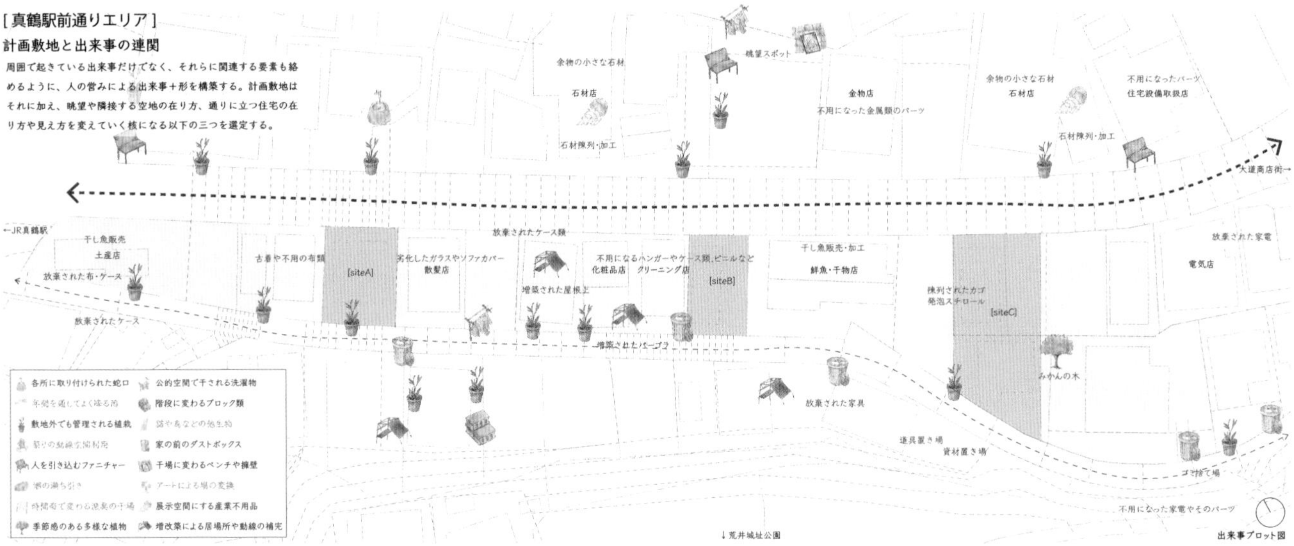

●Site A　仮住まいの家

住民の住まい方に連動し、公共私の領域が変化する半屋外のサンルームを持つ独立住宅。領域操作により地域との繋がり具合を調整できるため、滞在する人や活動が多様に変化する。アナザーパスを有したことにより、各室の生活行為の幅を広げ、地域住民などとのサードプレイスを持つ住宅となる。

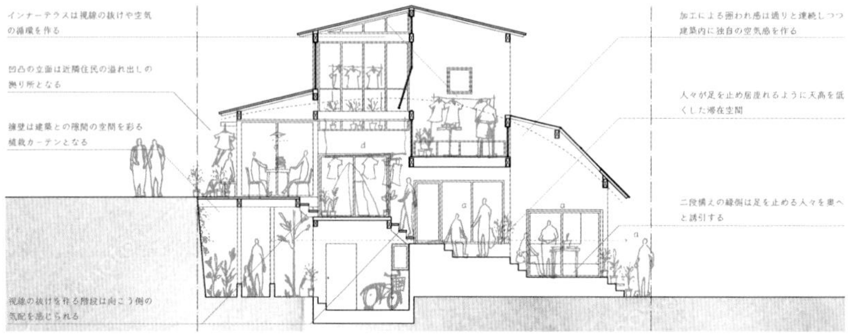

A-A' 展開断面図

真鶴駅通りから見る

荒井城址公園に向かう道から見る

●Site B　眺望のきく多様な浴場

干物加工における干し方や干す場所の変化に連動し、干場と、人が滞在できる場所の切り替わりがある建築。直射日光や日陰、通風など干すことに重要な要素を持つ居場所が連続しており、それらは人々が休憩したり眺望を望めたりする空間の多様性に繋がっている。

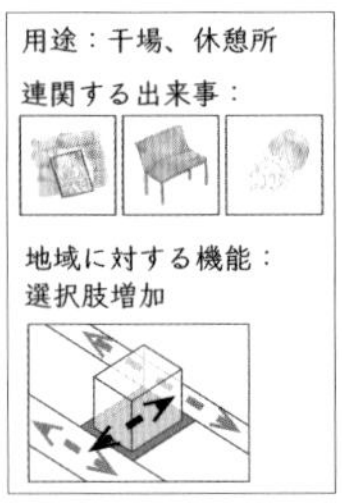

用途：干場、休憩所
連関する出来事：
地域に対する機能：
選択肢増加

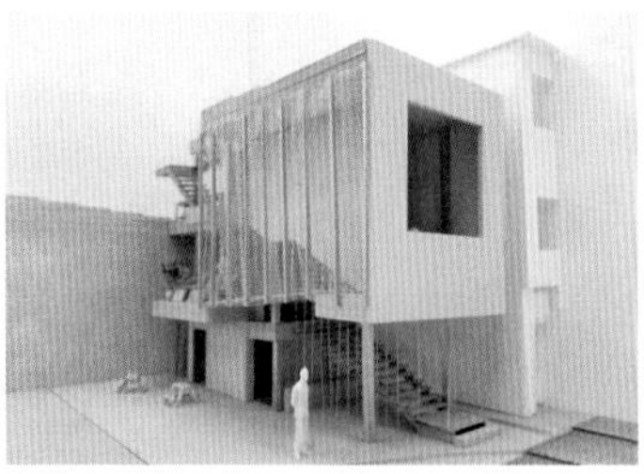

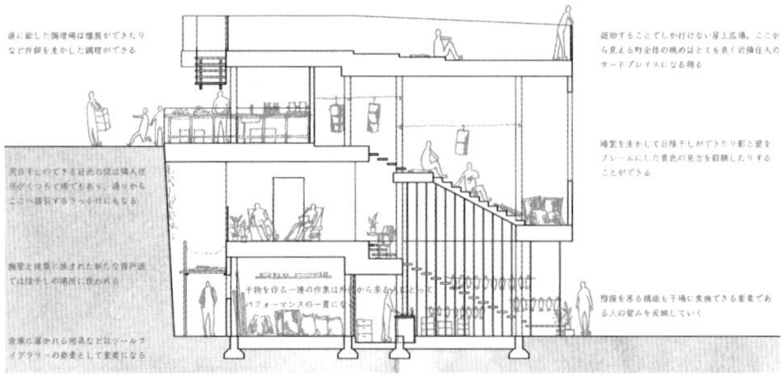

A-A' 断面図

●Site C　まちの下小屋

クリエイティブリユースの作業の流れに連動し移動空間が出現、消失する。制作広場となる移動空間や、陳列棚が飛び出てきた移動空間がある。また、マテリアルの分別・回収の際には回収ボックスとなるが、未使用時には階段として利用できる空間もある。

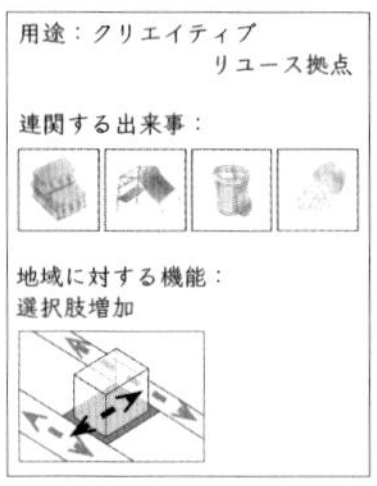

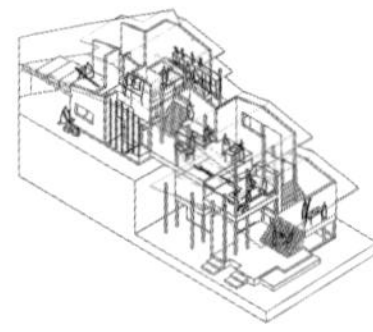

出現時

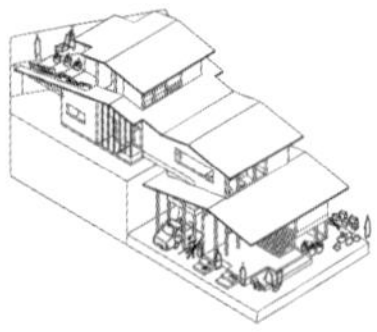

半出現時

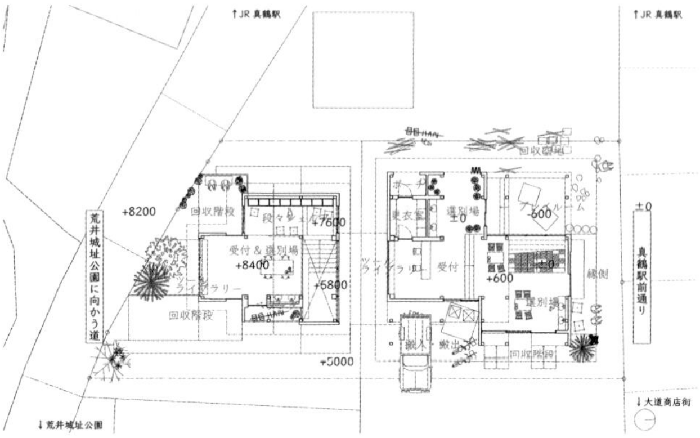

接道階（擁壁上：4階、擁壁下：1階）平面図

[旧真鶴銀座エリア]

計画敷地と出来事の連関

計画範囲ならびに計画敷地を以下の図のようにする。途切れた背戸道に接続し、多様な道を挟みながら住宅群に囲われた奥地を縫うように定めている。人に加えて他生物や植栽による出来事を巻き込みながら出来事＋形を構築していく。

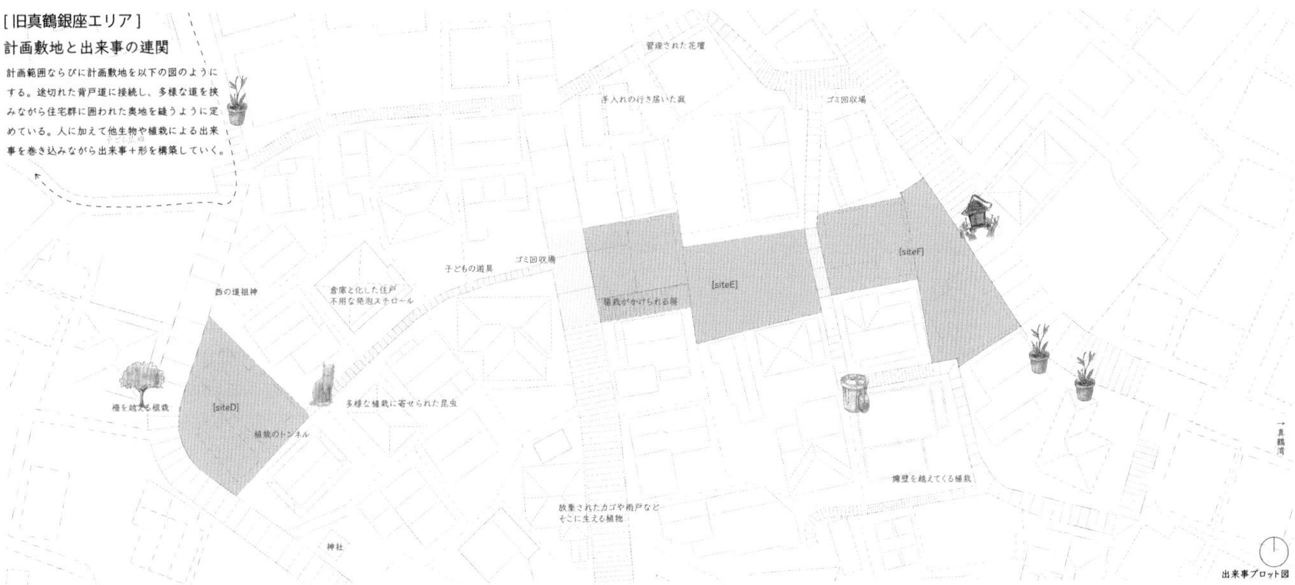

出来事プロット図

●Site D　まちの美術室

ギャラリー化できる住空間とアトリエ空間によって構成する。窓から見える景色の変化や豊かな自然を生かした制作物の仕上がり時期に応じてアナザーパスが出現する。ゆえに、真鶴の自然の時間軸と連動した変化を持つ空間体験を味わうことができる。

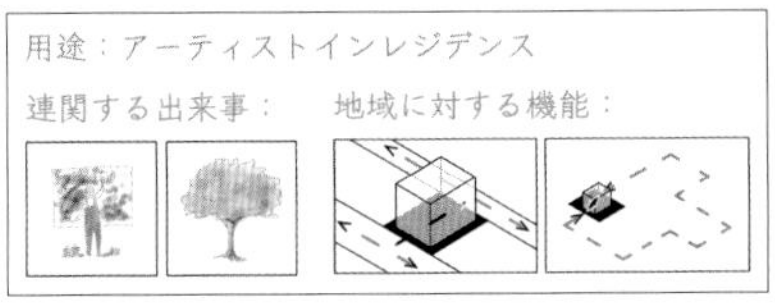

用途：アーティストインレジデンス
連関する出来事：
地域に対する機能：

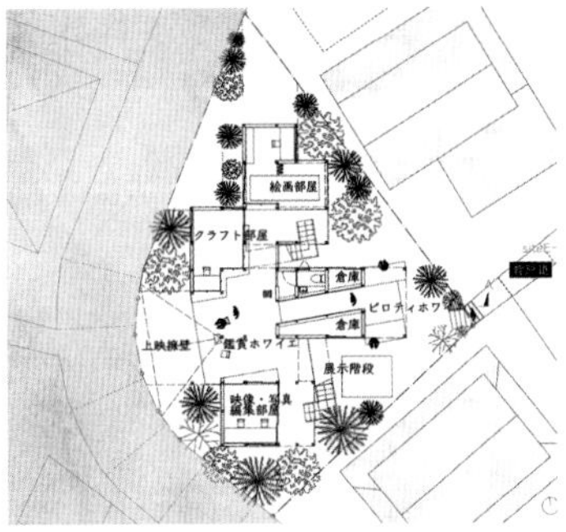

配置図兼1階平面図

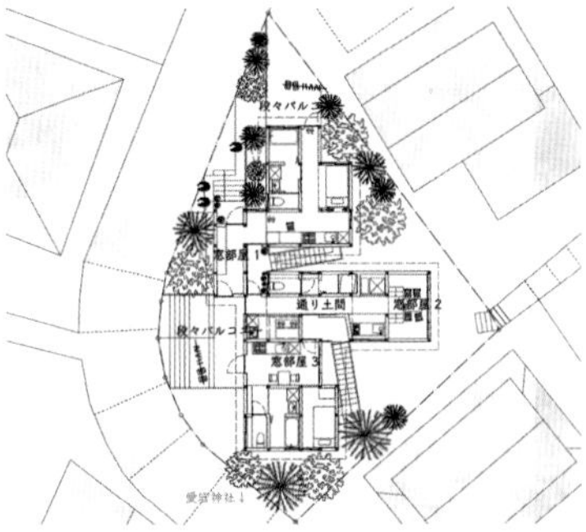
2階平面図

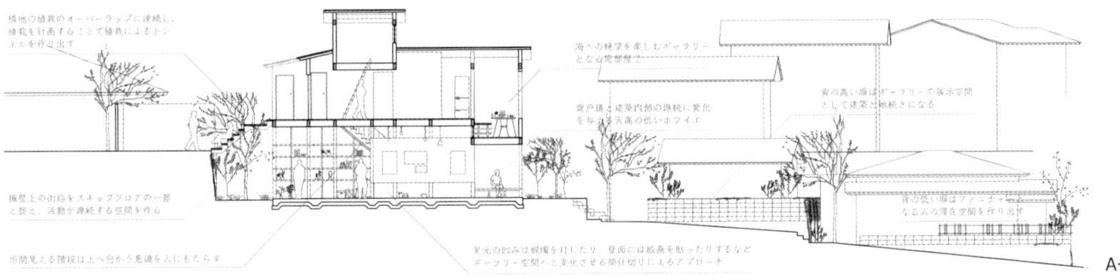
A-A' 展開断面図

●Site E　協働する多生物の住処

ミツバチの活動時期に応じて半外部空間や外部空間の様相が変化することでアナザーパスが出現する。夏は暑さで、冬は寒さで活動が落ち着くことから夏と冬の期間限定のパス空間となる。また、人とミツバチの共生する空間は日頃の憩いの場としても活用される。

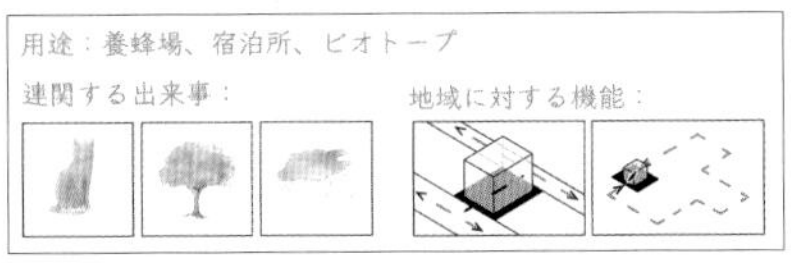

用途：養蜂場、宿泊所、ビオトープ
連関する出来事：
地域に対する機能：

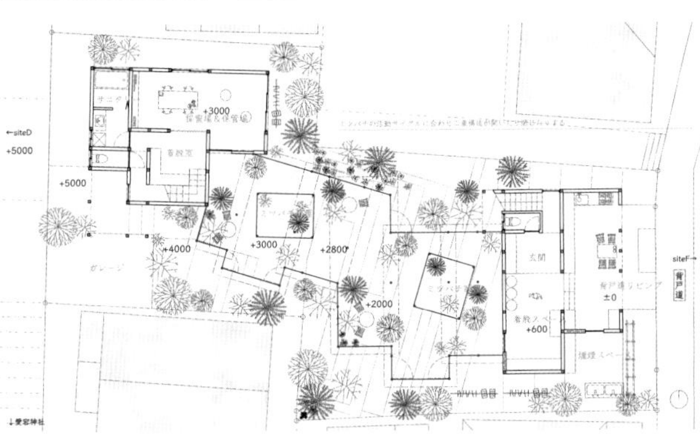

配置図兼1階平面図

●Site F　櫓になる庭屋根

住民の植栽管理に連動し出現する日常時と、祭事に連動し出現する非日常時の二つの体験を持つ建築。多様な体験を持つ屋根が目的地となることで、植栽のトンネルを潜り抜け真鶴湾まで一直線に開かれた景色や、祭事物で彩られた背戸道から屋根までのシークエンスを体験できる。また、屋根に行くためのアナザーパスのルートを限ることで背戸道などを経由した動線となり、背戸道利用を促す場所にもなる。

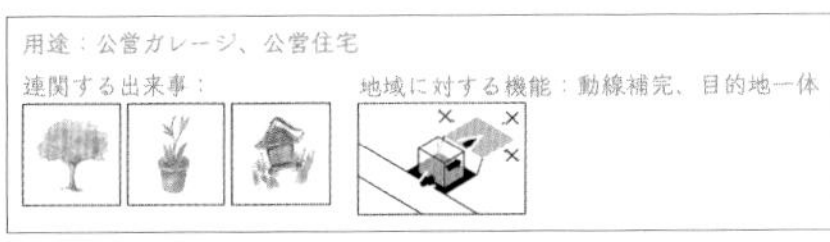

用途：公営ガレージ、公営住宅
連関する出来事：
地域に対する機能：動線補完、目的地一体

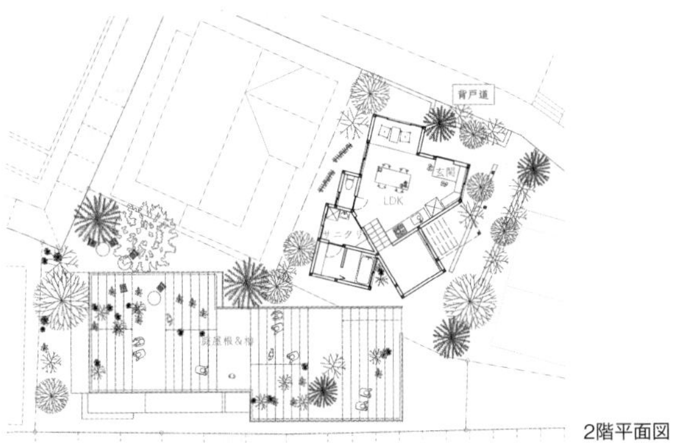

2階平面図

高速道路サービスエリアにおける新たなデザインの創造

田中 亮
Ryo Tanaka

関東学院大学大学院
工学研究科
建築学専攻
柳澤潤研究室

現在、日本は自動車の平均保有率が1世帯1台を超える車社会である。物流業界から見ても、自動車を利用した物流事業の営業収益は年々増加しており、私達の生活に大きな影響を与えている。そんな中、車の長距離移動で利用される高速道路の全国平均利用台数は令和3年5月現在、1日140万台を超えている。それに伴い、高速道路内の休憩施設である各地サービスエリア（以下SA）の利用も年々増加している。

休憩とサービスを提供する施設として設置されているSAだが、2005年の施設民営化以降、サービスを提供することに力を入れた施設へと展開をみせ、中間地点ではなく、目的地となるSAが存在している。しかし、サービスの幅を広げる工夫をしているものはあるが、多くの既存SAは、画一的な空間配列と周辺環境に対して閉鎖的な建ち方をしている。その背景として、高速道路を利用する人々に対し、平等にサービスを提供すること、搬入などの機能効率を重視されたことなどが理由にあると考える。しかし、本来、平等なサービスと画一的な空間に関係性は無い。

そこで、周辺の地形や森、海や山など、建築と自然の関係性を意識した、空間や建ち方をすることで画一的な空間からの脱却ができると考える。また、地域住民が利用できる施設とすることで、地域外からの来訪者と地域との関係性が生まれると考える。この場を訪れた人と地域や周辺にある自然を繋げる媒体となる新たなSAを提案する。

1. 敷地選定：高速道路と自然が生み出した地形

敷地は新潟県柏崎市笠島に位置する米山SA下り線を選定する。隣接する柏崎市笠島は、北西に日本海、東に米山を望む自然に囲まれた場所に位置し、人口290人、95世帯の小さなまちである。海沿いには多くの研究がなされている米山層が分布しており、地質に富んだ地域である。敷地周辺では、群馬県高崎市の小中学生が課外活動で利用する高崎市臨海学校のほか、柏崎国民休養地キャンプ場など、県外利用者を想定した施設が点在していたが、現在は閉館している。また、日本海フィッシャーマンズケープ、柏崎コレクションビレッジなどの観光客向け施設も、開業当時のにぎわいは失われた状態である。

地形の特徴として、波の浸食と地殻運動の隆起によってできた海岸段丘がつくり出した特徴的な階段地形になっている。さらに、北陸自動車道から米山ICに降りる道を通したことにより、一定の速さで自動車のハンドルを傾けた際にできる曲線（クロゾイド曲線）に沿いながら地形が削られ、整備されている。

新潟県柏崎市笠島字御堂235

2. 建築計画

米山が持つ、有機的で壮大な自然の地形に対し、建築が持つ水平、垂直を対比させることで、相互の美しさを改めて感じさせる建ち方と空間をつくり出す。

地形に突き刺さる壁を強く見せ、方向性をつくることで、山や海、米山の特徴的な地形を切り取ることができ、地球の美しさをより感じることができる。

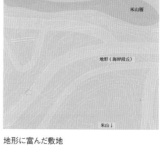

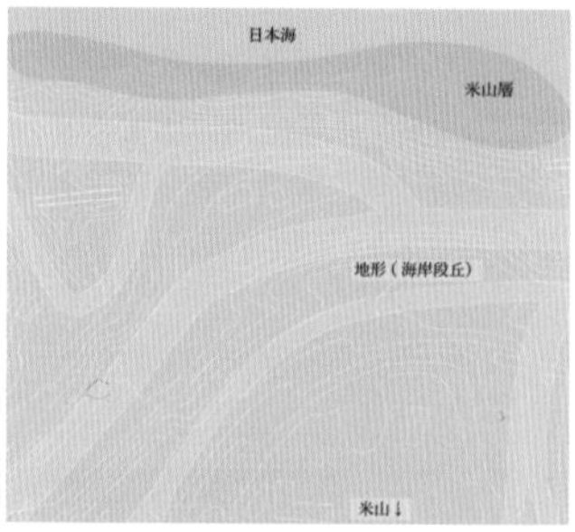

地形に富んだ敷地

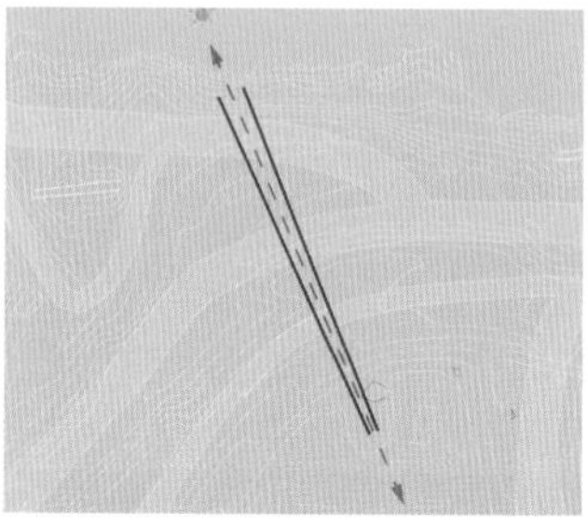

海と山をつなぐ。夏至に日が沈む方角を基準に角度を決める

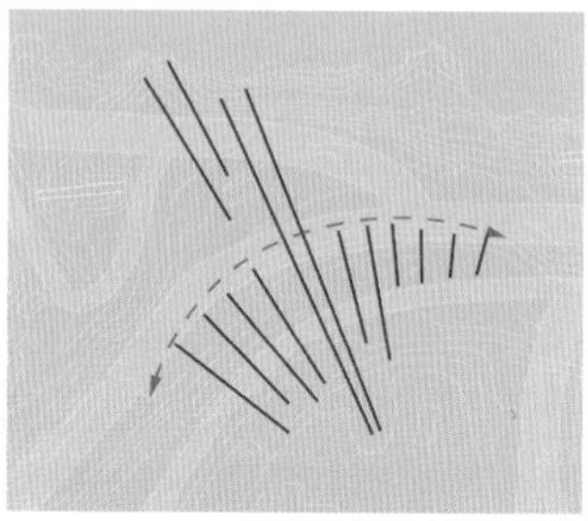

壁を広げ、さまざまな自然を切り取る

3. にぎわいと静寂

プログラムの配置は大きく、中央の空間を境ににぎわいと静寂に分ける。多様なニーズが集まる中、配置計画によりにぎわいをコントロールすることで、多くの人が自分の居場所を探し、心地よい時間を過ごすことができる。にぎわいの空間は地域に隣接して配置し、地域へにぎわいが広がっていく。静寂の空間では、自然との対話を通して休息をとり、非日常的な体験をする。これらの中間は、相互の活動が交わる場となる。

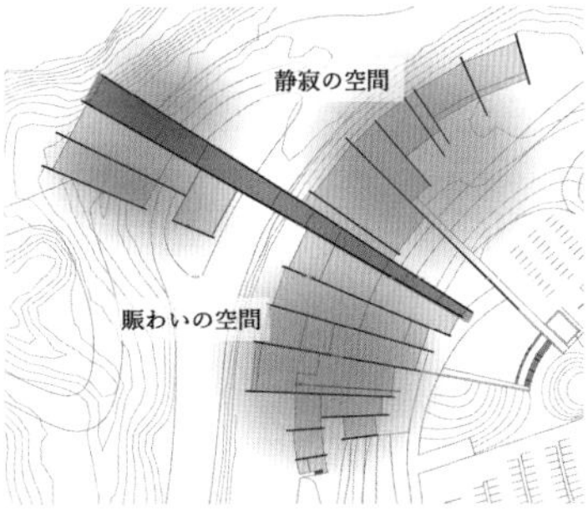

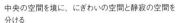

中央の空間を境に、にぎわいの空間と静寂の空間を分ける

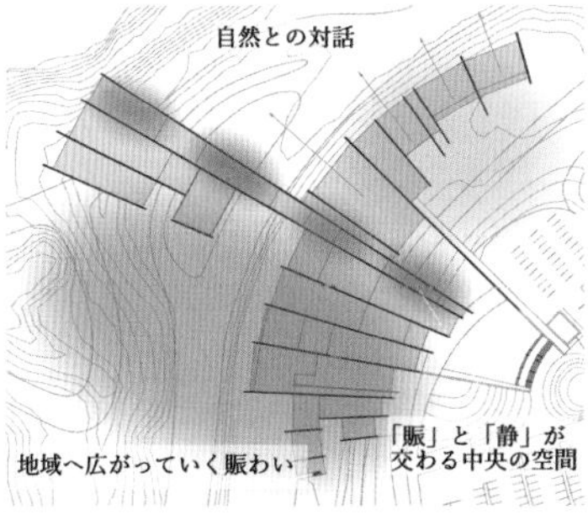

にぎわいは地域に広がり、静寂は自然と対話する空間をつくり出す。中央の空間では、相互が混じり合う

4. 地形に沿って伸びる中心空間

建築の中央に位置し、海と山を結ぶように伸びた空間では、多くの活動がみられる。地形に沿わせスラブを配置することで、シークエンスの変化を楽しみながら、米山の地形を感じることができるとともに、人のさまざまな活動を感じることができる。

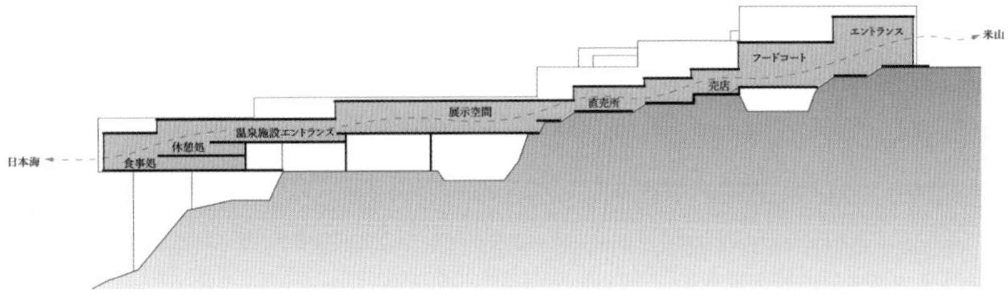

5. さまざまな用途に適応するジャイアントスペース

既存SAにはない大空間（ジャイアントスペース）を計画することで、大きい展示物を展示できる空間や劇場空間、大型マルシェなど、訪れる人が楽しめるさまざまな活動に利用することができる、利用がないときは、日本海や笠島の山々など周囲の自然と対話する大空間として、非日常的な体験を提供する。災害時には、緊急避難場所としても機能する。

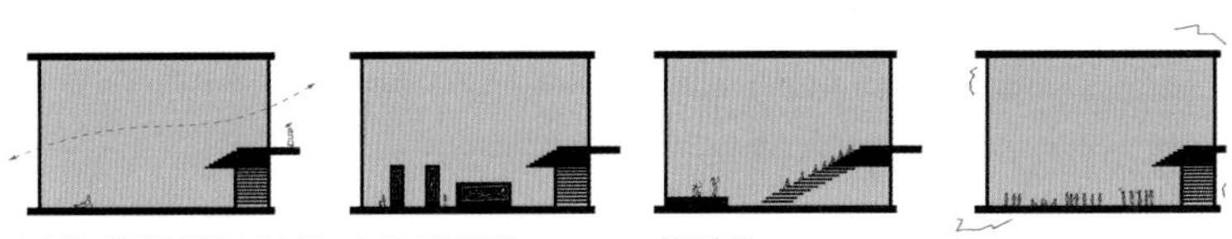

大空間で自然と対話する空間　大きな展示空間　劇場空間　災害時の避難場所

6. 地域に開かれたSA

現在、SAの携帯は表裏が分離されており、地域の活動範囲と高速道路利用者の行動範囲は交わることはない。しかし、建ち方や建築形態、配置計画などを改善すること、またSAに都市的なプログラムを複合し、周辺住民と高速道路利用者の活動範囲を重ねることで、両者を穏やかにつなぐ媒体になるのではないかと考える。

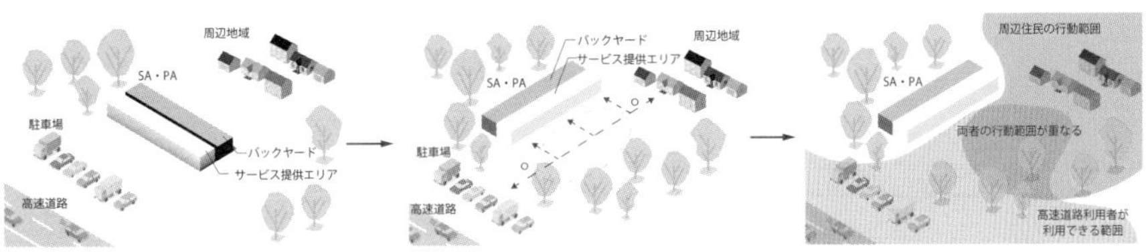

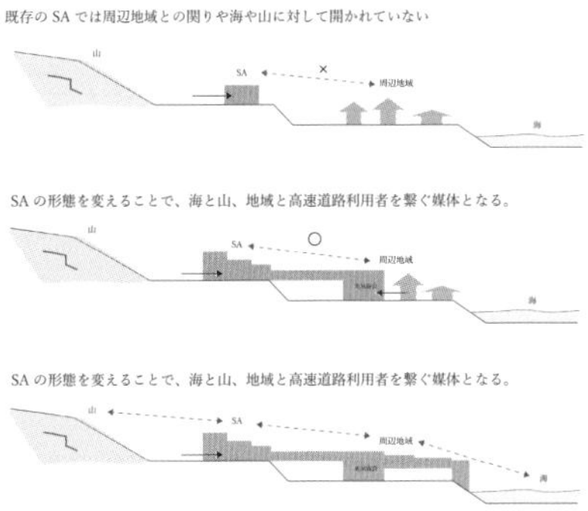

7. SAと地域との関わり

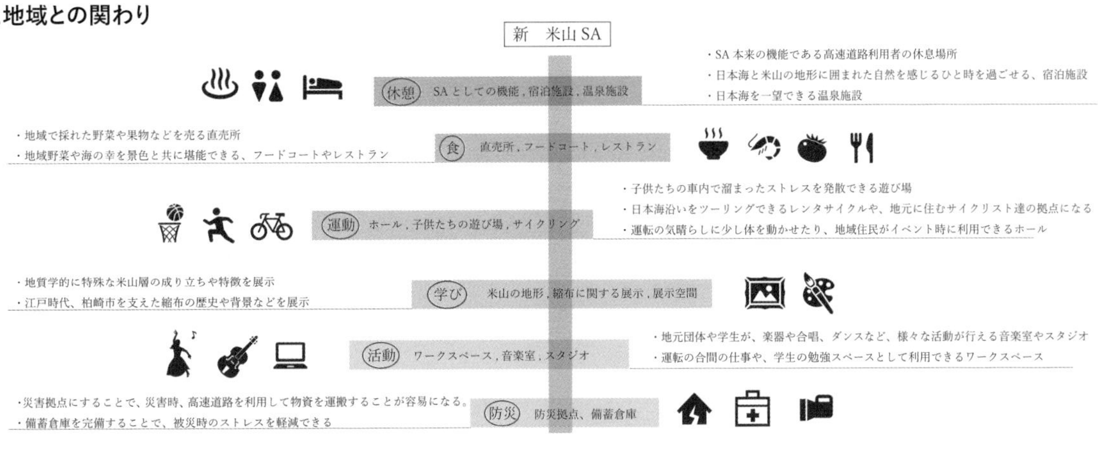

8. 新たなSAにおけるランドスケープの提案

既存SAの駐車場は機能的な配置であるが、デザインの工夫が見られない。また、施設内から駐車場が見えることは、画一的な空間をつくり出す要因のひとつだと考える。そこで、施設と駐車場の間にバッファーと高低差を設け、車の存在を消すとともに人の居場所をつくる。建築構成と連続させたランドスケープを計画することで、建築内外の関わりを意識したSAとなる。

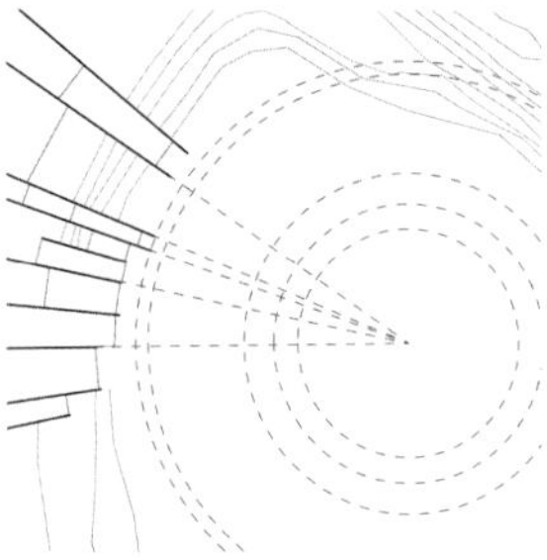

建築部分の構成を利用する

建築と連続するランドスケープ

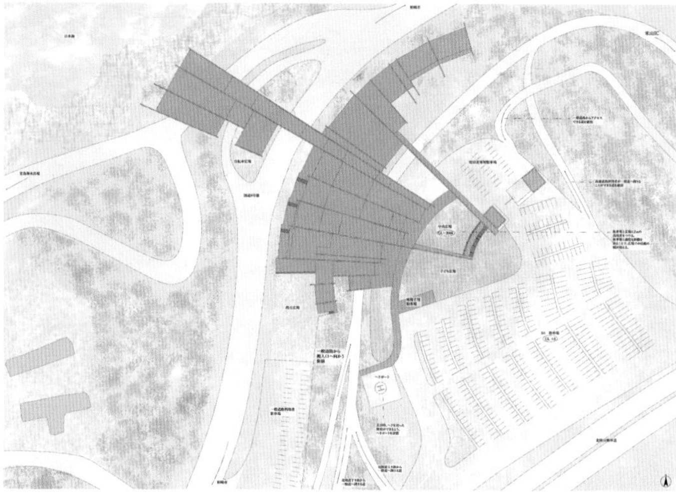

配置図

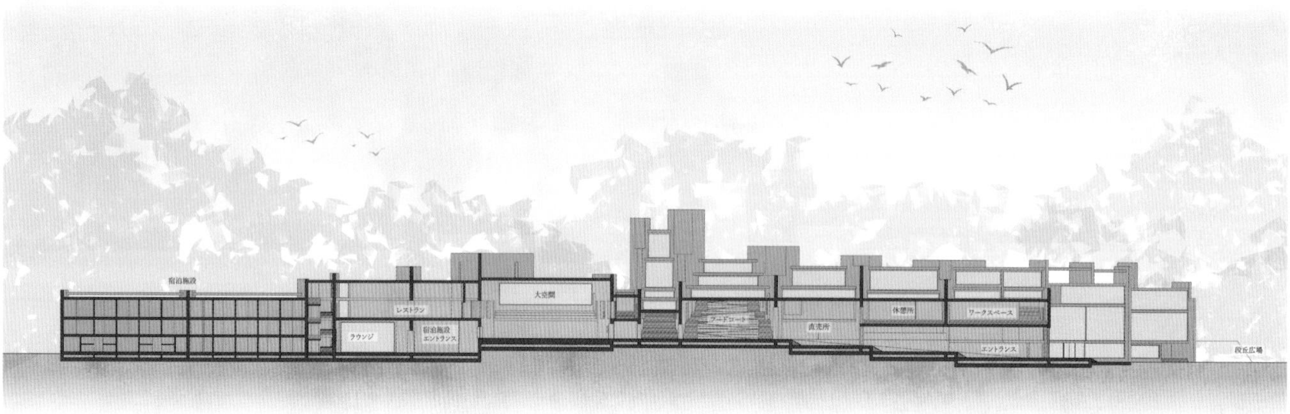

断面図

BF3　平面図

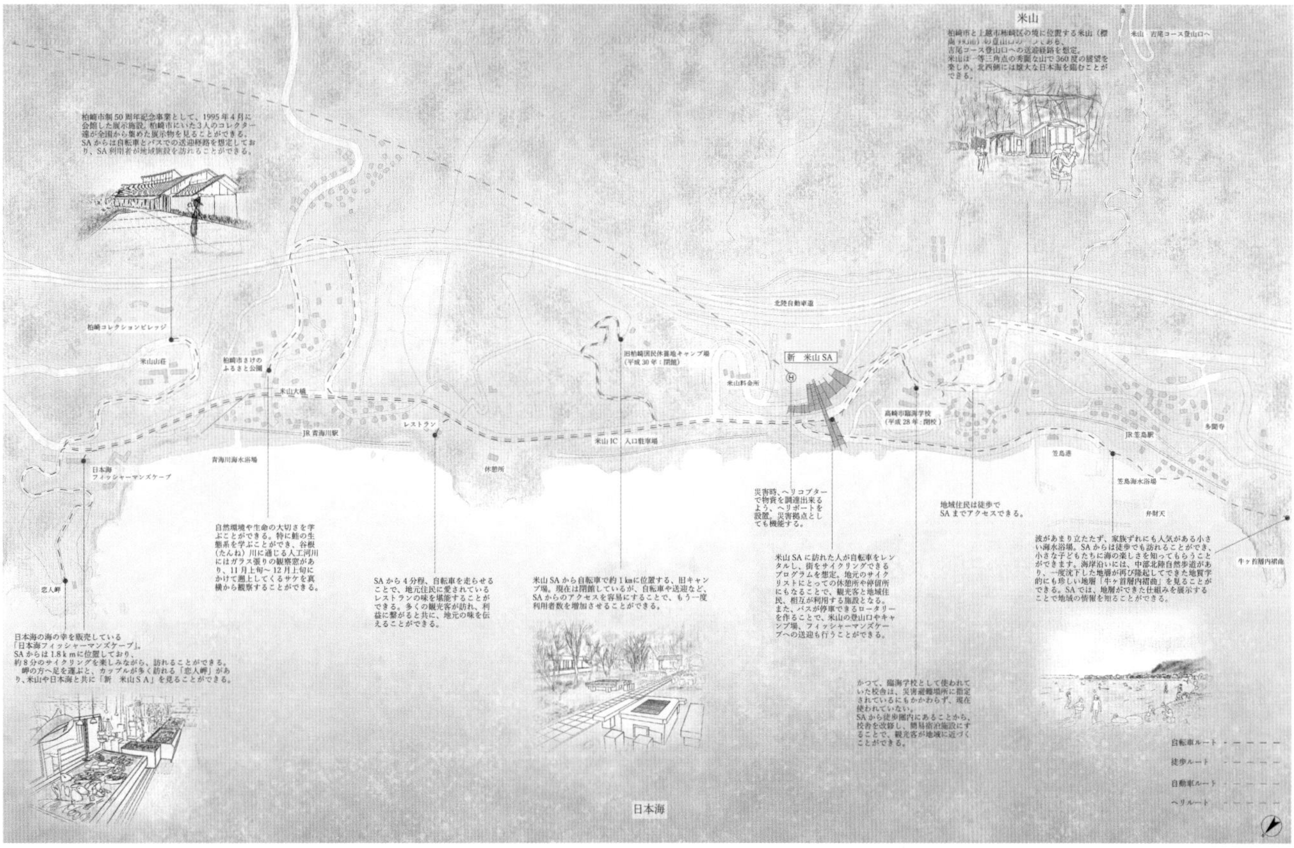

地域施設との連携

自然と対話する大空間

内部へ連続していく地形

サイクリストの拠点

深き都市の表層

—「奥性」を用いた複合建築の提案—

西岡 憲弘
Norihiro Nishioka

関東学院大学大学院
工学研究科
建築学専攻
柳澤潤研究室

槇文彦氏の「見えがくれする都市」にて語られた「奥性」という概念を知り、都市や街路風景に対する自分の中の視点が変わったと同時に、都市や建築に対する違和感が自分の中に生まれた。

商業施設のファサードがランドマークのように立ち並び、煌びやかで真新しいもの以外が見当たらない表参道ではその違和感がとても強く感じられた。本設計では、表参道で感じた違和感を紐解くために「奥性」を感じた都市空間の街路と建築の「表層」を調査し、提案を行なった。

都市空間では住居と商業が街路と「表層」によってパブリックにつながっている。街路と「表層」の関係性をインテリアに持ち込むことで1つの建築を都市の延長のように計画することはできないだろうか。その住居、オフィス、商業が街路のような動線によって繋がるとともに「奥」の概念によってプライベートとパブリックをコントロールすることで複合施設における新たな可能性を模索した。また、表参道の裏側に存在する「奥性」のあるまち並みに対して表参道に面する建築はそれと分断するような強すぎるファサードを持っている。そんな表参道に面する建築を都市における「表層」と解釈したときに、それを切り崩し表参道の通りに対して垂直方向に奥行きを与えるような建築を提案する。

1. 敷地選定

敷地はさまざまな建築家たちが設計した商業施設がたち並ぶ表参道とキャットストリートに面する広さ1681㎡の場所に設定する。現在そこには複数の中規模ビルが建っており、飲食店やアパレルショップが入居している。周辺にはMVRDVの「GYRE」やSANAAの「DIOR表参道」、安藤忠雄氏の「表参道ヒルズ」などがある。

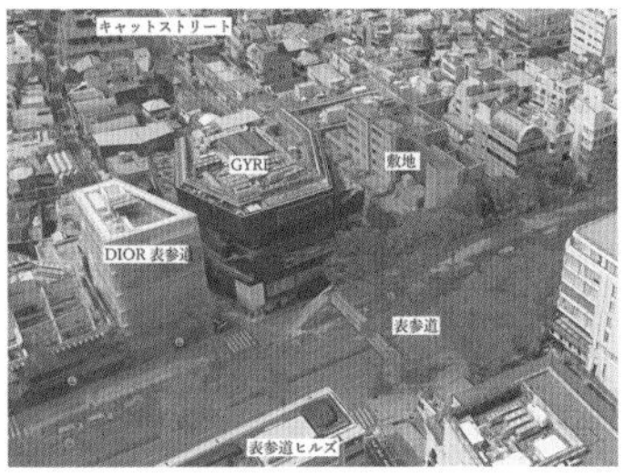

2. 平面計画

この敷地を都市の表層と解釈し、表参道に対して人を引き込む街路の延長のようなパサージュを計画する。そのパサージュに巻きつくように、住宅や小店舗など表参道の裏側にある建築スケールのボリュームを配置する。パサージュとボリュームの関係を、街路と表層の関係のように扱うことで、建築内部でありながら都市空間にいるような、あいまいな空間を目指した。そのようなあいまいな空間こそが「都市の表層」「都市空間のひだ」になりうると考える。

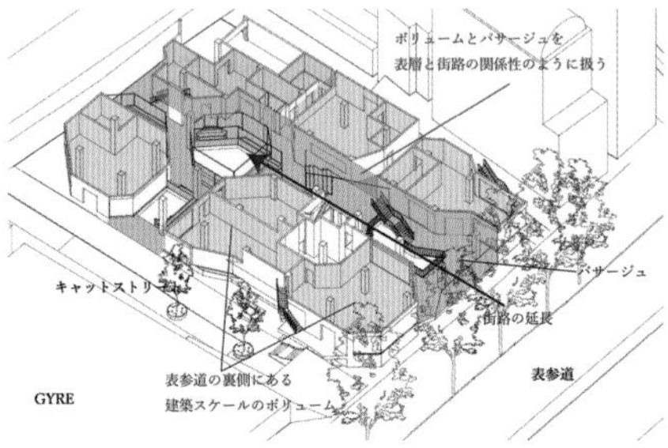

3. 断面計画

断面計画にあたっては微地形の読み取りから始めた。本瀬系の敷地は表参道南側から北側にかけて傾斜している。表参道とキャットストリートのそれぞれに接する地面のレベルを考慮し、1つのフロアを2つのレベルに分ける。微地形に沿ってレベルを分けたフロアによって、建築全体のボリュームにずれが生じる。そのレベル差を利用して、人々の居場所、立体的な回遊動線を計画した。

また、パサージュを登っていくような吹き抜けをつくることで、建築内にできた表層を立体的に見ながら回遊できる。屋上階はテラスとなっており、表参道に隠された都市風景を眺めることができる。

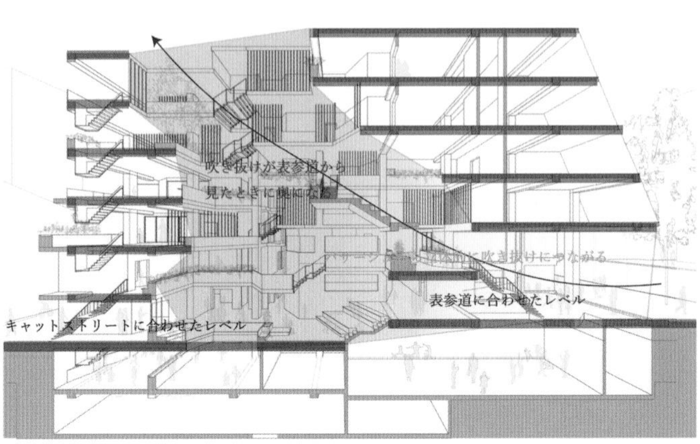

4. 立面計画

本設計ではファサードが２つあると考えている。１つは表参道側のファサードである。表参道に面する建築のファサードは、著名建築家らによって慎重にデザインされてきた。しかし、その結果デザインされすぎたファサードが多く、表参道の現状をつくりあげたと言える。そこで、表参道側のファサードを消すために、「表層」をデザインする。

手法としては、３階より上の階はガラス面に傾斜をつけ、近くの道を歩く人からは面として認識されにくく、対向車線側を歩く人には鏡面ガラスに反射した樹木や空によって、背景と同化するように見せる方法がある。これによって低層部のパサージュが際立ち、中へと人が誘導されることを促すとともに、表参道に面する高いボリュームの連続の中で、この場所だけが抜けているような外観を計画した。

２つ目はキャットストリートに面したファサードである。平面計画で考えたボリュームが直に表層へ現れるようにデザインし、キャットストリートからのボリュームの連続を崩さないようにするとともに、時間によって浸食する自然がそのままファサードに現れる。

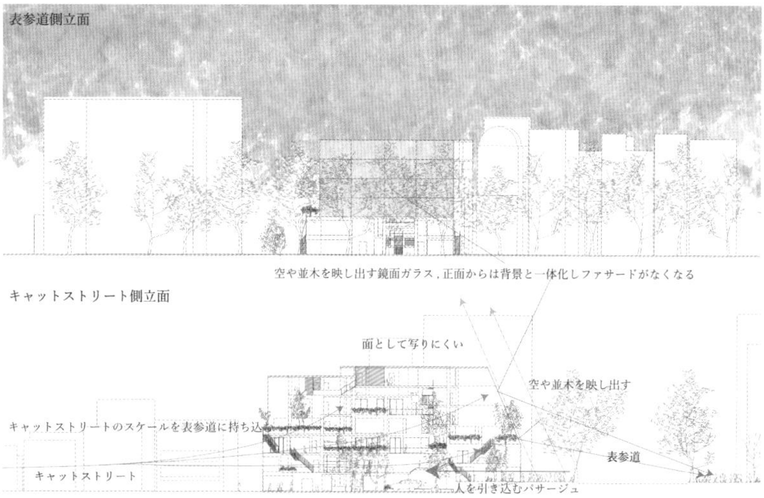

5. 全体構成

この建築のボリュームとしてはキャットストリートの店舗や周辺の住宅ほどの小さなボリュームの集合で全体を構成している。その小さなボリュームが、パサージュと吹き抜けを立体的に囲うよう配置することで、立体的に回遊できるようになっている。また、それぞれのボリュームに付属するように小さなパブリックスペースを設けることで利用する人の活動が立体的に現れ、徐々に上の階へ誘われるような構成とした。

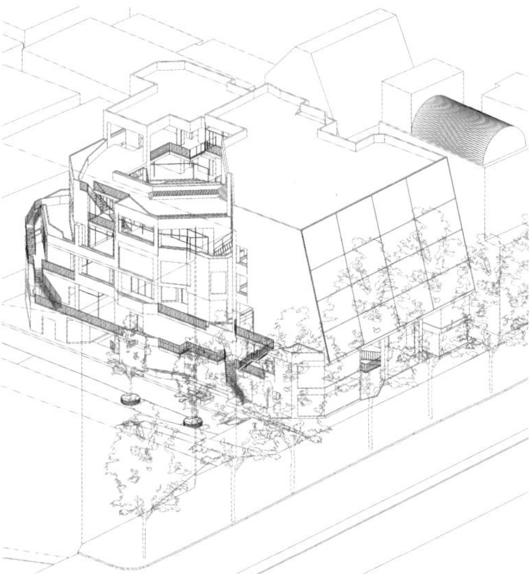

6. プログラム計画

低層にショップ、中層にオフィス、高層に住居を計画する。一般的な複合プログラムと言えるが、室内以外は誰でも訪れることができるようになっている。「奥性」を用いて、行きづらい場所や曖昧な境界を設計し、パブリックとプライベートをコントロールする。

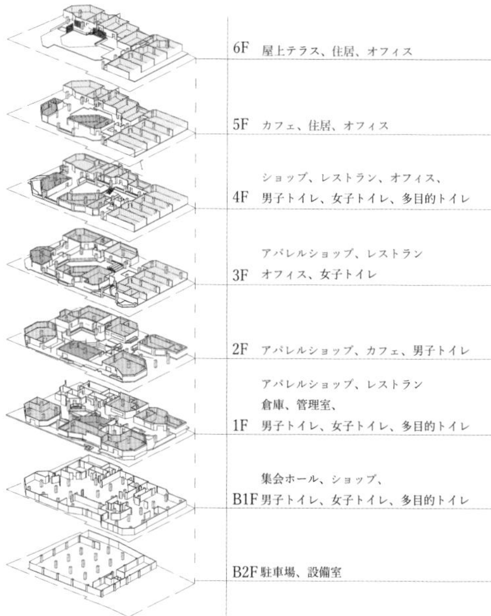

フロアにできたレベルのずれに人の居場所が生まれる

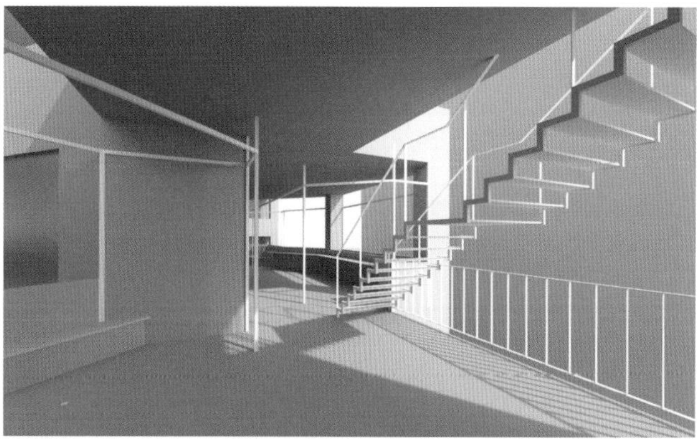

動線は建築の内側と外側を行き来し、ボリュームに付属したフレームに隣接する

7. 3つの「奥性」

調査・分析によって分類した3つの「奥」と、調査した「表層」と街路風景の設計要素を使い、立体的な「奥性」のある建築を設計する。また、その「奥」の概念を用いてパブリックとプライベートをコントロールし、人の居場所となるような空間をつくり出す。

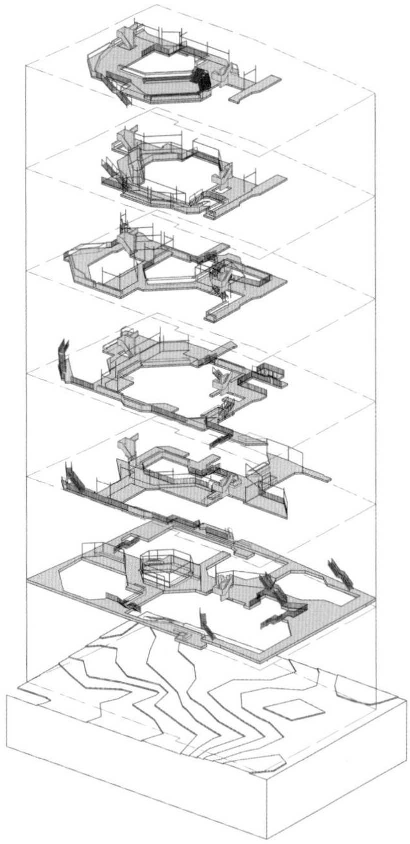

●物理的な距離による「奥」

人の動線が長くなるように全体を構成しており、物理的な長い距離を歩き、その間に店舗やパブリックスペースでの異なる空間体験ができるようになっている。最上階に到達するまでの距離と、そこへ至るまでの体験を通して、「奥」が生まれる。

●レイヤー（分節）による「奥」

階段やフレーム、植物や曲がり角など、物理的な距離を歩く中で、さまざまなレイヤーを抜けていくよう計画する。レイヤーによって生まれる小さな分節の連続によって空間が少しずつ移り変わり、レイヤーによる「奥」が生まれる。

●時間的な「奥」

ボリュームや吹き抜けに絡みつくように植えられた植物によって、時間の経過を感じやすいようになっている。この建築は外部と接する面を多く持ち、時間の経過による劣化や自然の侵食が、人の活動場所である建築の内部に現れることで、この場での時間の流れを感じ、時間的な「奥」が生まれる。

またリノベーションしやすいよう、RCラーメン構造としている。地形からとったレベルが現れ、この場所の地形やこの建築が残されながら更新していく。

表参道側立面パース。鏡面ガラスに空と並木が反射し、上階のファサードが消える

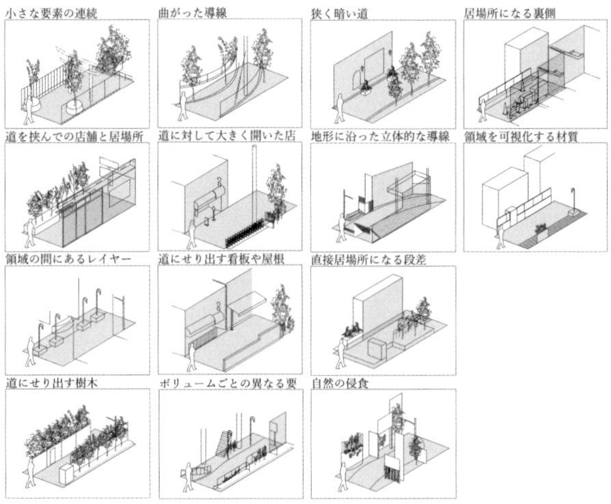

街路風景設計要素

キャットストリート側立面パース。キャットストリートからのボリュームの連続が続き、時間経過によって植物に侵食されていく

屋上テラスは庭のように住人と利用者を受け入れるとともに、イベントなどにも利用できる

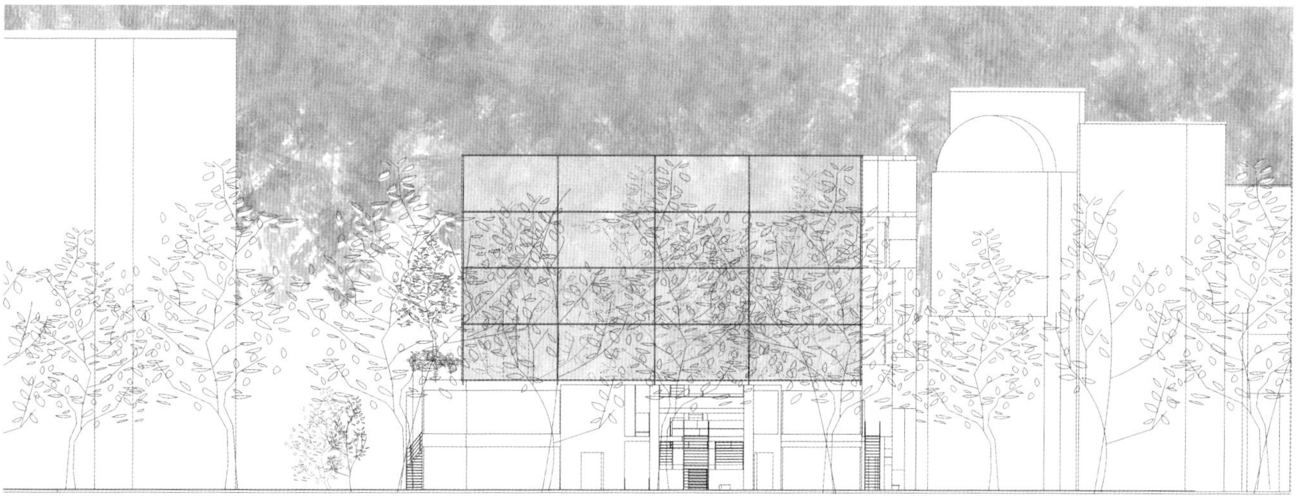

表参道側立面図

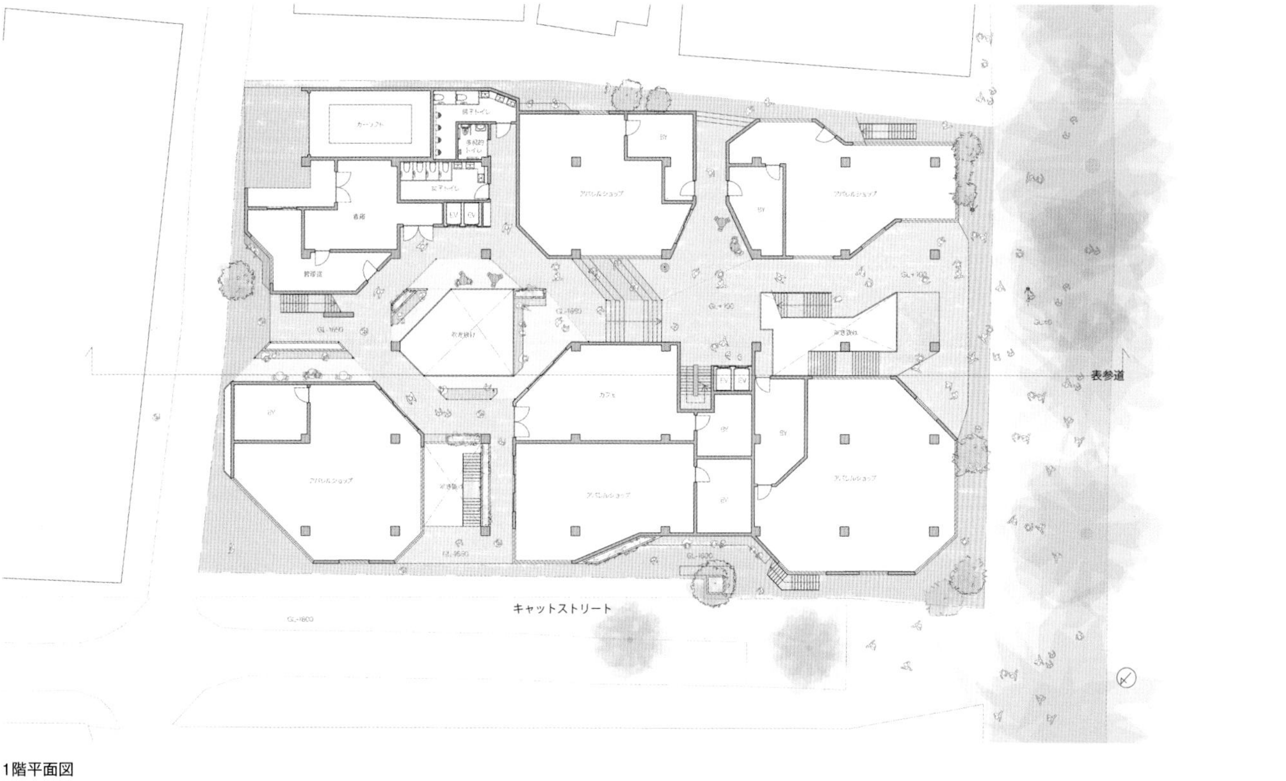

1階平面図

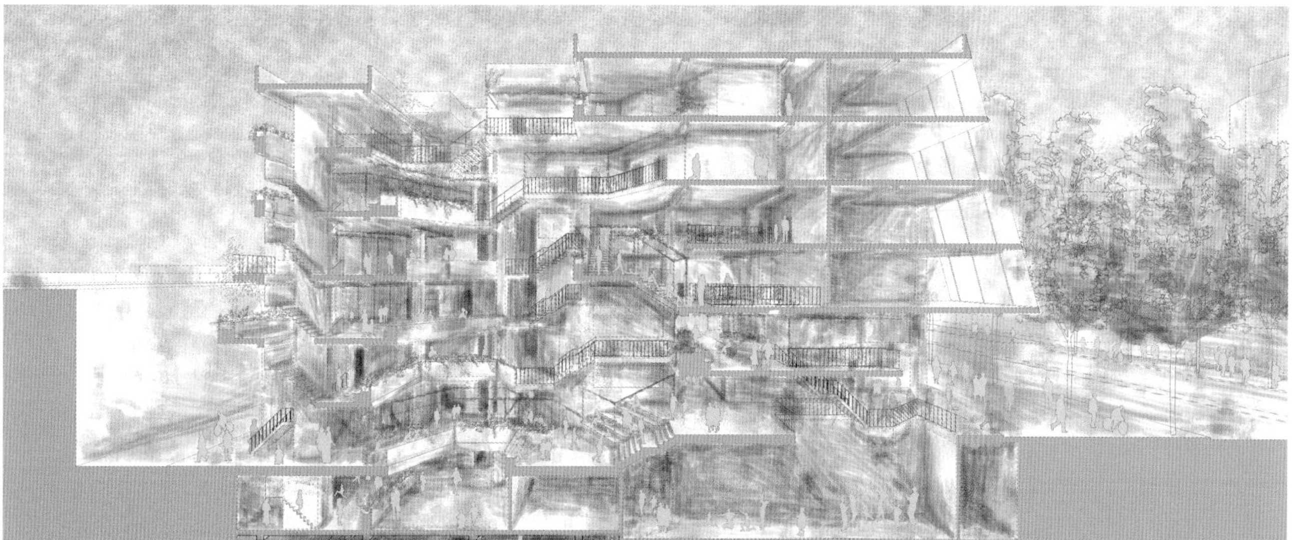

断面パース。ずれたスラブを立体的に人が回遊する。パサージュや吹き抜けに対してつくられた表層に人の活動が現れるとともに、表参道の通りにはない「奥」が生まれる

休息の場で、巣づくりを。

様々な“状況”を構築するこれからの「こどもホスピス」の在り方

坂上 直子
Naoko Sakagami

工学院大学大学院
工学研究科
建築学専攻
冨永祥子研究室

命を脅かす病気を患った子どもと家族が休息することのできる「こどもホスピス」。日本では馴染みがなく、病気の子どもが死を待つ看取りの場所と勘違いされることも多い。現在、こどもホスピスは黎明期でありながらも、設立に向けて全国で活動が行われている。

調査・研究では、こどもホスピス発祥の地であるイギリスとの比較、大阪市鶴見公園内にある「TSURUMI こどもホスピス」の施設見学、スタッフへのヒアリング調査、写真による断片的な行為の観察、動画による一連の行為の流れの観察などを行った。表面的なものではなく、人々に寄り添ったより踏み込んだ調査・研究を行った。そこから病気の有無に限らず、子どもから大人まで多様な人々を受け入れ、カスタムメイドのケアをしていくことが重要だと結論づけた。

子どもは病気であっても成長途中で、遊び・憩い・学ぶことが重要である。こどもホスピスは、そのような子どもの「生きる」を支える場所として存在すべきだ。その際の建築空間は、一義的・均質的な機能の部屋が並ぶのではなく、人が能動的に空間に関わり、様々な状況を構築することが生きる意欲に繋がると考えた。行為や身体性といった微視的な視点から考え、設計者の思惑以上に人々の行為の拡張、関係性の増加があるような建築空間を提案する。

1. こどもホスピスの利用者

「生命が脅かされた状態（LTC：Life-threatening condition）」の18歳までの子どもとその家族。LTCの病態は次の①～④に分類される。

①根治療法が奏功することもあるが、うまくいかない場合もある病態（小児がん、先天性心疾患など）／②早期の死は避けられないが、治療によって予後の延長が期待できる（神経筋疾患など）／③進行性の病態で、治療はおおむね症状の緩和に限られる（代謝性疾患、染色体異常など）／④不可逆的な重度の障害を伴う非進行性の病態で、合併症によって死に至ることがある（重度脳性麻痺など）

2. イギリスのこどもホスピス

イギリスの４つのこどもホスピスの建築空間に着目し考察した空間計画上の配慮をあげる。施設を構成する諸室郡は、【居室・家族室・共用スペース・治療／浴室・慰安所／聖所・スタッフ諸室】の６つに分類することができた。いずれも、これら６つの機能が入った室が並列し全体を構成していた。６つの分類のうち面積配分は、【居室：平均10％／家族室：平均11％／共用諸室：平均15％／スタッフ諸室：平均10％】わずかではあるが、共用諸室の割合が高く、施設内での生活・学習・交流の場を重視していることがわかった。子どもが過ごす居室は家族室と離して配置されている。これは24時間いつも一緒にいる家族が子どもをスタッフに預けて休息する目的によるものだと推測する。

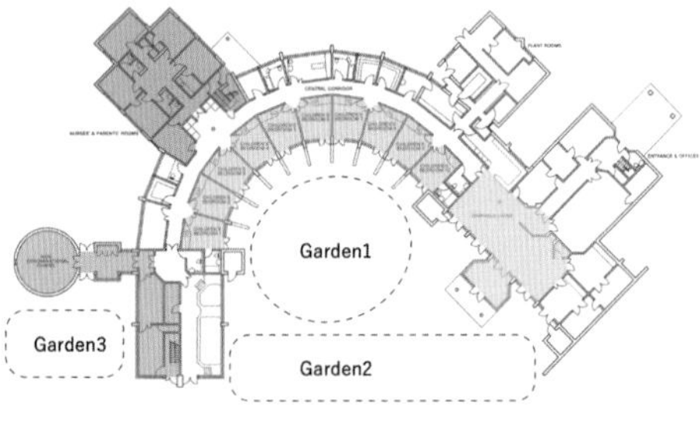

Naomi House, Wessex Children' s Hospice Trust

3. 地域の誇りとなるこどもホスピス

病院内のこどもホスピス病棟
全14床・有料/最長1週間
開設年：2012年11月　運営：淀川キリスト教病院
○公的な医療機関での小児緩和ケア + 短期入所施設
○「こどもの望む場所で
ご家族・仲間と楽しく過ごすことを支える病院
病院に隣接したもみじの家
全7床・有料/最長10日間
開設年：2016年4月　運営：国立成育医療研究センター
○公的な医療機関での短期滞在型医療施設
○施設の建設においては100%民間の資金
○「家のようにリラックスできる団欒の場」
公園内のコミュニティ型　TSURUMI こどもホスピス
全5部屋・無料/デイユースとステイ基本1泊
開設年：2016年4月　運営：公益社団法人 こどものホスピスプロジェクト
○主な財源は寄付、制度に縛られない対応が可能
○「病院ではなく“家”であること」
○「一部を市民に開放し、地域住民と日常的
に触れ合うことのできる拠点」
横浜こどもホスピスうみとそらのおうち
全3部屋・有料/デイユースとステイ基本1泊
開設年：2021年11月
○寄付による財源確保、民間による運営
○海辺の静かな場所で、向かい側には広い公園が広がる
○病気とともにある子どもと家族が
一緒に安心して過ごせる場所
病院の一部
第二の我が家
友達や親戚の家
別荘みたいなおうち

4. “ホスピス”の意味をより拡張させていく

日本の制度上の問題を見つめ直し、「医療・福祉・教育」の狭間にいる命を脅かす病気の子どもとその家族がほっと息をつくことのできる、「暮らしの中」のこどもホスピスに着目して、豊かな建築空間を問い直す。“ホスピス”という言葉に込められた、看取りや休息を単に行うだけではなく、その意味を広く捉える、提供する範囲を広くする、ということだ。病院での「医療的ケア」ではまかないきれない部分に手を延ばし、子どもが成長する上で当たり前に必要な「遊び・学び・出会い・成長する場」を充実させること、病院の近くではなく実際に子どもが過ごす地域の中に存在して、地域住民にとっても居場所となり、民間運営によって成り立つ、まちの誇りと思えるような建築を提案したい。

5. 日本こどもホスピス界の萌芽　TSURUMI こどもホスピス

●現地調査　施設見学・ヒアリング調査

図面や文献などの表面的な調査に留まらず、より寄り添った調査のため、大阪府にあるTSURUMIこどもホスピスで現地調査を実施した。調査での気付きから提案に活かしたいことを以下にあげていく。

- カスタムメイドのケア＝多義的な建築空間
- むやみにバリアをなくすのではなく、病気の子どもと健常者が共生できる空間を
- 建築をもっと立体的に、広く使われるように
- 利用者もスタッフも同じ立場で存在させる工夫
- ティーンエージャーのための場所もつくる
- 地域住民に向けた顔と利用者に向けた顔を持たせる

●行為に着目した分析

公式HP・YouTube上の動画・Instagramの写真・冊子を対象に、LTC（命を脅かす状態）の子どもとその家族の行為に着目した調査と分析を行った。

6. 使い手の自由な解釈を生み出す建築とは

多義的な建築／人の行為／身体性 から建築を考える
4人の建築家に着目し、設計手法を学ぶ。
▼
“曖昧な領域をつくり出すこと”
“心を誘うきっかけを散りばめること”

7. 結論：これからのこどもホスピス

①外に対して
「医療的ケア」ではまかなえきれない。患児とその家族を地域で支えていく。適切に地域に開き啓発を行うことで、こどもホスピスの理解を深める。
②中に対して
多種多様な人を受け止め、患児のみならず親や兄弟のやりたいことを叶え、休息できる、カスタムメイドのケアが求められる。

▼

【さまざまな状況を構築する建築空間】
人々が過ごしたい場や利用方法に応じて自由な解釈をし、過ごすことができる。さらに、建築家の先行研究より、『曖昧な領域をつくり出すこと』と『心を誘うきっかけをちりばめること』という2つの手法を用いて設計提案を行っていく。

8. はじまりの場所／暮らしの動線のなか

●はじまりの場所

こどもホスピスは死を待つ終わりの場所ではなく、「生きる」を支え、未来を見据え、彼らの成長を促す場所である。そのようなこどもホスピスのあるべき姿を踏まえ、杉並の地を横断する「善福寺川」のはじまりの場所となる敷地を選んだ。

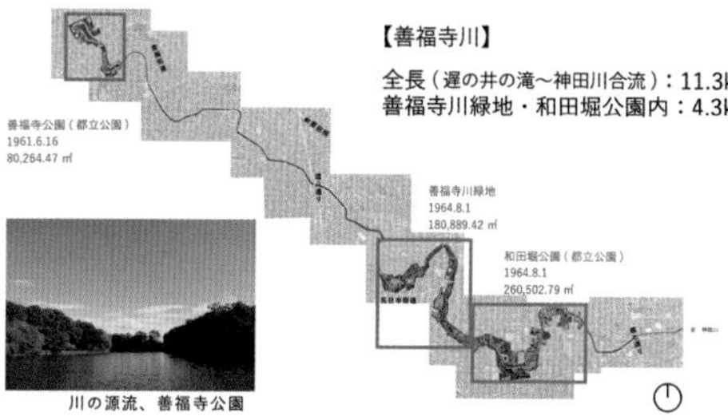

川の源流、善福寺公園

●暮らしの動線のなか

親の生活圏を考慮しアクセスの良い場所がふさわしいと考えた。また地域住民から認知されやすく、病気の子どものコミュニティの一部としてこどもホスピスが存在するためにも、周囲を住宅街に囲まれ、人々の憩いの場として暮らしの動線の一部である公園内の一角が敷地に適していると考えた。

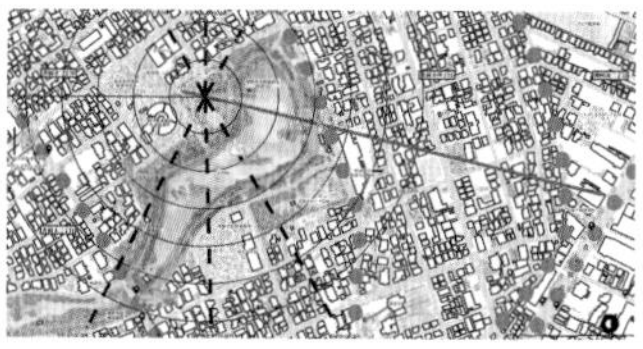
すり鉢状の地形により、1km先まで眺望が抜ける

9. 動線計画と外部環境による8つのゾーン分け

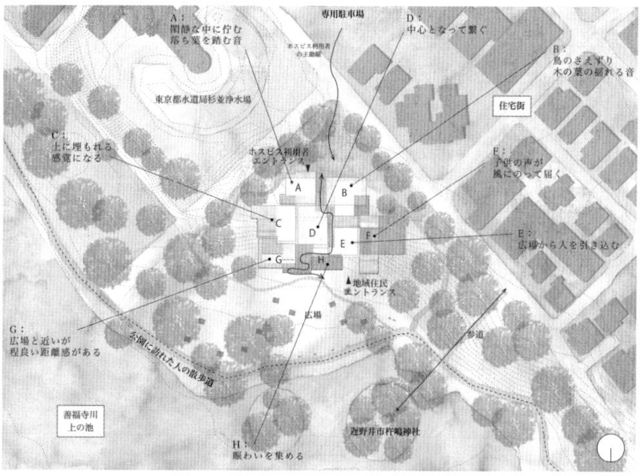

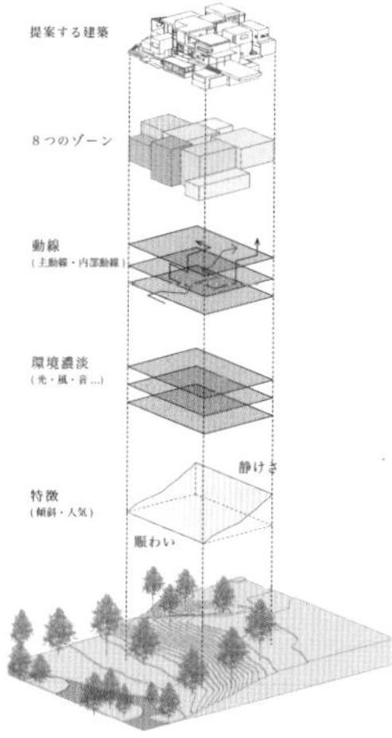

10. さまざまな状況を構築するための設計手法

●行為の分類

観察により収集した、こどもホスピスで起こる行為を「少数」「複数」「滞在」「流動」の４つの属性に分類する。

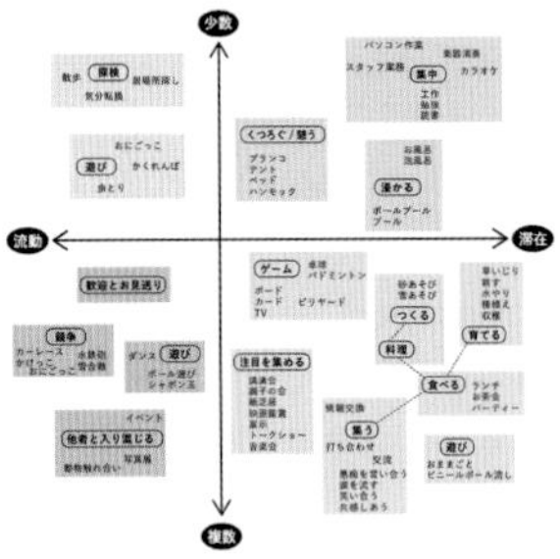

●行為に適した空間的性質

細分化した行為をただ場所ごとに当てはめていくことは、設計者が空間内で起きる事象を制限することに繋がると私は考える。そこで、行為を誘発するような空間的性質を当てはめるという工程を一段階加える。

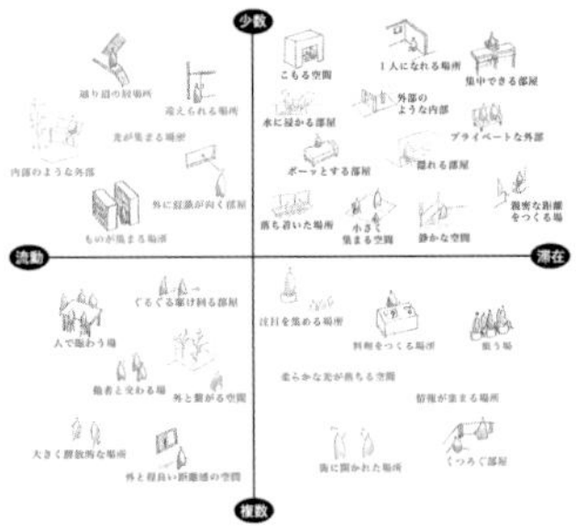

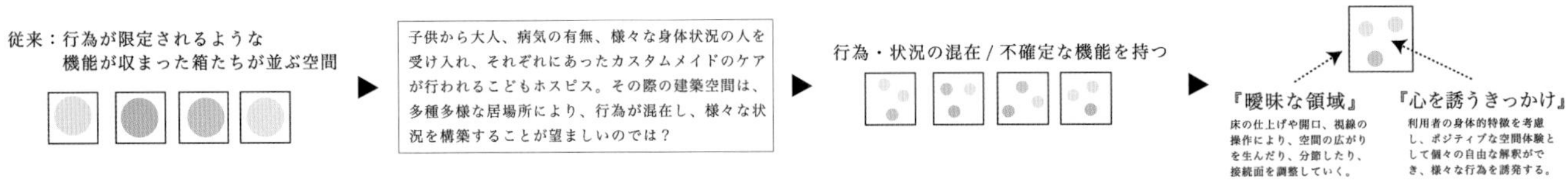

従来：行為が限定されるような
機能が収まった箱たちが並ぶ空間
子供から大人、病気の有無、様々な身体状況の人を受け入れ、それぞれにあったカスタムメイドのケアが行われるこどもホスピス。その際の建築空間は、多種多様な居場所により、行為が混在し、様々な状況を構築することが望ましいのでは？
行為・状況の混在 / 不確定な機能を持つ
『曖昧な領域』
床の仕上げや開口、視線の操作により、空間の広がりを生んだり、分節したり、接続面を調整していく。
『心を誘うきっかけ』
利用者の身体的特徴を考慮し、ポジティブな空間体験として個々の自由な解釈ができ、様々な行為を誘発する。

11. 属性の異なる空間的性質を挿入
パッケージ化した8つのボリューム

形や大きさなど特徴の異なるＡ～Ｈの８つのボリュームには、小さな行為を誘発する空間的性質がパッケージ化されている。１つ１つのボリュームには固定的な名称をつけることはできず、行為を制限してしまう決まりきった機能を内包する箱の寄せ集めとは異なることを意味する。

８つのボリュームを再接続する際には、接続面と動線を調整することで、全体として多様な空間が隅々まで編み込まれた空間とした。一定規模以上の建築をいきなり多様な空間として設計するのは難しいが、複数の立体的なパッケージブロックを設定したところが大きな特徴である。

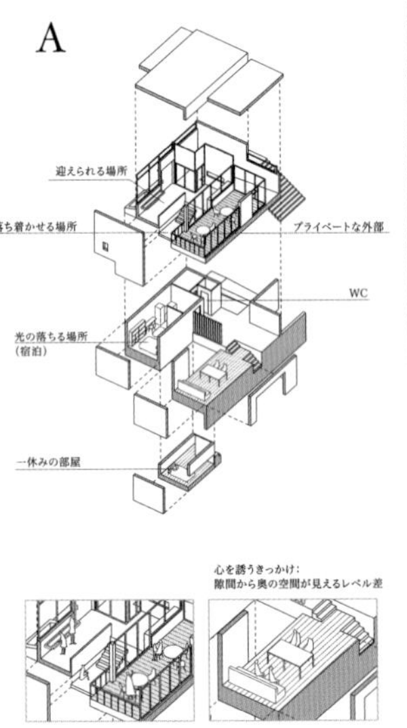

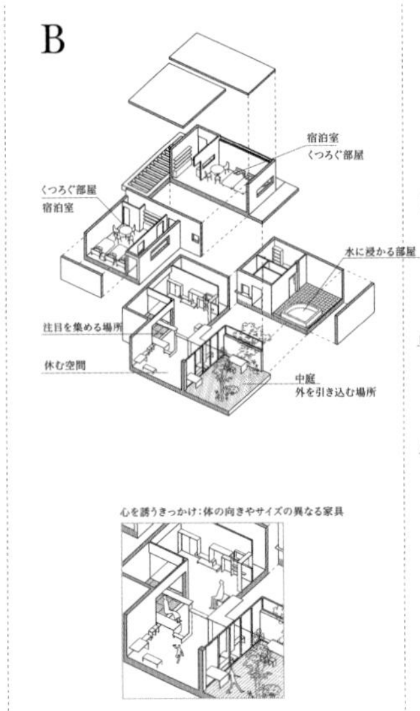

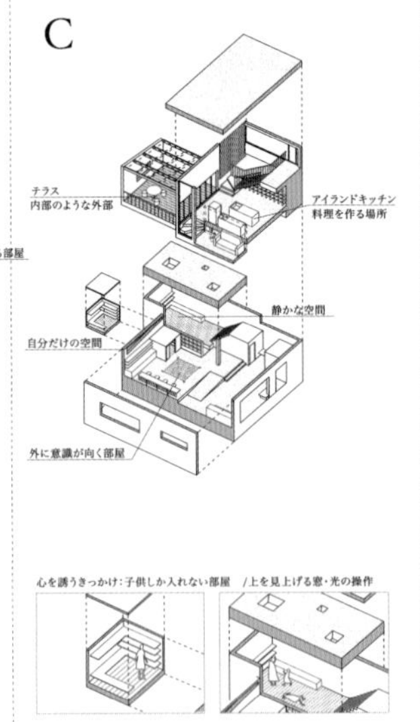

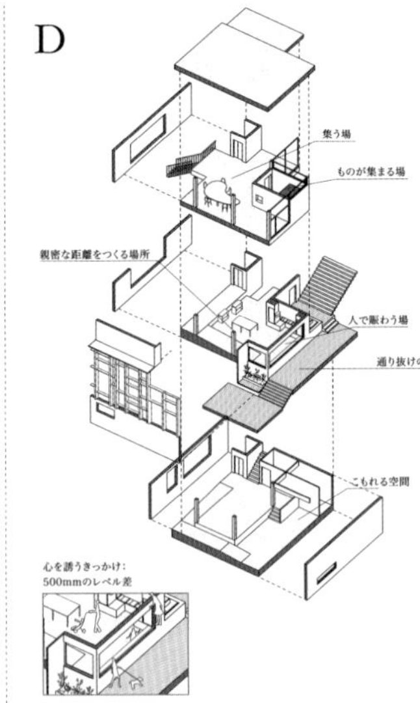

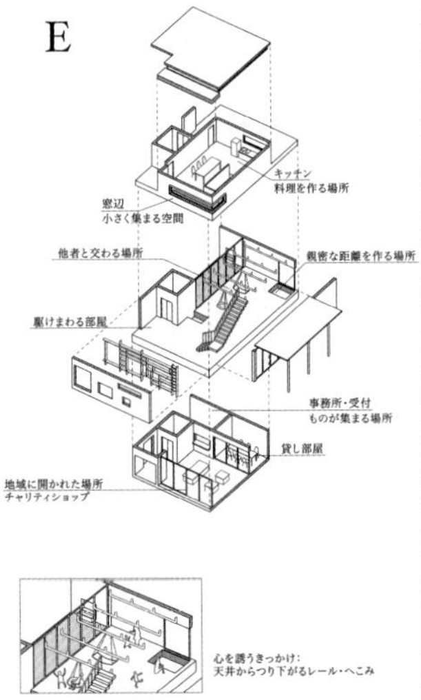

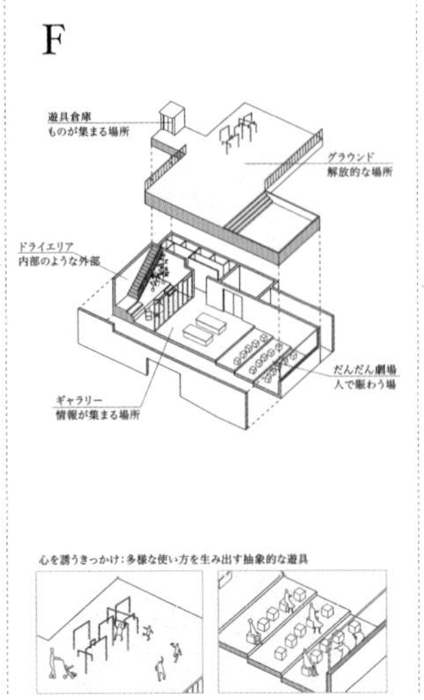

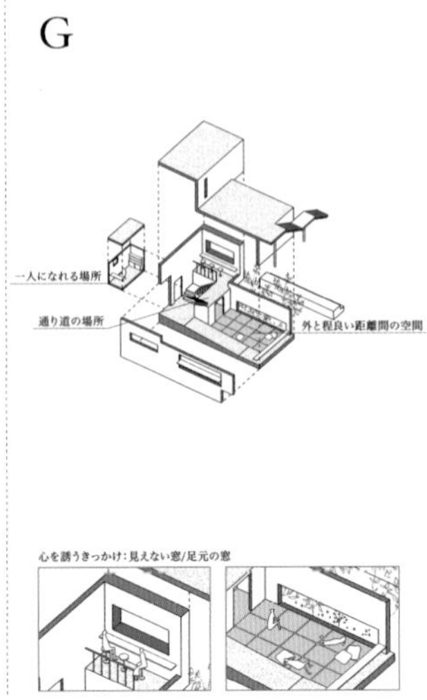

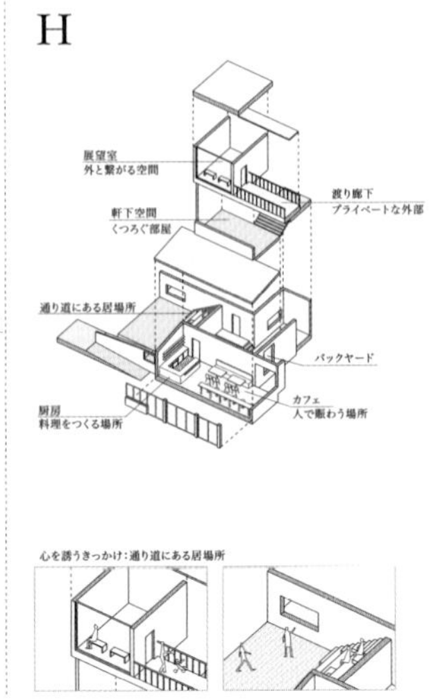

閑静な住宅街側からこどもホスピスに向かうアプローチ

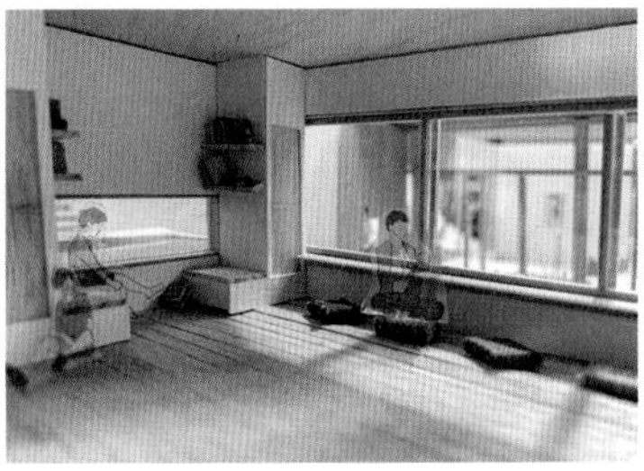

2階の様子。座ることで外が見える窓。通り道との間にある500mmのレベル差が程よい距離感を生み出す

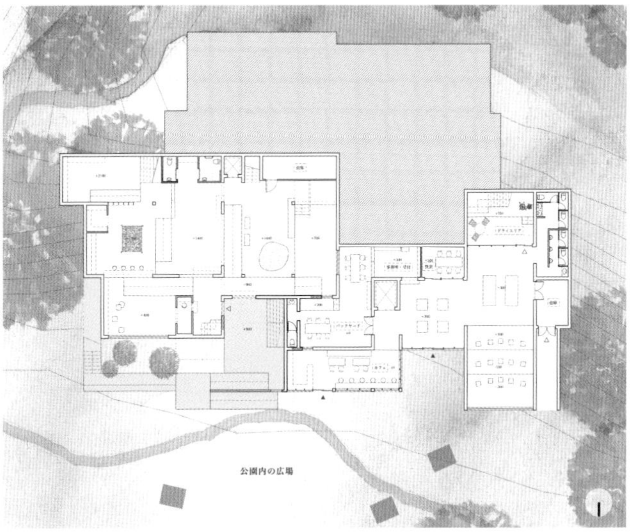

Floor Plan GL＋1000

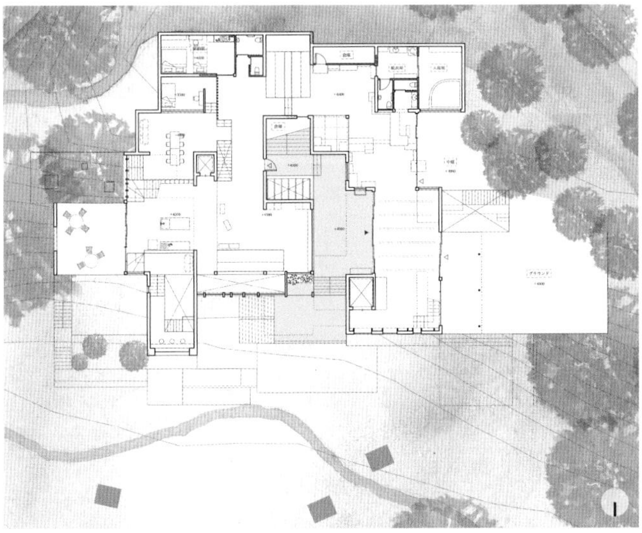

Floor Plan GL＋4500

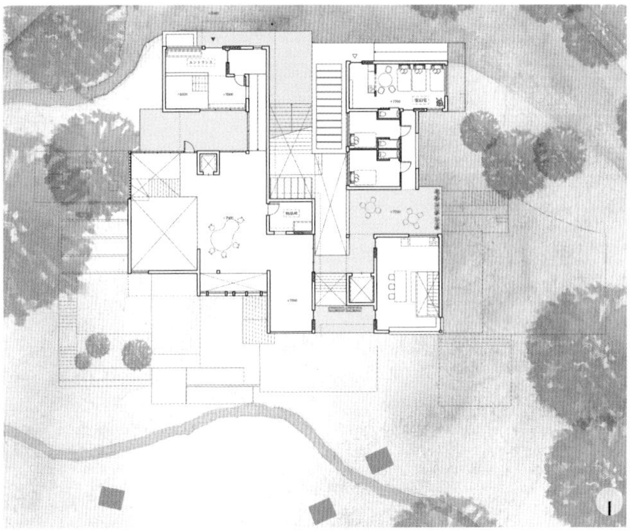

Floor Plan GL＋8000

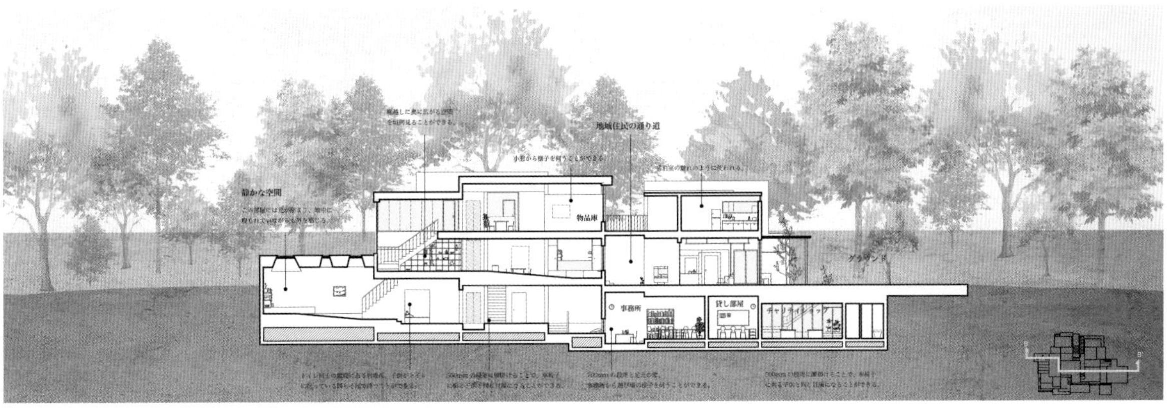

B-B' Section

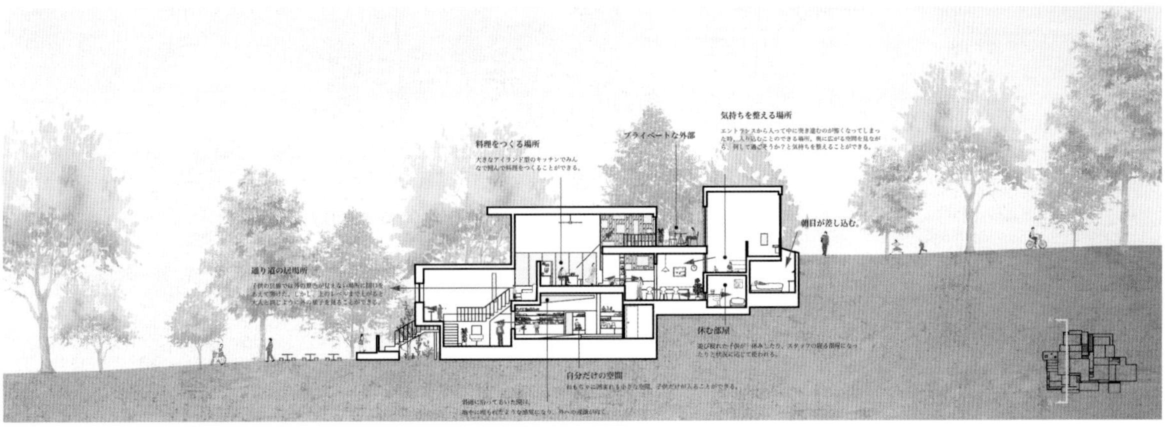

A-A' Section

種蒔く家

除村 高弘
Takahiro Yokemura

工学院大学大学院
工学研究科
建築学専攻
樫原徹研究室

作物生産だけでなく、緑をもたらし避難所や保水地として防災機能を持つなど、まちに多くの恩恵を与えている生産緑地。 生産緑地には登録から30年間は農業を続けなければならない営農義務がある。そして生産緑地の約8割が2022年に義務期間を終え売却可能となる。これにより耕作放棄地や後継者不在の農地が一斉に売却され、環境の悪化や地価の下落などを招くのではないかとも問題視されている。

この対策として2017年に農地で有りながら地域の作物を主とした、という制限付きで飲食店や商業施設が建設可能になり貸し農園の手続きなども簡易化された。農地としての課税のまま商業ができるのは農家にとって大きなメリットと言える。生産緑地の一部は、存続のため今後は作物生産からまちの隙間のパブリックな空間になるのではないだろうか。私は「農業の構築物や農業の知恵・農地法が設計のヒントになるのでは」と考え、事例を収集し建築的に考察した。それを踏まえ、耕作放棄地など周辺生産緑地全体を巻き込む住戸＋農地カフェを提案し、農地において建築を設計する手法の種を発見した。

1. 背景　法改正による生産緑地のパブリック化

次々と農地が開発されていく様を目の当たりし、少しでも多くの生産緑地を後生に残せないかと考えフィールドワークや基礎リサーチ、インタビューを始めた。

「とかいなかビレッジ」
助役 西山さん

農家カフェを中心とした農業体験やイベントを行って収益化し、農地を維持しようとしています。また、就農希望者と耕作放棄地をマッチングさせ、農地を教材として貸し出すために維持するなどの取り組みも構想しています。

「矢澤水耕農園」
矢澤さん

既存の鉄骨ビニールハウスを一部改修して、トマトの販売と栽培見学を兼ねた施設を建設しようと思っています。また農地内で新たに建設可能になった加工施設を建設し、季節関係なく商品を用意できるように考えています。

2. 萌芽　農業の空間化

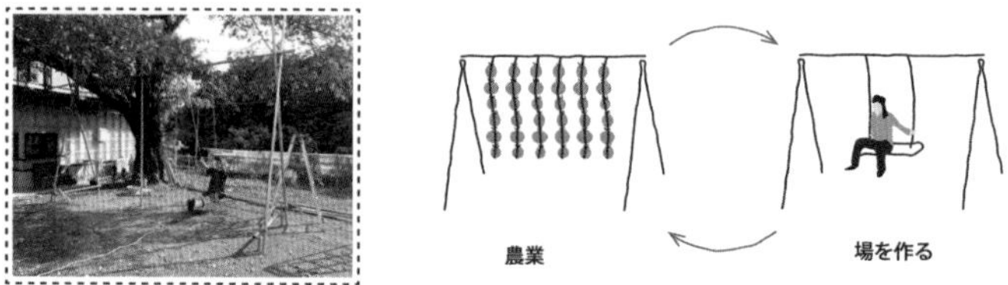

市民農園でみつけた、農家が農業資材でつくった単管ブランコ。農地のパブリックな変化に合わせモノの扱いも変化するのではないかと感じた

ここで私は、ビニールハウスや防風ネット・倉庫などの農業構築物、農地ならではの規制や知恵、これら農のコンテクストがブランコ同様、農地内の商業・公共空間の要素に変化するのではないかと仮説を立てた。次にこの仮説から、「農業構築物や法制度・事例の収集」「収集したものを観察し建築的考察」「分析を踏まえた設計・提案」という３つのプロセスで実験を進めた。

3. 収集

農業構築物や法制度・農地活用の事例を書籍、フィールドワーク、webから収集しシートにまとめた。

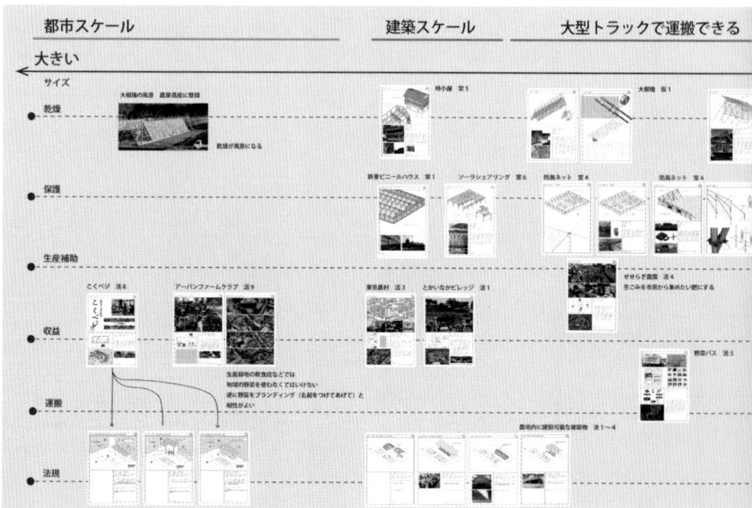

4. 具体例　大根櫓

宮崎県田野町周辺で主に仮設される大根乾燥用のやぐら。竹や木を組み合わせ、高さ6m 桁行（けたゆき）50m を超える櫓を2～3人が10日程度で組み立てる。純粋な農業構築物を超えて、これが生み出す風景が観光資源としても扱われているようだ。

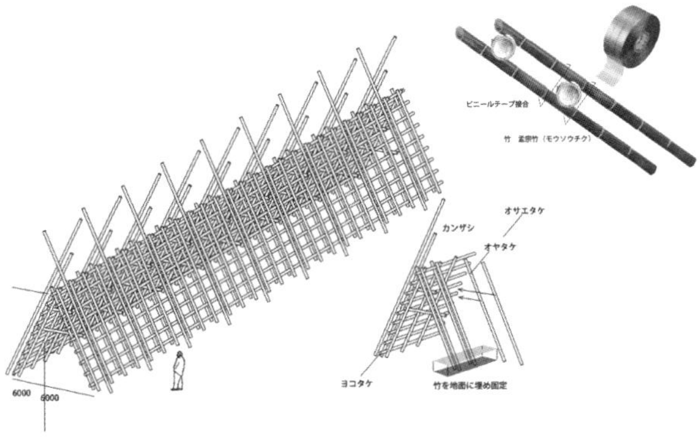

5. 考察

分類

事例をそのものごとが持つ目的によって分類し大小でグラフ上に並べ関連性や特徴などを探す。そこから建築的な考察をおこない再度グループに分け、農地内建築の設計指針になるような要素を抽出する。

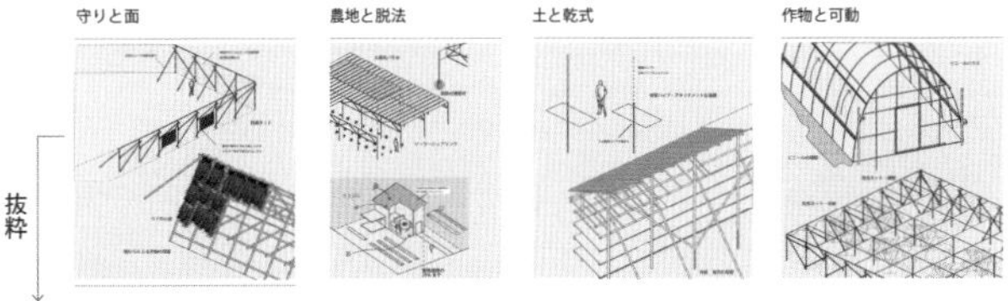

季節と仮設

大根櫓や柿屋、稲木など収穫した作物を自然のちからで乾燥させ、加工・長期保存用にする昔からの知恵。建築から家具スケールまで存在し、農家による組み立て可能な簡易な作り。冬期に組み立て、春から秋にかけては解体し収納する。収納せずに冬とそれ以外で使い分けることで、仮設空間に転用できるのではないか。

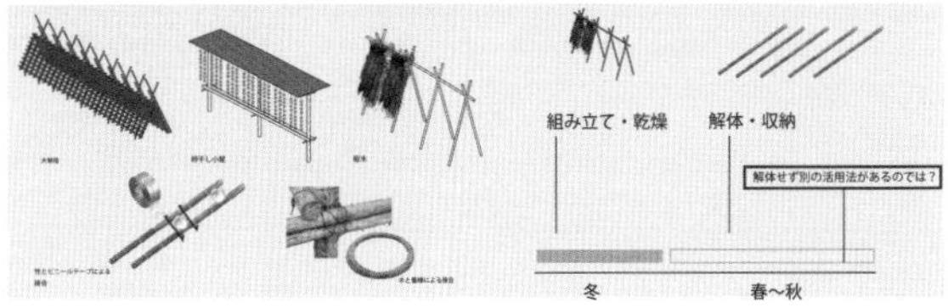

6. 敷地　郊外の都市農地と住宅のコンバージョン

敷地は神奈川県川崎市で最多の生産緑地面積を有する宮前区で、約4000㎡の生産緑地とその農家の木造住宅が対象。現代の生活スタイルでは大きすぎるこの住宅の一部を市民農園に併設したカフェとしてコンバージョンした。また、周辺の小さな耕作放棄地を人々が農と出会う空間としてチューニングする。

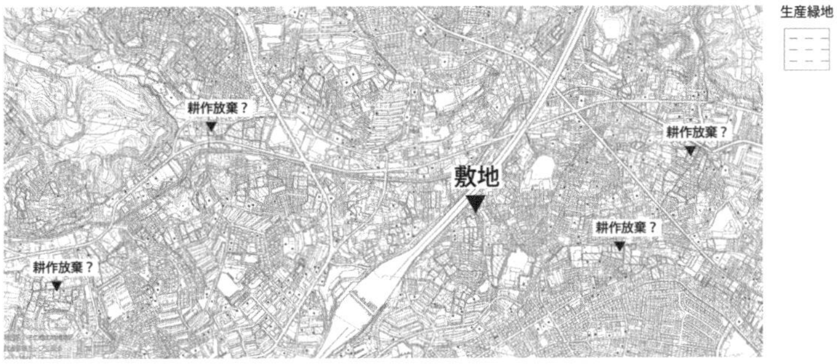

川崎市宮前区平6丁目8

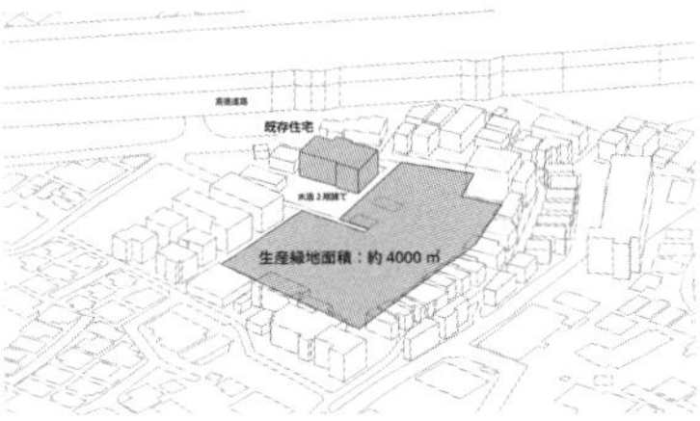

7. 設計提案　3つの体験をつくる

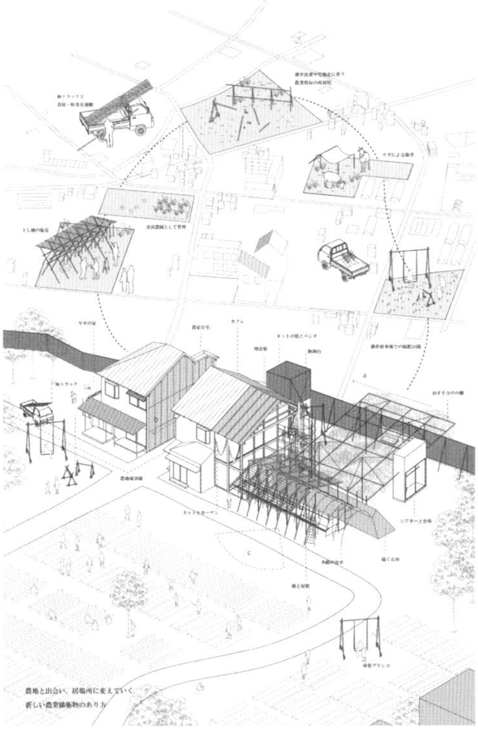

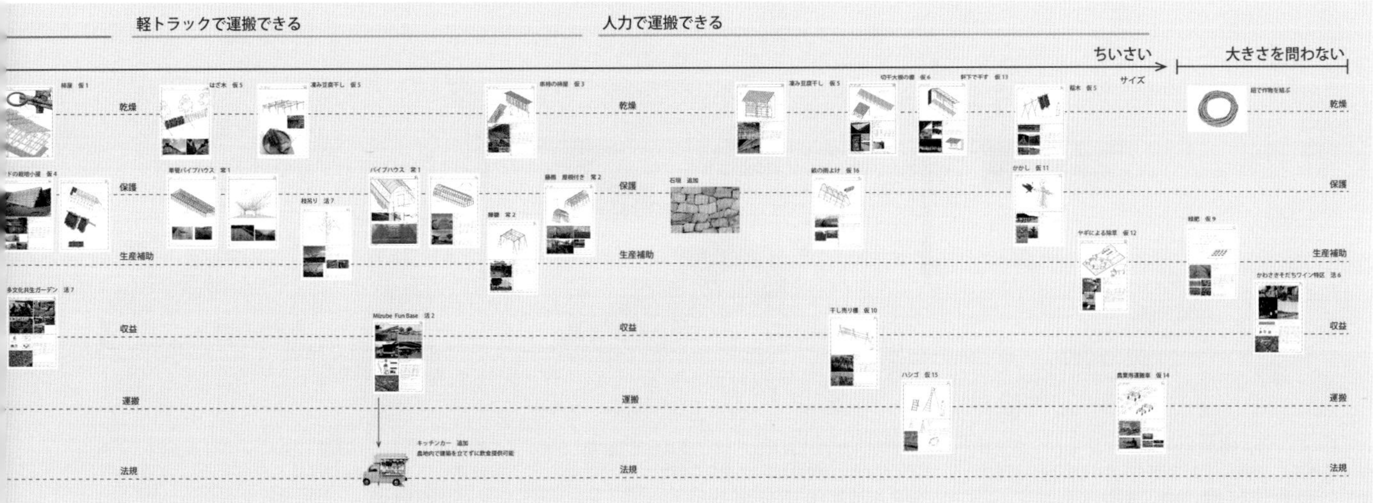

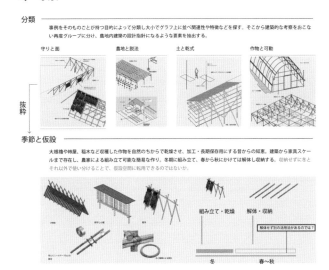

8. 農地をまちに開くこと

生産緑地の多くは防風ネットや柵に囲われまちとの関わりを断っている。ここで農地とまちをつなぎ、「何をつくっているのか？」「何をしているのか？」などを発信するとともに、参加しやすさを建築空間によってつくり出す。

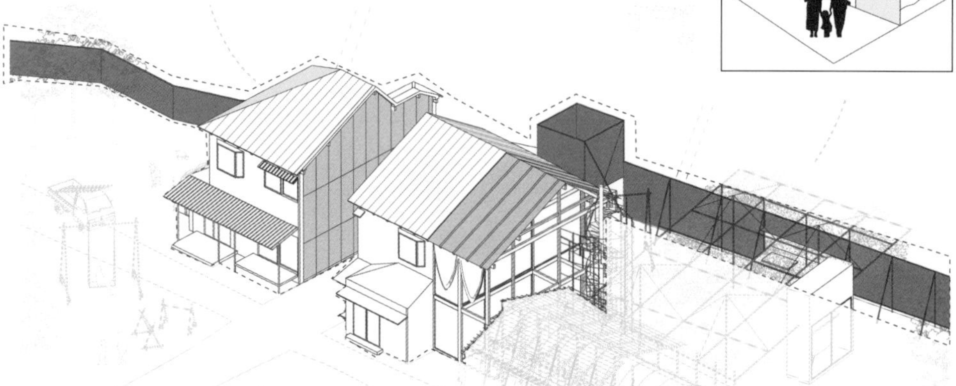

農地法によってできた境界が、まちと生産緑地をつなげる建築的操作になる

カフェのキッチンからは農地に来る人・過ごす人どちらとも顔を合わせられる

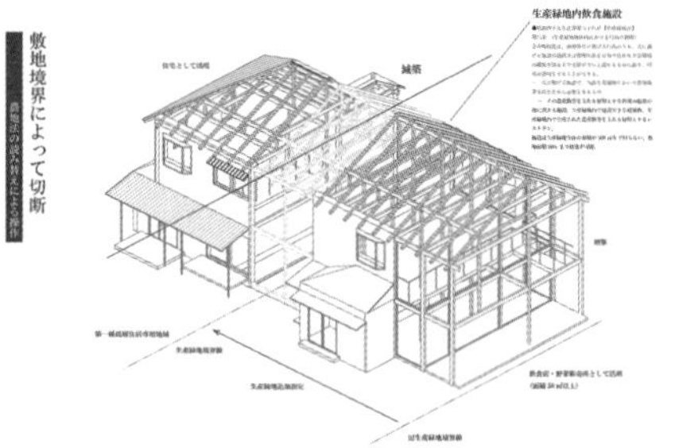

住宅の一部を50㎡以上の飲食店に改築し、生産緑地を拡大する。敷地境界線により発生する建物の切断をポジティブに捉え、農地へのアプローチとした

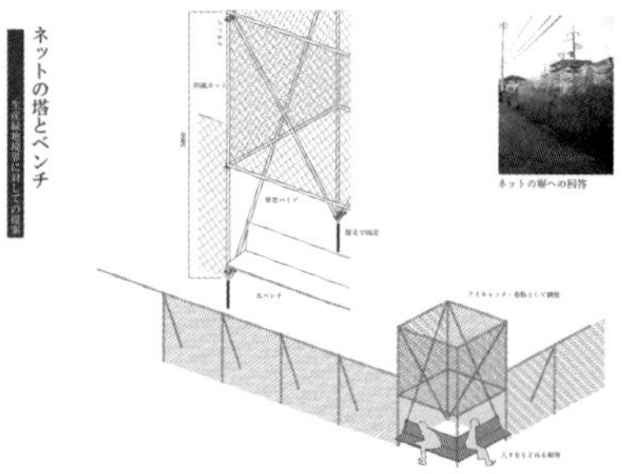

防風ネットを生かしてアイキャッチや看板になるような塔をつくった。その下にベンチを設けて、カフェの買い物客や、順番待ちの人々が一休みできるような場にした

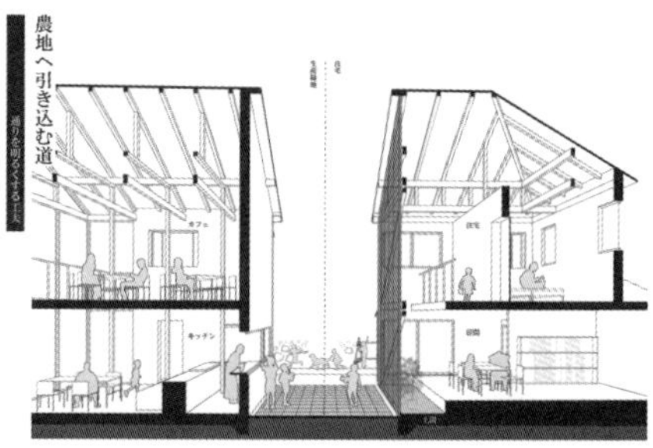

新しい農地への動線からキッチンをのぞくことができ、賑やかさと会話を生む。住宅側は透明度の低いポリカーボネートで仕切り、夜間はぼんやりと道を照らす

9. みんなで育てられること

農業構築物は誰でもつくることのできる簡単なつくりで、すぐに壊すこともできる。生産緑地という大きな変動が予測される場所において、みんなでつくって、変えられるということは場に愛着を持ってもらう意味で大きな価値がある。

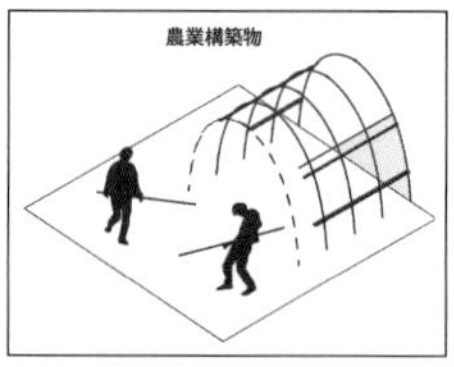

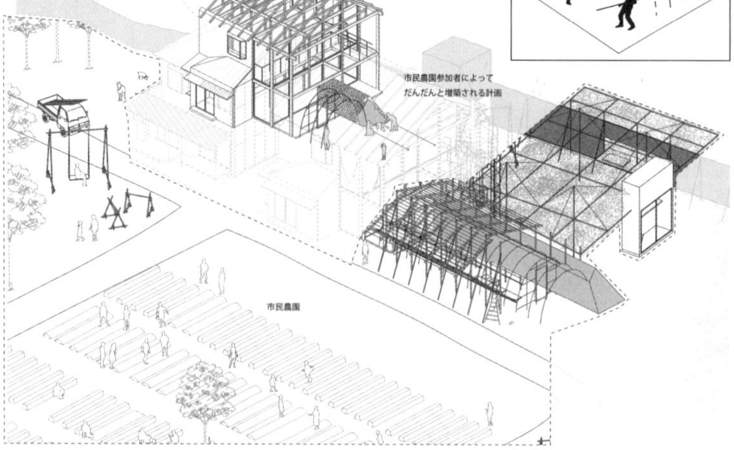

農地を望む食卓。季節の変わり目にはみんなで屋根の組み替え作業をする

農地に建設可能な仮設物の組み合わせで、全く異なる居場所をつくることができる

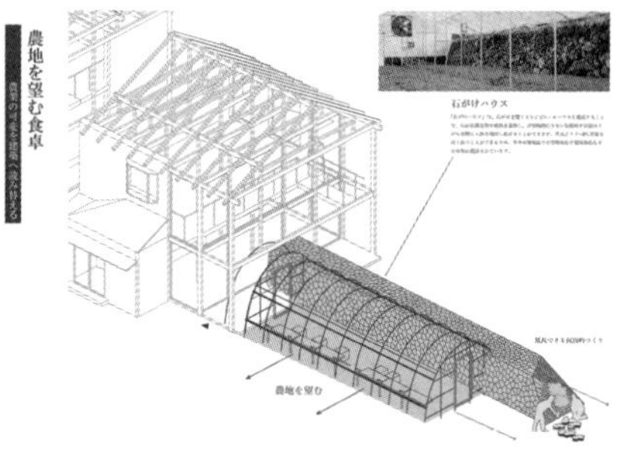

石垣にビニールハウスを組み合わせ、断熱効率を上げる農法を壁面に読み替え、視線の操作と空間の区切りを設けた。パイプと石垣の仮設素材であるため、面積の増減が可能

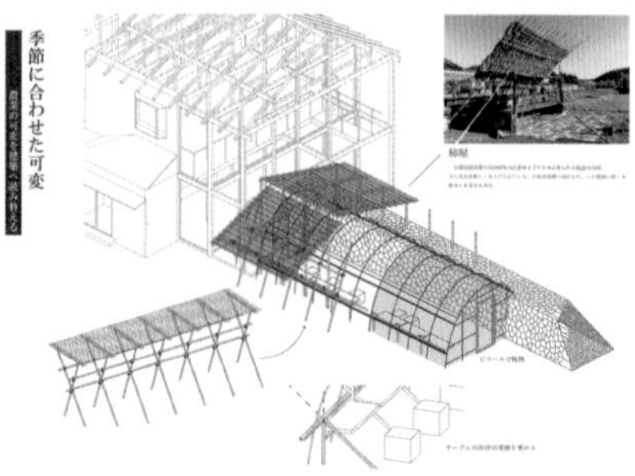

冬はビニールをかけて断熱性を高め、夏は仮設の屋根をかける。これは食べ物を乾燥させる農業仮設物からヒントを得た。冬は野菜を乾燥させて売る装置にもなる

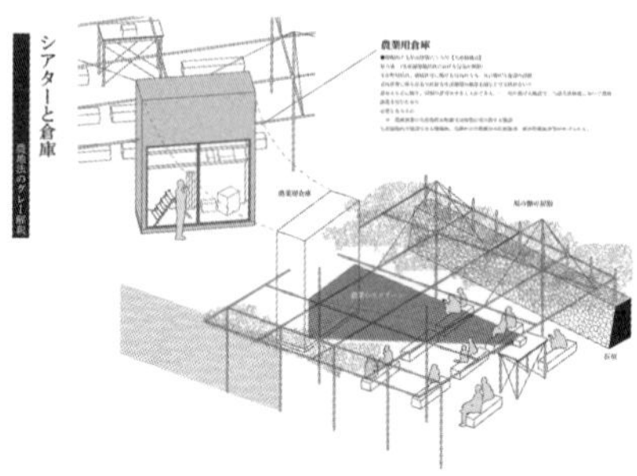

農地にちょっとした映画館？「できるわけない」と多くの人は言うだろうが、例えば農業用倉庫をスクリーンに、ブドウやキウイ、梨の棚を屋根にして素敵な映画館へ

10. 種を蒔くこと

耕作放棄地や休眠している農地を積極的に活用し、まちにいくつものパブリックスペースをつくっていく。体験農園やまちの消費活動の中に生産緑地を組み込むことで、その維持を目指した。

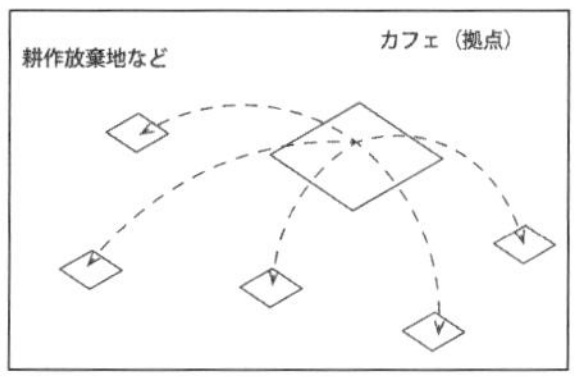

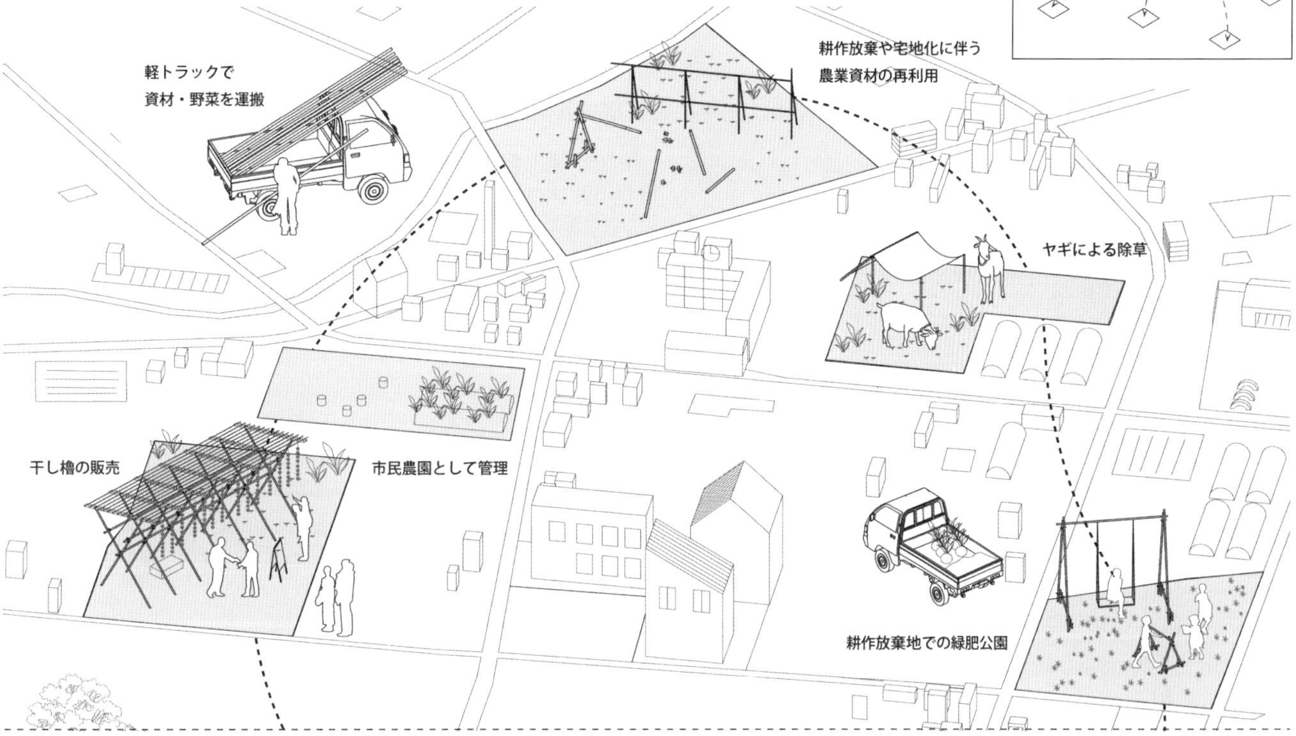

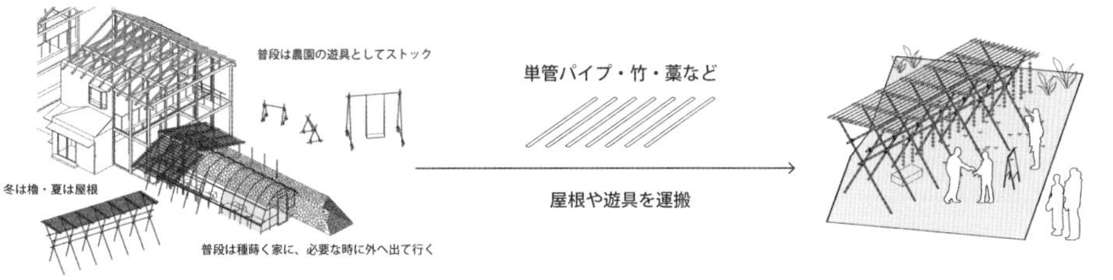

種蒔く家

資材を空間としてストック

耕作放棄地

街のパブリック空間に変化

バス停の耕作放棄地に乾燥の風景をつくり、人のたまりにする

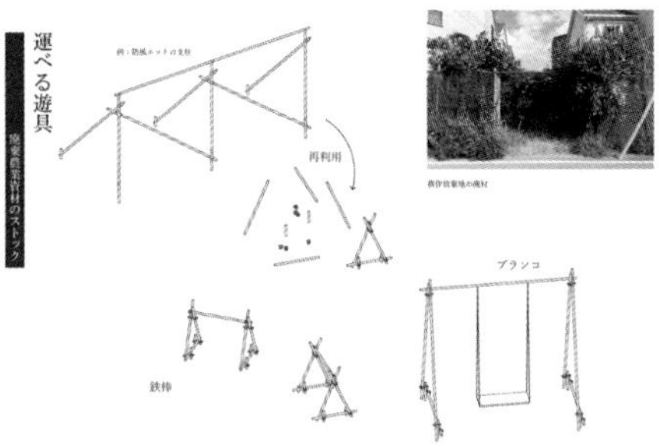

耕作放棄地に残された農業資材を再利用する。分解・運搬しやすく丈夫な単管パイプをあちこちへ持っていき遊び倒そう

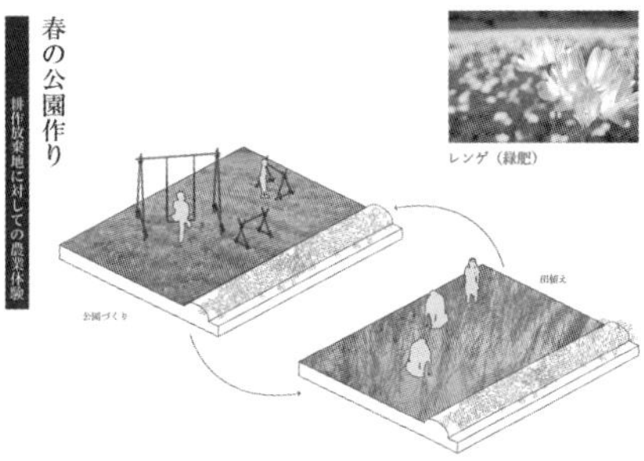

植物を植えてそのまま肥料とする緑肥という考えがある。体験農業の一環として、田んぼの収穫から田植えまでの間にレンゲを植える。季節限定の気持ちの良い公園になる

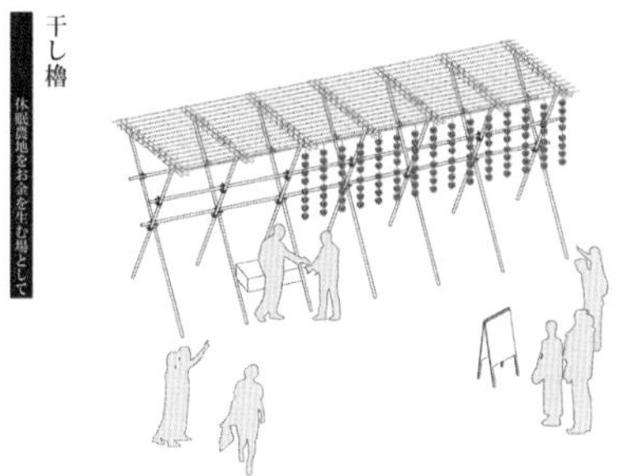

耕作放棄地や休眠農地に仮設物を持込み、パブリックスペース、野菜販売の場として活用する。農地の一角を盛り上げる装置になる

11. 展覧会　建築のアイディアから実際の農地へ

この設計は分解し１つ１つの手法単位でも生産緑地に適用できるよう考えた。今回の手法・リサーチを披露する展覧会を、生産緑地内の農家カフェで計画している。多くの人に農地の可能性を伝える、そんな「種蒔く家」を目指して。

How to use History

大久保 尚人
Naoto Okubo

芝浦工業大学大学院
理工学研究科
建設工学専攻
郷田修身研究室

事物の“不足”が“過剰”へと逆転した昨今の日本における建築の再利用の意義の高まりを受けて、表層的な認識が一般的に定着してしまう前に創作論的視点から検討を行うための研究とそれに基づく手法を獲得することを目的とする改修計画である。ここでは、再利用という行為に対して創造プロセスに高い類似性を示す「進化論的思考」を導入し設計を行っている。具体的に、建築の“部分”に対して、生物の進化の如く適応に向けてさまざまな変異を起こしていくというものだ。こうしてできあがる建築は、通常の設計のようにまっさらな敷地につくられる計画とは違い、大小さまざまな事象の影響を受け、既存のヒントを読み解きつくられていく。そこから生まれるものは全く新しいわけではなく、かといってノスタルジックな思想に回帰するようなハリボテ建築でもない。再利用という行為が導く空間は「見たことあるようで見たことない、あり得たかもしれない未来の過去の姿」なのである。本研究はそんな建築を再利用することで獲得できる豊かさを確認するまでを描いた試論である。

1. 研究背景

私たちを取り巻く日常環境は、当たり前に既存の事物で満たされている。縮小時代に入っている日本では、ついに事物の“不足”が“過剰”へと逆転した。こうした状況から、昨今の日本では建築の再利用が重要な行為として再び注目を集めているわけだが、既存建築物を再利用する行為は古来の最も普遍的な態度であり、建築を営繕的に紡ぎ綴るための行為、つまり“継承性”と“更新性”の両義性をもった重要な行為である。しかし、現状の「リノベーション」や「リフォーム」といった専門家から一般人までの解釈を容易にする膾炙した表現によって用いられるこれらの実践は、科学的・政治的な正しさを容易に引き寄せるがゆえ、本質的な「再利用」という行為よりも、「長持ち→正しい」「古いもの→なんかいい」というような表層的な認識が一般的に定着してしまう危険性を孕んでいる。単なる縮小時代の流行として建築の再利用という行為を一過性のものするのではなく、創作論的視点から検討を行うことで、その有為性を今一度確認する必要がある。

2. 研究目的

本研究では、「再利用」という行為を“継承性”と“更新性”の両義性をもった行為として創作論的視点から捉え直すことで、再利用することの豊かさを今一度確認し、その手法を獲得していくことを目的としている。そこで、「再利用」という行為に対し、その創造過程と多くの類似性が見られる生物の「進化論的思考」を導入し、建築の再利用における新たなプロセスを示す。

3. 進化論的思考　基盤となる4つの概念

変異・変移	適応	遺伝	系統樹

4. 変異の手法を獲得するための事例分析

例えば先に述べた進化論の変異においては、2000年以降の「新建築」「住宅特集」に掲載されている150の再利用された事例を対象に、変異の手法が異なるものを抜粋。これらの分析から既存建築に対する変異の手法を抽出し13型に分類、既存建築に対する変異の方法とする。ただこの段階では、これらの手法は抽象的な状態にとどめている。実際の敷地や既存建築の状態、適応への応答によって具体的になっていくための可能性を残すためである。適応や遺伝子は次頁以降に照らし合わせて概説していく。

01. 形態の変更（増築など）
02. 躯体状況への還元（全体）
03. 壁、天井、床の付加・撤去（部分）
04. 部材の付加・撤去（階段やデッキなど）
05. 内外の転換
06. 開口部の改変
07. 素材の変更（対比・同化）
08. 色彩の変更（対比・同化）
09. アプローチ・動線の改変（バリアフリー化）
10. 空間の挿入
11. 全体・部分的転用（移築も含む）
12. 敷地の再利用
13. 個から群へ変更（逆もしかり）

5. 進化論的思考に基づく設計の手引き

建築家による事例を対象に進化論的思考に基づいた論述と事例分析を行い、前章で概説したことの理解を深める。例えば、武田清明によって行われた再利用事例からは、素材感や敷地の特性を継承しつつ、敷地の発掘や改変、空間の減築・増築（形態変化）、新規のマテリアルの導入などの変異が行われ、既存構造体（内部の解剖）、敷地形状および要素（環境への適応）、新規の部材・技術などへ適応していることを明らかにした。同様に26事例の考察、分析を得て、それらをもとに設計のプロセスおよび設計の手引きをまとめた。

01	生物、建築共に進化においては、変異の大小の違いはあるにせよ進化の際には必ず何らかの変異が起こっている。（起こさなければならない）
02	生物の進化においては、変異が複数合わさって進化が起きることは希だが、建築の進化においては複数の変異を同居させながら全体を更新させることができる。
03	建築の進化においては、変異を起こしたあとの適応判断を厳密に行うなら、関連が特別強くない事象からも学びを得ても良い。
04	建築の進化においては、単体の進化だけでなく、共同的かつ相関的な進化を起こすことが可能であり、場合によっては極めて有効なものとなる。
05	建築は常に土地の上に成り立っているため、変異を起こす対象も既存建築のみに限らず、敷地に対しても同様に変異を起こす場合があることを考慮する必要がある。
06	進化の現象は、現在に答えを全て求めるものではないため、次の継承も意識し通つつ「完全さ」を求めすぎないことも必要である。
07	建築の進化において漸進させる強い要因は、材料や構法であるため、既存の形式及び場所性を尊重しつつも積極的に新しい材料、構法を使うことを考える必要がある。
08	進化の過程では、適応という観点が非常に重要なるため、いかに適応したかの判断をするために、土地に根付くプロポーションや感覚、コミュニティといった要素を大事にする必要がある。
09	建築の進化において、政治的な部分への応答の重要さもさることながら「意匠」としての美しさが必要になる。（対象となる建築単体としてだけでなく、敷地を含めた風景として）
10	建築の適応の判断は複数の事象の複合体であるため一概に判断することができないが、中でもその土地のコンテクスト、気候風土、生活に対する適応は、優先的に判断する必要がある。
11	生物の進化においては、内部の把握するということを客観的に行うことは不可能だが、建築においては、内部を解剖し把握することは重要なことであり、必ず行う必要がある。
12	進化の自然淘汰の現象には、その場所の環境（気候など）の影響によるものが大きいため、再利用する際には、地域の特徴あるいは、ローカリティといったものを獲得する必要がある。
13	建築の進化においては、前段階との連続性を持っているため、現代と過去の間を応答的にデザインができる。（敷地の発掘など分析を行うことは意義のあることである。）
14	建築の進化においては、変異は各時代にそれぞれ個別に行われるが結果としてそれぞれの変異は、濃度の濃さに違いがあるという断りのもと連続的である。
15	建築の進化において、継承する遺伝子は受動的ではなく、能動的であるため継承のための遺伝子を慎重に見極める必要がある。

6. 敷地　富士山の裾野に位置する山梨県河口湖町船津地区

対象敷地は富士山の裾野に位置している。富士山という強い求心性を持ちつつ、厳しい自然環境に適応するために人工的につくられている部分と場当たり的に増減改築された空間とが混ざり合う魅力的な風景を持つまちだ。中でも船津地区は、葛飾北斎が記した「冨嶽三十六景」の舞台の1つとしても著名である。その風景は、童話「かちかち山」の舞台となっている天上山を脇に据え、ずっしりとその確かな存在を我々に与える富士山に抱きかかえられた緩やかな傾斜地形である。湖畔へと流れ出る豊かな水脈と岩盤が特有のまち並みをつくり上げており、眼前には河口湖が広がる。都内からの利便性も良く、多くの観光客が訪れる。しかし、この影響は経済面を潤すと同時に“観光地化”という再開発的動きを助長している。長い時間をかけてつくり上げられてきた自然と共存した風景を、どこにでもあるような訪れる人の接待のまちへと変えてしまう危険性を抱えている。このような転換期にある今、まちは更新と継承の狭間にもがいている。

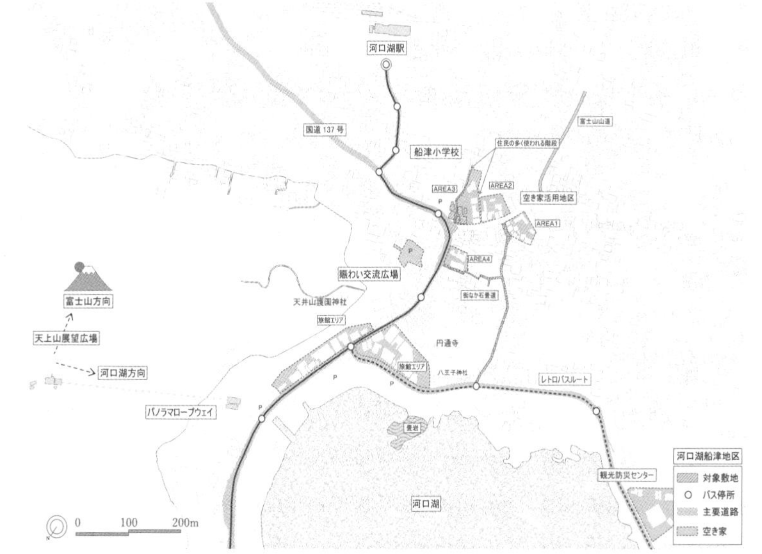

7. まち特有の気候・風土に適応するための空間の再編

適応の判断項目の1つとして、気候・風土に関する空間的操作を掲げた。現状に対して、これからの生活とまち特有の気候・風土に適応させることを目指している。そこで、既存の空間に対してAMeDAS による風配図や毎年の積雪、寒さに対する日照の利用を考慮し、既存建築に対して部分的に減築を行う際には通風を考慮したり、屋根形状は積雪に対応する勾配などを導き出したり、気候・風土に適応する空間を創出している。

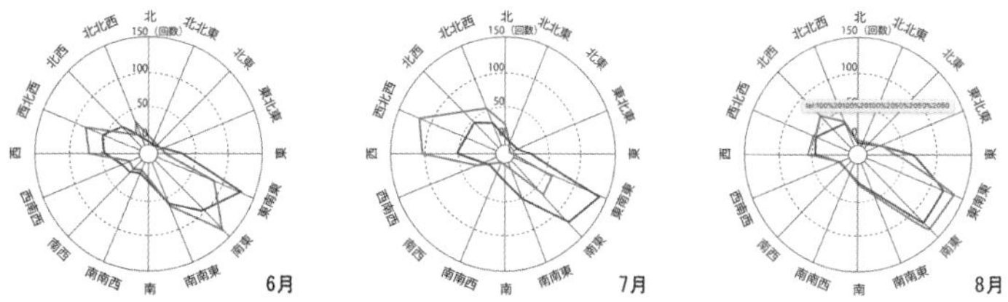

月別風配図　情報源　河口湖AMeDAS　風配図：土地の一定時刻の発生回数を方向別に頻度で示しているもの。

—— 2015年　—— 2016年

8. 与観察調査から見つけたまち特有の骨格に適応・連携するプログラム

現状のまちに対して全体性の構築・観光と生活を結び付け、これからの生活と現在のまちに適応させることを目指している。本計画では、既存の施設や他地域資源をつなぎ1つのネットワークを形成するためのプログラムを導き出し、恒久性と公共性を帯びたまちの骨格を創出している。

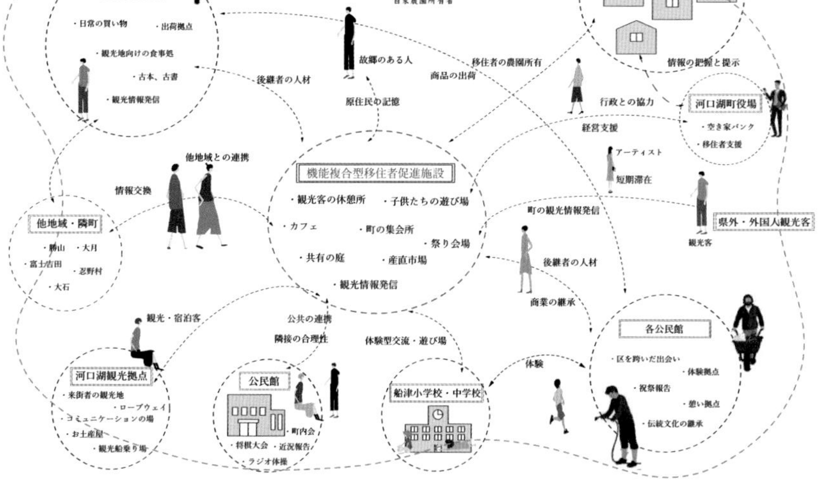

Before **After**

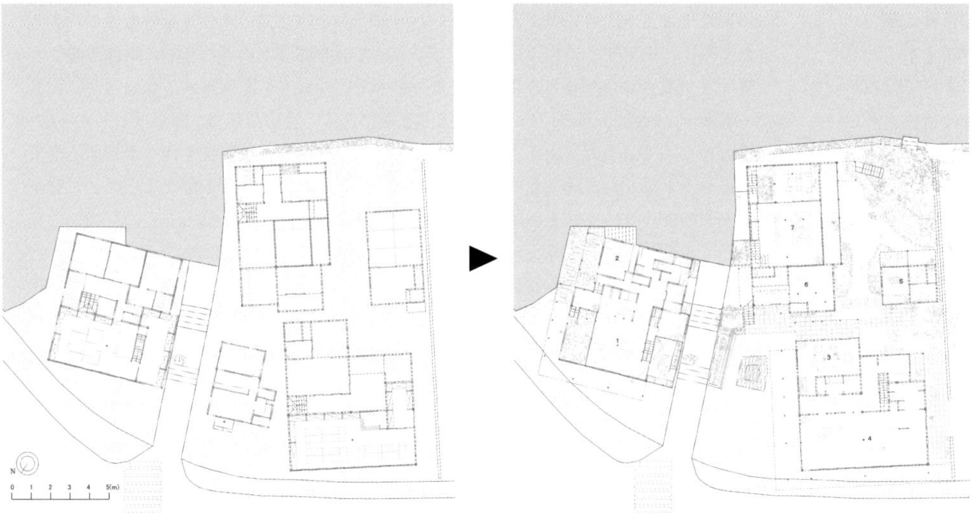

各種機能=1 カフェ／2 更衣室／3 事務所／4 店舗／5 離れ／6 客間／7 共有キッチン

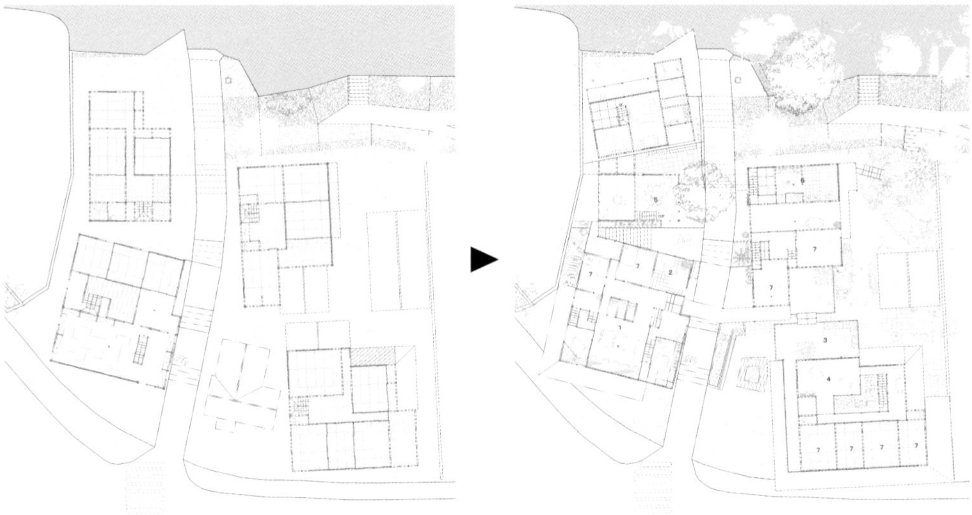

各種機能=1 待合所／2 談話室／3 テラス／4 リビング／5 FS／6 浴室／7 各個室

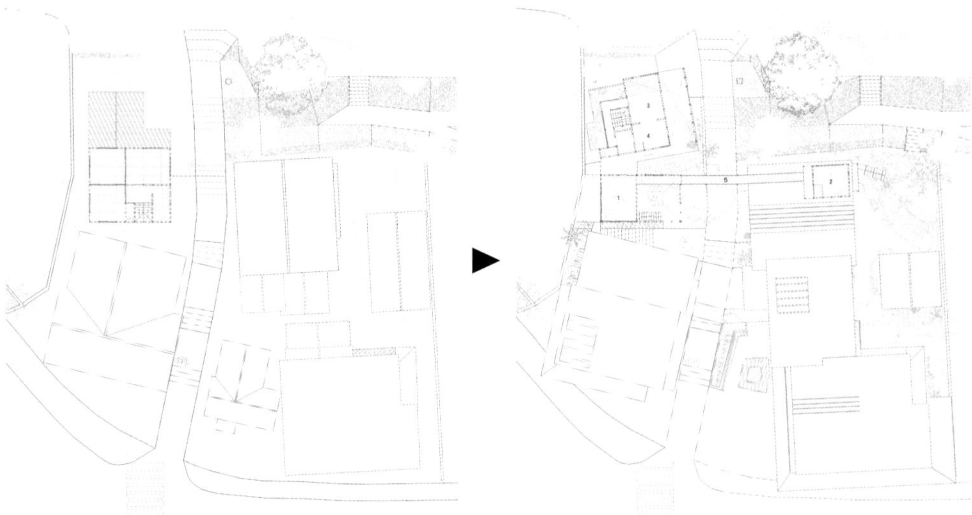

各種機能=1 談話室／2 展望室／3 リビング／4 キッチン／5 共有デッキ

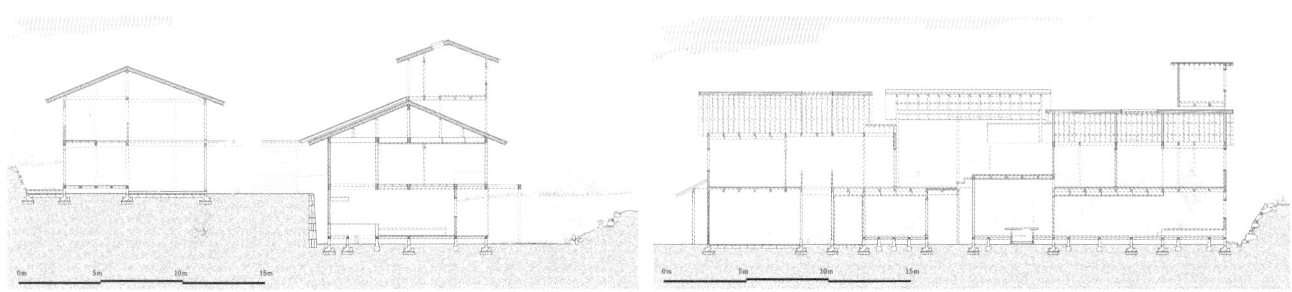

9. 増築・減築・改築を用いた変異からつくり出されるまちならではの景色

敷地を貫く通学路としても機能している大階段の踊り場と各建築が接続し、斜面地ならではの立体的な空間を創造する。デザインとしては、既存建築の積雪を考慮した勾配屋根をガイドに全体としてのプロポーションと既存建築の構造を顧慮した形状となっている。結果として複数の勾配屋根がつくり出す風景は、近景としてのまちの風景に適応するともに、遠景の富士山をはじめとする豊かな山々を思わせるこの土地ならではの風景になっている。商店街から引き込んだ深い軒は、雨風、雪を防ぐ中間領域として機能するとともに建築のファサードに対して身体的なスケールを獲得することに寄与している。

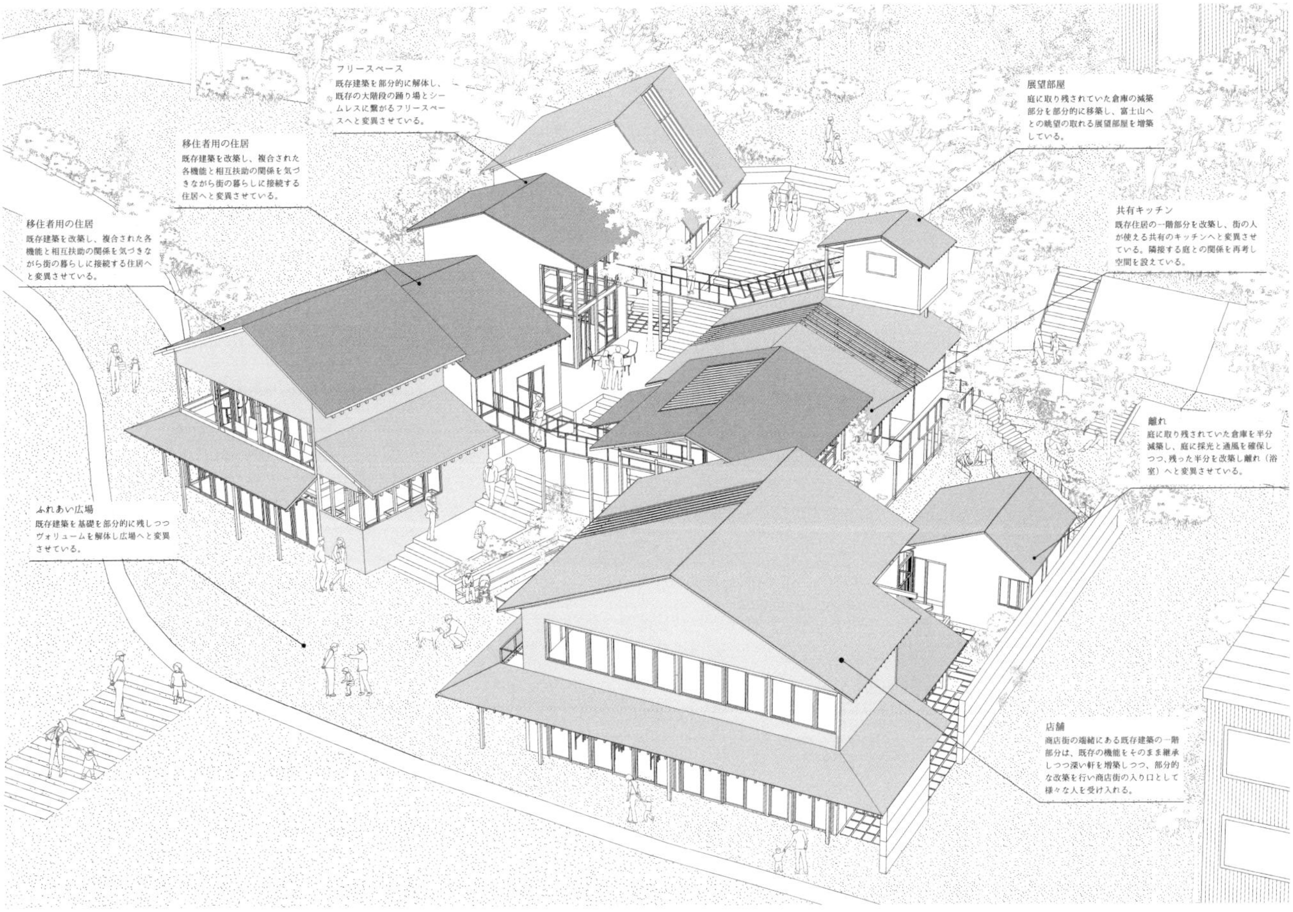

① 減築
長い歴史の結果生まれてしまった現状の高密すぎる街区の裏側の空間に対して、減築を用いて光と風を通す

② 増築
民家ならではの身体的なスケール空間に隣接するように、自然を存分に感じられるやや大きいスケールの空間を増築し、空間に多様性を創出する

③ 改築
時代の流れとともに発生してしまった機能と形態のズレが見受けられる既存建築に対して、改築によって立体的な空間へと転換する

風通しの良い路地空間

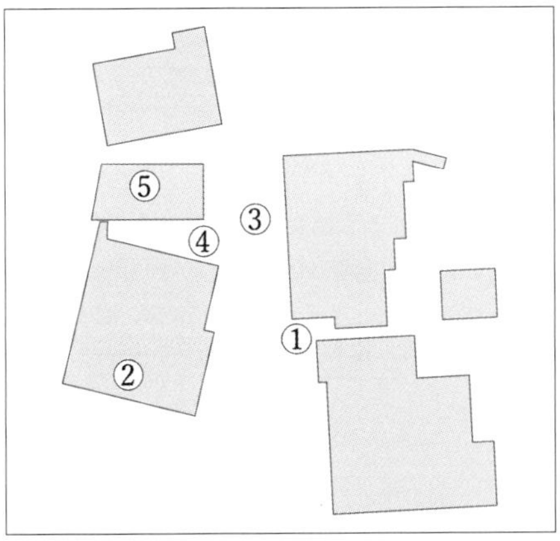

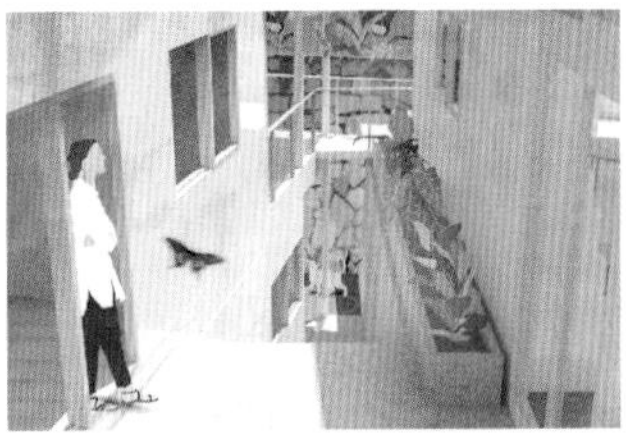

④ 減築
既存建築を残したがゆえに生まれた不整形な空間が、暮らしの中に奥行きをもたらす

⑤ 改築
民家ならではの屋根に近しい空間では、豊かな自然の恩恵を受ける

陽が差し込む住空間

hub house

―玄関に着目した多元的住居の提案―

加瀬 航太郎
Kotaro Kase

芝浦工業大学大学院
理工学研究科
建設工学専攻
原田真宏研究室

玄関は歴史的に都市と住まい、社会と個人の接続関係が投影される多元的な領域性を持つ空間として存在してきた。しかし現代の住まいに目を向けると、玄関が単なる出入りのための開口部としての役割を担うにとどまり、今や玄関がそれまで持っていた領域性すら喪失しつつある。具体的には、都市との応答関係は玄関扉周りに設置されるインターホンやドアスコープなどに代替され、領域としての玄関は境界としての玄関へと変容し、住居は閉鎖的に都市に現れる。

それらを踏まえここで提示するのは、個人と共同体それぞれが役割の異なる玄関を持つことにより、多元的な社会へのシークエンシャルな接続を果たす「ハブとしての住まい」である。現代において「家族」という枠組みの定義は放棄され実に多様的な在り方を示し、また「個人」は主にインターネットを介し、多層の組織や共同体と相互作用し多元帰属する。「ハブとしての住まい」は共同体と個人の動的な社会との関係性を都市に現す。

逆説的ではあるが、個人が社会単位として尊重されたときに、その個人は家族という単位の尊重が可能になると考える。またその家族はもはや個人をいかなる意味においても拘束するものではないだろう。

1. 玄関の変遷と考察

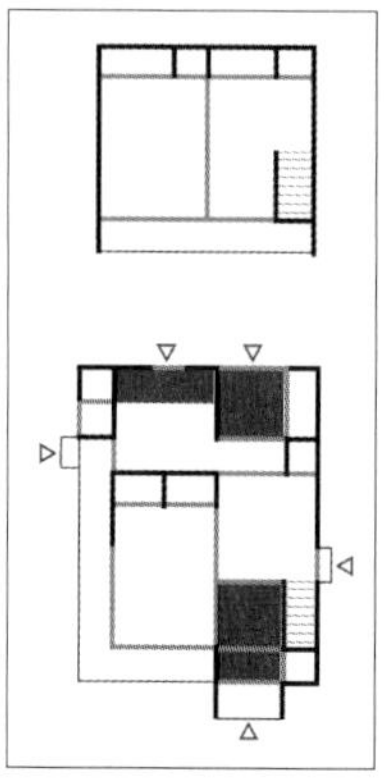

1919年　日本建築図案百種掲載図面より

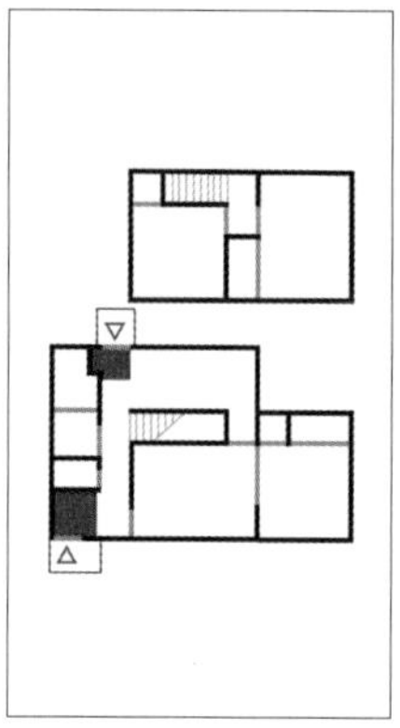

1966年　メートル法による住宅平面図集掲載図面より

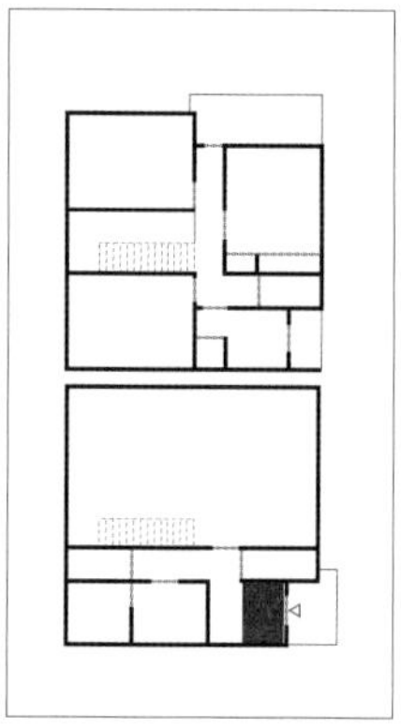

2021年　国内各種ハウスメーカーカタログ掲載図面より

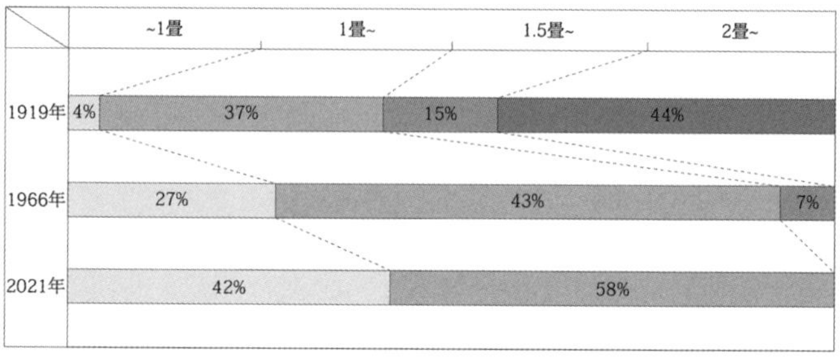

玄関土間の広さとその変遷

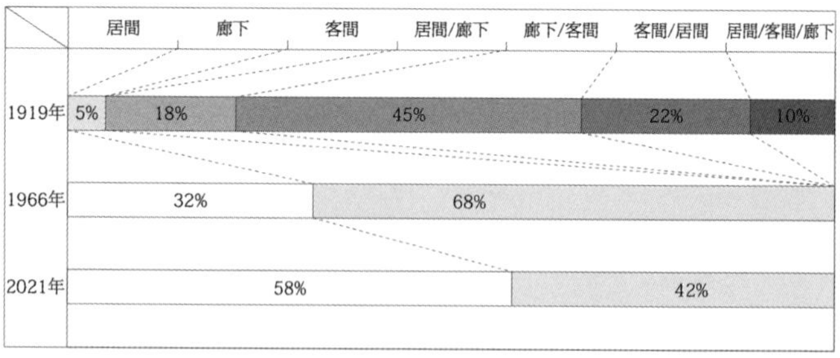

玄関接続先とその変遷

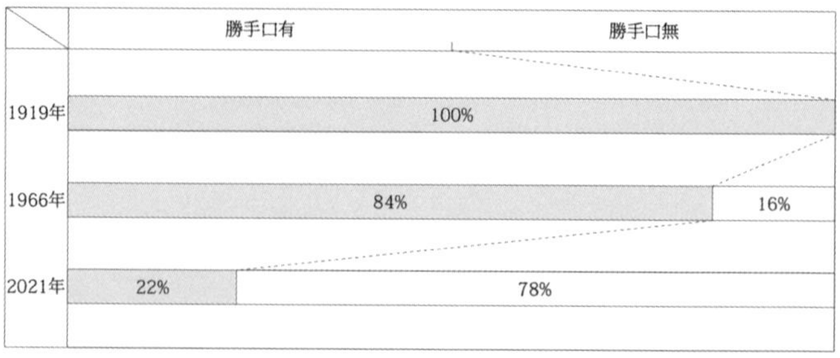

勝手口の有無とその変遷

玄関面積は大幅な減少傾向にある。かつての玄関は接客や家政のための「領域」として機能したのに対し、昨今の玄関は住宅内をいかに閉鎖するかという観点から「境界」としての機能が主となっている。玄関の接続諸室の単一化、また出入口の現象により、住宅と都市の関係性の一元化が起こっている。

2. 〈中身〉の分析

領域としての玄関を必要とした生活から、その領域を必要とせず、境界へと性質が置き換わり住居に閉鎖性が見られるようになった転換期だからこそ、「玄関の意義とは何か」という問いが浮かび上がる。またその問いは、都市や住まいに関連した問いを誘発する。なぜなら玄関は住宅と都市、もしくは家族と社会、また個人と社会の連続的な関係性の象徴であり、その連続において断絶が生じたはずである。先述した転換期の社会構造を捉えるために、「家族主義／個人主義」「親密圏／公共圏」の４つの概念に着目し、現代における玄関を再考するうえでの批評軸を明らかにするために、社会学分野における言説の整理を行う。これらの議論が示したのは「共同体の内側での関係性」「共同体とその外側での関係性」という２つの批評軸である。

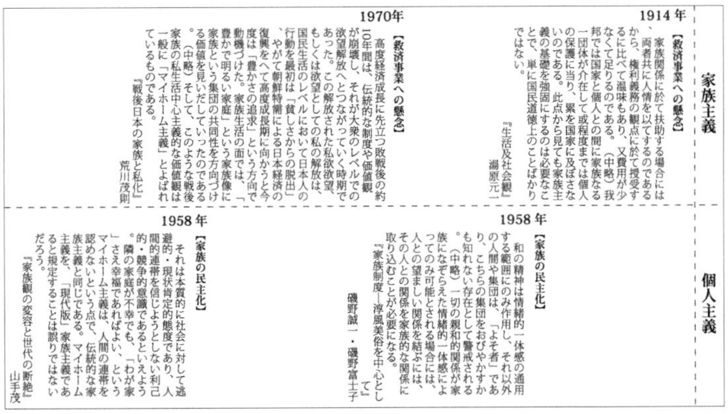

家族主義、個人主義に関する過去の言説をたどり、2つの概念は振り子のように揺れ動いていることがわかる。それらが示すのは、画一化された家族像を批判する相対化の作業から、さらに進み多様性の承認、また補償をするための検討の必要性である

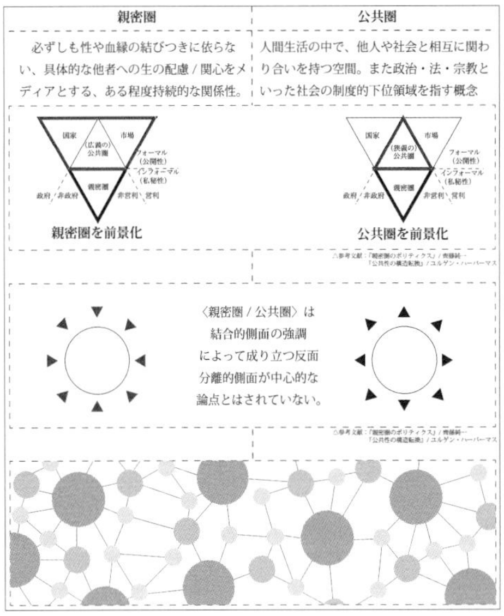

3. 〈器〉の分析

先述した中身の分析に対し、住居計画学の観点から器の分析を行う。当図は玄関の接続先の状況と出入口の数から1919年事例を分類し、住居内諸室の相対的なプライバシーの度合いを住居内に存在する境界によってプライバシー等級が変化する、という方式にて模式化を行ったものである。1966 年事例と大きな差異が見られなかったため、2021 年事例の模式図は省略する。

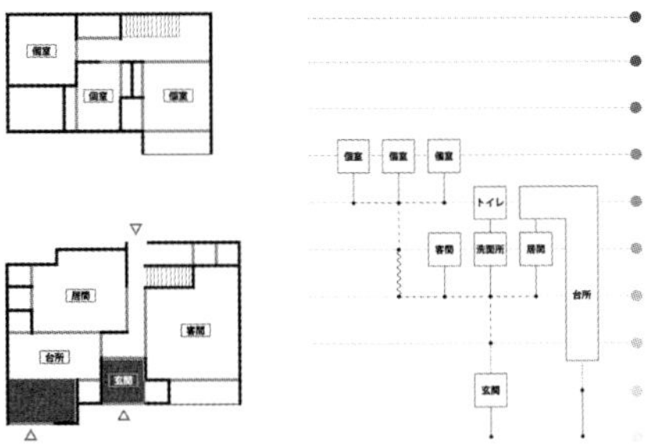

1919年事例　廊下接続／出入口複数型

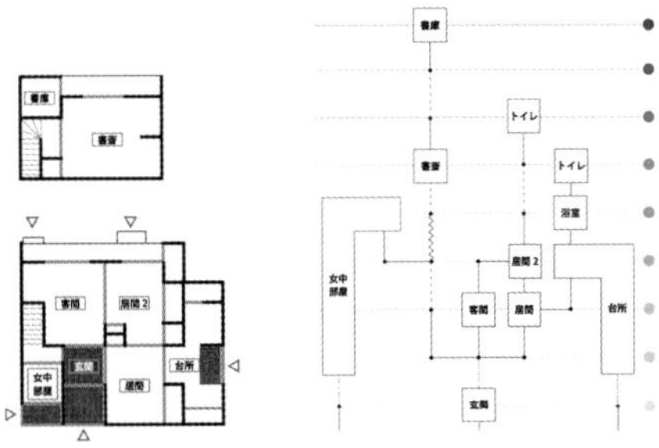

1919年事例　居間・客間・廊下接続／出入口複数型

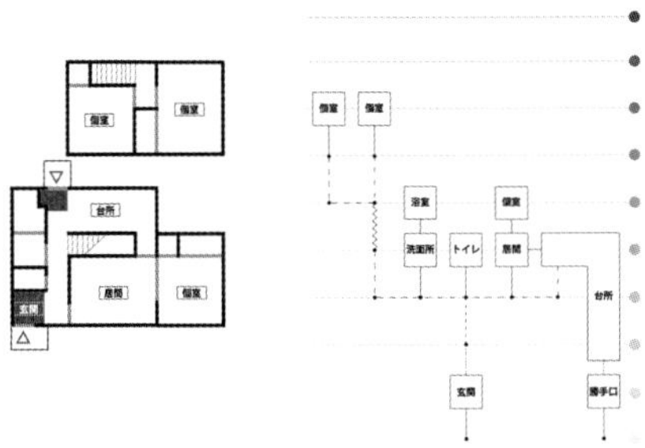

1966年事例　廊下／出入口複数型

4. 手法

着目したのは、1919年事例に多く見られた、複数のプライバシー等級に属する室である。それらを、複数の出入口を持ち、距離と境界の異なる社会との接続形態を持った「多元的な室」と定義する。これらの分析が示すのは、個人と共同体それぞれが玄関を持つ「多元的なハブとしての住まい」の、現代社会への適応性であると考える。

近代以前

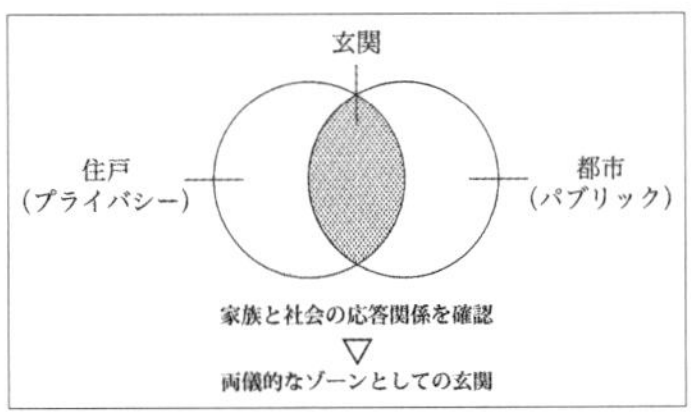

近現代

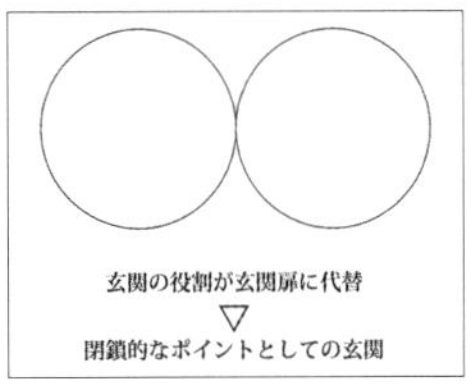

現代

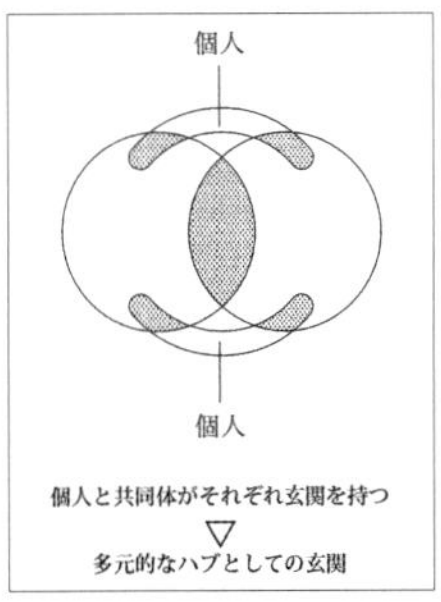

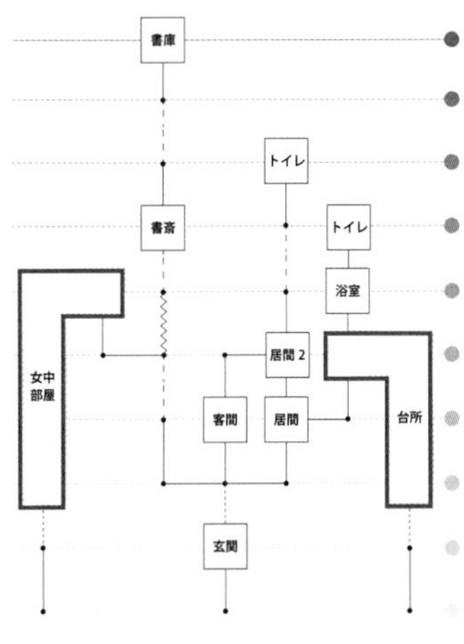

1919年事例　居間･客間･廊下接続／出入口複数型

5. 敷地

板橋区の住宅街に位置する三面接道を対象敷地とする。周辺は主に戸建て住宅と賃貸住宅が建つ。

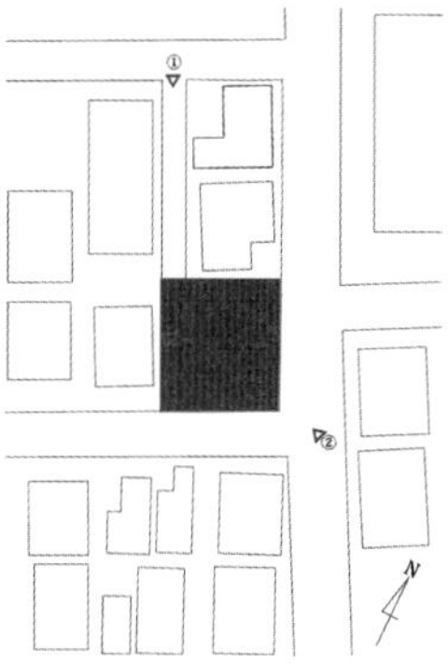

6. 家族構成

住むのは４人家族である。それぞれがそれぞれの家族観・社会との繋がりを持つ普遍的（ここでいう普遍とは特殊解の集合としての普遍である）な家族である。彼らの住む住宅には、共同体としての顔「主玄関」、個人の部屋には個人の顔としての「個人玄関」、２つの玄関が与えられる。ここで紡がれるのは、共同体と各個人、複数の物語である。

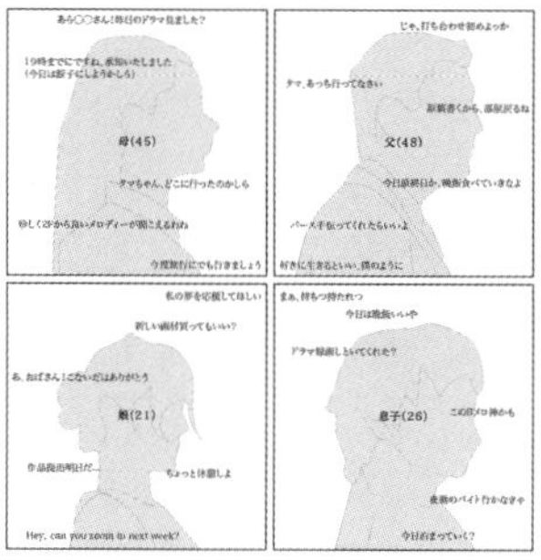

各個人の詳細

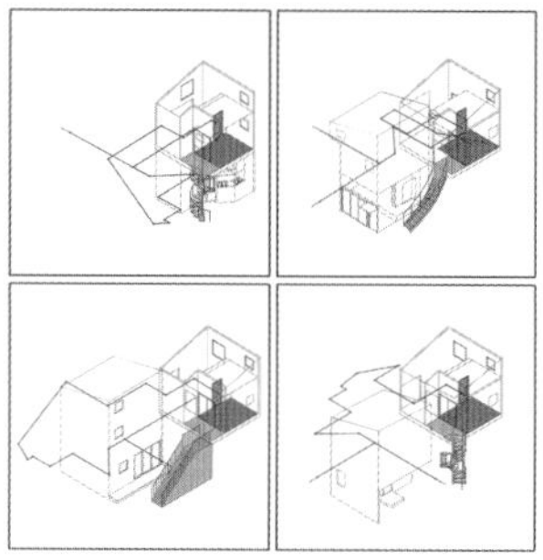

アクソメ図

7. プライバシー等級模式図

器の分析と同様に本住宅の諸室構成の模式化を行う。主玄関と個人玄関、どちらを前景化するかによってプライバシー等級は反転する。つまり各玄関は住居内で最も深く、同時に最も浅い。またその決定権は各個人の動的な活動に委ねられている。

凡例
上り框
扉
階段
廊下

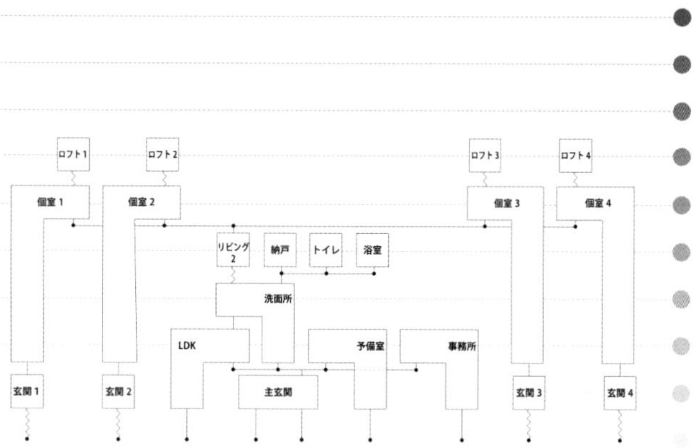

主玄関を前景化

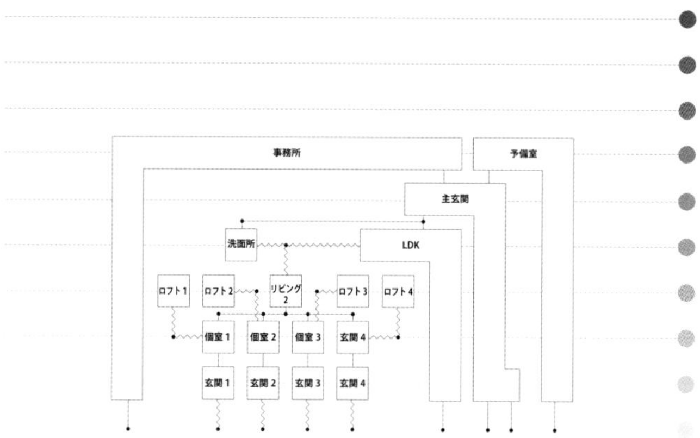

個人玄関を前景化

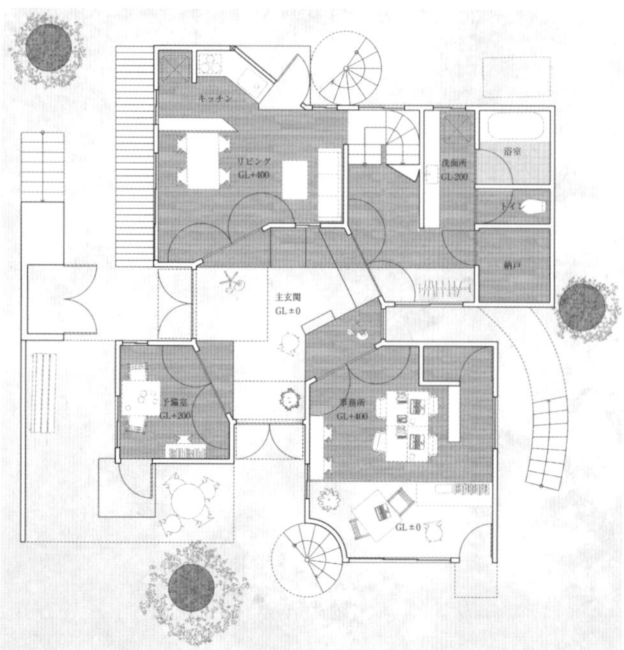

1階平面図

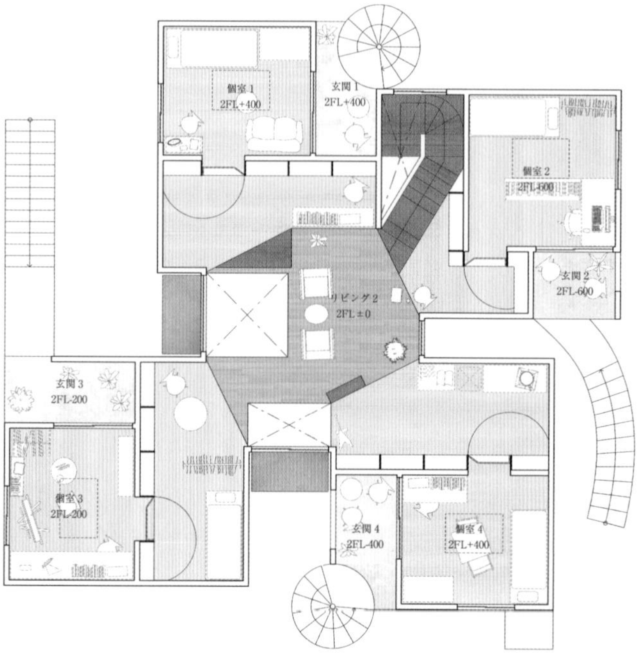

2階平面図

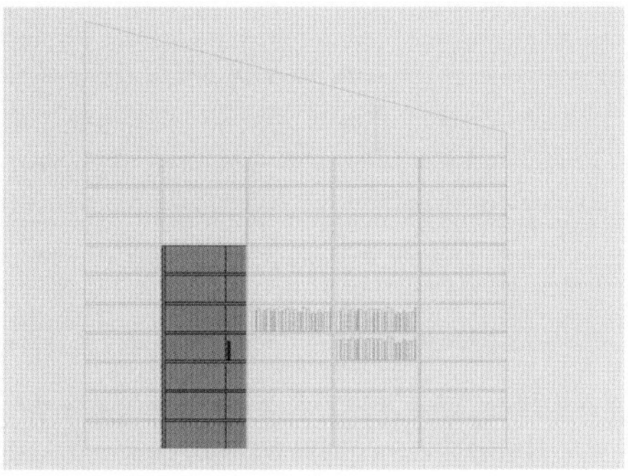

個人空間と家族空間の境界は柵である。これは軌跡でありプライバシーの象徴でもある

人が複数の顔を持つように、この住宅も複数の顔を持つ

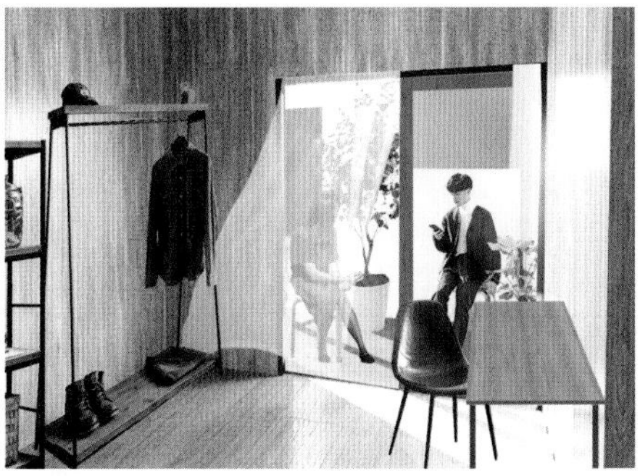

各個室は最も深く、同時に最も浅い

個人と共同体の動的な活動が都市に表れる

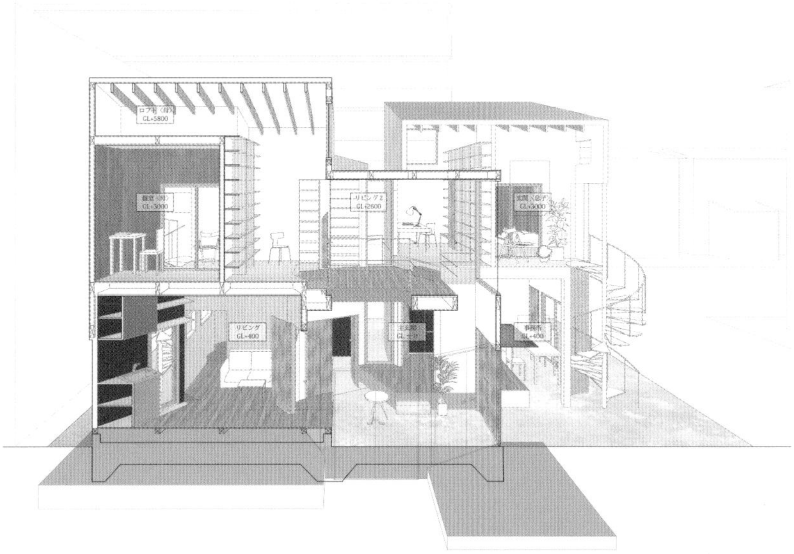

断面図

塔のようなボリュームは周辺住宅地の象徴となる

主玄関は、ある時は都市の延長空間である

2階リビングから4つの外部階段は視認可能であり、気配をささやかに伝える

Hygge

生徒が居場所を選択できる校舎

齊藤 眞子
Mako Saito

昭和女子大学大学院
生活機構研究科
環境デザイン研究専攻
杉浦久子研究室

私が修士設計で試みたのは、「建築を通して居場所をつくる」ことである。本設計では、私自身が高校時代に感じていた「校舎に対する居心地の悪さ」をもとに高校校舎を設計した。

その居心地の悪さは、すべて用途が決められ余裕や無駄のない均質なつくりが原因ではないかと考えた。配置計画では、増設を繰り返し建物同士に繋がりがない現状から、旧本館の北側のスペースに「旧本館前広場」と称した余剰スペースを設け、旧本館を敷地のさまざまなアングルから臨むことができるようにした。また、校舎を３つの群から成り立つ構成とすることで、エリアとエリアに「間の空間」を含み、建物の間に光や風を通し、またバルコニーを介して生徒同士がお互いを認識することを可能にした。バルコニーは建物の周りに張り巡らされ、内側の活動を外まで持ち出すことができ、この敷地の豊かな眺望も楽しめる。校舎内部では、教室以外の居場所として「タマリバ」と呼ぶ、フロアから1950mmずれた位置にある階段の踊り場の延長となる空間や、「階段前広場」と呼ばれる、廊下を含む教室前の余剰スペースが自習スペースとしての役割も果たし、生徒たちの議論の場ともなる。

本設計で提案した余剰スペースは、能動的な学びを喚起し、生徒の多様性を受け止める。この場所を利用することで、生徒がより良い学校生活を送ってくれることを願っている。

1. 設計する校舎について

設計対象としたのは、自身の母校である茨城県立土浦第一高等学校である。2021年春、併設型中高一貫教育校として附属中学校が開校した。現在使用されている校舎が建っている場所は、もともとは広場のように使われており、1960年に図書館が建った。この図書館は、現在の校舎建設にあたって解体された。このほか敷地内には、1976年に旧制中学校舎として全国初の国の重要文化財の指定を受けた旧土浦中本館が現存する。この建物は1904年に完成し、ゴシック様式を基調とした寺院を思わせる建物である。現在は週に１度一般公開を行なっている。

昭和15年

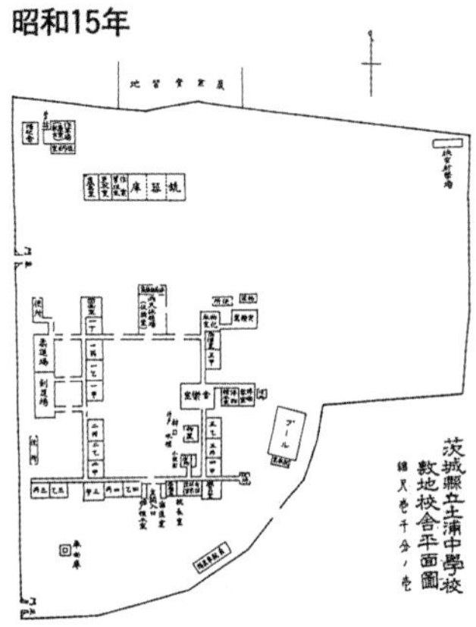

1904年、旧土浦中本館が建設される（『修百年:土浦中学・土浦一高百年の歩み』より引用）

1996年には学習館が、2003年には体育館が竣工

2. 敷地について

土浦第一高校は高台に立地している。敷地南側には、高台から望むことのできる壮大な田畑、牛久大仏を見ることができ、北側には筑波山がそびえ立つ。南東側には霞ヶ浦、西側には富士山、と豊かな眺望を保有している土地である。

位置：茨城県土浦市真鍋４丁目４－２
面積：49,346㎡
用途地域:第一種中高層住居専用地域、
　　　　敷地周辺は第二種低層住居専用地域
建ぺい率／容積率：60%／200%

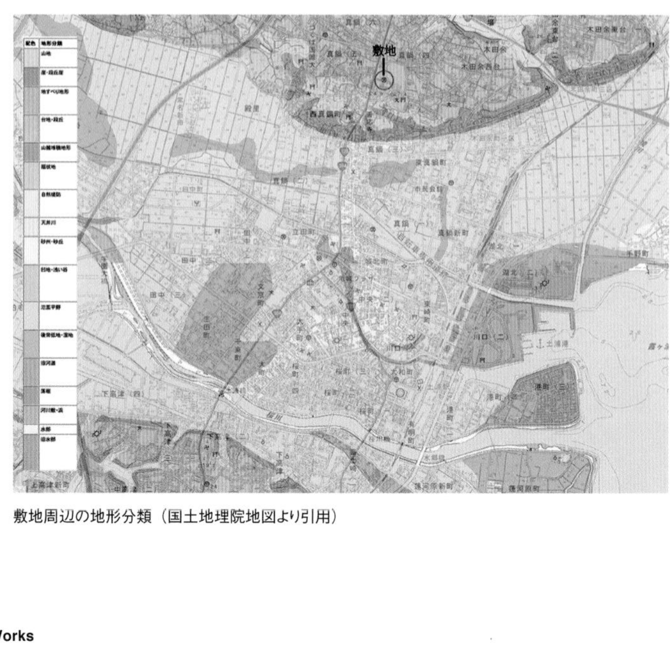

敷地周辺の地形分類（国土地理院地図より引用）

3. 配置計画

現在の校舎の配置は、旧本館が建設された明治の時代から増設を繰り返したため、校舎とその他の建物との間に関わりがない。そのため、重要文化財である旧本館の北側に校舎が立ちはだかり、敷地内にいるときに旧本館を眺めることができず、圧迫感のある空間となっている。そこで本設計では、旧本館の北側のスペースを建物と建物の間の間の空間として余剰スペースを設け、旧本館を敷地のさまざまなアングルから望むことができるようにし、また、眺望確保のために校舎を敷地南東側へ設置。体育館は校舎とは分離し、正門の近くに設置することで、災害時の緊急指定避難場所（緊急時の一時滞在場所）としての役割も果たす。

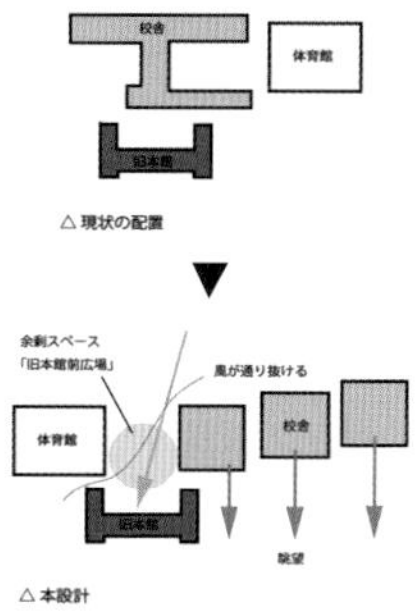

配置計画ダイアグラム

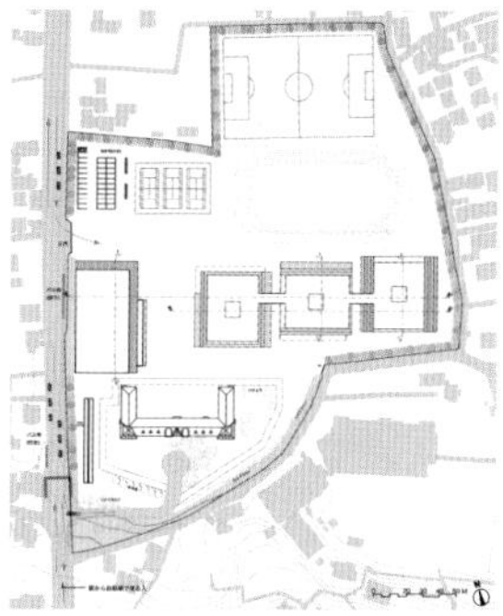

4. エスキス（制作過程）

●均質定型案

ゾーニングや動線を考え、必要機能をおさめ、ボリュームを検討する。

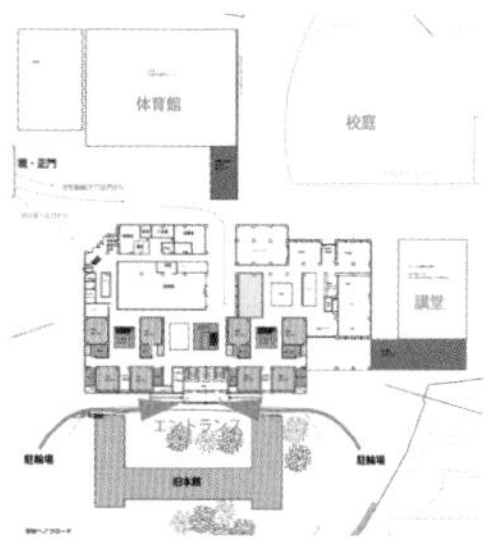

▶

●階段室トップライト案

階段室を建物の中心付近につくりトップライトを設けることで、建物全体に光が入るようにする。また、中庭と外部テラスを設けることで、内外の行き来がしやすい、外気によく触れることのできる空間とした。

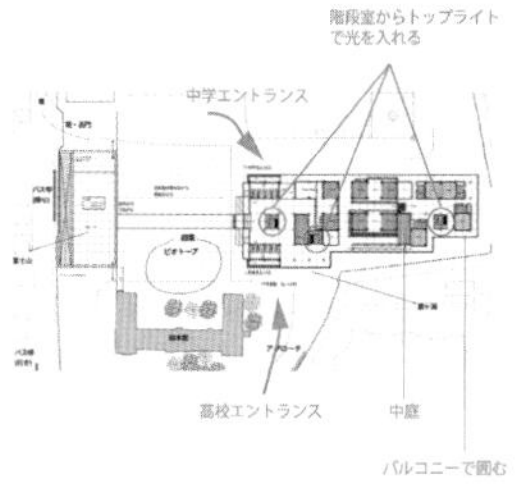

▶

●均質プランからの離脱案

片側廊下のようなプランを見直し、校内にいる生徒や道路を歩いている人に圧迫感を与えない外観とした。また「距離感を選択できる空間」を制作するため、高さ方向や階段室の空間を意識した空間とした。エントランスでは中高の分離も行なっている。

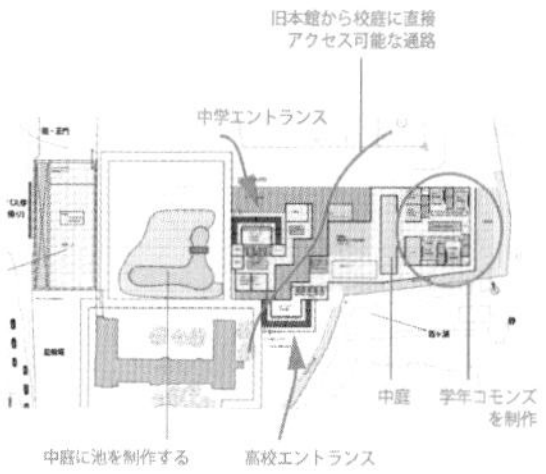

▶

●外観検討案

内部のプランと連動しながら検討した外観のスタディー。敷地内に立つ旧本館との調和や吹き抜け空間、光の入り方を考えながら屋根を検討した。

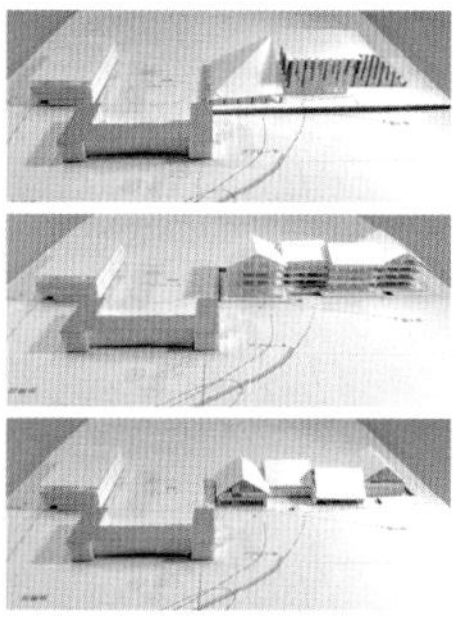

▶

●左右非対称案

建物の外周に設けたバルコニーが下の階に行くにつれて緩やかに下がることで、中庭（校舎と旧本館と体育館の間の間の空間）とのつながりをつくり、外部に対しての圧迫感も軽減。内部は「均質プランからの離脱案」を柱梁に組み立て直し、空間構成を行なった。

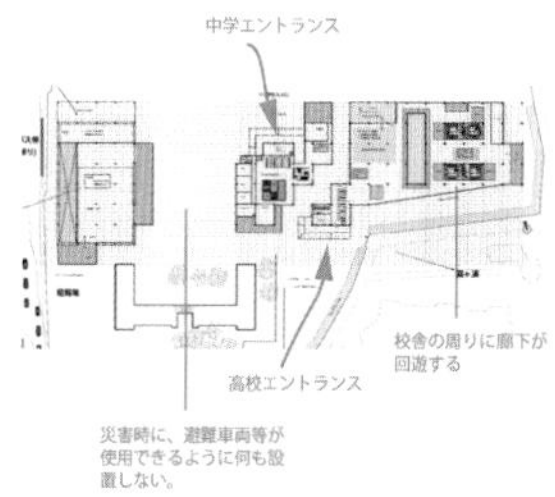

▶

●システム構築案1

前段の案の良さを残してシステムを構築し、明快で利用しやすい空間とする。ただし、均質な空間にするのではなく、多様な居場所を含んだ空間とする。

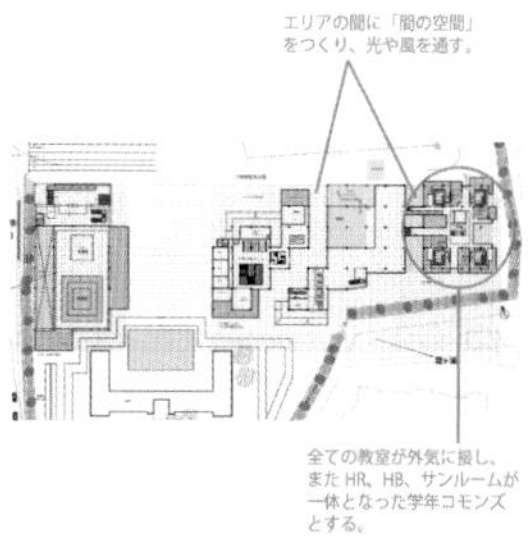

▶

●システム構築案2

東側の高校エリアについて検討した空間を建物全体に応用する。建物を3エリアに分けることで全体が外気に面する。内部は中心に置いた階段室を通して光が建物全体に届く。階段室は移動空間だけでなく、スキップフロアにより学校における新たな空間となる。

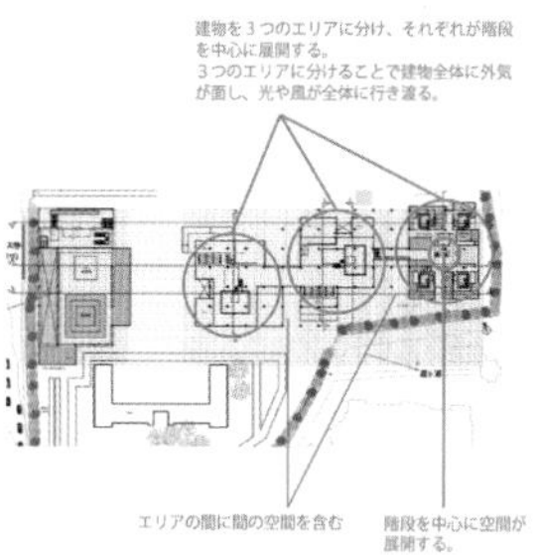

▶

●階段室の検討

空間が展開する階段室の検討。吹き抜けを上の階にいくにつれて西側にずらし、上下階の関係をつくるよう検討した。最終的に、木の幹のように建物中心のヴォイドとして存在させることにした。

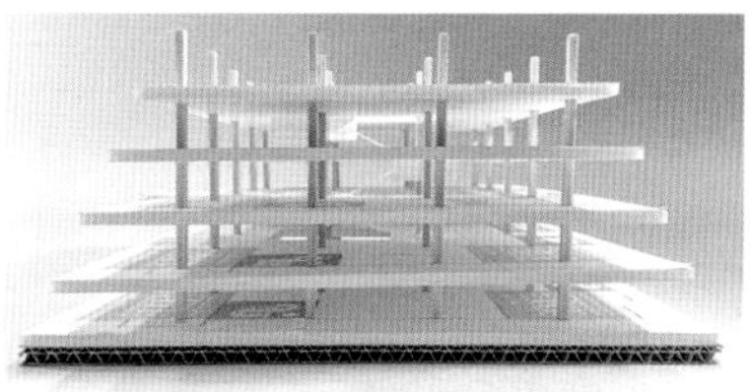

▶

●最終案

敷地内にある旧本館、校舎、体育館が間の空間を介してつながり、校舎もエリア間に間を設けることで、光や風を通すほか、バルコニーを介して視線が交わり、お互いが緩やかに関わる。

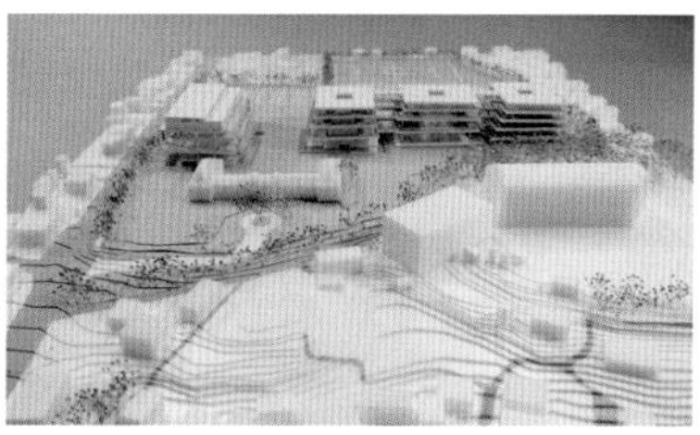

5. 設計提案

これからの校舎に必要な空間は、多様なアクティビティを許容する余剰空間である。校舎において余剰空間は無駄な空間として極力排除されている。必要機能だけで満たされた空間の中で、生徒は自分のいる場所を選択することができない。今回の設計では、校舎の中に余剰空間をつくることで生徒が能動的に学べる空間を創出し、自分の居る場所を選択できるようにしたい。

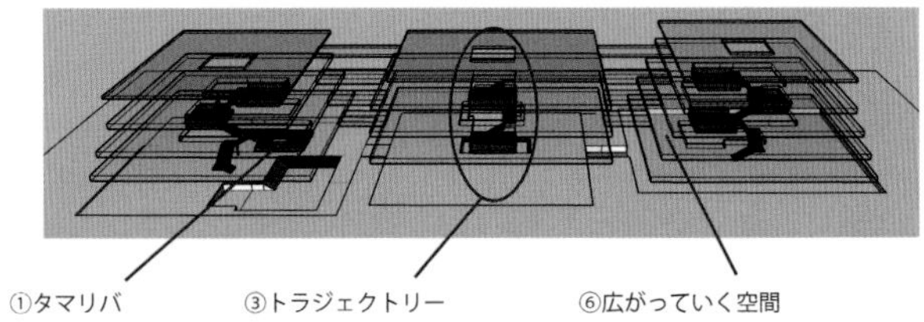

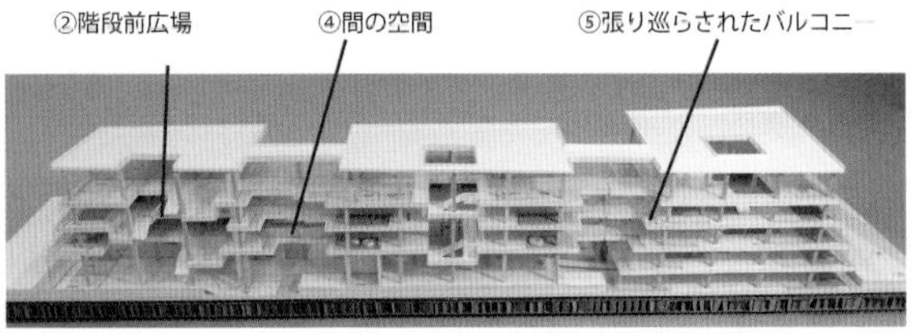

●タマリバ

生徒が学年やクラスの垣根を超えて利用可能な、階段の踊り場の延長空間。教室以外のもう一つの居場所となる。教室フロアから半階ずれた構成としている。

●階段前広場

廊下は移動空間であると同時に余剰空間を含み、さまざまなアクティビティを許容する。教科職員室の前は質問コーナーとなったり、教室内での授業が廊下に溢れ出したり、生徒同士が議論しあったり、能動的な学習がしやすい空間となっている。

●トラジェクトリー

階段は中心のヴォイドを木の幹として、踊り場が葉っぱのように展開される。階段がトラジェクトリー（立体的な街路として）の役割を持ち、階段を登る中で、見える景色や出会う人が変化していく。移動のためだけでなく、光が溢れ、空間や生徒同士を繋げ、学年や教科の垣根を超える空間となる。

●間の空間

校舎は３つの群によって成り立ち、エリアとエリアの間に、間の空間を設けることで、光が校舎全体に入り、風を通す。

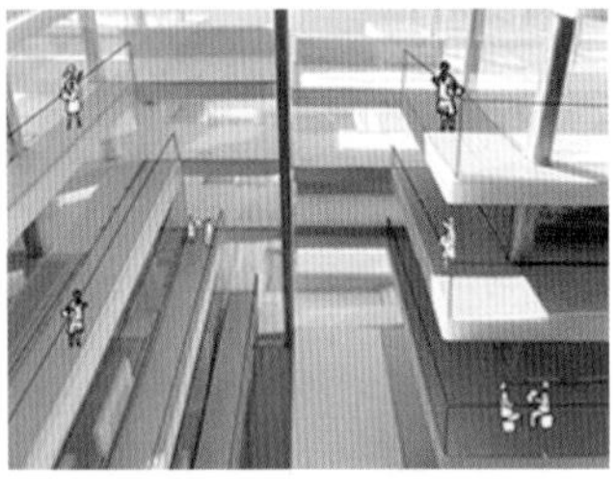

●張り巡らされたバルコニー

建物の周りに張り巡らされたバルコニー。基本的に有効寸法1618mm、広い場所では3436mmが確保されているため、中と外を繋ぐ中間領域としての役割だけでなく、内側からの活動が溢れ出し、中で行う活動を外まで持ち出すことができる。

●広がっていく空間

３つに分かれた校舎は、それぞれ下にいくに連れて空間とバルコニーが広がっていく。バルコニーを介して隣の校舎や上下階との関係が生まれる。下に向かって広がっていく校舎の外観は、周辺に対する圧迫感を軽減している。

●見通しの良く裏のない空間

廊下からは３つのエリアを見渡すことができる。図書エリアを含む移動空間は、有効寸法3650mmを確保しており、移動すると同時に立ち止まって話すことも可能である。階段空間同様、生徒が互いを緩やかに認知し、関わりを持つことのできる空間となっている。

●中と外の連続

バルコニーと内部が連続して中と外が繋がる。掃き出し窓を開けると、内部での活動が外まで溢れ出す。

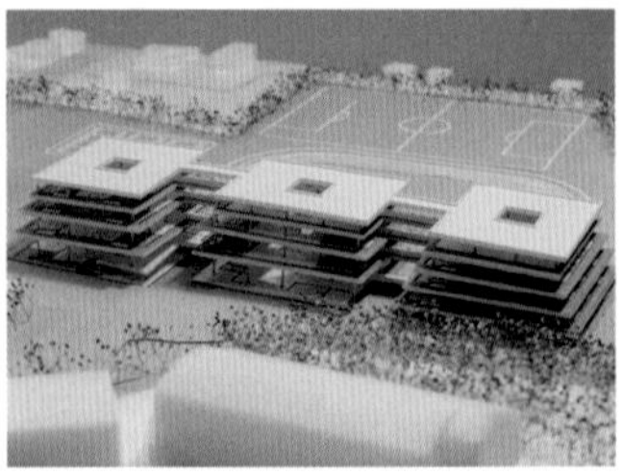

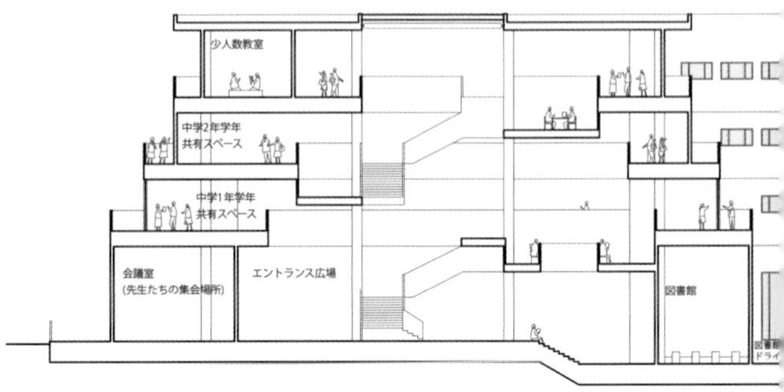

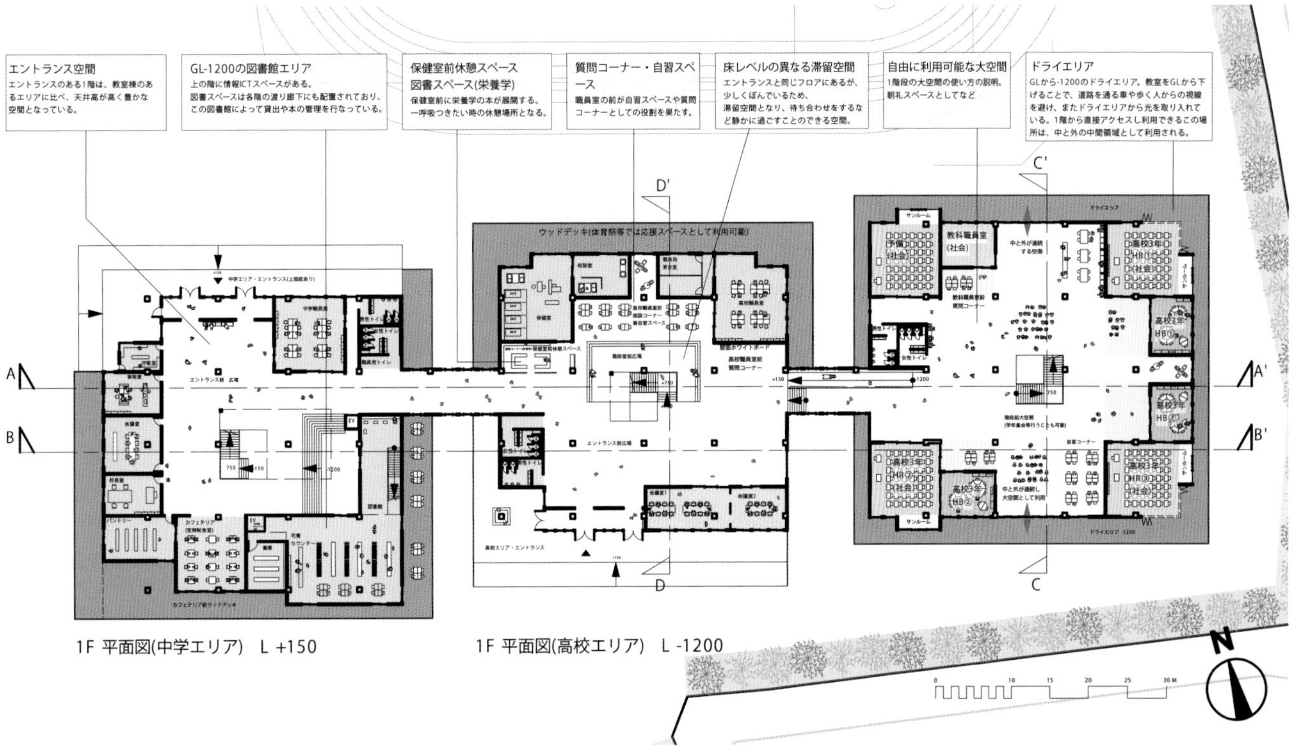

エントランス空間
エントランスのある1階は、教室棟のあるエリアに比べ、天井高が高く豊かな空間となっている。
GL-1200の図書館エリア
上の階に情報ICTスペースがある。
図書スペースは各階の渡り廊下にも配置されており、この図書館によって貸出や本の管理を行なっている。
保健室前休憩スペース
図書スペース(栄養学)
保健室前に栄養学の本が展開する。
一呼吸つきたい時の休憩場所となる。
質問コーナー・自習スペース
職員室の前が自習スペースや質問コーナーとしての役割を果たす。
床レベルの異なる滞留空間
エントランスと同じフロアにあるが、少しくぼんでいるため、
滞留空間となり、待ち合わせをするなど静かに過ごすことのできる空間。
自由に利用可能な大空間
1階段の大空間の使い方の説明。
朝礼スペースとしてなど
ドライエリア
GLから-1200のドライエリア。教室をGLから下げることで、道路を通る車や歩く人からの視線を避け、またドライエリアから光を取り入れている。1階から直接アクセスし利用できるこの場所は、中と外の中間領域として利用される。
ウッドデッキ(体育祭等では応援スペースとして利用可能)

1F 平面図(中学エリア) L +150　　1F 平面図(高校エリア) L -1200

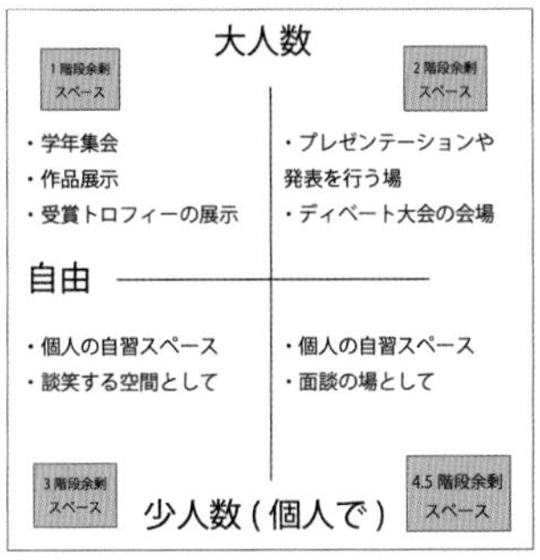

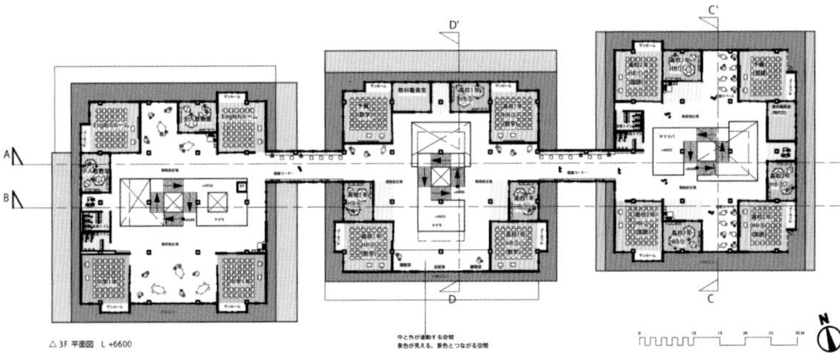

3階平面図

●教室コモンズについて

校舎は教科教室型となっており、教室等で形成されるコモンズは授業を行う「HR（ホームルーム)」と、各クラスの生徒たちの拠点でありロッカールームなどが置かれる「HB（ホームベース)」、教室内に光を取り込むとともに中と外との中間領域となる「サンルーム」、全教室が保有する「バルコニー」によって形成される。これらのコモンズは開きながら閉じた空間となっている。HR教室のドアを開くと、廊下や階段前広場と繋がる。HBは閉じてクラスメイトのみで使うほか、オープンにして廊下まで延長して使うことも可能。また、HRとHBは連続した大空間として使うことができる。

●中学生の教室について

中学校のHBは、給食を食べたり総合教育などで利用したりすることを考慮し、高校のHRと同じサイズになっている。向かい合う2つの教室は、ドアを開けると教室と教室の間の間の空間も含めた大空間として利用することが可能である。南側に面した教室は豊かな光が入り、また丘の下の田畑を見渡す眺望の良い空間となっている。

●Englishルームと定時制教室について

ベートに利用できる。Englishルームは17時以降、定時制の教室として利用される。Englishルームと接続して少人数教室を設けることで、多様化する英語の授業に対応する。日中はHRクラスとしては使われないため、少人数教室とともに、その他の使用にも対応する。

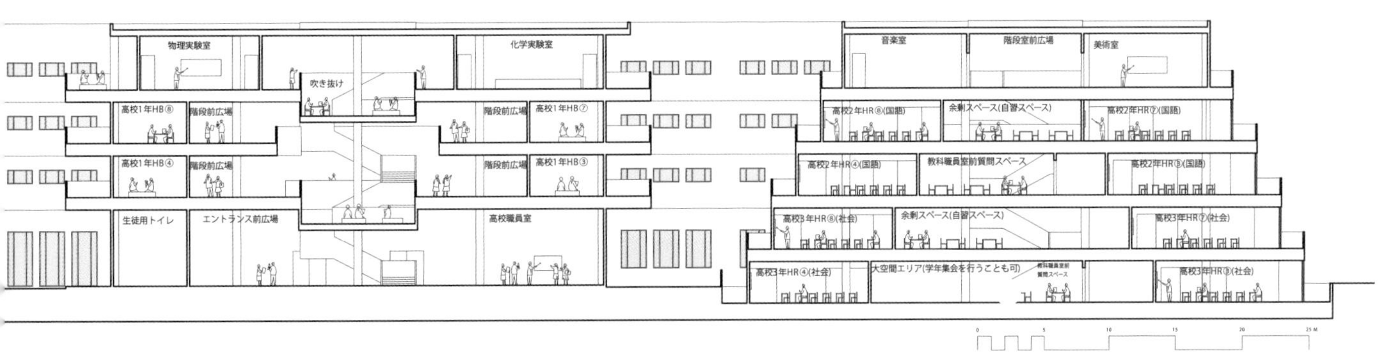

B-B'断面図

Keyrium　―循環する木―

物語から設計するという手法を試みる

望月シエナ
Siena Mochiduki

昭和女子大学大学院
生活機構研究科
環境デザイン研究専攻
金子友美研究室

日本の人工林が有効活用されずに余っていることで山が荒れ土砂崩れの原因になっている。そこで日本が輸入に頼らずに自国の木材を活用することで世界の森林破壊を緩和する事と日本の森の循環を考えるために人工林の木材を活用する事でより良くして行くための方法を検討する。キーリウムとは「木、手がかり」＋「場所」を意味する言葉を掛け合わせた名前である。キーリウムでは、木材の循環について理解してもらうための手がかりとなる場所を提案している。この建築空間を体験する事で普段森と直接関わる事の難しい都会にいながら地方の森と繋がる事ができる。展示空間や体験から木の循環を学び、苗木を通して森を見守ることで森を身近に感じてもらう。そして日本の木材に意識を向けて利用し続けていくことで木の循環を行う事ができると考えている。

物語は隠れている現実を、多くの世代に理解させる糧となっている。同じ内容でも、断片的な文章だけでは、人によって異なる捉え方ができてしまうが、物語のように順を追って話すことで理解されやすくなる。この提案をより多くの世代に知ってもらうために建築を物語から設計するという手法を取り入れ問題を認識させる建物を提案する。

1. 敷地

東京都江東区木場は古くから木材を取り扱う歴史があり、周辺には公園や学校、住宅も多い。キーリウムを通し人々の生活の中で森の大切さを意識するきっかけとなる居場所として森が循環するように生活空間も循環し続けていく場所を選んだ。

2. Keyriumの機能

●学習する

建物全体の役割は、展示、体験工房、工房見学、林業体験を通した普及教育である。建物自体に木を使用していることで木の可能性を伝える役割ができる。そして子どもたちに木がどのようにして育ち、加工されて家具などになるのかというサイクルを理解してもらう。

●苗木を育てる

林業体験により木と木材サイクルを実感してもらう。訪れる人々はマツボックリを持参し、苗木の栽培方法を学ぶ。都市では成木まで育てることは難しいので「マルチキャビティーコンテナ栽培」という方法で建物の中や屋上を利用して種から苗木まで育てる。その後地方に運び植林する。都市で苗木を育てることで、各地の森と繋がりが生まれると考えた。

●出荷する

Keyriumの中に家具を製造する工房を設けることで、来訪者がその場で加工工程を見学できる。つまり、ここでもサイクルの一部を見ることができる。製品にはこの工房で生産されたことを示すマークを付け、日本各地に出荷することでこの仕組みの普及につなげたい。

3. ターゲット

ターゲットを家族や子どもとして、森の仕組みを学び知ってもらうことで将来につなげていくことができると考える。そのためテーマを「循環」とし、子どもたちに自然のシステムを体験してもらう。現地で木の成長を確認することが難しい人でも、家族で森の成長を見守るという方法を取り入れる。

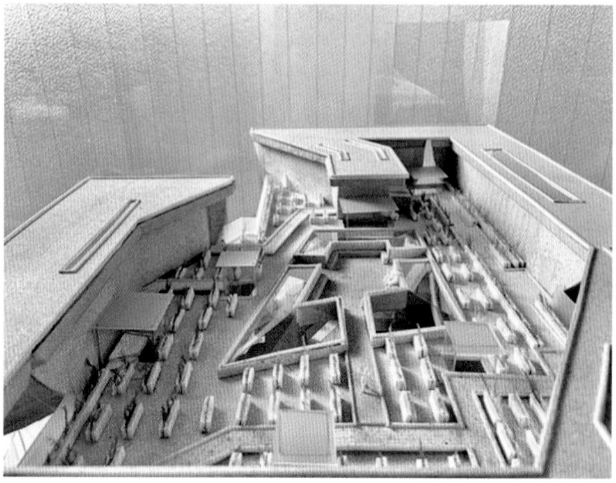

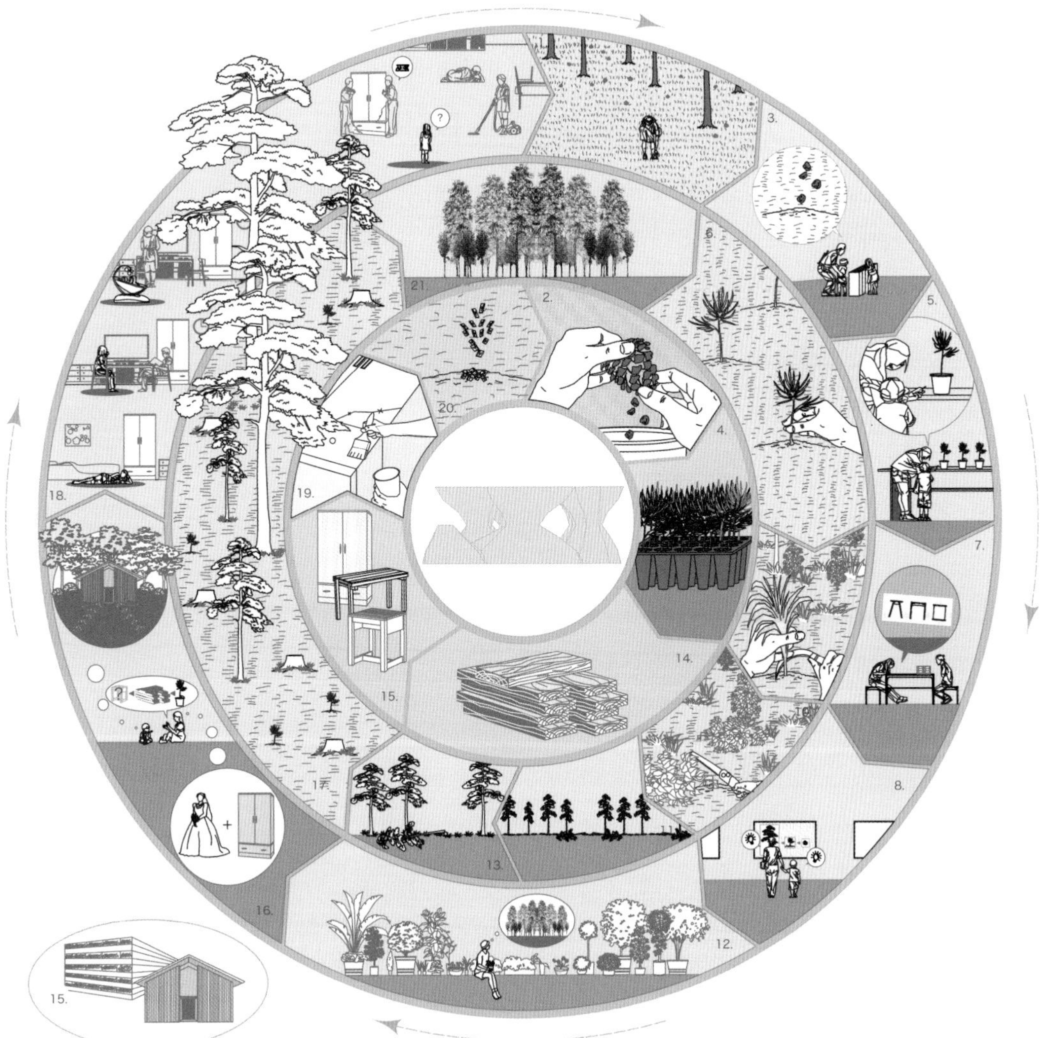

循環する木の図

建築を通して木材を利用するだけでなく、人々が植樹や育樹に関わることで日本の育成林に対する認知を高める方法を考えたい。木材と使用者と森林の間で循環が成り立つような仕組みを検討した。その結果をまとめた図である。これは消費者、育成林、Keyriumの3者がそれぞれ循環しながら関わることを示している

[循環する順番]
1. 松ぼっくりを拾う
2. タネを採取
3. 種まき
4. 苗木に育てる
5. 苗木に番号を付ける
6. 苗木を各地の森に届ける
7. 体験
8. 学ぶ
9. 下刈・つる切
10. 除伐
11. 間伐
11. 間伐
12. 見守る
13. 間伐
14. 木材に変わる
15. 家具になる
CLTや建築に利用
16. 木材を利用または寄付する
17. 主伐
18. 親から子へと引き継がれて行く
19. 家具の修繕
20. 木材の再利用
21. 土に変わる

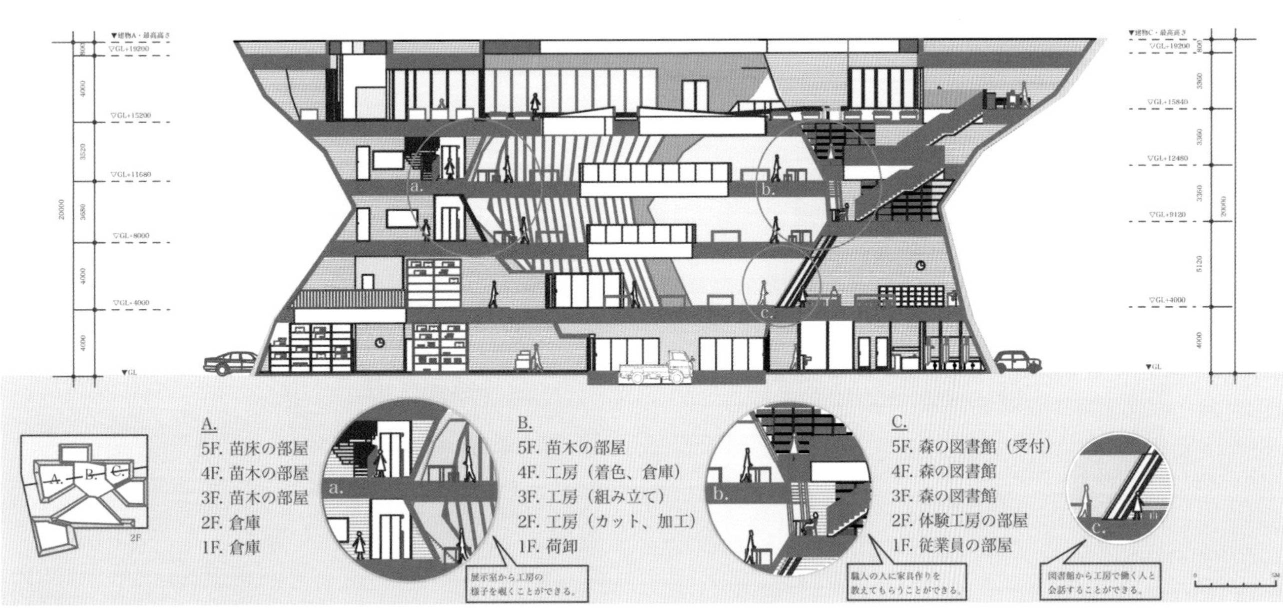

A-A'断面図

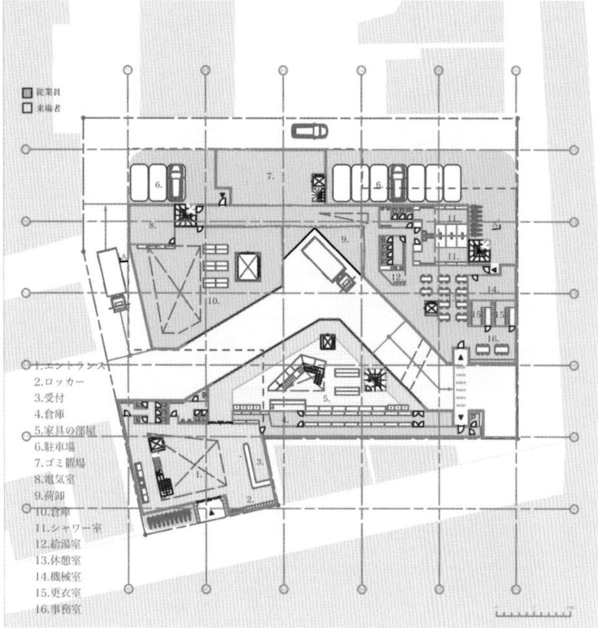
従業員
来場者
1.エントランス
2.ロッカー
3.受付
4.倉庫
5.家具の部屋
6.駐車場
7.ゴミ置場
8.電気室
9.荷卸
10.倉庫
11.シャワー室
12.給湯室
13.休憩室
14.機械室
15.更衣室
16.事務室

1階平面図

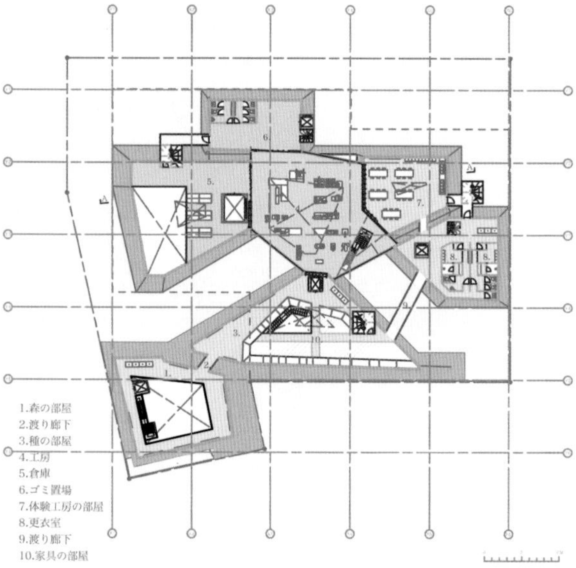
1.森の部屋
2.渡り廊下
3.種の部屋
4.工房
5.倉庫
6.ゴミ置場
7.体験工房の部屋
8.更衣室
9.渡り廊下
10.家具の部屋

2階平面図

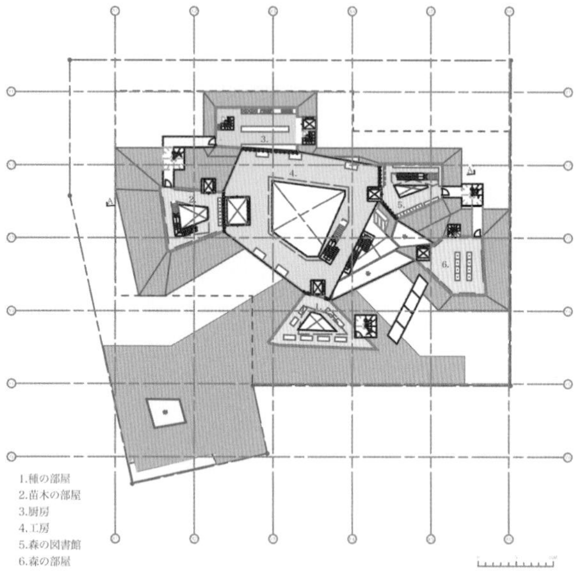
1.種の部屋
2.苗木の部屋
3.厨房
4.工房
5.森の図書館
6.森の部屋

3階平面図

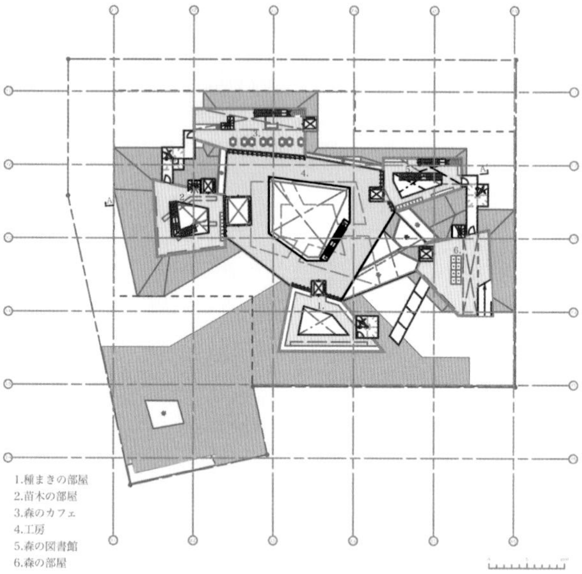
1.種まきの部屋
2.苗木の部屋
3.森のカフェ
4.工房
5.森の図書館
6.森の部屋

4階平面図

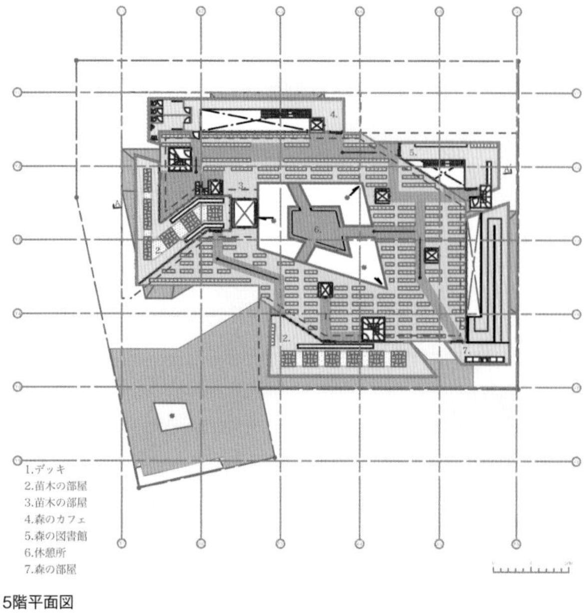
1.デッキ
2.苗木の部屋
3.苗木の部屋
4.森のカフェ
5.森の図書館
6.休憩所
7.森の部屋

5階平面図

4. 物語

この建物に関係する５人の人物を想定し、それぞれの物語を考えた。

●少女ミノリ／8歳～ 30歳／ 2021年～ 2043年

近所の木場公園で松ぼっくりを拾った少女が松ぼっくりについて興味を持ち、キーリウムを訪れる。そこで種から木の成長過程を学び、家具になることを知る。そして苗木を育てることを希望した。苗木には番号508が付けられ、木の成長を見守りながら22年の月日が流れた。その後、木材を貰うこともできたが、役立ててほしいと思い少女は寄付することにした。

●苗木の従業員ナギさん

キーリウムで毎日苗木を育て、成長を見守っている。ある日ミノリに声をかけられ苗木の番号508の札を渡した。２年後、大きくなった苗木を全国の森に届けている。そして20年後、木材として戻ってくる。その後、職人が加工し同じ番号が記され、家具になる。

●林業従事者キコさん

長野県の森で、届いた苗木を植林している。苗木には小さな番号の札をかけ、毎日見守りながら木を育てている。そして伐採した木材をキーリウムに届けている。

●工房の従業員マツさん

キーリウムで働く家具職人である。木材が届くと家具をつくり、古くなった家具が届くと修繕を行っている。完成した家具には番号を付けている。この番号が、「人と森」、「人と人」とを繋ぐ目印になっている。

●少年シゲル／ 12歳／ 2055年

シゲルの家には長く使っている家具がある。机の裏には番号508と記してある。どこからやってきたのか親に尋ねると、キーリウムでつくられていたことがわかった。キーリウムに行って木の成長過程を学んだ後興味を持ち、体験工房で家具をつくる。

●その後

キーリウムは木場にある森の象徴として受け継がれていく。そしてこの先、人々の生活の中で森の大切さを意識するきっかけとなる場所として、人々と森の循環に寄与する。

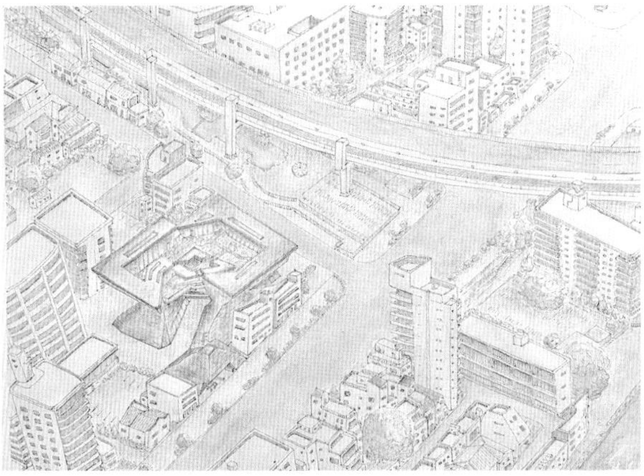

苗床の中を覗くミノリ

苗木が並ぶ空間

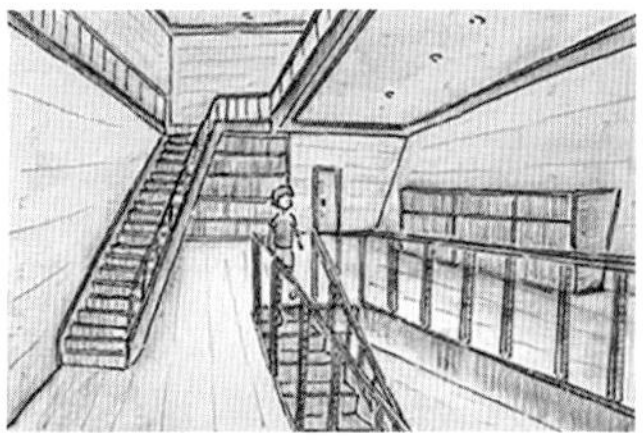

4階　森の図書館

映像を見て学ぶ様子

1階　家具の部屋

苗木の手入れをする様子

木材が届く

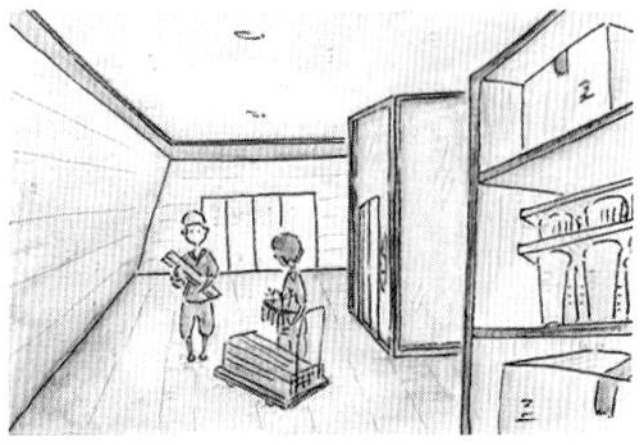

木材を受け取るマツさん

シゲルの自宅にある机に508の番号

エントランス

体験工房から工房を見る

家具づくり体験

家具が並ぶ空間

苗木を届ける

SLOW DOWN TIME

三ノ輪橋駅前再開発

姚 思勤
Siqin Yao

女子美術大学大学院
美術研究科
デザイン専攻
横山勝樹研究室

三ノ輪にとって、変わるべきこと、そのまま続けてほしいことはなんだろう。今のものを生かして、どう変わって行くべきかを考え、時間をゆっくり過ごせる場所を提案した。

「SLOW DOWN TIME」は、コーヒーを主題にした複合施設である。カフェの機能性だけでなく、コーヒーができるまでのプロセスも体験することで、若者の興味が惹きつけられる。「SLOW DOWN TIME」を中心として、地域復活を実現する。

この施設は、機能性によって、3つのエリアに分けられている。さまざまな喫茶空間を集合した「コーヒーを楽しむ」エリアには、室外喫茶店空間と室外喫茶空間がある。当日の気分によって好きな形でコーヒーを楽しめる。工房、図書室を設置した「コーヒーを勉強する」エリアでは、コーヒーについて勉強でき、コーヒー豆の焙煎や加工ができる。古書店と雑貨店は、「ライフwith コーヒー」エリアに含まれている。昔の本を読んで、昔に戻った気分になり、心が落ち着くことができる。忙しい日常から抜け出したいとき、「SLOW DOWN TIME」でゆっくり時間の流れを感じよう。

1. エピソード

日本で初めて訪ねた「喫茶店」は三ノ輪にあるお年寄りの夫婦が経営している店だ。その時、メニューに迷う私は、「モーニングはどう、コーヒーと食事両方付くから」とおじいさんに言われた。もう午後二時だけど、まだモーニングが頼めるのかと思い、「どんなものをつくってくれるかな」と期待していた。店に流れるジャズや、長い年月を経たインテリアが、時間の流れを緩やかにさせていると感じたことが鮮明に印象に残っている。

その喫茶店の近くにはジョイフル三ノ輪という商店街がある。昔からの商店街で、今も昔のままになっている。古い看板、店の外まではみ出した商品、すべてが昭和レトロ感に溢れている。

ジョイフル三ノ輪にいると、時間が止まっているように感じた。ここで店を営んでいる人も客も、お年寄りが多い。住宅街に隣接するので、利用者はほとんど近辺の住民だ。

ジョイフル三ノ輪の並びに、荒川電車が走っている。隣にある三ノ輪橋駅に、電車のファンがよく写真を撮りに来る。それ以外の観光客はあまりいない。

喫茶店は、コーヒーや食事を提供するだけの場所ではない。三ノ輪の喫茶店は、ジョイフル三ノ輪と同じで昔から何も変わっていない。そこにいると、都会にいることを忘れそうだ。現実から逃げ出したいとき、そのような空間に行ければ良いと思う。

三ノ輪にとって、変わるべきこと、そのまま続けてほしいことはなんだろうか。今のものを生かして、どう変わって行くべきかを考え、時間をゆっくり過ごせる場所を提案した。

敷地は、三ノ輪橋駅側に位置するジョイフル三ノ輪の入り口の周りである。後ろの住宅地への一本の車道が敷地を通っている。

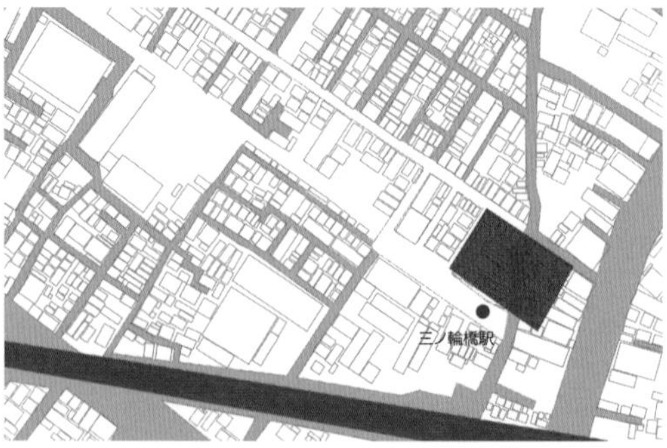

広域周辺図

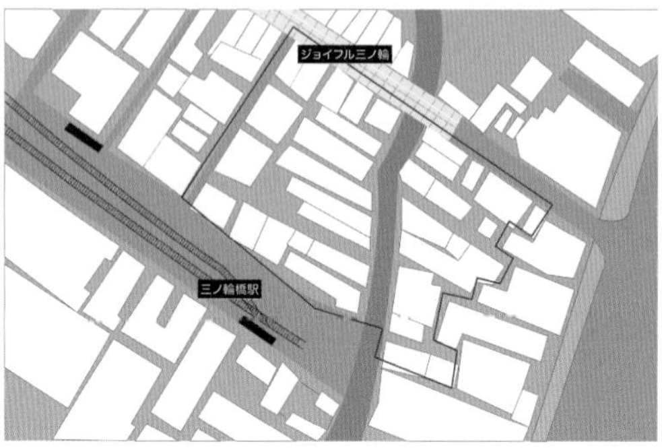

狭域周辺図

2. 敷地周辺の説明

●三ノ輪

三ノ輪地区は、荒川区の南千住と接し、昭和の雰囲気が今も多く残った、どこか懐かしい下町の住宅街である。 浅草、上野に近いが、大きく変化することはなく、昔ながらの店がたくさんある。特に喫茶店。ここで喫茶店をやっている人は、何十年間も続けてきた。ここで言う「喫茶店」は、チェーン店や、スタイリッシュなカフェと違い、一つひとつの、雰囲気とサービスが独特の個性を持っている店である。

●ジョイフル三ノ輪

三ノ輪橋駅の隣に、ジョイフル三ノ輪という古い商店街がある。大正時代に開業してから、長年地元の人から愛されていて、下町風情がたっぷり。ジョイフル三ノ輪は、昔のまま昭和レトロ感が溢れている。

ジョイフル三ノ輪は近くの住民の日常生活を支えている。パン屋、八百屋、肉屋、菓子屋、クリーニングなどの店が入っている。利用者はほとんどお年寄りの世代。三ノ輪駅と三ノ輪橋駅に近いので、仕事帰りにジョイフル三ノ輪に寄る若者もいる。とても便利な場所である。昔は賑やかだったが、今は三分の一の店が閉まっている。ここにいると、時間が止まったような感じがする。時代と場所を忘れるようなところだ。

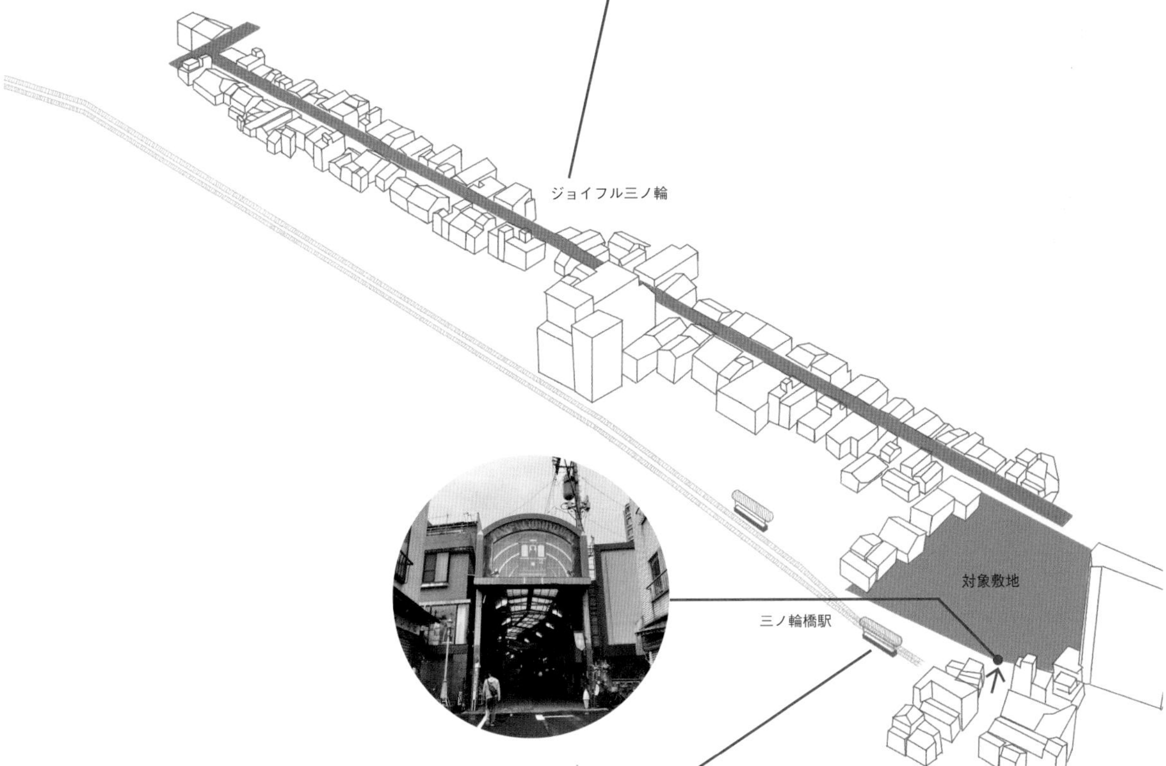

敷地周辺アクソメ図

●三ノ輪橋駅

三ノ輪橋駅は、荒川区の三ノ輪にある、荒川線の始発駅だ。沿線には、桜やバラなどの花の見どころや歴史・文化に触れられる名所や旧跡、生活感あふれる昔ながらの商店街など、魅力のあるスポットが多い。鉄道ファンがよく来る。

3. 設計提案

「SLOW DOWN TIME」を日本語に訳すと、時間の流れを遅くすることである。今の時代、人々は忙しい生活を送って、知らず知らずのうちに時間が過ぎたとよく感じている。疲れたとき、現実の世界から逃避したいとき、ゆっくり時間を過ごしたいときに、行くべき場所を提案した。

「SLOW DOWN TIME」の施設は、機能性によって3つのエリアに分けられている。さまざまな喫茶空間を集合した「コーヒーを楽しむ」エリアには、室外喫茶店空間と室外喫茶空間がある。当日の気分によって好きな形でコーヒーを楽しめる。

工房、図書室を設置した「コーヒーを勉強する」エリアでは、コーヒーについて勉強でき、コーヒー豆の焙煎や加工ができる。

古書店と雑貨店は、「ライフwithコーヒー」エリアに含まれている。昔の本を読んで、昔に戻った気分になり、心が落ち着くことができる。

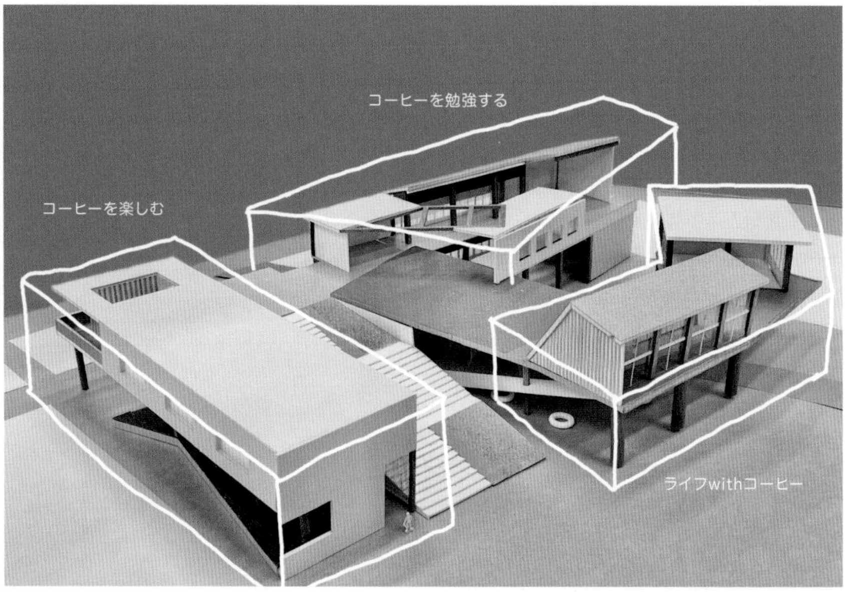

コーヒーを主題にして、いろいろなことができるための空間を含んでいる

●中央の休憩空間

二階の広場の下の空間に、コーヒー豆入れ用の麻袋を吊り下げている。天然繊維である麻の生地は、空間に柔軟性を与え、リラックスできる空間にしている。いくつか置かれた丸いベンチは、コーヒーを飲んだり、休憩したりできる空間である。コーヒーの香りでストレスを発散させよう。

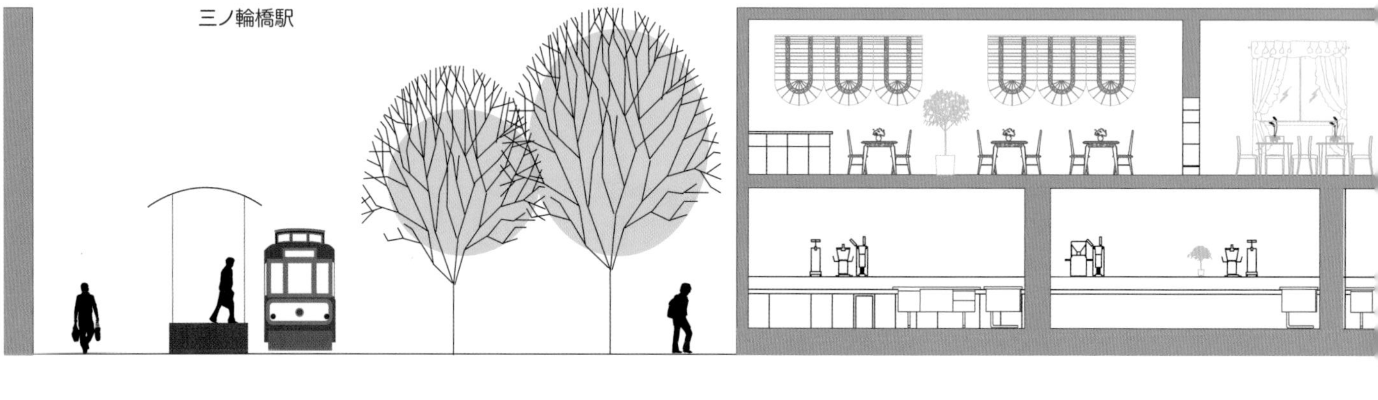

●コーヒーを楽しむ

一階は開放的なカフェ。コーヒーを持ち帰ることもでき、好きな場所で一人の時間を過ごしたり、誰かと喋ったりすることができる。二階は、席の形や雰囲気の異なるたくさんの喫茶店が入っている。自分が好きな店を選んで、コーヒーを楽しむことができる。

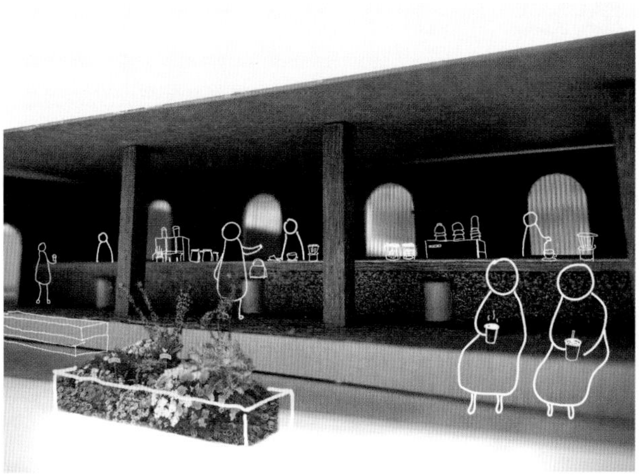

●コーヒーを勉強する

工房、図書室、教室の機能が入ったエリアである。コーヒー豆の焙煎、コーヒーのつくり方の勉強、コーヒーの加工などができる。生豆から、コーヒーができるまでのプロセスを体験でき、「自分のコーヒー」づくりを楽しめる。

●ライフ with コーヒー

古書には独特の匂いがある。安心感やリラックス感を与えてくれる。古書の手触りもとても柔らかい。昔の本を読んで、昔に戻った気分になり、心が落ち着く。

インテリア雑貨は幸福度を高められるものである。雑貨店でお気に入りのコーヒーカップや皿、コーヒー器具を買い、使うたびにここで過ごした素敵な時間を思い出せる。

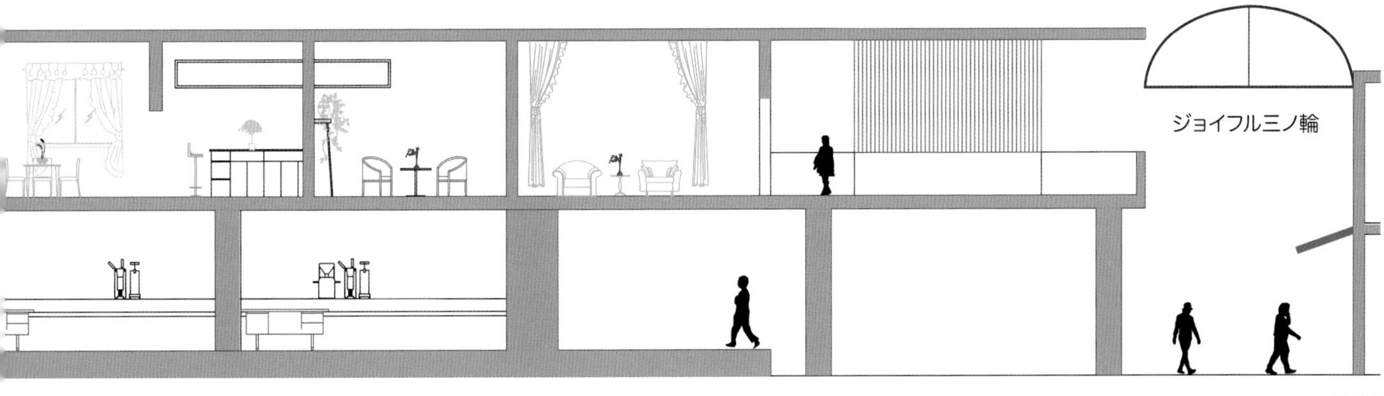

断面図

ViNAWAVEで放浪する

都市のヒーリングガーデン

劉 梓雯
Ziwen Liu

女子美術大学大学院
美術研究科
デザイン専攻
横山勝樹研究室

都市生活のストレスが徐々に厳しくなっている現在、癒しの場所は人々にとって日々重要な存在になっている。都市に回復効果のある環境を提供することは、人々の心身に良い影響をもたらし、より暮らしやすい都市を生み出すことができる。

本制作では、「回復環境理論」、「注意回復理論」、「マインドワンダリング」などの理論と私の研究成果である「癒し空間のイメージスケール」（癒し効果のある空間を「安心感」、「気分転換」、「興奮」、「エネルギッシュ」という4種類に分類する）を生かし、回復効果のある都市公共空間（ヒーリングガーデン）をつくり出すため、海老名中央公園の再整備を計画した。計画敷地は小田急海老名駅の近くにあり、商業施設「ViNAWALK」に挟まれている公園である。現状を分析すると、周辺の施設のデザインがカラフルで、内部空間が複雑なため、利用者たちは疲労を感じやすい。また、現存の配置やデザインなどは癒しの効果をもたらしていないことが判明した。前述の「癒し空間のイメージスケール」において、周辺の施設は「エネルギッシュ」な空間であり、より居心地の良い環境へと改善するためには、公園はそれらと対照的な「安心感」のある空間として計画すべきである。本提案のコンセプトである「ViNAWAVE で放浪する」は、波にそのまま流されるように、知らず知らずのうちにリラックスすることを意味している。以上の現存する問題の改善を考えて、再整備ランドスケープ案のデザインを行った。

1. 背景と目的

●「都市のヒーリングガーデン」とは

都市生活のストレスが徐々に厳しくなっている現在、癒しの場所は人々にとって日々重要な存在になっている。現状のヒーリングガーデンは病院などの医療施設の一部として付属していることが多いが、私は都市の開かれた場所にもあるべきだと考える。

回復効果のある環境をより多くの人に提供することは、病気になっていない人にも心身に良い影響をもたらすと考える。都市のヒーリングガーデンは都市にいる全ての人々の心を治癒し、より暮らしやすい都市を生み出すことができる。

●癒し空間の分類と組み合わせ方

癒し効果のある空間の構成要素をまとめ、空間のエレメント・空間での出来事の豊かさと人に与えるイメージの強さを合わせて分析した結果、四種類の癒し空間に分類できる。このイメージスケールは修士研究の中で、最も重要な成果だと考える。

また、各空間の特性のバランスをとることにより、居心地の良い空間をつくることができる。すなわち、対角線になっている空間と空間を組み合わせたほうが、より居心地の良い空間になりやすい。

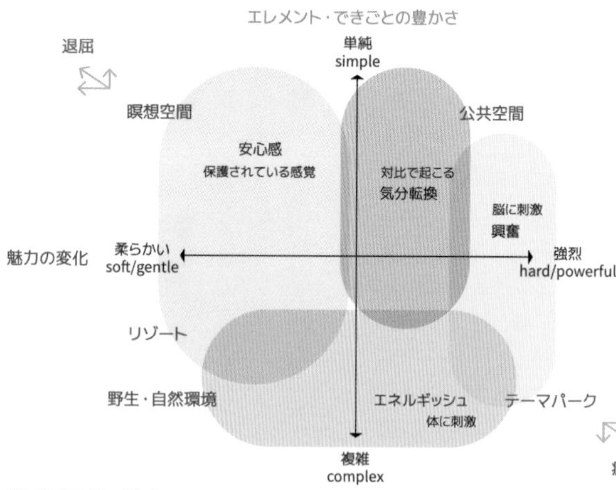

癒し空間のイメージスケール

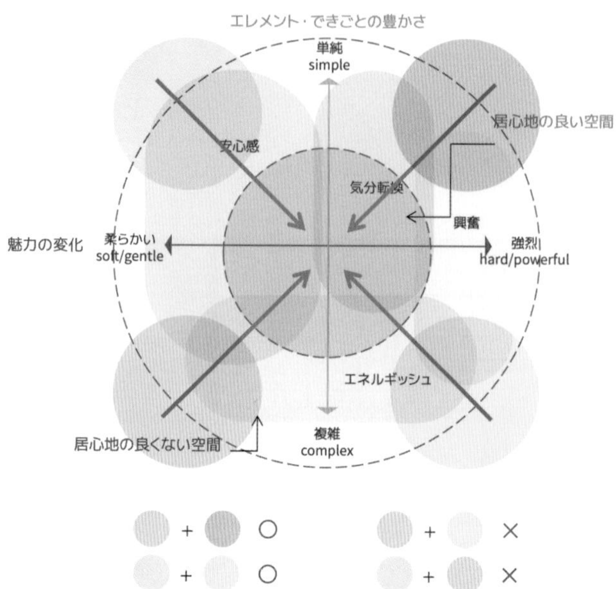

空間の組み合わせの想定

2. 敷地紹介

●敷地場所

本敷地は、1985年6月1日に開園し、2002年4月に公園の周囲の商業施設「ViNAWALK」の整備に伴う公園整備後に再開園した。現在は、複合商業施設に囲まれており、外部と内部空間を含め、安心感を感じづらい場所である。

●現在の問題

動線の問題

ショッピングモールを繋ぐ歩道橋の下では光が入りづらい。また現在は、ショッピングモールの片側の大階段は、イベントスペースとしてよく利用されるために混雑しやすい。そして、圧迫感を与えやすい。

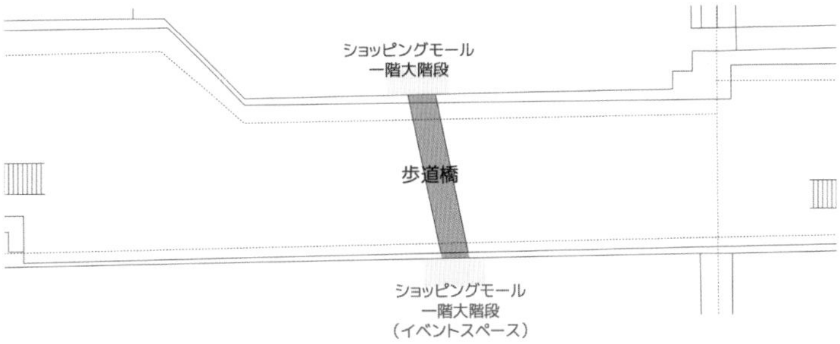

空間の問題

違和感のある七重の塔の存在や、周辺建築の内部空間の複雑さ、カラフルな色彩により、疲労感を与えやすい。また公園全体が古いため、暗く見える。緑があるが、面積が足りないため、癒し効果をもたらしづらい。

3. 計画概要

●橋の変更について

ショッピングモールを繋ぐ真っ直ぐの歩道橋を二つに分け、直線ルートと曲線ルートをつくる。これにより、ショッピングモールの大階段にあるイベントスペースを確保した上、歩道橋の下の圧迫感を改善することができる。

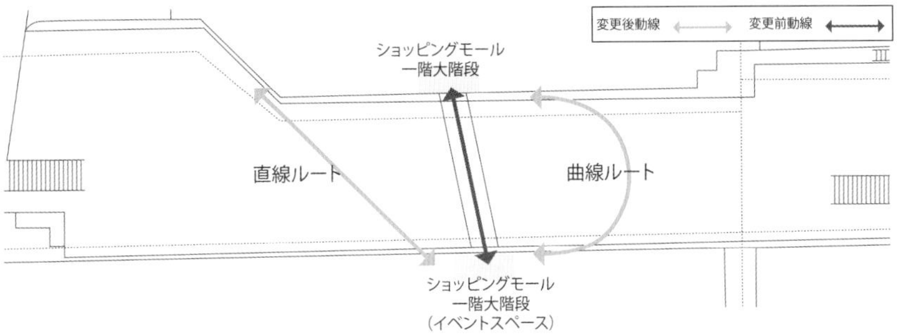

●変更後の動線

現存する入口と周辺の店舗を残し、利用者の集まるところを分析した。再整備案を行った後の利用者の動線は右図になる。

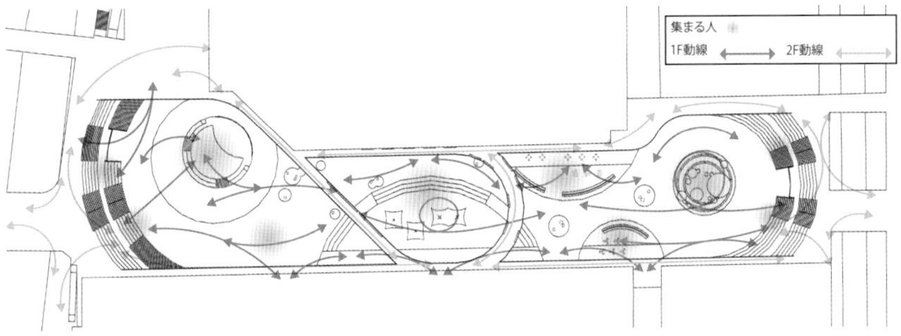

動線計画図

●ゾーニング

前述の「癒し空間のイメージスケール」において、敷地周辺の施設は「エネルギッシュ」な空間であり、癒し空間とのバランスをとってより居心地の良い環境へ改善するためには、公園は対照的な「安心感」のある空間として計画すべきである。

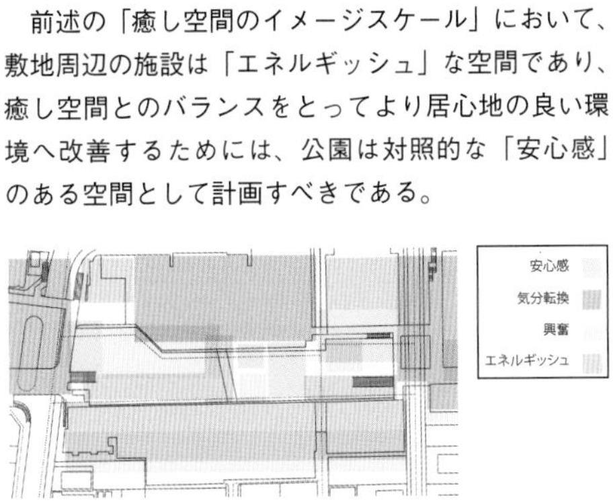

現況空間の種類

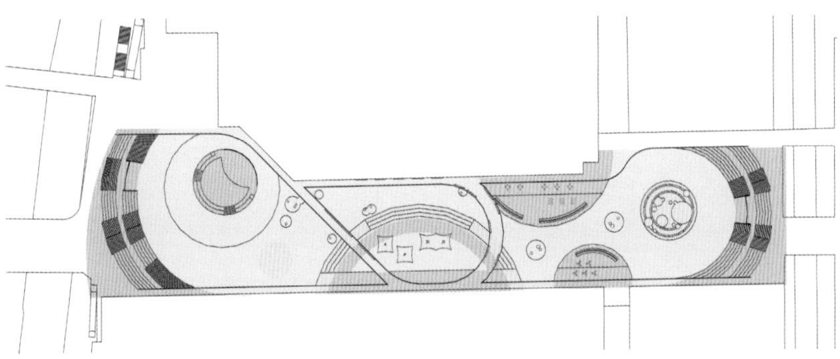

1Fゾーニング計画図

4. 設計概要

●コンセプト

ViNAWAVE
で
放浪する

ViNA + WAVE
エビナ+波

mind-wandering
漂流・マインドワンダリング

wanderは「さまよう」「さすらう」という意味だが、マインドワンダリングのような注意発散のほうが、特定の方向性に固執することなく、抑制をきかせすぎない思考ができて最適であり、新しいアイデアを多く生み出すことができる。

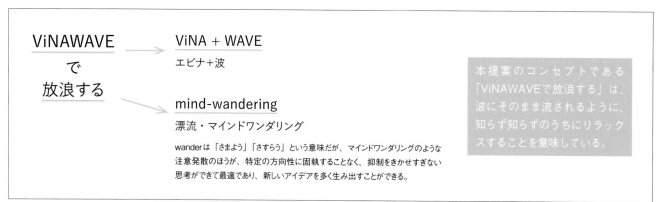

本提案のコンセプトである「ViNAWAVEで放浪する」は、波にそのまま流されるように、知らず知らずのうちにリラックスすることを意味している。

5. 提案内容

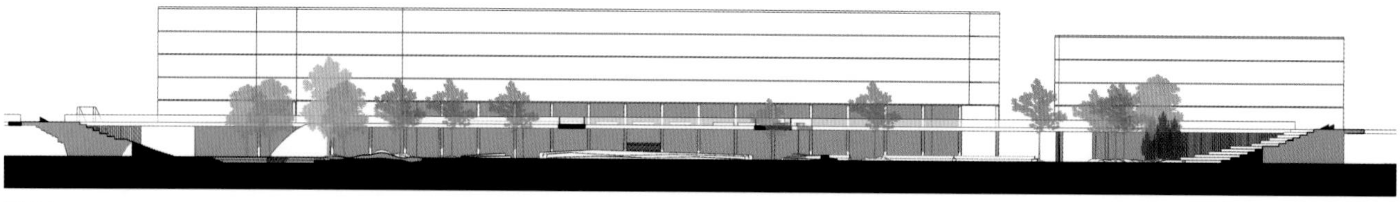

断面図

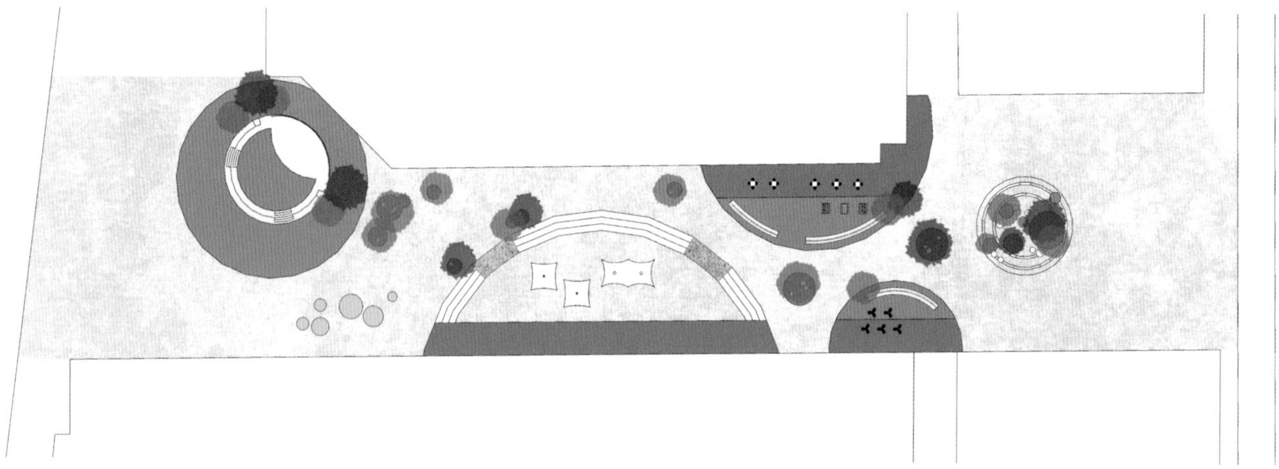

1F平面図

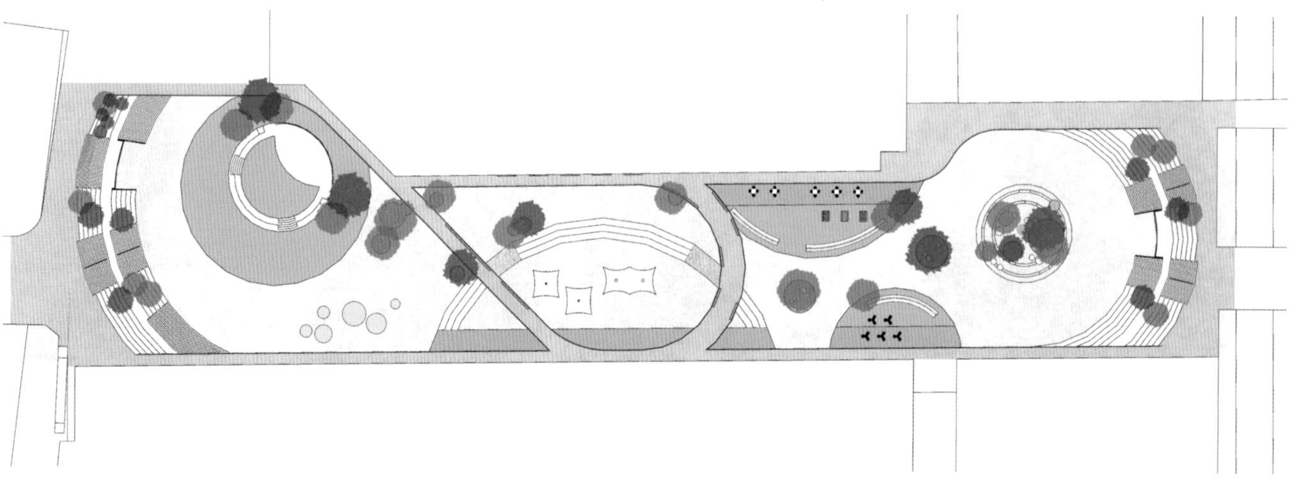

2F平面図

●交流コーナー

交流コーナーを俯瞰すると、さざ波の形が見える。石ベンチの高さの変化は漂う波をイメージし、複数の人が座れる。しぶきをイメージした丸い石椅子は一人で居たい時に座れるところである。

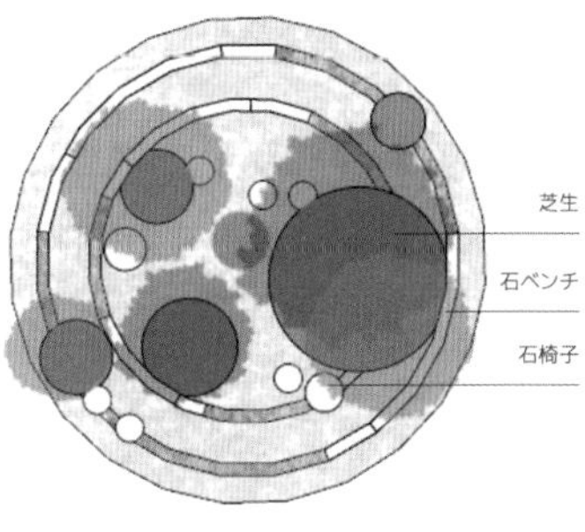

平面詳細図

●景観階段

公園の両方の入口にある大階段は、さざ波の形態を取り込んでおり、人を公園の内部に誘導する。階段や休憩場、展望台として利用される。

●歩道橋

直線ルートでショッピングモールに行ける。曲線ルートを歩くと、視野を変化させながら風景を楽しめる。広場でライブイベントが行われる時期には、橋の上からも鑑賞できる。

●イベント広場

舗装を全体的に明るい色に変更し、色彩的にポジティブなイメージを与える。

ショッピングモールに接する部分をフロアに変え、広場に集まる人が多い時でも、通行の邪魔をしない。それにより、混雑しやすい問題を改善する。また、上にある歩道橋のルートを変更することにより、広場空間が圧迫されるイメージを解消する。

●オープンシアター

現存する野外ステージ空間を再設計し、宣伝ができるスクリーンをステージに付け、観客席を増やす。公園に入るとすぐ、スクリーン画面を見ることができる。そして、景観階段と展望台で違う角度や距離での鑑賞も可能になる。鑑賞方法の可能性を増やすことにより、利用者たちのストレスを減少することができる。

●遊び場

さざ波の断面をイメージし、床に形態の変化を与える。でこぼこの幅、大きさ、組み合わせにより、楽しめる可能性が増える。遊び場空間は周りの環境と比べ、強烈なイメージがある。利用者の興奮を引き起こし、癒し効果を与える。

●飲食コーナー

飲食コーナーはショッピングモールの一階にある飲食店に合わせ設置する。開放的な場所で飲食や休憩、会話のできるリラックス空間である。

伊那谷の山裾に

—山と住宅をつなぐ小さな集落の薪暮らし—

野尻 勇気
Yuki Nojiri

多摩美術大学大学院
美術研究科
デザイン専攻 環境デザイン領域
松澤穣研究室

二年間の薪暮らしの研究に基づいて、制作した。まず、修士論文「集住による薪暮らしの可能性」についてまとめる。集住による薪暮らしとは、戸建て住宅または集合住宅に住み、薪の調達や山の手入れ、薪割り、煙突掃除などを近隣世帯と協同して暮らす生活のことをいう。集まって住むことにより、薪作業の負担が軽減され、住人同士のコミュニティが広がる。薪暮らし経験者が近くにいる状況であれば、薪暮らし未経験の家族や単身者にとっては心強い存在となり、薪暮らしの継続につながる。一世帯ではハードルの高い暮らし方ではあるが、複数世帯いることで実現しやすい暮らし方となる。荒廃する山との小さな循環をつくる、薪暮らしの共同体について考えた。

次に二年間の研究踏査を踏まえ、修士制作を行った。地に始まり、地に還る。全ては地続きの薪暮らし。長野県伊那市、南アルプスを眺められる木曽山脈の麓に、小さな集落の薪暮らしを提案した。薪暮らしの作業動線と作業効率、そして地理的条件から集落の配置と住宅を構成した。「薪を焚く」という行為は、人を暖め、山の循環を促す。薪暮らしを通して、山と人とのつながりを考えた。

1. 薪暮らしの住まい方の分類

現在の薪暮らしは、個による薪暮らしが主流となり、群による薪暮らしが少ない状況にある。個による薪暮らしとは、戸建て住宅に住み、その一家族単位で薪を確保し、薪を焚く生活のことをいう。また自宅周辺に薪暮らしをする家族が少ないことが挙げられる。一方、群による薪暮らしとは、戸建て住宅または集合住宅に住み、近隣世帯と協同して、薪の調達や薪作業等を行う生活のことをいう。後者は、薪暮らしの共同体が生まれやすく、その暮らしの継続性が高まると考える。以下の図では、個あるいは群による薪暮らしの代表的な住まい方を表したものになる。

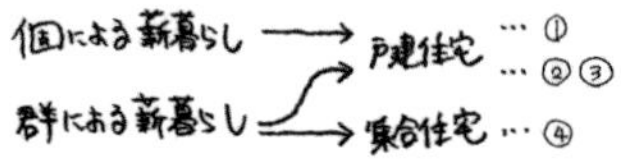

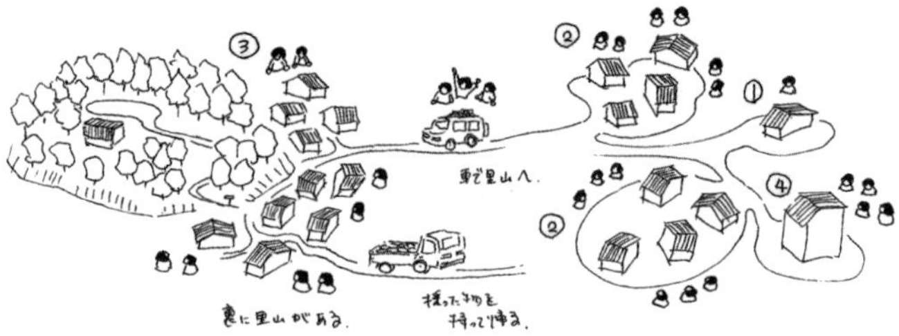

本設計では、群による薪暮らし の 戸建住宅 ③ を一つのケーススタディとして、提案しました。
（山麓の小さな集落の薪暮らし）

2. 薪暮らしの効率化

住宅内における薪燃焼装置までの上下移動を分類した。上下移動が少ないほど、薪作業の効率が上がり、負担の少ない暮らしとなる。また、薪作業は、地面または土間での作業が多いため、基本的に上下移動の少ない①での暮らし方が推奨される。さらに、薪暮らしの作業の流れを整理すると、主に7つの過程「伐採、玉切り、運搬、薪割り、薪積み、薪を焚べる、灰の活用」に分けることができ、この代表的な7つの作業工程から、より細かな作業工程へと展開していく。

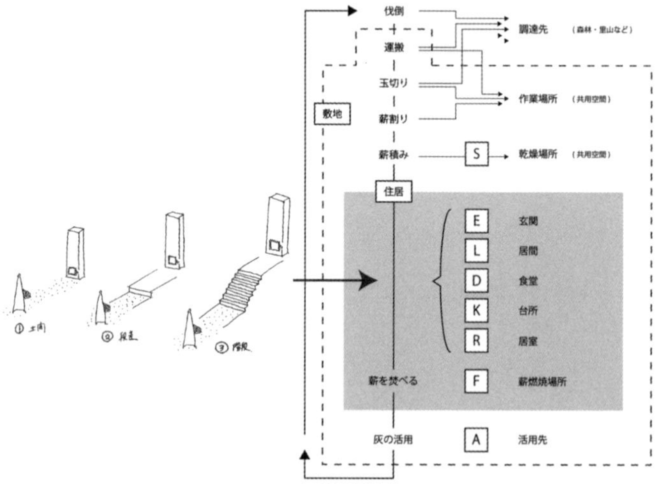

S=Storage E=Entrance L=Living room D=Dining room
K=Kitchen R=Room F=Fire place A=Ash

3. 研究踏査

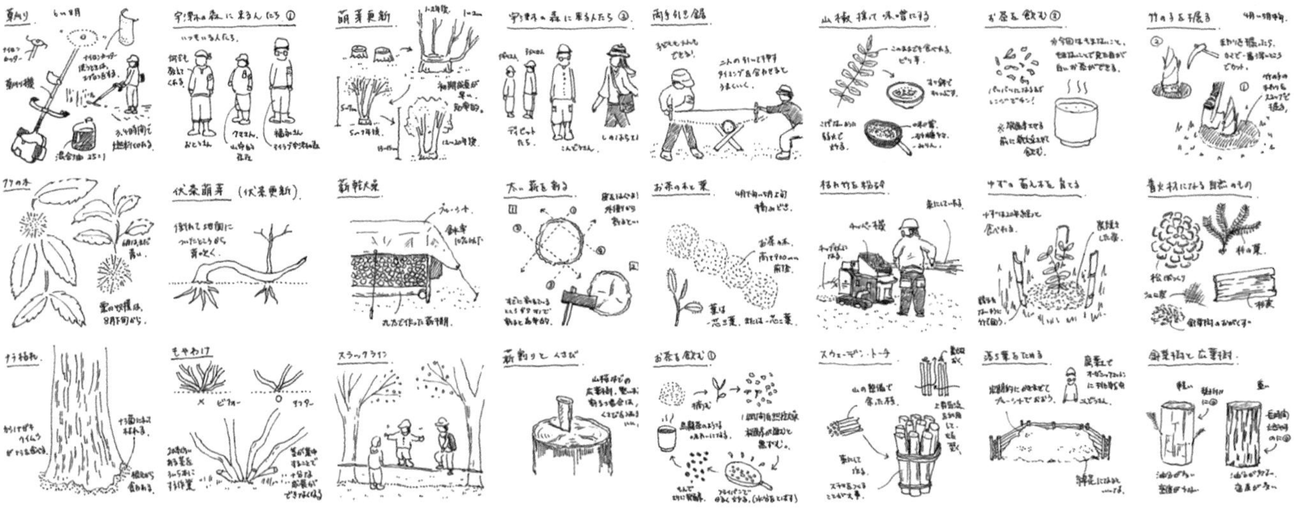

気づきのイラスト

4. 伊那谷と敷地について

伊那谷とは、本州の真ん中、長野県に位置する南アルプスと中央アルプスに囲まれた谷のことをいう。谷といえども標高は高く、例えば伊那市役所はスカイツリーとほぼ同じ632mある。太陽に近いことから、その日射量は沖縄に匹敵するほどである。また、内陸にあり海風の影響を受けづらい伊那谷では、夏と冬の気温差が大きく、その分季節も分かりやすく変化する。また、年間の気温差と一日の気温差が大きいことや日照時間が長く、降水量が少ないことが挙げられる。特に朝晩に冷え込むことが多いことから、薪ストーブやペチカを使用した住宅が多く存在している。薪暮らしに対する知見や工夫を持つ人が多く、山の手入れを積極的に行う人が多いことから、伊那谷を敷地に選んだ。

敷地は、標高754mで、2～3mほどの高低差のある緩やかな傾斜地。この土地は、菓子工場の建設のために、一度造成された地でもある。現在は更地となり市有地として今後の活用方法を考えている段階にある。

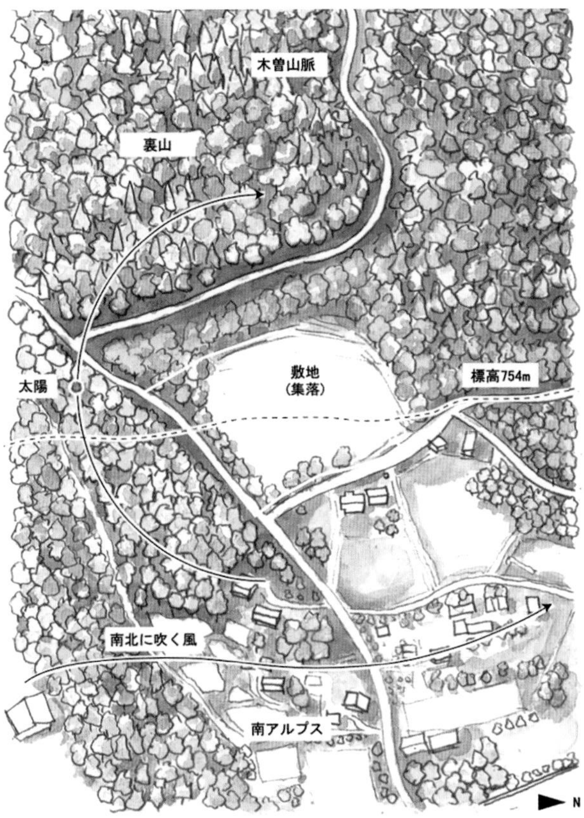

5. オンドルの住宅

本設計の敷地は、緩やかな傾斜地にある。煙突効果を利用して、登り窯のようなオンドルの住宅を考えた。

ケーススタディ1

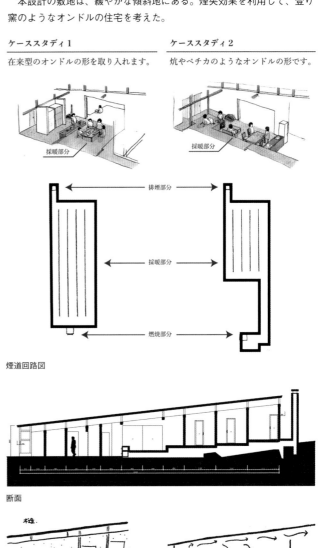

在来型のオンドルの形を取り入れます。

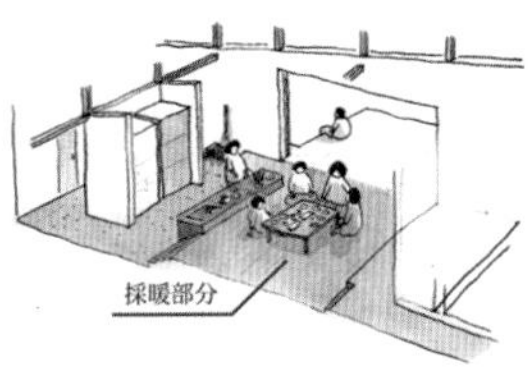

ケーススタディ2

坑やペチカのようなオンドルの形です。

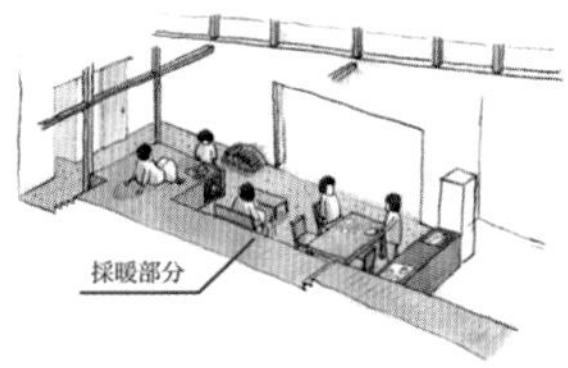

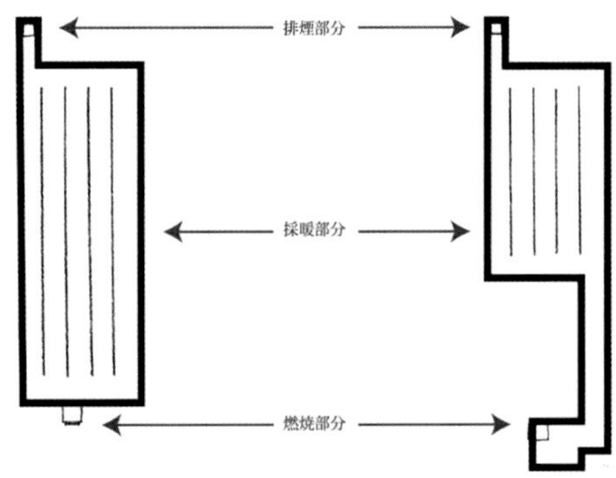

煙道回路図

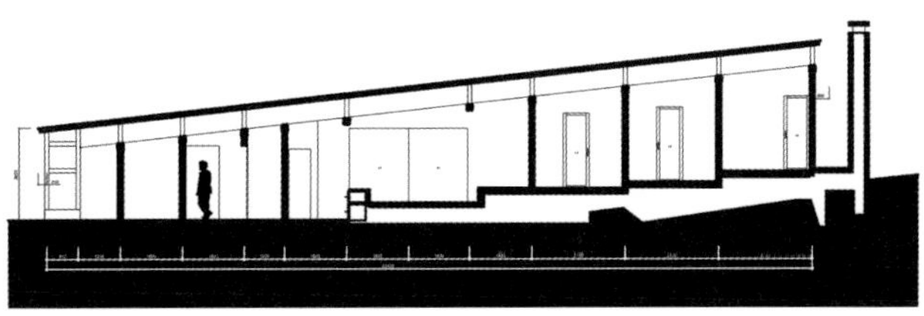

断面

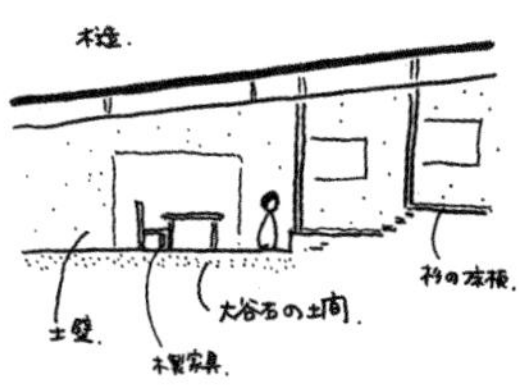

蓄熱素材を多用し、住宅内の蓄熱を促す

住宅下部に配置した風呂の湿度を利用して乾燥する室内を潤す

6. 集落の設計

薪棚が中間領域になる

北側のアプローチと集落前の畑

薪暮らしの過程を示す断面図

火処に集まる

床暖の上で部屋干し

南アルプスを眺められる休憩ば

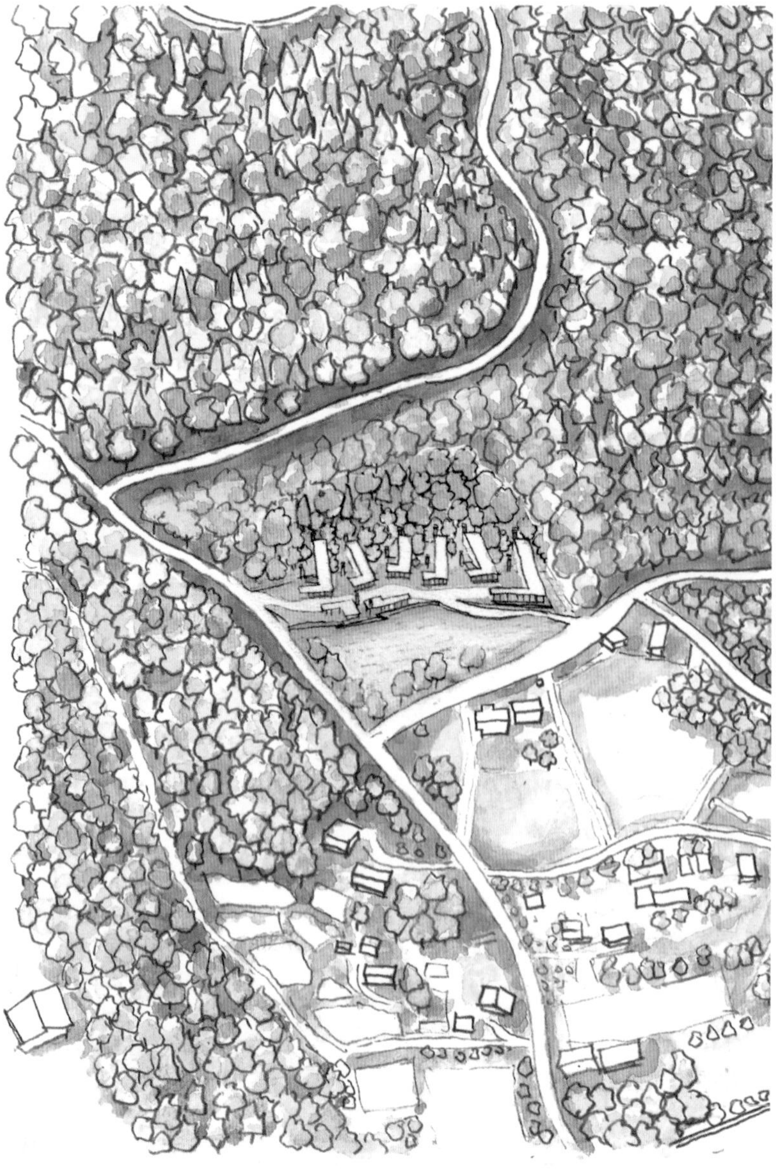

山と麓の間に集落がある

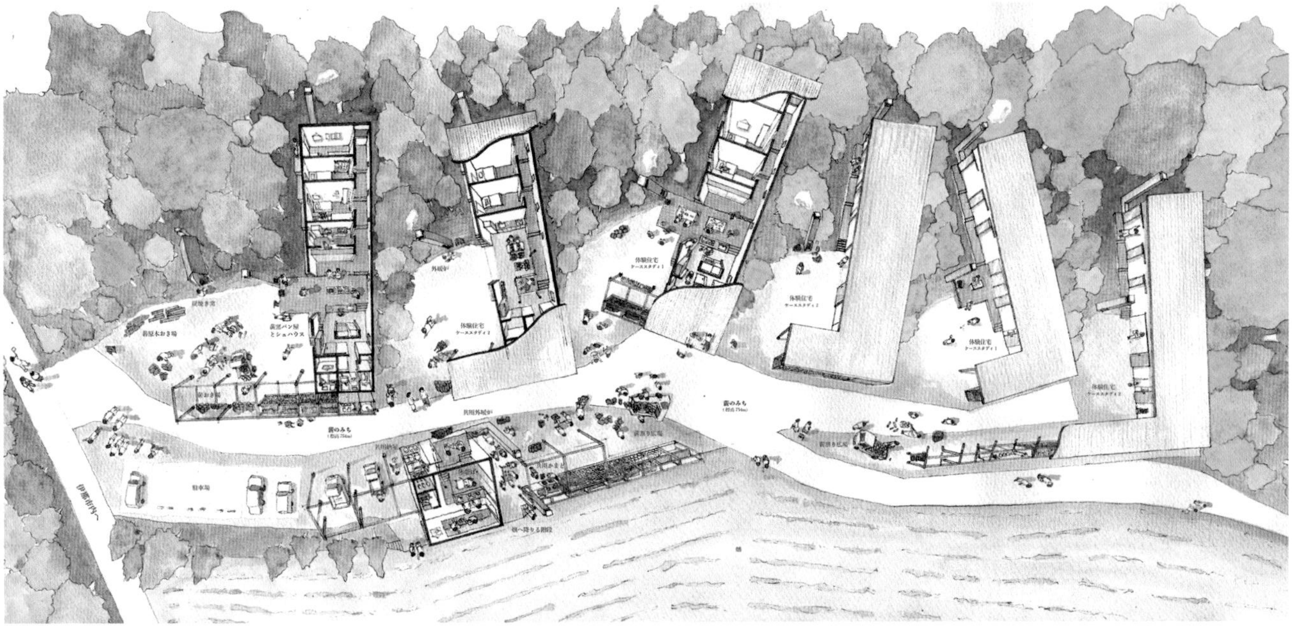

集落の薪暮らしの様子

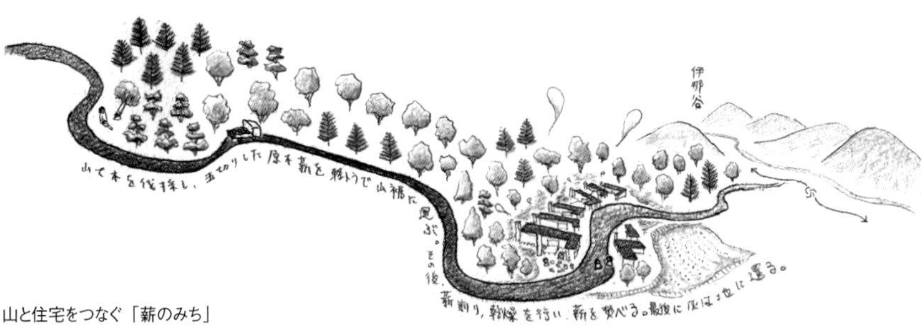

山と住宅をつなぐ「薪のみち」

薪暮らしの作業動線と作業効率、地理的条件から集落の配置と住宅を構成した。本設計では、山と住宅をつなぐ道を「薪のみち」と呼ぶ。「薪のみち」は、山に続く地面であり、住宅に続く土間として、集落の薪暮らしを支える。ここでの生活が始まると、冬に備えて、お隣さんと共に薪割りをしたり、外暖炉で暖をとったり、薪の調達のために裏山に行くなど、「薪のみち」を介して、住人同士のつながりが生まれる。

1、伐倒

2、玉切り

3、運搬

4、薪割り

5、薪積み

6、薪を焚べる

7、灰の活用

採石における建築の構成
—ネガポジの手法—

鄭 烺坤
Langkun Zheng

多摩美術大学大学院
美術研究科
デザイン専攻 環境デザイン領域
松澤穣研究室

掘るというのは非常に面白い動きである。数万年前に人々が洞窟から出た時に、限られた地元にある資源で小屋を建てることから、採石という行為が生まれた。都市のボリュームが増えることに伴い、採石場のボリュームが減り、掘削した空間がネガと考えられたら、建てられた空間がポジとなる。採掘によって生まれた地下空間がどんどん広がって行くほど、地上の世界もその力でより膨大になり、新しい可能性を生む。採掘と建造、凹と凸、ネガとポジ、掘られた空間と建てられた空間を用いて採石と建築の関係性を深めている。石を掘りながら空間をつくることで、採石場にしかできない建築ができる。本研究では採石と空間の可能性を引き出し、採石における建築の構築手法を探る。

設計した空間は2つの部分に分かれて構成され、半分は掘削によって構成され、残りの半分は採掘された石を積み上げることによって構成された。採掘方法による縦向きと横向きの掘削を設計に用いて、内部が互いに貫通されて空間ができ、より良い照明と換気効果を実現する。石の空間で、素朴な材質、大地の息吹が感じ、一般建築とは異なる特性が味わえる。石の上に残した太陽の暖かさ、大地の匂いが混じった風、光と風の変化を通して自然の優しさを感じられる。風、光、影は時間の変化に従って変わり、生気に満ちた空間を織り交ぜる。美術品をその空間の中に並べ、自身の美しさにさらに美を加え、そのときどきで変化していく体験が感動を生み出す。

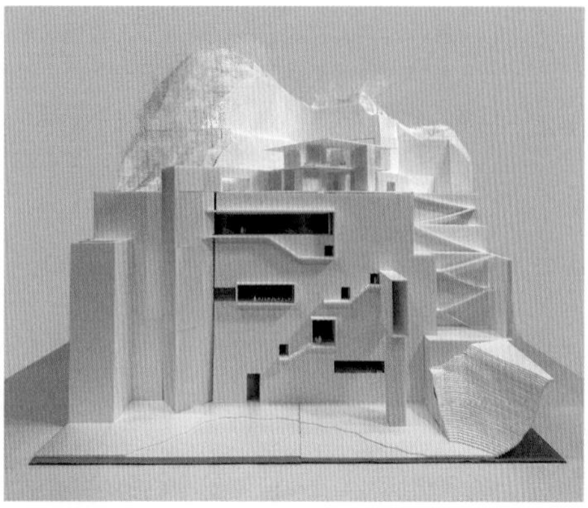

1. 研究概要

現状：固定的な採石場から石を掘り出して建設地に運ぶ。
A地からB地に素材を運び、建設する場所に建てる。

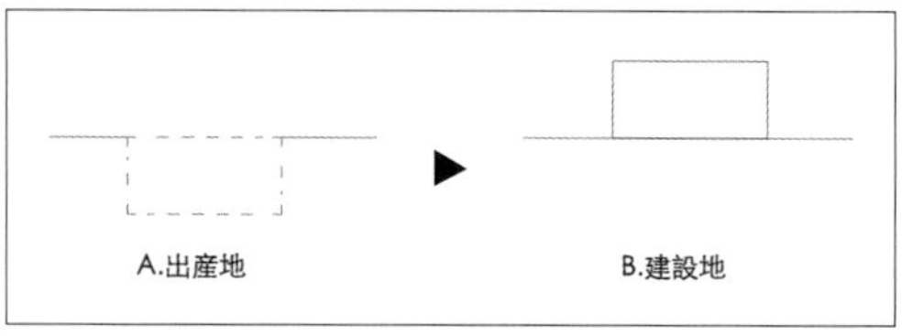

目的：建設された場所を掘り出して、ネガポジの手法を利用して採掘する。

AとBを同じ場所にすると...

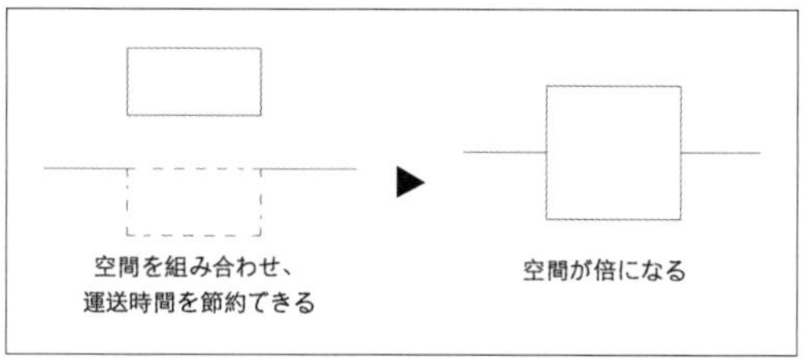

結果：一つの空間をつくることで、二つの空間ができ、ボリュームが倍になり、今までにない空間のつくり方で新たな体験をもたらす。

2. ネガ・ポジの手法

採石によって魅力的な空間をつくる。手法を加えて、多くの空間が重ねていくことで変哲な建築を生かす。図地反転の手法を参考にして、平面から立体的な構成を展開した。掘るコトと建てるコトの境界線を共通にして、ネガとポジを纏めて一つにし、採石のプロセスに従って空間を構成する。

●基本　●展開

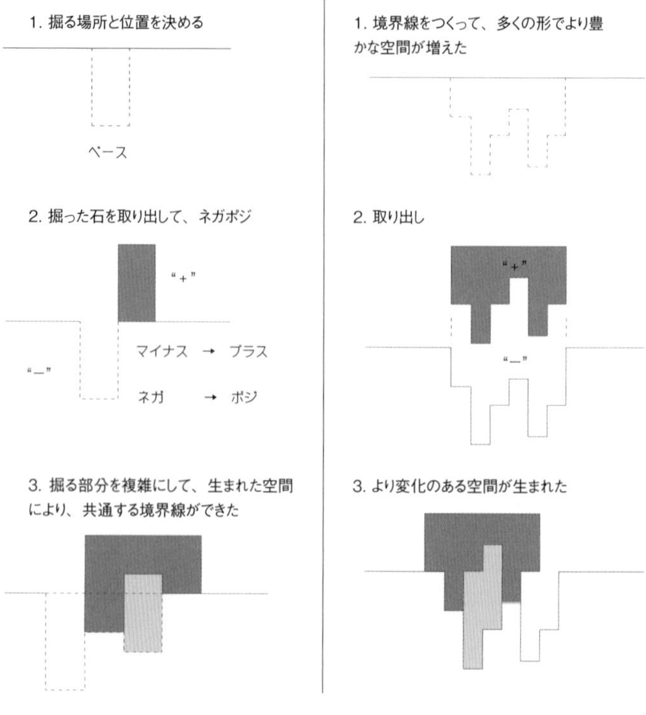

1. 掘る場所と位置を決める
ベース
2. 掘った石を取り出して、ネガポジ
"+"
"—"
マイナス → プラス
ネガ → ポジ
3. 掘る部分を複雑にして、生まれた空間により、共通する境界線ができた
1. 境界線をつくって、多くの形でより豊かな空間が増えた
2. 取り出し
"+"
"—"
3. より変化のある空間が生まれた

3. 敷地の概要

深岩石は栃木県鹿沼市笹原田で採掘される火山灰が凝結した凝灰岩である。大谷石よりも若干固く、吸水率も低く、組積造との相性がよい。そのため、敷地は日本唯一の深岩石採石場に選定された。

川田石材工業採掘場

●深岩石の表情ー切削方法

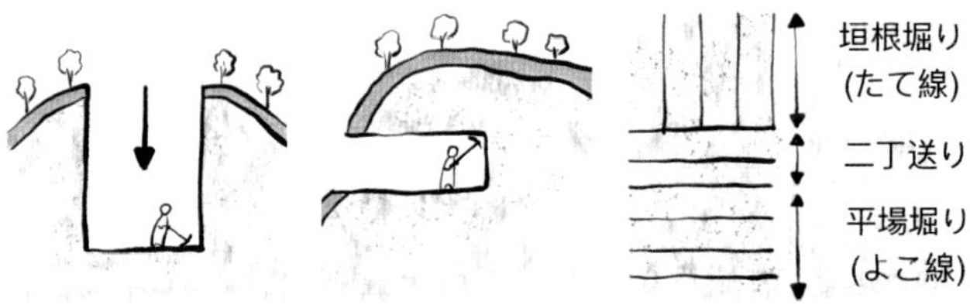

4. ダイヤグラム

設計した空間は2つの部分に分かれており、半分は掘削によって構成され、残りの半分は発掘された石を積み上げることによって構成された。 採掘方法による縦向きと横向きの掘削を設計に用いて、内部が互いに貫通されてメインの展示空間ができ、より良い照明と換気効果を実現する。

●平場掘り

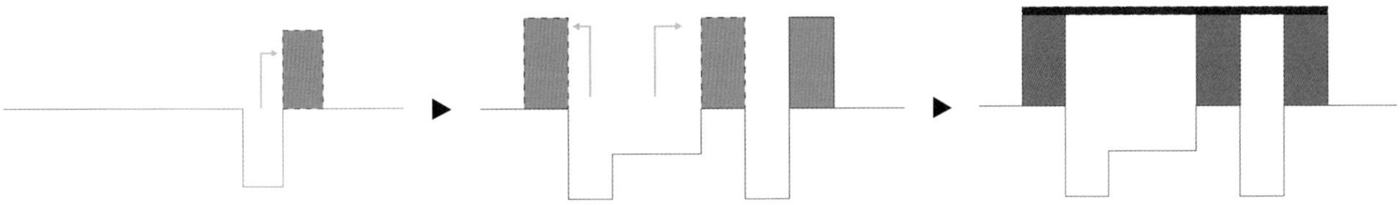

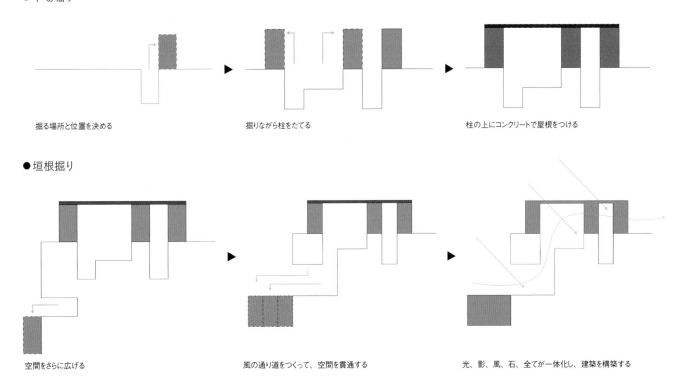

掘る場所と位置を決める　▶　掘りながら柱をたてる　▶　柱の上にコンクリートで屋根をつける

●垣根掘り

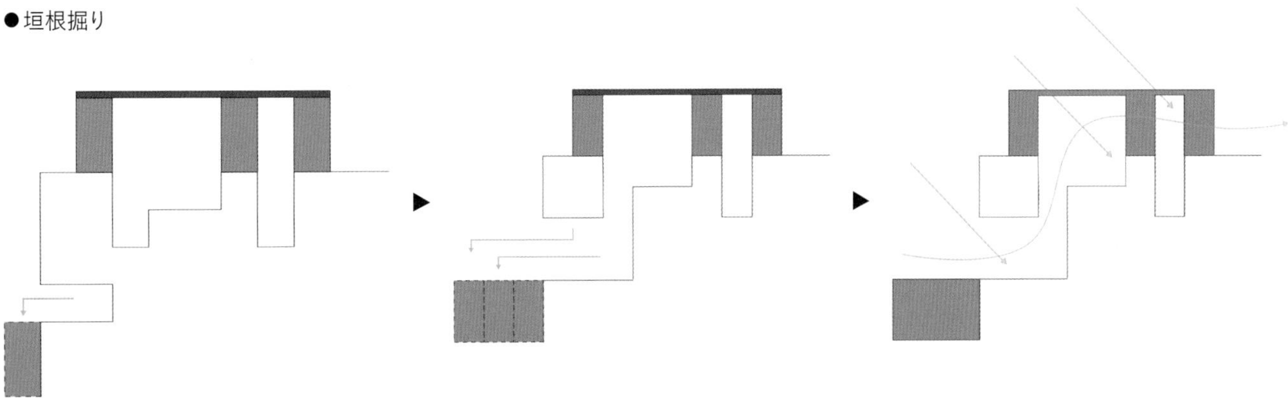

空間をさらに広げる　▶　風の通り道をつくって、空間を貫通する　▶　光、影、風、石、全てが一体化し、建築を構築する

5. 石の間というギャラリー

石の空間で、素朴な材質、大地の息吹を感じ、一般建築とは異なる特性が味わえる。石の上に残した太陽の暖かさ、大地の匂いが混じった風、光と風の変化を通して自然の優しさを感じられる。風、光、影は時間の変化に従って変わり、生気に満ちた空間を織り交ぜる。美術品をその空間の中に並べ、自身の美しさにさらに美を加え、そのときどきで変化していく体験が感動を生み出す。

レクチャー

眺望空間

建築入り口

立杭

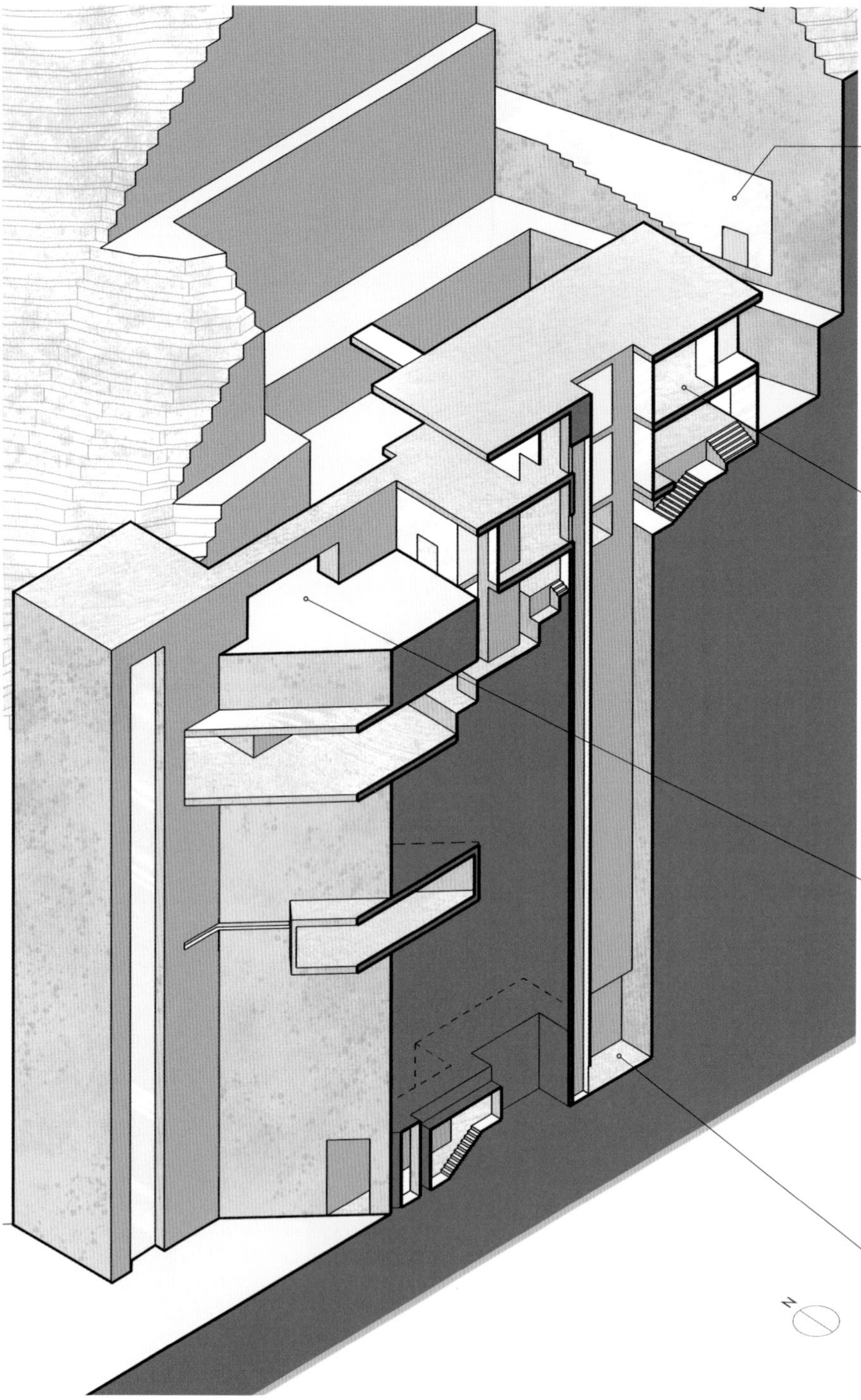

AA'断面図

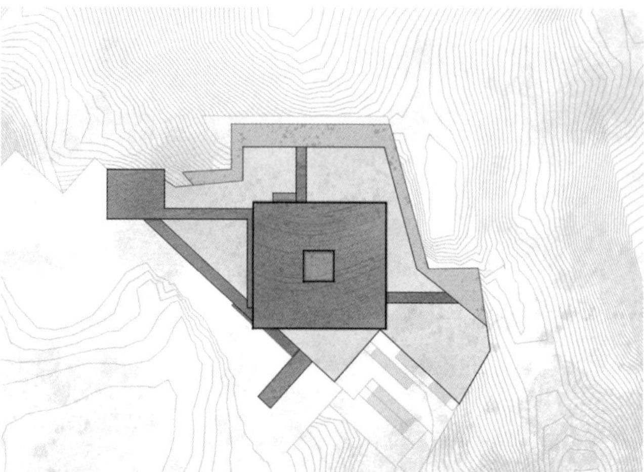

配置図

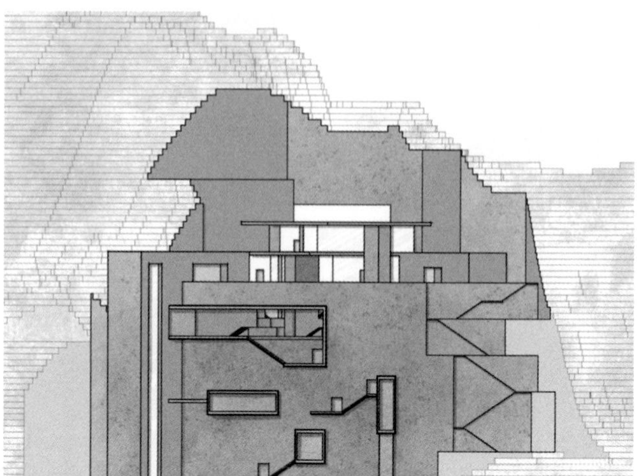

南立面図

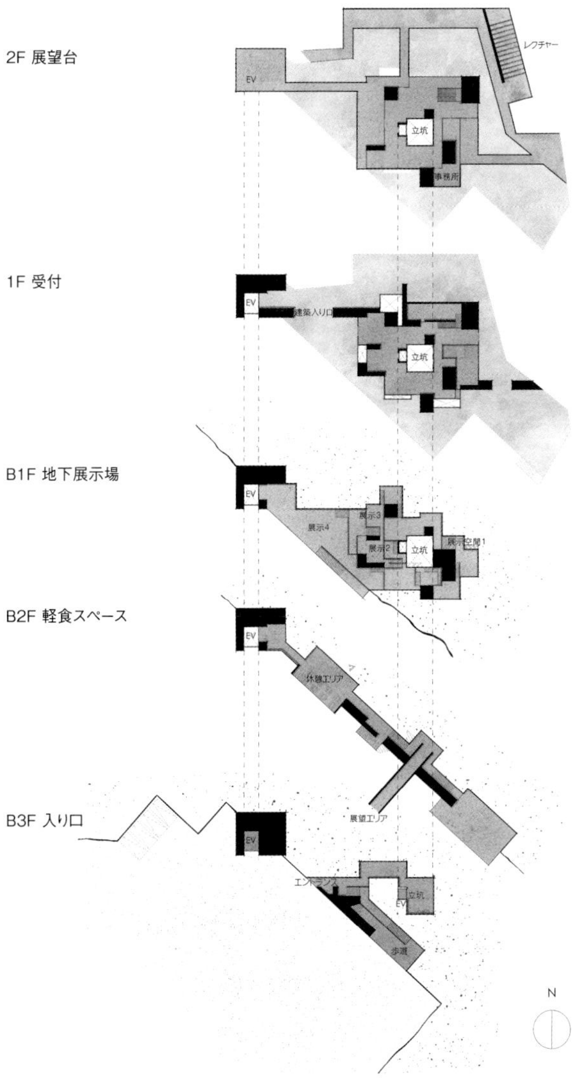

平面図

採掘によって生まれた地下空間がどんどん広がって行くほど、地上の世界もその力でより膨大になり、新しい可能性を生む。採掘と建造、凹と凸、ネガとポジ、掘られた空間と建てられた空間を用いて採石と建築の関係性を深めている。石を掘りながら空間をつくることで、採石場にしかできない建築ができる

採掘された場所を地下展示場にして、掘られた石を持ち上げて柱を構成した。掘るコトと建てるコトを同時に考えて、掘りながら空間をつくっていく。階段を降りると、地下展示場で回遊することができる。天窓から漏れる光が周りの闇とのコントラストとなり、中に入ると、心地よい空気感や静謐さ、そして柔らかな光と陰影をよく味わえる。空間全体に余計な装飾がなく、ヤイバの跡を露出し、痕跡から幾千万回の作業を経た職人の精神を見られるのが何よりの魅力だ

二次元コードより動画にアクセス

神経系アプローチによるレジリエンス空間の体系化研究

―発達性トラウマ・ケアのための建築設計提案―

大野 めぐみ
Megumi Ohno

千葉大学大学院
融合理工学府
創成工学専攻 建築学コース
岡田哲史研究室

COVID-19により人々が家に閉じ込められたことで家庭内暴力が深刻化し、トラウマ障害の治療が喫緊の課題となっている。対策が追い付いていない状況下で日常に潜む病、特に「発達性トラウマ障害」を治療する一端を、建築空間が担えるのではないかと推察した。

本研究では、発達性トラウマ障害のメカニズムと治療法についての文献を空間的観点から整理・分析を行い「レジリエンス空間」として抽出・体系化を行うことで、トラウマ・ケアのための建築設計に結びつけることを目的とする。

本設計では、体系化したレジリエンス空間の建築体験によって、「SETM」をはじめとするトラウマ・ケアを実施するサードプレイスを提案する。新宿区の都有地を敷地とし、家庭に悩みを抱え、発達性トラウマ障害に苦しむ「トー横キッズ（サバイバー）」のための施設を設計対象とした。サバイバーにとって、体と心の安全を感じられる「城」となる建築を目指した。

体の安全は、レベル差や没入感あるアプローチによって、安全性のグラデーションと非侵入感を演出することで保証する。心の安全は、五感と筋肉へ興奮と休息を与えることで鍛え、トラウマを克服させる。

以上により、トラウマに打ち勝った体験と、空間で育まれたリズムある建築体験をリンクさせ、「処方箋」としてサバイバーに保存させることで、レジリエンスある心身へとアップデートした。サードプレイスから離れていても、建築体験がトラウマを和らげる効果を発揮するだろう。

1. レジリエンス空間の指標

●ソフト面の指標

①【体が「安全である」】：盾になる空間
【脅威対象無】：安全空間【脅威対象有】：保護空間
トラウマの根本原因を取り除く、あるいは遠ざける空間。
②【心が「安全である」】：矛をくれる空間
【脅威対象無】：治療空間【脅威対象有】：予防空間
サバイバーのレジリエンスを強化し、トラウマに対する耐性を鍛え、正しく合図を受け取れる神経系を育む空間。

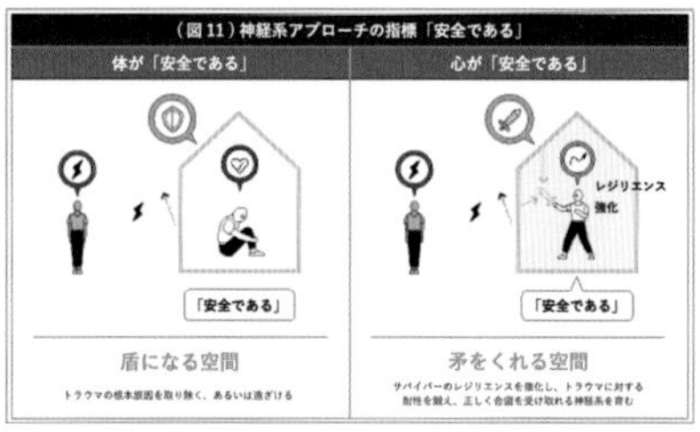

（表3）ソフト面の指標

空間		盾になる空間		矛をくれる空間
「安全である」		体の安全		心の安全
脅威対象と同じ空間にいない	安全空間	トラウマの根本原因を取り除く空間	治療空間	トラウマ・ケアのための回復力を育む空間
脅威対象と同じ空間にいる	保護空間	トラウマの根本原因を遠ざける空間	予防空間	機能低下の防止、再発防止としての「第三次予防」のための空間

●ハード面の指標

空間抽出に至るまでに必要な4つの要素①シークエンス、②ゾーン、③エレメント、④マテリアルをハード面の指標として設定する。

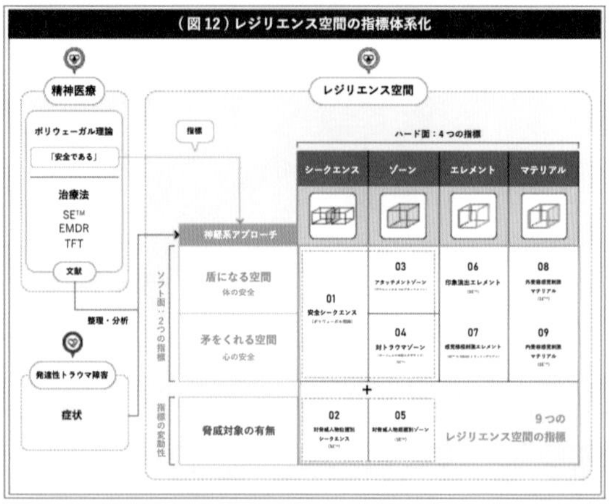

●指標の体系化

前項までに定めたソフト面の指標を、ハード面の指標に則して体系化したところ、次の9つの指標に分類できることが明らかになった。本研究ではこれらをレジリエンス空間の指標として採用する。

レジリエンス空間の指標

シークエンス

01 安全シークエンス
セラピーが行われる環境において必要不可欠な5つの「安全である」合図を、サバイバーがトラウマから解放されるまでの流れとして、建築的なシークエンスの指標として設定する。

02 対脅威人物位置別シークエンス
住居内での安全レベルが高い場所から、住居外の治療空間へ出るまでのシークエンスの指標を、安全を脅かすトラウマの原因人物の定位置を基に決定する。

ゾーン

03 アタッチメントゾーン
本来セラピストが、自己・協働調整の出来ないサバイバーの精神に対して働きかける、ボウルビィ 1969 の4つのアタッチメント（愛着）ゾーンを建築的な空間に置き換える。

04 対トラウマゾーン
ポージェスの神経エクササイズや SETM における、トラウマに対する神経系の態度「調整、準備、解決、回復」を、建築的なゾーンに置き換える。

05 対脅威人物距離別ゾーン
住居内で、ある程度安全なゾーンの指標を、脅威人物を核とした危険な次元からの物理的距離を基に決定する。

エレメント・マテリアル

06 印象演出エレメント
主に外受容感覚のうち、サバイバーの遠覚（視覚・聴覚）に働きかける指標を、SE™ を基に設定。

07 感覚様相刺激エレメント
内受容感覚を把握し、身体の感覚地図をつくるために必要な刺激部位の指標を SE™ の SIBAM トラッキングモデルを主軸に決定。

08 外受容感覚刺激マテリアル
印象演出エレメントの構成素材を、SE™ 等を基に設定。

09 内受容感覚刺激マテリアル
感覚様相刺激エレメントの構成素材を、SE™ 等を基に設定。

2. 空間抽出

形態による神経系アプローチの作用から整理することで、十分条件を満たすレジリエンス空間を抽出した。

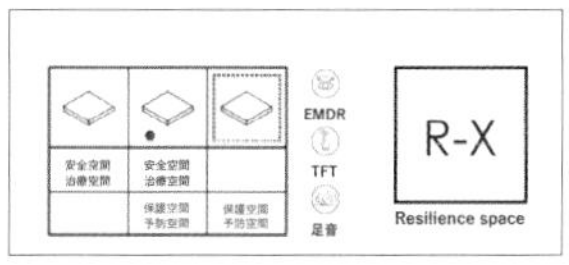

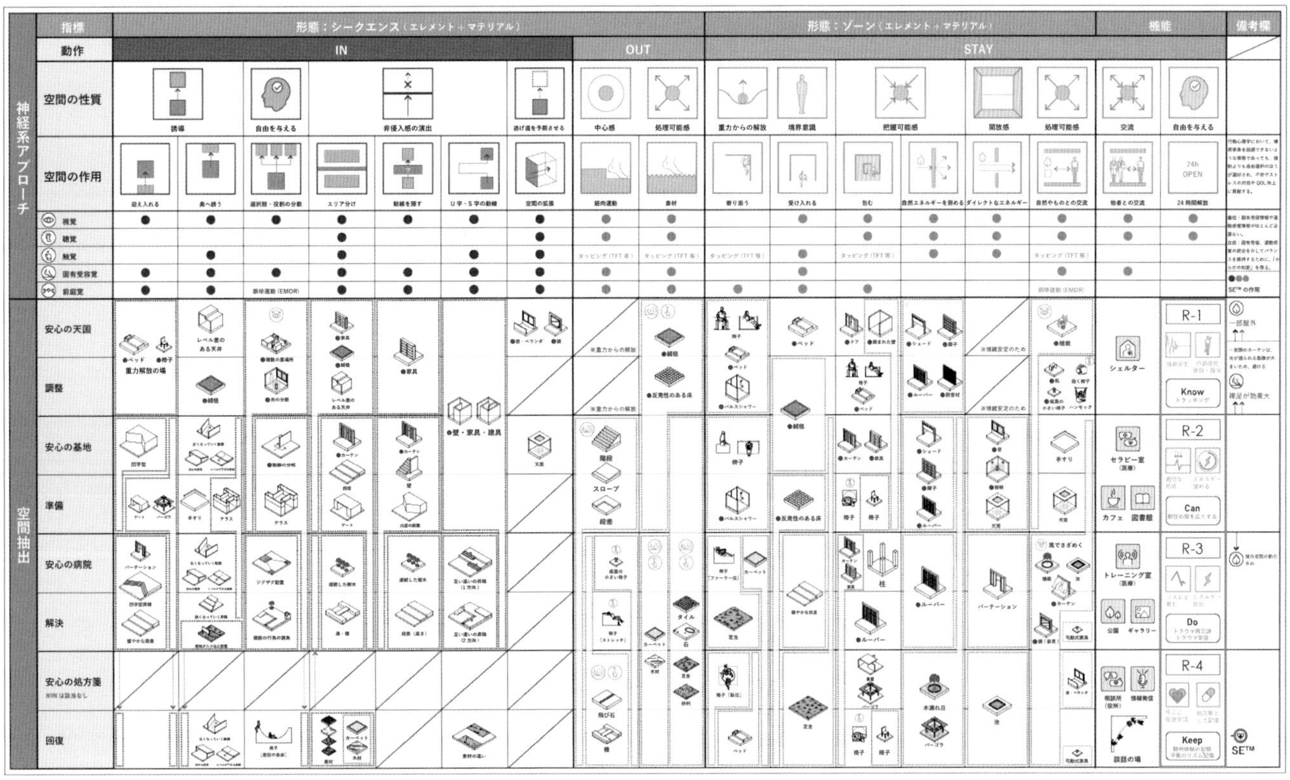

3. 体系化

レジリエンス空間を、「R-1」～「R-4」までの４つのトラウマ治療の段階別に体系化を行い、症状のレベルに応じて対処できるレジリエンス空間の視覚化を試みた。

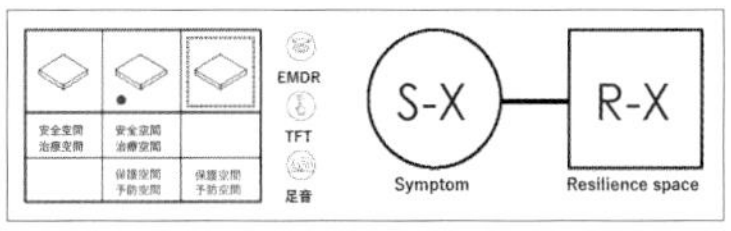

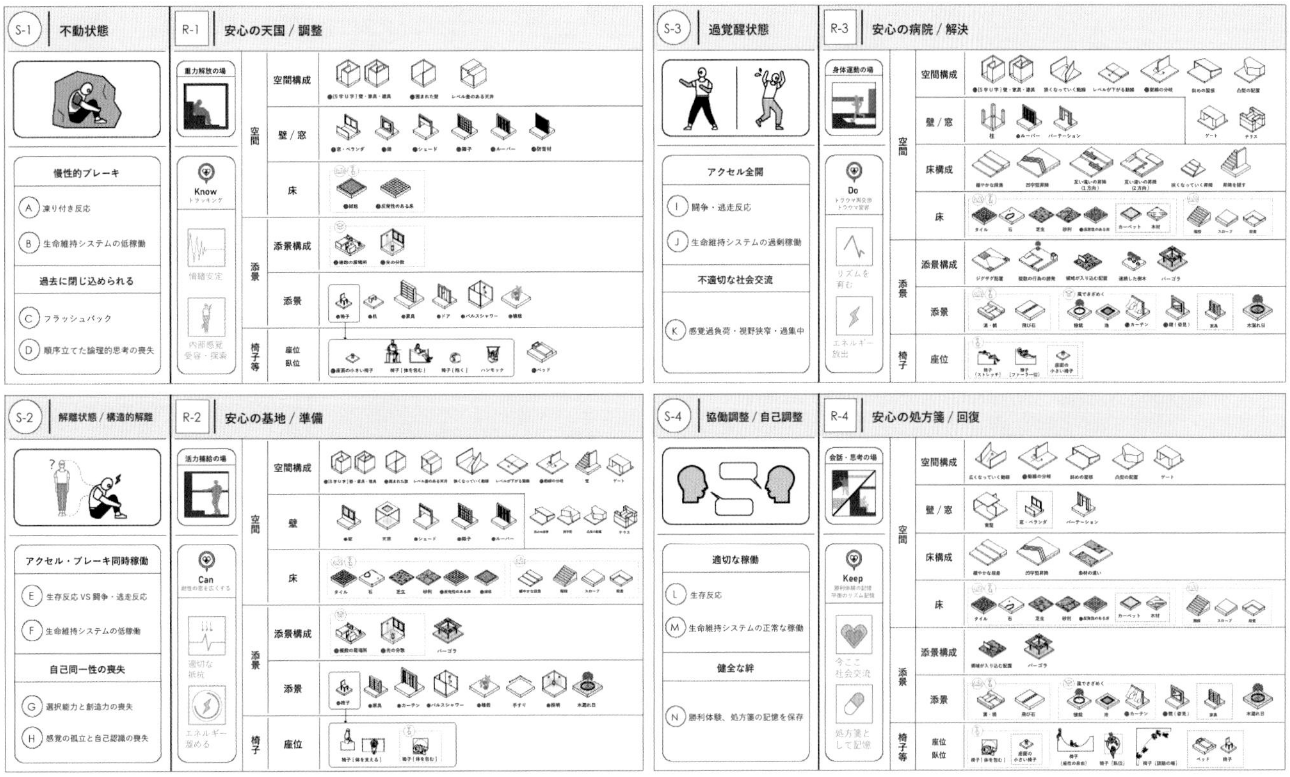

4. 設計

●設計操作ダイアグラム

レジリエンス空間の「IN」と「OUT」の動作から、「盾になる空間」と「矛をくれる空間」シークエンスの設計を行った。

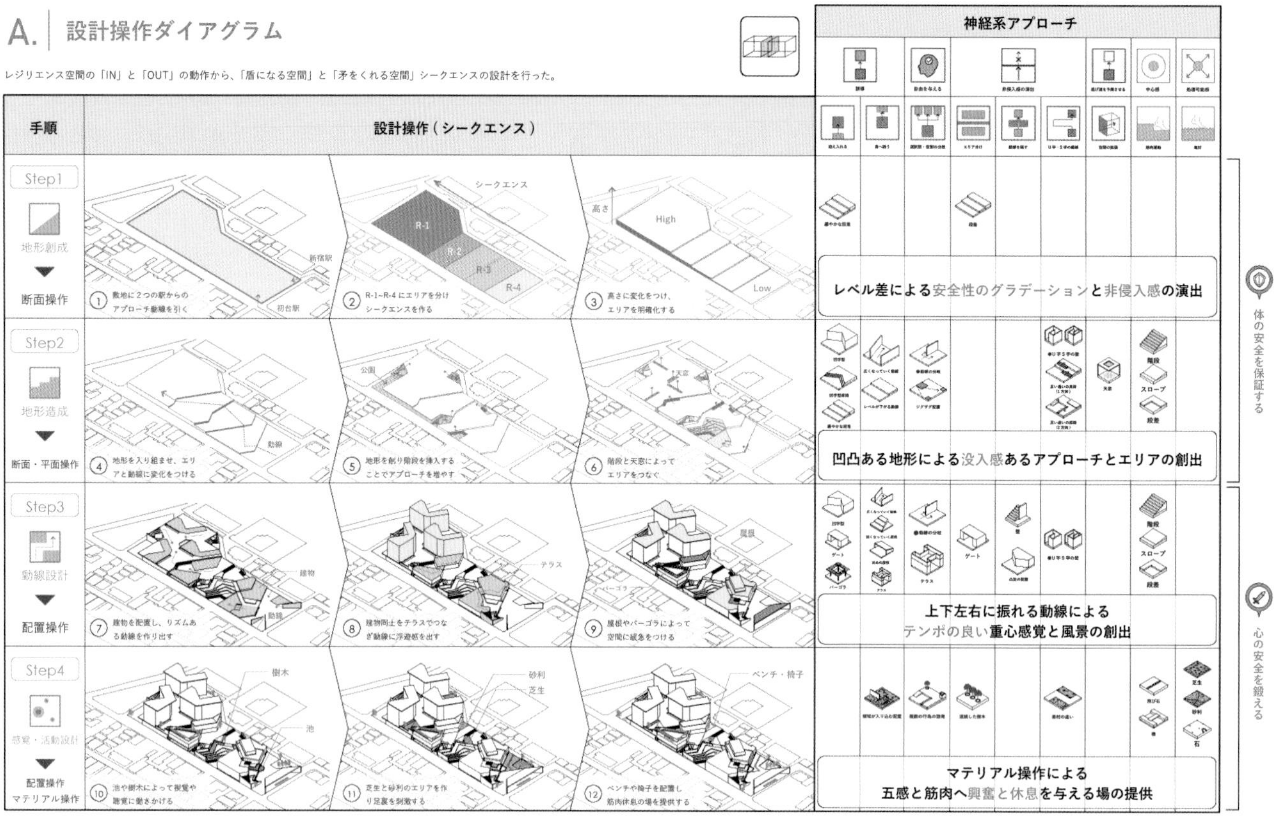

●アイソメ図

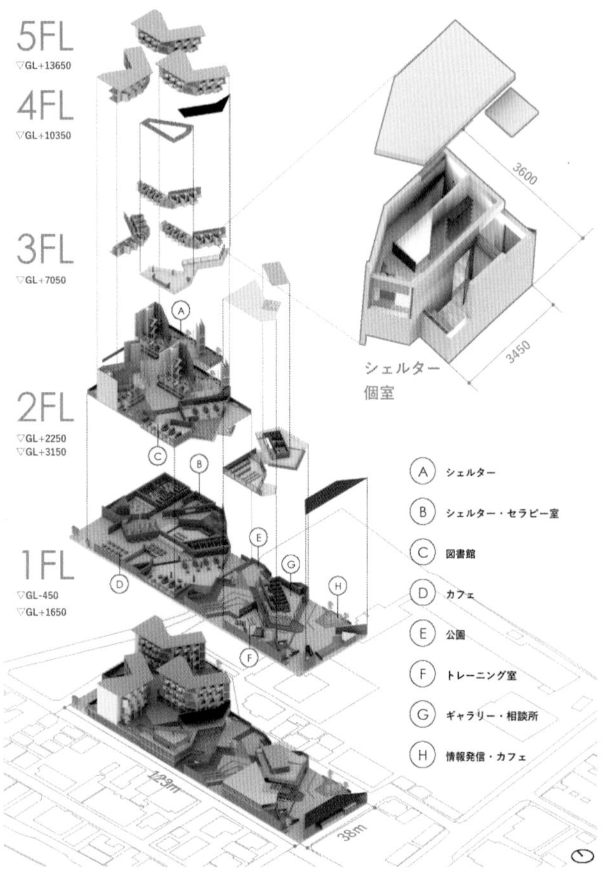

●平面図

U字・S字の動線によって、内側からはシークエンスが予測しづらい非侵入感のあるアプローチを、外側からは没入感とテンポの良いアプローチを成立させた。

また、マテリアル操作によって、五感と筋肉に興奮と休息を交互に与える「ペンデュレーション」の場を作り出した。

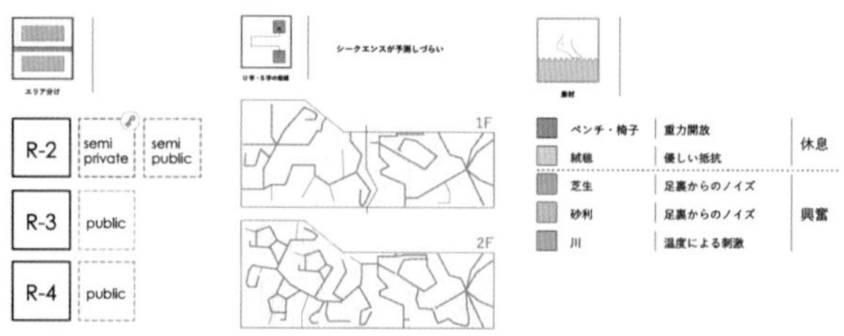

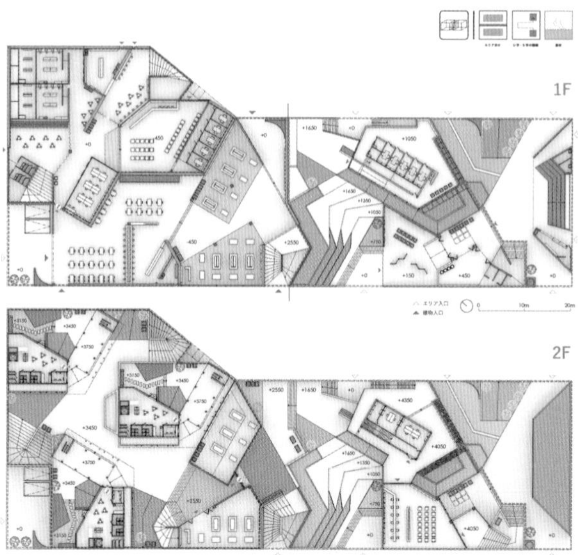

●レジリエンス空間「R-1」～「R-4」

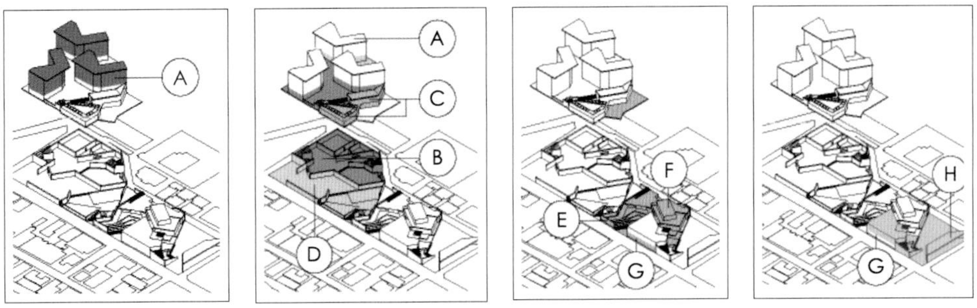

●レジリエンス空間「R-1」

アイソメ図

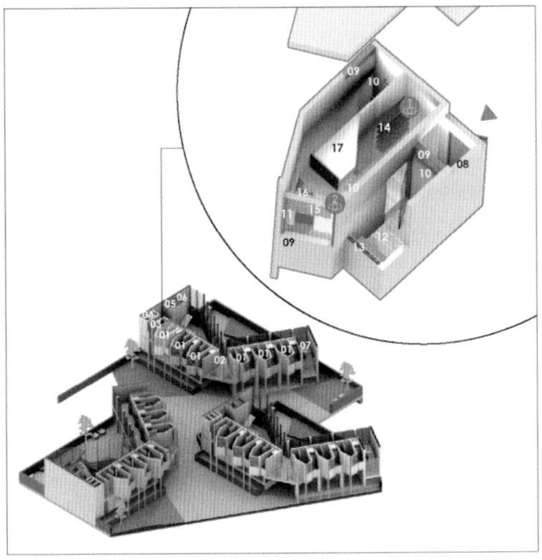

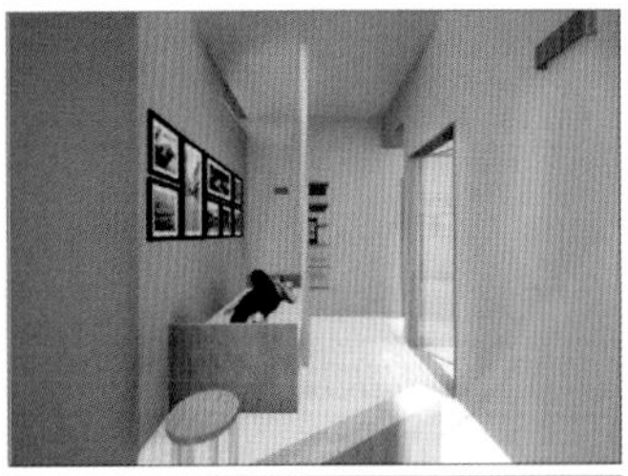

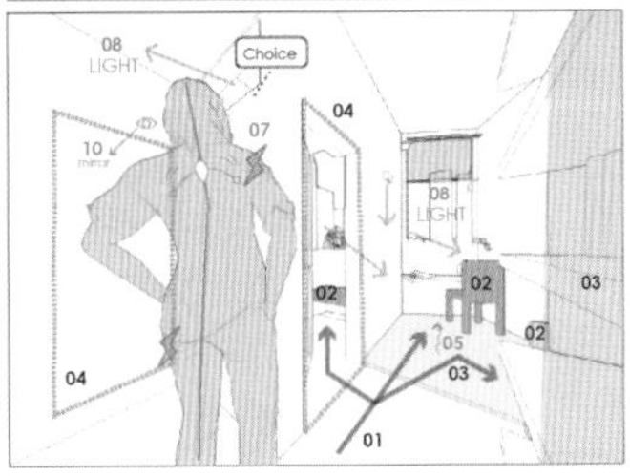

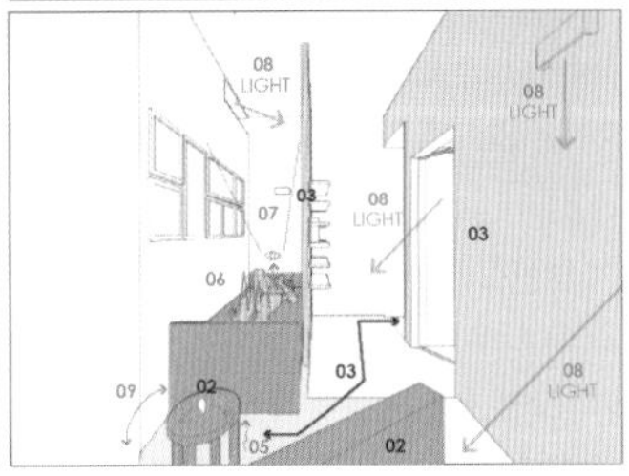

private

Ⓐ棟　シェルター

01	個室
02	談話室
03	給湯室
04	トイレ
05	EV
06	倉庫
07	非常階段

01　シェルター

08	鏡	15	机
09	窓	16	座面の小さい椅子
10	間接照明	17	ベッド
11	ブラインド		
12	ベランダ		
13	植栽		
14	収納棚		

神経系アプローチ

01 複数のアプローチを選択させ、自由を獲得する
02 複数の重力開放の場を提供する

03 **アプローチを隠し、把握空間範囲を狭めることで不要な事象を認知させず、安心感を高める**

04 滞在する室内の空間を拡張することで、逃げ道を提供し解放感を与える

05 絨毯や木材などの温かみのある素材によって、柔らかく身体を受け止め、情緒を安定させる

06 **重力から解放することで、筋肉を弛緩させ、内部感覚を受容・探索できるように促し、体の状態を把握させる**

07 **把握可能感を高め、微弱な生命のリズムを受容させる**

08 刺激の少ない柔らかい光を取入れ、情緒を安定させる

09 小さな椅子などによって、体を支えるための筋肉を養う
10 鏡によって、体の歪みを修正する

●レジリエンス空間「R-2」

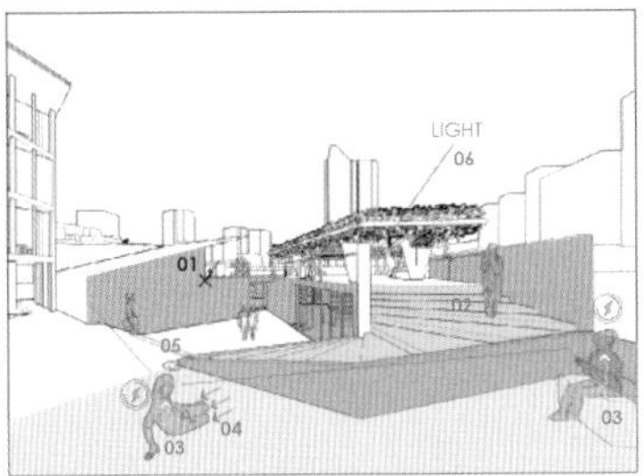

01 非侵入感を演出することで、外界からの静的な介入を許容する

02 抵抗可能な範囲で筋肉線維に刺激を与えることで、防衛反応に必要な生気を取り戻す

03 **非侵入感により処理可能性を体感することで、適切な抵抗ができるエネルギーを養う**

04 **外界からの静的な介入を許容することで、回復のリズムを養う**

05 知覚できる外界を制限することで、把握可能感を高める

06 木漏れ日によって覚醒とリラックスを行き来させ、回復のリズムを養う

07 降り注ぐ光の温かみによって皮膚から安心感を得る
08 吹き込む風によって皮膚からボディイメージを高める

09 揺れるカーテンを見ることで眼球運動を促す
10 カーテンに触れることで、適切な抵抗ができる筋力を養う

●レジリエンス空間「R-3」

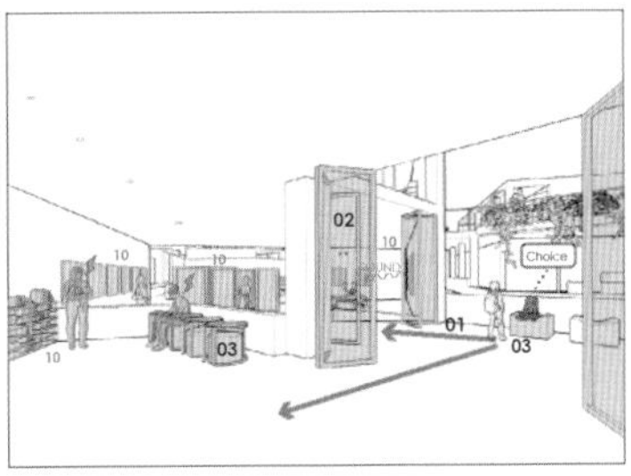

01 緩やかな段差や凹字型の昇降、開放感あるパーテーションによって頂上の R-1 へ誘導する

02 マテリアル等によって動線を提供することで、エネルギー放出のための歩行を持続させる

03 多くの外界からの介入によって、サバイバーに選択の機会を与え自律性を育む

04 ジグザグ配置によって、動線の距離を長く確保する
05 **平凡な歩行にリズムを加えることで、防衛反射を鍛える**

06 **トラウマと再交渉し、エネルギーを徐々に放出する**
07 **身体運動によって筋肉に刺激を与えることで同調のリズムを育む**

08 歩行によって足裏からマテリアルのノイズを受容し、感覚を保存する

09 水の刺激によってタイトレーションを行い、防衛反応を鍛える

10 **サバイバー向けの展示・映像情報によって解決策を提供し理性の活性化とエネルギー放出に寄与する**

●レジリエンス空間「R-4」

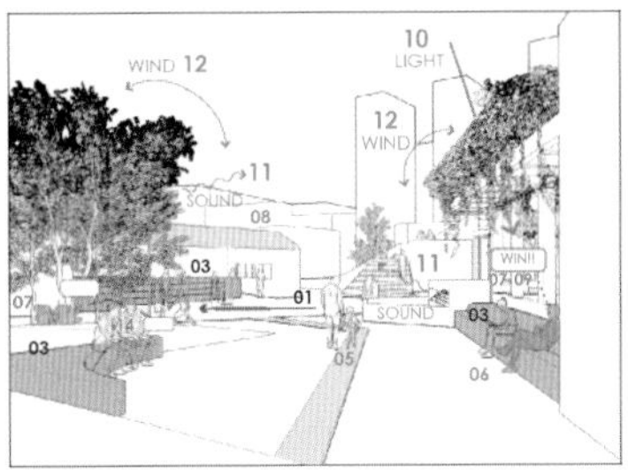

01 休息する場に誘導する
02 **レジリエンスを処方箋として獲得したサバイバーを送り出す**

03 複数の休息する場を提供する
04 複数のアプローチを選択させ、自由を獲得する

05 一貫した歩行のリズムを感じながら、身体の左右バランスが正しいか確認する

06 社会交流システムにより第三者がいる中でもリラックスできる
07 重力から再び開放し、デフォルトモードネットワークに接続させる

08 体験に余韻をもたせ、記憶の定着に寄与する
09 **デフォルトモードネットワークに接続し、勝利体験を記憶する**

10 木漏れ日によって温かみと開放感を受容する

11 木々や泉のせせらぎによって安心感を受容する
12 **眼球運動よってトラウマ記憶を削除する**
13 **鏡によって、体の歪みを修正する**

14 サバイバー向けのラジオや講演会によって情報を収集する
15 **他者との交流によって社会交流システムの稼働を確かめる**

Research on the possibility of reform and renewal of China's unique old socialist community

Architectural design proposal for community renewal in China

張 忠天
Zhongtian Zhang

千葉大学大学院
融合理工学府
創成工学専攻 建築学コース
岡田哲史研究室

Since the founding of the People's Republic of China in 1949, due to various social system and economic constraints, in order to recover the post-war economy and address people's housing issues, a large number of low-cost residential communities have been constructed. These communities are large-scale, without intricate design patterns, which was a typical characteristic of planned economy to provide affordable housing for numerous staff of state-owned enterprises at that time. However, with the development of society and the rapid growth of China's economy, these products of the planned economy in the last century have gradually failed to satisfy people, who pursue a higher quality of life, in the contemporary society. Great number of old residential areas have been demolished in the process of urban renewal, but there are still remaining residential groups in current cities in China.

How to promote the transformation and activation of these old houses left in today's city center, and better integrate them into the accelerating urban develop-ment, has become an unavoidable social problem in today's China.

1. site

The site is adjacent to the business center of the old urban area with extensive public transportation system and frequent visits of tourists. This community was first owned by Jinan Railway Bureau in the 1960s, mainly for accommodating the living needs of employees of the railway bureau that year. The site is mainly surrounded by residential land and surrounded by kindergartens, primary schools, junior middle schools and senior high schools. The region has perfect educational resources and medical resources, and some commercial and office buildings are also distributed in the area adjacent to the main road.

2. The purpose

This old community is formed by ten identical residential units arranged along the north-south direction, and local residents call it "ten buildings".

The reasons for choosing this site as the research object are as follows:

1. This site is a special, long and narrow plot along the street with limited depth, which is not favored by Chinese real estate developers at present. Therefore, it is less likely to be demolished in the future. However, the collective residence in this plot has been built for more than 50 years, so the probability of transformation in the future becomes very large.

2. The composition of residents in this site is relatively complex of residents in this site is relatively complex with superior location in the city. As a result, it is of great significance to synthesize this site into the construction of modern city. At the same time, it may also play a guiding role in exploring an ideal solution for similar urban renewal problems.

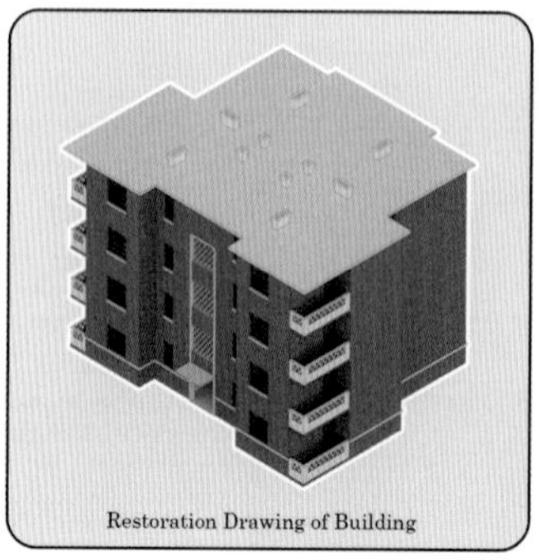

Restoration Drawing of Building

Aerial photography of the current situation

3. Investigation result

Each floor of the house is divided into four families, Which are symmetrically distributed from east to west. The main problem of the south house type is that the use area of the kitchen and toilet is too small. Through research, it is found that many residents of the south house type choose to move the kitchen to the balcony. There are two main problems in the north house type. First, the lighting in the south is poor. Second, the use area of kitchen and toilet is too small. From the perspective of collective housing as a whole, there is the problem that there are no barrier free facilities in the staircase, Which is extremely inconvenient for many elderly people living at present.

In order to carry out desirable design for reforming the chosen site, a large number of field research and preliminary concept generation were carried out in the early stage.

The aim of the project is to make a forward-looking study on the plentiful old residential areas in China. Using modern architectural techniques to redesign the old buildings to incorporate them into the process of urbanization and modernization. As for the selected site, I want to achieve the following objectives:

1. Redesign the existing houses, expanding the usable areas by certain means, and considering how to make the house itself better adapt to the needs of different types of users
2. Redesign the facade of the residence to better integrate it into the urban environment
3. Add barrier-free facilities such as elevators
4. Discuss the feasibility of demolishing illegal buildings between each building
5. Through the design of commercial space along the street and community service space, the community can be unified as a whole.
6. Explore the feasibility of increasing space for diversified community activities
7. Explore the possibility of roof utilization
8. Discuss how to reduce the impact of gentrification on the site

Through this research, the purpose is to explore a transformation mode of old residential areas that is applicable to the present and future. Meanwhile, it is also my intention to find a gentle way to establish a harmonious relationship between old buildings, the modern society and contemporary citizens.

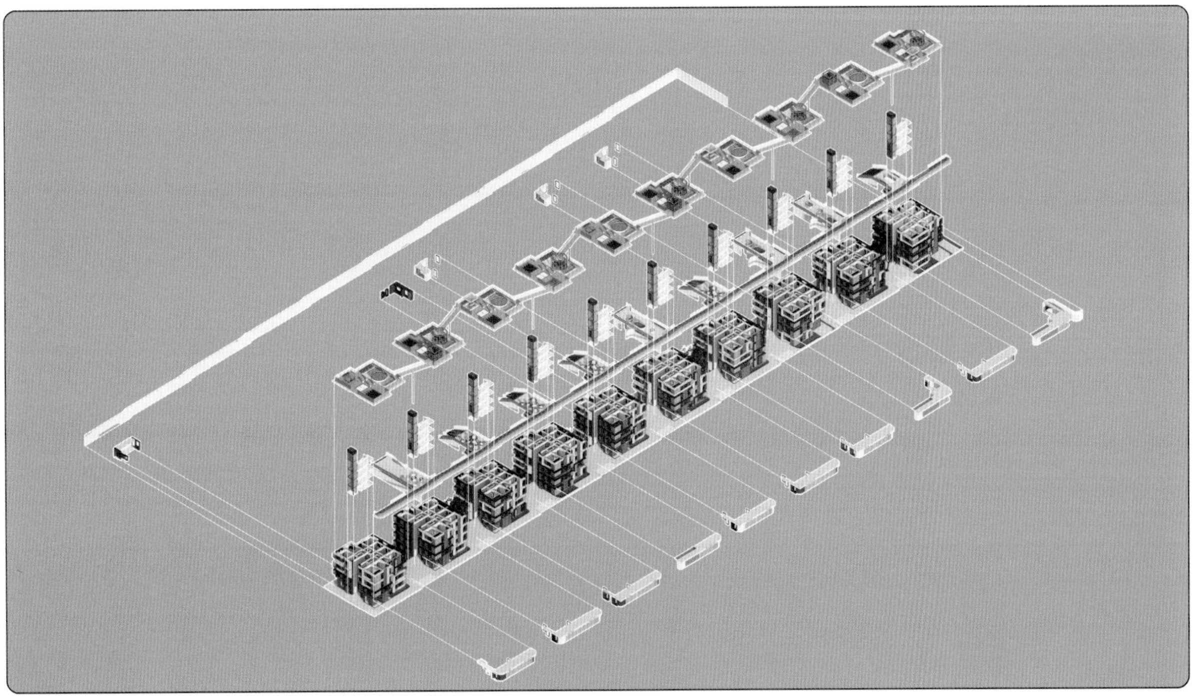

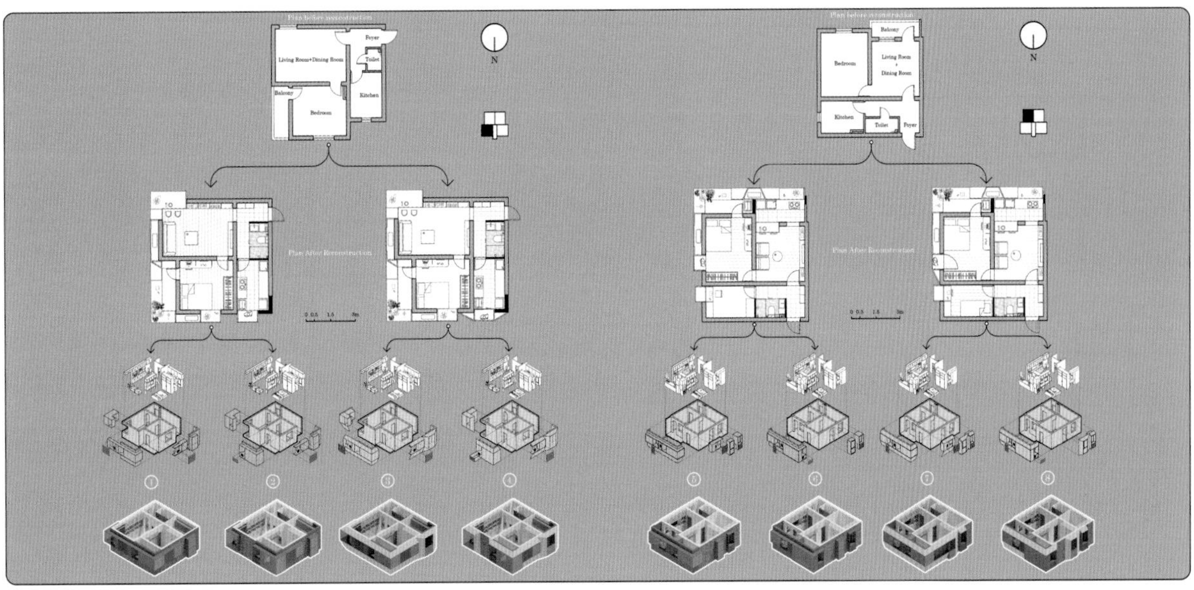

4. proposal

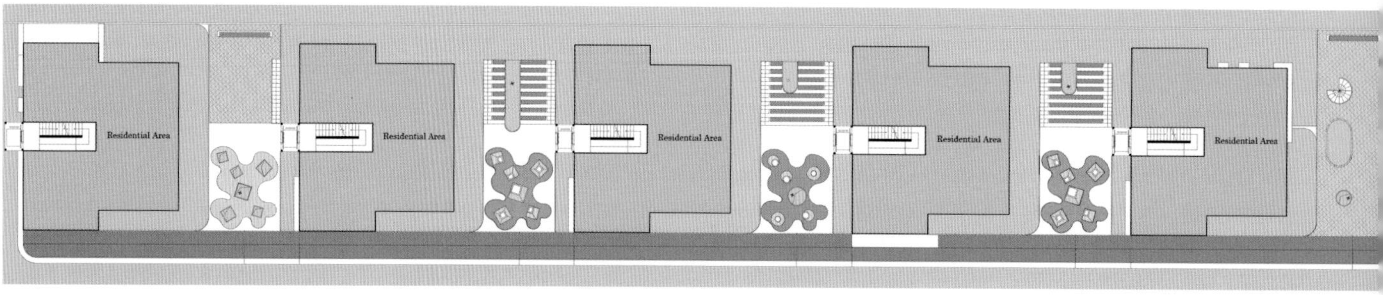

First Floor Plan   Empty houses and surplus space are designed as places of community service for the large number of elderly people in the site.

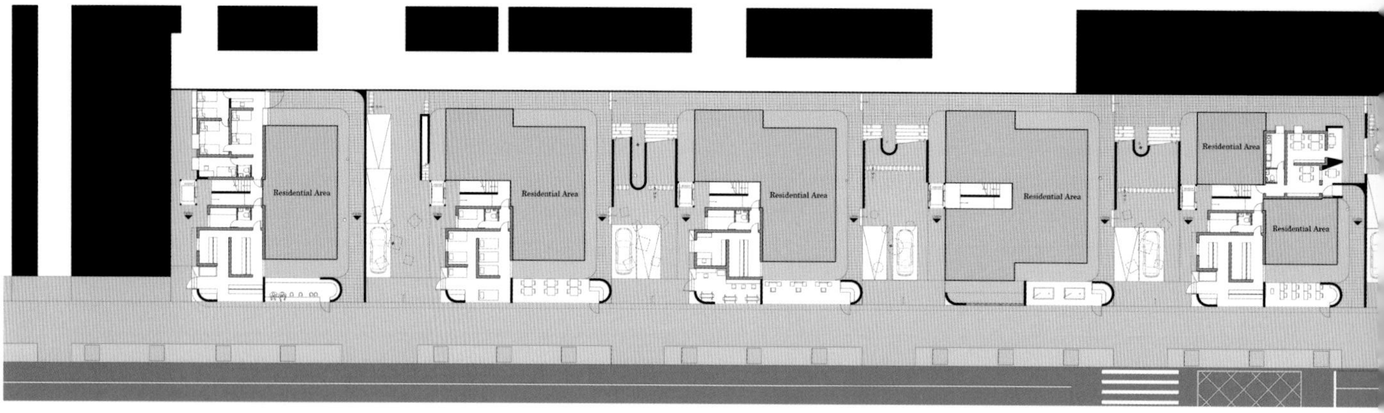

Ground Floor Plan   Based on the parking space required and the location of reserved trees, a garage is designed on the first floor between each building, and different types of activity venues are designed on the second floor to meet the activity needs of different people.

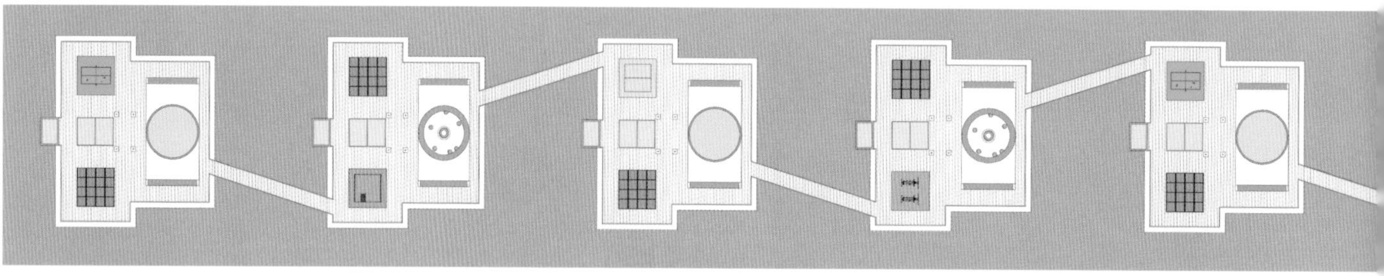

Roof Plan.   A variety of amusement spaces suitable for different groups of people are designed on the roof of each building, and the roofs are connected with a bridge to form a Sky Park.

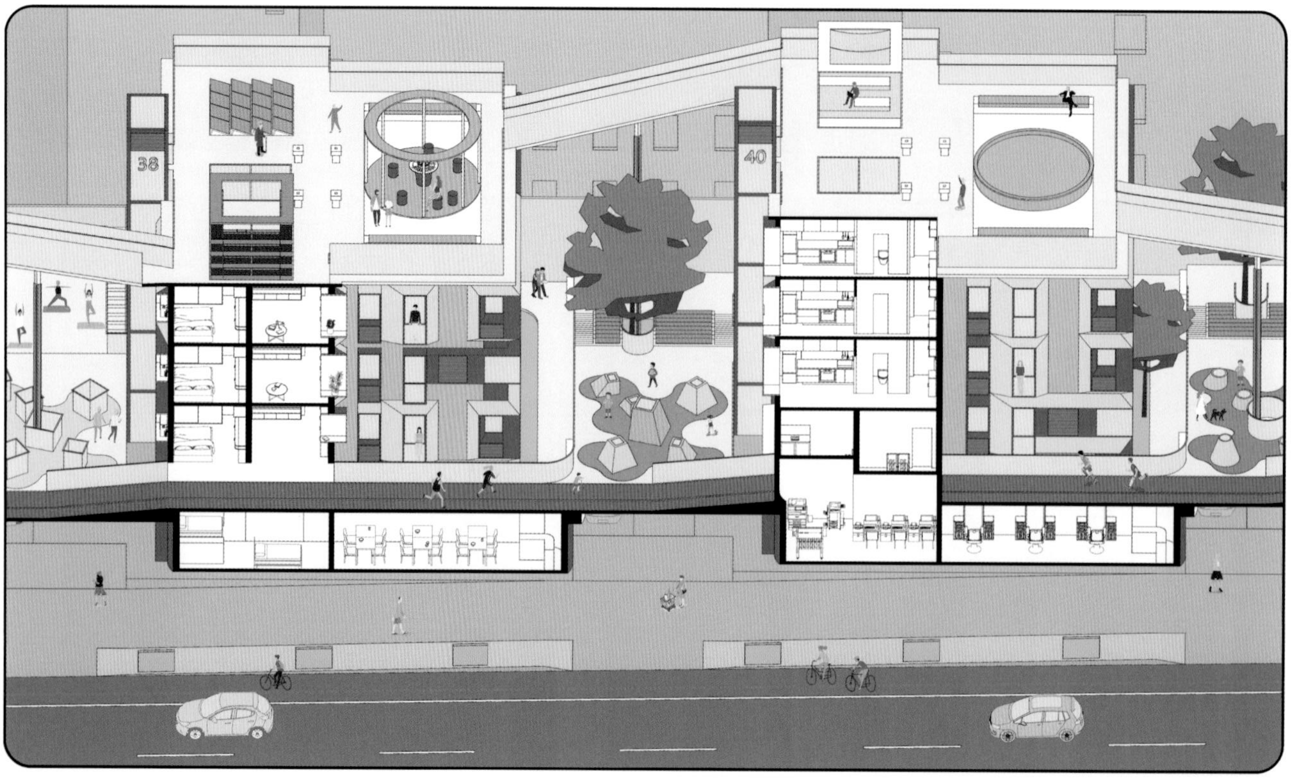

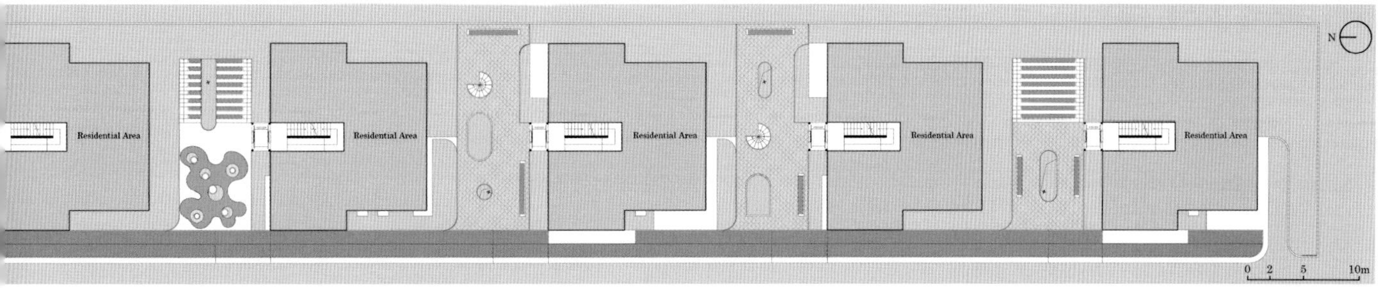
Residential Area
Residential Area
Residential Area
Residential Area
Residential Area
N
0 2 5 10m

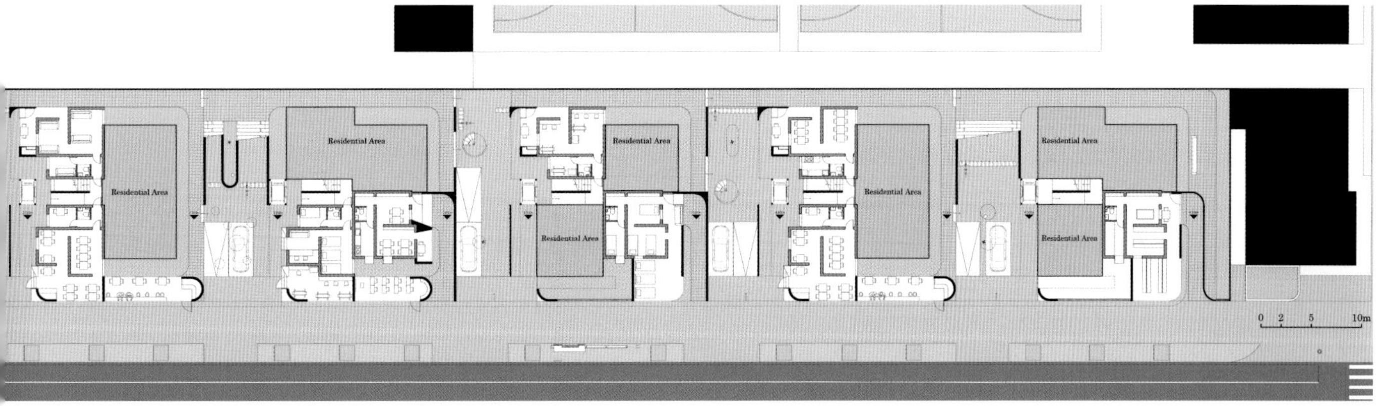
Residential Area
Residential Area
Residential Area
Residential Area
Residential Area
Residential Area
Residential Area
Residential Area
0 2 5 10m

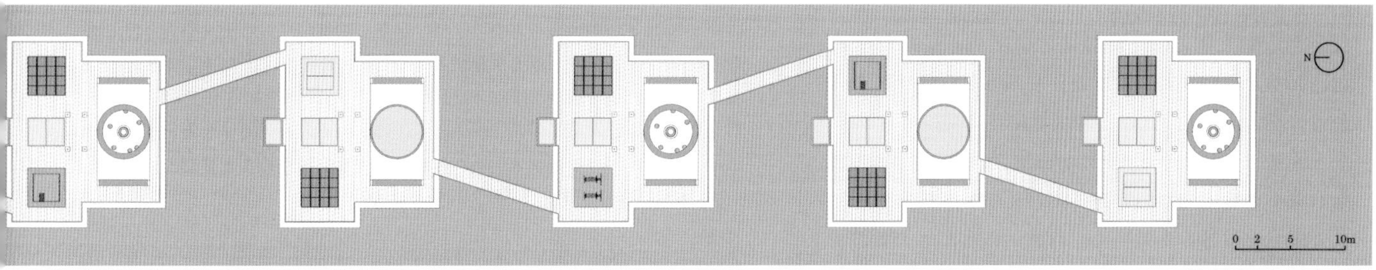
N
0 2 5 10m

50
52

発酵的建築

―微生物と人間が堆肥する世界のための建築―

武田 千緩

Chihiro Takeda

千葉工業大学大学院
創造工学研究科
建築学専攻
遠藤政樹研究室

人間がつくり出してきた文化の一つに「発酵」という食文化がある。この現象の主役は目に見えない微生物である。微生物は地域文化をつくりだしてきた。目に見えないモノのスケールから時間歴史空間を超えて地域の核にまでなっているのである。しかしそれを目にすることは難しい。その隠されたネットワークを紐解いて、微生物の力を借りて建築を位置付けることで失われかけたネットワークを生き返らせることを目的とした。リサーチでは、酒蔵を中心に発酵菌がもたらす地域ネットワークを詳細に調査し記述した他、発酵的建築の手引き書を作成し蔵に現れる形から微生物の働きや地域の地形や背景をたどり記述した。敷地は調査の対象でもあった千葉県富津市金谷の空き家を選定した。100年に渡る発酵的建築計画を作成し、Phase1からPhase3を計画した。空き家を酒蔵へと転用させ、繋がっていくネットワークに応じて用途を変容させていく。酒蔵から始まった空き家には、移住者を受け入れるゲストハウス、地域の農家の市場になり、水を汲みにくる人の居場所にもなる。結果、この建築が地域の拠り所となり、祭りやハレとしての場を受け入れる地域の歴史をオブジェクトとしても背負うシンボル的なものになることが意図されている。

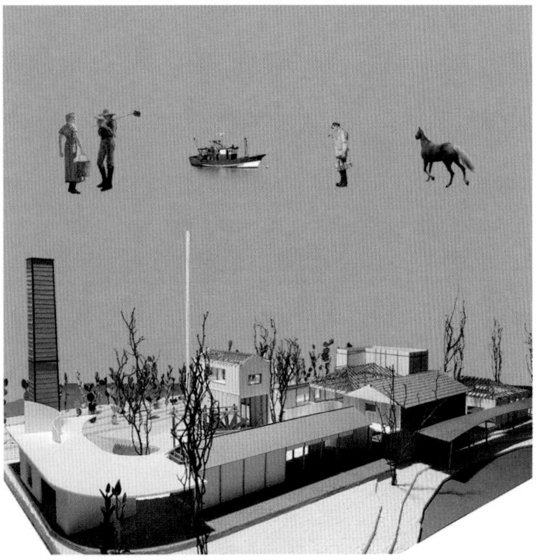

1. 本研究における発酵

発酵や酒蔵に関する書籍や文献を調査し、発酵の現象について知ることができた。そこで、微生物というミクロな存在を中心に複雑な背景や文化がつくり出されていることを知った。その中から本研究における発酵の定義を見つけ、これを前提に調査と提案を行う。

●スケールを横断する「発酵」

発酵を起こす微生物はわずか1μmである。それに対し、醸造する大きな樽は小さい物でも２m以上あり、発酵には幅広いスケールを横断する力がある。

●時間軸の「発酵」

およそ100年以上続いている各地の蔵には多くの微生物が棲みついている。人間は発酵の期間を待ち、引き継ぎ、迎え入れることが必要である。

●揺らぎの中の「発酵」

発酵が起こっている状態を俯瞰すると人間・動物・神様・微生物に渡り多様な生態系が共存しており、複雑なネットワークを形成している。

2. 酒造を体系化する

関東圏内４つの酒蔵を実際に訪ね、酒蔵に関係しているモノや人、歴史を蔵人に伺う。そこでは蔵人が地域の背景や微生物の働きを共通して話していることに気づき、聞き出した情報をもとに、各蔵が構成されているネットワークを作成した。発酵の仕組みとそこに関わること・モノをモデル化することで、微生物の役割やスケールの段階を可視化することを目的とする。

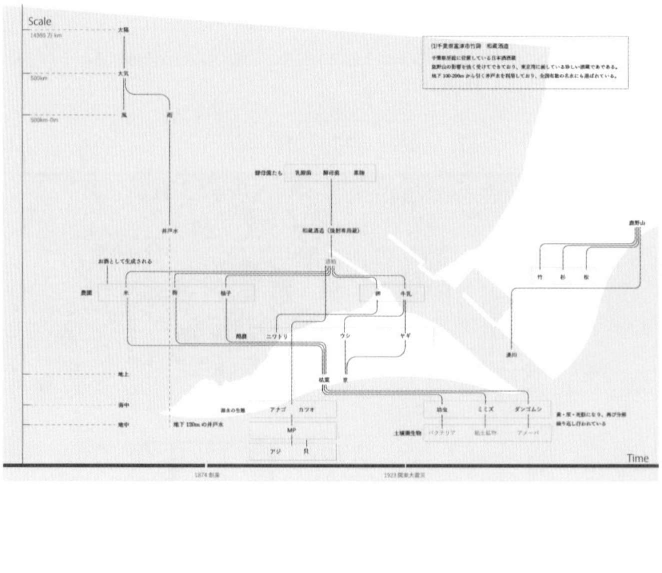

3. 蔵に表れる形とその背景の調査

蔵を訪れた際、蔵には特徴的な屋根や開口部があることに気付いた。それは蔵人たちが配置や環境を考慮し、微生物との対話から生み出した形だと仮定した。訪れた酒蔵の特徴的な形を書き出し、図面収集を行い、付随する目的や背景を収集・分析し、それらを発酵的建築の手引き書としてまとめた。図はその手引き書の一部である。

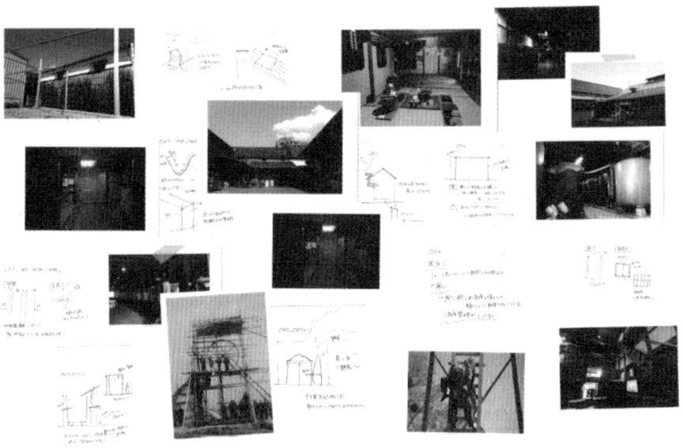

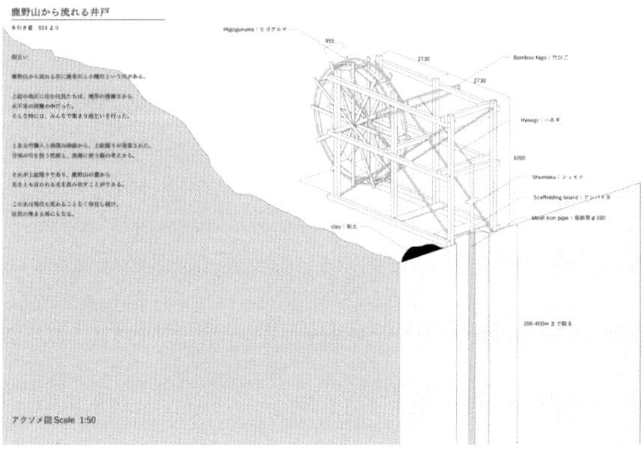

5. 発酵的建築の定義

調査から、蔵人（酒蔵で酒造りを行う人々）が微生物との対話によって生み出された形の現れであることがわかった。結果と分析から、発酵的建築の定義を以下に見出した。

●堆肥する世界

ネットワークの様々なやり取りを微生物が担っていることに気づいた。消費者と分解者が循環し続け、地球を形成していく世界が発酵には存在する。ここに人間の知恵や行動を含んでいることが重要である。

●スケール横断と転換

目に見えない微生物は人間のスケールよりはるかに大きい蔵の中で動いている。堆肥された微生物の働きは長い時間をかけて地球を形成し、スケールと時間を横断していることがわかった。

●シンボルとしての意義

微生物の働きや背景をたどって行くと、神話や祭りにたどり着くのである。また、配置を見ると神社と酒蔵は必ず近くに位置しており、蔵は地域の拠り所であったことが読み取れた。

4. 立体的なネットワークの再構成

スケールや背景を横断する新たなネットワークを構築する。カテゴリーを分けて、微生物がつくり出す現状を可視化した。

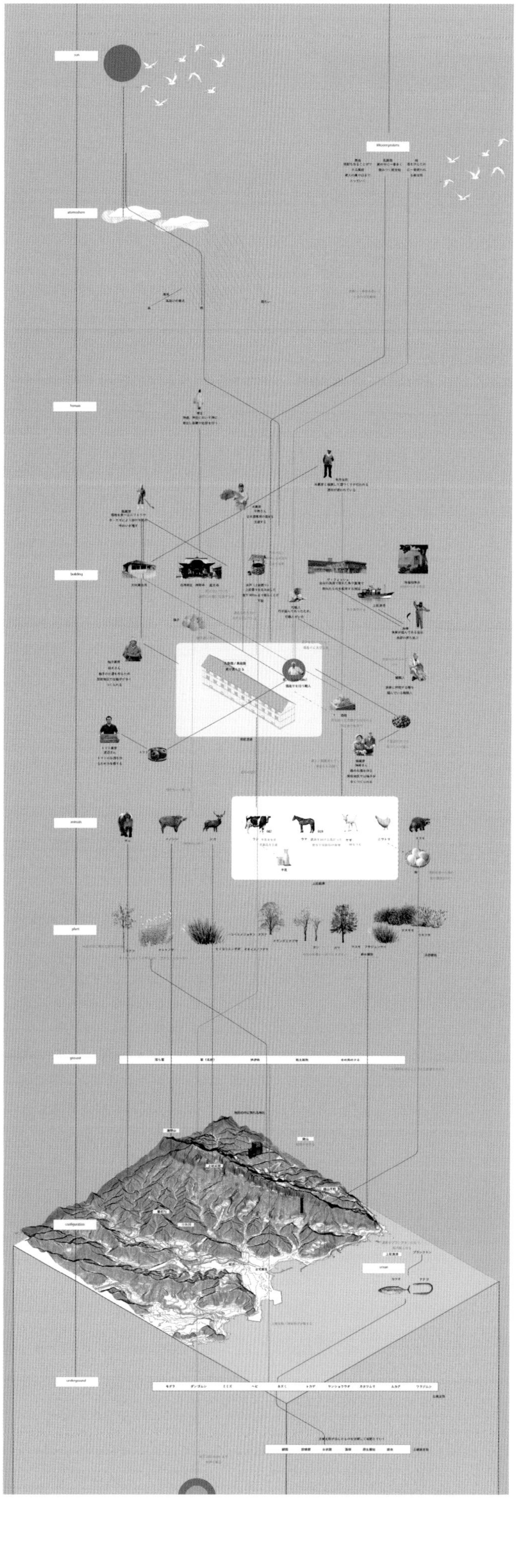

6. 敷地

千葉県富津市金谷の空き家。リサーチで訪れた酒蔵の近くに位置し、酒造りに適している環境を持つ地域である。将来に向け移住者を受け入れる傾向にあり、富津市・金谷町商業施設と連携し計画が進められている。周辺は築50年以上の民家が点在する。海が見えることやアクセス性により、都心からの移住先として注目されている。

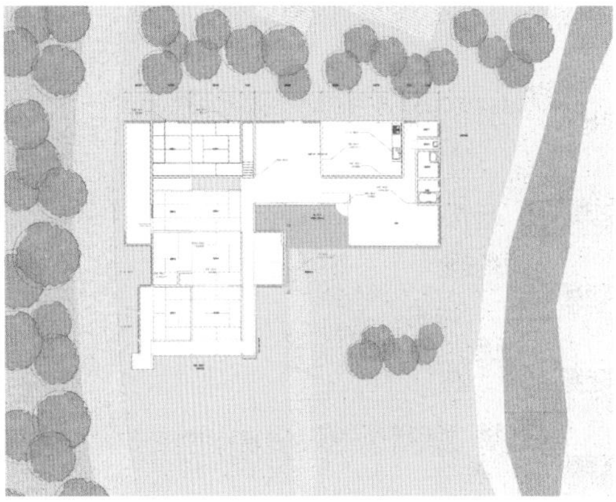

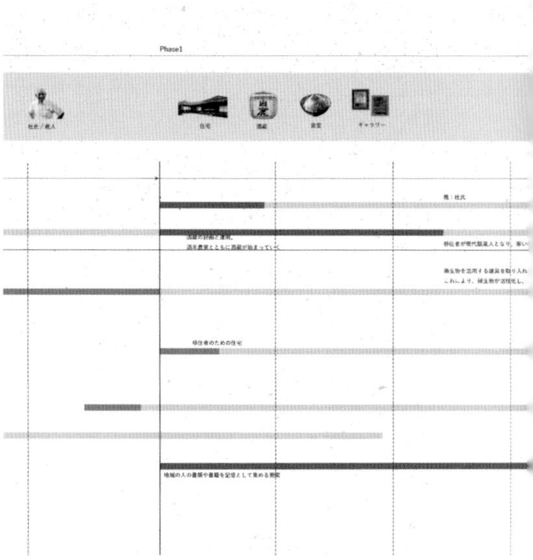

発酵的建築　100年計画年表

7. Phase1　用途：酒蔵への改修／蔵人の住宅兼ゲストハウス

酒蔵が稼働する。空き家を酒蔵へと転用すべく、発酵的建築の手引き書より発酵のための素材や開口部を検討した。同時に、蔵人と移住者のための住宅・ゲストハウスを計画した。既存住居を酒蔵にするために条件と形を取り込み酒蔵へと変換させていく。劣化している住居の補強も併せて行う。

このほか、移住者を受け入れるための住居、精米や洗米のための米倉を計画した。大きさを均等にした開口部、小さな通気口、越屋根など取り込むことで温度や湿度を調整できる。麹を発生させる板室では煮沸済みの杉板を張る。屋根には明かり窓を設けた。この明かり窓は結露を防ぐため、トリプルガラスとする。仕込みをするために既存2階の床を抜き、タンクを挿入する。補強のため木製ブレースを挿入する。

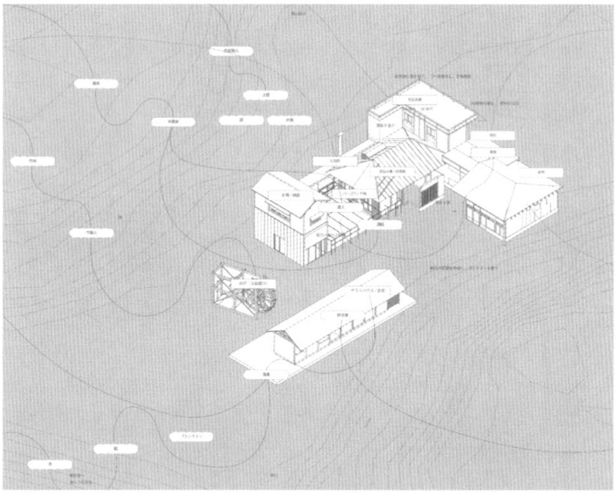

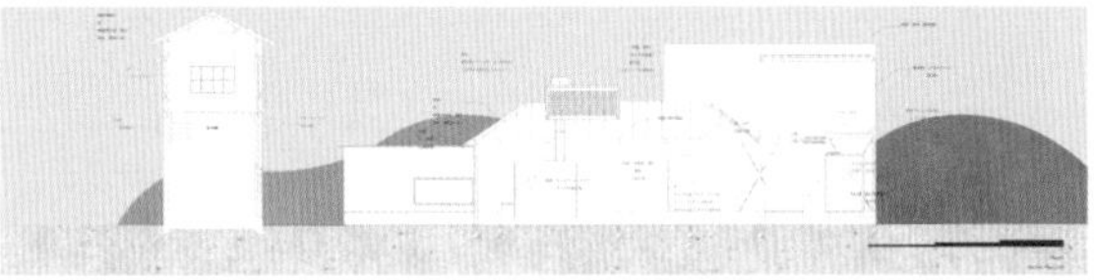

8. Phase2　用途：貯蔵庫の拡大／市場

20～25年経つ頃に地に酒蔵味が馴染み始める。杜氏が2代目となり、米農家や地域の農家との連携も深まっていく。地域の名産である柚子やトマトを利用した酒造りに拡大させるために貯蔵庫を増築する。風の向きや温度を均一にすることを地形から考慮し、壁面はコンクリート壁とした。米を蒸したり、冷却したりする作業場は水蒸気量が多いため劣化が早い。20～25年に一度内壁・外壁を更新する。そのため壁面は藁・土壁とし軽い計画とした。農家や地域の人々が頻繁に訪れることを考え、ここから市場を開く。だんだんと移住者や地域の人々の居場所を共存させていく。

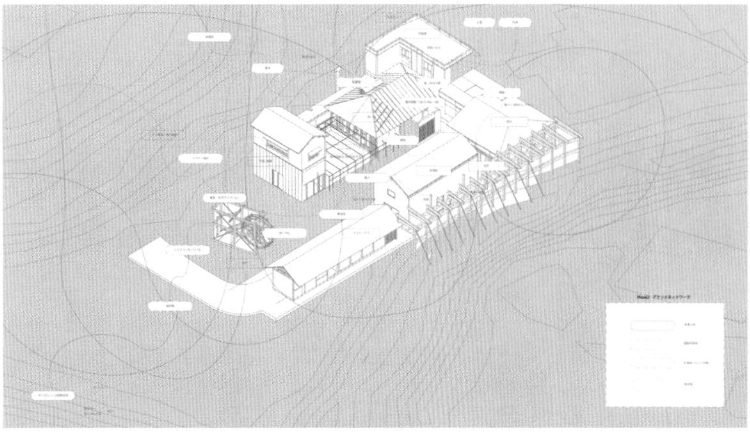

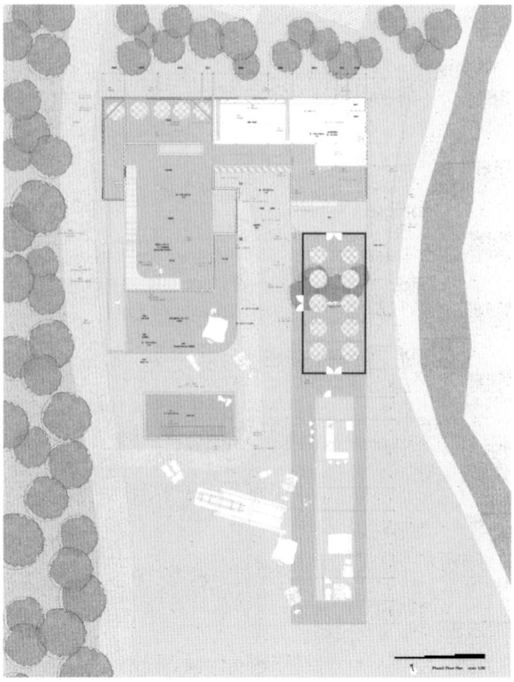

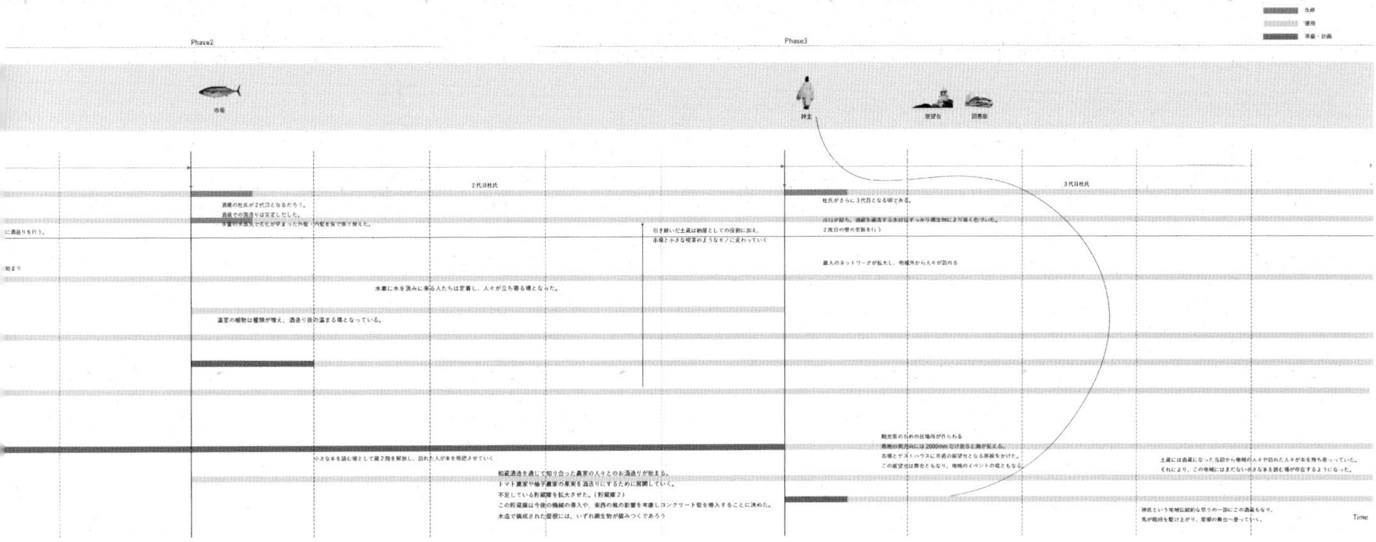

9. Phase3　用途：展望台／小さな文庫／煙突の受容

50年以上が経過し、微生物が蔵に集まり建物が黒くなってきた。2000mmだけ上がると東京湾が見える展望台を取り込む。さらに記憶を継承するための小さな文庫を開く。不要になった近隣の煙突を受け入れ、この酒蔵のシンボルとなるだろう。

井戸の水を汲みにくる人、酒粕をもらいにくる人、野菜を売る人、宿泊にくる人……小さな堆肥を重ねたこの酒蔵は様々な生物による小さな行動により、人々が集まる蔵となるのである。神馬のための階段に馬が登り、展望台は祭りの舞台となる。100年の時間をかけて、微生物が集まり味が染み付き、建築としてもつながりとしても発酵していく発酵的建築になっていく。

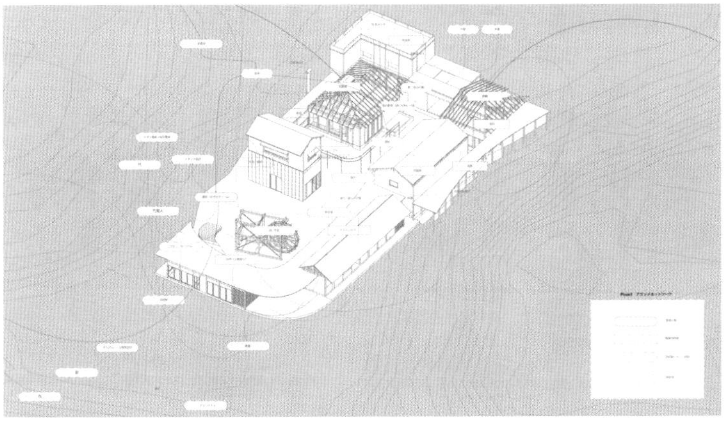

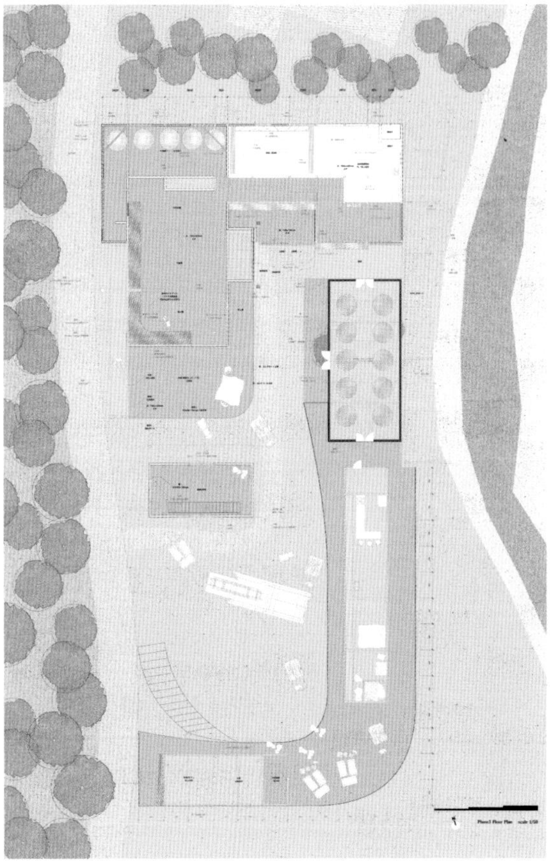

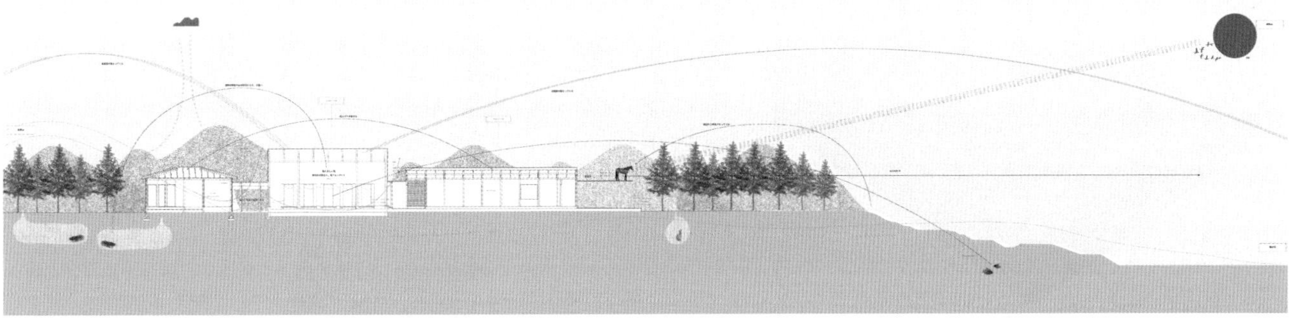

光に浸かり

―触覚で味わう光空間の探求に基づく市民センターの設計―

宮内 さくら
Sakura Miyauchi

千葉工業大学大学院
創造工学研究科
建築学専攻
遠藤政樹研究室

公共性とは、自律的純粋空間こそ普遍的かつ永続的で、真の意味での自由選択が行われる場所であると考えた。自分が空間に溶け込んだのか、空間が自分のなかに入ってきたのか。自分と空間の境界が曖昧になるような空間は自己を自覚するような器となりうるという仮定をもとに体験した空間を分析すると、そういった空間は写真に映りきらないことが判明した。体験でしか得られない感覚だからこそ、もう一度行きたいと感じさせてくる空間は自律した純粋空間である。

その中でも光に着目し、主観的視点と、解析や測定を通した俯瞰的視点を用いて、身体の高さ方向にしたがって照度の異なる層状の光の存在を明らかにし、“光に浸かる”という状態を見出した。そしてそれを生む建築形態を検証し、公共性について考えるきっかけとなった綱島を敷地に選んだ。かつて温泉街であった綱島は、戦時体制下で温泉は衰退し、今ではベッドタウンとなっている。地域の資料を読むと、温泉街であったころは、町中の人が裸の付き合いがあり、コミュニティはもっと開けていたようだった。湯けむりで繋がっていた綱島。ここに、光を通して利用者のもつ感受性を刺激し高めることこそが公共の役割であるというコンセプトをもとに、使用目的でなく触覚的光の質によって場の違いを生み、温泉と図書館を併せ持つ市民センターを計画した。湯けむりは光と相性が良く、ふたたび湯けむりによって繋がる人々が綱島に蘇る。

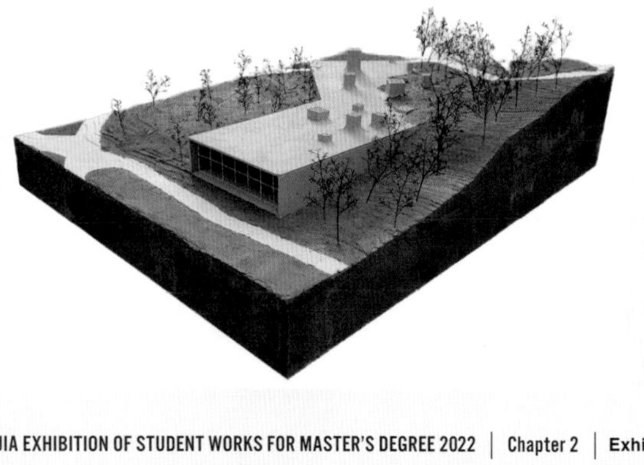

1. 映らない空間（分析）

体験した時の私の目とカメラのレンズに大きな差異がある空間ほど、もう一度行きたいと思う建築であることに気が付いた。このような、もう一度いきたいと思わせてくる空間というのは決まってひとりになっていた気がする。これらの体験から、良い空間は自己を自覚させるとよく言われているのがなんだかわかるような気がする。

複雑に絡み合う要素を少しずつ紐解き、情動を揺るがされた空間の、何か一端を掴みたい。空間と私、一対一で語り合った空間52例を写真とスケッチに書き留めた。

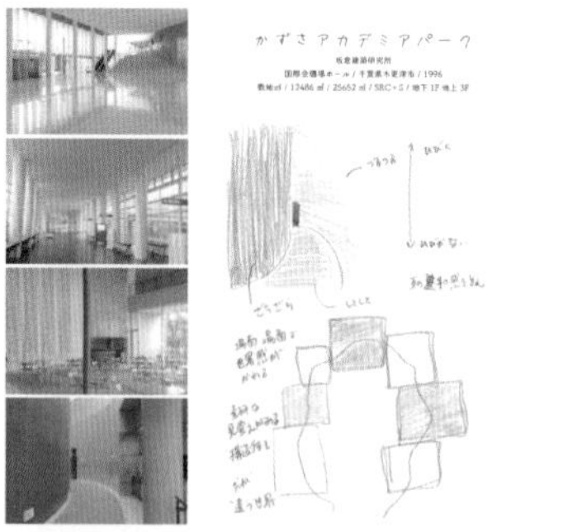

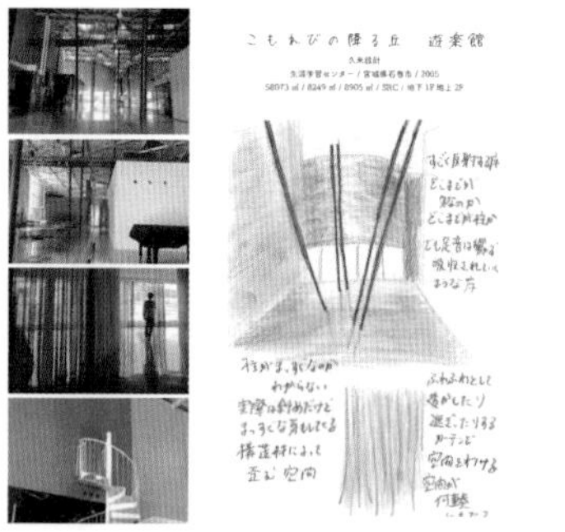

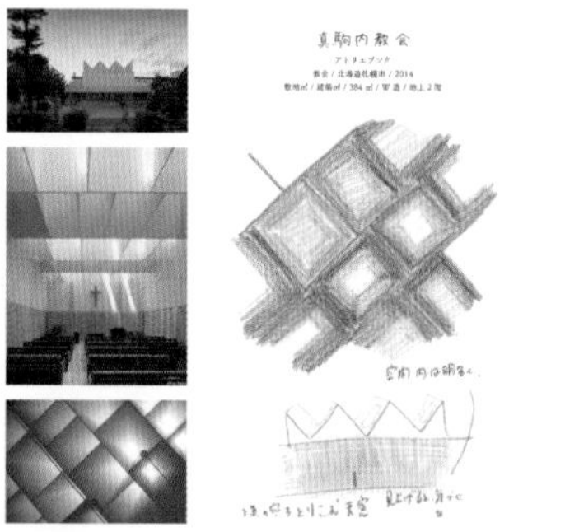

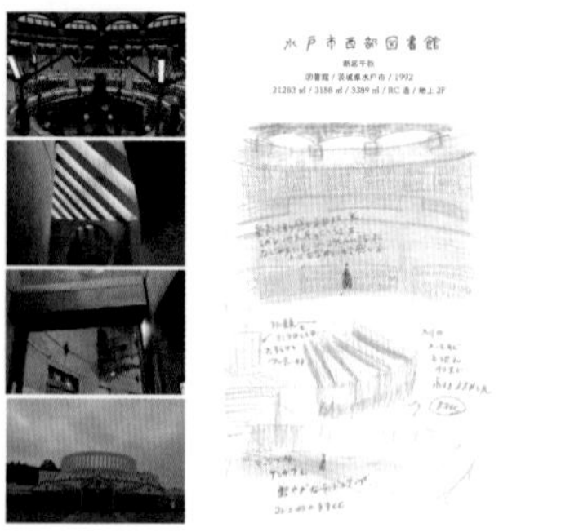

2. 映らない空間（分析結果）

見ただけでは違いを感じられずとも、触ると違う素材感、異様に反響してどこか心地よい音を生むといったさまざまな空間の要素があるが、素材の共鳴、空間の響き、色彩、エーテルに満ちた空間、シーンの重層性、身体に呼応する空間などが重要であることがわかった。

まさに五感に関する要素であり、視覚だけでは捉えられないからこそ写真に映らない。しかし、上記６つの中で唯一光だけがなぜか視覚で語られることが多いが、カメラのレンズと人間の目に幅をもたらすのもまた光である。スケッチの中でも一番多かったのは光関連であった。カメラのレンズに捉えきれない光はどのようなものなのか。

3. 触覚的光空間を俯瞰する（解析）

もしかしたら、私が心を揺さぶられた空間の光は視覚で捉えきることはできない光が浮遊していたのかもしれない。光という要素が強いと考えられる、東京カテドラル大聖堂、谷村美術館、録ミュージアム、奈義町現代美術館の月、笠間の家、鈴鹿教会の空間６例を、最初の経験スケッチから厳選し一度床面照度解析をしたところ、ほとんどがFL±0地点では500lx以下と、だいぶ暗い空間であった。

アアルトのセイナッツァロ村役場においても、さまざまな文献で神秘的光空間だと評される議場への階段アプローチの床面照度解析をすると、かなり暗い結果が出たことから、情動的な光というのは床まで届くことはなく空中に浮遊しているのではないかという仮説が立つ。

そこで、これらの６例において、雑誌等から図面化されていない部分までモデル化し、Honeybeeを用いて６例すべての床面から人間の頭上まで、300mmずつ区切って面照度解析した。

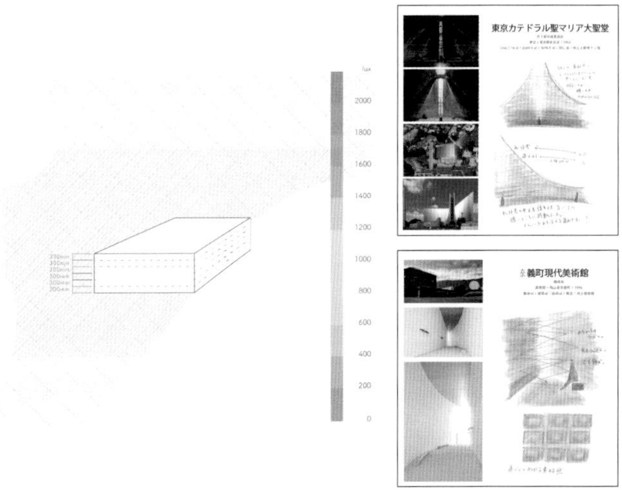

4. 身体をもって、光に浸かる（解析結果）

結果としてわかったことは大きく３つある。これらの結果を通して体験を想起すると、漠然としていた私にとっての情感的光の全体像が少しうかんでくる。私は海に浸かっているような感覚で、身体を持って光に浸かっていたのだろう。そして、共通点を見出せたことから、光に浸かるような空間は今回の解析結果をもたらす形状であれば意図的に設計可能であると言える。

●光を層状に捉えることができる

FL±0地点では500lx以下、FL+1200～1800あたりまでで大体1000lx程度、FL+2000以上では2000lx以上であったことがわかった。これを私の身体スケールと照らし合わせると、ちょうど足から腰あたりまでは薄暗く、腰から頭にかけて明るくなっていき、頭を超えたところに自然光並みの明るさが滞留していることになる。

●光はグラデーションを描かない

ほとんどの空間が浮遊する光と隣接した部分に向かってグラデーションを描くことはなく、数値的にも段差が生まれていた。これをバークリーの視覚触覚論を用いて考えると、触覚的に、今、明るく浮遊する光に溶け込んでいるのに対して視覚ではそこを抜け出したすぐの暗さを予知している。自身の知覚が噛み合っていないことで何か情動的に揺るがされる部分が出てくるのではないだろうか。

●光はスケールを問わない

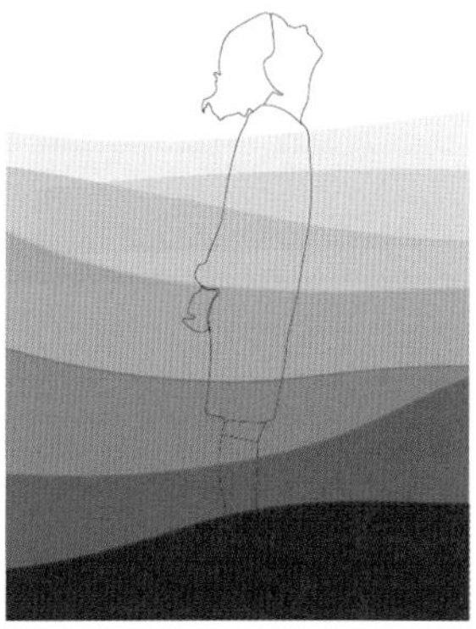

5. 実際に浸かってみると（解析と測定）

光に浸かる場をデザインする。ひかりだまり部分と暗いたまりのような部分は常に近接する。しかしこれらを実現するのにスケールは問わない。これらを踏まえ、立っている状態、座っている状態、寝ている状態…いろいろな光に浸かる場をゾーニングし、さらに、ひかりだまりと暗いたまりを常に相互的関係にしてみると、一室空間になっていった。

そして、光に浸かる場のデザインをする上で、一室空間を目指すにあたり屋根操作によって実現させたい。一度さまざまな形態の屋根を想定し解析をかけてみると、直方体から曲面は生えていき平坦部分に繋がっていく形態が、最も展望があった。ここからゾーニング時に目指した光をつくり出していくため、FL±0が500lx以下、FL+1500が1200lx程度、FL+2100に200lx以上となるように筒の数値を微調整していった。すると、同じような形態でバラバラの煙突のようなものがぼこぼこと出ているような外観となった。敷地近くの公園で、できあがった1/20の部分模型を用いて30分間隔で観測したところ、解析通り、光に浸かる場が再現できることがわかった。

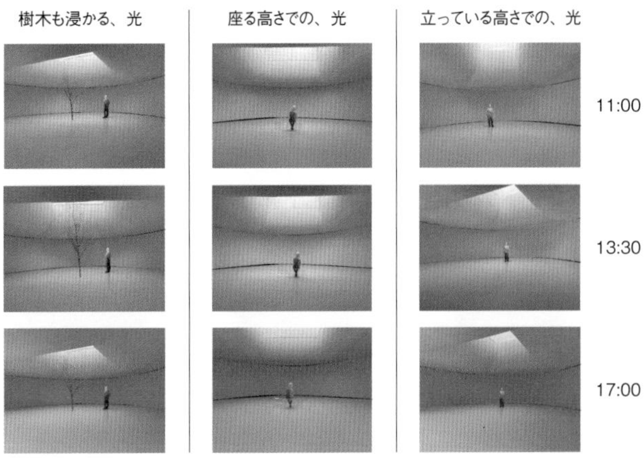

6. 設計

公共性とは、機能でなく自己を自覚する器として在るべきだという観点から、写真には映らない空間の調査を始めた。

写真に映らない空間はどのようなものになっているか。それはまさに十人十色、十空間十色である。自身の空間体験をもとに、恣意性・創造力を用いて空間を収集、そこから「身を持って光に浸かる」という状態を見出して、照度解析とフィードバックを繰り返し、上記の状態の等質化を導き出した。

温泉街として栄えていた綱島。その中心に市民の集う温泉施設と図書館という全く異なるプログラムを隣り合わせて一室空間とした。計画したそれぞれの場は、使用目的による空間名で示されるものではなく、研究で得られた光の質の違いによって位置付けられるものである。したがって、公共建築では珍しく内に閉じた建築となった。

アリストテレスの「建築としての器は永遠である」という言葉がある。完全機能主義でなく、自己を自覚する場、いわば自己を自覚する器としての市民センターとして普遍的で永続的な純粋空間を目指した。

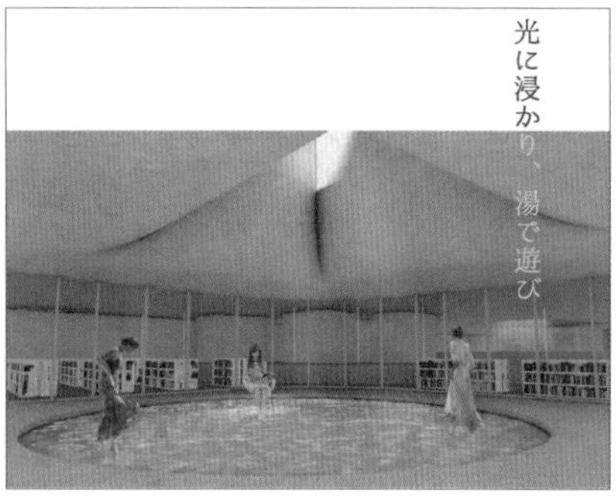
光に浸かり、湯で遊び

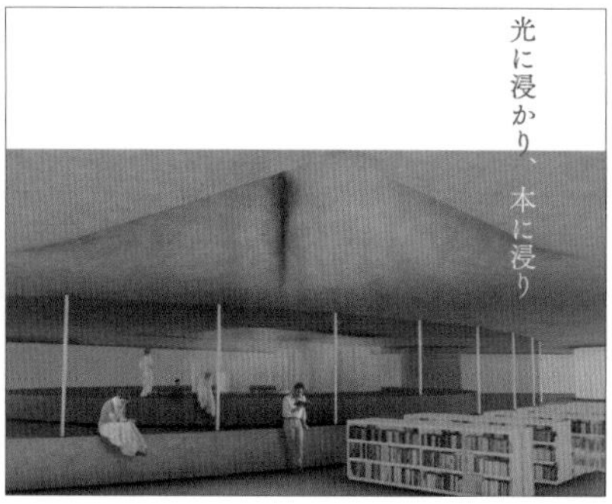
光に浸かり、本に浸り

光に浸かり、湯に浸かる

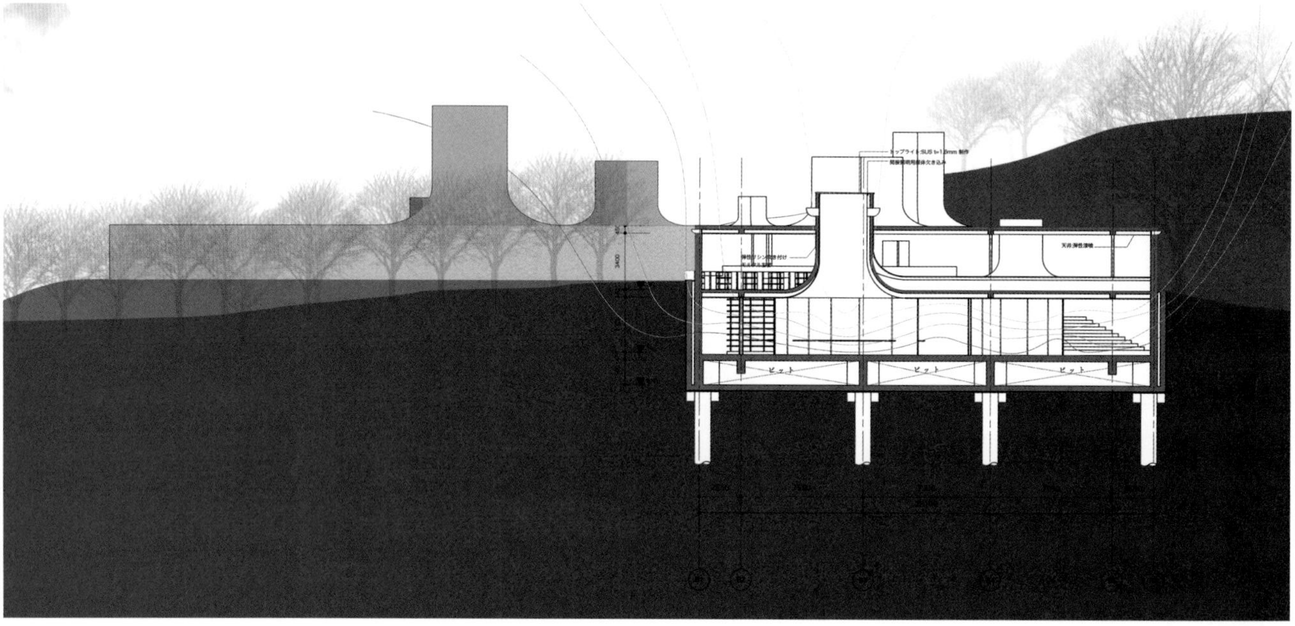

A-A' Cross Section

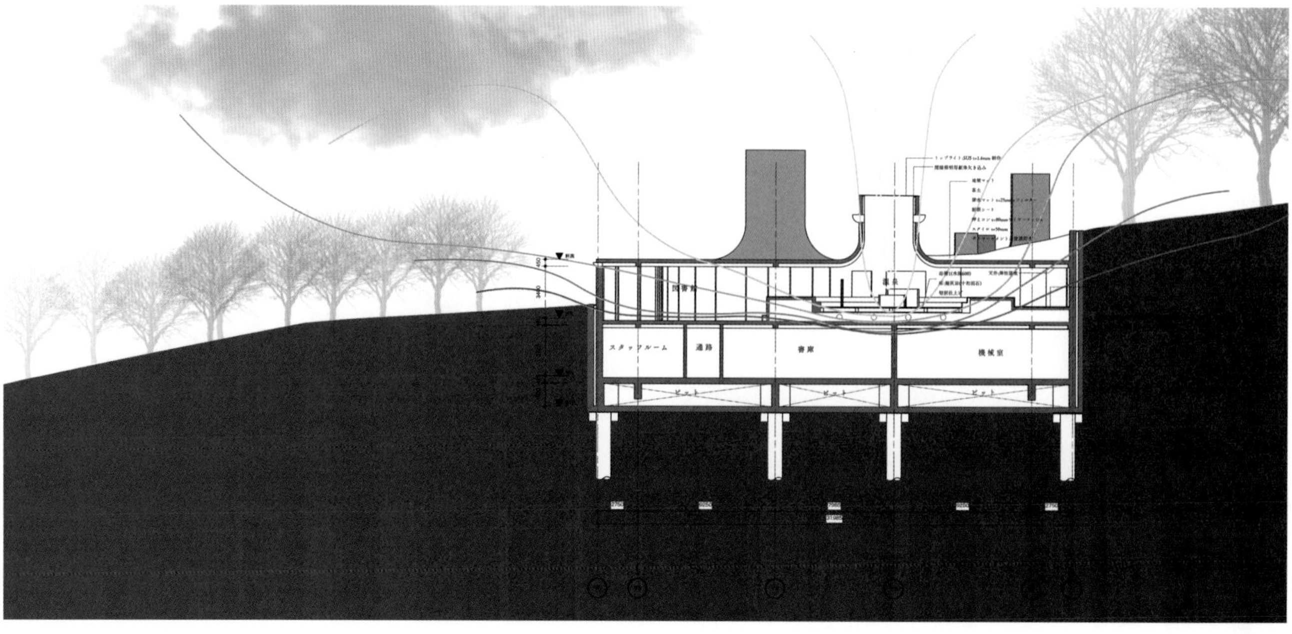

B-B' Cross Section

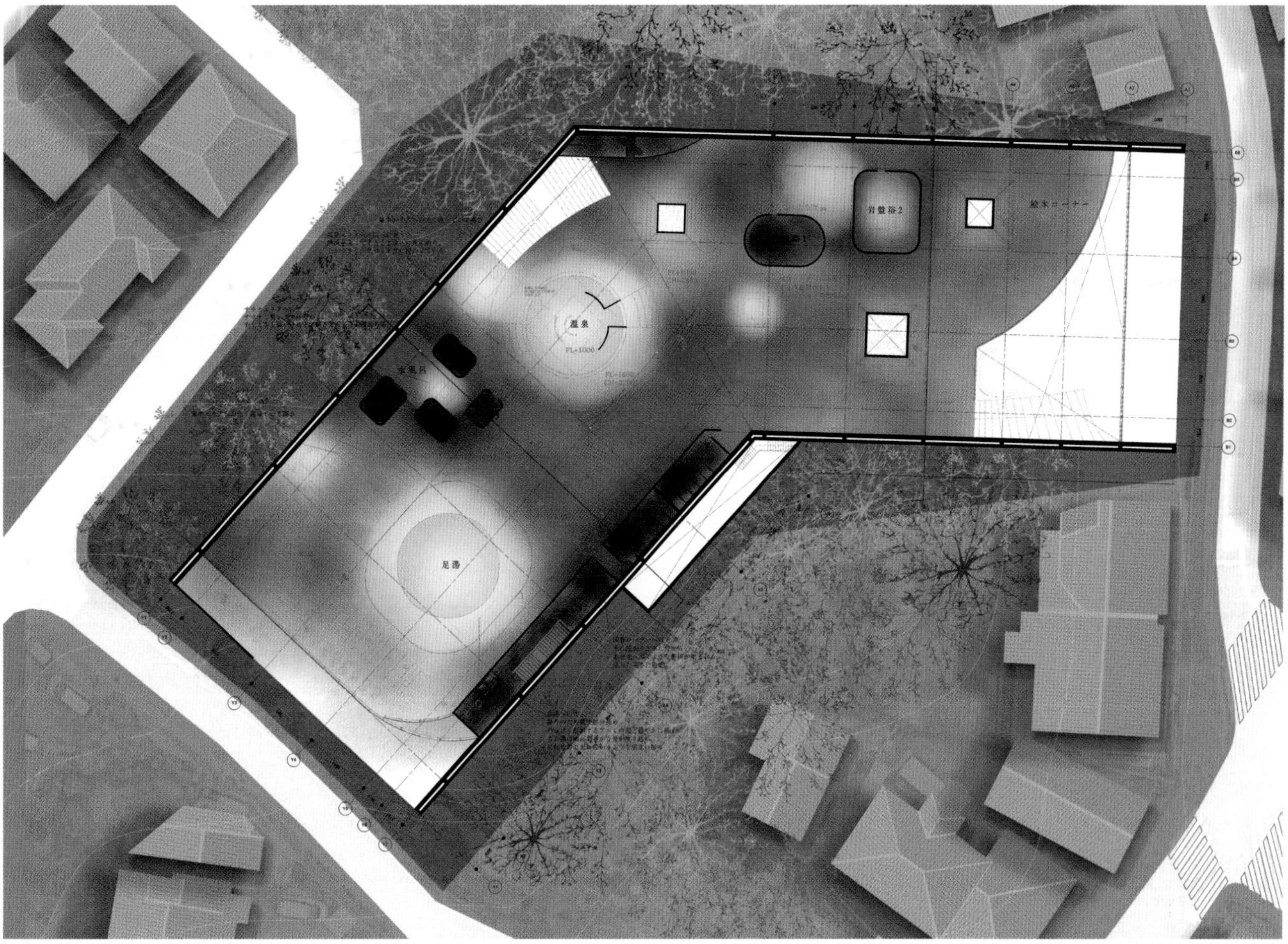

2F Plan

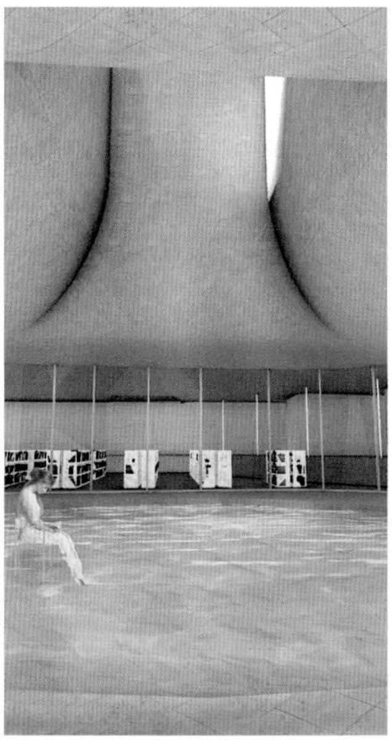

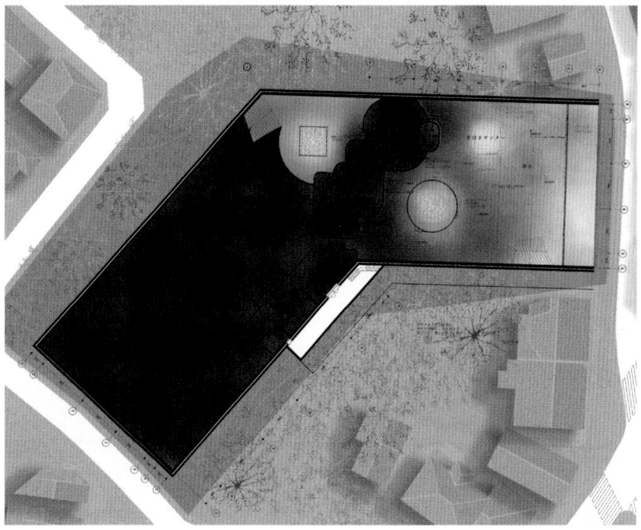

South side appearance

京島の元お茶屋

小野寺 美紀
Miki Onodera

筑波大学大学院
人間総合科学研究群
デザイン学
加藤研研究室

東京都墨田区京島の商店街にて、お茶販売店を営んできた鉄骨3階建ての店舗併用住宅をアーティストのためのシェアハウスに転用する実施プロジェクトである。木造住宅密集地域である京島エリアでは1980年頃から続く防災まちづくりの動きと並行する形で、2000年頃から長屋や町工場、店舗併用住宅等の低層建築ストックをアート活動と絡めて活用する取り組みが展開されてきた。アートイベントの実行委員会や不動産管理会社を組織する同エリア在住のクライアントらにより近年この動きは加速化しており、本作品も一連の活動の延長線上にある。こうした低層建築群を本研究では「下町ストック」と定義し、実施設計提案を通じて都市リソースの利活用モデルを提示することを目指した。

本提案の最大の特徴は、屋上テラスに設けた「風呂小屋」とその周囲の空間を、立体的かつ多目的に活用できるよう工夫した点にある。計画の背景を調査するためクライアントらの元で参与観察を行う中で「下町ストック」を観察し、これらの屋上やベランダに付属する自然発生的に生まれた小さな空間に魅力を見出した。こうした空間の用途は本来プライベート性の高いものであったが、設計では「風呂小屋」と屋上空間を多様な使われ方を想定した、従来よりも公共性の高い場所へと読み替える提案を行うことで、住人の営みが街中にあふれ出すような賑わいの場をつくることを目指した。

1. 対象地域

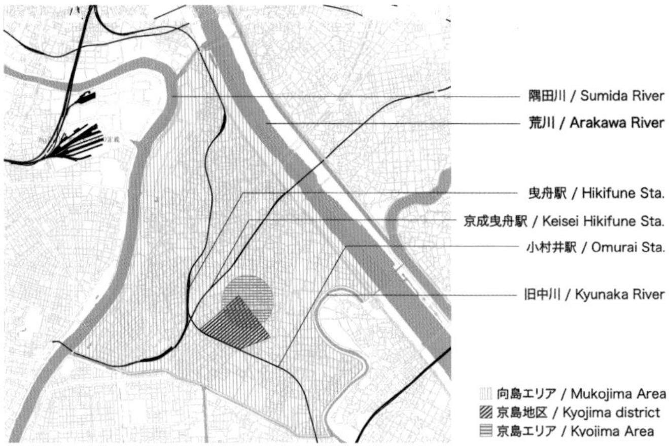

2. 敷地の周辺環境

計画敷地はキラキラ橘商店街の中程に位置し、左隣に豆腐屋、向かいに魚屋とたこ焼き屋が店を構えている。向かって右側の隣地では2021年9月から10月に大規模な解体が行われ、今後の建設予定は不明であるが敷地の大きさから5階建程度のマンションが建設されるのではないかと予想される。

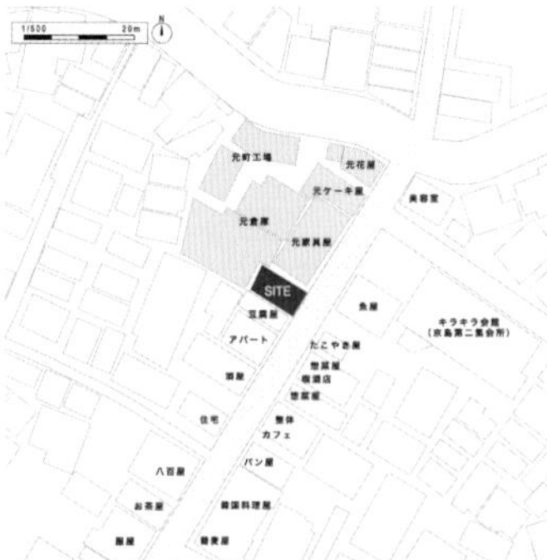

敷地周辺図

写真上はキラキラ橘商店街、写真下は敷地向かいにある、たこ焼き屋（左）と鮮魚店（右）

設計対象となる建物の外観（写真左）、内観（写真右）。1階の手前の土間部分は店舗として、1階奥と2階以上は住居として利用されており、構造は鉄骨造であるが長屋の造りとよく似ていることがわかる。屋上にはプレハブの倉庫が置かれ、鉄製のパーゴラが残っていた

3. プログラム

暇と梅爺（株）では、管理運営を担う17の物件それぞれに「住まい（滞在の拠点）」「アトリエ（制作の拠点）」「ギャラリー（発表の拠点）」を主とした異なる機能を持たせ、これらの複数の拠点を包括的に利用できる滞在制作者向けサブスクリプションサービスの事業を2022年春の開始を目指し構想している。「元お茶屋」もこのプログラムに含まれる予定であり、1階は入居者を募集して店舗へ、2階以上は「住まい（滞在の拠点）」となるシェアハウスにするためのリノベーションを行うことが求められた。

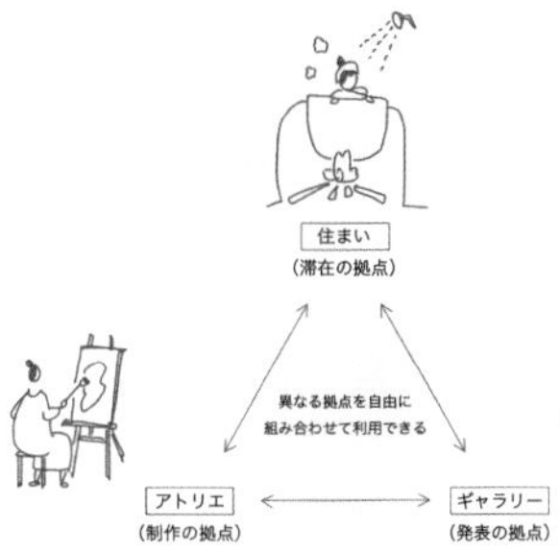

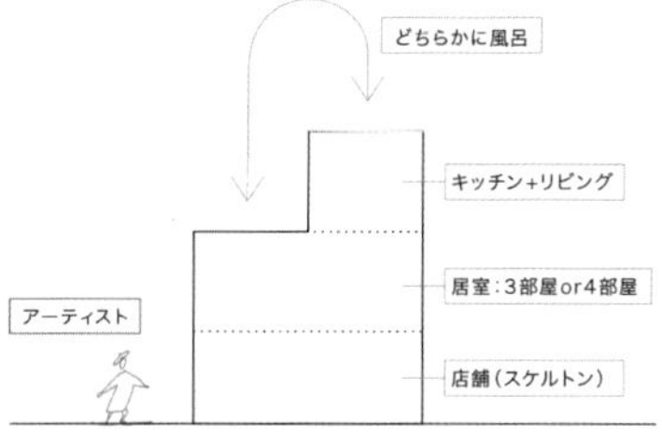

「滞在」「制作」「発表」のうちの「滞在」の拠点の一つとなるシェアハウス

4. サンプリングリサーチ

●京島屋上小屋図鑑

屋上に新設する風呂小屋は商店街から視認できるため、風呂小屋をこの改修のシンボルとして地域住人や来訪者の目にとまるアイコニックな存在にすることを考えた。京島の街を見渡すと屋上にはバリエーションに富んだ「小屋」が存在していることに気がつき、路上から観測できる範囲内でサンプルを収集し、特に個性的なものの特徴を記述した「京島屋上小屋図鑑」を作成した。これを見ると、屋根があるもの、ないもの、セルフビルド風の個性的なデザインのもの、既製品のスチール倉庫を置いただけのものなど多様なデザインが存在することや、こうした屋外空間を豊かに使う工夫が街並みに多様性を付与していることがわかる。

図鑑凡例

●屋上庭（菜）園

フレームにネットをかけるだけの、最も簡易な「屋上小屋」である。植物だけでなく鳥避けのネットも風景に豊かな「緑」をもたらしている点が興味深い。

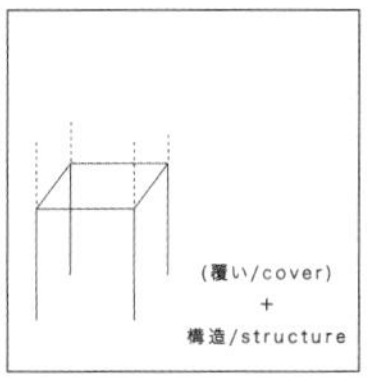

●洗濯物干し場

「屋上小屋」の中では生活に最も必要な空間であり、切妻や寄棟屋根であってもおかまいなしに増設している様子にも遭遇できた。デザインに創意工夫が見られるものもいくつかあり、家主のこだわりを感じられる個性的な風景を演出している。

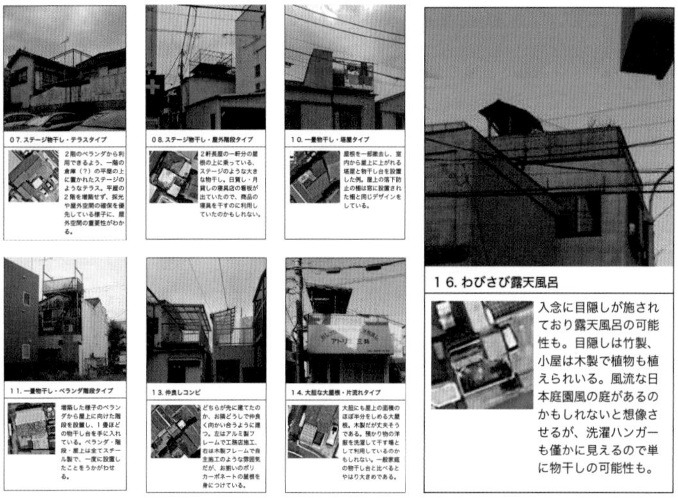

●倉庫

「屋上小屋」の中で最も多く遭遇できる。特に規模の大きな建物の陸屋根によく発生し、既製品のプレハブ倉庫を置いただけのものと、手作り感溢れるものまでさまざまある。窓があるものも多く、倉庫ではなく居室の可能性も。特に興味深いと思ったもののみカード化した。

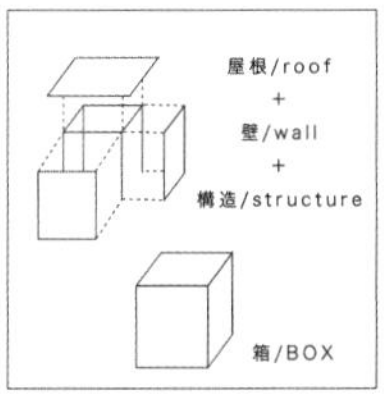

5. 既存と解体

商店街への視界を大きく遮っていたプレハブ倉庫と、腐食が進んでいた鉄製のパーゴラを撤去。

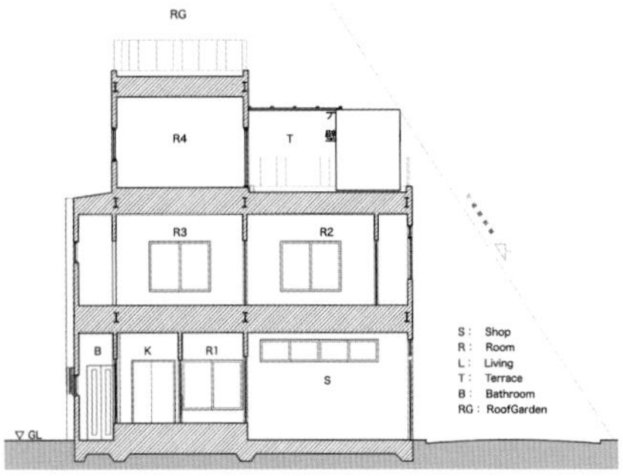

改修前断面図

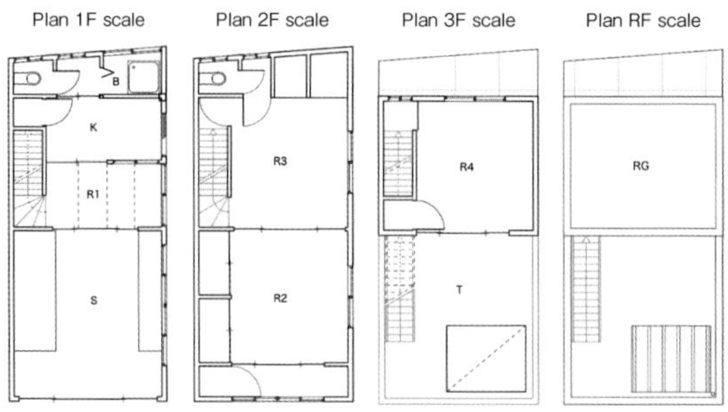

改修前各階平面図

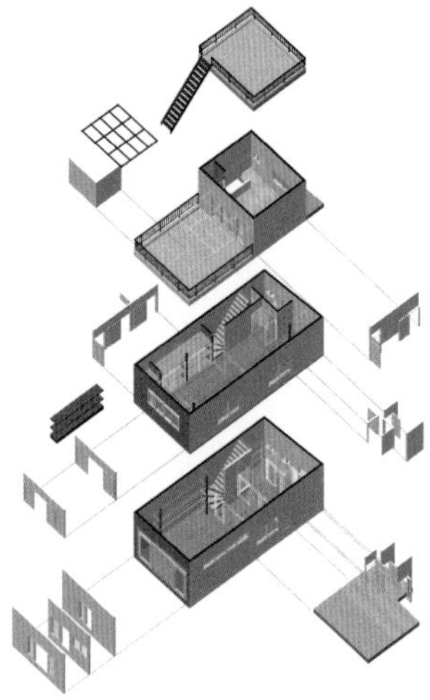

6. エレメントの付加

部屋に広がりを持たせ、階下と雰囲気を共有できるよう既存の壁の一部と引き戸を撤去しカウンターを設置した。

既存の押入れを生かし、中段はデスク及び階段の踊り場として、上段は合板を載せ少し横幅を拡張し、ベッドとして生まれ変わらせた。追加した柱は間仕切り壁の解体時に出た物を転用している。

既存の鉄骨階段の、回り部分に合板を被せ踊り場のように踏み板を拡張する。

新設する4段分のささら階段の踏み板には、G氏（2010年に商店街の一角の長屋をシェアカフェに改修し、下町ストックの再生を加速させた人物）が他の物件の解体時に保管していた古材を転用する。

新設するロフトの構造には、1Fのお茶販売店で使用されていた商品棚の化粧柱を転用する。

京島の「下町ストック」活用によく利用されている木製の建具をここにも採用し、G氏のストックから選び出した引き戸を設える。建具の寸法に合わせ、壁を新設する。

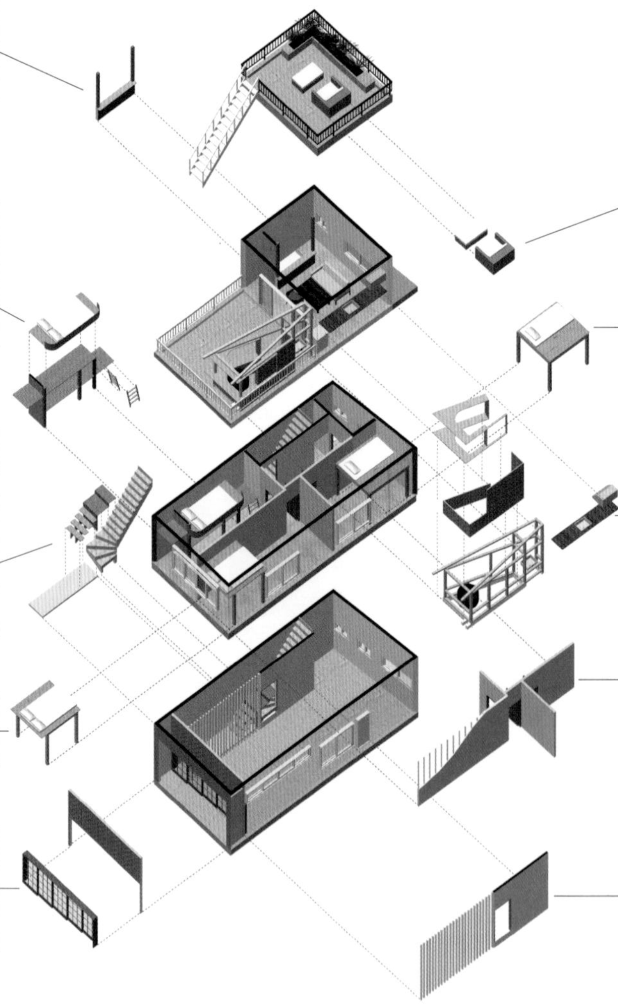

G氏の知り合いのHさんが、使っていないからとIKEAの屋外用ソファ&ベンチを提供してくれた。

新設するロフトの構造には、床の間に利用されていた個性的な化粧柱を転用する。

キッチンカウンターの天板は、G氏が他の物件の解体時にストックしていたヒノキの一枚板を転用する。

シンプルな構成の間仕切り壁を挿入する。下地材は天井の解体時に多く出た30×40の垂木材を転用する。

建具は地元の建具屋さんに発注する。

既存の壁は残し、階段の入り口だった開口部には京島の街並みから参照した透け感のある素材をはめ込む。

1Fの店舗と住居を分離する壁面は、2Fの間仕切り壁と同じく廃材を転用したルーバーにし、廊下に開放感をもたらす。1Fに入る店舗の業態によって壁が必要になれば、ルーバーはそのまま下地材として機能する。

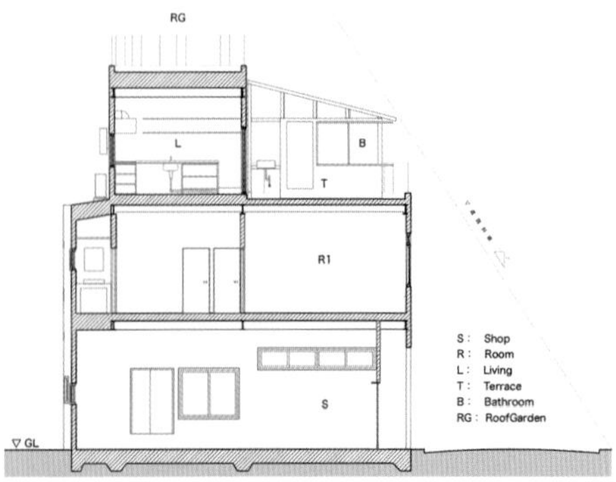

改修後各階断面図

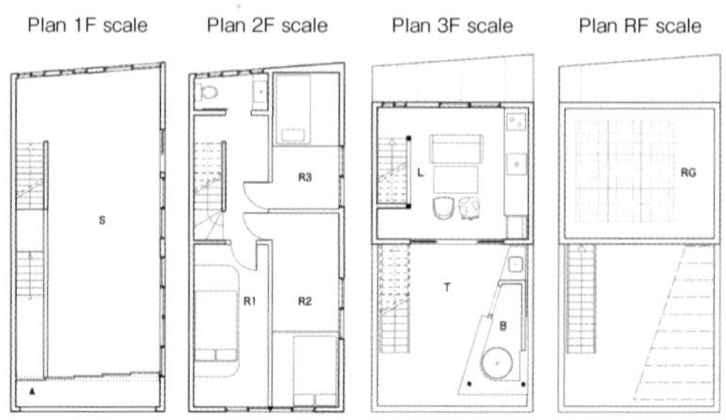

改修後各階平面図

7. 風呂小屋図解

サンプリングリサーチにて発見・収集した「屋上小屋」に設計の手がかりを見出し、屋上に多目的に利用できる「風呂小屋」を提案する。3Fリビングと内外を一体的に活用できる三角形平面を採用し、京島エリア内の多くの増築風呂に習い脱衣所と浴室が直線動線で結ばれ、一体化した構成とした。浴槽周りにはカウンターテーブルを設け、風呂としてだけでなく、茶室や屋台に見立てた利用が可能な多目的な小屋を構想している。

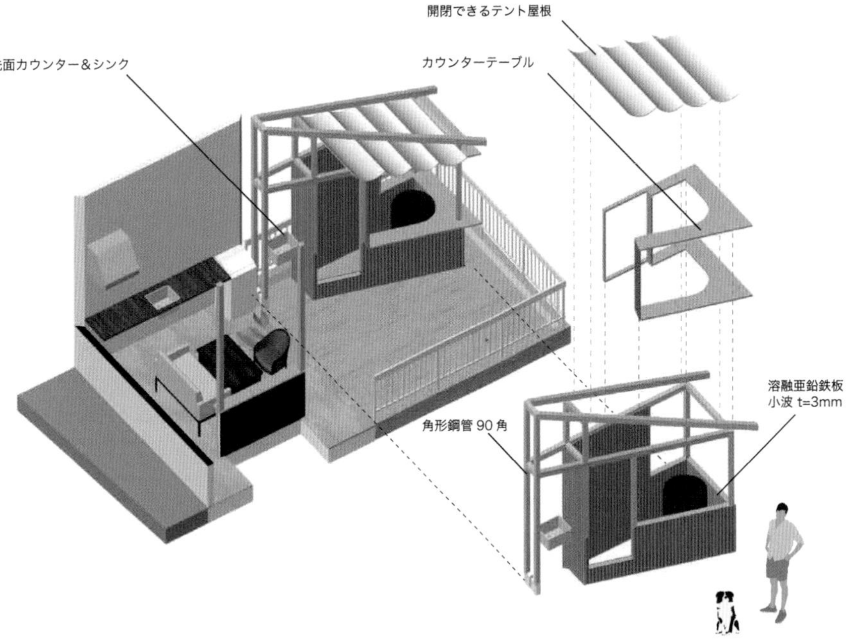

8. 多様な使われ方

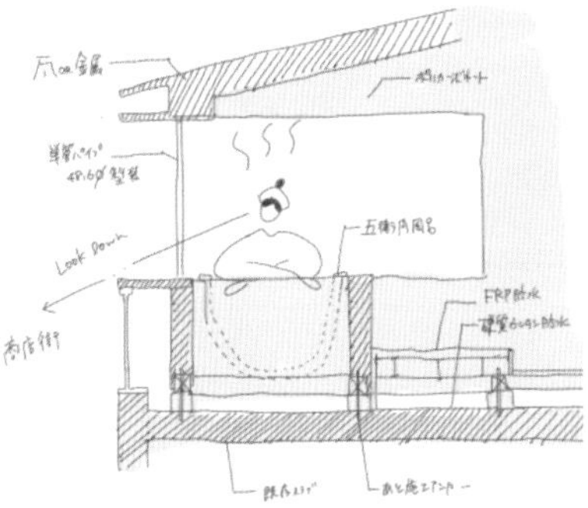

①日常使いの風呂　商店街の空気感を感じながら入浴

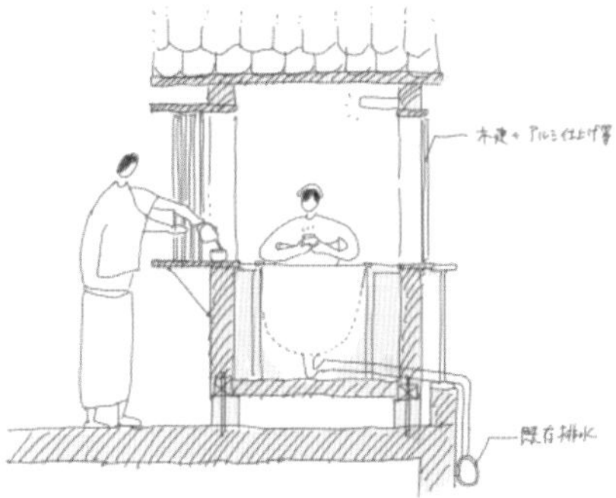

②茶室風呂　入浴中のお客様を主人がもてなす

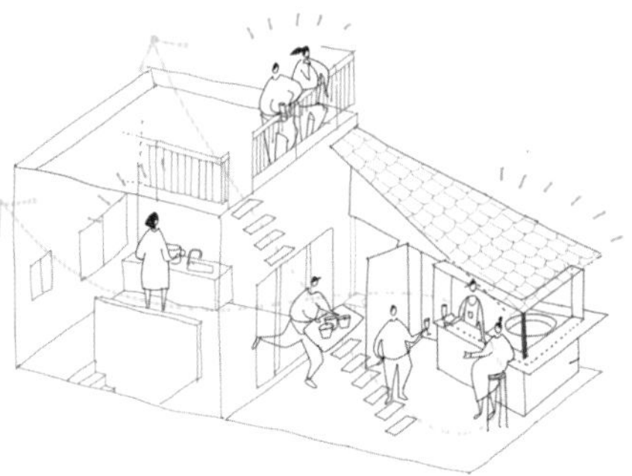

③屋台風呂　風呂小屋の中から主人がお客様をおもてなす（複数人のおもてなし）

9. シーンイメージ

プロジェクトの特性上、屋上の風呂小屋はシェアハウスで暮らす人だけでなく、他の物件に入居する滞在製作者や当事業に興味のある人、移住希望者などの来訪者を迎え入れもてなすための場としても利用でき、その際の賑わいや活動が屋上空間から街にあふれ出すような場をつくることを目指した。風呂小屋にカウンターテーブルを設えることにより、小屋を茶室や屋台に見立てている。リビングキッチンと屋上空間とを立体的に利用することでフレキシブルな利用が可能で、イベント会場にもなる。入浴の際はシャワーカーテンなどを使用する。

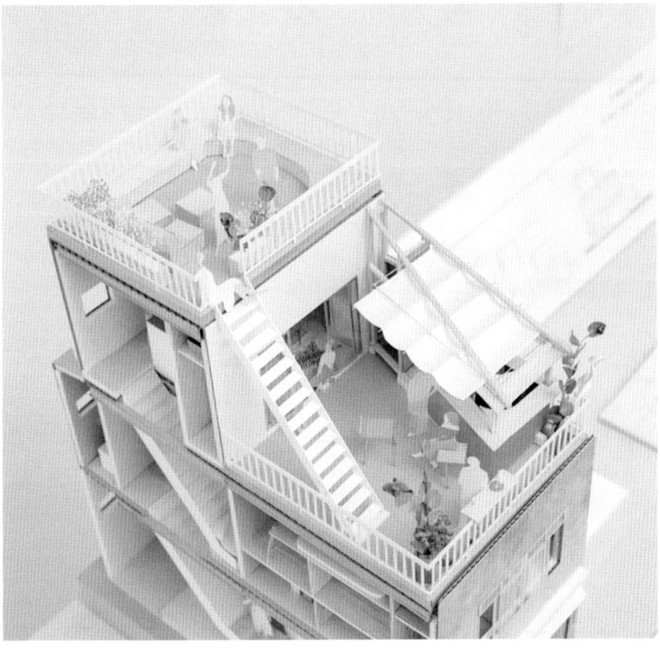

意識外領域を用いた設計手法

—大和町商店街に拡がりをもたらす2つの操作—

前川 凌
Ryo Maekawa

東海大学大学院
工学研究科
建築土木工学専攻
野口直人研究室

起伏が激しく狭長な街区が多い都市近郊は、物理的な拡がりを持たず個の活動で収束する限定的な空間となっている。全体性を有する、町単位での豊かな空間体験は可能なのだろうか。

分断された2つの領域において、大屋根やマテリアルなどの外的要因が介入することにより関連する空間であると認識することができる。そのようにしてできた空間は実際以上の拡がりを持ち、空間認識の常識を揺るがす可能性を秘めている。本修士設計ではこのような領域を「意識外領域」と定義し、空間に応用することで限定的利用が為される都市近郊の町を拡がりのある空間へ昇華することを目的とする。

敷地は横浜市中区の大和町商店街である。JR山手駅を最寄駅とする一般的な近隣型商店街であるが、谷戸地で600mの直線道を持つこの地は強い軸性を持ち、活動を矮小化させている。

整っていたものを「崩す」、崩れていたものを「整える」という2つの相反する操作を施すことでこの地に新たなレイヤーとしての領域が重なり、既存形式だけに捉われない拡がりのある領域が生まれる。

アクセシビリティの悪さとイベントスペースの不足から交通機能と広場の機能を付与することで、流動的に町全体を緩やかに繋げる。

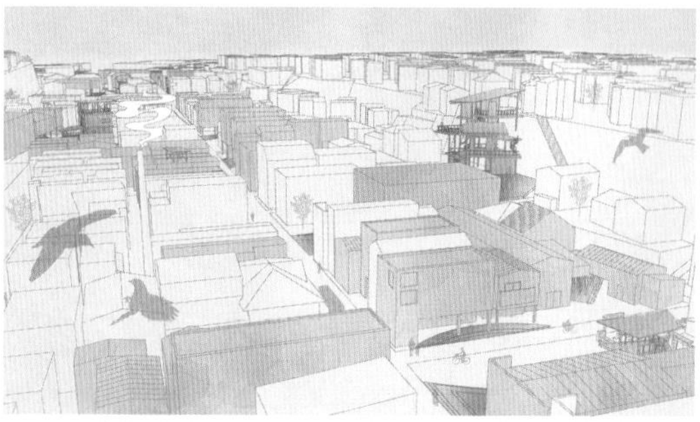

1. 背景と目的

起伏が激しく、狭長な街区を持つ都市近郊は、拡がりを持たず個の活動で収束する限定的な空間となっている。そのような土地で、全体性を有する町単位での豊かな空間体験は可能なのだろうか。

日常空間において、ある外的要因が介入することで空間の認識に変化が起こる「領域の拡張性」に着目した。身体寸法から大きく逸脱したスケールでの切り替わる領域を「認識外領域」と定義し実際の空間に応用することで拡がりのある町を実現する。

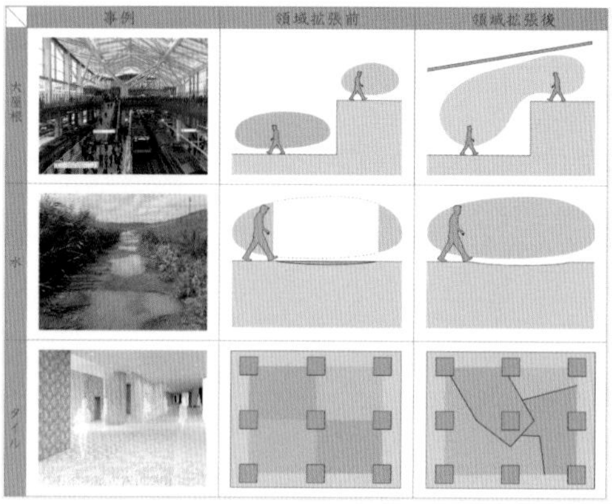

2. 模型による認識外領域の検証

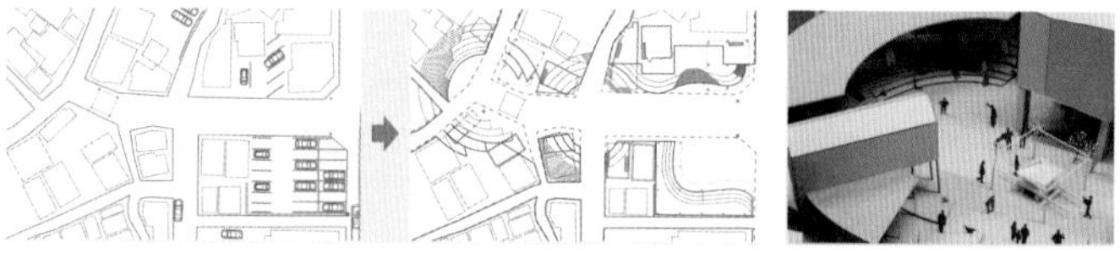

広小路の街区を拡張し道を面的に捉え活動を生む提案。既存の街区線に対し拠点性を増す円形や曲線の地面を設計する。整っていた街区線を崩すことにより認識外であった街区内へ領域が拡がる。

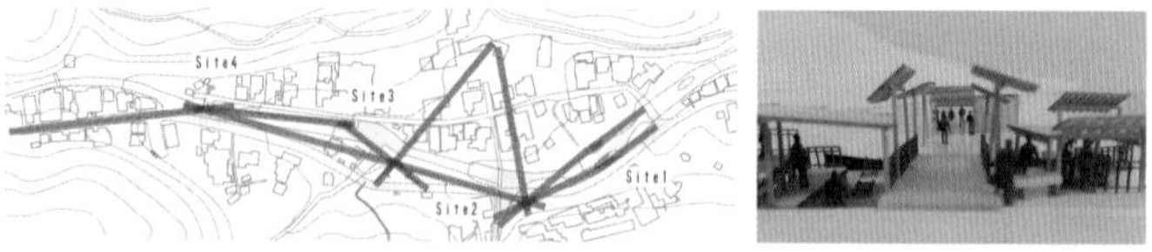

傾斜地で線的な町に対し、屋根勾配・スラブ・平面的な角度を統一することで町全対が関連する領域であることを認識する。元々ばらついていた町をそれらの要素により整え、拡がりをもたらす。

3. 認識外領域を顕在化する設計手法

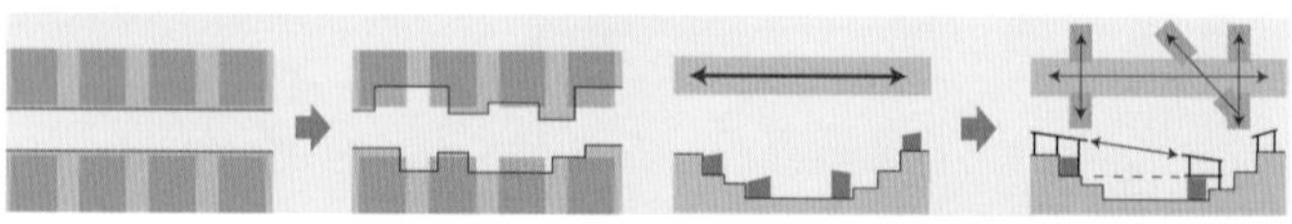

自身の設計である上記2つの事例を分析すると認識外領域を顕在化するために、整っていたものを「崩す」・崩れていたものを「整える」という2つの手法が有効であることがわかった。

4. 空間への応用

敷地は横浜市中区の大和町商店街である。一般的な近隣型商店街であるが、元は射撃訓練場であるという歴史があり強い軸性が残る。またアクセシビリティが悪いため流動性を高める機能を挿入する。

5. 町に統一感を与える設計手法

●都市スケールの平面操作

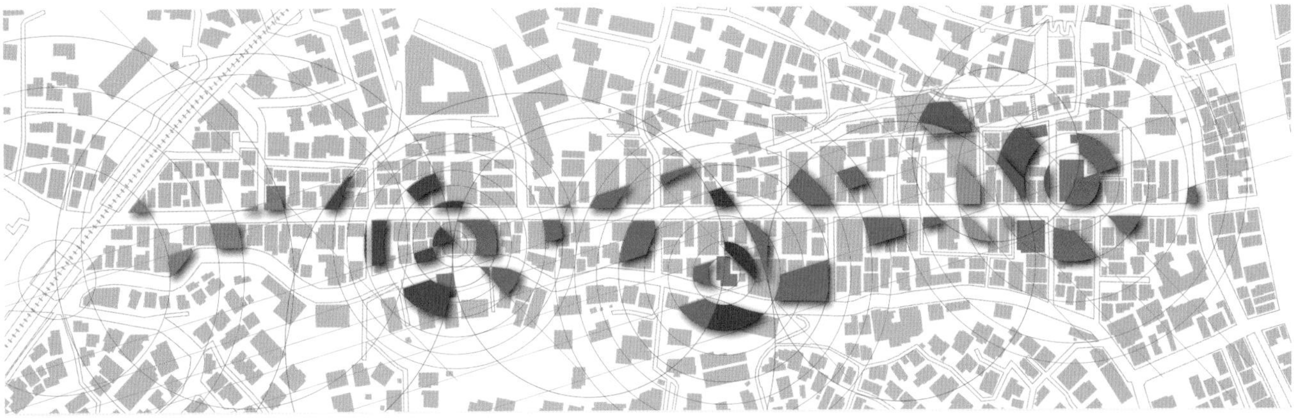

1）求心性のある円形グリッド、2）拠点間を繋ぐ円形グリッド、3）方向性を持つ直線グリッド

●身体スケールの断面操作

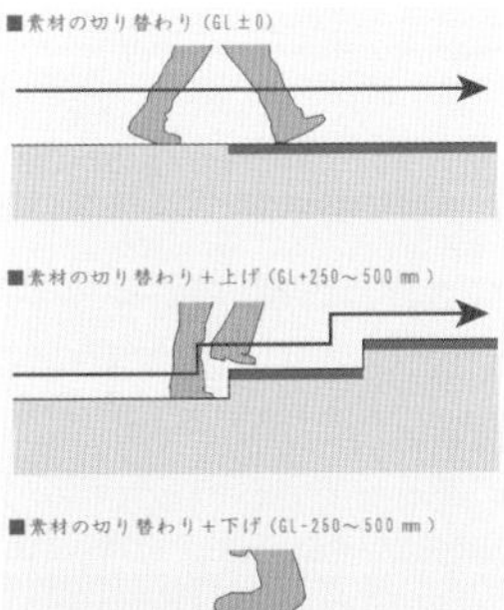

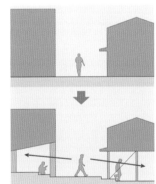

断面操作では階段など身体寸法に極めて近いスケールの段差であるため、違和感なく町に溶け込む。

●マテリアルによる領域の顕在化

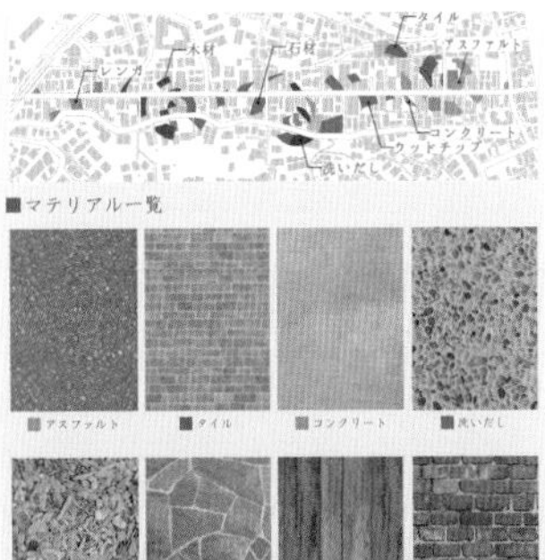

地面は、各々の領域でマテリアルが異なるため視覚的に領域の切り替わりがわかる。

●マクロな断面操作

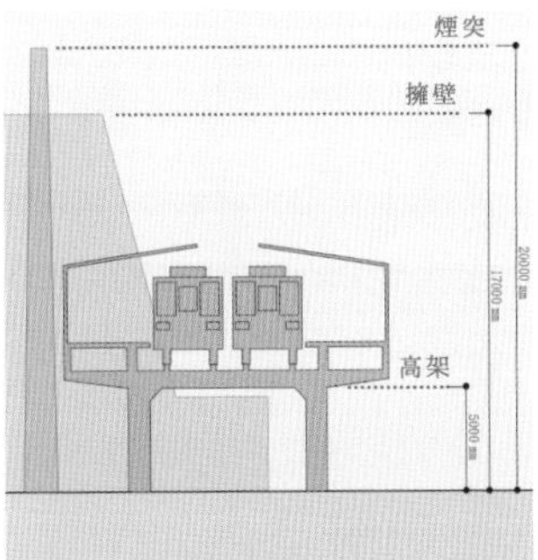

町のレベルを継承する。認識しなかった電車や擁壁が視線に入り、潜在的なつながりを認識する。

●領域を広げる立面操作

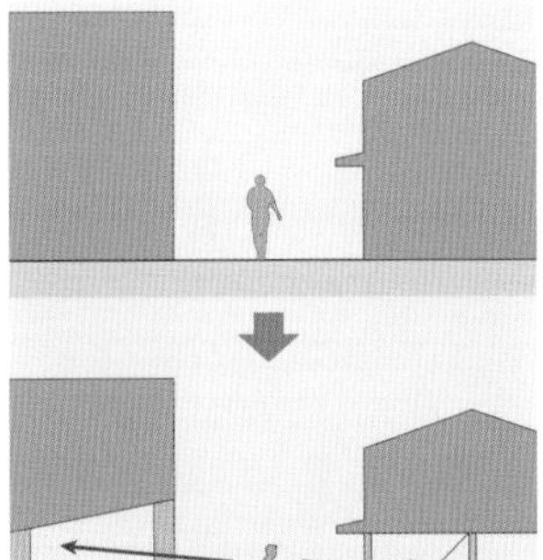

既存の建物を減築する。空き店舗が増えた商店街の1階を削ることで町が面的に拡がる。

6. 設計による効果

崩す・整えるの操作によって、軸性が強く拡がりを持たなかった大和町商店街が緩やかに拡がる。また平面操作(マクロ)と断面操作(ミクロ)によって町に統一感が生まれる。

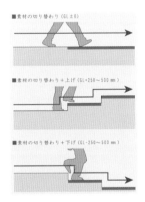

●SITE1

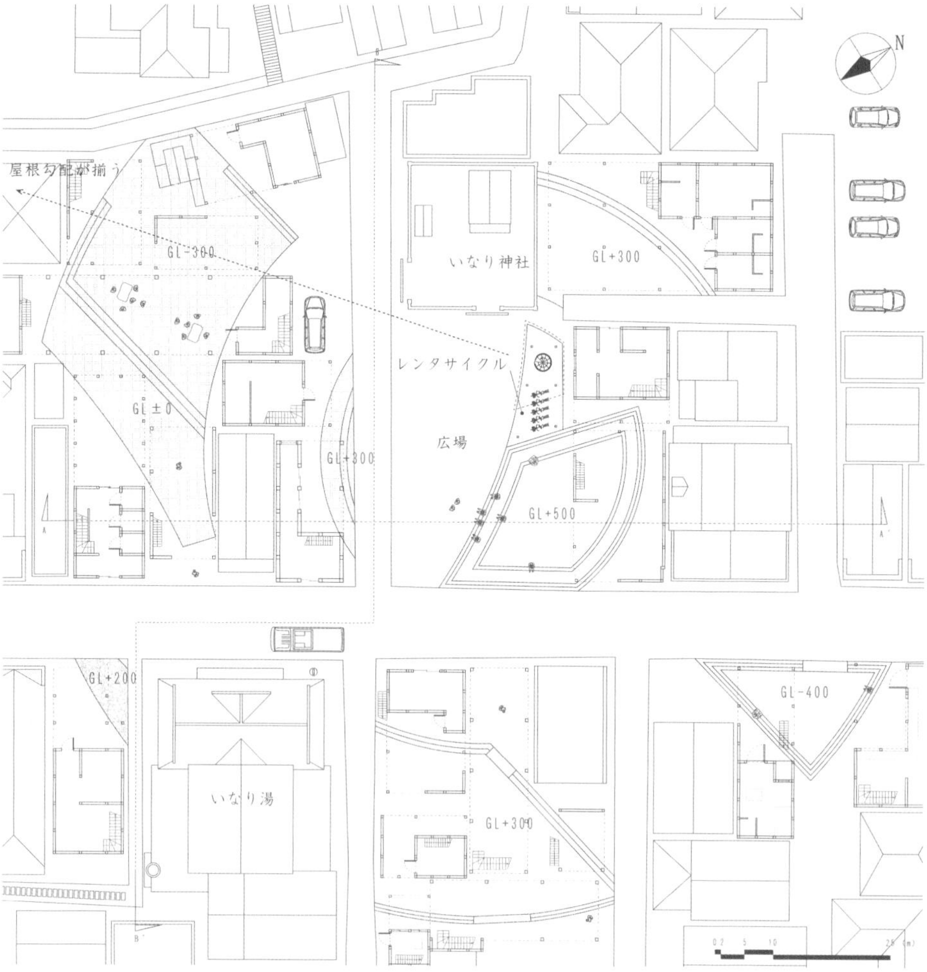
N
屋根勾配が揃う
GL-300
いなり神社
GL+300
レンタサイクル
GL±0
広場
GL+300
GL+500
GL+200
いなり湯
GL+300
GL-400

平面図

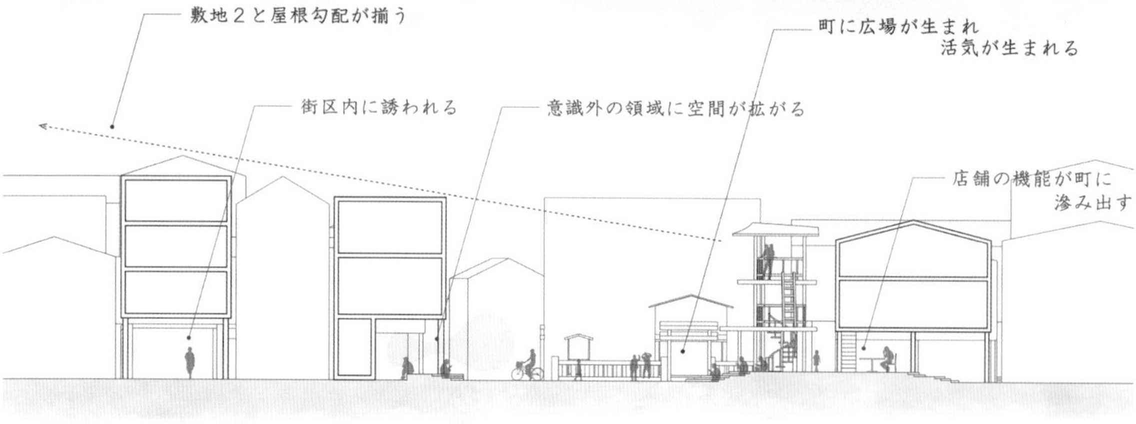
敷地２と屋根勾配が揃う
町に広場が生まれ
活気が生まれる
街区内に誘われる
意識外の領域に空間が拡がる
店舗の機能が町に
滲み出す

断面図

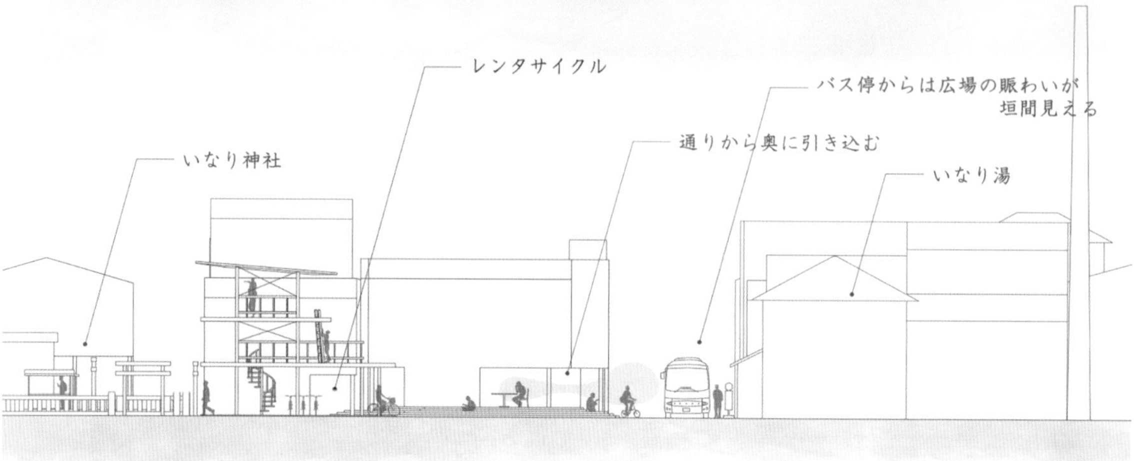
レンタサイクル
バス停からは広場の賑わいが
垣間見える
いなり神社
通りから奥に引き込む
いなり湯

立面図

●SITE2

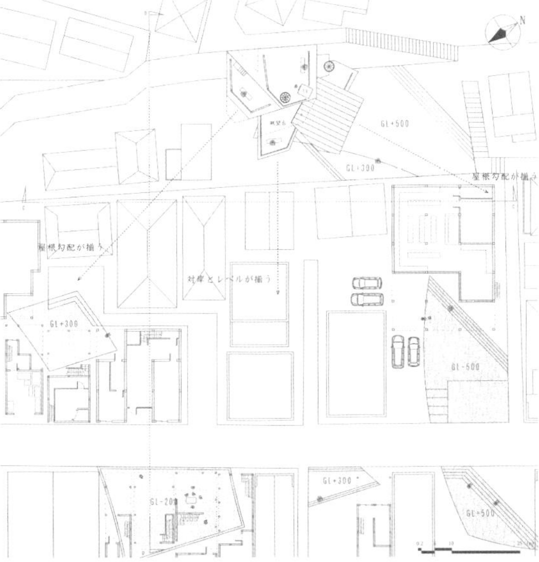

平面図

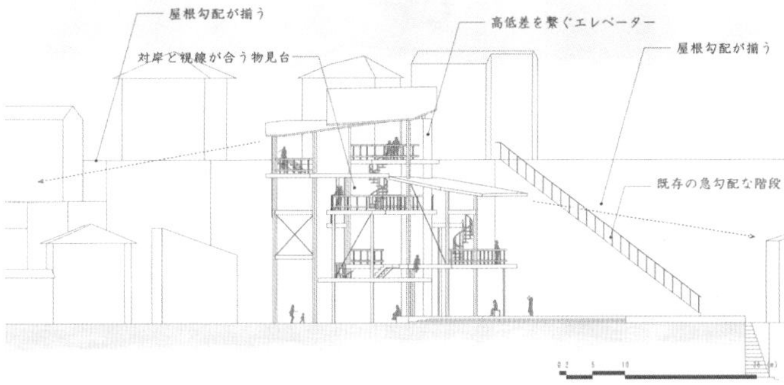

立面図

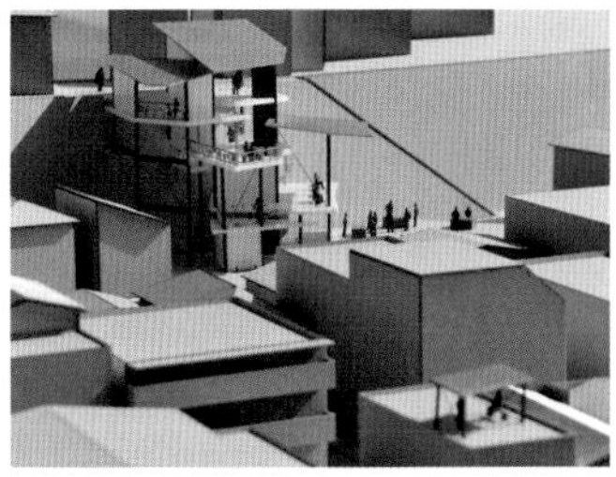

●SITE3

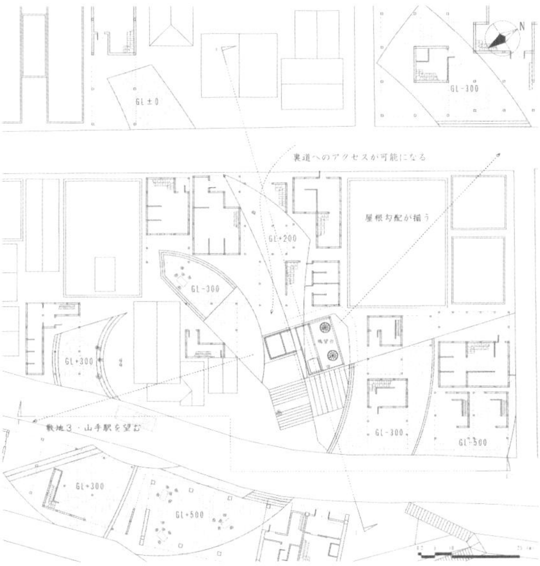

平面図

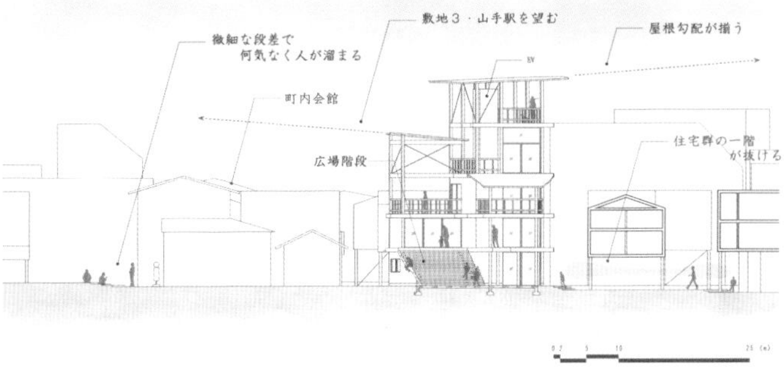

断面図

●SITE4

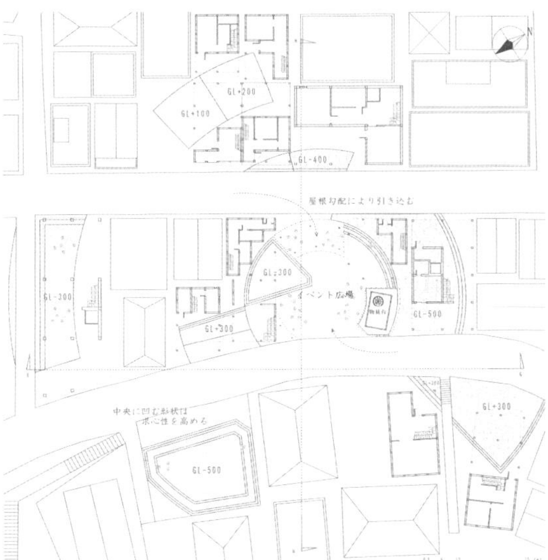

平面図

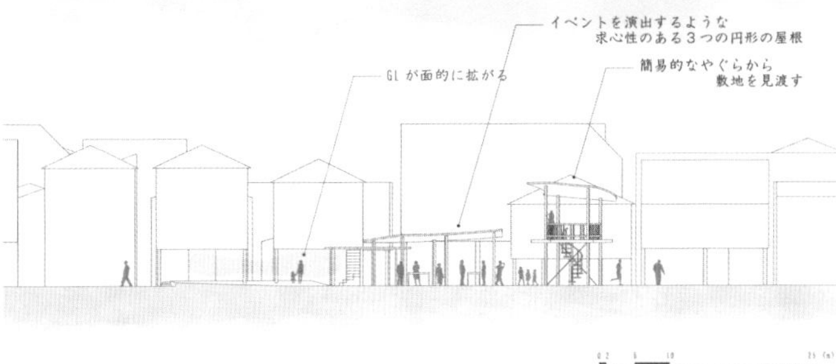

立面図

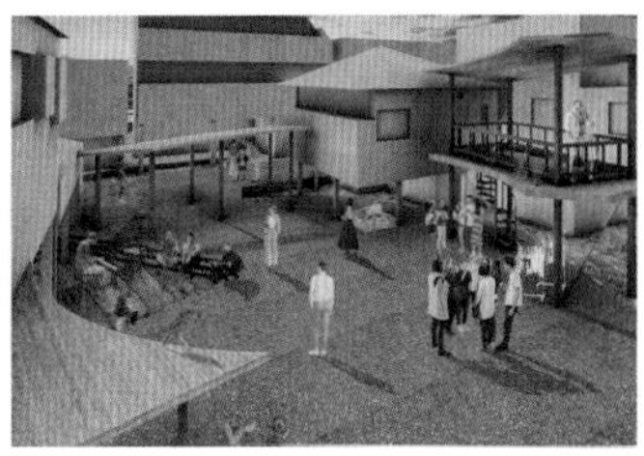

わたしたちは、いつも、いつまでも

清瀬、東京療養所の100年と未来

今中 真緒
Mao Imanaka

東京藝術大学大学院
美術研究科
建築専攻
樫村芙実研究室

死ぬとか生きるとか、怪我をする、病気をすることは常に私たちの生活の根本で、隣り合わせなものである。しかしながら私たちは健康なとき、それらについて深く考えることは少ない。

それが今回、2年間にわたりCOVID-19が猛威を振るったことで、私たちはその当たり前の事柄が当たり前では無いことを強く意識するようになった。感染の不安は行動制限だけでなく精神も危うくしていく。その中で、「私たちの体はとても不安定で、互いや自身を思いやりケアをしていく中で保たれている」ものだと、さまざまに知ることになったのでは無いだろうか。

私自身は今年の冬、脱臼骨折に伴う手術、入院の経験をして如実にこのことを思い知った。そして、私の住まう地域、入院した病院のある清瀬という土地を改めて調べて、敷地に大きく占める病院の背景、結核療養所の歴史を知った。広大な自然と深い歴史を有しながら、外と隔絶された大病院をもし建築的操作で開くことができたら、より日常的な私たちのやわらかい「ケアの場」を提案することができるかもしれない。

ここでこの清瀬という敷地に着目して、療養所を引き継ぐ閉鎖的な大病院と内包された豊かな緑地、そして隣り合う住宅街の関係性をつぶさに観察しながら、この場に住み、働き、生きる私たちアクターのこれからのケアのあり方を考えていく。

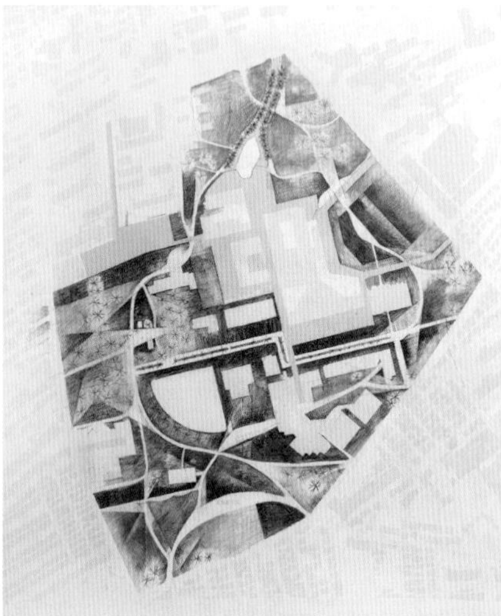

1. 清瀬市の結核療養所の歴史

「大気・安静・栄養」の三点を主軸とした治療が基本の結核療養地として、当時雑木林が残り空気が綺麗とされた清瀬に設立の白羽の矢が立った。この経緯を経て、1931年に線路を跨いだ南の雑木林に東京療養所が設立して以来、市内南部は結核治療を目的としてたちまち療養施設街となった。(二代目清瀬病院院長 島村喜久治氏「雑木林　清瀬病院の憶い出」を参照)

2005年に新築された国立病院機構東京病院本棟

リハビリテーションの様子（多摩北部医療センター）

傷痍軍人東京療養所　清瀬市郷土資料館

東京府立清瀬病院　清瀬市郷土資料館

傷痍軍人東京療養所「外気舎」

著者撮影

2. 敷地：「国立病院機構東京病院」

「傷痍軍人東京療養所」「東京府立清瀬病院」二つの結核療養所を母体とする大型の総合病院（詳細は右写真参照）。敷地境界線は高さ約1.8mのフェンス柵で囲われ立ち入り禁止となり周辺の住宅地と隔絶された巨大な緑地空間を内部に有する。コロナ患者の受け入れも多数行うなど感染症指定病院として病院の規模が大きい一方で周辺住民との関わりはほとんどない。

1945米軍撮影（国土地理院）

2021Google Earth

3. リサーチ：東京療養所を紐解く

スケッチで行った設計のスタディ（左側）、敷地境界を模型化し周辺住宅地域から病院への連続性をとらえた（右側）

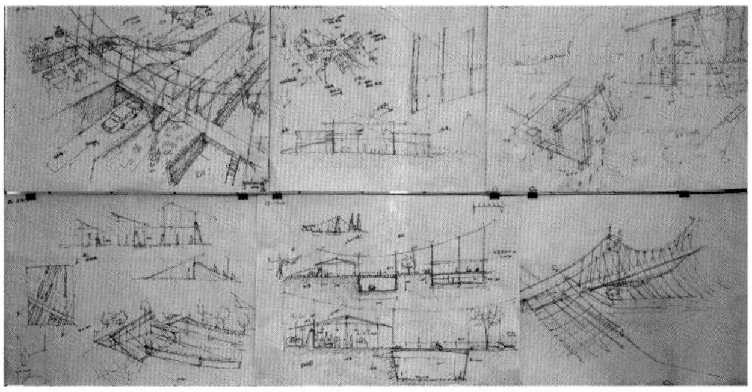

●提案のスタディ〜最終コンセプトドローイング

病院が有する自然の中に建築を作っていく。敷地内外の人々の動きをマッピングし、pathを整備していく。

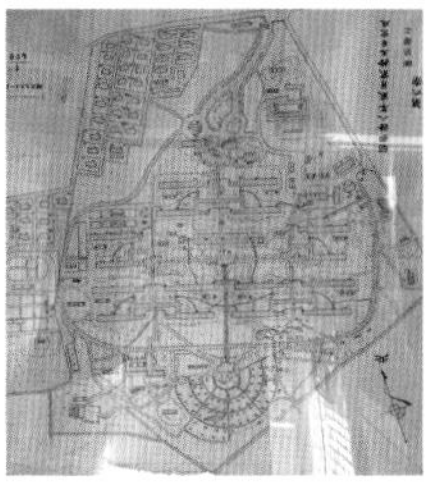

旧東京療養所配置図（昭和18年・療養患者2名が作成）北上に配置

フィールドワークをもとに作成した経路と場のマッピング

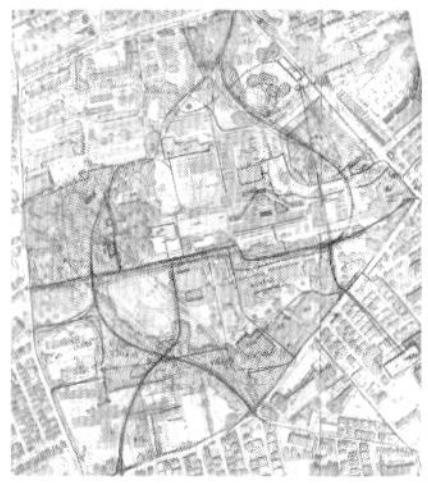

初期のリカバリーパス検討のイメージ

4. 提案：東京療養所「リカバリーパス」

東京病院内部に、日常的なリハビリテーションの場「リカバリーパス」を整備すると共に敷地境界線の柵を一部撤去する。これにより病院敷地内に、医者・患者・看護師・地域住民・園児といった肩書きに関係なく、全員がその場に許容されるような日常ケアの場が作り出される。病院の敷地境界を緩和し外へと開くことで、わたしたち全員が日常の中で当たり前のように身近に医療やケア、リハビリテーションと共生していく場を創出する。

①旧正門けやき並木ギャラリー
②リハビリテーションプールの架け橋
③外気舎と桜の園
④市民農園と神社

pathが膨らんだり別れたりしてできる建築群は、周囲の木々、草花を余すことなく取り込み利用する光と風の建築である。かつて1930年代から存在した療養の美しい自然と空気、多様な場を2000年代の計画学的総合病院を経て現在に開く。

リカバリーパスの主たる機能
・屋外歩行リハビリテーション
・院内散策路
（車椅子・点滴台全面通行可）
・敷地内ショートカット
（通勤通学での通り抜け）
・24時間誰でも利用可能な公共空間

リカバリーパスのコンセプト図

●①旧正門けやき並木ギャラリー

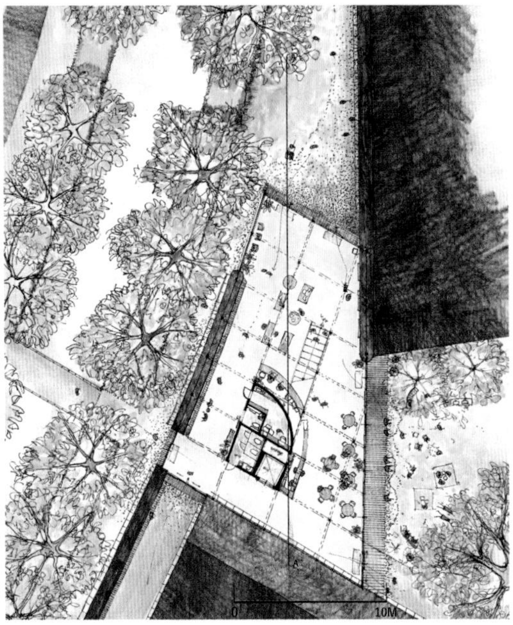

本設計では、東京療養所の前身となる傷痍軍人東京療養所が1929年に建設された際に植樹された正門から続くケヤキ並木を整備し、ギャラリーとして一般に開放する。現状東京病院では旧正門は閉鎖されており、草木が生い茂って人通りもない。しかしながら旧正門は昭和初期から栄えた病院通りに面しており、付近にバス停も三箇カ所あり、今も主要な人流の結節点にあるため、本設計ではリカバリーパスに人を呼び込むきっかけとして並木道を整備することとした。パスが膨らんだり分かれたりする分岐の要点として盛り土をした大地はそのまま連続して建築となり、訪れる人々を迎え入れ留めてそして受け流していく。この「けやき並木ギャラリー」はこのように「リカバリーパス」の一部でありながら、東京病院が有する様々な結核療養所時代の歴史的資料を公開する場として市民、患者に開かれる。

道と土地と自然が一体となる建築の設計を目指した。車道をリカバリーパスと分けるために掘り込んだ土を、穏やかな起伏として盛り土し、その土留自体が建築を支える最も主たる構造として2階室内と連続的に接続している。大きく被さるようにかけられた屋根は、夏の直射日光を遮りながらも、南側2階の大開口から光と風を取り込んでいく。

敷地北側旧正門方向からギャラリーをみる。エントランスからの雨や日差しを防ぐとともに土留の壁面に屋外展示スペースを設ける。

●②リハビリテーションプールと架け橋

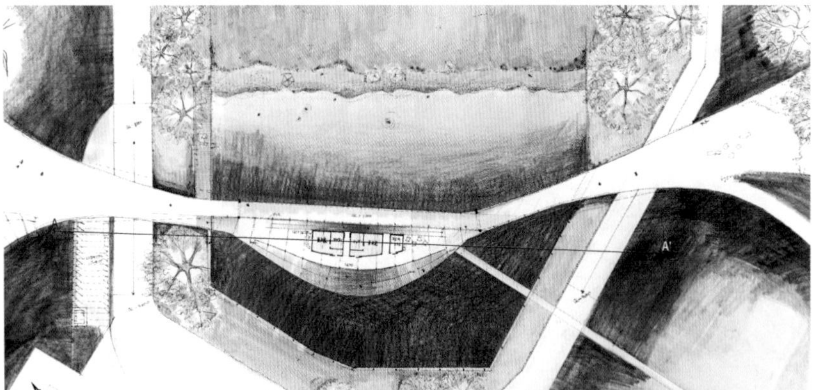

巨大な駐車場が配置されたエントランス、7階建の巨大な病棟と12階建のマンションに挟まれた現状病院の振る舞いへのアンチテーゼとしてリハビリテーションプールと大きな架け橋として構成することで、リカバリーパスの存在を示すと共にと現状病院の正面性を緩和する。設計では、架け橋の一部を切り取りたるませてプール水面よりレベルを下げることでパスから連続的にプールへとつながるようになっている。人々はリハビリテーションプールを日常的に目にすることでケアへの関心を高めると共に、リハビリが日常の中に共生する感覚を得るようになる。

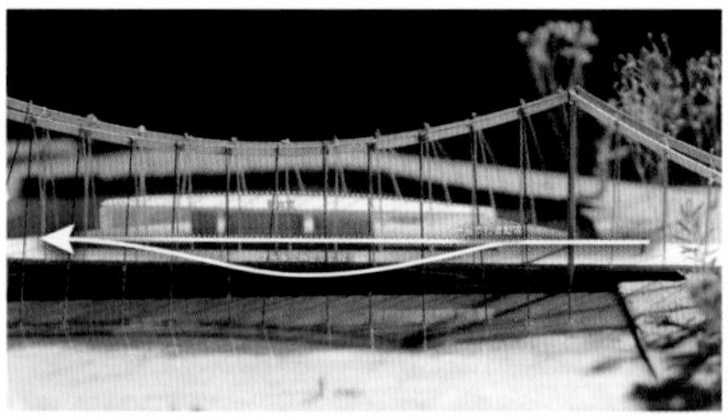

敷地北側の通りからリハビリテーションプールをみる。手前は芝生で連続的に道とつながり、海のようにプールは奥に行くほど水深が深くなる。

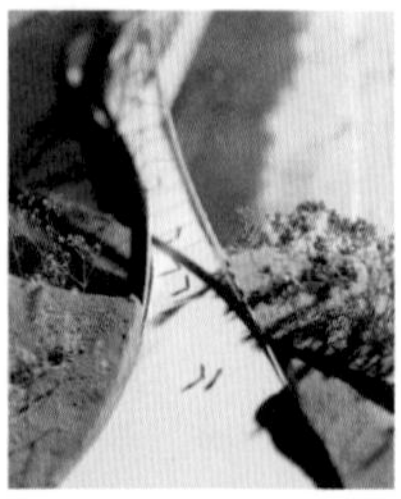

パスを通り抜けるだけの人、広場として使う人。

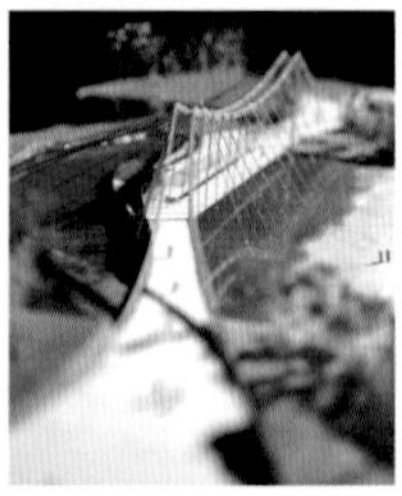

敷地西側からリカバリーパスをみる。パスは水面に沈み込みプールに接続する。

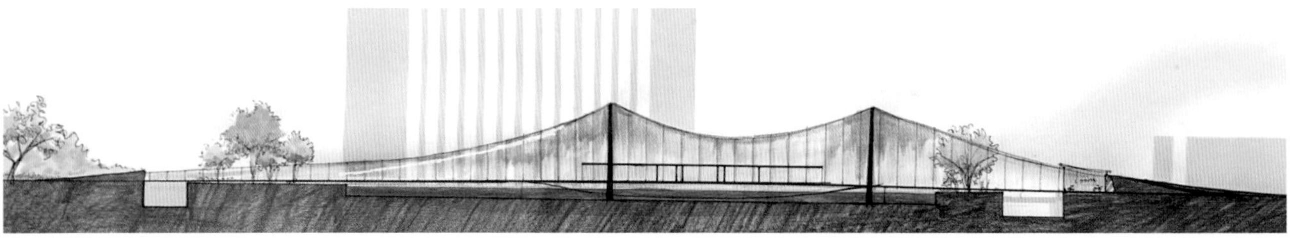

●③外気舎と桜の園

既存の外気舎１棟と温室１棟が囲む空間一体の荒地や雑草を整備し、西側に位置する保育園を起点として、東側の桜林へと一気にビューを取る。また外気舎や温室といったモジュールを反復して場を囲んでいくことで、園芸店やワークショップ広場、水場、庭師のレジデンスが桜林へと連続的につながっていくことで、場を手入れしながら持続的に外気舎記念館が維持されていく。

反復した温室は盛り土された周囲のランドスケープに接続するように外側に、植木鉢用の棚を兼ねた幅広の階段が配置される。丘の上に登るとより高い位置から桜が見渡せ、そのまま自然の中に自分の居場所を見つけることもできる。

傷痍軍人東京療養所「外気舎」は結核の経過観察と作業療法に特化した極めてプリミティブな形態と構法であり、空間も、寝る長さ・立つ高さ・歩く幅によって寸法が決定している必要最小限の空間である。外観は通り過ぎてしまうほど地味であるが、こうした建物こそ保存の目が向けられなければならない。軍事史、国民的疾患の歴史、またイギリスのSleepingShelterの導入という医療史的にも重要であり、現存唯一とされる。

設計：傷兵保護院工営課（浜野規矩雄と推定）1939年/出典：docomomojapan

●④市民農園と神社

現状福祉施設移転に伴い広大な空き地となっている敷地南部に近隣の市民農園の拡張地として農園を整備し、ヤギなどの動物の飼育を含めた日常的な農地の整備を行う。これは病院敷地内のリカバリーファームとして、すでに実施されている東京病院看護師の栄養管理ワークショップや、アニマルセラピーとしてのヤギ、ポニーの飼育などを行う場でもある。裏に位置する神社は傷痍軍人東京療養所時代に建立された神社で、現状は雑木林に包まれ放棄されている。神社の基壇等は残っていると推測されるので市内の水天宮の分社としてとして再整備し、病院の森と地域の人々を守る存在となる。

市民農園のベンチと手洗い場

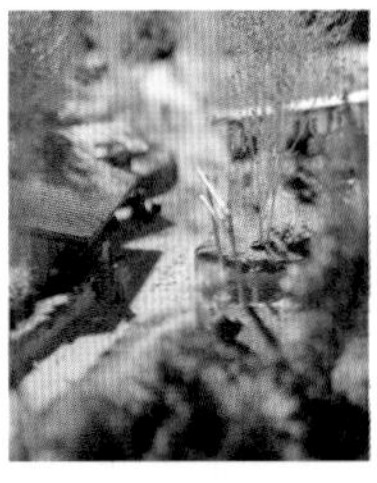

手前の神社から手水舎をみる

熊本県小国町における地域材の持続的活用のための林工育一貫型オープンストックヤード

山口 裕太郎
Yutaro Yamaguchi

東京工業大学大学院
環境・社会理工学院
建築学系
安田幸一研究室

国内では1950-60年代に造林された人工林が本格的な利用期を迎えているが、木材価格の低迷や森林所有者の意識の低下などにより、活用や管理が適切に行われていない森林が生じている。地域材を持続的に活用するためには、芯持ち柱生産に対して効率的な50年生前後での皆伐施業から初期保育経費を抑え、材質を高め森林の多様な機能を考慮し、大径木を含む多様な材を生産する長伐期施業への移行が望まれる。しかし、大径木は製材設備が十分に整備されているとは言い難く、乾燥と保管の問題で供給が不安定であり、複雑な流通の弊害で品質に相当する適正価格で取引されていない。長伐期施業を実現するためには、設計・施工者が地域の森林の状況を把握したうえで多様な材を活用するなどの林工一貫の協働体制を形成し、大径木の流通のための設備が必要である。そこで本計画では熊本県小国町を対象とし、森林管理の実態及び森林管理者と設計・施工者の協働関係をヒアリング調査により明らかにし、その改善案を示したうえで、木材安定供給のためのストックヤード、自然エネルギーを利用する乾燥設備、大径木に対応可能な製材設備を整備する。また、林業従事者や木造設計者を育成し、市民に開かれた森林の拠点となる“林工育一貫型”オープンストックヤードを計画する。

1. 小国町における林業の特徴と実態

小国町は標高400mを超える山間高冷地であり、九州に位置しながらも寒暖差によって木目の詰まった良質な杉である「小国杉」を生産している。強度に優れ、公共建築などでの活用も期待される。また、岳の湯地区では古くから豊富な地熱を調理・暖房に利用しており、その余りの蒸気を2007年から木材乾燥に利用している。地熱乾燥によってランニングコストや環境負荷、材の変色を抑えられる。

森林整備計画の伐採・造林・保育に該当する項目に関して森林組合に実態のヒアリングを行った。優勢木を残して劣勢木を伐採する定性間伐を基本として、皆伐後2年以内にコンテナ苗で植林する。森林組合から「伐採に対する補助金はないうえ、多くの大径木は集成材工場に安く買われ赤字になるため、伐採に踏み切れず森林の更新が遅れる」という問題が指摘された。加えて、大径木は製材の台車に乗らないので、小国町内の製材所には売れにくいという実態も得られた。小国杉は機械等級区分がE90と粘り強いので、そこまでの強度が必要でない住宅よりも、公共建築に向いているのではないかという意見も得られた。

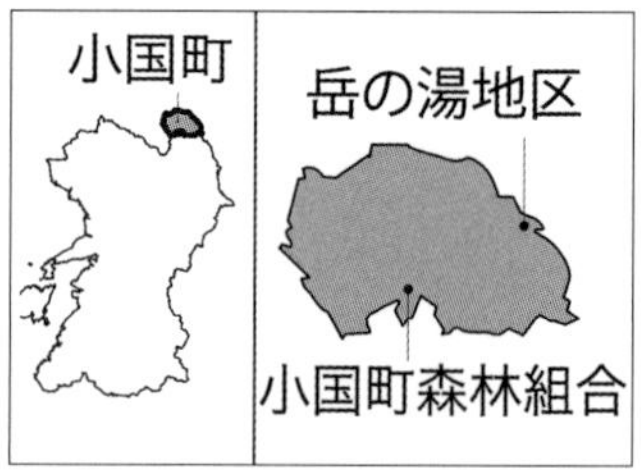

地熱乾燥の仕組み

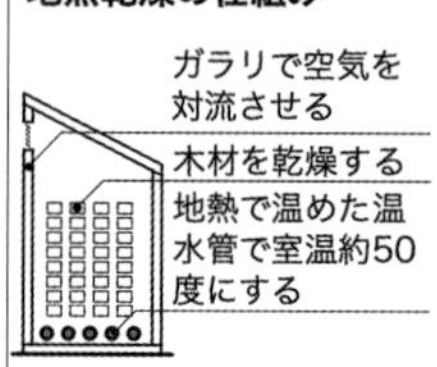

室数	14室	**容量**	4tﾄﾗｯｸ1台分（4m材乾燥）
乾燥温度	中温乾燥（約110℃の水蒸気を床下のパイプに通し室温をあげ、過乾燥を防ぐため加湿も行う）		
運営	1ヶ月単位で地元の製材所に貸し出しており、現在14室全て埋まっている		
地域との関わり	住民は調理や暖房に利用しており、生活に影響を与えないように余った蒸気を利用している		

2. 小国町における川上・川下の協働関係の実態

設計・施工者に対するヒアリングから、木材価格への関与と森林管理者と設計・施工者間の協働関係の観点により木材調達パタンを抽出した。パタン1は製材所が貯木していた原木を見積もり後に製材する。パタン2は森林組合が工務店から一括で受注し各製材所に発注する。パタン3は工務店所有の山から伐採した木を自社で使う。パタン1、2は原木市場を介するため、持続的に森林管理できる木材価格で取引されているとは限らず、設計・施工者にも森林資源の状況は不透明である。パタン2は原木市場が機能不全陥っている以上、持続的に森林管理できる木材価格で取引がされているとは限らず、設計・施工者は森林資源の情報にアクセスしていないため、森林の状況を理解している設計者は育成されない。パタン3は小規模な林工一貫体制を形成しており、山の収入の確保、森林の情報を基にした多様な材の活用が可能だが、閉じた体制であり、広い森林の持つ多面的な機能が発揮できるような林工一貫の体制とはいえない。

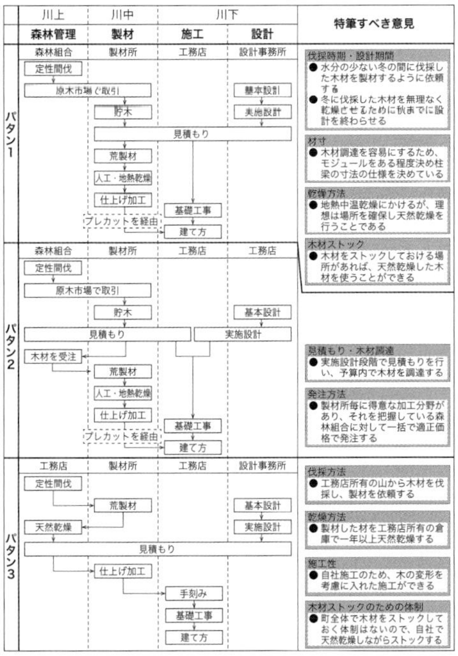

木材調達パタンと木材調達のための森林管理者と設計・施工者の協働関係

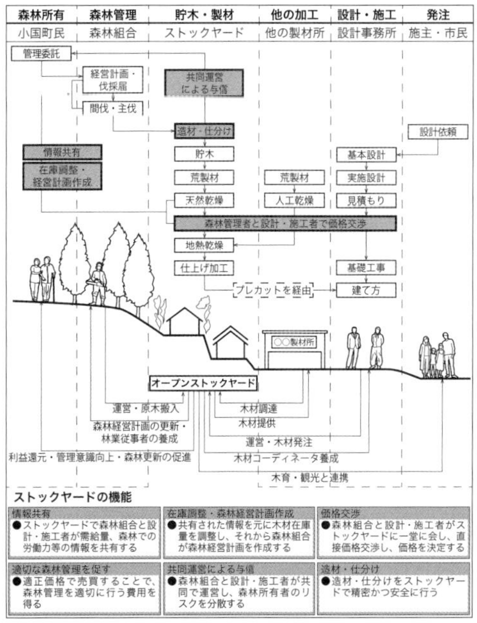

森林管理者と設計・施工者の協働体制の改善案

3. 森林管理から見た協働体制の改善案

地域の森林資源を持続的に管理し、設計・施工者の木材情報へのアクセシビリティを確保するためには、森林管理者と設計・施工者が情報共有を行い、新しい流通を形成するストックヤードを共同で運営することで、木材の適正価格での直接売買や共有した情報の森林経営計画への反映を促し、安定供給と適材適所での木材利用を実現することが必要である。そこで本計画ではそれらを実現するために、ヒアリングから得た木材調達パタンを改善し、建設行為と持続的な森林管理が一体になる協働体制を提案する。さらに林業従事者や木造設計者の育成を行い、協働体制の場を木材の最終利用者でもある市民に開くことで“林工育一貫型”のオープンストックヤードを計画する。

オープンストックヤードは森林所有者から管理委託を受けた森林組合と設計・施工者が共同運営する。また、荒製材の状態で天然乾燥しながらストックすることで、大径木の乾燥期間と建築の工程を合わせることができる。設計・施工者はここに原木または荒製材を求めて、オープンストックヤードを訪れ、森林管理者と価格交渉する。共同運営をすることで、森林組合から森林資源の情報を、設計・施工者からは欲しい材の情報を共有でき、山に負担をかけない持続的な森林管理と建築行為が一体となる。

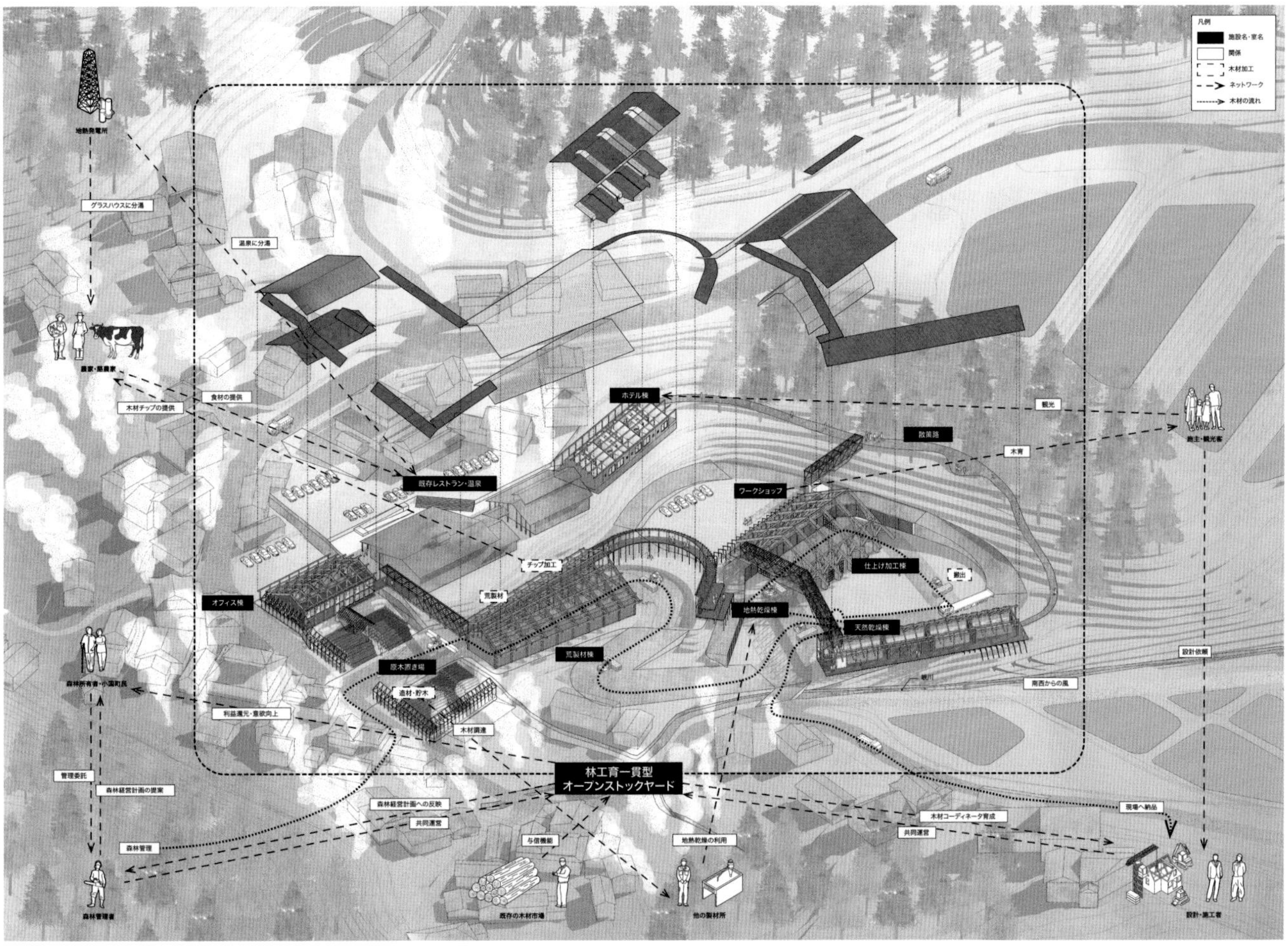

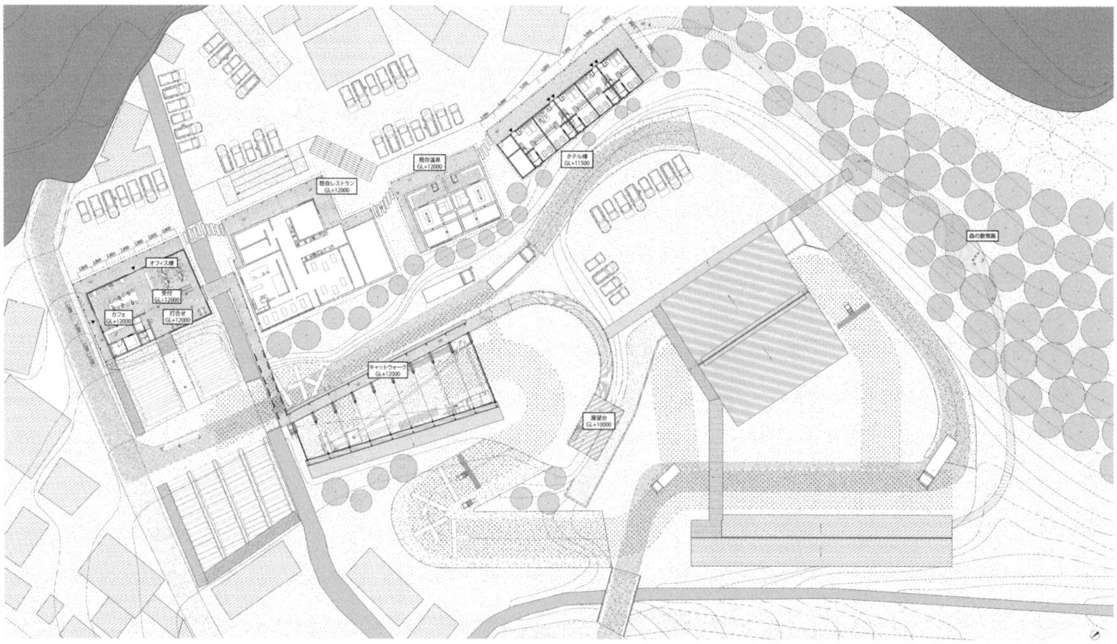

GL+12000　平面図

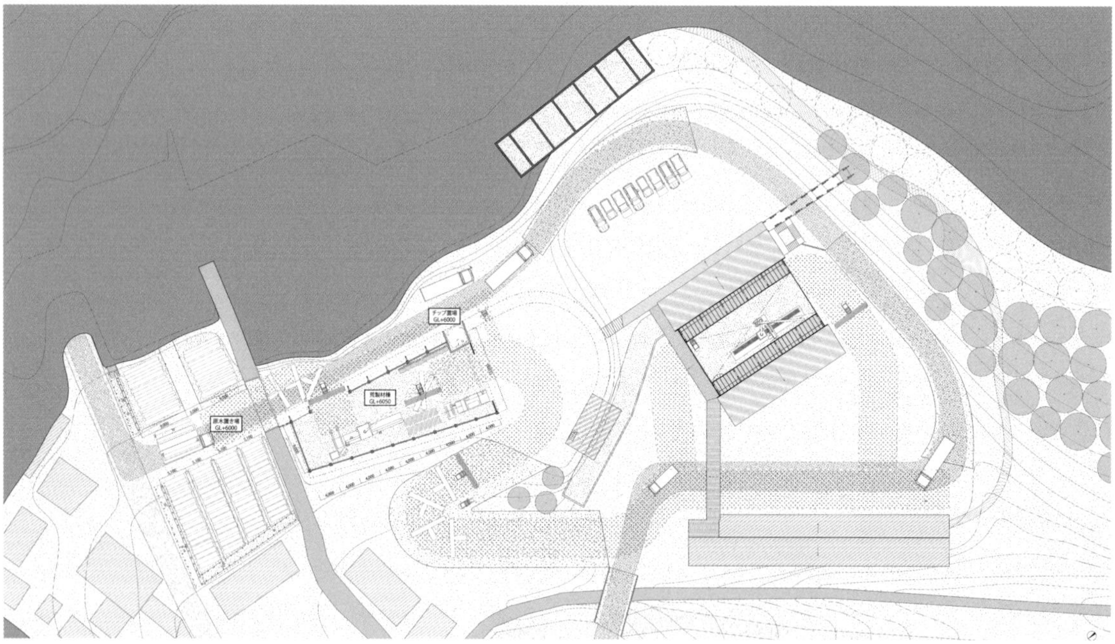

GL+9000　平面図

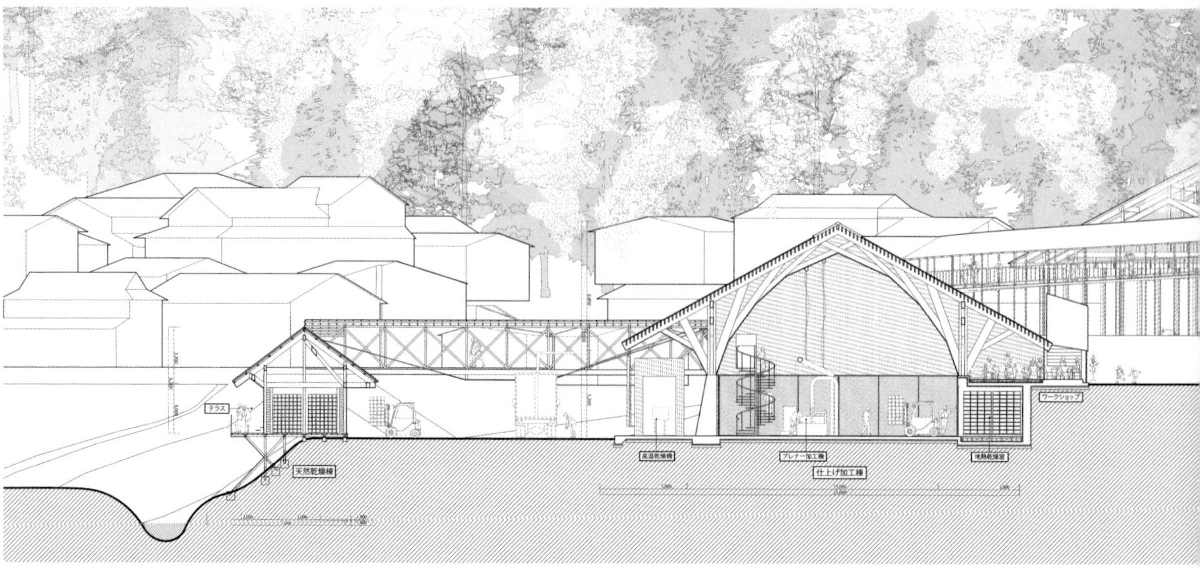

ホテル棟〜天然乾燥棟　断面図

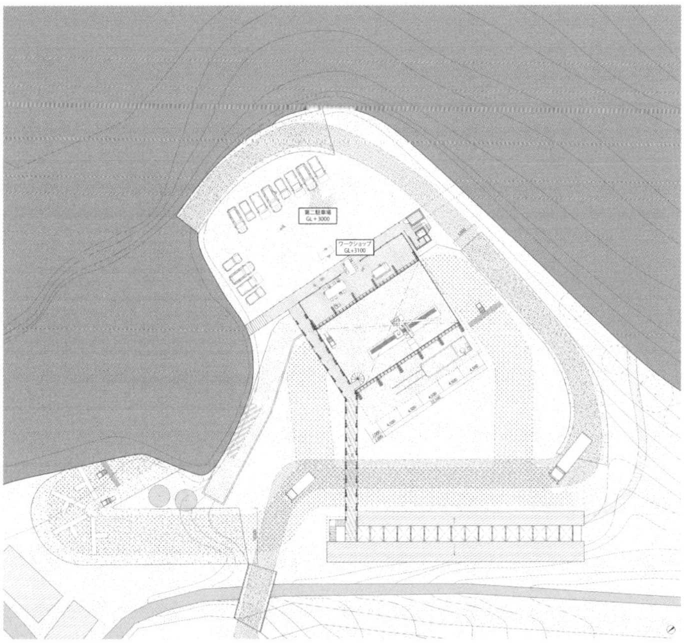

GL+5000　平面図

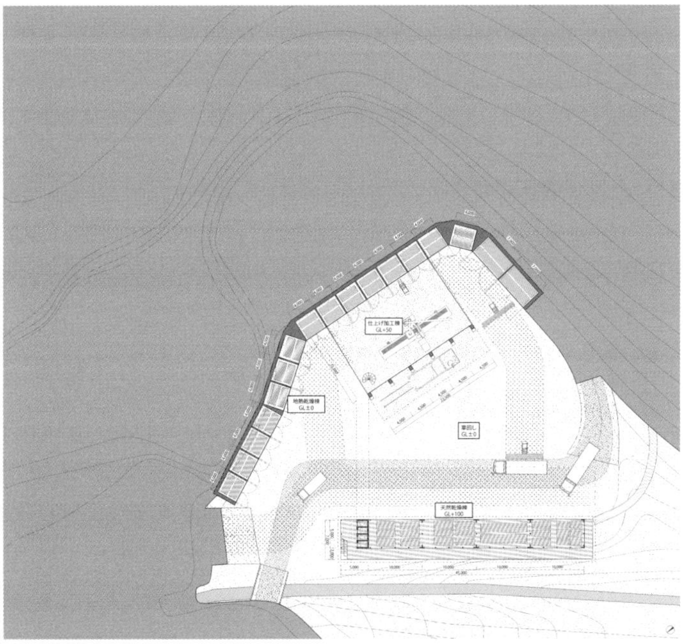

GL+2000　平面図

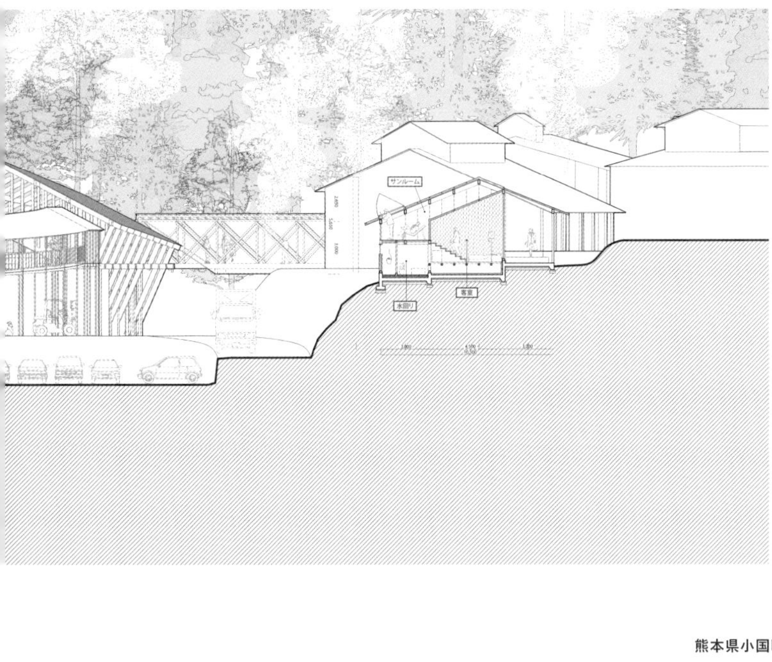

集落を見る。この場所に来る人はまず、置き屋根構法のオープンストックヤードを臨む。ストックヤードは地熱の蒸気で包まれた集落に馴染むように地形に沿って配置される

天然乾燥棟は敷地の南西から吹く風を取り込む。風が建物を吹き抜けるように川へ張り出して配置し、川側に観覧者のための通路を設けることで、眺望を得ながら荒製材状態でストックされた木材の品定めができ、乾燥過程での木の曲がりや反りなどが観察できる。また、長尺材の乾燥も対応できるよう10mスパンとしている

地熱乾燥棟では中温乾燥、仕上げ加工棟ではプレナー加工を行う。斜面に沿って地熱乾燥室を配置し、地熱乾燥室を覆うようにその上のワークショップと一体に屋根をかけ、フォークリフトで長尺材を取り回せる大空間をつくる。展望台から続くブリッジや地熱乾燥の上のワークショップからは仕上げ加工の様子が見える

仕上げ加工棟の大屋根の置き屋根の空間はワークショップを設置し、製材過程で出た端材を使えるshopbotなどを設置し、市民とのワークショップを行う場所となる。冬季は地熱乾燥室の残りの熱を床暖房として利用し、夏季は開口を開き、内外一体に使える空間となり、置き屋根により重力換気を促すことで温熱環境を快適に保つ

持続的な山岳環境保全にむけた
ボランティアビルドによる山小屋の提案

森本 玄
Gen Morimoto

東京工業大学大学院
環境・社会理工学院
建築学系
安田幸一研究室

本計画では、八ヶ岳連峰をケーススタディとし、持続的な山岳環境保全のあり方を踏まえた、ボランティアにより実践される建設システムの構築と、それにより建設される山小屋を提案する。

現状の自然公園制度は管理運営体制に課題があり、山小屋は慣習的に環境整備の多くを自主的に請負っているが、山小屋に対する支援は十分とはいえない。山岳環境の保全・利用を維持するためには、登山客をはじめとしたボランティア参加を想定した共助的な取り組みが必要である。

ここでは、コンパクトで軽量な資材の利用を想定した構工法の提案と、既存の山小屋のネットワークを活かした資材の供給システムの整備により、建設活動が再生産される環境を整える。

性格の異なる3つの敷地を選定し、地盤やアクセシビリティの観察から、敷地に適した比重の資材利用や整地方法を選択した。建材として転用可能なアルミパイプによる背負子や、間伐材から構造体が構築され、土や石など現地の資材を利用した工法により自然環境負荷を低減させつつ、簡易的な加工・施工を想定しボランティアの参入を可能にしている。

資材や構法、生産流通のシステムが、既存の建設産業における局所最適な状態から脱し、ある社会の範囲では別のかたちで合理化される可能性があることを提示することで、建設のエコシステムが様々なかたちで存在可能であることを示すことに、本計画のひとつの意義があると考える。

1. 山小屋の役割

登山道等の環境整備は山小屋が実施する決まりはないが、山小屋への事業委託や自主的な努力に頼る場合が多く、行政が実状を把握しきれず環境保全が十分に実施されていない問題が指摘されている。また、山小屋が果たす役割の多くは公共的なものであるが、その実行に必要な資金は宿泊等による収益から賄われる。近年、ヘリコプター会社の山岳事業撤退による輸送費の高騰や、コロナ禍による収益減により運営困難となる山小屋が増加しているものの、山小屋の運営を公的に支える仕組みは現状存在しないため、これらの役割が果たせなくなっている。持続的な山岳環境保全のためには、山小屋をはじめとした登山関係者と協働しつつ、山小屋の負担を軽減するような協働型管理運営体制の構築が必要である。

		機能
○		宿泊の提供
○		物資の提供（売店・食堂）
○	●	休憩所
○	●	トイレの提供
	●	危険個所の点検、危険物の適正処理
	●	登山者に対する情報提供・安全指導
	●	給水
	●	救難対策（緊急避難、救助）
	●	医療（診療所）
	●	登山道等の維持管理・清掃
	●	自然保護の拠点としての機能または-廃棄物、排水の適正処理

○ 収益事業 ● 公共的事業

2. 八ヶ岳連峰の概要

山梨県と長野県に跨る八ヶ岳連峰を計画地とする。長野県では北アルプスに次いで登山客の多い山域であり、近年コロナ禍の影響によりその数が減少している。

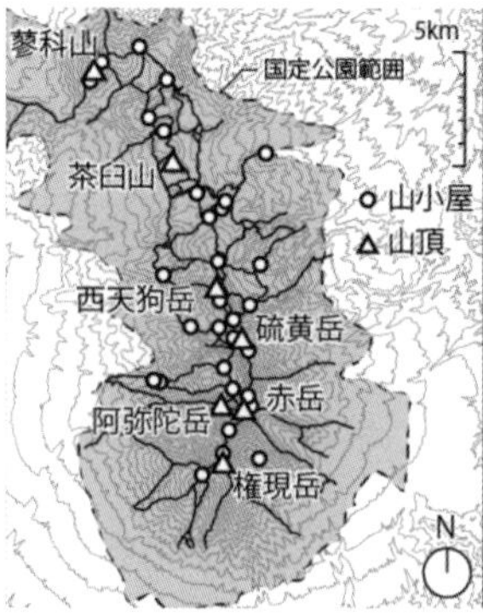

基本情報

自然公園指定	八ヶ岳中信高原国定公園
最高峰	赤岳（2,899m）
延長	30km
山小屋の数	33 軒
登山者数*（2019 年）	79,625 人（北ア 203,372 / 中ア 43,667 / 南ア 19,220）

推移

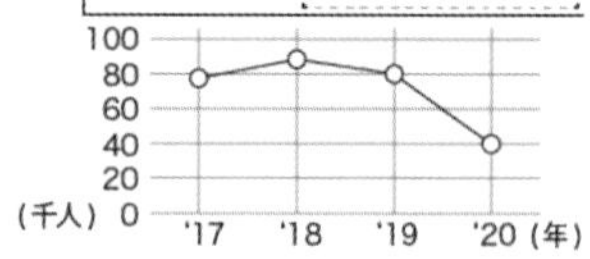

3. 山小屋の立地分析

コースタイムが大きい小屋はアクセスが難しいことを意味し、3時間を超える小屋はいずれも急峻な地形の目立つ南八ヶ岳に位置している。これら到達困難な小屋は他の小屋から短時間でアクセスでき、山小屋間のネットワークを活用することにより建設資材の供給が容易となる。

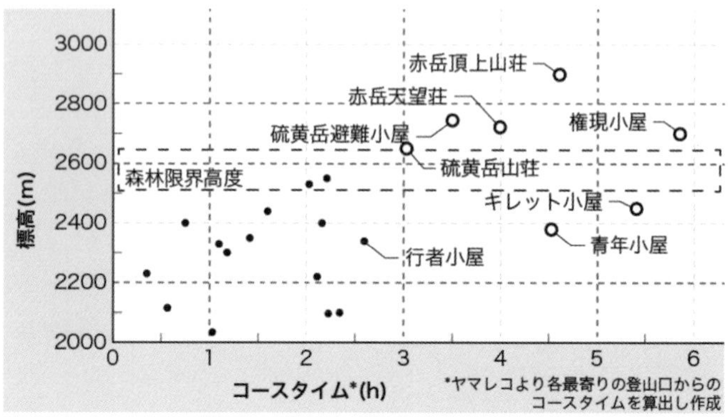

4. ネットワークの構築

本計画では多様な関係者による協働型管理運営体制の構築を想定し、登山客を含むボランティアの参加を基にした山小屋の建設システムをボランティアビルドとして提案する。コンパクトで軽量な資材の利用、簡易的な施工を想定し、ボランティアが建設に参加可能な設計とする。従来の協働型管理運営体制では官民連携による協議会が合意形成・ビジョン策定を担うが、現地の状況に最も精通し、かつ実働している、環境整備の最前線である山小屋を中心とし、ボランティアとのハブとすることで、現地における環境保全活動と意思決定の場である協議会を繋ぐ。

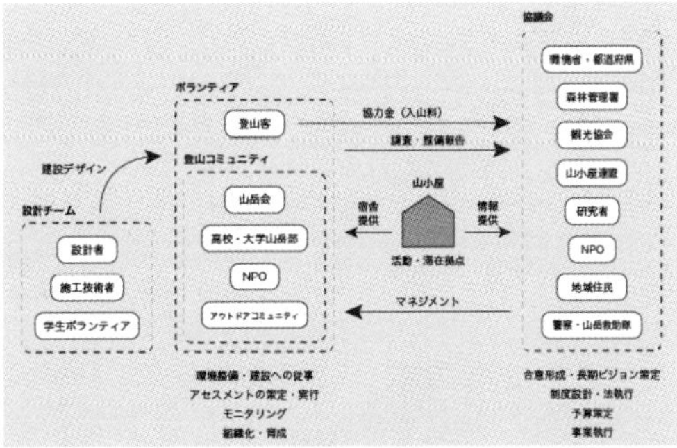

5. 供給経路の構築

既存の山小屋のネットワークを活かし、資材の供給経路を構築する。

山麓部では人工林で生じる小径の間伐材を活用し、資材の一次加工・保管を交通インフラの整った登山口付近の山小屋で行う。この山小屋は建設資材や携帯トイレの配布・回収を担う。

中腹部の山小屋は他への中継地点として整備し、資材の二次加工・貯蓄や登山道整備のワークショップ・自然教室等、環境保全活動の拠点とする。建設や環境保全の技術知識の伝達を行い、ボランティアを育成・組織化することで、山小屋建設・環境整備のプロジェクトを持続的に再生産するシステムとして機能する。稜線部の山小屋は高所で急峻な地形に建ち、比較的多くの登山道整備や植生保護を担う。整備資材の貯蓄や環境保全の拠点として整備しつつ、軽量な資材を用い環境負荷の小さい方法で山小屋を建設する。

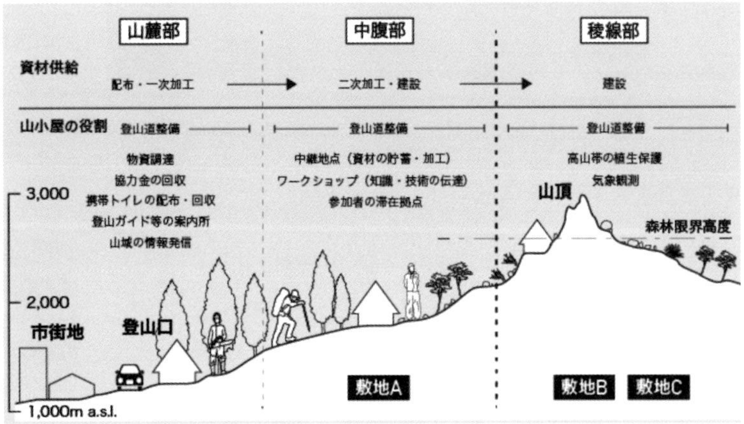

6. 建設に用いる資材

建設に用いる資材には、現地で調達可能な資材を一部利用しつつ、間伐材や、登山道具として利用可能なアルミユニット・発泡ポリエチレンシート等を転用する。

1. 背負子アルミユニットの利用

建設資材の運搬に用いられてきた背負子を、利用可能な建材として捉え、背負子アルミユニットとアルミストックを設計した。アルミパイプを溶接・加工することで製作可能なユニットであり、山麓部において製作されたのち、登山口付近の山小屋において保管・配布が行われる。登山者は背負子にその他の建設資材および登山道具を積載し、次の目的地の山小屋まで運搬する。

2.間伐材の利用

山麓部の人工林の維持のため生じる間伐材の活用法の１つとして、山域の山小屋の建設に間伐材を活用する。伐採された間伐材は木枯らし乾燥を経たのち、登山口付近の山小屋において簡易的に加工・保管され、配布される。配布された木材は中腹部の山小屋において貯蓄され、山小屋の建設や改修、登山道整備に用いられる資材として二次加工され、目的地へと運搬される。

3.現地資材の利用

現地で調達可能な資材を建設に利用する。土が豊富な敷地では、土壌を掘ることにより整地し、かつ土を資材として利用するため版築工法を導入する。土や砂礫、砂利のある敷地では、登山道整備のために用いられる資材の一つである植生土嚢を利用し、整地に利用する。その他、土や砂礫、砂利のある敷地での植生土壌の利用や、石や岩が豊富な敷地での重石や土留めの壁への利用など、敷地の地表に適した現地資材の活用方法を選択する。

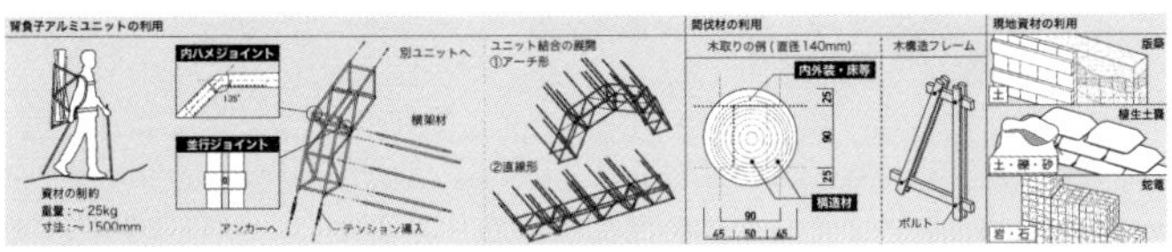

7. 配置図

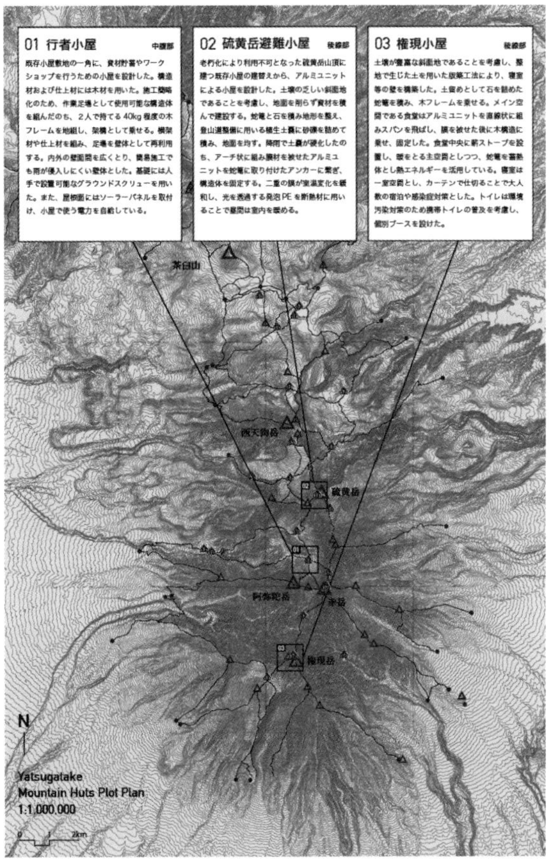

●行者小屋　Gyoja Hut

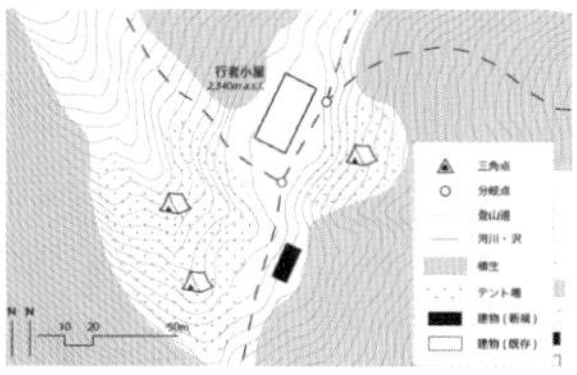

2,340m a.s.l.

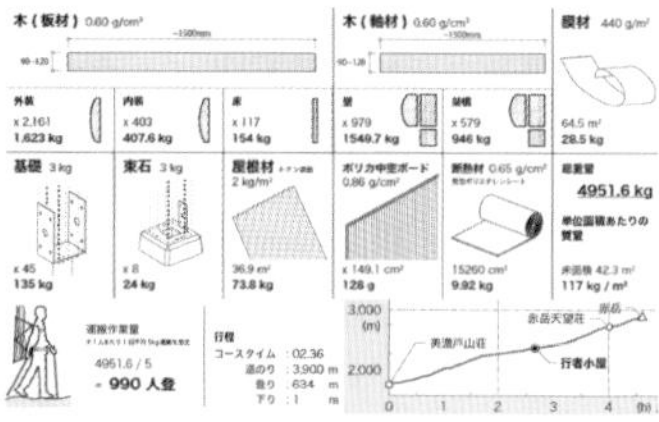

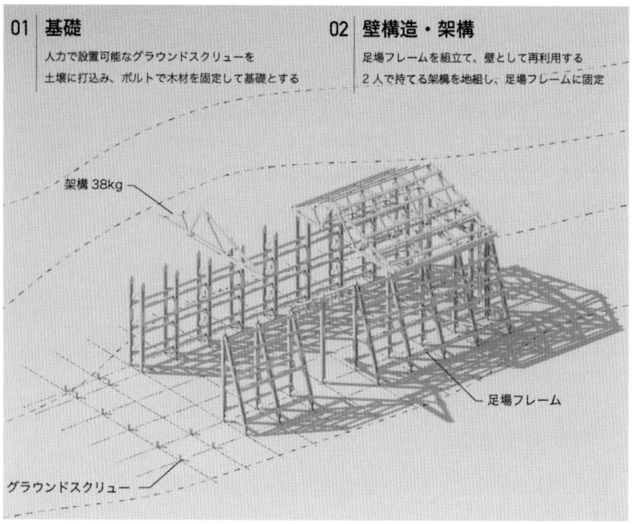

人力で設置可能なグラウンドスクリューを
土壌に打込み、ボルトで木材を固定して基礎とする
02 壁構造・架構
足場フレームを組立て、壁として再利用する
2人で持てる架構を地組し、足場フレームに固定

足場フレーム
グラウンドスクリュー

Construction Phases

●硫黄岳避難小屋 Mt. Ioudake Evacuation Hut

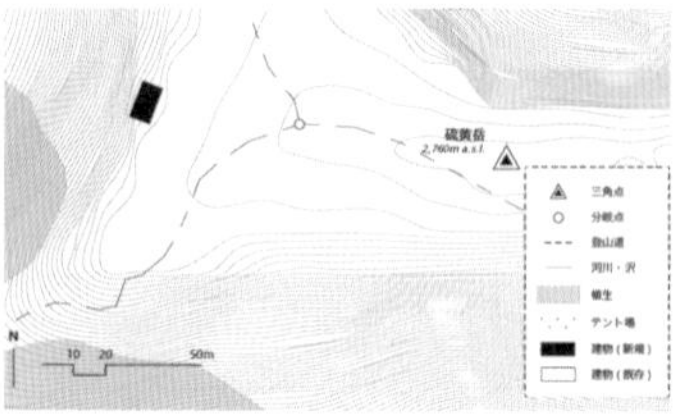

2,750m a.s.l.

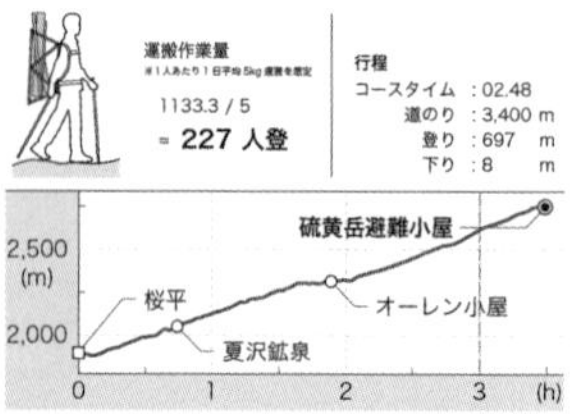

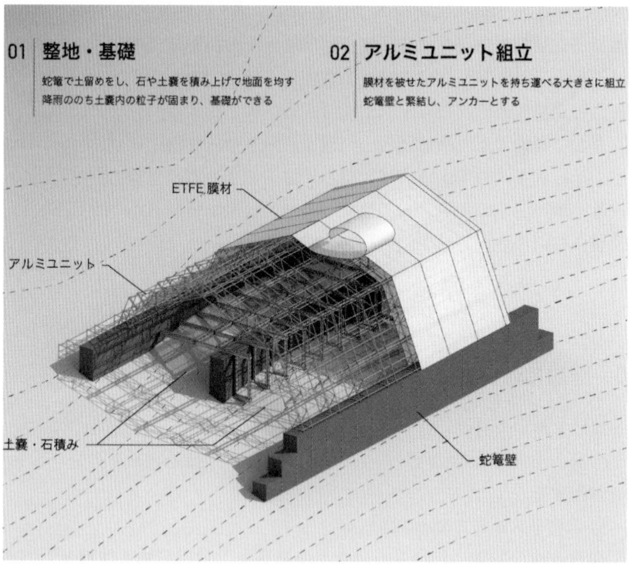

01 整地・基礎
蛇篭で土留めをし、石や土嚢を積み上げて地面を均す
降雨ののち土嚢内の粒子が固まり、基礎ができる
02 アルミユニット組立
膜材を被せたアルミユニットを持ち運べる大きさに組立
蛇篭壁と緊結し、アンカーとする
ETFE 膜材
アルミユニット
木フレーム
沓石（羽子板付）
土嚢・石積み
蛇篭壁

Construction Phases

●権現小屋 Gongen Hut

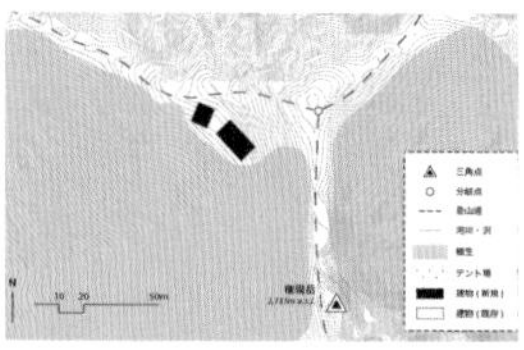

2,700m a.s.l.

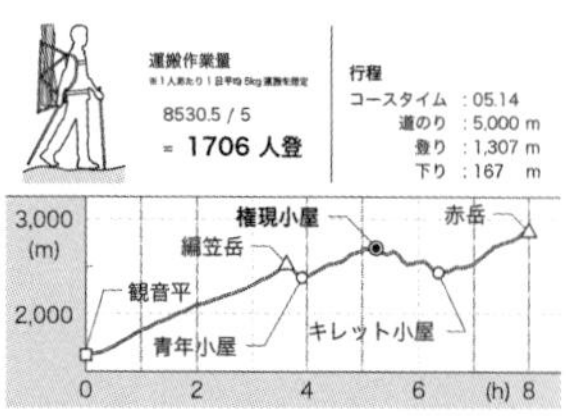

キレット小屋

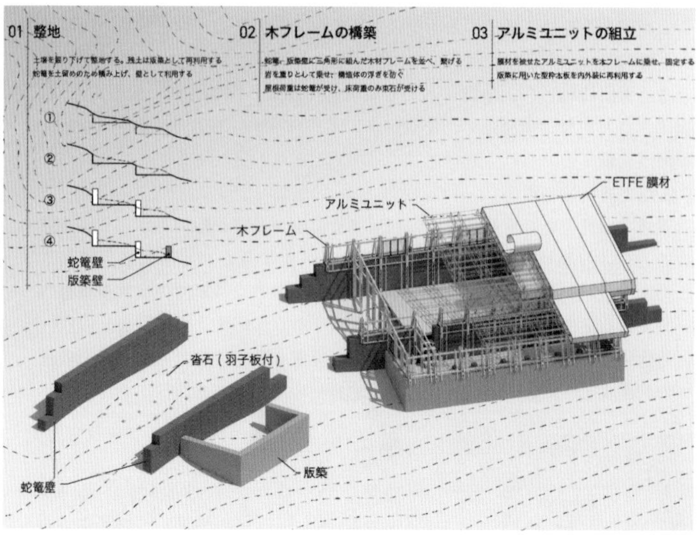

土壌を掘り下げて整地する。残土は版築として再利用する
蛇篭を土留めのため積み上げ、壁として利用する
02 木フレームの構築
蛇篭・版築壁に三角形に組んだ木材フレームを並べ、繋げる

版築に用いた型枠木板を内外装に再利用する

Construction Phases

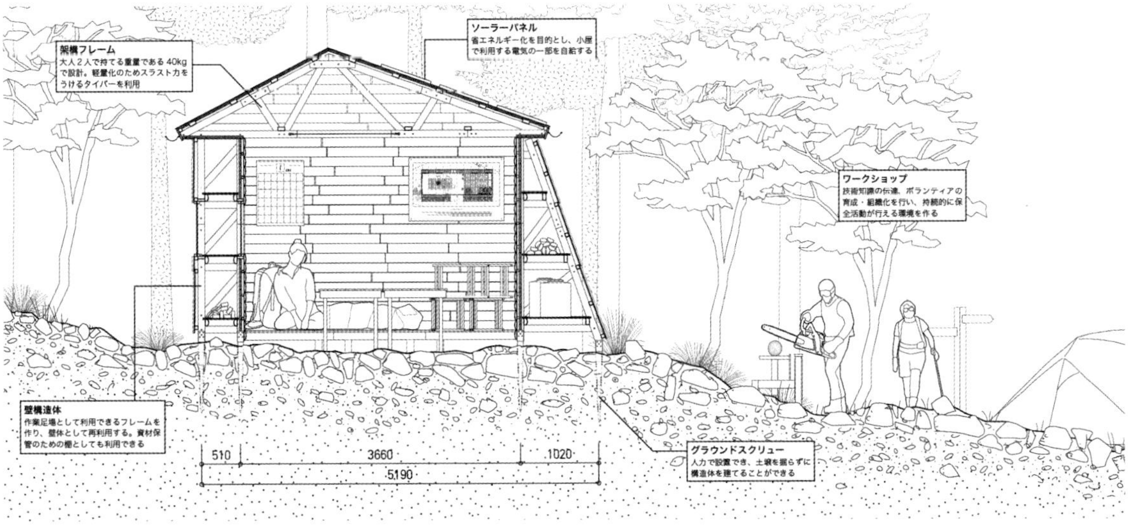
架構フレーム
大人２人で持てる重量である 40kg で設計。軽量化のためスラスト力をうけるタイバーを利用
ソーラーパネル
省エネルギー化を目的とし、小屋で利用する電気の一部を自給する
ワークショップ
技術知識の伝達、ボランティアの育成・組織化を行い、持続的に保全活動が行える環境を作る
壁構造体
作業足場として利用できるフレームを作り、壁体として再利用する。資材保管のための棚としても利用できる
グラウンドスクリュー
人力で設置でき、土壌を掘らずに構造体を建てることができる
510
3660
1020
5190

Short Side Cross Section

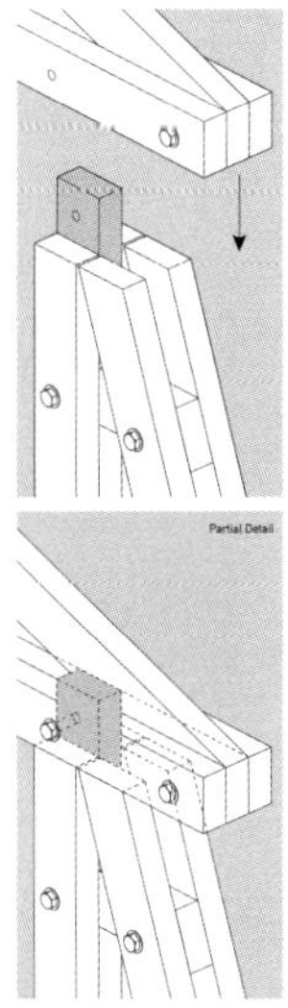

Partial Detail

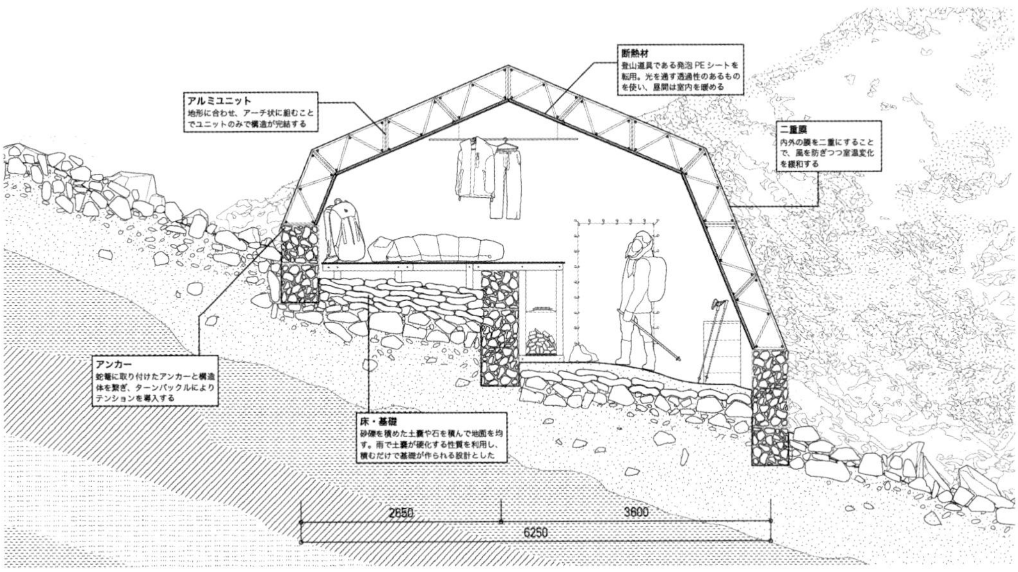
アルミユニット
地形に合わせ、アーチ状に組むことでユニットのみで構造が完結する
断熱材
登山道具である発泡 PE シートを転用。光を通す透過性のあるものを使い、昼間は室内を暖める
二重膜
内外の膜を二重にすることで、風を防ぎつつ室温変化を緩和する
アンカー
蛇籠に取り付けたアンカーと構造体を繋ぎ、ターンバックルによりテンションを導入する
床・基礎
砂礫を積めた土嚢や石を積んで地面を均す。雨で土嚢が硬化する性質を利用し、積むだけで基礎が作られる設計とした
2650
3600
6250

Short Side Cross Section

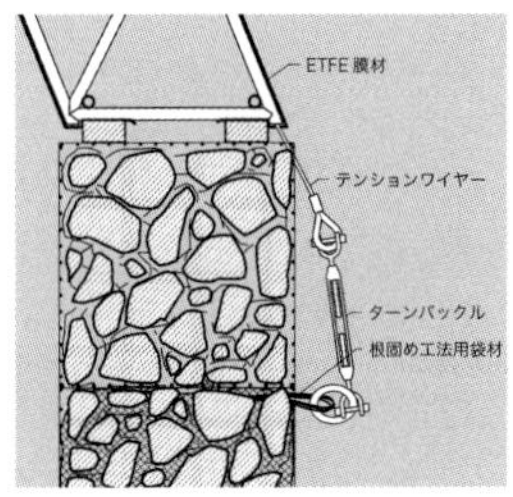
ETFE 膜材
テンションワイヤー
ターンバックル
根固め工法用袋材

Partial Detail

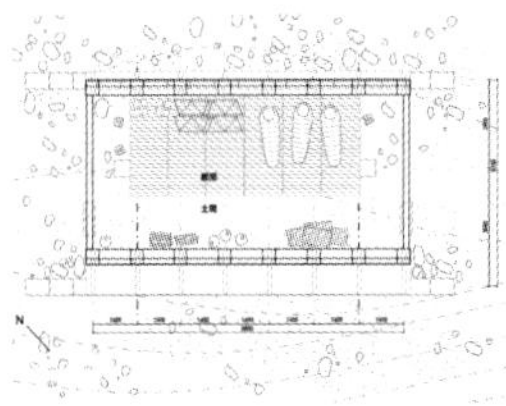

Plan

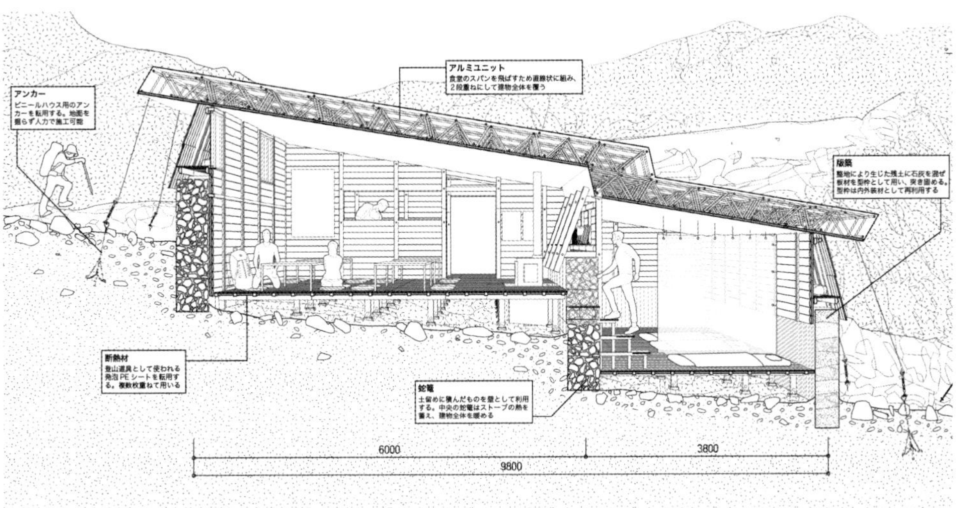
アンカー
ビニールハウス用のアンカーを転用する。地面を掘らず人力で施工可能
アルミユニット
食堂のスパンを飛ばすため直線状に組み、２段重ねにして建物全体を覆う
版築
整地により生じた残土に石灰を混ぜ板材を型枠として用い、突き固める。型枠は内外装材として再利用する
断熱材
登山道具として使われる発泡 PE シートを転用する。複数枚重ねて用いる
蛇籠
土留めに積んだものを壁として利用する。中央の蛇籠はストーブの熱を蓄え、建物全体を暖める
6000
3800
9800

Short Side Cross Section

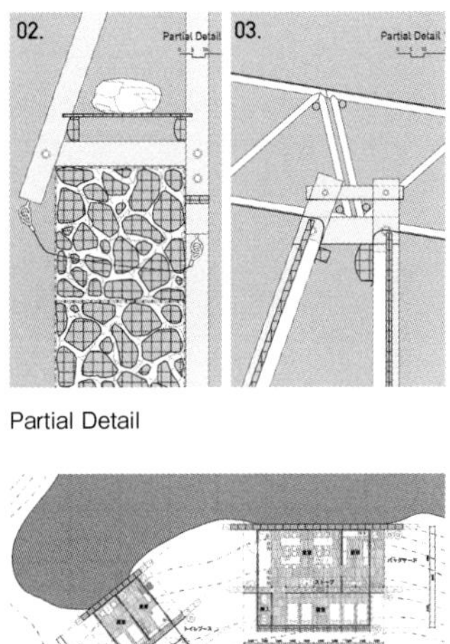
02.
03.

Partial Detail

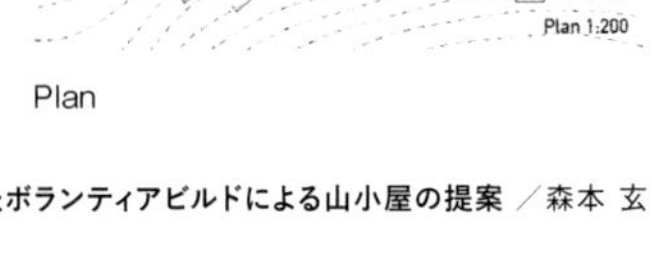
Plan 1:200

Plan

日本における土を建材として用いた住宅プロトタイプの提案

植野 果歩
Kaho Ueno

東京電機大学大学院
未来科学研究科
建築学専攻
日野雅司研究室

世界の住居の1/3は土の建築と言われており、日本は木が豊かな国であったため、土が建材として重要性を持たなかった、世界の中でも珍しい国とされている。

環境負荷削減の暮らしに転換するため、エネルギーを減らす構法として、「土」が建築と社会に果たす役割は大きいと考え、環境にやさしい「土」を現代にふさわしい建築材料として見つめ直し、穏やかで乾燥したヨーロッパと違い、湿度の高い日本で「土」を用いた住宅のプロトタイプの提案を行う。

CASE1では版築造と土を盛って暮らす住宅をテーマに、緩い斜面地に版築壁を構造的に利用した住宅を提案。構造体として版築壁を自立させ、剥離や転倒を防止するため、アスペクト比の4：1を基準に片面を傾斜させる。年を重ねる度、緑に覆われていき自然に還る建築となる。CASE2では版築壁と土壁を用い、フレームに土を纏い、自然と共生しながら生きる住宅を提案。緩やかなカーブを描いた壁は自由度の高い竹小舞でつくり、左官仕上げとすることで調湿、蓄熱の機能を持つ。CASE3では木造住宅とのハイブリットとし、1階部分の建築と基礎に土を使うことを試みる。等々力の地層が立ち上がったような壁に、従来の木造住宅がのる。2階をリビングとし、等々力不動尊のある緑豊かな方向に開くことで、この地の風景を室内まで引き込み、風通りの良いリビングルームとした。

1. 土建築の歴史

日本の土壁の歴史は1400年前からとされている。土壁の発達によって、食文化にも大きな影響を与え、「土蔵」が生まれたことにより醸造の技術が発展し、今日に至る。世界の土の建築技術は9000年以上も前から知られており、ロシアでは紀元前8000年頃の泥レンガの住まいが、紀元前5000年頃の基礎がアッシリアで発見された。

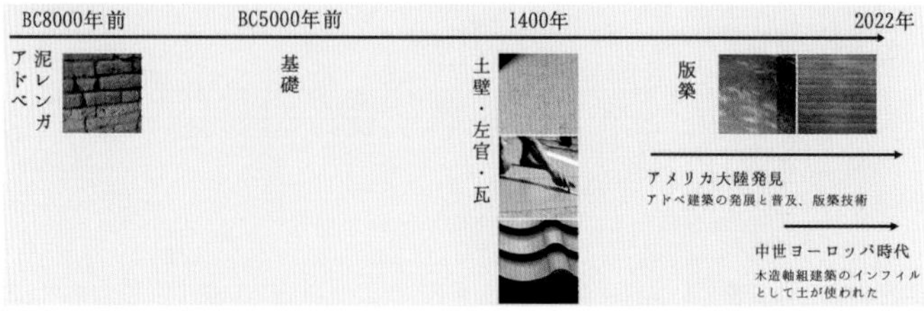

2. 指標から見た土を用いた建築デザイン

土の建築に関する調査を続ける土建築研究所「クラテルーエンサグ」（以下、クラテル）は多くの利用法がある土に対して、さまざまな建設技術を総合的に提示し、12個の使用方法に分類している。

1(乾燥土）から12(液体土)の分類は、12個の使用方法による材料の生産に必要な水分量の変化を示す。クラテルによって提示された図とゲルノート・ミンケ氏の著書である「土・建築・環境 ―エコ時代の再発見―」から、日本の伝統建築で土を建築材料や意匠材として用いる場合、大きく分けて①土を水や他の材料と練り混ぜて使う左官系のもの、②土を焼いて成型したものという2つの方法があることが分かった。

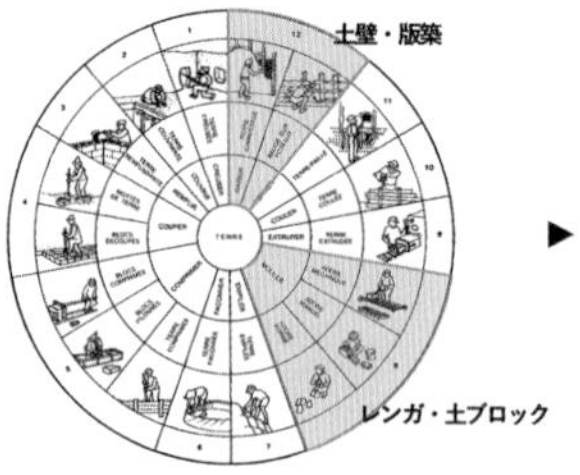

▶

	12の指標	訳	分類
1	terre creusse	土を空洞化する	一枚岩
2	terre couvrante	土で覆う	構造
3	terre remplissante	地球を覆う	構造
4-1	mottes de terre	土の塊	組積造
4-2	blocs decoupes	ブロックを切り抜く	組積造
5-1	blocs comprimes	ブロックを圧縮する	一枚岩
5-2	blocs pilonnees	ブロックを押し固める	組積造
5-3	terre comprimee	土を圧搾する	組積造
6	terre faconnee	土と向き合う	一枚岩
7	terre empilee	土団子	一枚岩
8-1	adobe forme	天日瓦の形成	組積造
8-2	adobe manuel	手動で日干しを行う	組積造
8-3	adobe mecanique	機械で日干しを行う	組積造
9	terre extrudee	土を押出す	組積造
10	terre coulee	土砂を流し込む	一枚岩
11	terre paille	藁葺き	構造
12-1	bauge sur poteaux	柱に塗る	構造
12-2	terre garnissage	土で埋める	構造

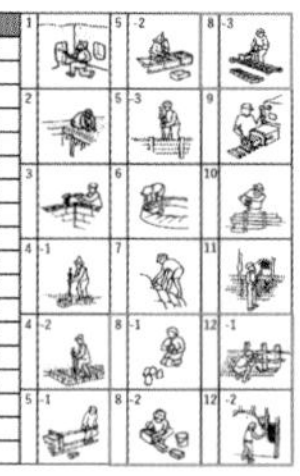

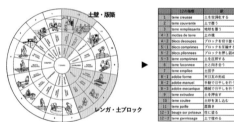

表　土利用に関する12の指標

3. 日本における土の種類と特徴

2000年以降に建てられた新建築、住宅特集の44事例から、日本の建築に用いられている土の種類は約12種類であった。地域によって土の特徴は異なる。関東の土と関西の土で比べてみる。一般に関東の壁土は「さくい」、関西の壁土は「ねばい」と言われる。土の性質の見分け方として「粒径分布曲線」を用いられ、関東の壁土は微粒分の粘土・シルトの割合が50～90%に及ぶのに対し、関西で使われている壁土では、この割合が40%前後のものが多い。

土の捉え方「粒径による分類」
土は粒度により4つに分かれる。
0.005㎜ぐらいまでを「粘土」
0.005～0.075ぐらいを「シルト」
0.075～2㎜ぐらいを「砂」
2～75㎜ぐらいを「礫（れき）」
75㎜以上は土ではなく岩の分類。

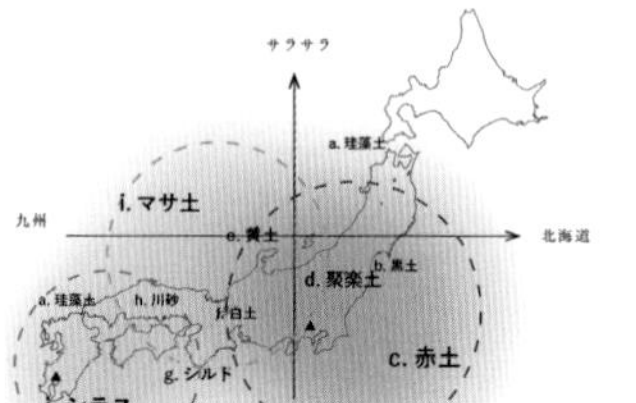

図　日本における土の分布図

4. 土を用いた設計手法

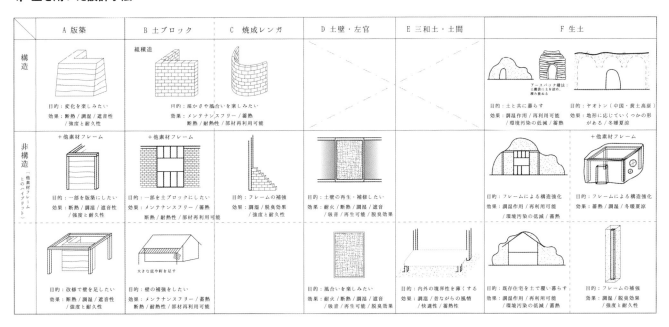

	A 版築	B 土ブロック	C 焼成レンガ	D 土壁・左官	E 三和土・土間	F 生土	
構造	目的：変化を楽しみたい 効果：断熱／調湿／遮音性／強度と耐久性	組積造 目的：温かさや風合いを楽しみたい 効果：メンテナンスフリー／蓄熱 断熱／耐熱性／部材再利用可能				アースバック構法：土嚢袋に土を詰め、積み重ねる 目的：土と共に暮らす 効果：調湿作用／再利用可能／環境汚染の低減／蓄熱	目的：ヤオトン（中国・黄土高原） 効果：地形に応じていくつかの形がある／冬暖夏涼
非構造（他素材フレームとのハイブリット）	＋他素材フレーム 目的：一部を版築にしたい 効果：断熱／調湿／遮音性／強度と耐久性	＋他素材フレーム 目的：一部を土ブロックにしたい 効果：メンテナンスフリー／蓄熱 断熱／耐熱性／部材再利用可能	目的：フレームの補強 効果：調湿／脱臭効果／強度と耐久性	目的：土壁の再生・補修したい 効果：耐火／断熱／調湿／遮音／吸音／再生可能／脱臭効果		目的：フレームによる構造強化 効果：調湿作用／再利用可能／環境汚染の低減／蓄熱	＋他素材フレーム 目的：フレームによる構造強化 効果：蓄熱／調湿／冬暖夏涼
	目的：改修で壁を足したい 効果：断熱／調湿／遮音性／強度と耐久性	大きな庇や軒を足す 目的：壁の補強をしたい 効果：メンテナンスフリー／蓄熱 断熱／耐熱性／部材再利用可能		目的：風合いを楽しみたい 効果：耐火／断熱／調湿／遮音／吸音／再生可能／脱臭効果	目的：内外の境界性を薄くする 効果：調湿／昔ながらの風情／快適性／蓄熱性	目的：既存住宅を土で覆い暮らす 効果：調湿作用／再利用可能／環境汚染の低減／蓄熱	目的：フレームの補強 効果：調湿／脱臭効果／強度と耐久性

5. 土を建材として使うメリット・デメリット

昔と現在での土の使われ方を比べると、版築や土壁、瓦、焼成レンガの他に土を構造として用い、土ブロックの組積造に挑戦している事例も少ないが出てきていることが分かる。土は古くから使われている蔵や貯蔵庫でよく見られる。日本の気候は四季によって気温が大きく変化し、雨が多く多湿という特徴がある。材料調湿や蓄熱、遮音、防火、脱臭の効果があり、どの地域でも手に入りやすく、廃棄時に汚染物質を出さない。また自由な造形を可能とする素材であることが挙げられる。一方、デメリットとしては自然災害の多い日本での耐震性や強度問題がある。雨が降ったら流れてしまう危険がある、カビ、ひび割れ、自然乾燥により施工期間が長期に渡る等があげられる。

■土の特性

室内環境	：調湿、蓄熱効果、他
時間性	：経年変化、メンテナンス
地域性	：地域環境からなる土色
内外連続性	：外部環境を室内へ
持続可能性	：素材の循環
質感・居心地	：土によって変わる表情・特異性

6. 敷地と手法の選定

CASE 1：土を被った土の中で暮らす形の模索。構造は版築壁とし、蓄熱・遮音・調湿などの作用を持つ。

CASE 2：土壁を利用し、何年も再生可能、かつ持続可能な建築を目指す。版築壁は太陽の動きからグリッドを作成し、土壁に挿入していく。室空間に動きや多様な活動、視野を広げる住宅を模索する。

CASE 3：環境汚染削減をテーマに敷地で取れる土を壁に塗り、まるで地面からそのまま立ち上がったような壁を持つ。2階部分は1階の土建築と反して従来の木造とのハイブリット建築を模索する。

対象敷地は東京都世田谷区等々力1丁目。等々力不動尊を中心に3つの敷地を選定した。等々力は緑豊かで地盤の固い武蔵野台地上にあり、緩やかな傾斜地が続く。表面上を粘性度の高い関東ロームや赤土で覆われている。

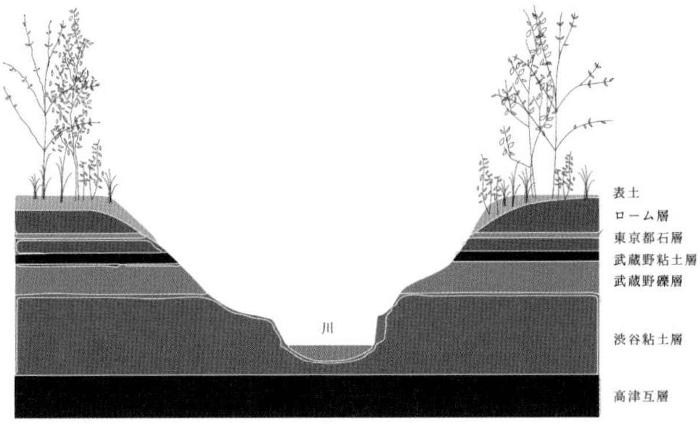

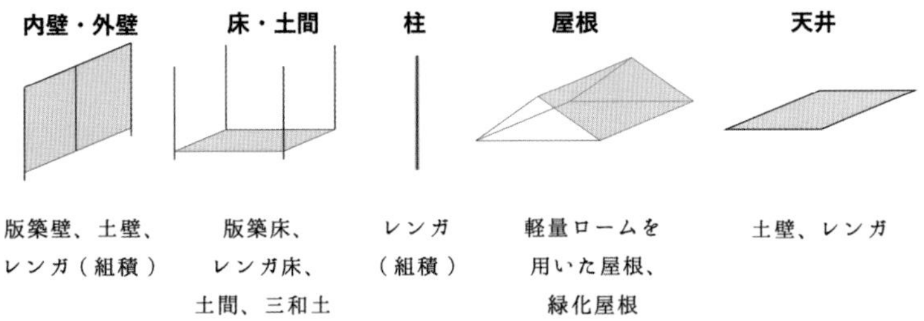

図　土を建材として用いた施工場所

	case1	case2	case3
手法	A(1)＋F(1)	A(1)＋D(2)	F(1)＋木造
ダイアグラム	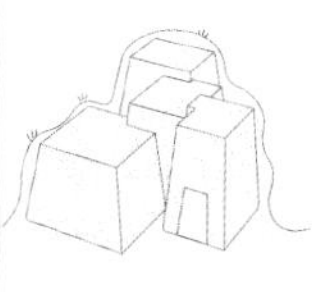	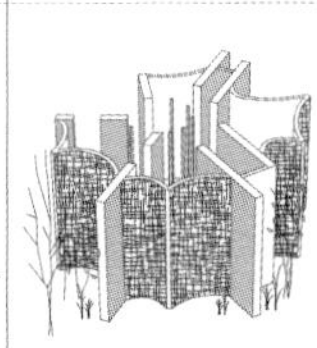	
特徴	蓄熱・遮音・調湿	再生可能・調湿・耐久性	環境汚染削減・調湿・蓄熱

●CASE1：設計コンセプト

CASE1では土を用いた設計手法集より、A（1）＋F（1）を使い、ドーム型と土を掘って暮らす住宅の形をテーマに設計を行う。等々力の緩い斜面地に版築壁を構造的に利用した住宅を提案する。アリの巣から連想し、土が人々の活動や振る舞いを覆い、版築壁によって守られた空間で暮らす形を模索した。構造体として版築壁を自立させ、剥離や転倒を防止するため、アスペクト比の4：1を基準に片面を傾斜させる。等々力の地層が立ち上がるような強い外観を持つ。土を介した大地との連続が生態系を繋ぎ、いつしか等々力の自然に覆われていく。

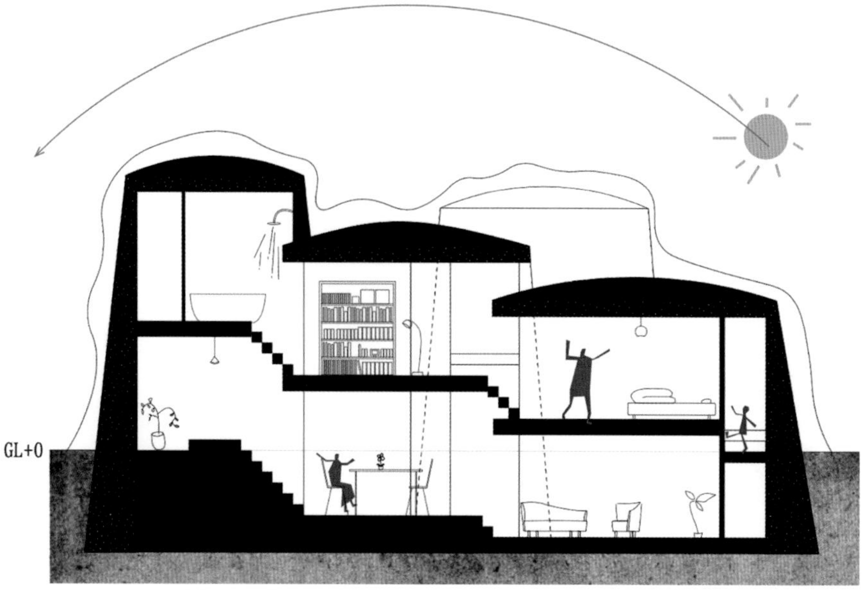

断面図

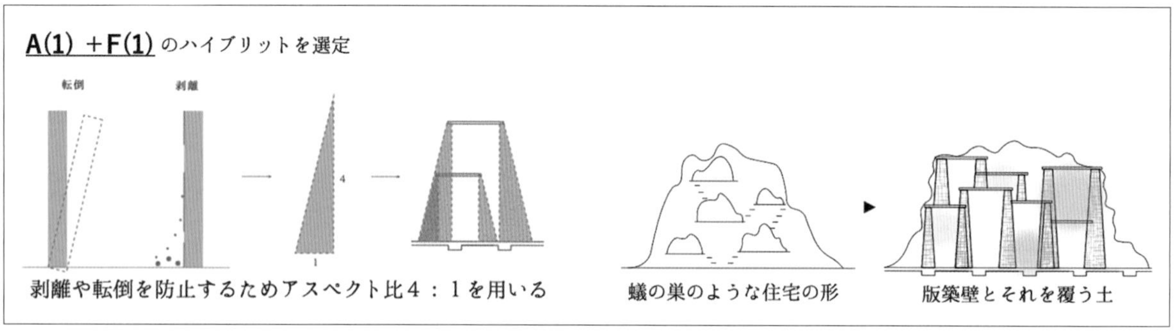

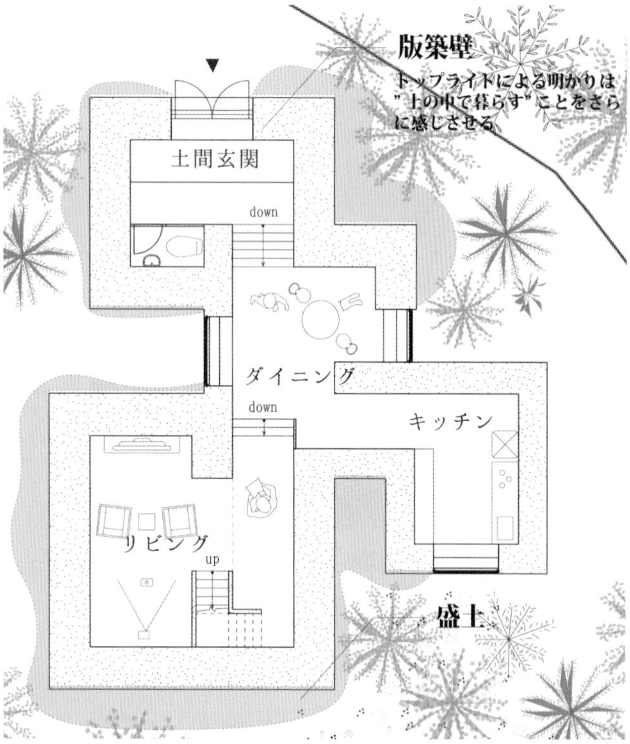

配置図兼1階平面図

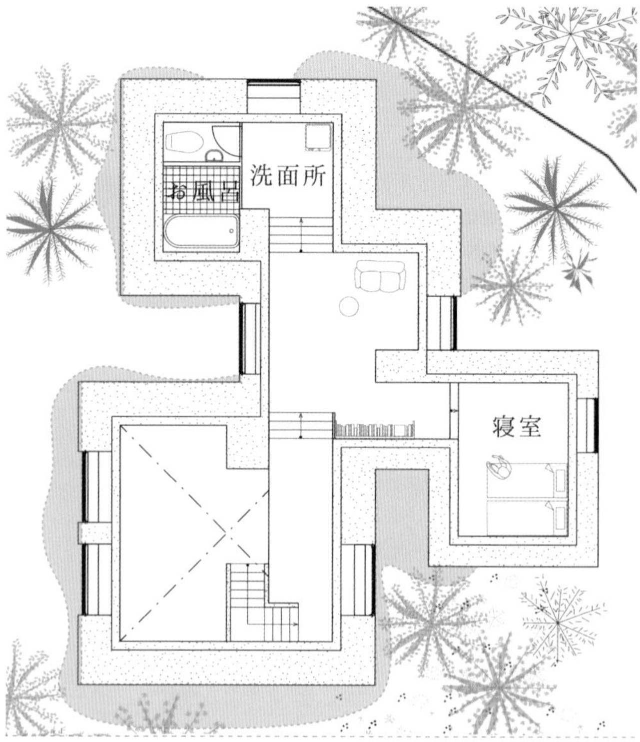

2階平面図

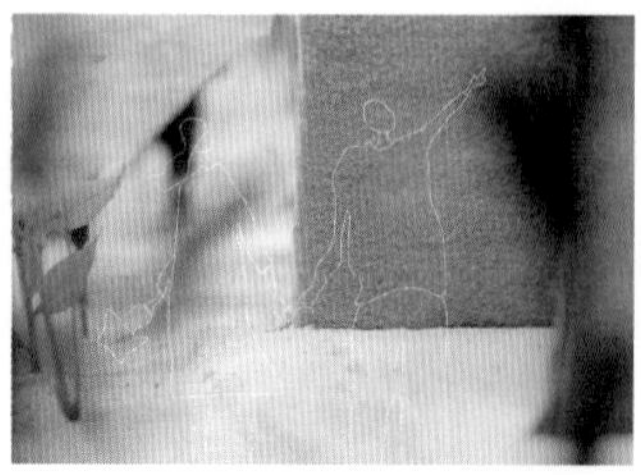

●CASE2：設計コンセプト

CASE2ではA（1）＋D（2）を使い、フレームに土を纏い、自然と共生しながら生きる住宅の提案を行う。緩やかなカーブを描いた壁は自由度の高い竹小舞でつくり、左官仕上げとすることで調湿、蓄熱の機能を持つ。直線的な壁と比べて、カーブを描いている壁のほうが耐震性に富む。さらに強度を持たせるために版築壁を日射の方角に考慮したグリッドに沿って挿入する。寒い日も空間に最大限に光や風を取り入れ、土壁で蓄熱する。住宅から飛び出した版築壁は外部と内部の中間領域を緩やかに繋ぎ、洗濯物を干したり、テーブルとして使われたりと、人々が日頃から実際に土に触れて暮らすことができる。屋根はアールの土壁を際立たせるため、膜屋根とすることで方角によって見え方の異なる住宅となる。

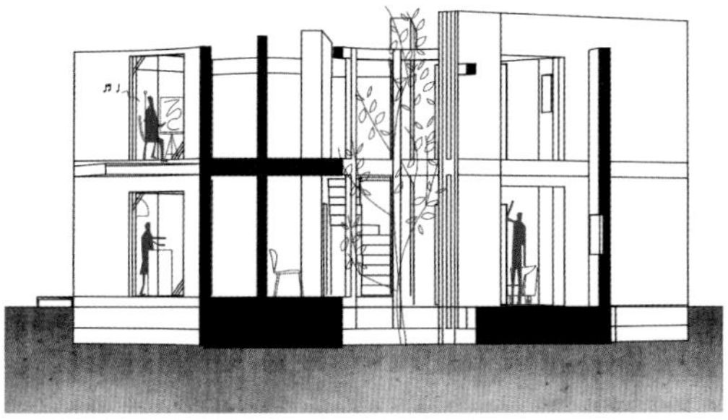

断面図

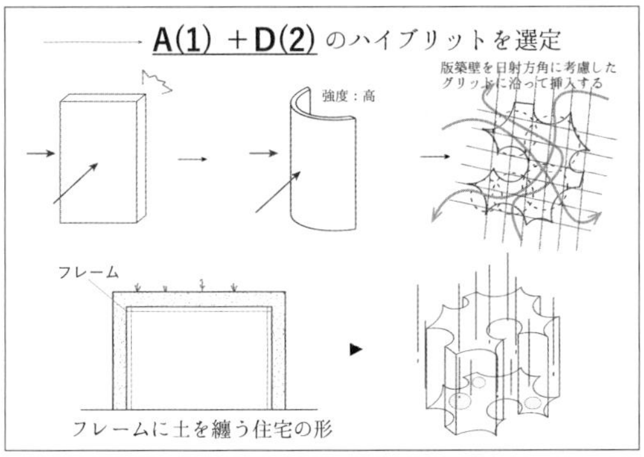

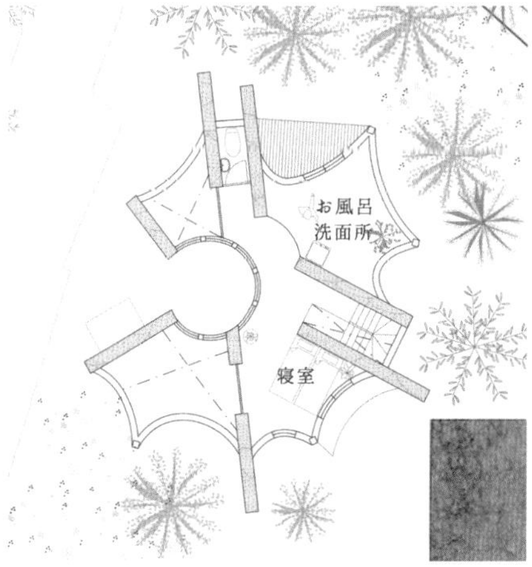

2階平面図

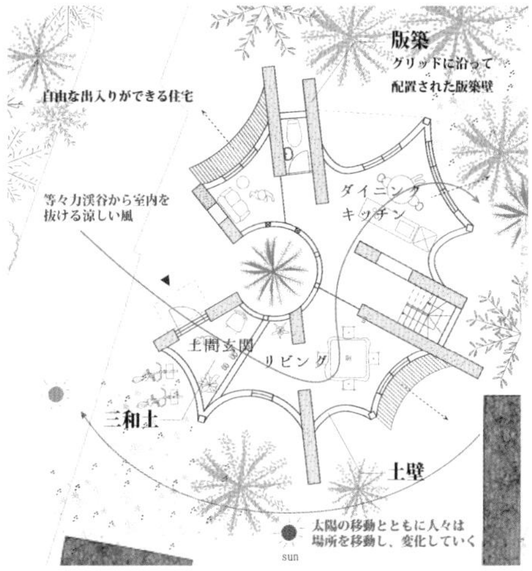

配置図兼1階平面図

●CASE3：設計コンセプト

CASE3では、F（1）＋木造建築のハイブリットを用いて、1階部分の建築と基礎に土を使うことを試みる。基礎としてよく用いられるコンクリートをつくるための材料の割合は砂や砂利が7割を超え、土の仲間と言えるのではないかと考えた。耐震性や強度の問題から土を基礎に用いるために、梁や柱の太さを通常の木造建築で使われるものよりも太くする。土だからこそできる緩やかなカーブを描いた壁の上に立つ木造住宅は、環境汚染負荷の削減に繋がるのではないだろうか。室内に入ると反対側のテラスまで視線が抜け、緑を望むことができる。2階にリビングを設ける。等々力不動尊のある緑豊かな方向に開くことで、この地の風景を室内まで引き込み、風通りの良いリビングルームの設計とした。

断面図

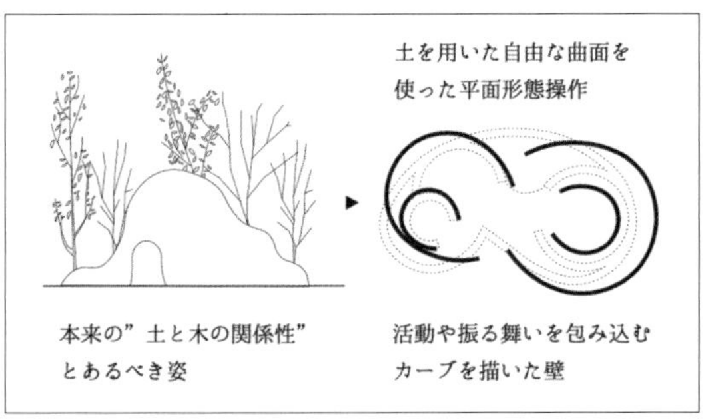

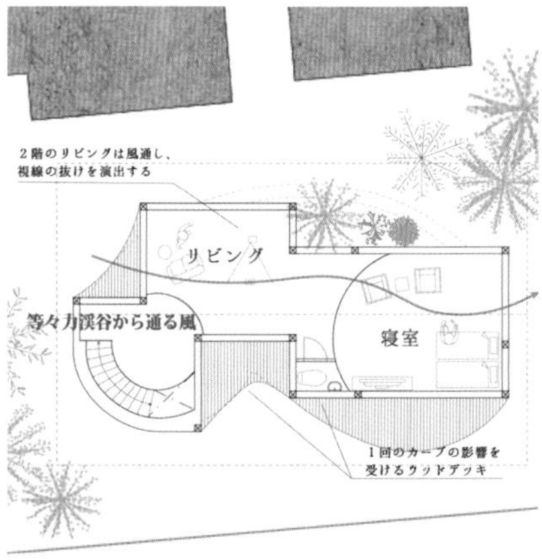

2階平面図

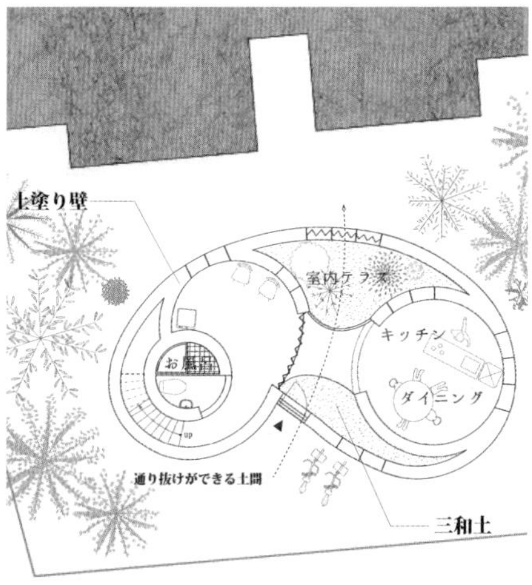

配置図兼1階平面図

連鎖するトップライト

―トップライトを利用した木造密集街区の更新手法の提案―

菊池 悠太
Yuta Kikuchi

東京電機大学大学院
未来科学研究科
建築学専攻
日野雅司研究室

東池袋5丁目14番に残る木造密集街区を対象に、東京都に多く存在する木造密集地の「随時的な更新手法の発見」を目的としたケーススタディを、「トップライト」を利用して改修をベースに行った。経済合理的な木造密集地域の大規模な都市開発ではなく、縮小傾向にある都市において適切な段階的に建て替わっていく新たな更新手法を、トップライトを用いて提案する。木造密集地域特有の近隣同士の現代の枠にはまらない独特な距離感が生み出す暮らし方を保全しながら、今後の存続のヒントとなることを期待した設計と手法提案を行う。

まず、スタディのヒントを得るためのトップライトの事例調査を行った。採光方法と通風、視線操作などの機能を軸に20グループに振り分けた。それらを参考にしながら対象街区内の22棟の戸建住宅やアパートを1棟ずつトップライトを用いた改修スタディをする。このスタディでは発見が2つあった。1つは一般的に建物単体で完結するトップライトが、ここでは複数の建物が共同的に関わるものが多くあったこと。2つ目は、路地や建物同士の隙間などの細かいシチュエーション別に類型化できる点である。これらのスタディから得た発見を元に、「木造密集地域の随時的な更新手法」を作成し、手法の汎用性、可能性を展望するために本手法を利用した新築提案を1棟つくった。

場当たり的に1つ1つ治療していくようなトップライトを用いた随時的な更新は、密集した街区や都市に徐々にボイドを挿入し、遂には都市的な効果をもたらす。近代的な開発方法を見直し、本提案手法が次世代をカタチづくることを展望する。

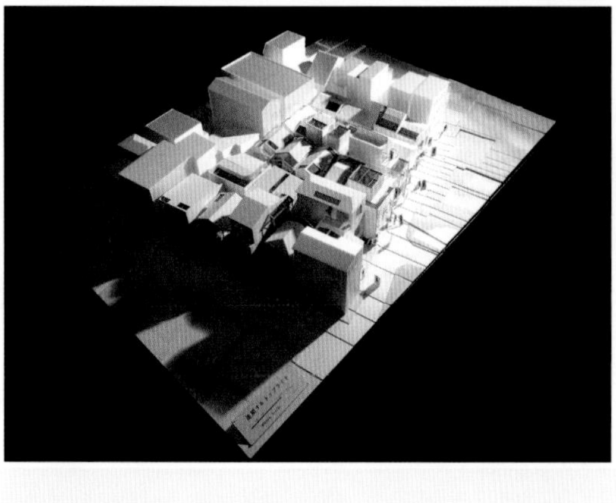

1. 対象敷地

東京都豊島区東池袋5丁目14番に実在する木造密集街区を対象敷地として定め、手法発見のためのケーススタディを行う。東京都豊島区は、日本有数の繁華街・池袋があり、かつ日本有数の人口密度を誇る地域である。木造密集地が広がる東池袋5丁目には、戦前から住戸過密化の歴史がある。

2. 仮説

更新の選択肢として各住戸にトップライトを連鎖的に設ける提案を行う。この提案で、木造密集地特有の建ち方や暮らし方を継承でき、住戸が過密化する中でも床面積を確保しながら自然環境の享受できる点で、高層化に変わる更新方法として適切であると考える。「トップライトを利用した木造密集地域の住宅群改修及び建て替えは、更新方法の選択肢の一つになり得るか」を仮説とする。

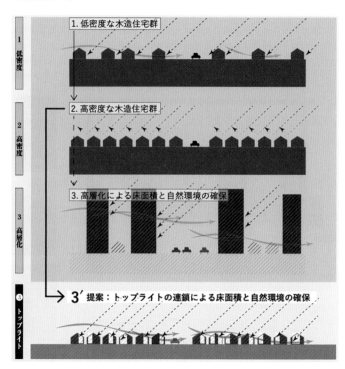

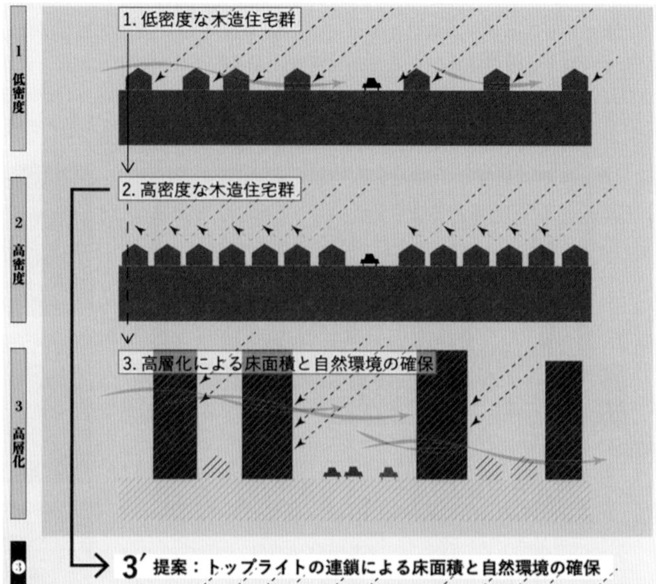

3. トップライト事例の分析

トップライト事例の収集と類型化を行う。まず『新建築』『新建築住宅特集』から日本国内のトップライトの事例を収集する。それから、トップライトを利用した新たな更新方法を提案する際に必要となることが予想されるA～Dの4項目に注目し収集を行う。そして、より多面的な項目を設定し、それらの設計応用を目指し類型化する。さらに、クラスター分析としてベン図にまとめ、光の種類と風や視線などの機能により、20のグループに種別化した。

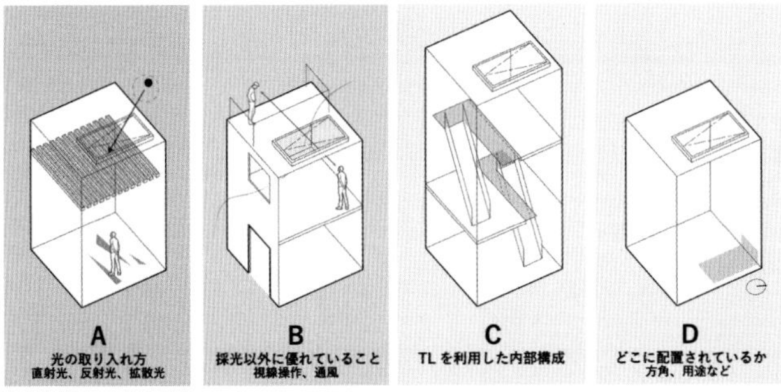

A
光の取り入れ方
直射光、反射光、拡散光
B
採光以外に優れていること
視線操作、通風
C
TLを利用した内部構成
D
どこに配置されているか
方角、用途など

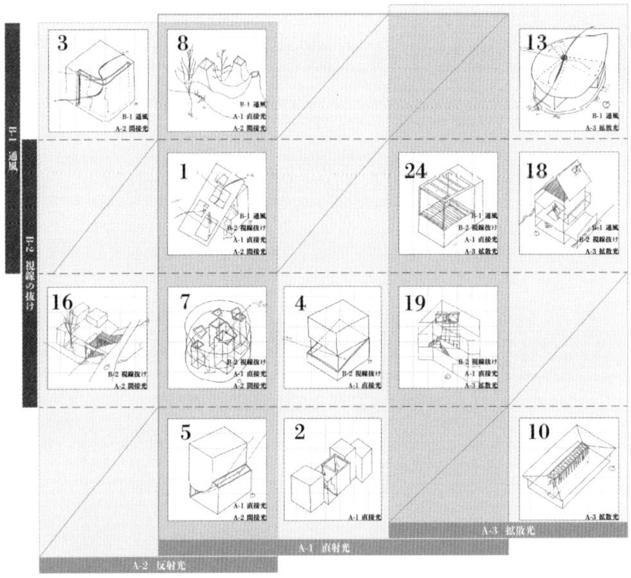

トップライトの事例（抜粋）

4. スタディでの発見

スタディとパターンの記述を進めていくと、2つの発見があった。1つは共同的な利用をするトップライトのパターンが多く発見されたことである。隣地や路地にも影響を与えられるトップライトを発見し、トップライトの新たな価値を提示するとともに、木造密集地の更新手段としても価値を見出す。2つ目は共同的な利用をするトップライトにはシチュエーション別の類型が存在することである。さらにそれら場所の種類に適用するトップライトのパターンがそれぞれ存在することを発見でき、手法化の可能性が示唆された。

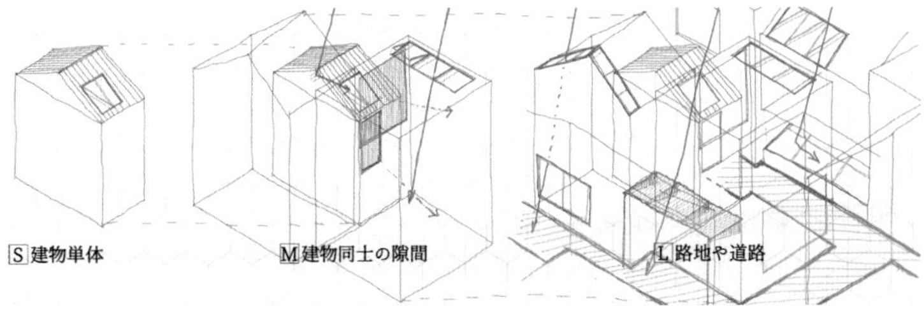

共同トップライトのシチュエーション

5. 手法提案

スタディで得られたパターンを木造密集地の更新手法の提案へと昇華させるために、トップライトパターンと街区のシチュエーションの類型を明確にする。建物同士の隙間と路地のボイドに反応した共同的に利用するトップライトの提案が多く見られ、一般的なトップライト事例のほとんどが、建物単体を対象とすることを考慮すると、シチュエーションは設計したトップライトの影響を受けるスケールで種別化できると考えられる。そこで「S.建物単体、M.建物同士の隙間、L.路地」とスケールで種別し、さらに、これらの各項目に詳細な情報（高層の隣家、Tの字路地など）を追加し、より転用可能性を向上させる。そして、この種別化に基づいて、スタディで発見したトップライトのパターンを分類し、手法提案とする。

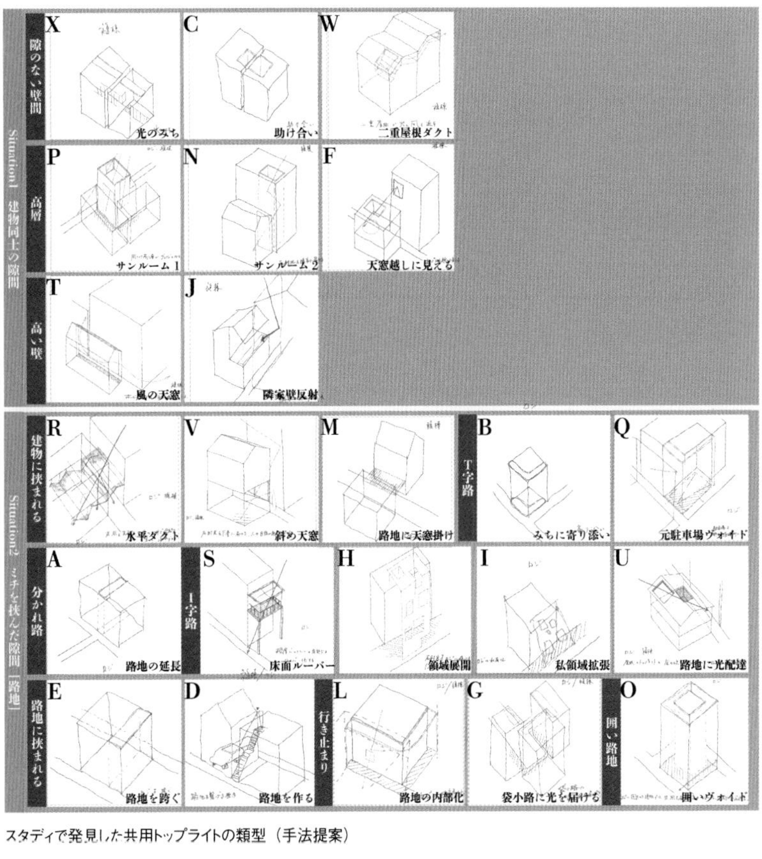

スタディで発見した共用トップライトの類型（手法提案）

01 路地を跨ぐ階段から見える生活

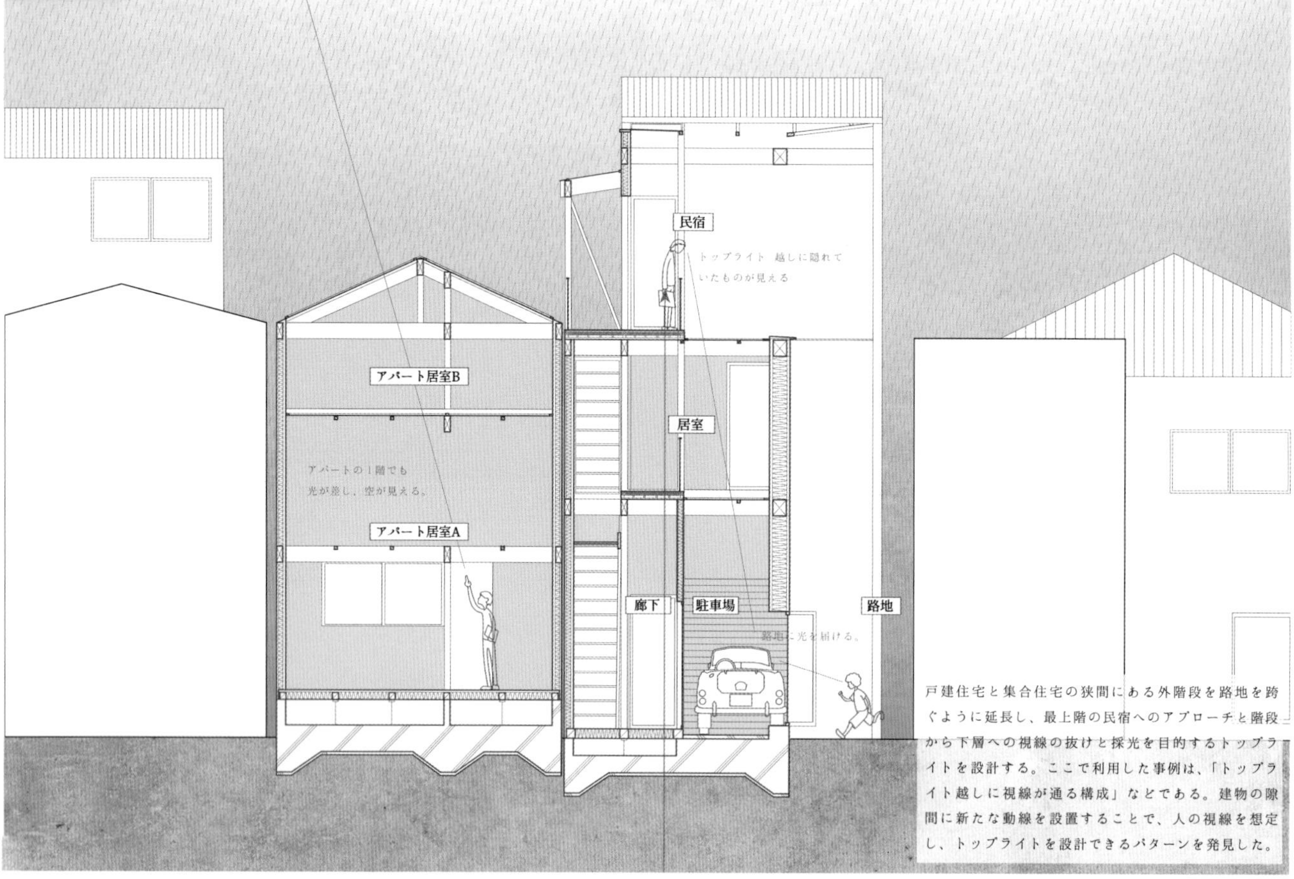

戸建住宅と集合住宅の狭間にある外階段を路地を跨ぐように延長し、最上階の民宿へのアプローチと階段から下層への視線の抜けと採光を目的とするトップライトを設計する。ここで利用した事例は、「トップライト越しに視線が通る構成」などである。建物の隙間に新たな動線を設置することで、人の視線を想定し、トップライトを設計できるパターンを発見した。

断面図

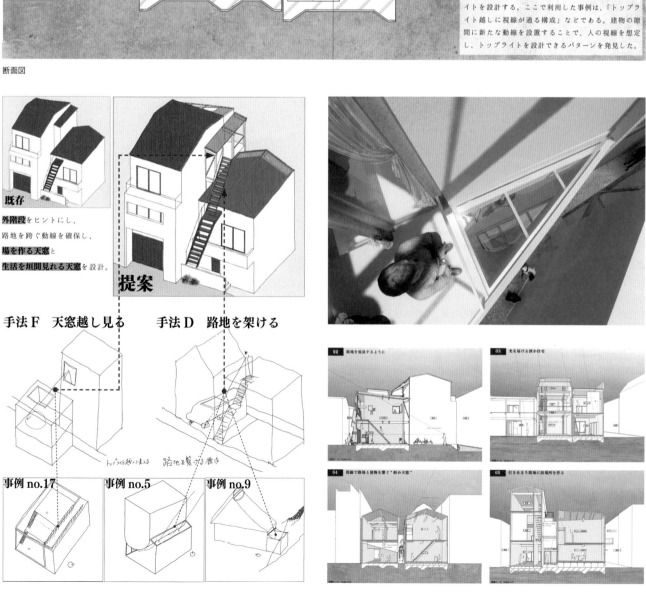

外階段をヒントにし、
路地を跨ぐ動線を確保し、
場を作る天窓と
生活を垣間見れる天窓を設計。

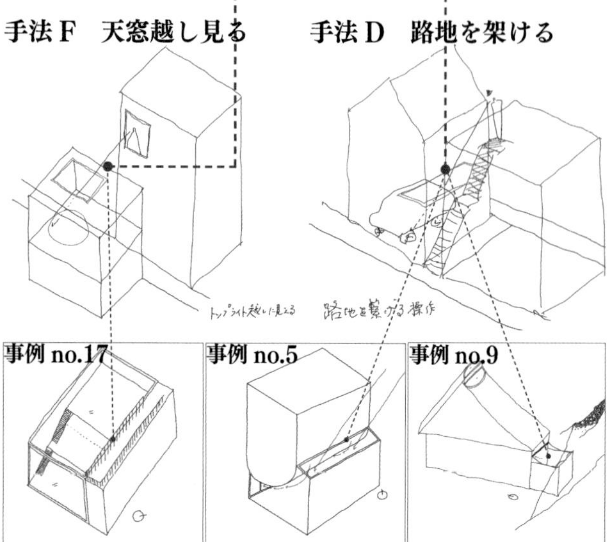

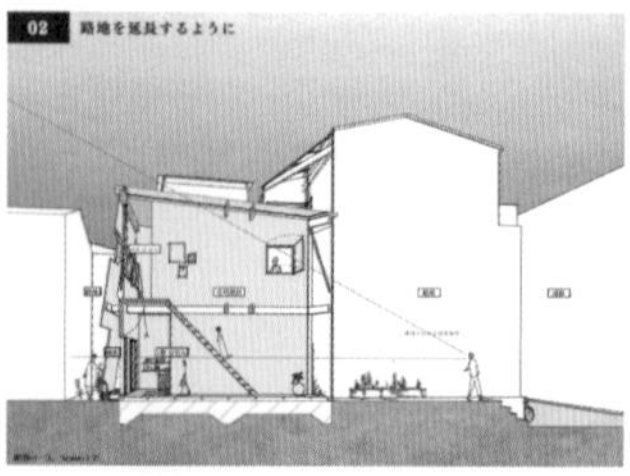

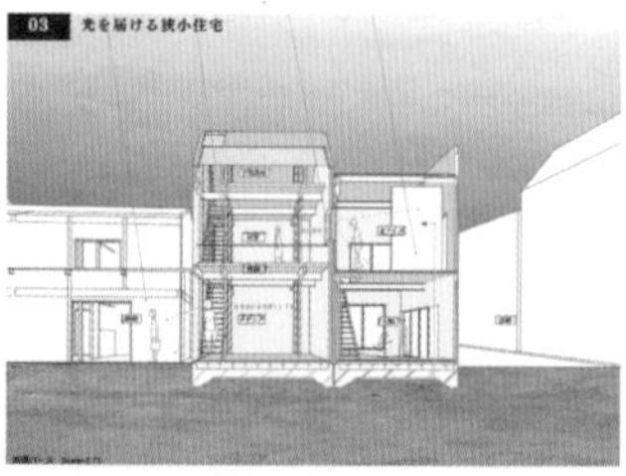

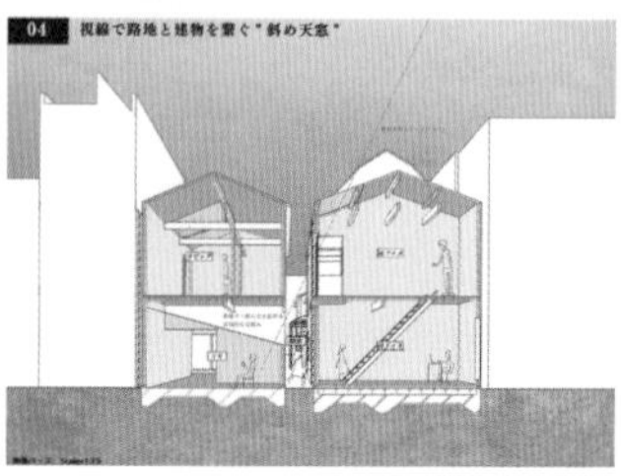

04 視線で路地と建物を繋ぐ"斜め天窓"

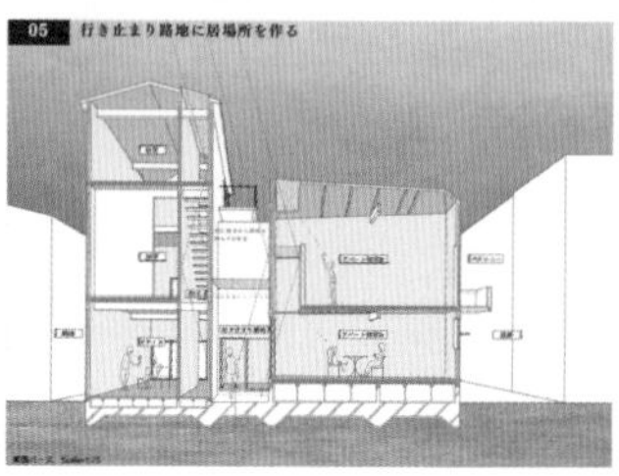

05 行き止まり路地に居場所を作る

7. 考察・展望

本手法により、建物の内部空間を増やすと同時に、建物外部に寄与する空間を増やせることから、もともとあるボイドを生かしながら新たなボイドが繋がり、都市を更新することができると考えた。さらに提案手法の未来への可能性を示すため、対象街区のスタディの中に、手法を利用した戸建住宅１棟を新築で提案する。

新築　内部化した路地が環境を届け、街区を展望する

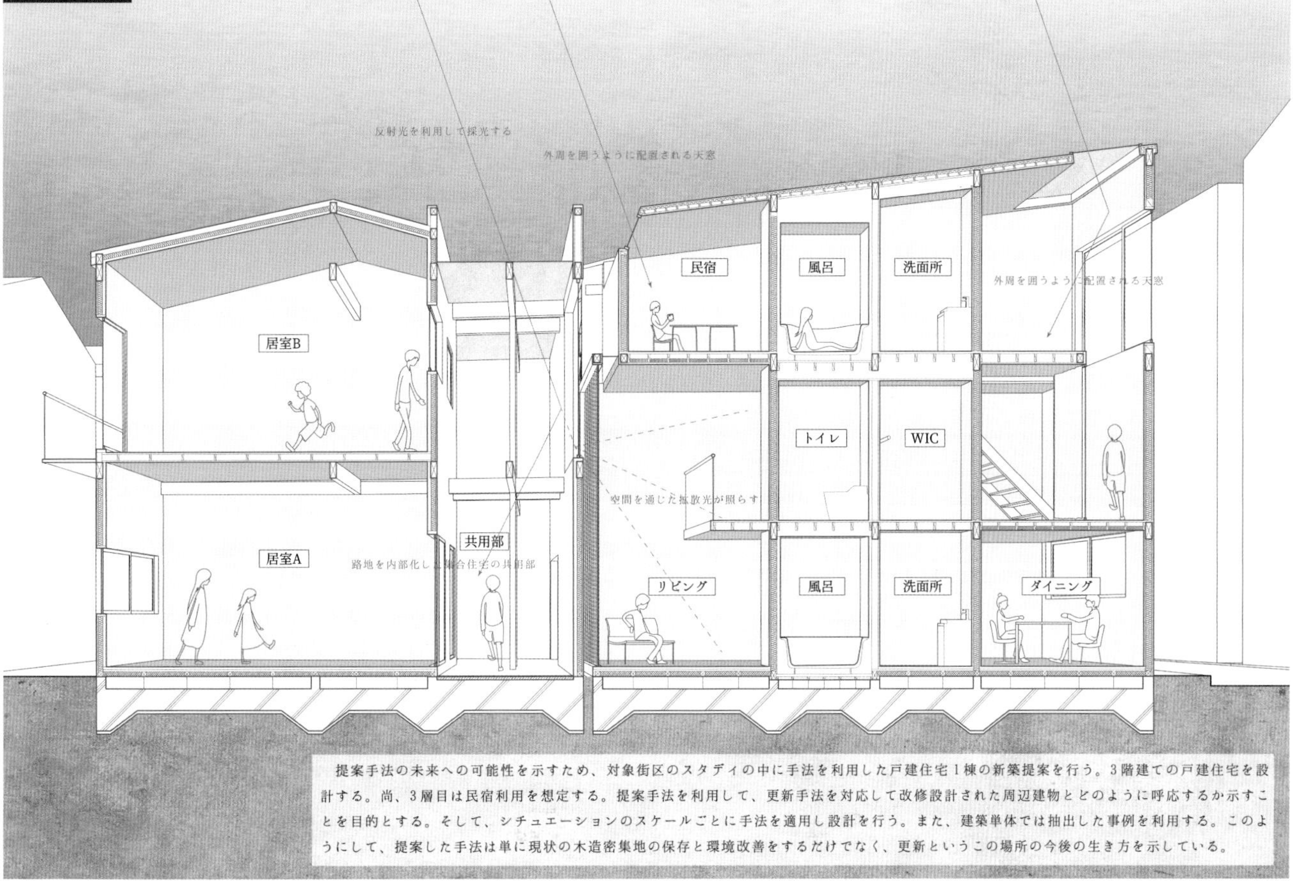

提案手法の未来への可能性を示すため、対象街区のスタディの中に手法を利用した戸建住宅１棟の新築提案を行う。３階建ての戸建住宅を設計する。尚、３層目は民宿利用を想定する。提案手法を利用して、更新手法を対応して改修設計された周辺建物とどのように呼応するか示すことを目的とする。そして、シチュエーションのスケールごとに手法を適用し設計を行う。また、建築単体では抽出した事例を利用する。このようにして、提案した手法は単に現状の木造密集地の保存と環境改善をするだけでなく、更新というこの場所の今後の生き方を示している。

断面図

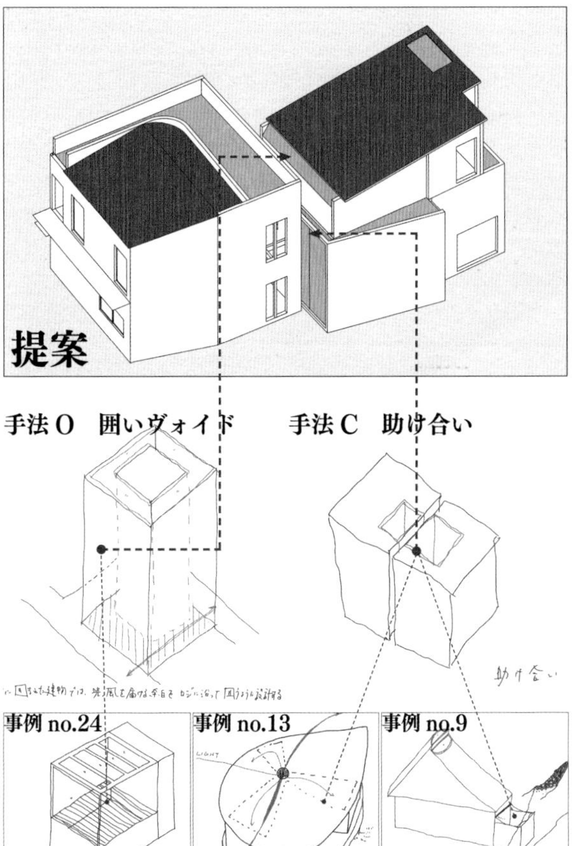

平面図

全体配置

無名建築の再価値化

生残・解放可能性

岸 晃輔
Kosuke Kishi

東京都市大学大学院
総合理工学研究科
建築・都市専攻
福島加津也研究室

盛岡に現存する2棟の無名建築、明治37年竣工の第一乾草舎、その4年後、明治41年竣工で、1km離れた第三農機具庫を提案対象とする。農商務省の異なる施設に建てられた2棟の覆馬場は、小屋組トラスの構成が近似している。加えて、竣工の4年の差によって見られる相違点を通した学習可能性にも価値を見出す。まず2棟の近似点は、吊束への鋼材の使用、外壁から突出する飛柱や、寸法にまで至る。続いて2棟の相違点として、第一乾草舎は均一なスパン、せいが大きな木材を継いだ小屋梁など、明治後期の最先端技術と言えるデザインが見られる。しかし現在は放置され、解体を待つのみである。 第三農機具庫は、不揃いなスパン、鋼材の小屋梁中央部への合理的な使用など、盛岡の職人の限られたデザインで、第一乾草舎を真似て建てたと考えられる。こちらは現在も利用され、手を加えられながら建っている。調査から、現状を記録するカルテや、それぞれの建築のデザインコードを読み取り、私のデザインを行う。まず、第三農機具庫についてカルテに則ってデザインコードを踏襲し、屋外の庇から基礎まで、部材ごとに補強する。

第三農機具庫の補強と第一乾草舎の移築、覆屋の新築は、2棟が存在することの価値を示し、当時からの盛岡の建築技術をも学習可能とする。価値ある2棟の無名建築を、生き残らせ、開いてゆく可能性を考えた。

1. 無名建築の発見

価値があるが誰の目にもとまらない、無名建築の再価値化をもっとも表現できる、現存する様式や系譜を持つ既存建築を選定する。着目したのは第二次世界大戦以前の木造建築である。それらは改修の跡が残り、当時の建築の価値が現代において多く認められている。次に国立建築である。当時最先端の技術が投入され、用途に応じてデザインの型があると考えられる。また、富国強兵を謳った明治時代に国がまず力を入れたのが農業であった。明治後期にかけて多くの大規模な農業建築が建設されていたことを掴んだ。求める条件に基づいて既存の建築をフィルターにかけると、自ずと2棟の建築が導き出された。

2. 再価値化の方法論

建築が持つ現状の価値を再び表出させる挑戦である。デザインに至るまでいくつかの過程を経る必要があり、各段階で私が現代に手を加える意味を忘れてはならなかった。第一乾草舎、第三農機具庫の2棟が現存することで、価値を考える想像は広がり、その方法も多くの可能性が考えられた。私が現在持ち合わせる知識や言語がそのまま現れ、この再価値化の方法は今の私を表しているとも言える。方法論には、幾度かの人間の仲介が必須であるように図示した。ここにも、現代の建築設計への批評が表れている。

3. 盛岡に2棟の無名建築

2棟は互いに岩手種馬所という農商務省の施設であり、密接な関係がある。110年以上その場所に建ち続け、盛岡の歴史と共に使われてきた。江戸時代から馬の改良で名を馳せていた盛岡は、軍馬、農耕馬の種馬を産業とし、これまで発展してきた。この2棟の無名建築は、覆馬場という悪天候時の馬の屋内運動場としてつくられたものである。当時の盛岡に流入してきた最先端技術と、盛岡の職人が持ち合わせていた技術が注ぎ込まれた建築である。2棟が残ることで、これらは比較可能となり、多くを読み取ることができる。

仮説として、先に建てられた第一乾草舎は農商務省の施設であり、そのスパンや各部の形状から、イギリス系の建築様式であることがほぼ確実であると見ている。一方、後に建てられた第三農機具庫は、確立された設計者が不在、すなわち盛岡の職人が、第一乾草舎を真似て建設されたのではないかと考える。この仮説から、2棟は近似しているものの設計者がそれぞれ異なり、一方は前例を真似て改良したとすると、2棟が同時に比較されることの学習可能性は大きい。

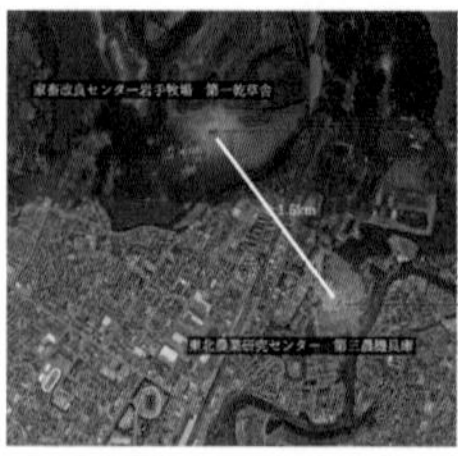

岩手県盛岡市（2021年現地図）

岩手県盛岡市（1911年古地図）

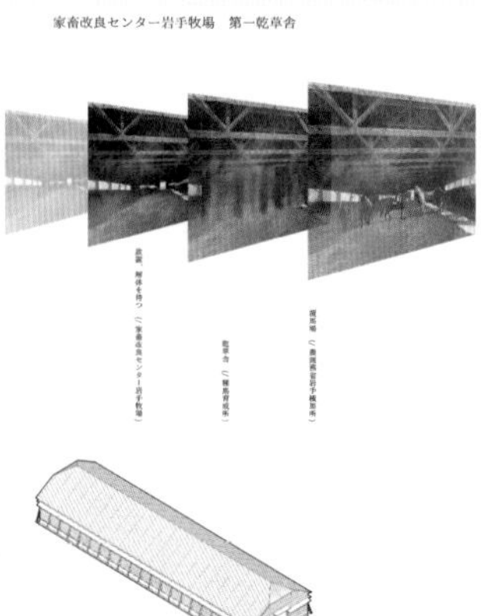

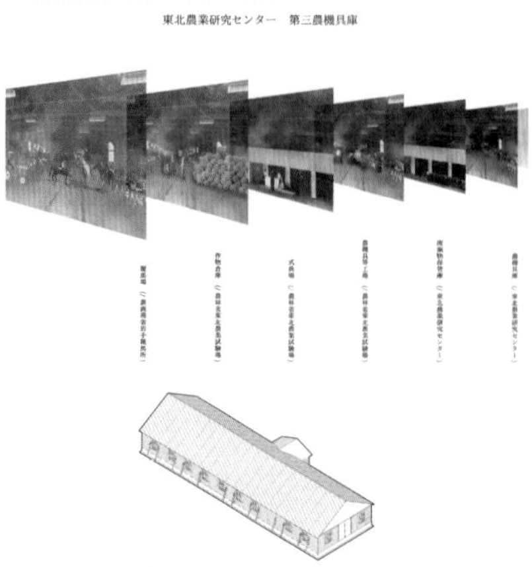

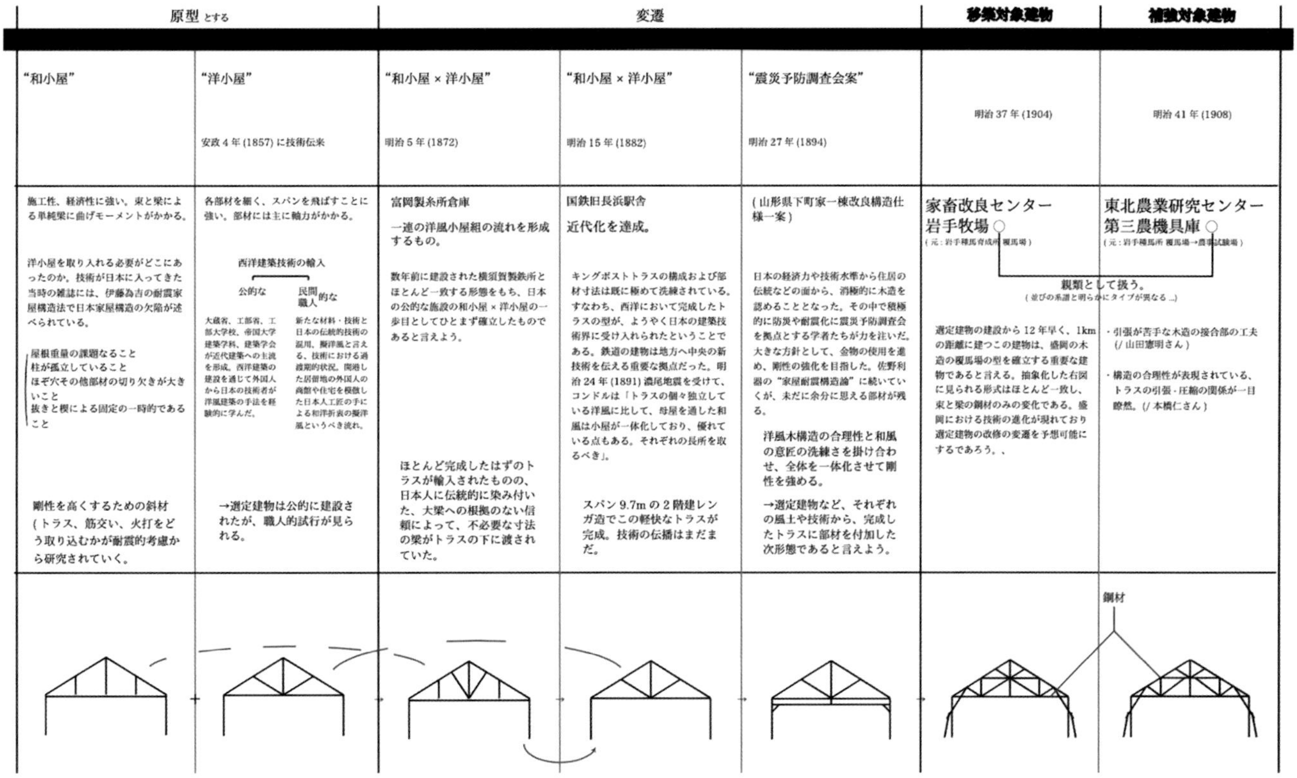
原型 とする
変遷
移築対象建物
補強対象建物
“和小屋”
“洋小屋”
安政 4 年 (1857) に技術伝来
“和小屋 × 洋小屋”
明治 5 年 (1872)
“和小屋 × 洋小屋”
明治 15 年 (1882)
“震災予防調査会案”
明治 27 年 (1894)
明治 37 年 (1904)
明治 41 年 (1908)
施工性、経済性に強い。束と梁による単純梁に曲げモーメントがかかる。
洋小屋を取り入れる必要がどこにあったのか。技術が日本に入ってきた当時の雑誌には、伊藤為吉の耐震家屋構造法で日本家屋構造の欠陥が述べられている。
屋根重量の課題なること
柱が孤立していること
ほぞ穴その他部材の切り欠きが大きいこと
抜きと楔による固定の一時的であること
剛性を高くするための斜材 (トラス、筋交い、火打をどう取り込むかが耐震的考慮から研究されていく。
各部材を細く、スパンを飛ばすことに強い。部材には主に軸力がかかる。
西洋建築技術の輸入
公的な
民間 職人 的な
大蔵省、工部省、工部大学校、帝国大学建築学科、建築学会が近代建築への主流を形成。西洋建築の建設を通じて外国人から日本の技術者が洋風建築の手法を経験的に学んだ。
新たな材料・技術と日本の伝統的技術の混用、擬洋風と言える、技術における過渡期的状況。開港した居留地の外国人の商館や住宅を模倣した日本人工匠の手による和洋折衷の擬洋風というべき流れ。
→選定建物は公的に建設されたが、職人的試行が見られる。
富岡製糸所倉庫
一連の洋風小屋組の流れを形成するもの。
数年前に建設された横須賀製鉄所とほとんど一致する形態をもち、日本の公的な施設の和小屋 × 洋小屋の一歩目としてひとまず確立したものであると言えよう。
ほとんど完成したはずのトラスが輸入されたものの、日本人に伝統的に染み付いた、大梁への根拠のない信頼によって、不必要な寸法の梁がトラスの下に渡されていた。
国鉄旧長浜駅舎
近代化を達成。
キングポストトラスの構成および部材寸法は既に極めて洗練されている。すなわち、西洋において完成したトラスの型が、ようやく日本の建築技術界に受け入れられたということである。鉄道の建物は地方へ中央の新技術を伝える重要な拠点だった。明治 24 年 (1891) 濃尾地震を受けて、コンドルは「トラスの個々独立している洋風に比して、母屋を通した和風は小屋が一体化しており、優れている点もある。それぞれの長所を取るべき」。
スパン 9.7m の 2 階建レンガ造でこの軽快なトラスが完成。技術の伝播はまだまだ。
(山形県下町家一棟改良構造仕様一案)
日本の経済力や技術水準から住居の伝統などの面から、消極的に木造を認めることとなった。その中で積極的に防災や耐震化に震災予防調査会を拠点とする学者たちが力を注いだ。大きな方針として、金物の使用を進め、剛性の強化を目指した。佐野利器の “家屋耐震構造論” に続いていくが、未だに余分に思える部材が残る。
洋風木構造の合理性と和風の意匠の洗練さを掛け合わせ、全体を一体化させて剛性を強める。
→選定建物など、それぞれの風土や技術から、完成したトラスに部材を付加した次形態であると言えよう。
家畜改良センター
岩手牧場
(元 : 岩手種馬育成所 覆馬場)
東北農業研究センター
第三農機具庫
(元 : 岩手種馬所 覆馬場→農事試験場)
親類として扱う。
(並びの系譜と明らかにタイプが異なる ...)
選定建物の建設から 12 年早く、1km の距離に建つこの建物は、盛岡の木造の覆馬場の型を確立する重要な建物であると言える。抽象化した右図に見られる形式はほとんど一致し、束と梁の鋼材のみの変化である。盛岡における技術の進化が現れており選定建物の改修の変遷を予想可能にするであろう。、
・引張が苦手な木造の接合部の工夫 (/ 山田憲明さん)
・構造の合理性が表現されている、トラスの引張 - 圧縮の関係が一目瞭然。(/ 本橋仁さん)
鋼材

2棟の無名建築と小屋組トラスの変遷

4. 無名建築記録　カルテ

この設計提案において、補強や移築の抽出を行うためのカルテの製作は、２棟の無名建築の理解はもちろん、約110年生き残った建築を知るということであり、現代において私にどのような操作ができるのか、行って良いのかを真剣に考えるきっかけとなった。無名建築の現状をカルテとして図示し、現実の建築を相手に提案する。補強する箇所は多く、いくつかの補強の可能性を用意する必要があった。移築可能な小屋組トラスは制限され、その範囲内で２棟の無名建築の価値を再び示すための私のデザインを提案する。

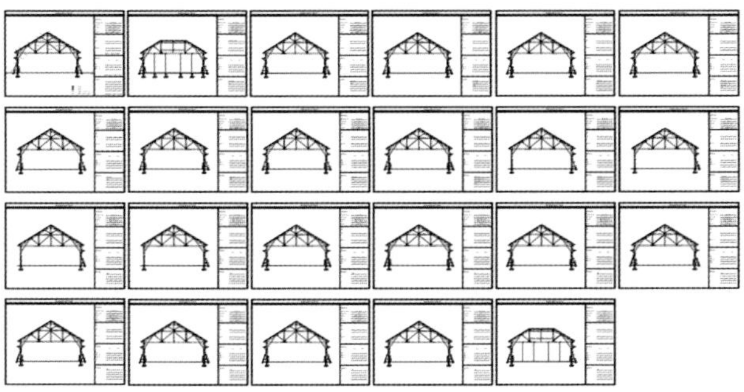

第一乾草舎

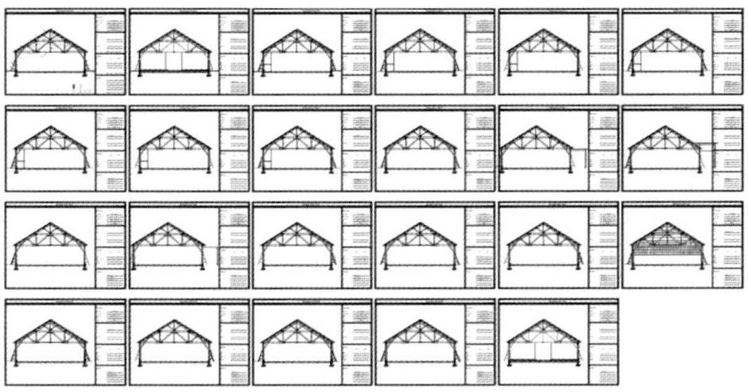

第三農機具庫

5. 無名建築記録　デザインコード

建物のデザインコードを読み取る。建築全体を構成するその部分を集め、普遍的なものであろうと、集合してこの建築の意味を示す。第三農機具庫と近似するもの、相違するものが見られることに価値を見出す。これらのデザインコードは、第一乾草舎の移築、補強と、新築する覆屋のデザインに一部が踏襲される。すなわち、一部は踏襲せずに、既存の状態との差異をつくり、既存を引き立てるようなデザインや矛盾した部分を見せる。

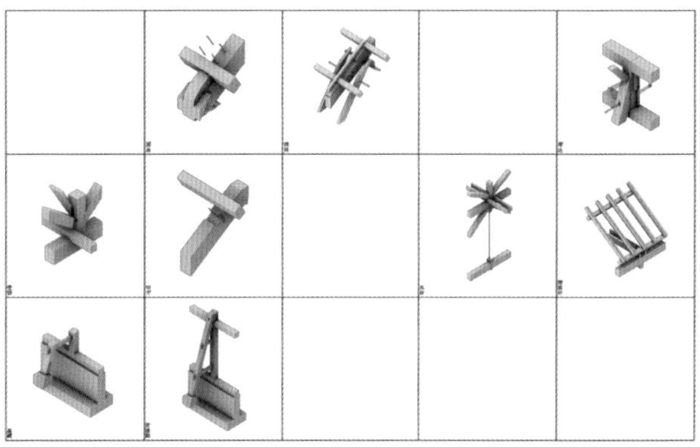

第一乾草舎

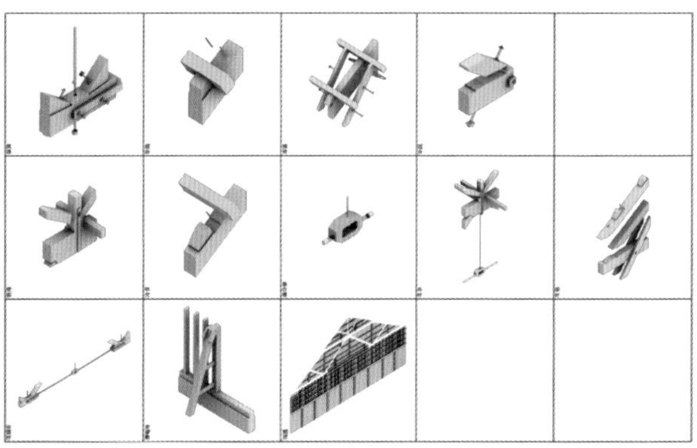

第三農機具庫

6. 第一乾草舎　新築−既存移築提案

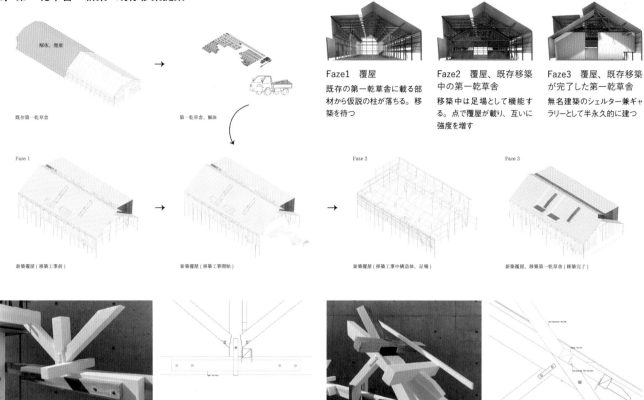

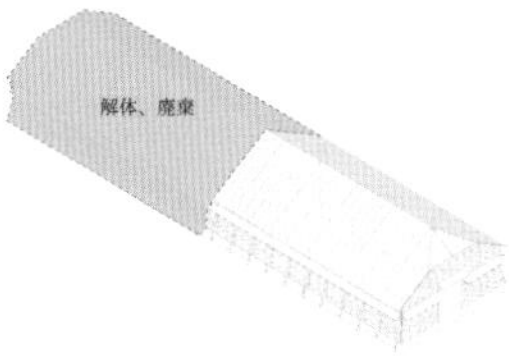

既存第一乾草舎

→

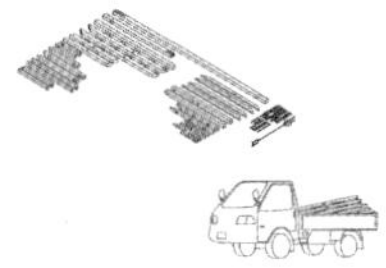

第一乾草舎、解体

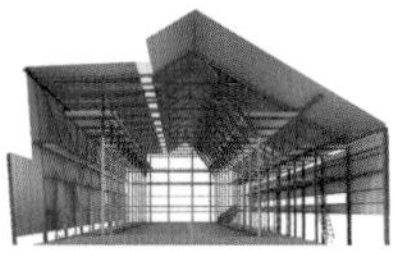

Faze1　覆屋

既存の第一乾草舎に載る部材から仮説の柱が落ちる。移築を待つ

Faze2　覆屋、既存移築中の第一乾草舎

移築中は足場として機能する。点で覆屋が載り、互いに強度を増す

Faze3　覆屋、既存移築が完了した第一乾草舎

無名建築のシェルター兼ギャラリーとして半永久的に建つ

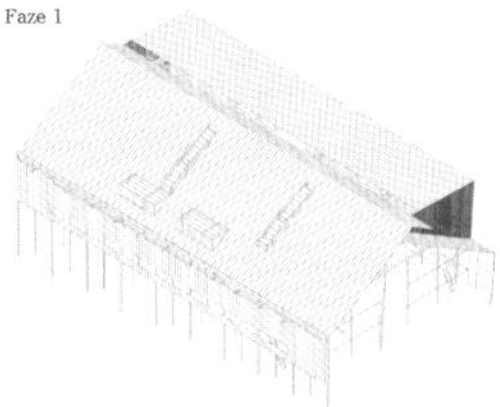

新築覆屋（移築工事前）

→

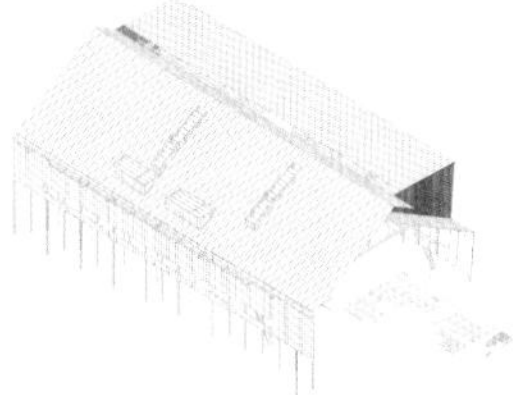

新築覆屋（移築工事開始）

→

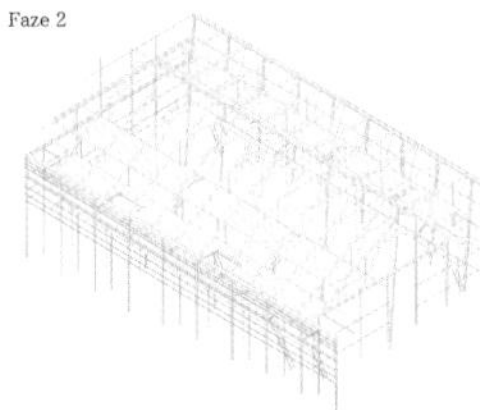

新築覆屋（移築工事中構造体、足場）

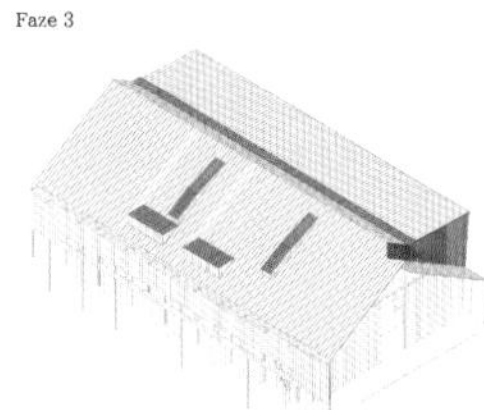

新築覆屋、移築第一乾草舎（移築完了）

1：5 ディテール模型

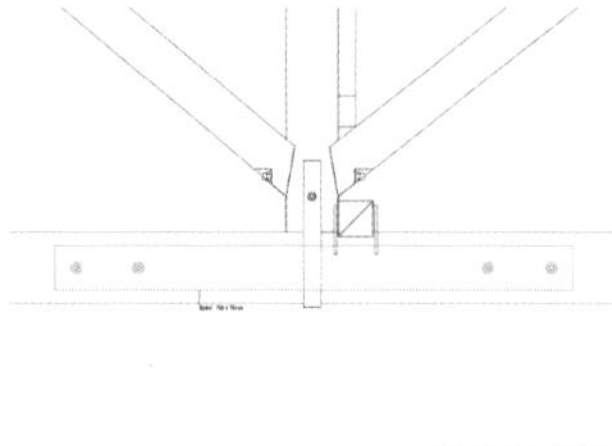

覆屋、第一乾草舎　改修小屋梁部

1：5 ディテール模型

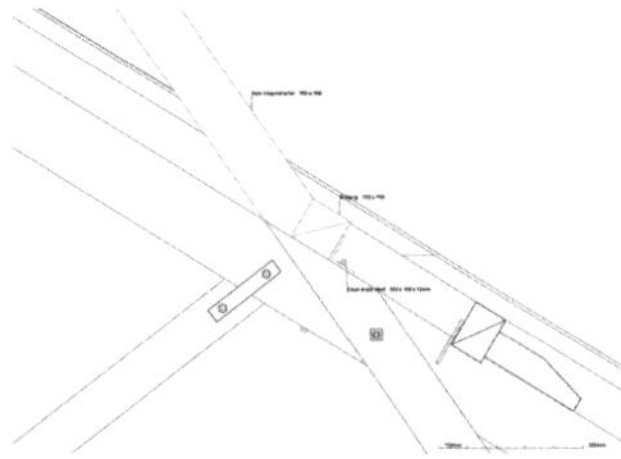

覆屋、第一乾草舎　新築既存接合部

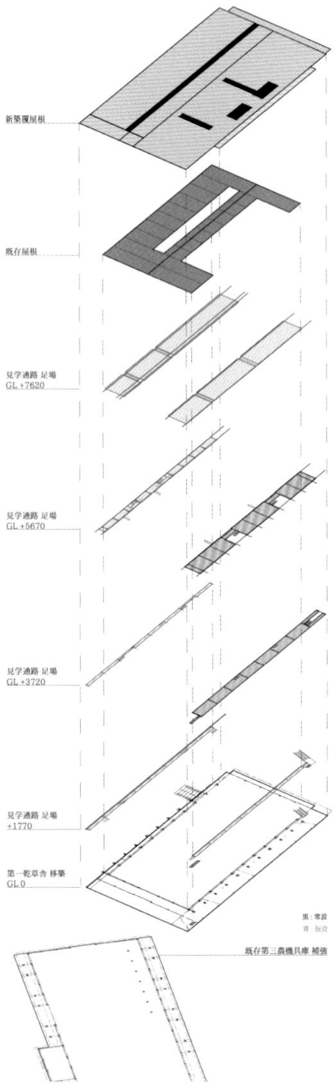

7. 第三農機具庫　新築−既存構造合理的デザイン

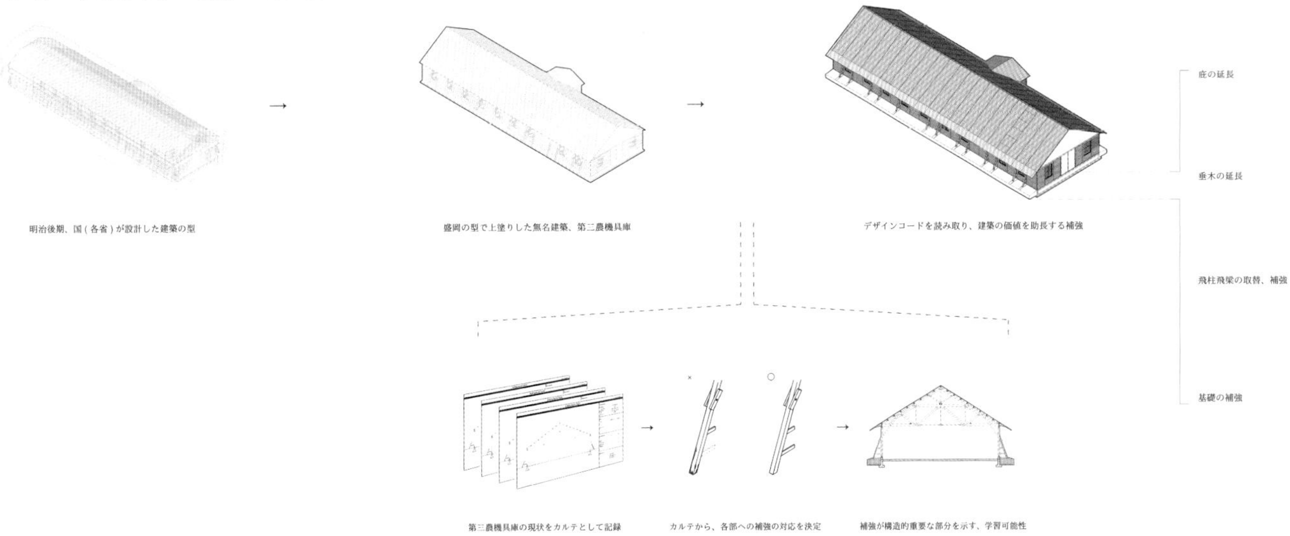

1:5 ディテール模型

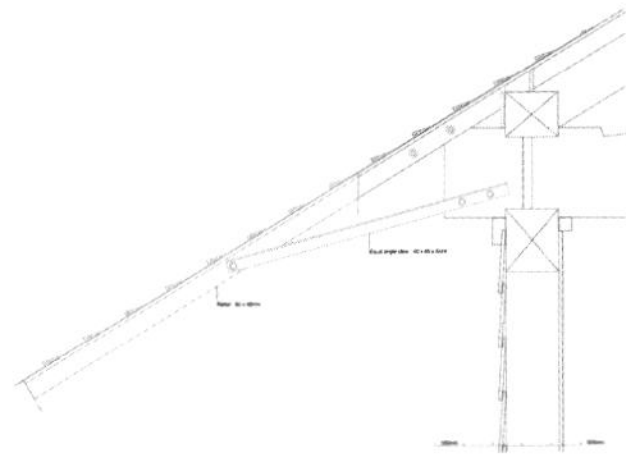
第三農機具庫　補強庇部

1:5 ディテール模型

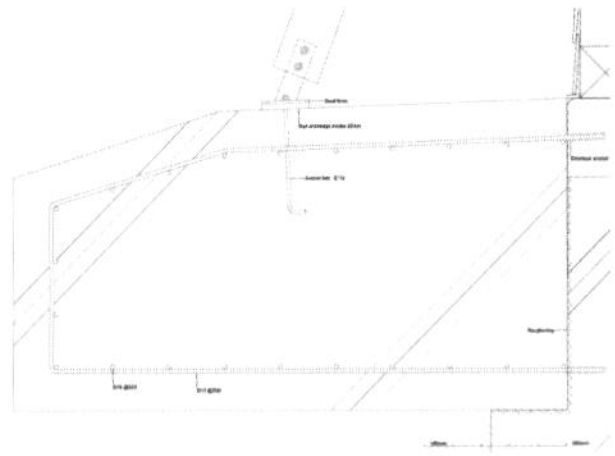
第三農機具庫　補強基礎部

補強　垂木／庇

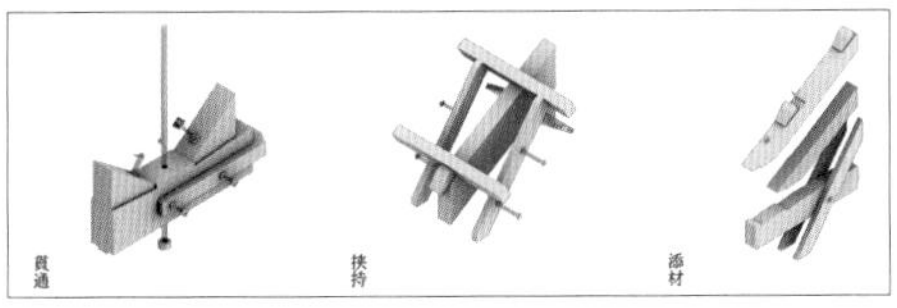

補強　飛柱／飛梁

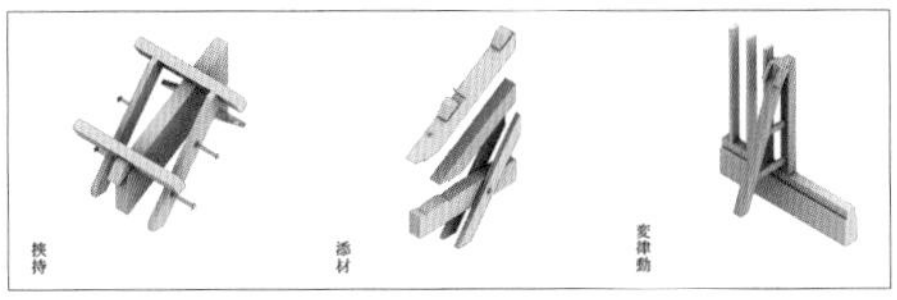

補強　基礎／飛柱

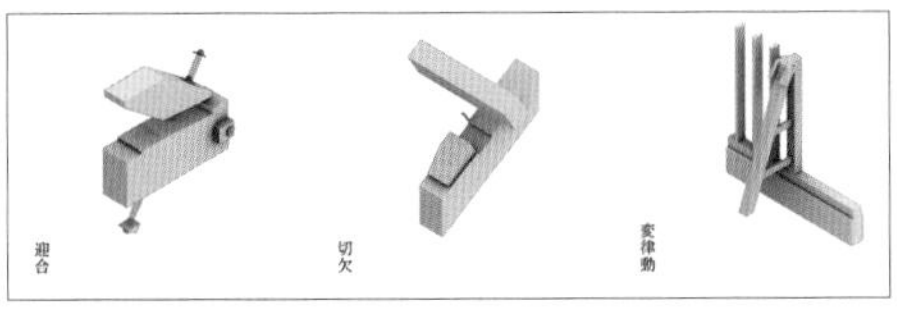

家のアルバム

―日常の帰路体験における建築と都市の関係性―

寺島 瑞季
Mizuki Terashima

東京都市大学大学院
総合理工学研究科
建築・都市専攻
福島加津也研究室

家には、多くの記憶と経験が蓄積されている。硬く四角いもので綺麗にかたどられているが、その中には誰しもが秘める大切な体験がある。その記憶を一冊のアルバムにまとめるように、一軒の建築として姿を現す。

「家のアルバム」とは、家での体験や経験を、個人的な私の記憶から構築させたものだ。設計対象は私の家。自分の家までの帰路と、家の中に入ってからの体験を、自分の記憶をもとに抽象化させたものである。制作方法は、まず帰路と家の体験をその時の五感まで含めて日記小説として残す。帰路は全部で3ルートあり、その3つ分の日記と、日記からつくったスケッチを元に計40シーンの記憶を取り出し空間化している。これを可視化することで現実世界では起こりえないバグが生じる。例えば、玄関が3つあったり兄の部屋が2つあるなど、3つの時空間で交わる動線空間も含めて設計した。断片的な記憶を接合することによって起こるバグは、現実の家や街をそのままつくるより、遥かに実際の体験に近くなっている。「建築物」は1つだが「建築の体験」は個人的なものであり、その体験によって実際の家とこんなにも違う姿になり得る。建築は全て記憶から始まっており、最後にはみんなの記録となる。私にとっての家とは何なのか、私の家のイメージを深く考えるための作品であり、建築プログラムの一提案を示すチャレンジとなった。

1. 家のアルバムの製作方法

帰路と家の中での体験を、その時の五感まで含めて日記小説として残す。帰路は全部で3ルートあり、主に私が利用する「駅から家」「大学から家」「カフェから家」の3つである。

その3つ分のルートの日記と、日記からつくったスケッチを元に、計40シーンの記憶を取り出し、それらを繋ぎあわせ空間化している。また、家への執着を一番感じる瞬間の「帰路」という道にも着目した。最寄駅についただけで家に帰ってきたような安心感が始まる。さらに家に進むにつれ、さまざまな外的要素を肌で感じながら安心感を高めていく。「帰路」-「家の玄関」-「家の中の自分が一番落ち着く居場所」。この境界のリングを何重にも通っていき、求めた場所に行き着く。

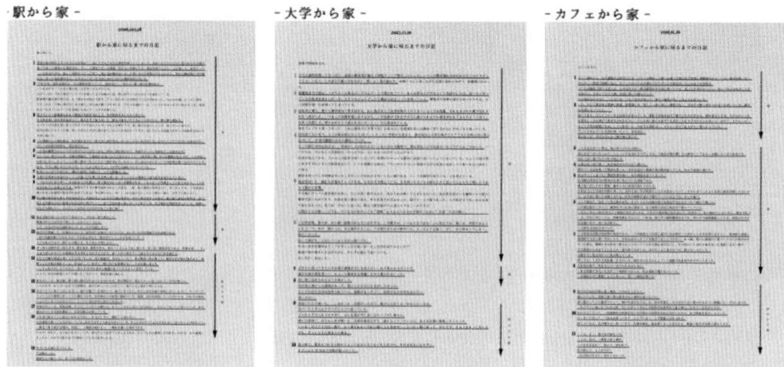

記憶から製作した日記小説

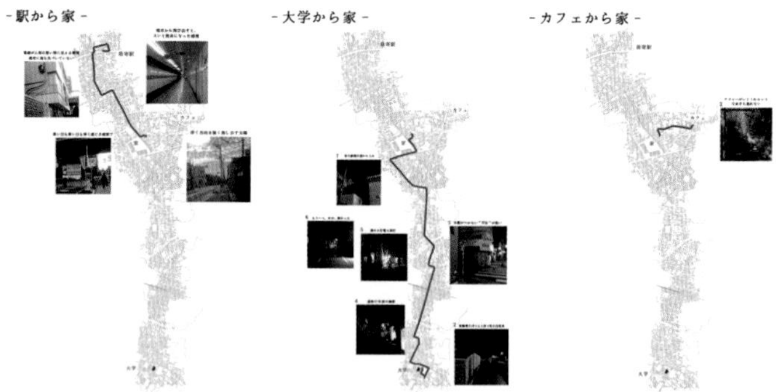

三つの帰路から一つの家までのルート

日記小説から描いたスケッチでの記録

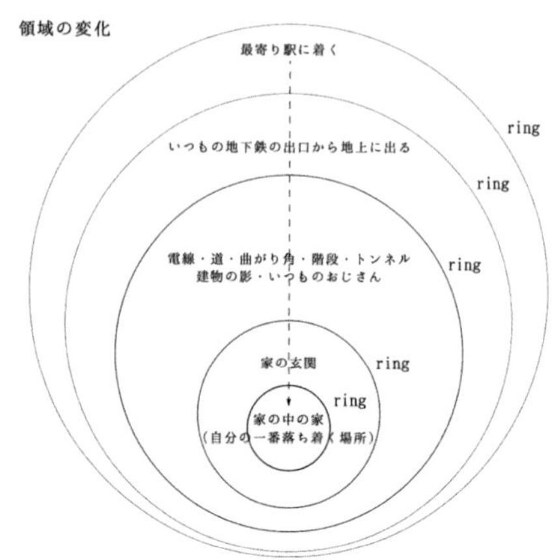

家の領域変動

2. 三次元空間での記録

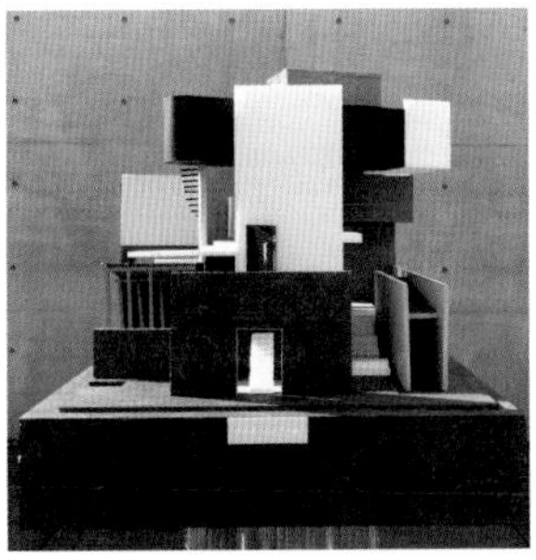

「家」部分模型1/30

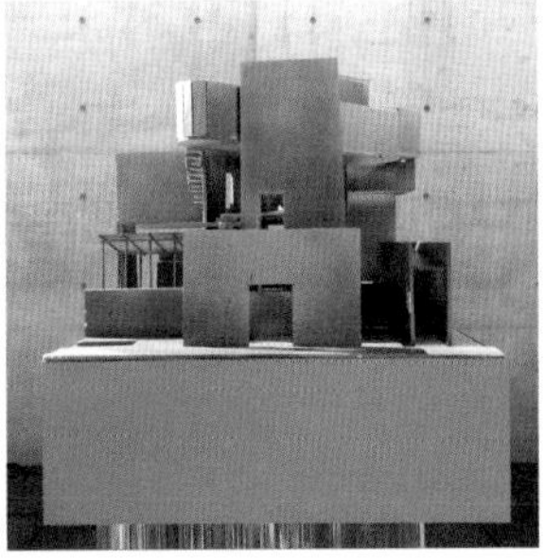

「家」抽象模型1/50

「帰路 大学」抽象模型1/50

「帰路 駅」抽象模型1/50

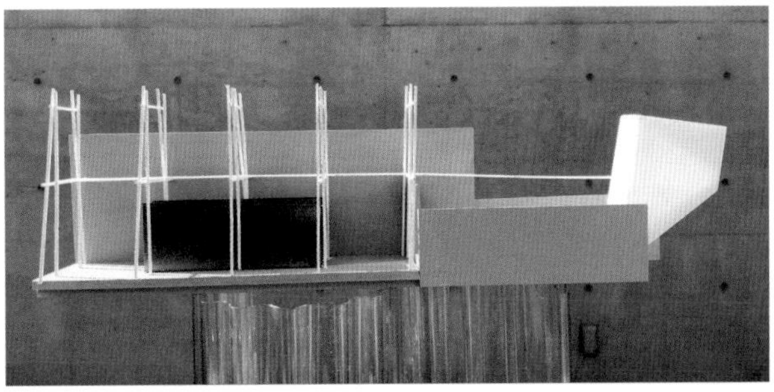

「帰路 カフェ」抽象模型1/50

3. 家のアルバムの記録の仕方（駅-家-居場所）

電車の扉が閉まるギリギリに目が覚めて、急いで立ち上がると携帯を落としてしまった。まわりからジロジロと見られるのは酷だ。急いで拾って電車から飛び出す。スン、と無音になった感覚、何もない空間になる。電車が徐々にスピードを増して、遠ざかっていくのを見ながら、悲しい気持ちになってゆく

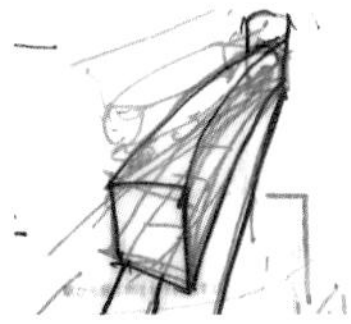

真っ暗な玄関を真っ暗なまま、靴を脱ぎ、階段を登る。疲れているとより長く感じる。実に長い階段を登り切る。荷物も重い。さっきまで肩にかけていた荷物をずるずると引きずりながら、歩くたびに伸びていく廊下をひたすらに歩き続けた

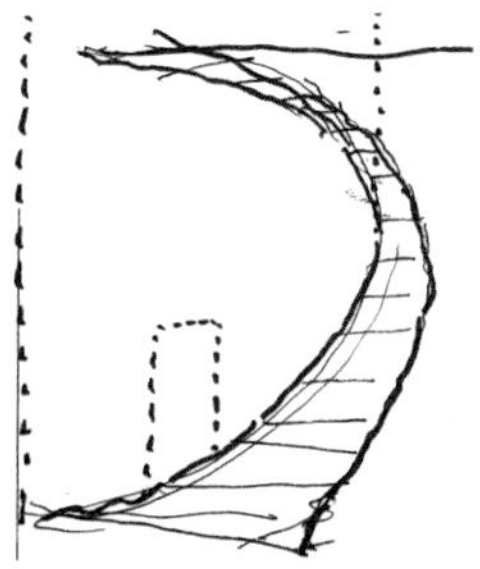

わたしの隣の部屋は常にドアが空いている。兄の部屋だ。今はもういなく、別の場所に住み移った。家具だけが取り残されて、閑散とした空気が流れている。存在はしているけど、特になにも影響がない。ただの箱に見える。いったん住人がいなくなると、まるで50年も前から廃墟であったかのように変化している

まだベッドに座ってはいけない。誰かが寝ている気がして、起こしたくない。わたしはその誰かを起こさないように、ローテーブルとベッドの隙間にゆっくりと腰を下ろす。まだ体がこの部屋に慣れていない感覚。自分の部屋に入ったばかりは、だれかの胎内に入ってしまったかのように、ここにいるのが申し訳なくなるんだ

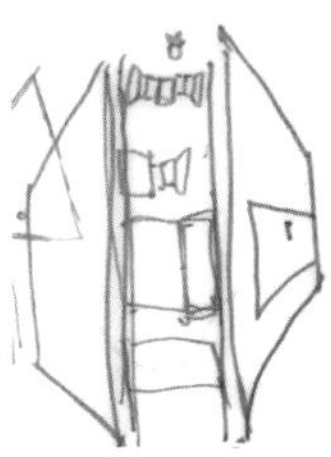

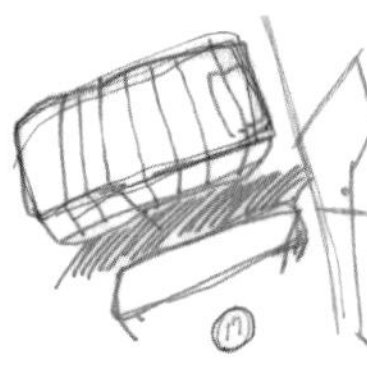

4. 設計

道を含めた家までの全体像が「大きな家」家自体が「小さな家」と捉える。家は玄関に入ってからの記憶が空間化され、道は道のみの記憶が空間化されている。家から始まる3ルートは、一つの家に集約されているため、3つの時空間が生まれている。

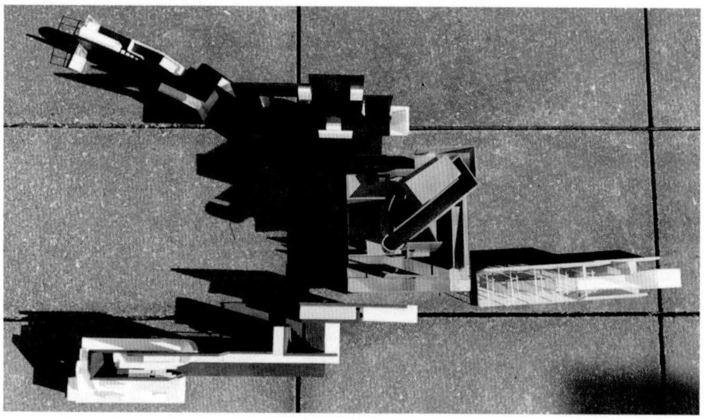

帰路と家の抽象模型

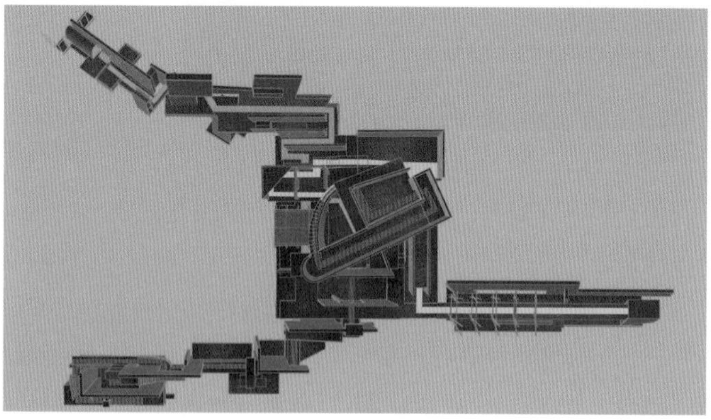

帰路と家のアクソメ平面

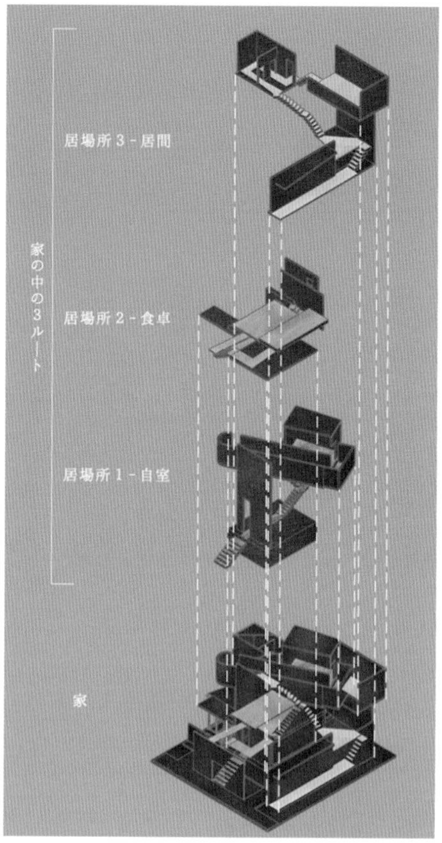

家のアクソメ図

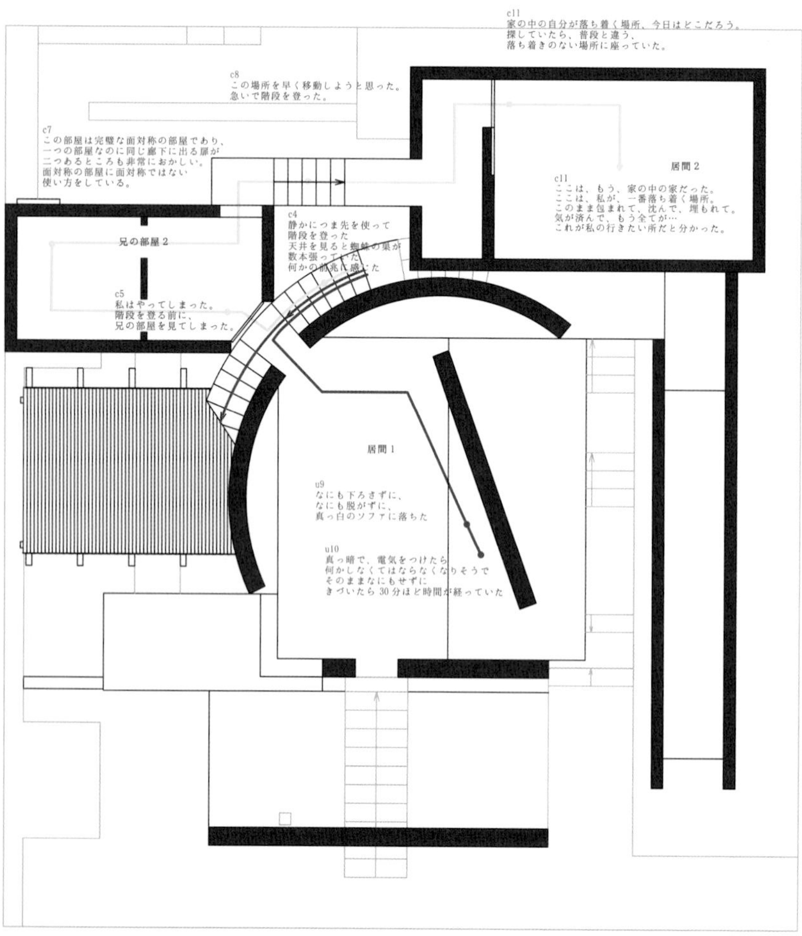

c11
家の中の自分が落ち着く場所、今日はどこだろう。
探していたら、普段と違う、
落ち着きのない場所に座っていた。
c8
この場所を早く移動しようと思った。
急いで階段を登った。
c7
この部屋は完璧な面対称の部屋であり、
一つの部屋なのに同じ廊下に出る扉が
二つあるところも非常におかしい。
面対称の部屋に面対称ではない
使い方をしている。
居間 2
c11
ここは、もう、家の中の家だった。
ここは、私が、一番落ち着く場所。
このまま包まれて、沈んで、埋もれて。
気が済んで、もう全てが…
これが私の行きたい所だと分かった。
兄の部屋 2
c4
静かにつま先を使って
階段を登った
天井を見ると蜘蛛の巣が
数本張っていた
何かの前兆に感じた
c5
私はやってしまった。
階段を登る前に、
兄の部屋を見てしまった。
居間 1
u9
なにも下ろさずに、
なにも脱がずに、
真っ白のソファに落ちた
u10
真っ暗で、電気をつけたら
何かしなくてはならなくなりそうで
そのままなにもせずに
きづいたら 30 分ほど時間が経っていた

1階平面図

c11

c4

u9

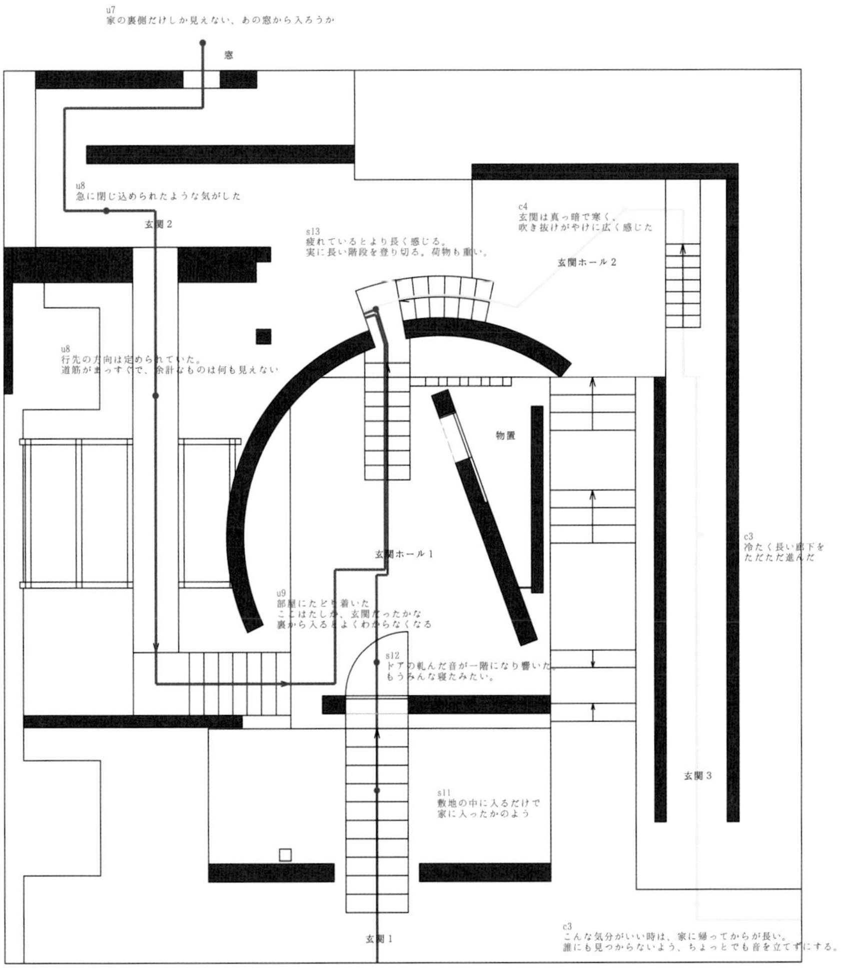

u7
家の裏側だけしか見えない、あの窓から入ろうか
窓
u8
急に閉じ込められたような気がした
玄関 2
s13
疲れているとより長く感じる。
実に長い階段を登り切る。荷物も重い。
c4
玄関は真っ暗で寒く、
吹き抜けがやけに広く感じた
玄関ホール 2
u8
行先の方向は定められていた。
道筋がまっすぐで、余計なものは何も見えない
物置
c3
冷たく長い廊下を
ただただ進んだ
玄関ホール 1
u9
部屋にたどり着いた
ここはたしか、玄関だったかな
裏から入るとよくわからなくなる
s12
ドアの軋んだ音が一階になり響いた。
もうみんな寝たみたい。
玄関 3
s11
敷地の中に入るだけで
家に入ったかのよう
玄関 1
c3
こんな気分がいい時は、家に帰ってからが長い。
誰にも見つからないよう、ちょっとでも音を立てずにする。

2階平面図

u7

u8

u9

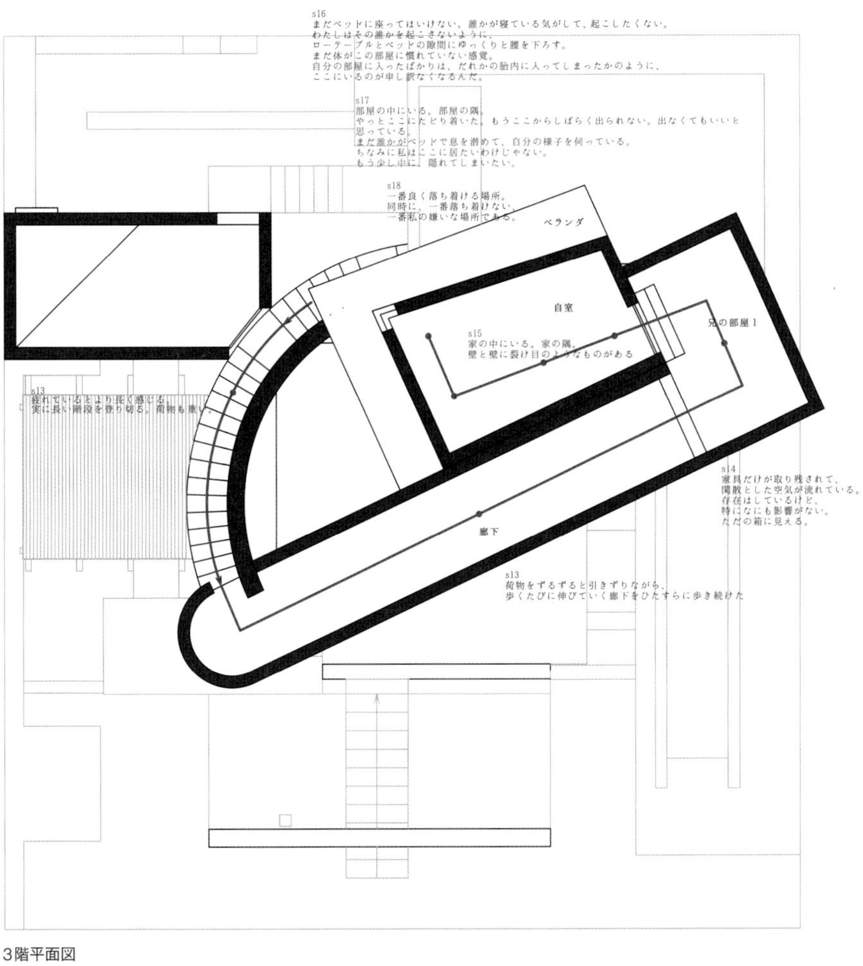

s16
まだベッドに座ってはいけない。誰かが寝ている気がして、起こしたくない。
わたしはその誰かを起こさないように、
ローテーブルとベッドの隙間にゆっくりと腰を下ろす。
まだ体がこの部屋に慣れていない感覚。
自分の部屋に入ったばかりは、だれかの胎内に入ってしまったかのように、
ここにいるのが申し訳なくなるんだ。
s17
部屋の中にいる。部屋の隅。
やっとここにたどり着いた。もうここからしばらく出られない。出なくてもいいと
思っている。
まだ誰かがベッドで息を潜めて、自分の様子を伺っている。
ちなみに私はここに居たいわけじゃない。
もう少し中に、隠れてしまいたい。
s18
一番良く落ち着ける場所。
同時に、一番落ち着けない、
一番私の嫌いな場所である。
ベランダ
自室
兄の部屋 1
s15
家の中にいる。家の隅。
壁と壁に裂け目のようなものがある
s13
疲れているとより長く感じる。
実に長い階段を登り切る。荷物も重い。
s14
家具だけが取り残されて、
閑散とした空気が流れている。
存在はしているけど、
特になにも影響がない。
ただの箱に見える。
廊下
s13
荷物をずるずると引きずりながら、
歩くたびに伸びていく廊下をひたすらに歩き続けた

3階平面図

s13

s17

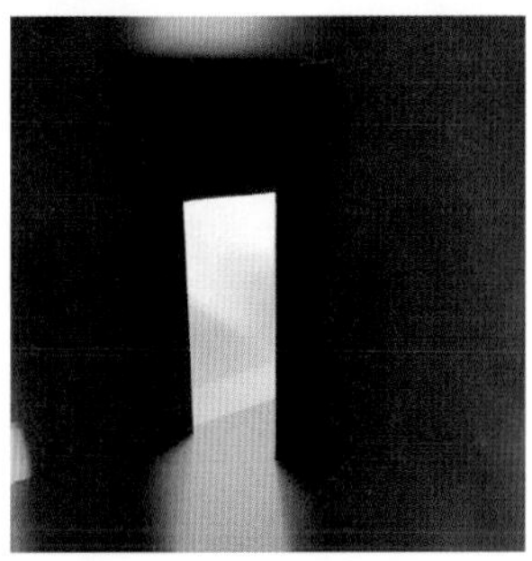

s18

空間の連続性に着目した
開放性を持つ浴室まわりの提案

菅野 楓
Kaede Sugano

東京都立大学大学院
都市環境科学研究科
建築学域
小泉雅生研究室

住宅の浴室はユニットバスの開発によって規格化し、プライバシーや設備・構法などの観点から居室とは切り離され、住宅の端に寄せられることが一般的である。このような浴室のあり方は、狭小敷地の住宅においては採光面・床面積の制約になっている。そこで、閉じられた浴室空間を解体し、住宅内外と連続性を持たせることで良好な居住空間をつくり出すことができるのではないかと考えた。本研究では、2000年以降の建築家による開放性を持つ浴室空間を対象に事例分析を行い、開放性を持つ浴室まわりの設計手法の導出と、新しい浴室空間の活用方法の提案を目的とする。

浴室の構成パターンの分析から、プライバシーの意識の変化や技術の進歩によって、公室に開放的な浴室と住宅の上層部に配置される浴室が増加していることがわかった。また、光環境の確保・空間の広がり・動線の効率化・プライバシーの確保・浴室の多機能化といった開放性を持たせることで得られる５つの効果と設計手法を抽出した。

これらの分析結果を用いて、狭小敷地における２つの住宅の設計提案を行った。プライバシーの確保や採光条件が難しい狭小敷地では、浴室を住宅の中心に配置し、上部を３層吹き抜けとすることで入浴時以外には光庭として活用する生活像を提示した。住棟間隔が狭い高層住宅では、浴室と同じく防水性が重視される屋上と一体化することで、浴室の開放性と居室部分の空間の広がりを可能にする浴室のあり方を提示した。

1. 浴槽まわりの定義

浴槽が配置され、壁で囲われている範囲を「浴槽空間」と定義し天井まで完全に仕切られていない場合や簡易間仕切りが使われている場合は、洗面脱衣室も浴室空間に含める。また、「開放性を持つ浴室空間」を、一面の壁面積に対して50%以上の開口面積を持つ空間とし、その開口を通して隣接する空間との連続関係について考察する。

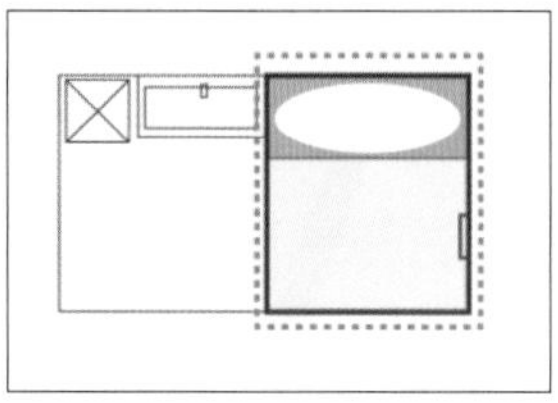

浴室空間の定義

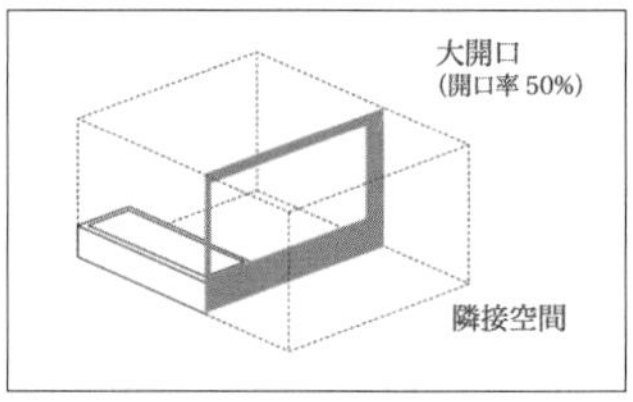

開放性を持つ浴室空間

2. 構成パターンの推移

2000年以降の『住宅特集』（新建築社）誌から大開口を持つ浴室事例を抽出し、「隣接空間の種類」「床の分節形式」から浴室まわりの構成パターンを９つに整理した。また構成パターンの３年ごとの推移を「内部隣接型の類型」「外部隣接型の類型」「段差・積層型の類型」の３つの項目から考察した。内部隣接型ではプライバシー性の高い寝室や非居室から家族が集まる公室との隣接が増え、さらにリビングに対して段差を介して隣接していたものがフラットな床で隣接するようになった。これは居住者のプライバシー性への意識の変化が関係していると考えられる。また、段差・積層型では設備機器による給湯の高さの制限がなくなったことや、プライバシー性や防犯の観点から、住宅の上層階に浴室を配置する事例が増えていることがわかった。

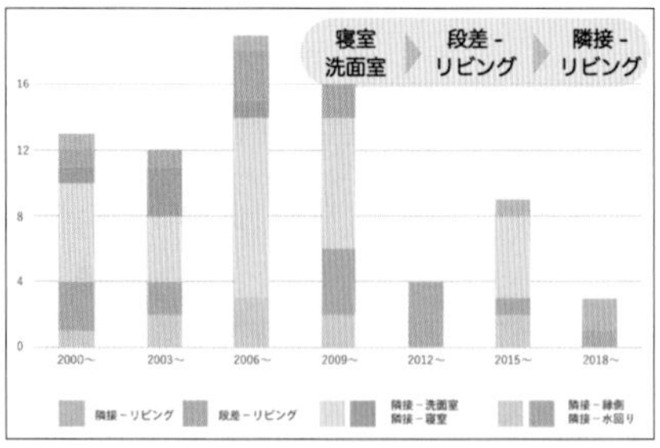

内部隣接型の推移

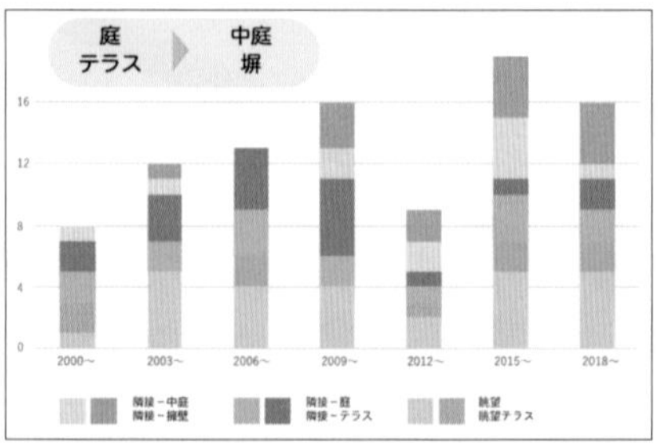

外部隣接型の推移

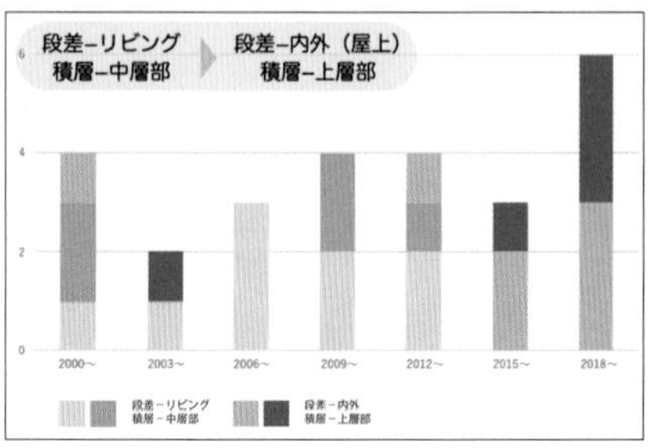

段差・積層型の推移

3. 設計手法の抽出

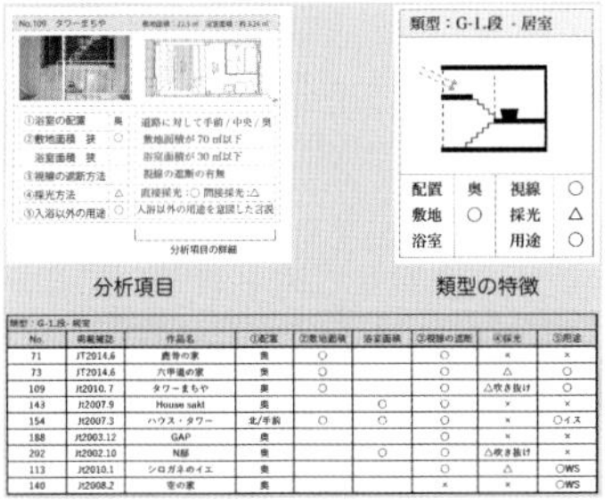

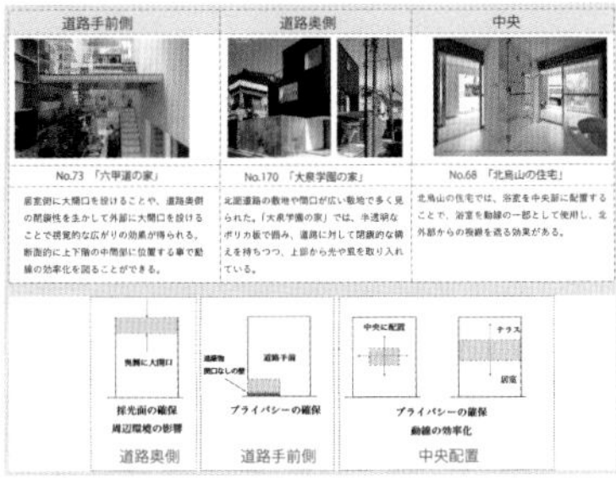

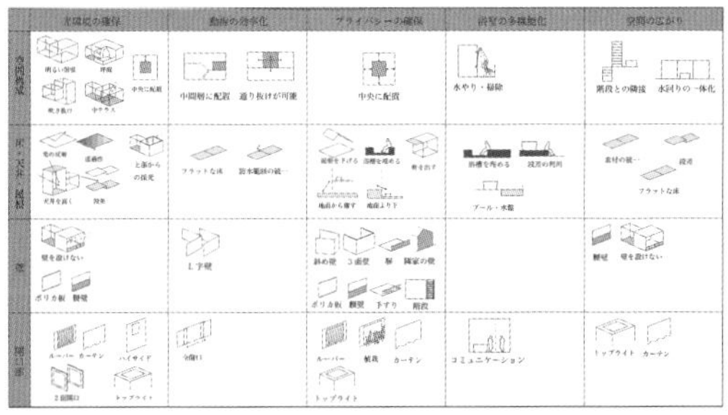

2章で導いた構成パターンを敷地環境・プライバシー性、光環境、機能性といった異なる視点で考察し、開放性を持つ浴室まわりの構成の特徴と設計手法を抽出した。

浴室を中心に配置することで開放的な浴室のプライバシー性を確保し、さらにはコアとしての役割や、動線の効率化が期待できる。

開放的な浴室の構成には5つの効果があることを明らかにした。また、5つの効果と関連する設計手法を建築部位ごとにまとめた。

4. 敷地概要

開放性を持つ浴室のニーズが高い狭小敷地における住宅を取り上げ、2章と3章で導いた構成パターンと設計手法を用いて2つのケーススタディを行う。

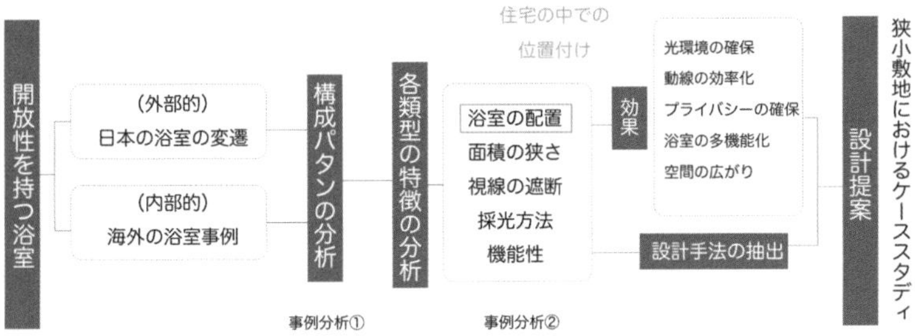

設計敷地は3km以上続く曳舟親水公園や銭湯が多く存在している東京都葛飾区お花茶屋駅の周辺の住宅を選定した

5. 設計概要

●設計提案①「生活の中心となる浴室の提案」

道路と3面を住宅に囲まれたプライバシーの確保や採光条件が難しい狭小敷地を選定した。3章の分析でリビング隣接型の浴室が増加していることを受け、リビングとつながりを持った内部隣接型を基本構成とする。住宅の中心に浴室を配置することで、プライバシーや北面の採光を確保する。また、上部を3層吹き抜けにしトップライトなどを設けることで採光・換気を行い、入浴以外の時には光庭のように活用する生活像を提示する。

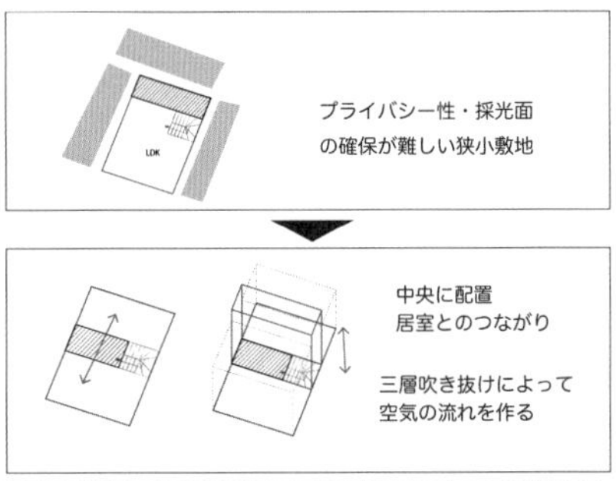

空間構成	床・天井・屋根	壁	開口部
中央に配置	天井を高く 上部からの採光		2面開口 トップライト ハイサイド

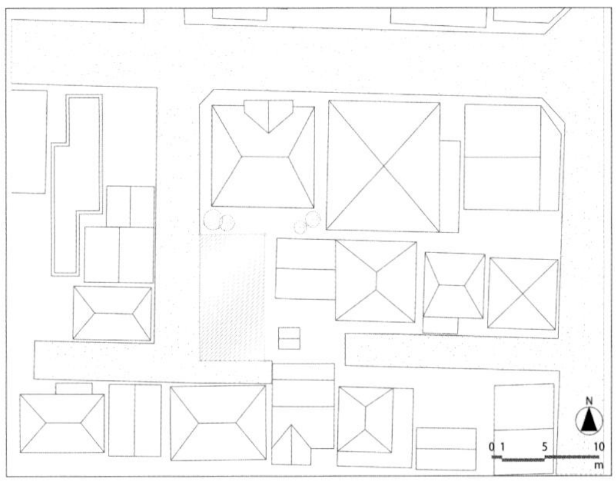

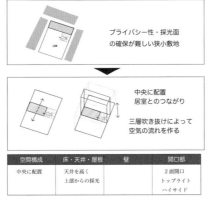

●設計提案②「防水性能を生かした浴室」

公園の入口付近に位置し、住棟間隔が狭く南北に細長い狭小敷地を選定した。3章の分析で、高層階に浴室を配置する住宅が増えていることを受け、高層住宅における浴室まわりの設計を行う。3階建ての住宅の屋上部分に浴室を配置し、浴室と同じく防水性が重視される屋上と一体化することにより、開放的な浴室と他階に居室の広がりのある住宅を提示する。

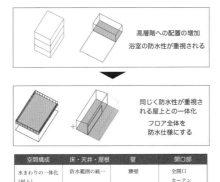

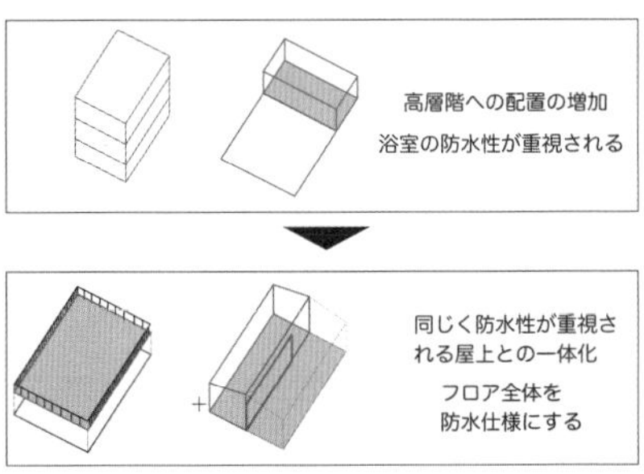

空間構成	床・天井・屋根	壁	開口部
水まわりの一体化 (屋上)	防水範囲の統一	腰壁	全開口 カーテン

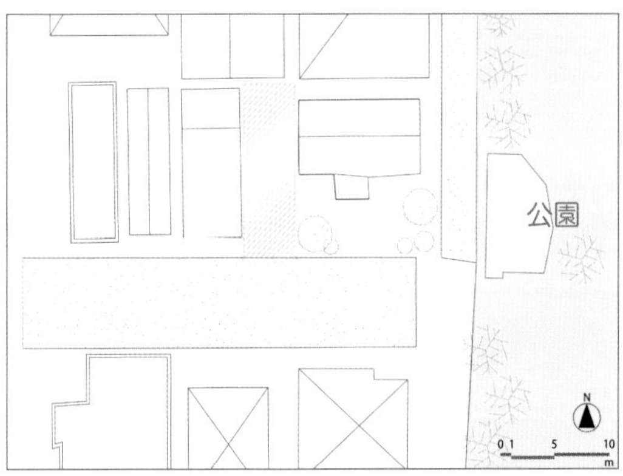

●設計提案①「生活の中心となる浴室の提案」

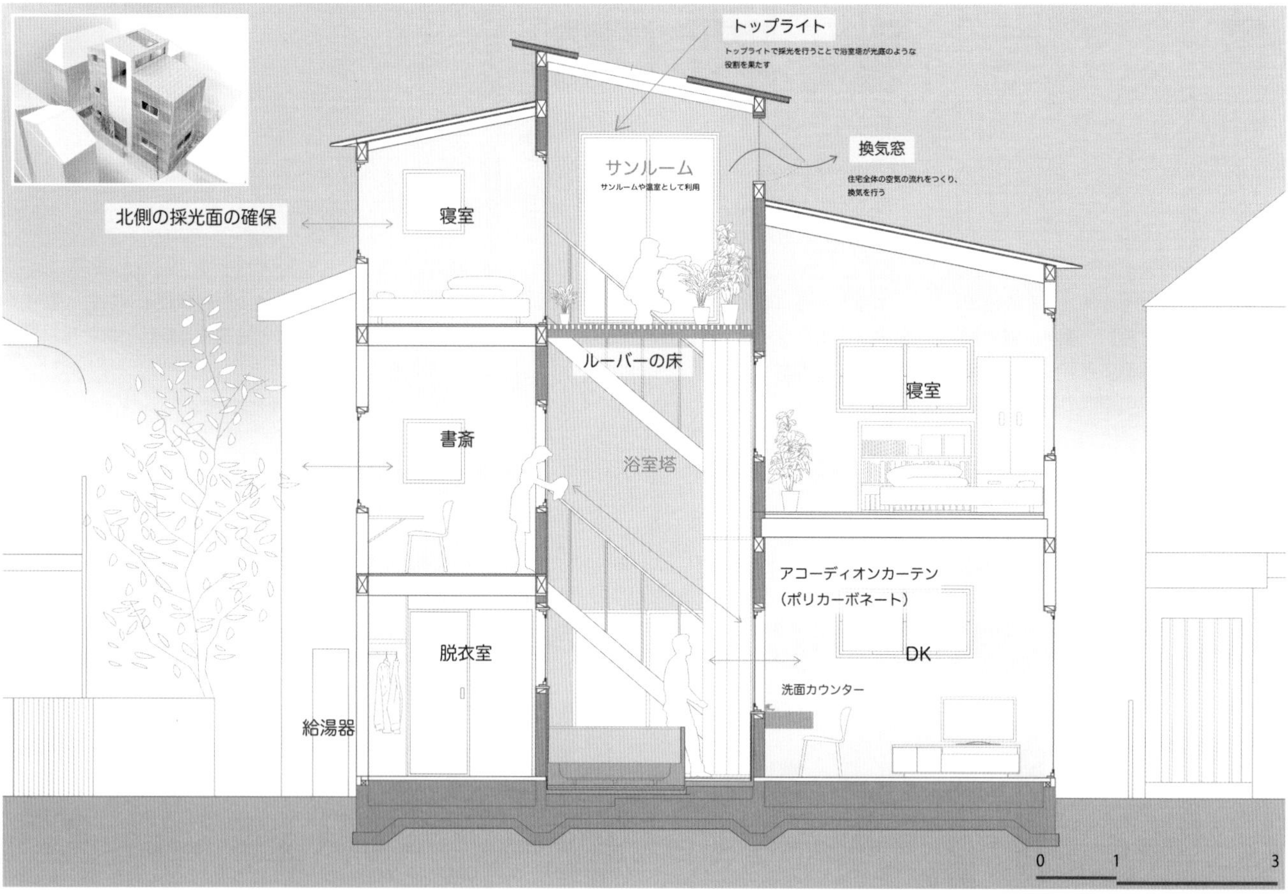

SECTION

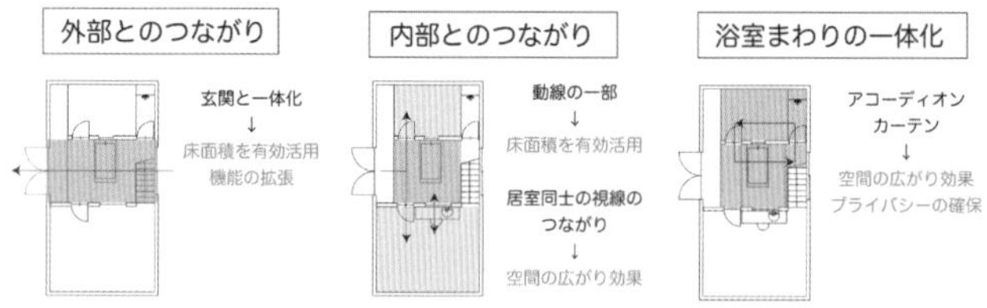

平面計画

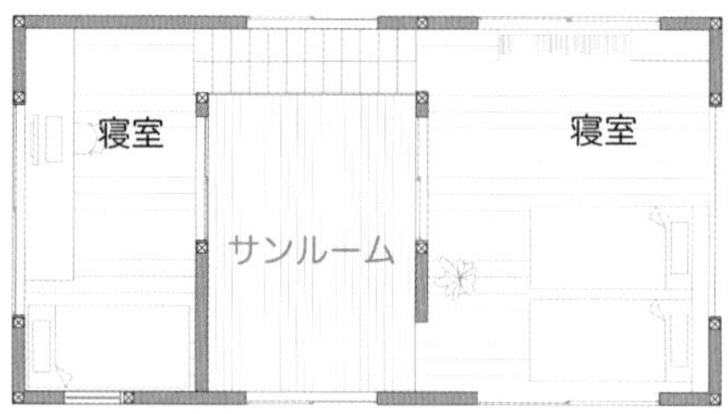

3F PLAN

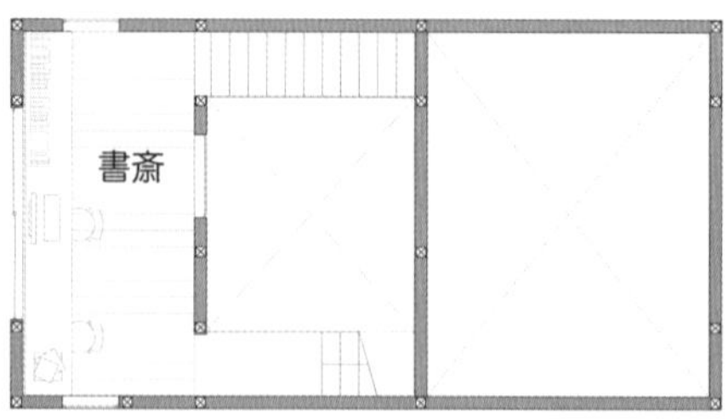

2F PLAN

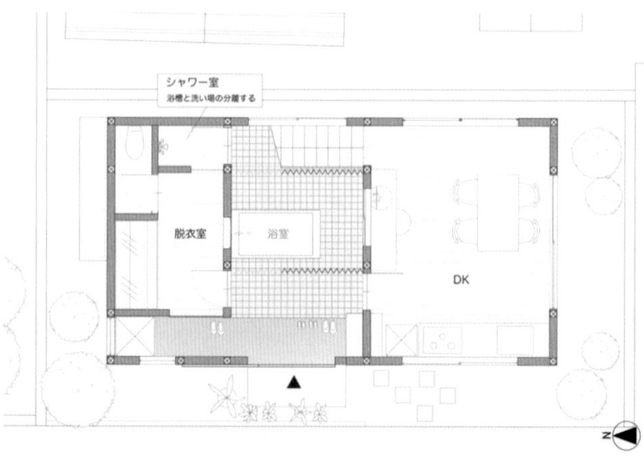

1F PLAN

洗面カウンターと浴室の間に開口を設けることで、家族とのコミュニケーションの場となる

浴室上部に、透過性のあるルーバーで床をつくることで日当たりが良く、暖かい温室のような空間をつくり出している

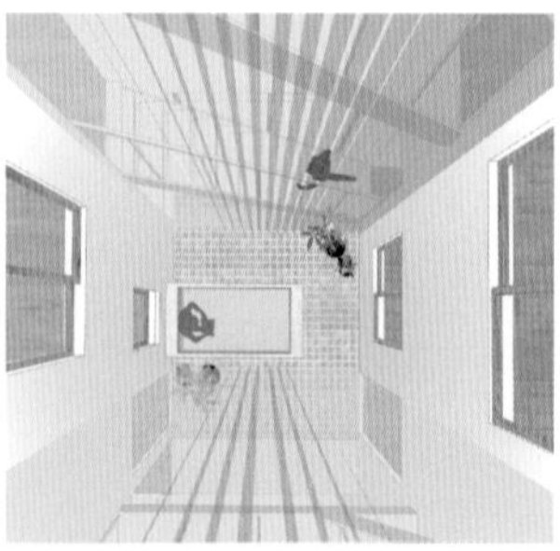

アコーディオンカーテンの開閉によってプライバシーの確保と空間の広がりの効果をもたらしている

入浴時以外には光庭のような役割を果たす。玄関と浴室を一体化することで広い床面積を確保している

●設計提案②「防水性能を生かした浴室」

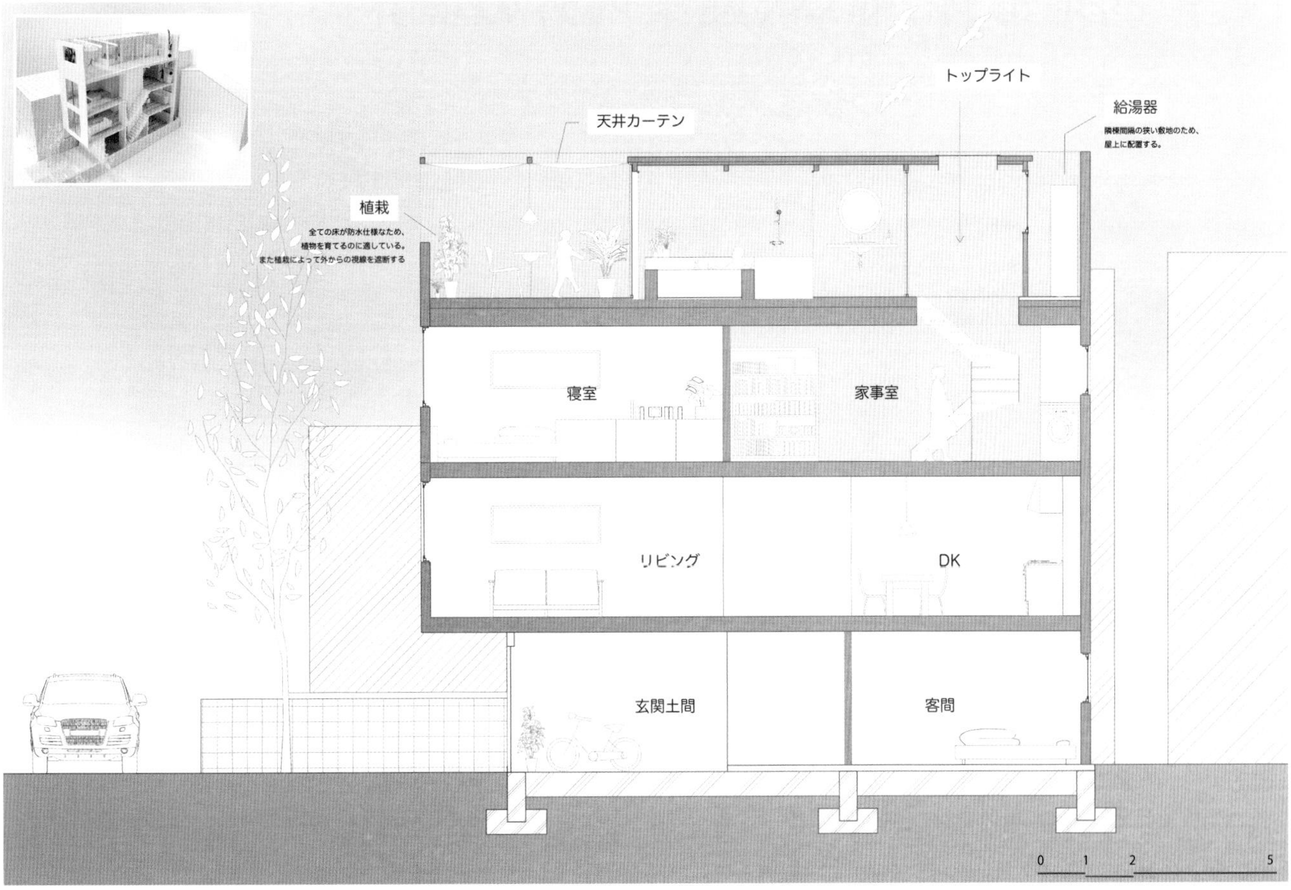

SECTION

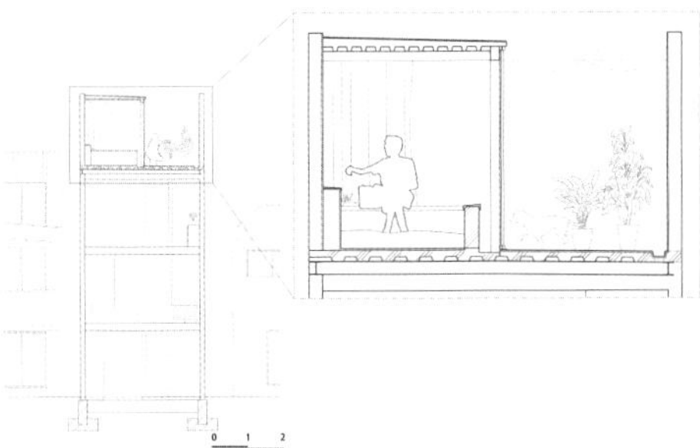

屋上の腰壁と同じ方法で壁を立ち上げ、既製品よりも大きい浴槽をつくる。深さや大きさ、内部・外部空間と関係なく、嗜好に合わせた浴室空間のあり方を提案する

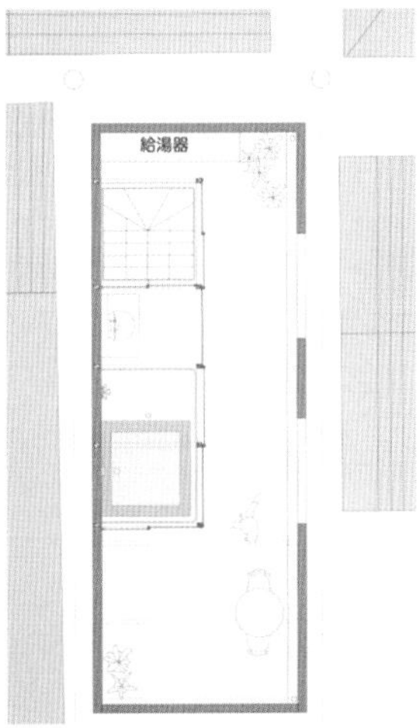

ROOF　PLAN

入浴時以外はプールや水遊び場として使用することができる

植栽や腰壁、開閉式の天井カーテンによってプライバシーを確保する

屋上と一体させ床・壁のすべてを防水仕様にすることで、開放的な浴室を可能にしている。また、住棟間隔が狭い敷地のため、屋上に給湯器を設置している

1F　PLAN

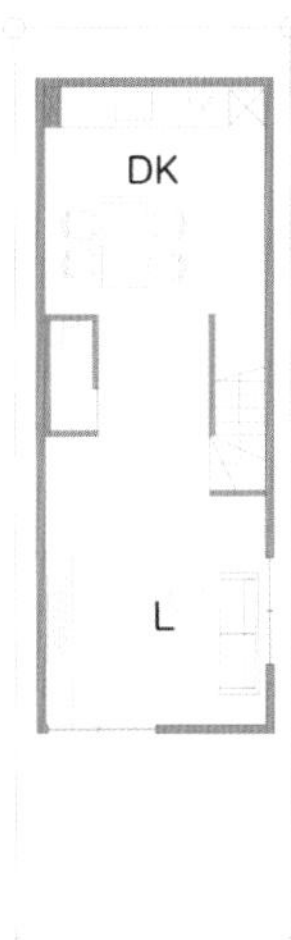

2F　PLAN

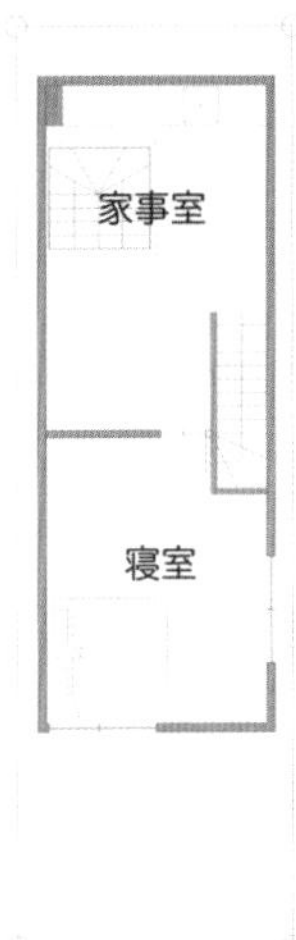

3F　PLAN

【疑似的地形】に基づく建築内外の境界の再考

谷中 駿太
Shunta Yanaka

東京理科大学大学院
工学研究科
建築学専攻
郷田桃代研究室

自然の地形と人工的な地形が入り混じる原宿・表参道の周辺地域において、そこに建つ建築の床面を、視覚的に地形の一部・延長のように見える【疑似的地形】と定義する。

本研究では、これら3つの地形によって偶発的に形成された道と建築との境界部が、都市での独自の空間体験に影響を与えていると考え、建築へと転用する方法としてその境界パターンに着目する。それらが都市での空間体験に与える影響を記述し、境界部の独自の寸法体系を同時に収集し設計手法とすることで、建築全体において新しい内外の関係性を有する建築を提案することを目的とする。

獲得した 26 の境界パターンは、「開く」「開きながら閉じる」「閉じながら開く」「空間の拡張/誘導」の 4 種類の空間同士の関係性を生み出し、床面や壁・擁壁などさまざまな要因が【疑似的地形】と組み合わさることで形成される。

建築の周囲に街路の延長としての道・共有路を巻き付けることで、建築の地上階だけでなく上層階においても、明確な内外の境界部と疑似的地形を生み出し、その境界部に、現地調査によって得られた 26 の境界パターンを再構築し挿入する。それによって、均質化しつつある建築内の空間同士に、視覚的な連続感・乖離、体験する空間の拡張・誘導・制御など多様な関係性を生み出ことで、新たな内外の関係性とそれによる豊かな空間体験を有する建築を提案する。

1. 第三の地形 ―類似的地形―

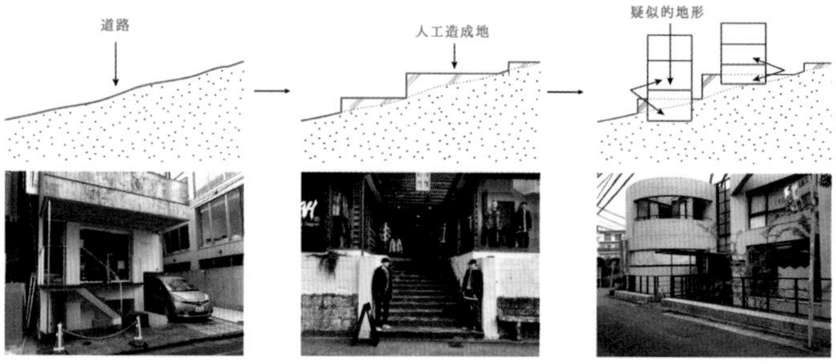

道に現れる自然地形、そこにつくられた人工造成地による人口地形。2つの地形が混在する場所に建築が建つことで、その建築の床面として地形の一部が見え、偶発的に第三の地形【類似的地形】が生まれる。これによって都市にはさまざまな道と建物の境界部が現れる。

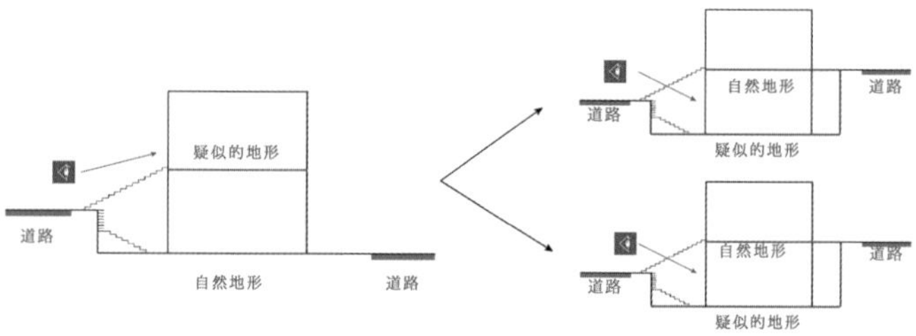

道から敷地前面の余白を経由したアクセスがあり、視覚的に地形の一部に感じる床面を【類似的地形】と定義する。微地形によって、建築の床面が地形に起因するものなのか、地形とは関係のない高さのずれた床面なのかわからなくなる。もしかしたら地形の一部かもと視覚的に感じる床がこの街に存在する【類似的地形】となる。

2. 類似的地形が生み出す独自の空間体験

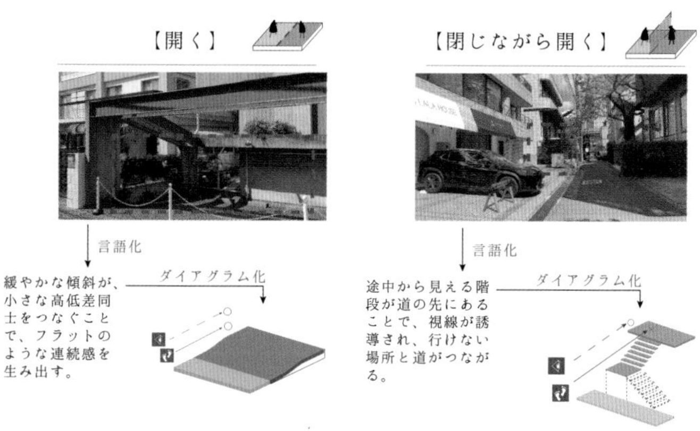

【開く】
【閉じながら開く】
言語化
ダイアグラム化
緩やかな傾斜が、小さな高低差同士をつなぐことで、フラットのような連続感を生み出す。
言語化
ダイアグラム化
途中から見える階段が道の先にあることで、視線が誘導され、行けない場所と道がつながる。

現地調査に基づき、観測地点での空間体験の記述と、類似的地形とそれに付随して発生する、塀/壁/擁壁/植栽/その他などの周辺構成要素とともに、その境界パターンをダイアグラム化する。同時に用いられている寸法を実測し、境界パターンごとに集計することで、その寸法体系も把握する。これらを設計手法とする。

3. 25+1の境界パターンによる設計手法

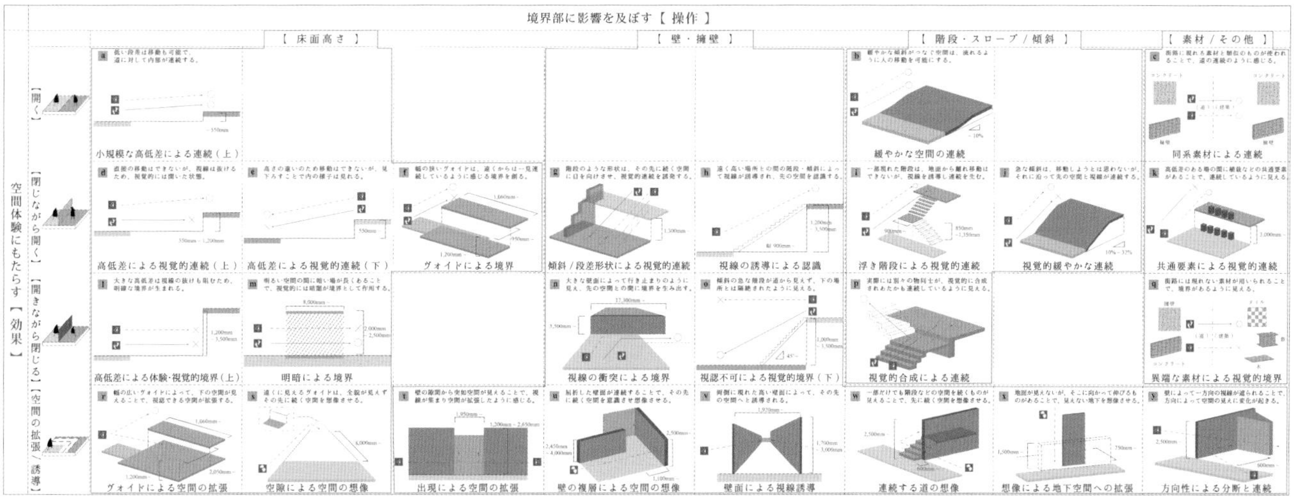

4. 境界パターンに基づく境界部の再構築

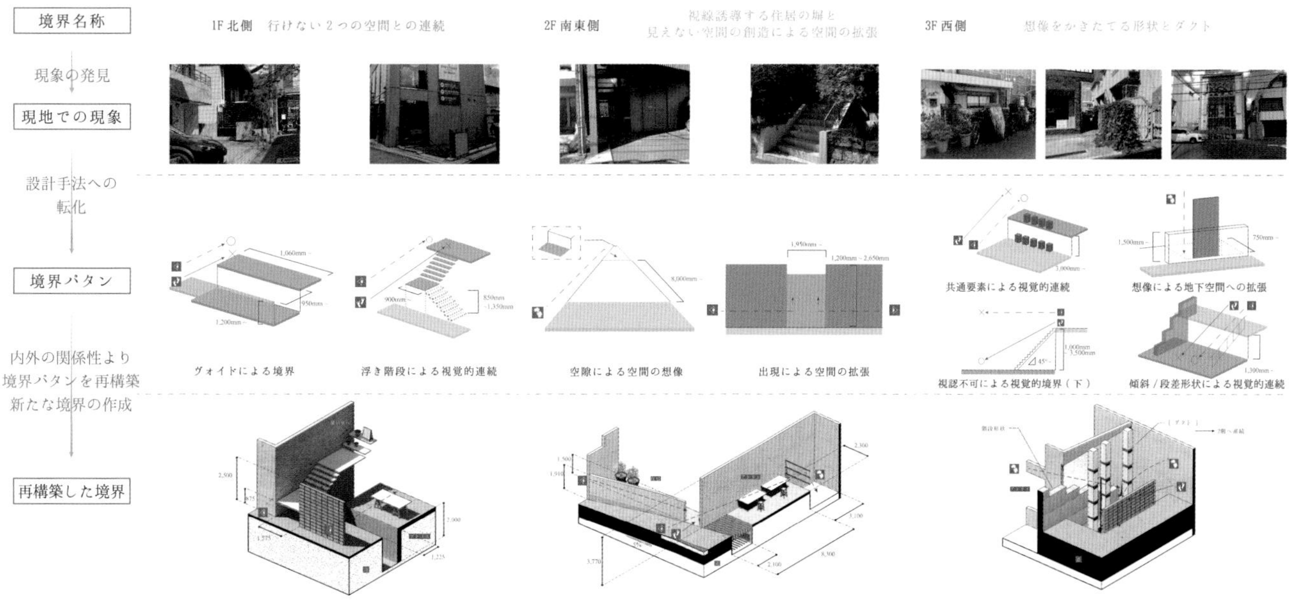

5. 全体構成 ―巻きつく街路―

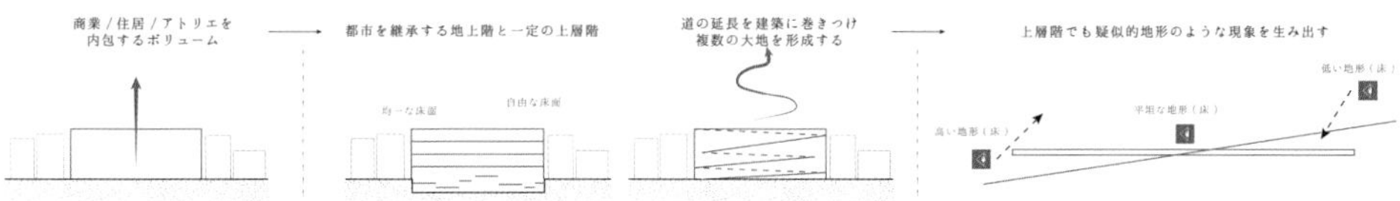

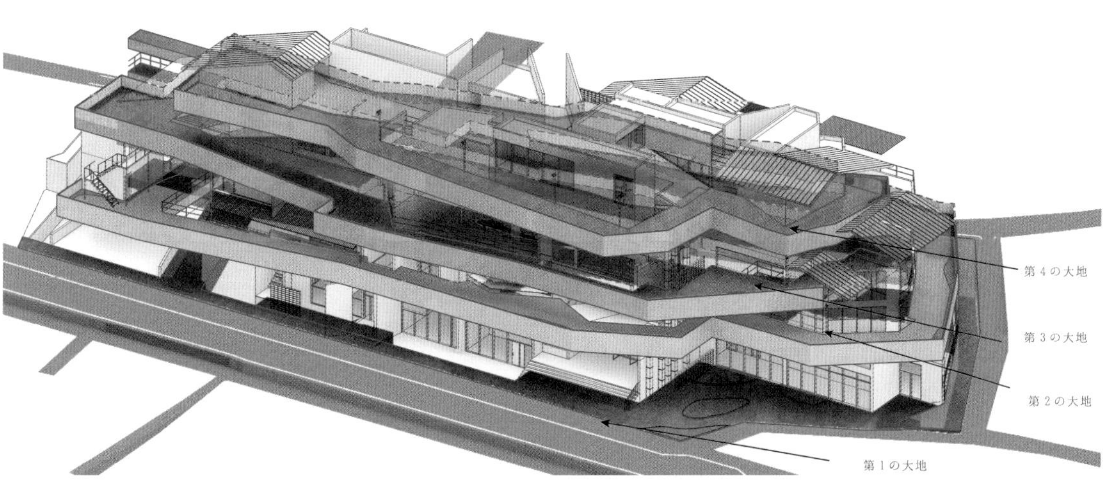

●【地上階/都市の延長】

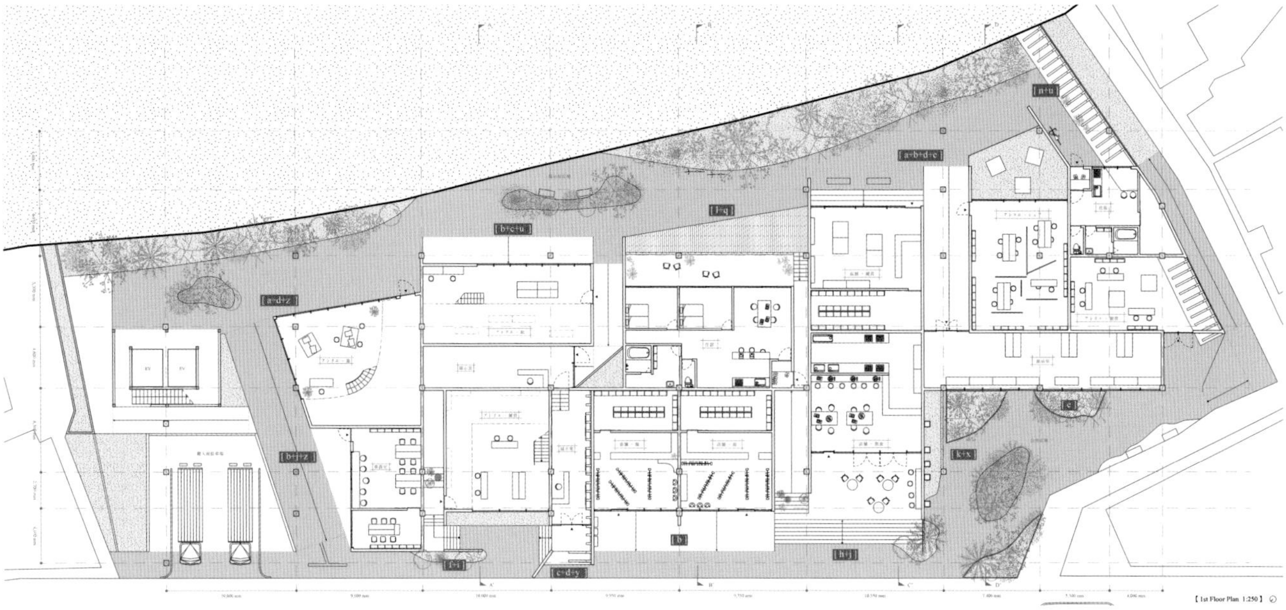

1St　Floor　Plan

[f + i]　行けない2つの空間との連続

大きな開口を持ち、視覚的には開いてるファサードを持ちながらも、小さなヴォイドが境界つくっている。
アトリエの横から伸びる階段は途中からのみ見えることで、行けそうで行けない展示室へと視線を誘導していく。

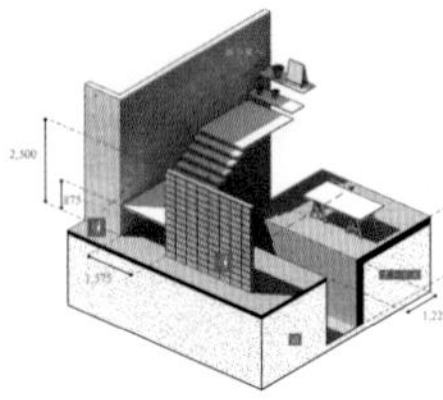

[c + d + y] 場所ごとに内外の関係を変化させる1つの空間の境界部

手前にいる人にとっては階段から行ける普通の入口。
正面にいる人にとっては、段差があるが擁壁の先は道のように公共の場がつながっているように感じる。
奥にいる人にとっては、なにも見えない場の3種の関係が交錯する。

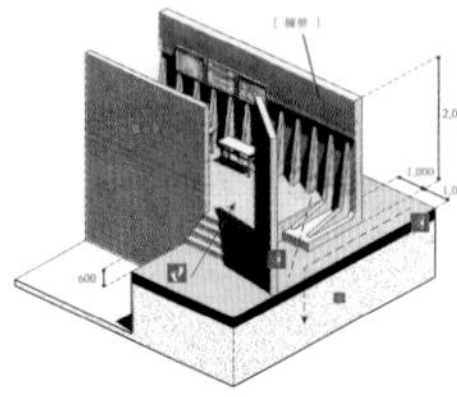

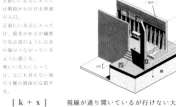

[b]　緩やかな傾斜による高さの違う離れた空間との連続

道とは高さも違う・離れている場所との境界部に、緩やかな傾斜を設けることで、公共に大きく開いた空間を生み出す。

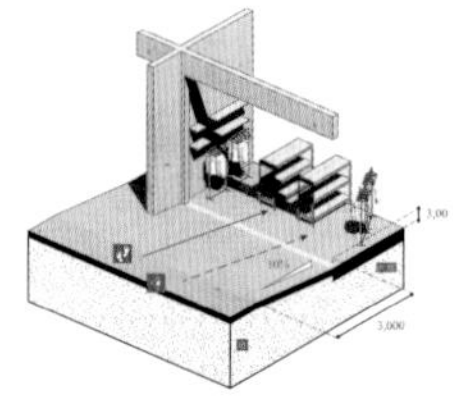

[h + j]　階段による移動・視線誘導と傾斜の混在による多様な関係

階段は高く離れた場所とを簡単につなげ、視線も誘導する。
一部は店舗へとつながるが、一部が急な傾斜と合わさることで、視線だけを2階の店舗へと誘導しつなげる。
同じ要素が道と2つの離れた空間をつなげ、多様な関係を創出する。

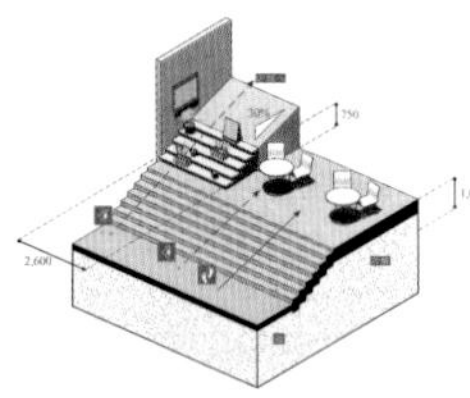

[k + x]　視線が通り開いているが行けない大きな空間

縦に伸びるダクトが、下はブロック塀によって、上は天井によって続いている先が見えないことで、その先に続く空間があるように想像させる。
下は存在しない地下の空間を想像で生み出し、上を見上げると2階の空間が見えてくる。

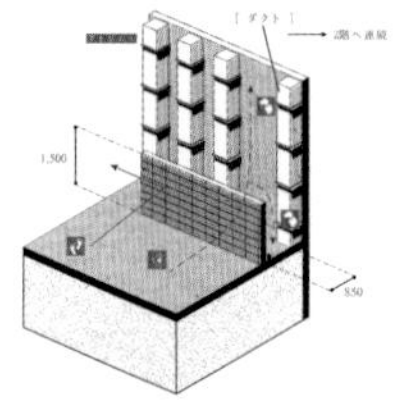

[e]　視線が通り開いているが行けない大きな空間

広場に向かい大きく開いたファサードを持ち、視線が抜け内部が見える。一方でそこにある高低差によって内外は分断される。
どこから行けるのかわからない場所は、その空間への興味を高める。

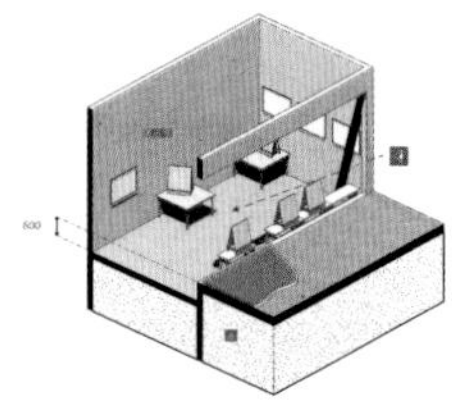

[n + u]　行き止まりの裏の住まいと壁による受け流し

高い擁壁は壁のようで、道は行き止まりのように見え、人は行こうとはしない。その裏側にある空間は、公共との間に見えない境界の存在し、開いた暮らしの場所を生み出す。
隙間以外への視線は屈折した壁面が、アトリエへと誘導する。

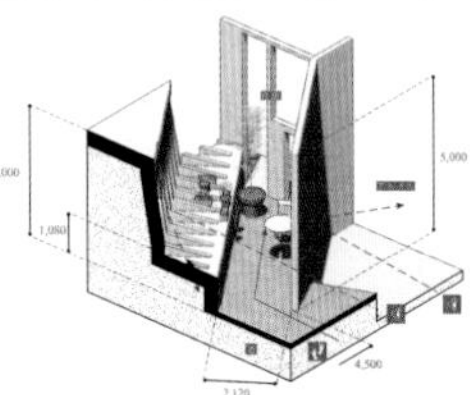

[a+b+d+e]　境界の混在による多方向への空間の広がり

1地点に対して境界パタンが混在することで、上下や前後など視線が様々な方向に誘導し空間が拡張することで、多様な空間体験を生み出す。
別々の性質を持つ空間とのつながりを獲得する。

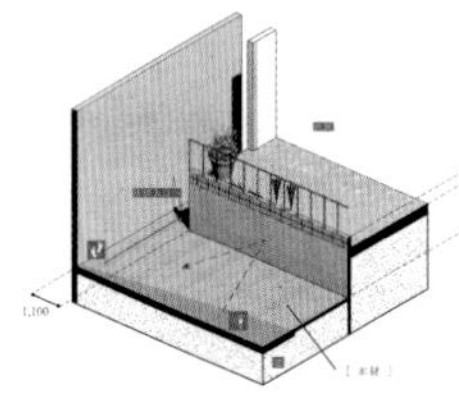

[l + q]　見えない境界と見えない住まい

都市に現れない「木」という素材が見えない境界を生み出し、住居と公共を隔てる。
大きな高さの違いは、開いた暮らしの様子が道からは見えず道と切り離されることで、境界を生み出す。
同じ空間に在りながらも境界をつくりだす。

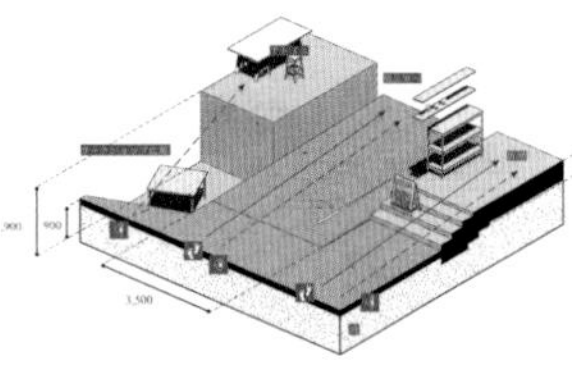

[b + c + u] 視線誘導の連続見える空間と見えない空間同士をつなげる

小さな高低差と傾斜によって、開いた空間と道を視覚的に連続させる。奥へと続く道は、擁壁という都市の一部の素材によって、奥に続く公共性の強い空間を想像させ、形状が屈折することで、その先に想像する空間をさらに想像させる。

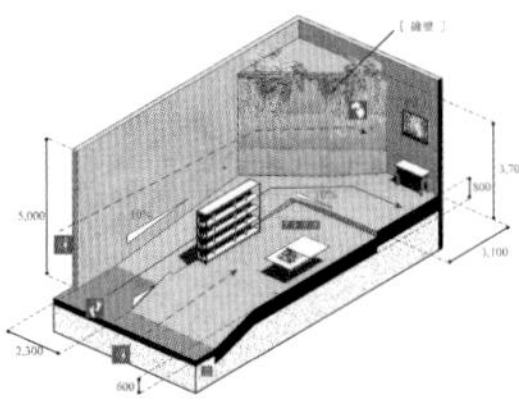

[a + d + z] 角地と傾斜の道による場所ごとに関係を変化させる境界

2面で道に接し、さらに一方向の道が傾斜を持っていることで、視覚的な連続のみの場と、移動可能な開いた場とが、人の立ち位置によって変化する。道を歩き移動する中で、同じ室との関係が移り変わっていく。

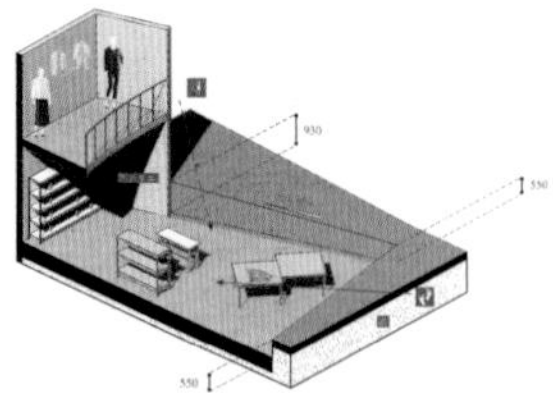

[b + j + z] すりつける傾斜による場所ごとの関係の変化の創出

傾斜のある道とフラットな内部をすりつけるように傾斜がつないでいる。場所によってはフラットだったり急な傾斜だったりと、短い距離で大きく内外の空間の関係が変化する。

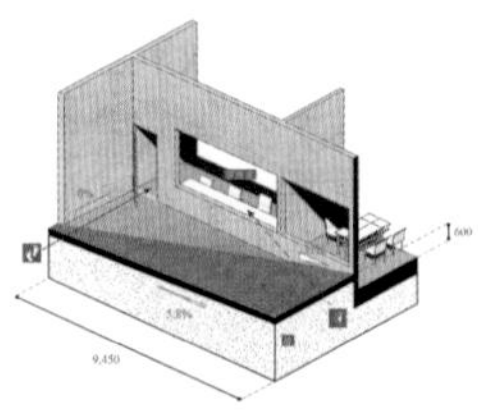

【視線を上へと誘惑する、上れない階段】どこから上るのかわからない階段の段坂だけが見える。億の高い場所へと視線が誘導され、空間同士が視覚的につながる

【都市の延長を見せる擁壁】都市に度々現れる擁壁が室内へとつながっている。高い場との間にあった境界を超え、その先に都市の延長を感じさせる

【錯綜する空間の方向】斜め下、斜め上、上の奥と3方向に空間が広がる。平面ではなく、立体的に複数の空間への広がりを感じる

●【2階/傾斜にある道による上層階での類似的地形】

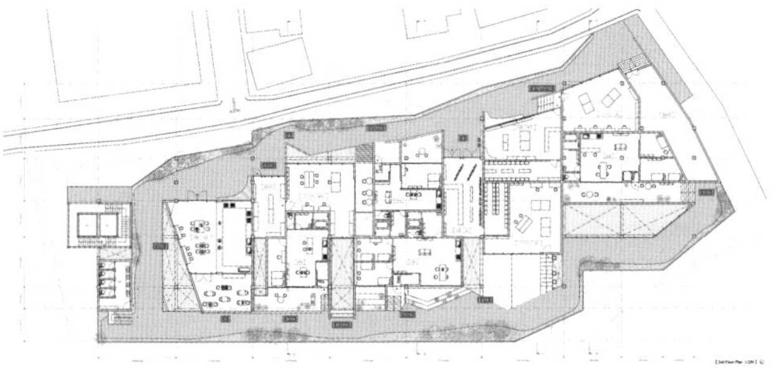

2nd Floor Plan

●【3階/傾斜のある道による上層階での類似的地形】

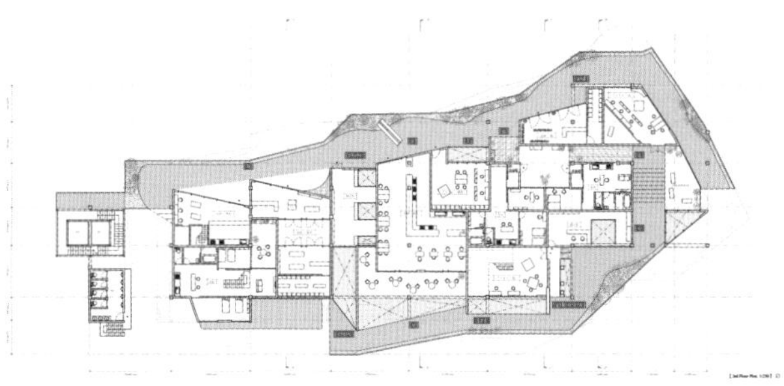

3rd Floor Plan

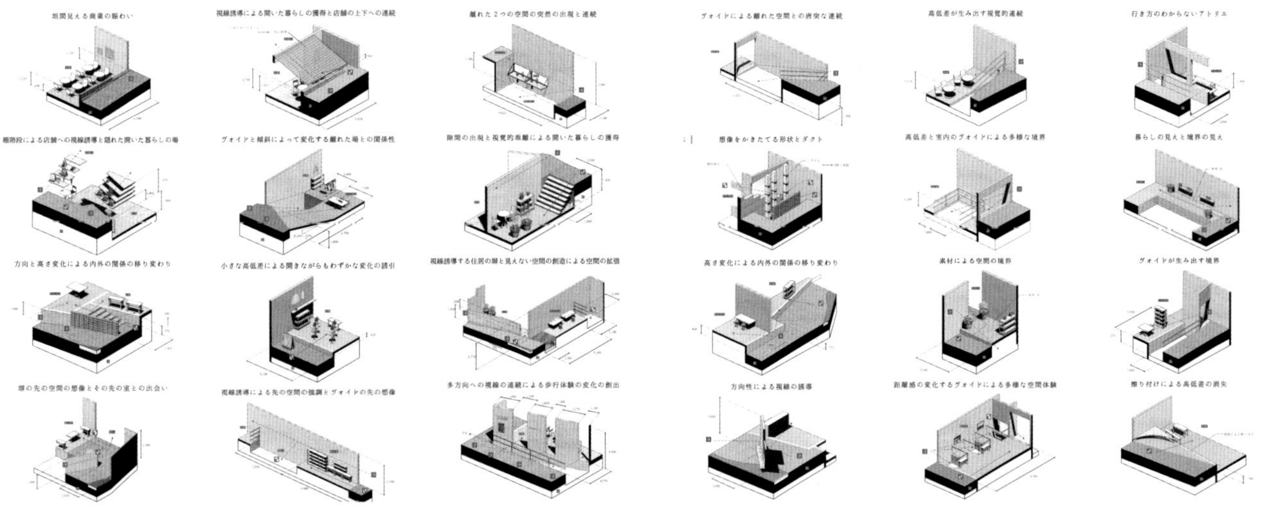

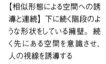

【ヴォイドによる空間の想像/創造】遠くに見えるヴォイド。その先にある空間を人は想像し、見えない空間を創造する

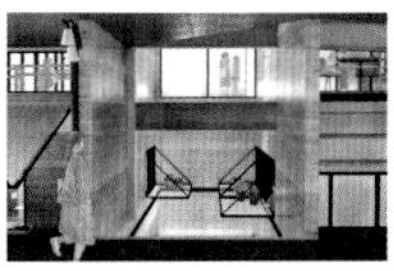

【誘導と開放】傾斜の屋根や棚階段によって上層階へと視線を誘導される。突如現れた吹き抜けは、空間の広がりを感じさせる

【高低差と見えない階段による境界】大きな高低差の間をつなぐ急な階段は、道からは見えない。実際はつながっている空間同士の間に境界が生まれる

【疑似的な地下への空間の拡張】さっきまでいた場所が地下のような場所に見える。下をのぞいたり上を見上げたりと内との関係が変化する

【相似形態による空間への誘導と連続】下に続く階段のような形状をしている擁壁。続く先にある空間を意識させ、人の視線を誘導する

【異端な素材が生み出す視覚的境界】連続するスラブ間にある木は、街路には現れない素材。その先にある空間は見えるが、なにか行けない境界を感じる

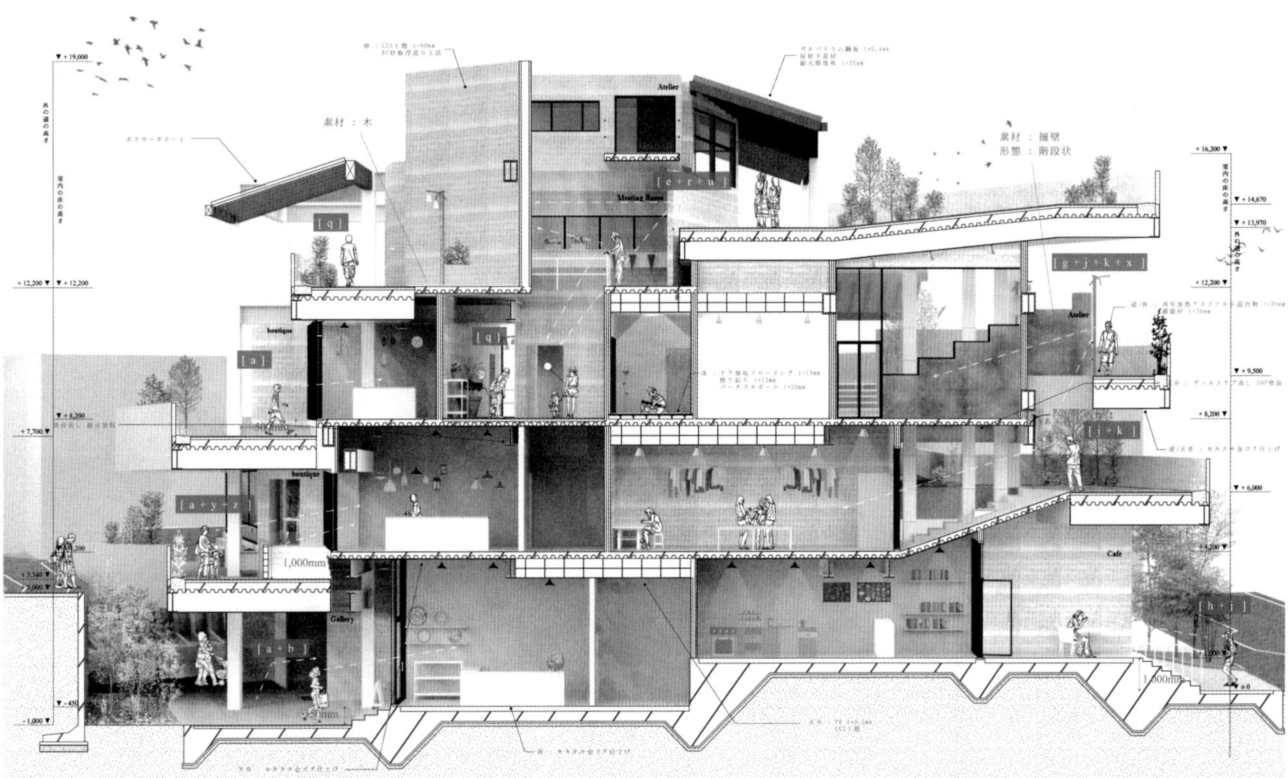

断面図

考古学的眼差し

―読み替えによる継承の場の提案―

藤田 正輝
Masaki Fujita

東京理科大学大学院
理工学研究科
建築学専攻
垣野義典研究室

日本には現在、123地区もの重要伝統的建造物群保存地区があり、規模や種別は違えど、どれも我が国にとって歴史的価値の高いものとなっている。それぞれの地域に保存しなければいけない建築物や工作物、環境物件があり、各自治体がガイドラインに沿って景観を保全している。特に観光地化されていない地域では、インフラ整備などの都市発展から取り残されたために歴史的景観が保たれた、というケースが多く、過疎地域と同じように後継者不足や世帯数・人口の減少、空き家対策、転出者の増加が進行している。そのため、こうした地域では遺された景観を守りながら、その町の環境を魅力的に活用していく、持続可能な社会づくりが重要になり、そのような中での建築のあり方も見直す必要がある。

街並みとは更新されていくものであり、各自治体の既存ガイドラインでは修理や修景に重きを置き、町には伝統的建造物以外にも認定されていない建物も多く、それらも街並みを構成してきた大事な要素の一部であり、そうした建物も含めて町は醸成してきた。本計画では、町で行われていた文化や生活、空間に基づいて、街並みの要素を等価に扱うことで持続可能な新しい町らしさを取得するための提案である。

町のハレ・記憶・遺構を基に計画敷地を5つ選定し、祭りを通して相互に連関していく。町中に散見される遺構を真壁町の要素を使い再構築することで、新しい風景や生活が生まれる、そんな建ち方を目指した。

1. 敷地　茨城県桜川市真壁町

茨城県桜川市にある真壁町は筑波山の北側に位置し、人口が約19,000人の町である。真壁城（国指定史跡）に付属した集落に起源を持ち、周辺地域の物産が集散する在郷町として発展し、北関東及び東北地方への木綿販売の拠点としても繁栄してきた。現在でも近世初頭の街並みや町割りをほとんど残しており、街並みは茅葺家屋が主体だったが、火災などもあり蔵造の町屋が普及していった。2011年には公募型プロポーザルによって、真壁伝承館（設計：設計組織ADH）を建設し、地域の歴史・文化・伝統を伝え続けるための中心施設として位置付けられている。しかし、最寄駅まで車で約20分、バスは数年前から運行が始まる等、アクセスが悪く、真壁町は陸の孤島と化している。

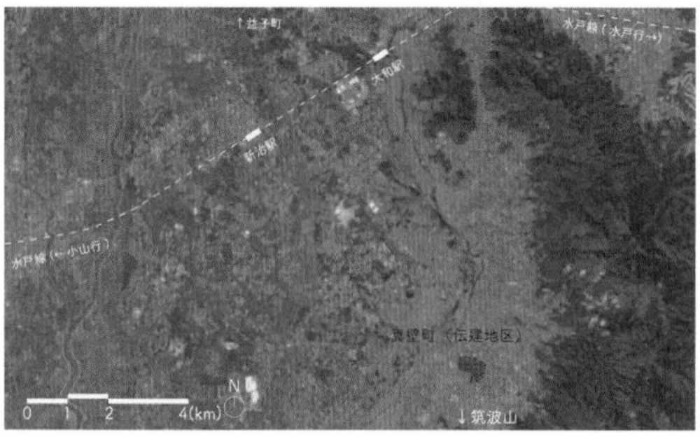

周辺広域図

2. 街並みとハレ

真壁祇園祭や真壁のひなまつり等のハレの場は賑やかであり、町を巻き込んだハレの場を形成している。祇園祭の引き廻しでは、町内会が保有している山車が真壁の町を練り歩き、ひなまつりでは軒先に雛人形を展示し町に訪れた人をもてなすなど、この町のハレの場は街並みと特に関係性が強い。

真壁祇園祭

真壁のひなまつり

3. 遺構への着目

真壁町には東日本大震災などを契機にした遺構が多数あり、町の中に溶け込んだ状態で散見される。これらは金銭的に厳しいことや持ち主が高齢化、死去していることなどを理由に、そのまま放置されている。しかしこれらは町を彩ってきた大事な要素であり、再び役割を与えることは出来ないだろうか。

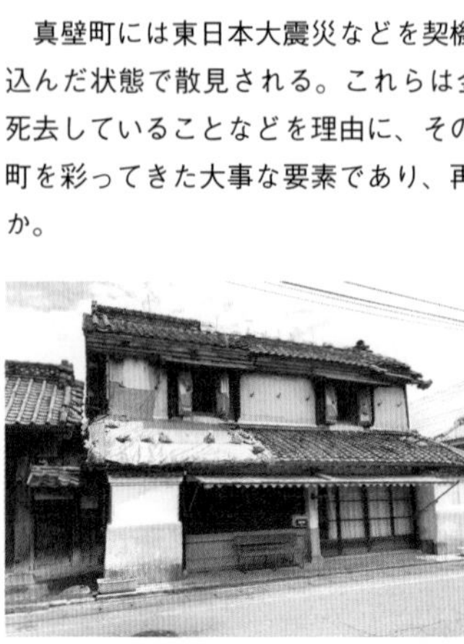

4. 真壁町を構成してきた要素

01.挿入

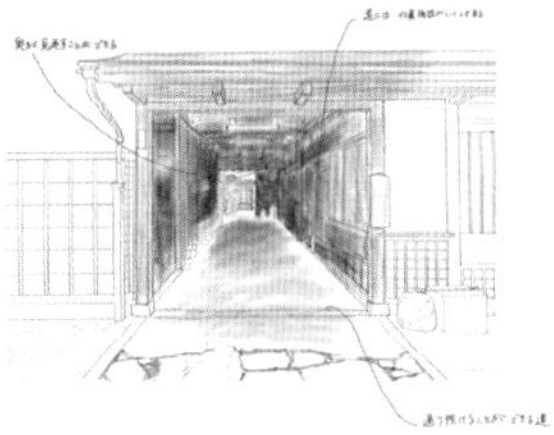
02.通り庭

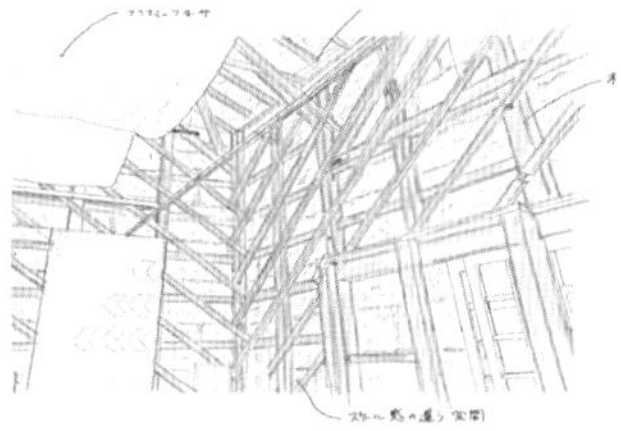
03.補強

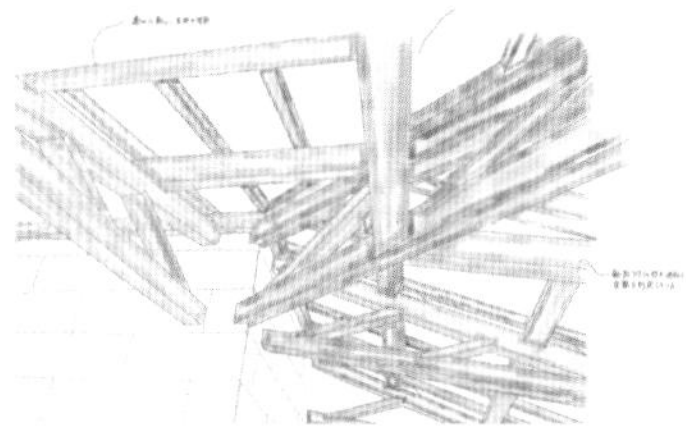
04.新旧

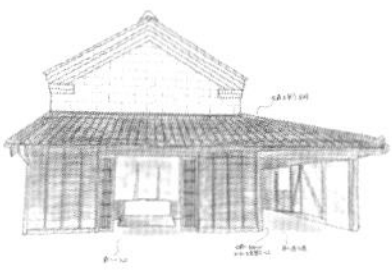
05.バッファー

06.境界

07.滞在

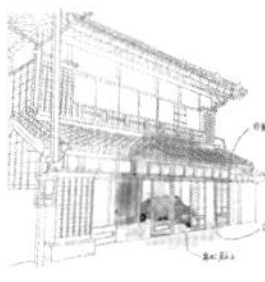
08.内包

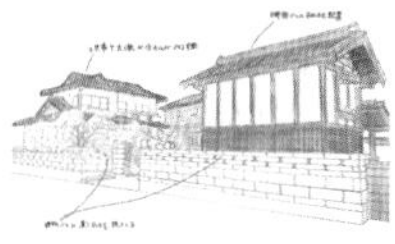
09.分棟

10.見通し

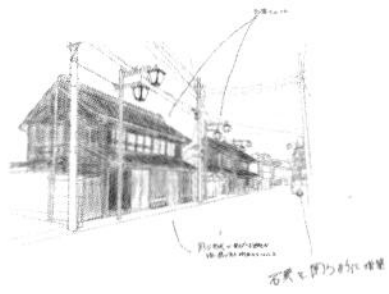
11.反復

12.増築

13.混構造

14.継ぎ足し

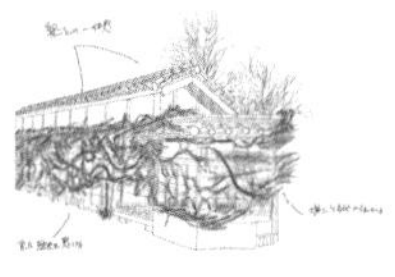
15.からまり

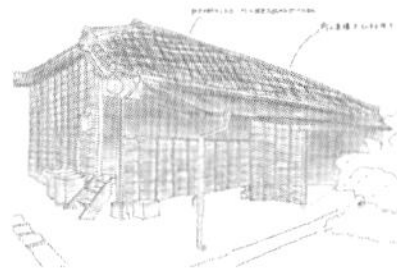
16.移築

5. 設計

真壁町にある様々な遺構と町民の記憶のイメージから、敷地の選定、プログラムの計画を行い、本設計を今後の計画に活用できるよう、敷地を5つ選定する。これらの敷地は、主要な道沿いに計画し、祇園祭やひなまつりなどのハレの日を通して、相互に連関していく。各要素は、敷地、プログラム、遺構などから適宜選択していく。遺構を真壁町の要素を使い再構築することで、新しい風景や生活が生まれる、そんな建ち方を目指した。

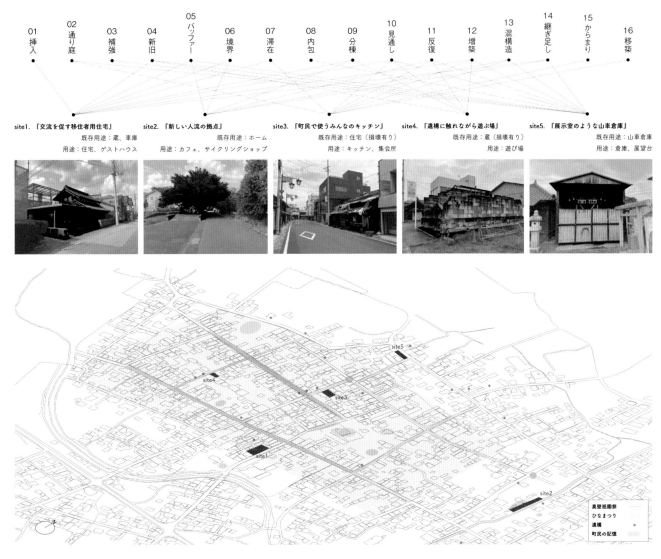

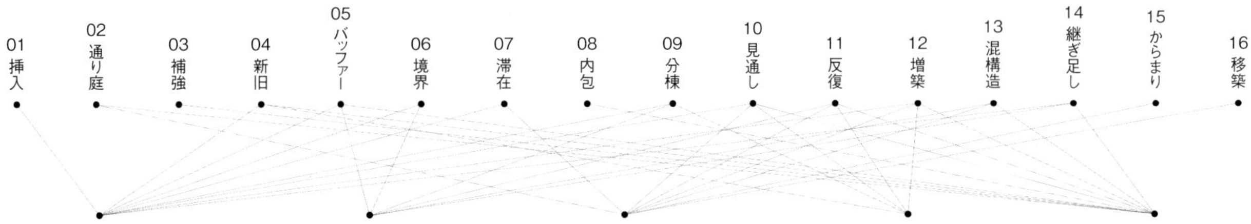

site1.『交流を促す移住者用住宅』
既存用途：蔵、車庫
用途：住宅、ゲストハウス

site2.『新しい人流の拠点』
既存用途：ホーム
用途：カフェ、サイクリングショップ

site3.『町民で使うみんなのキッチン』
既存用途：住宅（損壊有り）
用途：キッチン、集会所

site4.『遺構に触れながら遊ぶ場』
既存用途：蔵（損壊有り）
用途：遊び場

site5.『展示室のような山車倉庫』
既存用途：山車倉庫
用途：倉庫、展望台

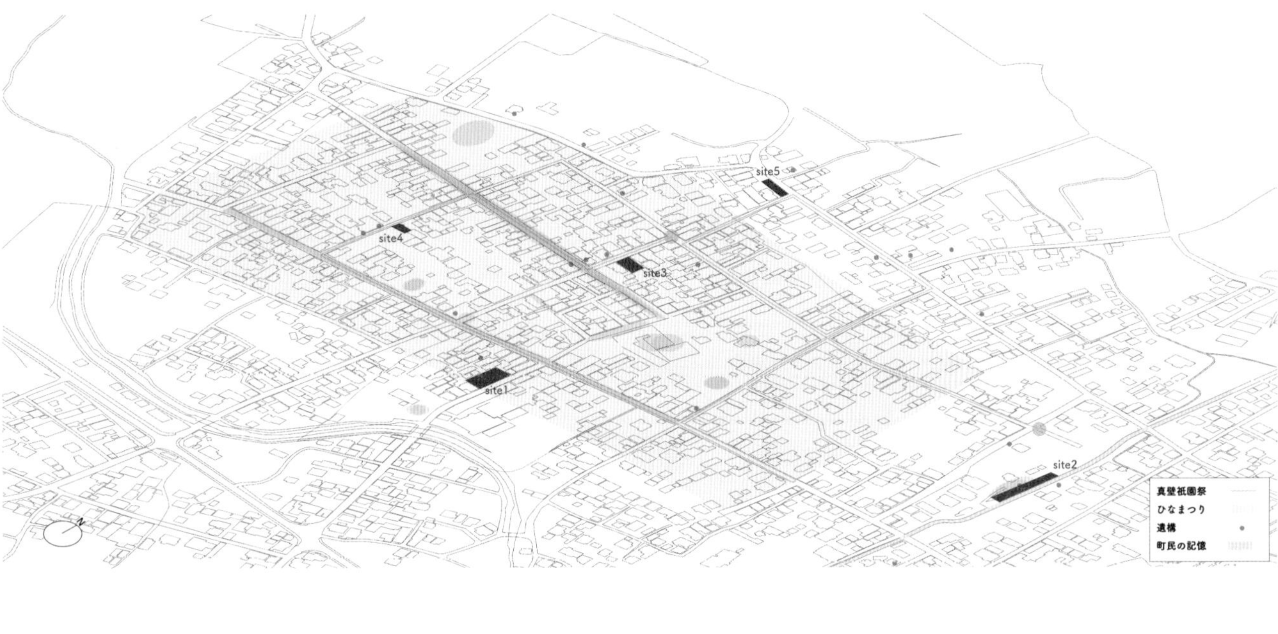

●site1.『交流を促す移住者用住宅』

移住者住宅は、2、3年の利用を行う、町に新しく移り住んでいくための仮住まいとして町が提供する。移住者は併設するゲストハウスを運営しながら、この町で生活していく。蔵という閉鎖的な建物を増築し、外に開いていくことで周辺住人と交流するきっかけを持ち、町での生活に馴染んでいく。

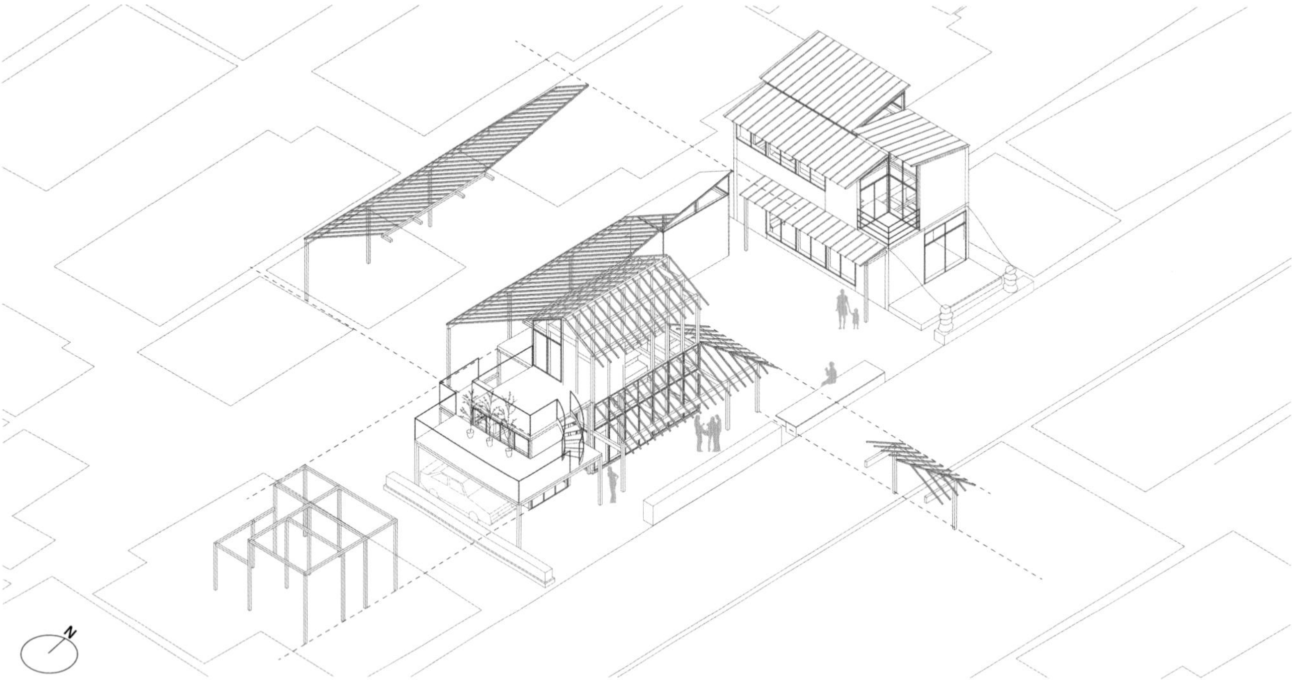
N

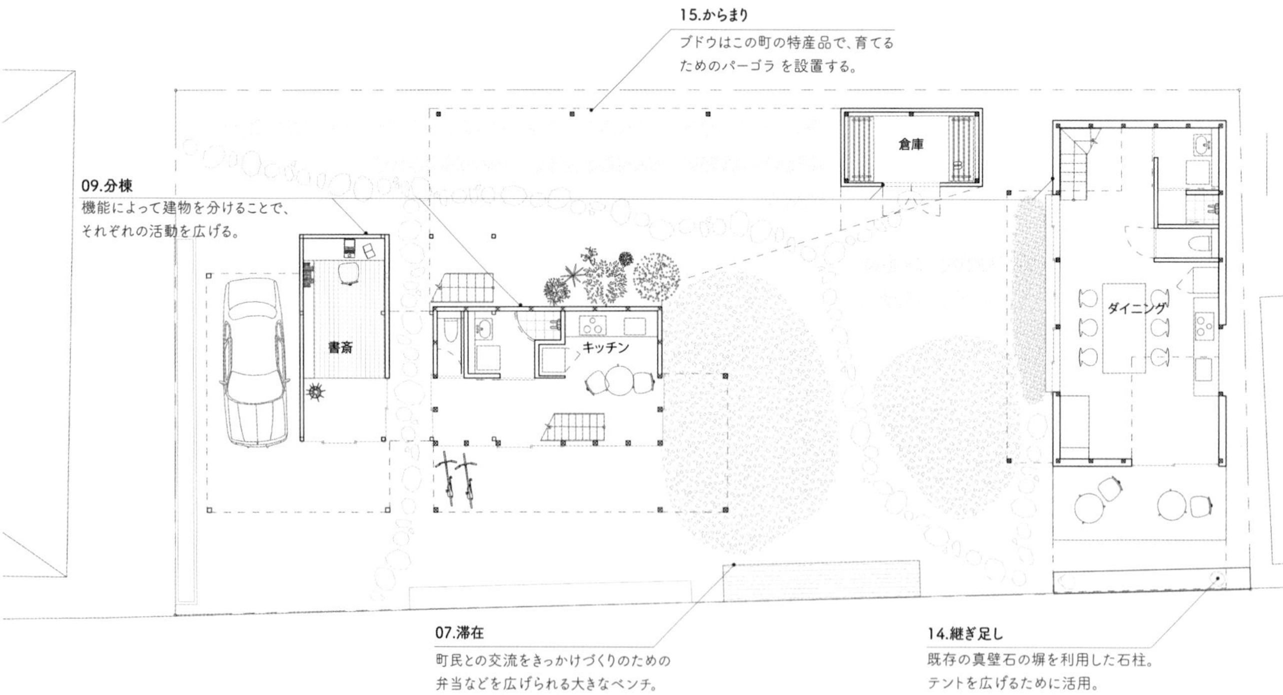
15.からまり
ブドウはこの町の特産品で、育てるためのパーゴラ を設置する。
09.分棟
機能によって建物を分けることで、それぞれの活動を広げる。
倉庫
書斎
キッチン
ダイニング
07.滞在
町民との交流をきっかけづくりのための弁当などを広げられる大きなベンチ。
14.継ぎ足し
既存の真壁石の塀を利用した石柱。テントを広げるために活用。

1階平面図兼配置図

●site2.『新しい人流の拠点』

筑波鉄道が廃線になり、現在は土浦市～桜川市まで通じるサイクリングロードに変わったが、ホームは未だ残されたままである。遺されたホームと桜を内包した真壁町へ訪れるきっかけとなる施設へ再構築していく。

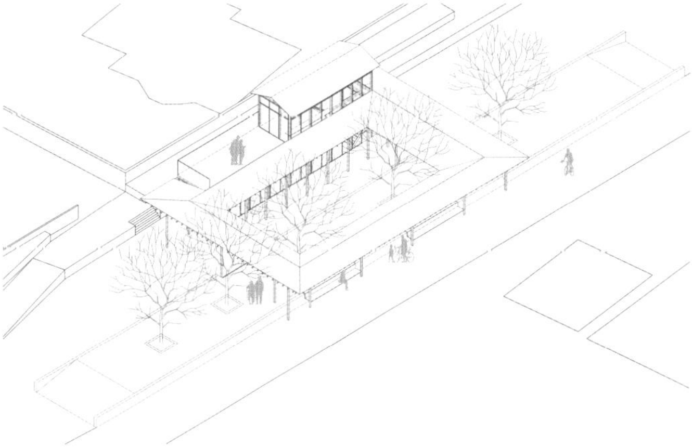

●site3.『町民で使うみんなのキッチン』

現在は空き家として使われていない本施設は、町の中心に位置し、以前は周辺に飲食店が多数存在し、賑わっていた。閉鎖的だった建ち方に、人の流れを入れ込むための風通しの良さを持った要素を組み込み、町民の集いの場として親しまれていく。

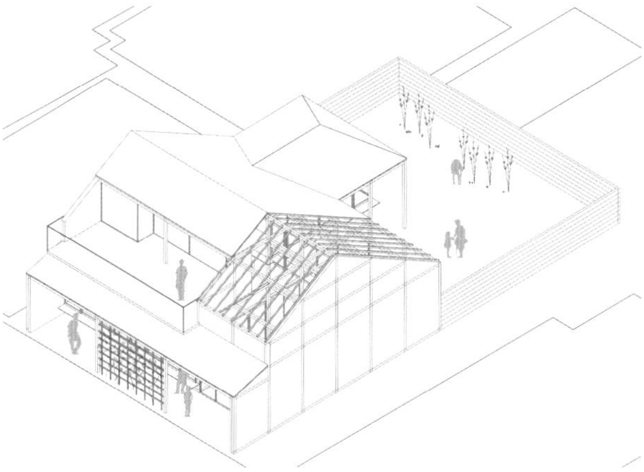

●site4.『遺構に触れながら遊ぶ場』

この石蔵は東日本大震災で損壊した工務店の倉庫である。昔この周辺では、空間を見つけては遊び場として活用していた。既存の囲われた空間を増築、外へと拡張していくことで新しい子どもの居場所となる。

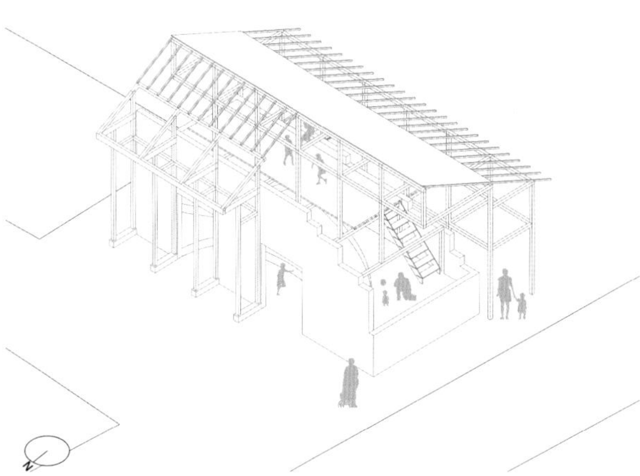

●site5.『展示室のような山車倉庫』

真壁町では祇園祭で山車で町内を回る、引き廻しがある。その山車を保管しておく倉庫はトタンで覆われた閉鎖的な建物であった。祭りの動線に連関するように移築、倉庫を展示室として開放していくことで新しい町の風景を創っていく。

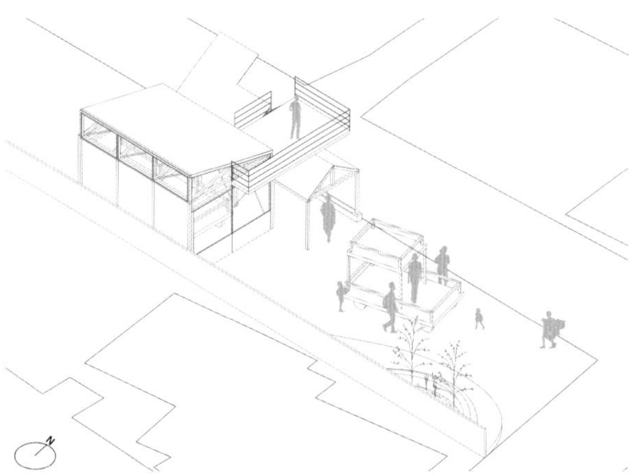

根曲り建築

—雪国における根曲り木の個性と向き合う—

南 あさぎ
Asagi Minami

東京理科大学大学院
理工学研究科
建築学専攻
岩岡竜夫研究室

森は多様だ。木も人と同じで、育つ環境が違えば「個性」が生まれる。これまで木の個体差は欠点としてみなされてきたが、現代であれば、素材の違いをポジティブに受け入れられるのではないか。素材の個性を尊重することで、空間は多様になっていく。

近年の木材流通や加工におけるデジタル技術の発達により、「森の多様性」をデータで扱えるようになってきている。つまり今ある技術を用いると、製材される前の森の段階から木材利用を考えることが可能になりつつある。

これまで価値がないとされ、規格からこぼれ落ちていた木材たちの活用方法を作り手が考えることは、新しい流通の流れを生み出す一歩になると信じている。そうして、少しずつ森にお金を返していくことが大きな目的である。

本修士設計では、積雪地帯における林業で課題となっている非流通材「根曲り木」に着目した。根曲り木とは、雪の重みや斜角などの外的要因により根本部分が曲がった木で、材の利用率の低下を招くことから「雪害」とも呼ばれている。

敷地は木材資源が豊富かつ木材流通の一次・二次産業がまとまっている岐阜県飛騨市とし、流通実態をヒアリングし、根曲り木の生態調査を行った。調査・分析結果から、飛騨市周辺の全114本の根曲り木を3つのグループに分け、それぞれの材に適した活用方法を提案した。素材の違いを受ける柔軟な構法を提案することで、根曲りを個性としてポジティブに捉え、空間に落とし込んだ。

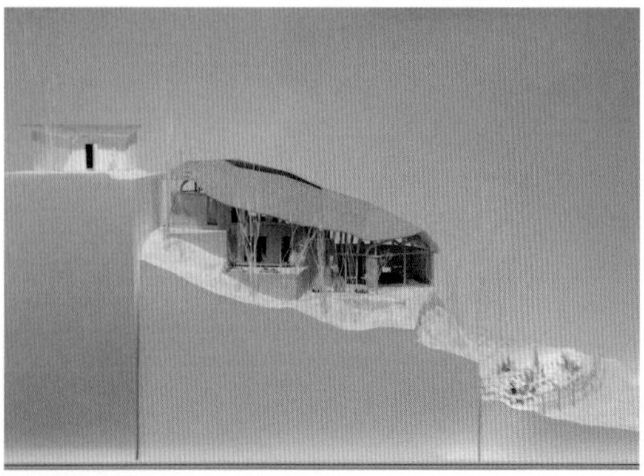

1. ヒアリング：「流通にのらない木々」

岐阜県飛騨市の木材流通の川上から川下までを見学し、飛騨市における木材等級の規格や規格から外れ流通にのれない木々についてヒアリング調査を行った。また、飛騨の森に入り流通にのらないとされている植物たちを観察した。非流通材は曲り、小径、二股等に分けられ、その中でも比較的割合が多かったのが根曲り材である。

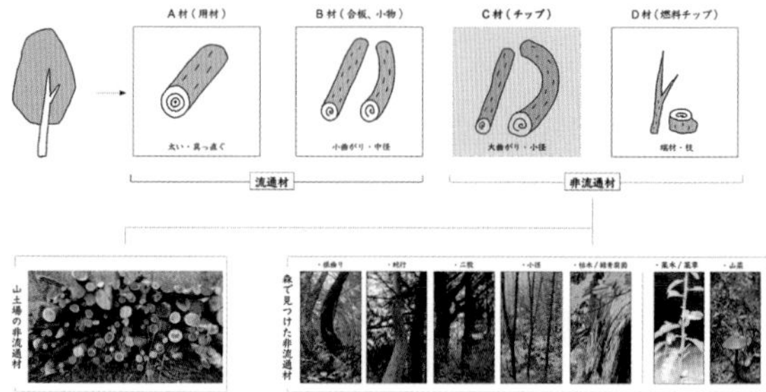

2. 敷地：岐阜県飛騨市古川町

飛騨市の森林率は約93.5％で、古川町はこの豊富な資源とそれらに囲まれた盆地から形成されている。木材流通の一次・二次産業がこの町周辺にまとまっており、独自のネットワークを築いている。

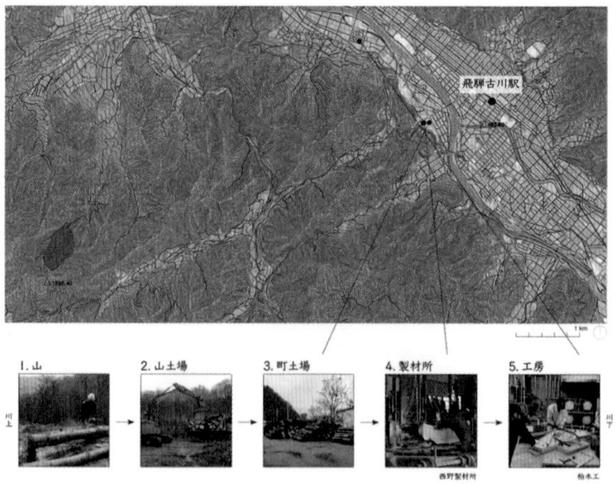

3. 調査：根曲り木と町の関わり

飛騨市では根曲り木が多いことから、根曲り木を極力活かす方法と技術が根付いていた。木材流通におけるさまざまな立場の人々が、なんとかして曲り木を活用しようと取り組んでおり、私はその思いや取り組みに共感し、建築的観点で取り組むことを決めた。

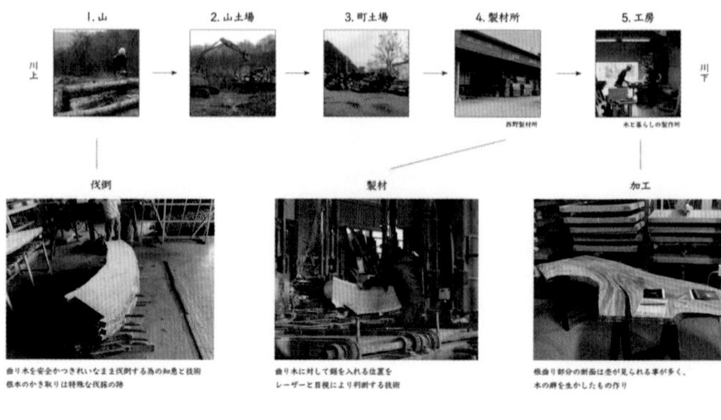

4. 分析：根曲りスギの建築への活用の分類と手法

根曲り材の利用を考える上で、既往研究の根曲り木調査の数値データから、モデリングソフト（Grasshopper）を用いて3Dモデルを作成し、根曲り木の視覚化を試みた。

右の表は、根曲り木を直径ごとに分け、高さ順に並べたものである。既往研究や右の表から、径が小さいほど曲りが大きく、樹木が成長するにつれ、曲りが収束していくことがわかった。よってこれらの根曲り木を①大径（直径30cm～）②中径（直径15～30cm）、③小径（直径10～15cm）の3つのグループに分け、それぞれの材に適した活用方法を提案する。

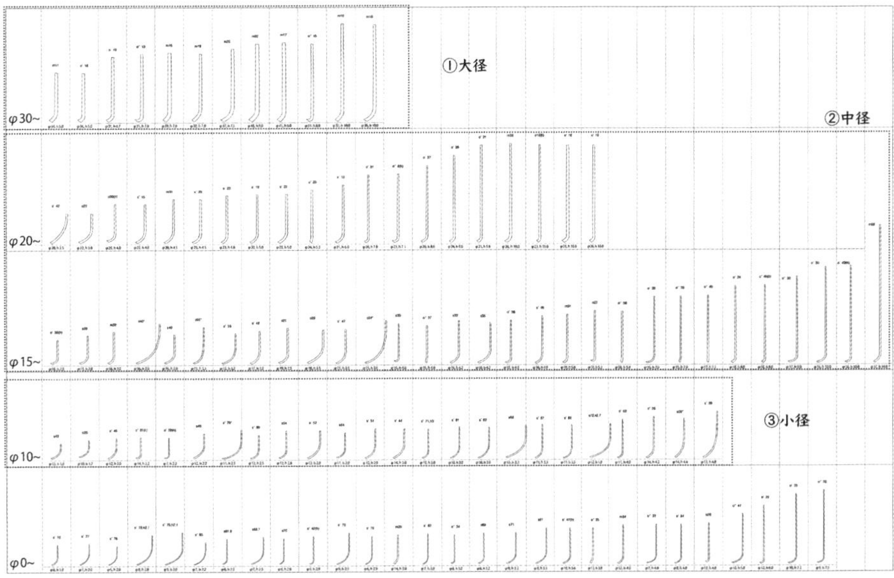

5. 提案：根曲り木の活用

計画敷地は、岐阜県飛騨市古川町の市街地、中央西端の山と町の境目にある、城跡の小さい丘である。木材流通の経路の途中に位置し、敷地からは製材所や町を見下ろせる。

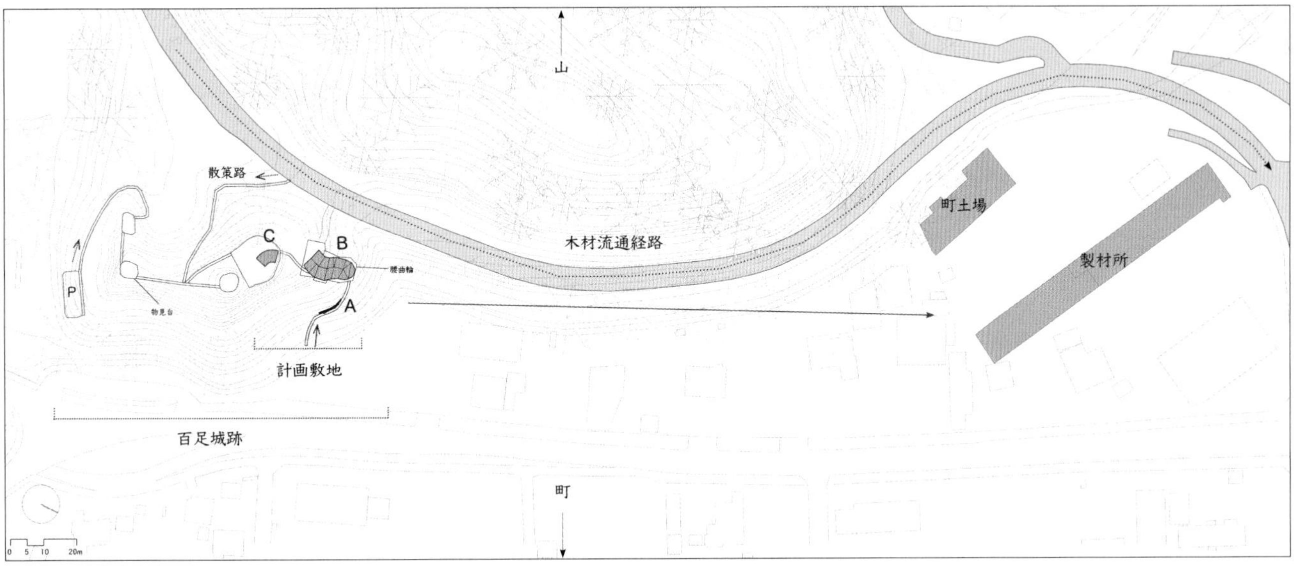

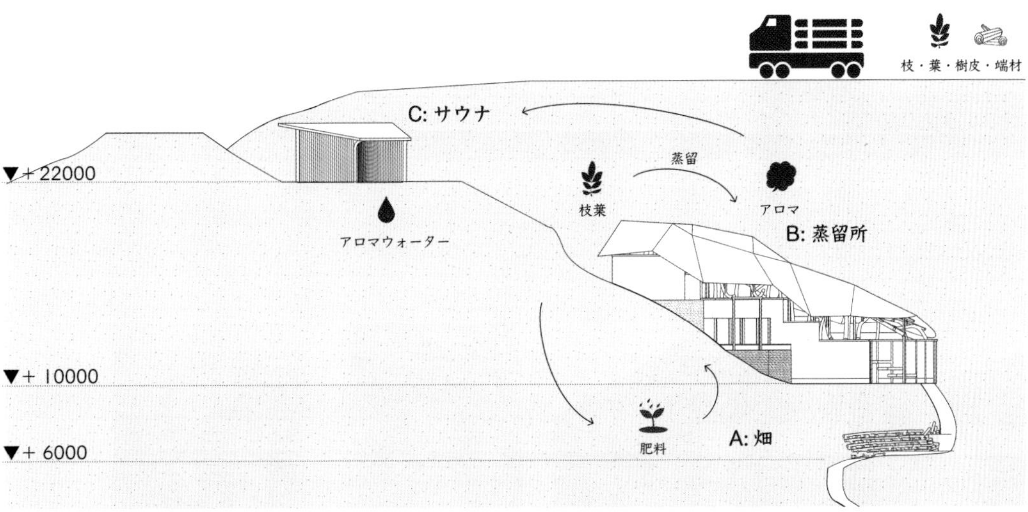

山や製材所から運ばれてきた枝葉は、蒸留所でアロマに還元される。副産物として得られた香り付きの蒸留水はサウナで使われ、蒸留が終わった枝葉は肥料として土に還る。山と製材所と3つの建築の間で森の資源が循環する。森の資源を人々に還元する事で、自然の循環を体験できる。

●提案A：土留め擁壁の畑

小径の根曲り木の活用提案。
蒸留が終わった枝や葉っぱは肥料となり、この畑に帰ってくる。

小径は曲りが大きいものが多く、土留め擁壁に用いることで、畑や家具などの人や植物にとっての「場所」が生まれる。

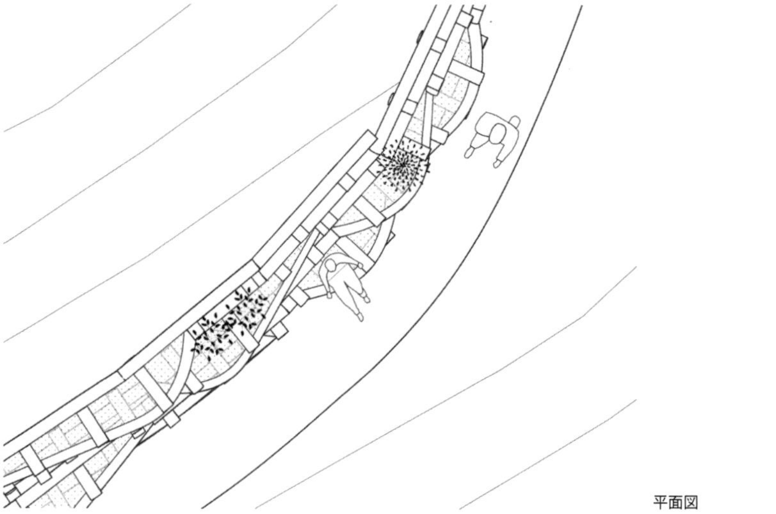

平面図

●提案B：蒸留所ゲストハウス

中径の根曲り木の活用提案。
木を製材する際の副産物（樹皮・枝・葉）をアロマとして地域住民や観光客に還元する。カフェ・ショップが併設しており、宿泊もできるので、観光客も対象としている。

AA'断面図

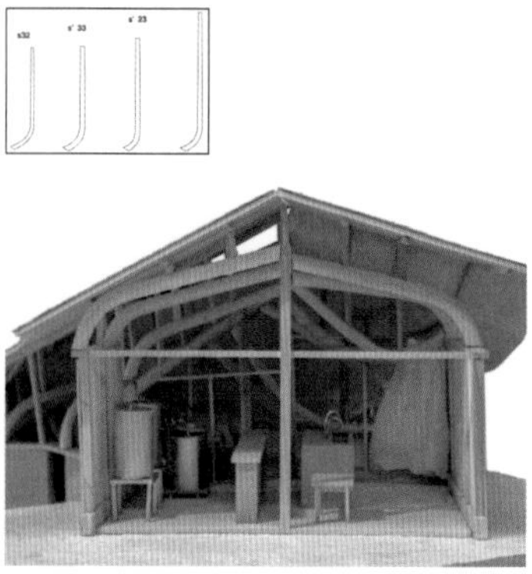

・小曲りがつくる大きい空間

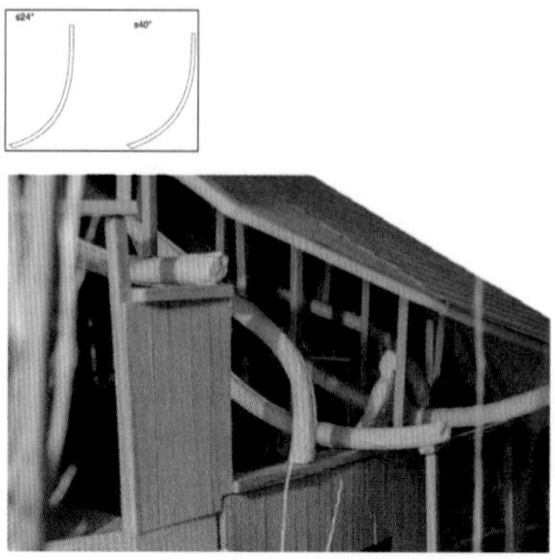

・大曲りと束が空間を区切る

・上向きと下向きの間の空間

・大曲りがつくるドーム空間

●提案C：サウナ

大径と中径の根曲り木の活用提案。

ゲストハウスに宿泊している人や地域の人が利用するサウナ小屋。蒸留所でアロマを蒸留する際の副産物である蒸留水をロウリュを通して肌で感じる。

柱として屋根を支える根曲り木

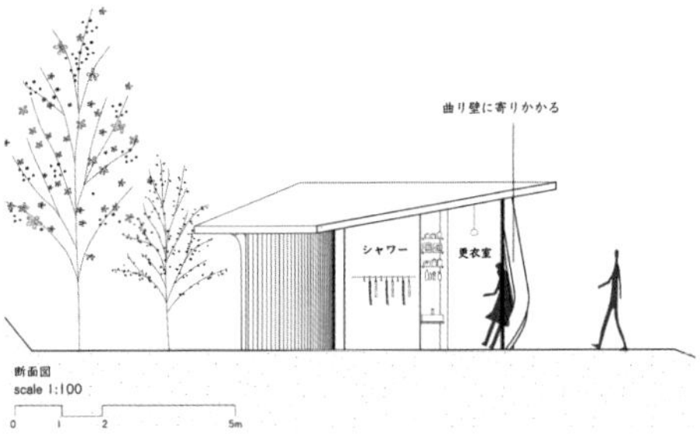

曲り壁部分アクソメ

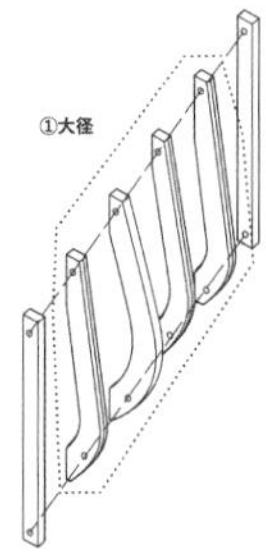

断面図

小屋伏せ図

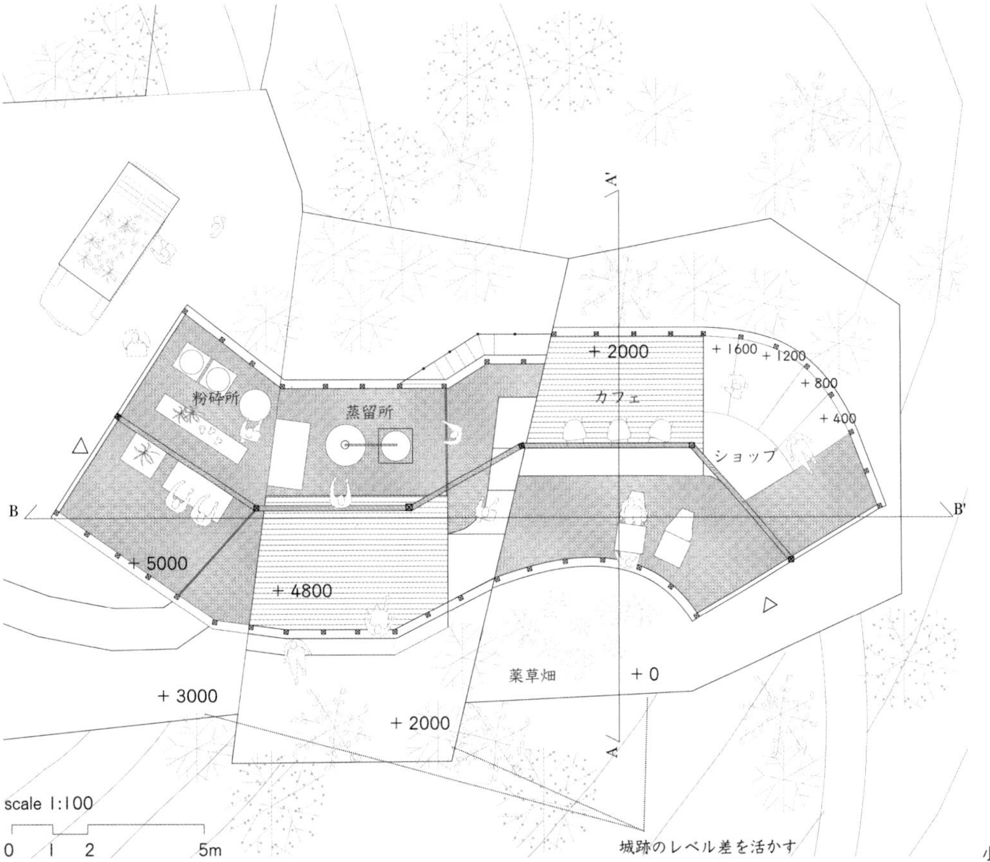

小屋伏せ図

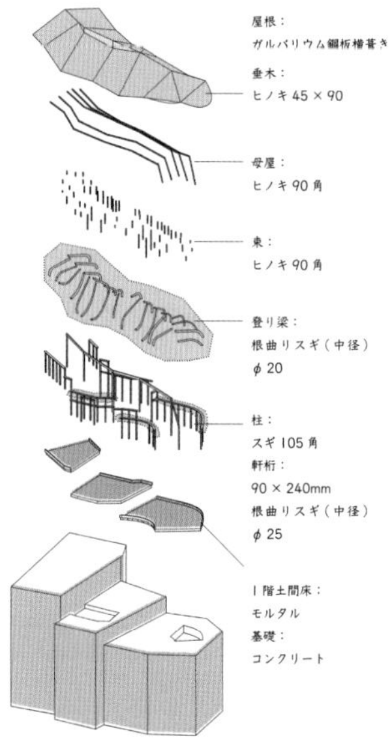

全体構成アクソメ

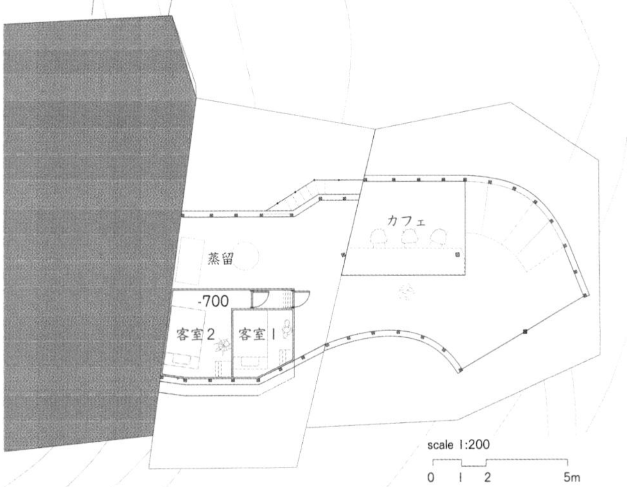

平面図+2300

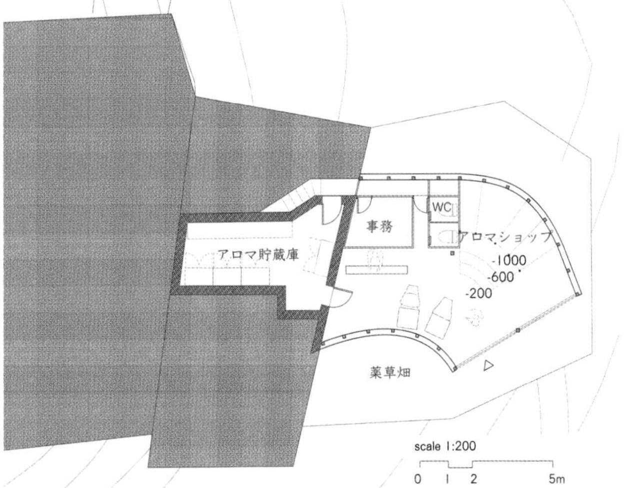

平面図+1300

副産物都市

―副次的に発生する事物に着目した研究及び転用の提案―

白井 雅人
Masato Shirai

東洋大学大学院
理工学研究科
建築学専攻
伊藤暁研究室

都市の変化を建築を通して記述することを試みた。都市の変化は何らかの根拠に基づいて生じており、その変化には必ず副作用が伴う。つまり「都市の副産物」なるものを調査することは逆説的に都市の変化を知る手がかりになり得る。本研究では、「都市の副産物」に着目し、介入対象となる「場所」、介入手段となる「もの」の調査を行い、その組み合わせによって建築を立ち上げた。

変化の履歴が内在する副産物を建築設計で扱うことは、建築を通して変化を可視化すること、都市の変化を相対化させ、理解しようとする行為である。

性能や機能において、事足りる現代の都市に求められるのは変化し続ける都市環境と断絶し安定した環境を整えることだけではなく、都市の観察によって発見した一見取るに足らない場所、ものの根拠や価値を点検し、新しい意味や機能を書き加え、組み合わせることによって得られる繋がりや広がりを描くことではないだろうか。

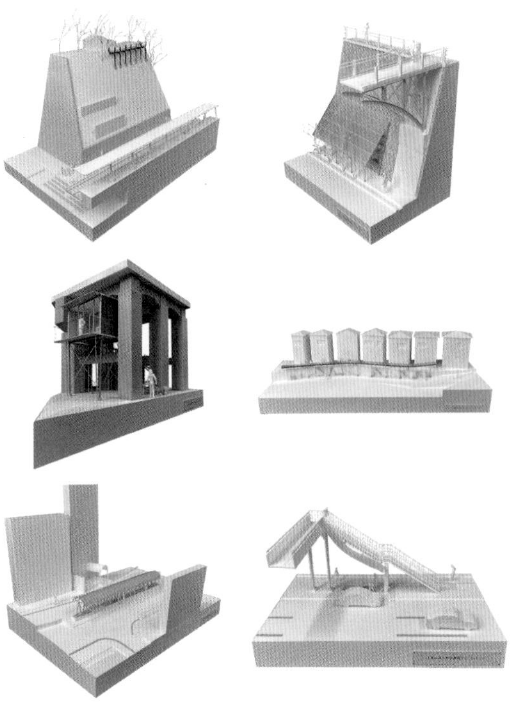

1. 研究背景_都市の副産物

都市には、個別の要請に基づいた変化が生じ続けている。その変化には必ず副作用が伴い、私たちの目の前に現れる変化の背後には、副次的に「都市の副産物」が生じている。

「都市の副産物」は新たな「計画」による変化の背後に潜んでいるため、一般的には認識されにくい存在である。しかし、それらを注意深く観察してみると、潜在的な有用性や、背後に潜む歴史や文化に触れる価値のあるものとして捉え直すことができるのではないか。

本研究では時間や空間の変化によって生じた「都市の副産物」の研究及び転用の提案を行うことで、その有用性や価値を共有することを目的とする。

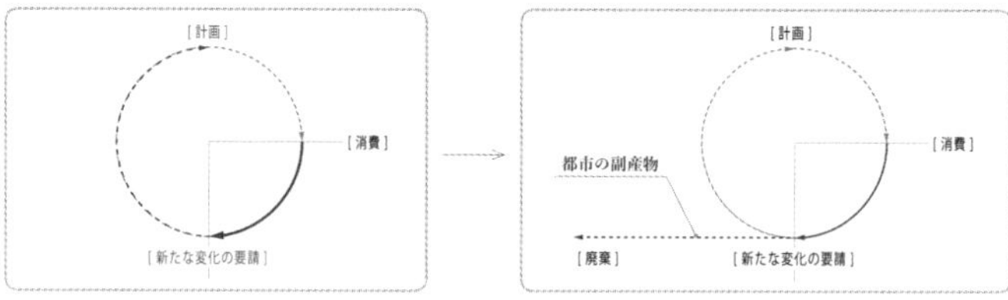

「都市の副産物」発生ダイアグラム

2. 計画地

舞台は東京都山手線内。人口が集中し、変化のサイクルが早いエリアである。一方で、山手線内部の複雑な地形や江戸城をはじめとする史跡など過去から残存し続けるものも点在しており、変化が顕在化しやすい場所と言える。

特異な地形によって形成される山手線内において、地形と人為的な介入との衝突点や、社会的背景から作られる人工物によって副次的に生じる場所を「航空写真」や「散歩」、「古地図」、「色別標高図」などの方法によって具体的な敷地を設定する。

[古地図]
歴史的農業環境閲覧システムより引用

[航空写真]
Google mapより引用

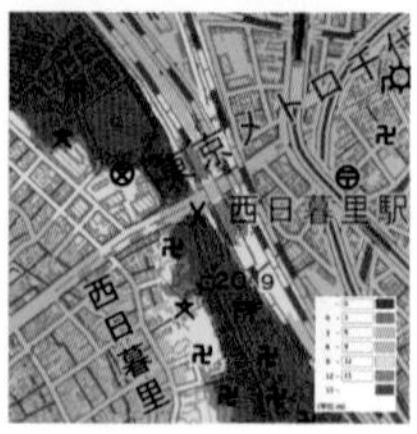

[色別標高図]
国土地理院色別標高図より作成

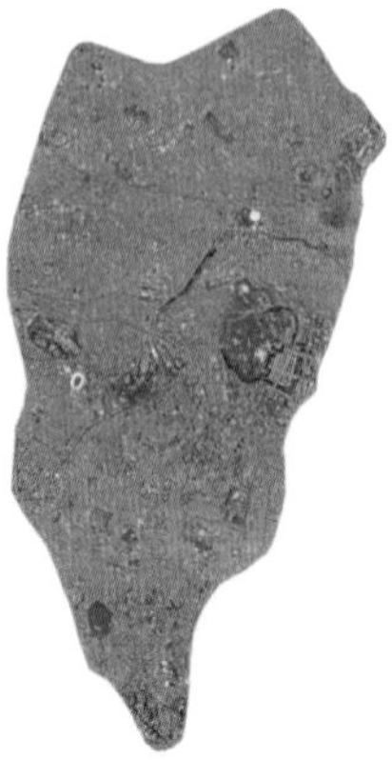

山手線内航空写真（2021）

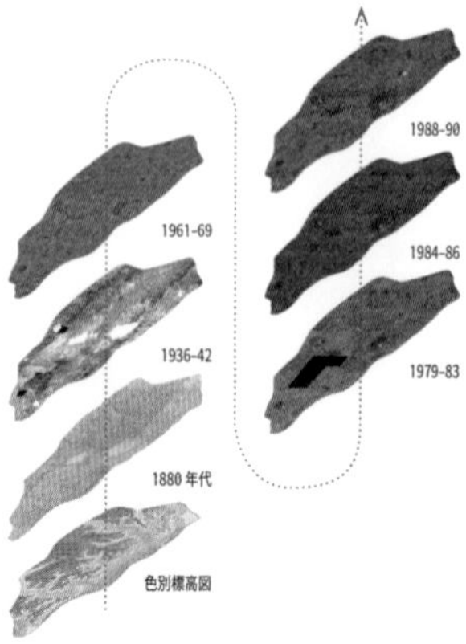

山手線内の地形と変遷

3. 収集・評価_副産物の特性を評価する

文献や活動、体験から「都市の副産物」を収集する。対象の有用性や価値を共有するために、シートを作成し「都市の副産物図鑑」としてまとめる。

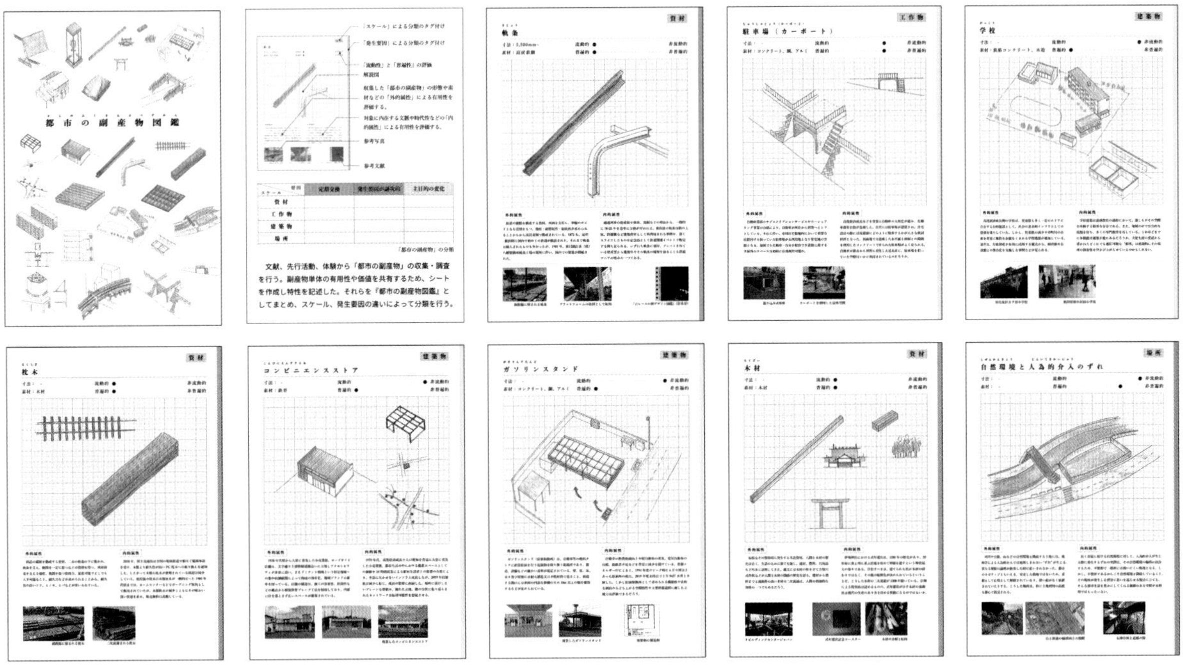

「都市の副産物図鑑」抜粋

4. 整理_副産物周辺の関係性を整理する

収集した副産物を俯瞰的に分析し整理する。社会背景と照合することで、副産物が生じた要因や社会との関係性を明らかにし、固有の文化や時代性を発見していく。

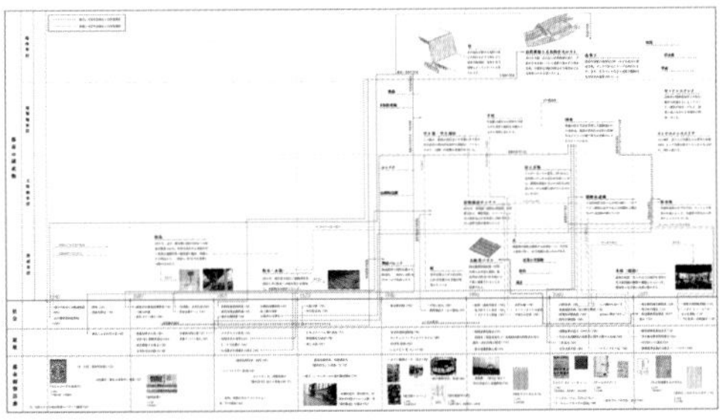

都市の副産物年表

5. 設計への手立て_調査と設計を媒介する分類表の作成

「都市の副産物図鑑」をもとに、「使い方による分類表」を作成し、「設計」へのジャンプ台とする。分類は、作成者の解釈を元に行い、設計介入を受容する「介入対象」と設計介入の手段となる「介入手段」に大別する。その中でも、内装建材や設備ショップのカテゴリーの枠組みを引用し「壁・梁・柱」、「内装」など使い方のガイドとなる項目を設定した。既存の枠組みに当てはめることで転用の組み合わせを自由に考えるためのガイドとして活用されることを意図している。

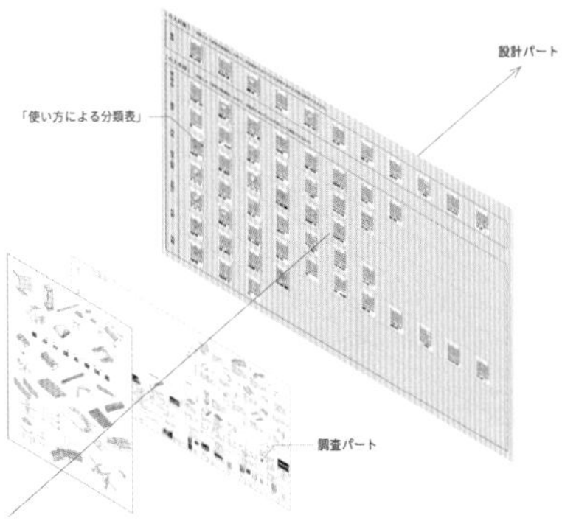

「使い方による分類表」の位置付け

6. 組み合わせ

設計における組み合わせは「介入対象」×「介入手段」によって構成するものとする。また、各項目に分類された都市の副産物から使えそうなものを抽出し、組み合わせを考案する。加えて周辺環境や歴史的背景からプログラムを提案し、建築物を立ち上げる。

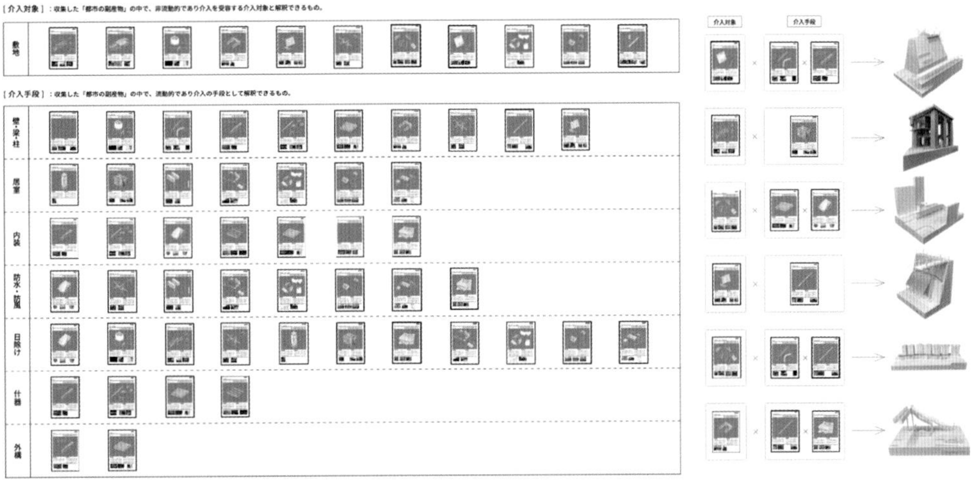

「使い方による分類表」を用いた設計手法

7. 提案

●01_道灌山の法面

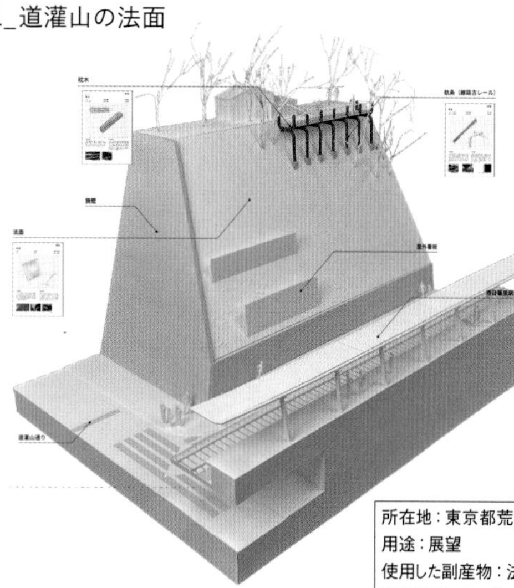

所在地：東京都荒川区西日暮里
用途：展望
使用した副産物：法面、軌条、枕木
建築面積：24㎡

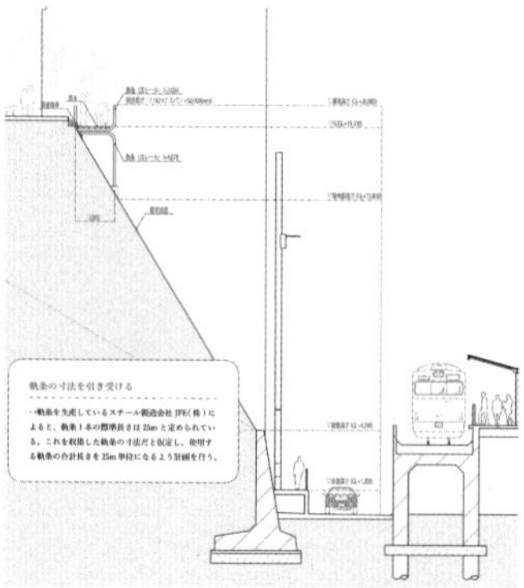

断面図

計画地は西日暮里駅西口に位置する道灌山。かつての眺望の名所を現代的に解釈し、展望のための場所を立ち上げる。交通の便をよくするための切通しに伴い発生した法面に、線路の更新に伴い発生する軌条と枕木を組み合わせた。

江戸時代の先人たちと同じ地点から眺める風景は、都市の変化や地形の偉大さを知覚する契機となる。

●02_京成の高架下

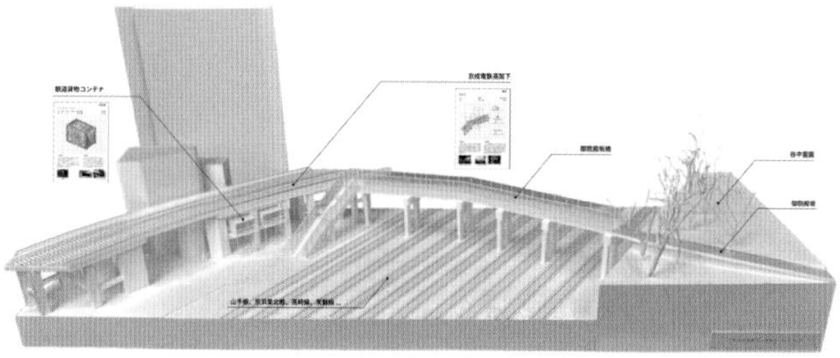

計画地はJR日暮里駅と鶯谷駅の中間地点に位置する京成線の高架下である。都内でも珍しい10本の線路が並走する光景が眺められる場所であり、鉄道ファンを唸らせる。鉄道関連の文脈を尊重し、鉄道関連産業から生じた鉄道貨物コンテナを居室と見立て、鉄道ファンのためのトレインビューホテルを立ち上げる。

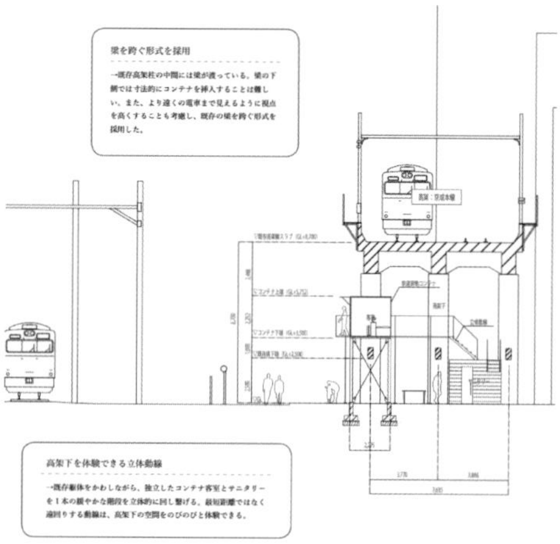

断面図

●03_笄川の残余地

所在地：東京都港区西麻布
用途：ベンチ
使用した副産物：残余地、物流パレット、幌
建築面積：39.4㎡

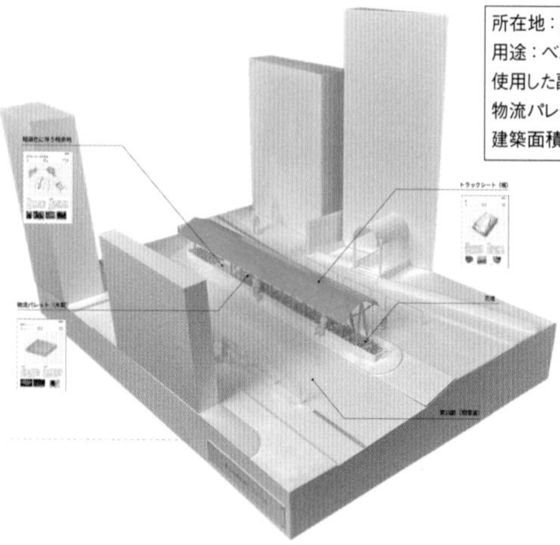

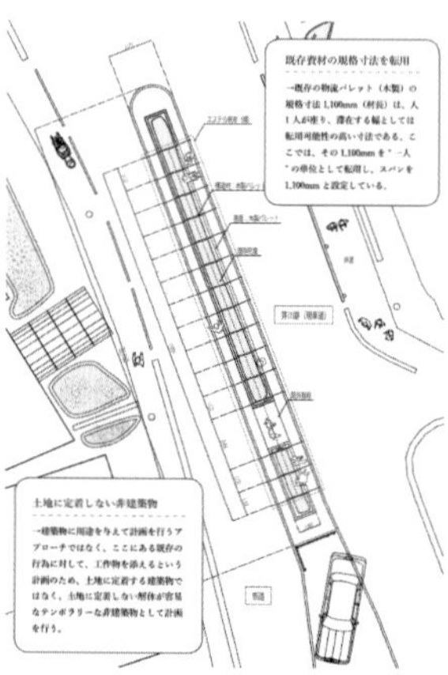

平面図

計画地は外苑西通りより西へ1本入った住宅街である。ここにかつて流れていた笄川の暗渠化に伴い生じた1m程度の高低差、幅約1m、長さ約20mの残余地がある。既存花壇の高さを座る行為と重ね、動線の延長として滞在できる場所を立ち上げた。物流パレットの規格寸法を"一人"の単位と見立て、構造材として再構築した。この建築に座ることが、この場所の背景への想像を喚起することを期待する。

●04_西品川のセットバック

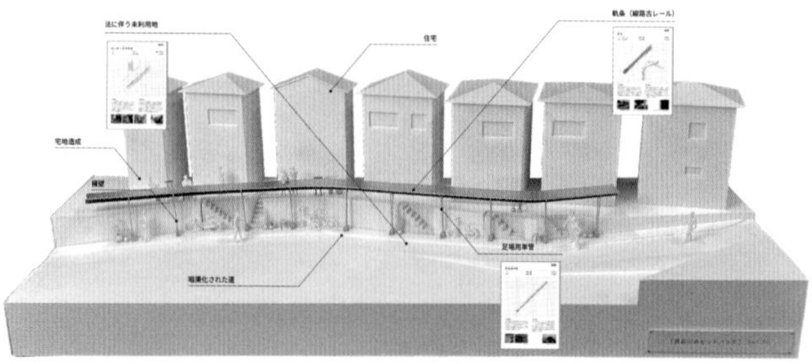

所在地：東京都品川区西品川
用途：屋根、台
使用した副産物：未利用地、軌条、足場用単管
建築面積：32.5㎡

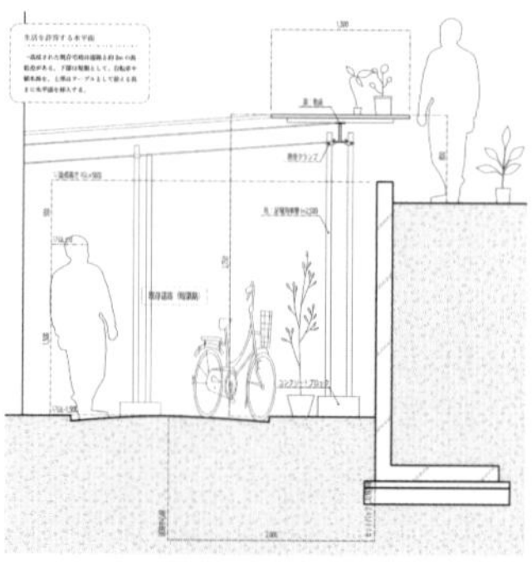

断面図

計画地は品川用水路の流路の一つだった西品川の暗渠路。幅員の狭い道路であり2項道路に該当する。片側の宅地はセットバックを行っているが、対峙する宅地ではセットバックが行われていない、未完の2項道路である。セットバックが完了するまでの暫定利用として暗渠の輪郭をトレースした水平面を挿入した。その水平面は暗渠であることを知覚させ、日常の延長として生活を許容する。

●05_田端の擁壁

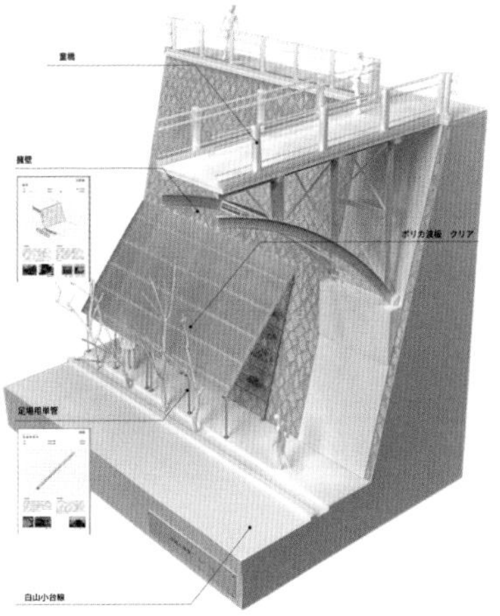

所在地：東京都北区田端
用途：通り道
使用した副産物：擁壁、
足場用単管
建築面積：156㎡住みに

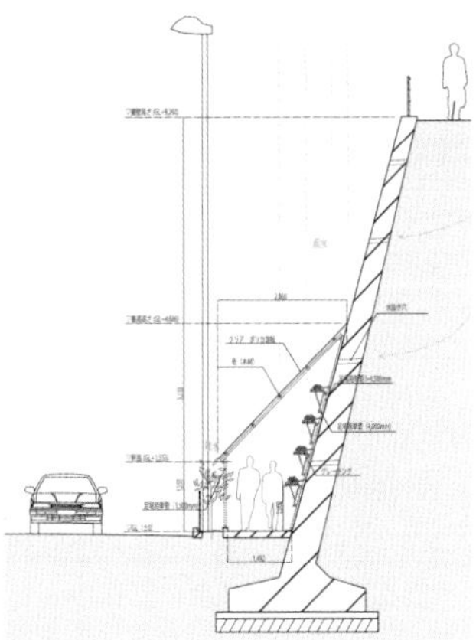

断面図

計画地は田端駅前を縦断する白山小台線の歩道。田端は駅前の地形の複雑さ、高低差では山手線内でもトップクラスである。高台を切通された通りであり、通りの両端には高さ約10mの擁壁が存在する。水抜き穴から排水される水を媒体として、巨大な土木構築物と人間のための歩道を引き寄せる屋根をかけた。この屋根を通して、この土地の地形と交通インフラの発展が知覚されることだろう。

●06_青山通りの歩道橋下

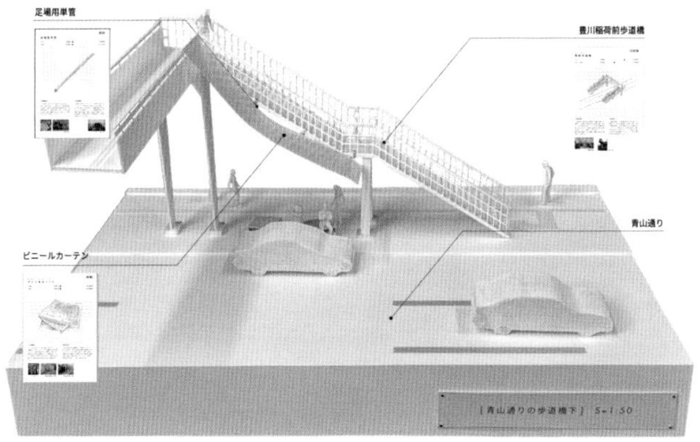

計画地は青山通りに設置されている横断歩道橋の下、フェンスで囲われている未利用空間である。横断歩道橋の持つ汎用性を評価し、交通インフラサービスと掛け合わせた相乗りタクシー乗り場を設計する。どこにでもある横断歩道橋下の未利用空間は、新しいアイストップの風景として読み替えられていく。

所在地：東京都港区元赤坂
用途：相乗りタクシー乗り場
使用した副産物：未利用空間、
足場用単管、ビニールカーテン
建築面積：24.35㎡

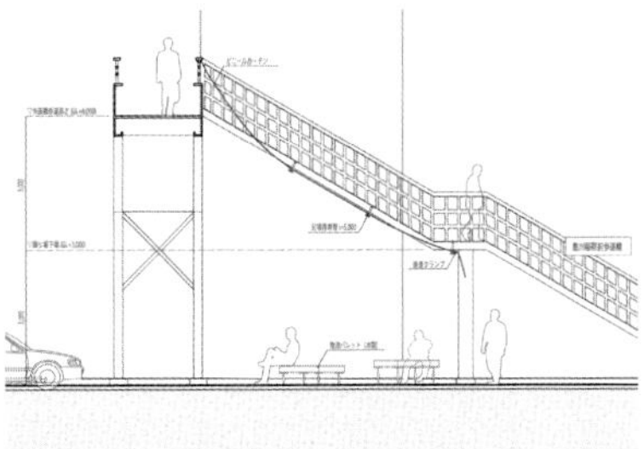

断面図

前述の分類表を元に６つの建築物を提案した。なお、本設計においては提案した建築同士が形態的に同じ特性を持っている、用途が連関しているなどの全体性は存在しない。本手法を通じて転用案が都市の中に堆積していくことを展望している。一般的には認識されにくい「都市の副産物」を用いた建築群によって描ける都市像「副産物都市」なる都市のあり方が共有されることを期待する。

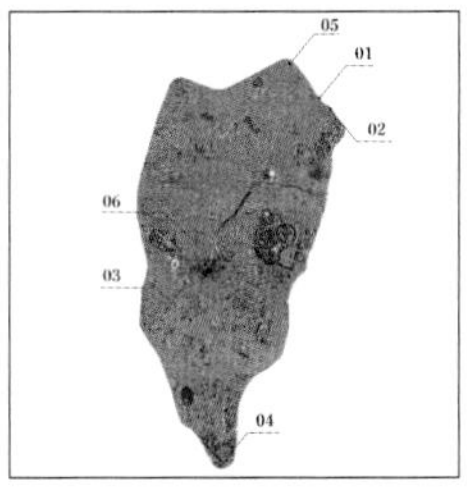

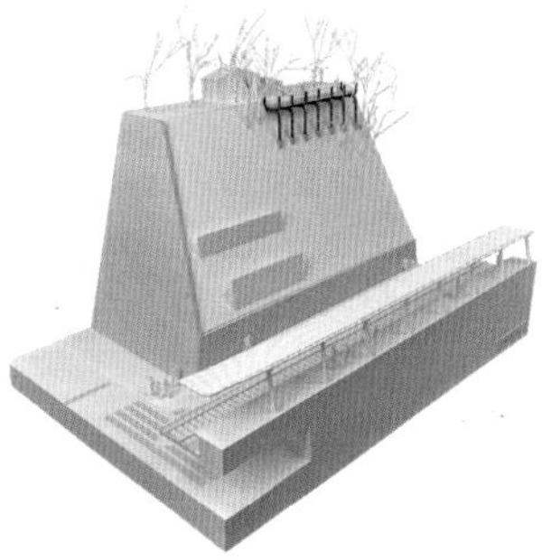

01：「道灌山の法面」

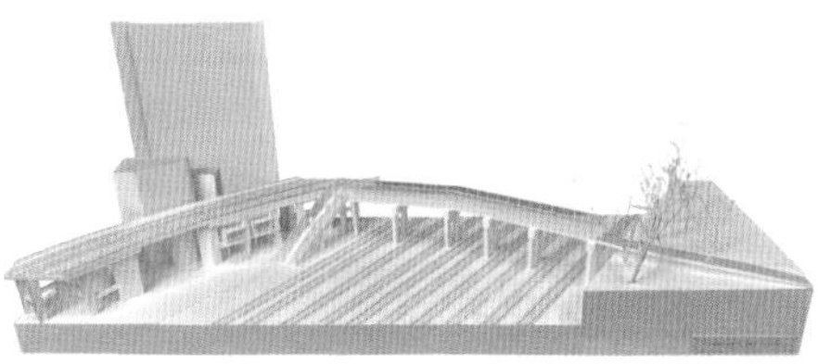

02：「京成の高架下」

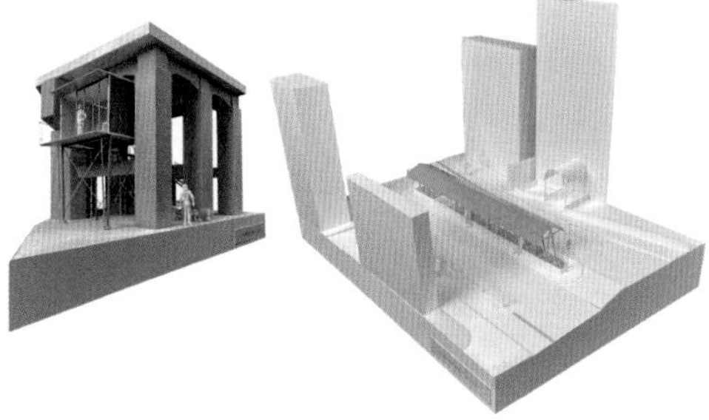

03：「笄川の残余地」

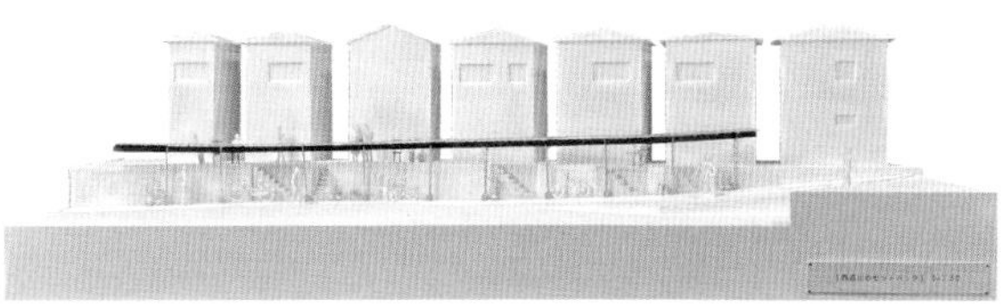

04：「西品川のセットバック」

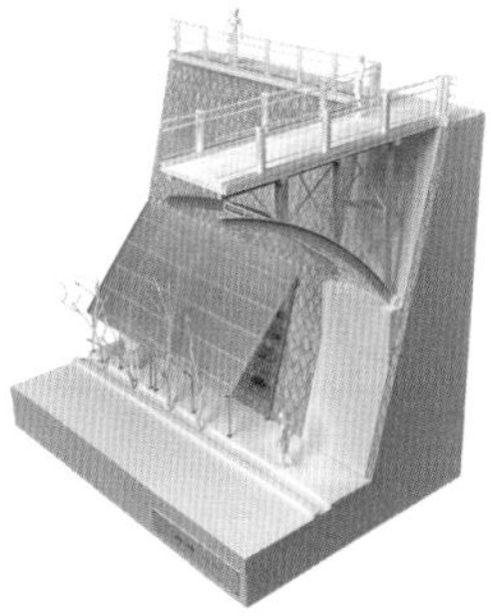

05：「田端の擁壁」

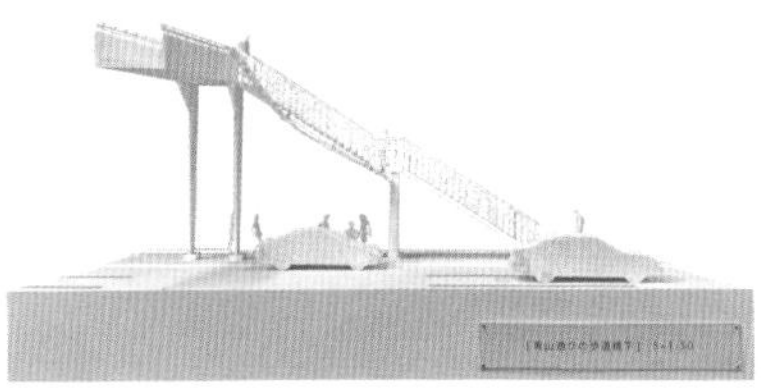

06：「青山通りの歩道橋下」

接続的軒下設計論

―近代以降の日本の公共建築の分析および朝霞市における設計提案―

並木 雅人
Masato Namiki

東洋大学大学院
ライフデザイン学研究科
人間環境デザイン専攻
櫻井義夫研究室

屋根は人間を自然的要因から守るシェルターの役割を担うエレメントとして創造され、気候に応じて土着的な形態に変化をしてきた。日本の建築では雨の多い気候であるため、勾配のかかった切妻屋根・寄棟屋根などが古くから伝わり、今日にも多く見受けられる。そして日本の勾配屋根の下には「軒下」と称される、内部と外部の空間をつなぐ、曖昧な空間領域が存在する。しかし近代化に伴い、陸屋根などの勾配を持たない屋根によって勾配屋根の表現が多く失われた。

そして、今日の日本では、勾配屋根に伴う軒下空間を持った公共建築は多く見受けられるようになってきている。それは、建築と外部の間に明快な境界線を作らない曖昧な空間が求められるようになっている近年の傾向に対して、勾配屋根とそれに伴う軒下空間の周辺環境との接続性が再び評価され、今日の技術を持って多様な表現が公共建築においてなされていると考える。

そこで、今日において見られるようになっている、勾配屋根と軒下空間を持った多様な表現がなされている「新建築」誌掲載のモダニズム期以降の公共建築の作品を、掲載されている平面図・断面図からそれぞれ分析を行い、五つの軒下空間の接続性を導き出し、それらを用いて埼玉県朝霞市に設計提案を行った。この接続性を持った建築はその性質に応じて、周辺環境と様々な緊密関係を構築する。

1. 研究方法・軒下空間の定義

勾配屋根に伴う軒下空間を持った建築は以下のように定義をする。まず、勾配屋根は勾配率が5%以上とし、内部空間において屋根勾配を踏襲していない天井・軒天井のあるものは対象としない。また、寸法による軒下空間の定義を行う。隣接する内部空間が2階以上の場合、最低軒高(X)が一階の天高(Y)以下(X≦Y)であること。また、軒の出(Z)あるいは屋根下の外部空間の最大幅員が、車椅子利用者でもすれ違える1200mm以上とする。また軒下から内部への出入り可能部分(破線部)があるものを軒下空間とする。

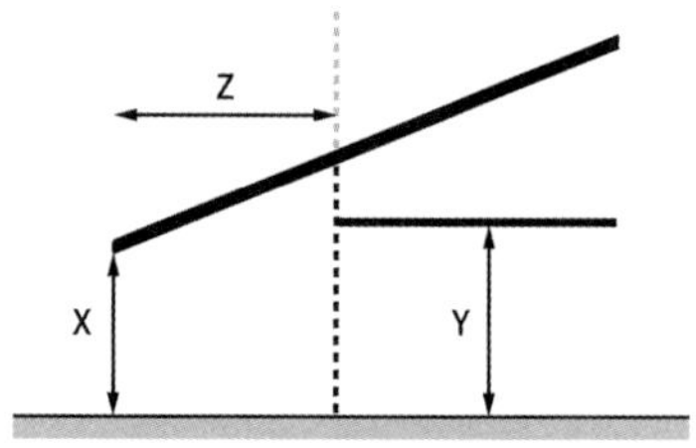

本研究における軒下空間の寸法関係

2. 作品と分析

軒下空間を持った公共建築は1970年・1980年頃までは1%にも満たなかったが、1990年・2000年ごろには1%を超えている。さらに2020年までの10年間においては3%を超えており、一番少ない1980年までの10年間の4倍を超えている。このことから、近年の公共建築において、軒下空間の持つ空間性は今日に求められる公共性や周辺との関係に良い影響をもたらし、多く用いられるようになってきて居ると考えることができる。さらに、1964年から2020年の研究対象作品の屋根の架構形式の移り変わりを表にまとめた。ここからわかるのは、1980年までは片流れや切妻、入母屋といった、それまで日本の住宅などに多く存在していた架構形式の表現が踏襲されているのに対して、1990年頃から屋根の表現は曲面などに多様化し、2010年代では勾配屋根による表現が多様に増えていることがわかる。これは、コンピュータ技術の発達に伴うCADや3D技術の普及によって、複雑な建築表現が可能になっていった時代背景が考えられる。これを踏まえ、掲載図面（平面・断面）から分析を行う。建築家の黒沢隆は1985年2月の新建築において「屋根における建築の意味」という論考を書いている。その中で、以下のように述べている。『もし片流れ屋根を葺くなら、面積が小さい建物であることが肝要だ。プランが正方形に近いこと、勾配は3寸以上であること、決して軒を出さないこと。なぜなら単位空間の表現にならないからだ。（どうしても軒を出す必要があればキリヨケを付けよ）片流れ屋根のこうした特性は、単位空間が集まってひとつの建築を形成するようなケースにあって、忘れられない重要な建築言語となる。実際、陸屋根よりも片流れのほうが発するメタファは小さい。』この文には、当時のフラットルーフ・陸屋根を主とし、それまであった勾配屋根や、軒というのは否定されていることが読み取られる。つまり、少なくとも1980年代中盤までは、建築が単位空間を生むことが重要で、屋根勾配や軒の出というのは、それらを阻害するものでしかないという認識があるように読み取ることが出来る。そこから1990年代に入り、日本の単位空間ではなく建築の境界線のあり方に重点が置かれていると考えることができる。

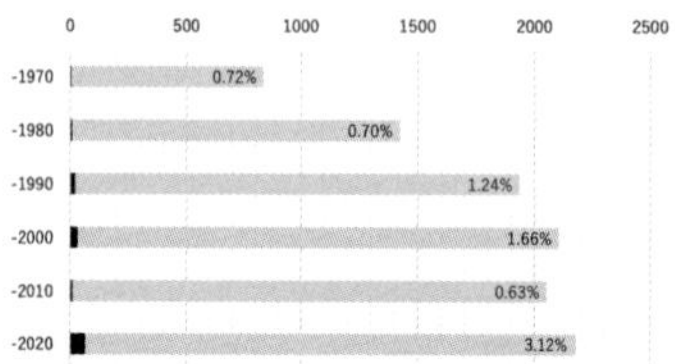

新建築掲載の作品数の内、本研究対象作品の割合

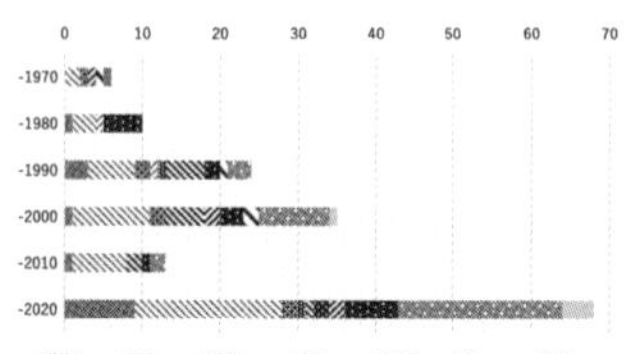

年代ごとの作品数の動向と架構形式の変化

3. 掲載図面からの分析・平面図

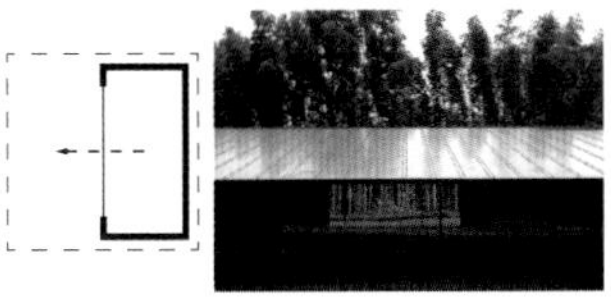

A. 外部を望む空間としての「縁側タイプ」

B. 内外の出入りに使われる「玄関タイプ」

C. 居室間の移動に用いられる「通路タイプ」

D. 軒下空間が入り組んだ「土間タイプ」

4. 掲載図面からの分析・断面図

ここでは、研究対象作品を断面図から分析する。建築の屋根・軒がどのような意図で決定され、どのような役割を担っているかを探ることを目的としている。

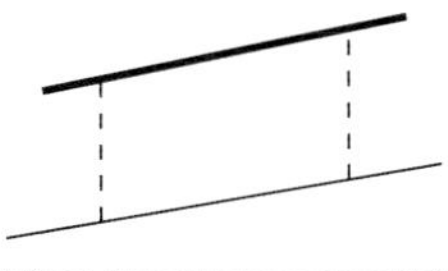

1. 周辺の地形線を踏襲した屋根

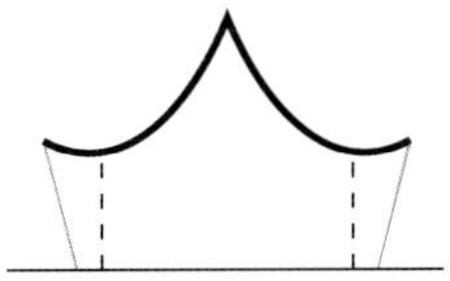

2. 軒が高低差を生んでいる屋根

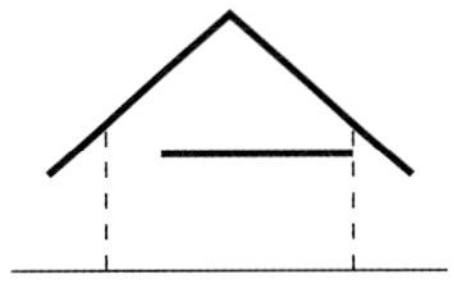

3. 大建築を平屋に見せる屋根

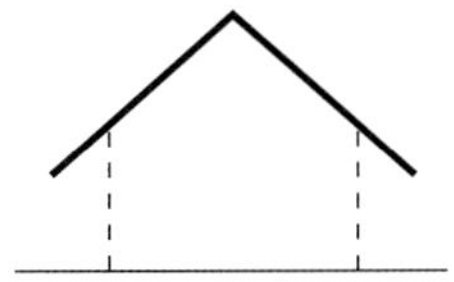

4. その他の平屋建築の屋根

5. 軒下空間が持つ接続性

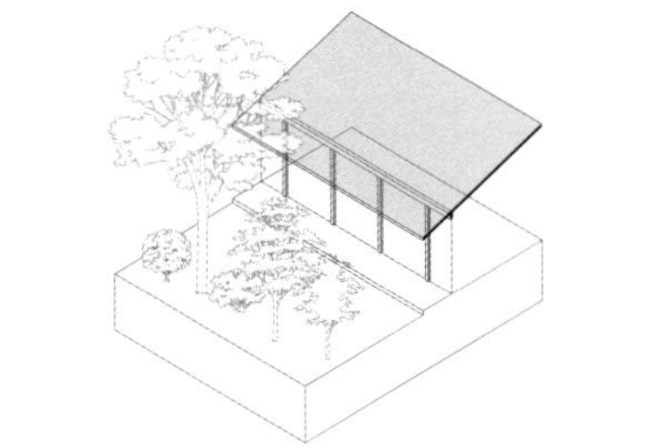

「視覚的」接続

軒下空間の分類で一番作品数が多かったパターンのA-4やAB-4などで見られる性質で、軒下空間が庭や周辺の自然環境と隣接しており、屋根が建築周辺の庭や、自然環境に向かって勾配が下がることで、建築の内部空間がその外部空間へ向かって収束していく。それによって視線の誘導をしている軒下空間の性質である。この視覚的接続は、切妻や越屋根といった軒が方向性を生みやすい架構形式が多く用いられている。また庭や自然環境以外にも鑑賞対象になりうる場やものがあれば、それらにも応用できると考えられる。これらの性質は日本の家屋に多くあった、庭園と建築の関係から用いられていると考えることができ、最も勾配屋根と軒下空間の性質において、住宅に近い物であるといえる。

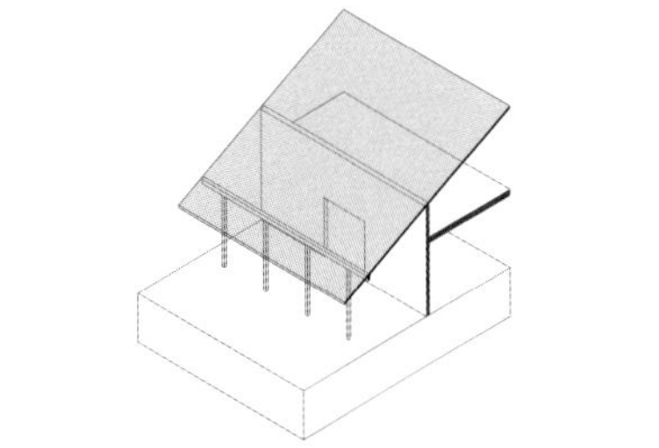

「スケール的」接続]

屋根勾配が2階以上の高さから1階よりも低くなっている2のパターンの建築や、軒下空間が玄関の役割を担っているABおよびBのパターンの建築などで見られる性質である。建物の高さを軒下空間を介して低く設定し、建築のスケール感を住宅、あるいはヒューマンスケールまで落とし、建築の延床面積が大きくなるのに伴って建築が周辺に与える圧迫感を緩和する性質である。この性質は、建築に必要な面積が多いのに対し、周辺への高さの考慮をしないといけない場合に大きな意味を持つ接続であると考える。また、都市部などの延床面積の大きい建築が多く存在するような地域でも、建築のヴォリュームを小さく見せることで、場所との接続、周辺の人々との接続の働きがあると考えられる。

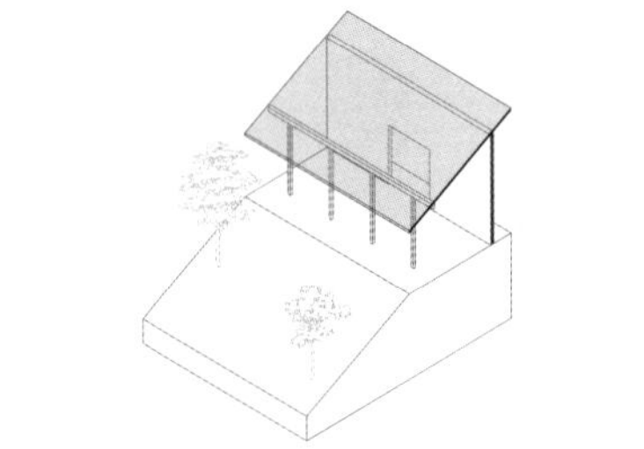

「地形的」接続

建築が建つ場所の傾斜によって屋根勾配が決定していると考えられる、1の断面パターンの建築に見られる性質である。屋根勾配を地形の傾斜と近い形で設定することで、内部空間にその地形との連続感をうみ、断面的に自然環境と接続する。これによって内部空間に周辺の地形の縦の動きを踏襲するだけでなく、建築の屋根が地形に沿って建つことによって周辺との一体感を強めることができる。これに該当する作品の中には屋根だけでなく、建築内部の床面も勾配に合わせてスキップフロアになっていたり、スロープが設けられていたりする。これは傾斜地や、郊外などの自然のコンテクストの強い起伏の激しい環境の建築において、能力を発揮する性質であると言える。

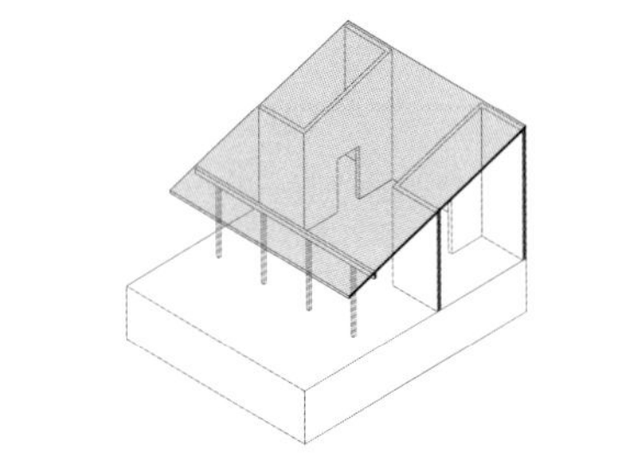

「活動的」接続

この性質は、建築の内部空間の居室を軒下空間を通って他の居室へと移動するパターン、あるいは軒下空間が広く設けられており、土間のように内部空間に食い込んでいたり、建築を突き抜けており建築の反対側に抜けていたりする建築である。これらの建築は人々の多い都市部で特に効果があり、外部の人々へ内部空間の人の流れや、軒下空間で行われる活動を見せることができ、建築の内部の活動の様子が部分的に外に表出することができる。これによって建築によって閉じられてしまった内部で行われる人々の活動を周辺の人々に見せる、あるいは巻き込んで活動をおこなったりするのに用いるのに適していると考えられる。この性質を用いると、建築の透明性・公共性は高まると考えられる。

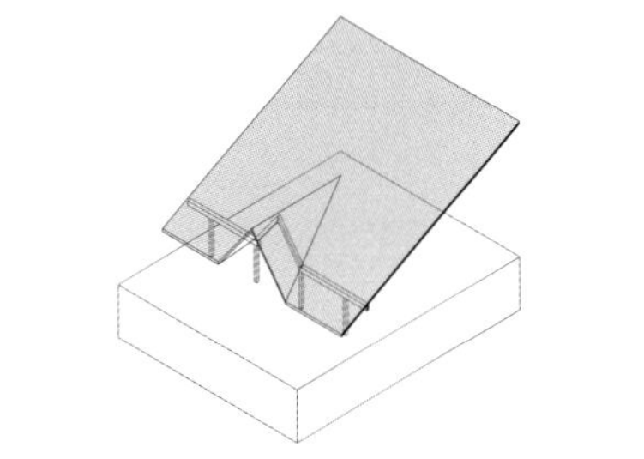

「壁的」接続

建築の輪郭が軒によって決定し、軒の高いところは開口や入り口になり、低いところは隔てる壁となる性質である。それは壁と窓や開口の関係に非常に近く、屋根が壁の役割もしていると言える。この性質によって、来訪者は壁で入り口が設けられるよりも明快に開口を認識し、人の動線を操作することができる。また出入りをしないような開口でも軒のラインが生む線が、開口部の輪郭線となり、屋根が内外の関係を介在するエレメントになる。この累計の建築は、時代の進歩・建築技術の発達によって多様な表現が可能になってきているタイプであると考えられる。作品によっては屋根の上に上がったりすることもでき、屋根の直接的な接続によって周辺と連続することも可能である。

結論

本研究では、1964年から2020年までの新建築掲載作品から勾配屋根に伴う軒下空間を持った建築作品を抽出し、それらを作品数や架構形式、構造、主要用途、時代背景などの考察および、掲載図面から分析・類型化を行った。軒下空間を平面・断面からそれぞれ捉え、平面では縁側・玄関・通路・土間の4つの平面タイプと複合の合計8つのタイプを読み取った。断面からは、屋根の決定要因を掲載されて居る断面図から読み取り、周辺の地形線を踏襲した屋根・軒が高低差を生んでいる屋根・大きな建築を平屋のように見せる屋根・それらに該当しない平屋建築の屋根に分類を行い、それらを組み合わせ類型化をおこなった。それによって勾配屋根および軒下空間の周辺との関係を整理し、「視覚的」接続、「スケール的」接続、「地形的」接続、「活動的」接続、「壁的」接続の5つの軒下空間の接続性を発見的に導き出した。

これらの軒下空間が持つ接続性は古くから存在した住宅とその周辺の環境との関係が公共のスケールにに落とし込まれていくなかで、公共ならではの性質も生まれていったのではないかと考えることができる。また、本研究において導き出された軒下空間の接続性は、周辺環境との関係を強く求められる今日の公共性において、用いるのに適切であると考えられる。

また、ここからは自身が生まれ育った朝霞市における設計提案を行う。そこで、設計の手がかりになる朝霞市の文化や歴史、問題点の調査・分析を行い、本研究において得られた軒下空間の接続性を用いて設計を行う。

●ふるまう屋根 ―朝霧市鳴子文化センター―

この敷地はよさこい鳴子踊りにおいて大きな役割を持つ二つの道路が交わる交差点と、キャンプ跡地が持っている豊かな緑地との間にある。そのため建築の屋根をそれぞれ設定する。道路側の屋根ではこのよさこい鳴子踊りにおける、ふるまいに着目しデザインをおこなった。よさこい踊りは鳴子と呼ばれる楽器を使って、踊りを舞いながらその踊りの切れ目やポーズを取る際などの場面で指と手首を使って返すように音を鳴らす。そのふるまいから、屋根の切れ目の部分で、鳴子の手をかえす様に屋根をかえす。緑地側の屋根は緑地を覆うように配置して、緑地方向に向かって勾配を下げて、豊かな自然に向かって視線を誘導する。

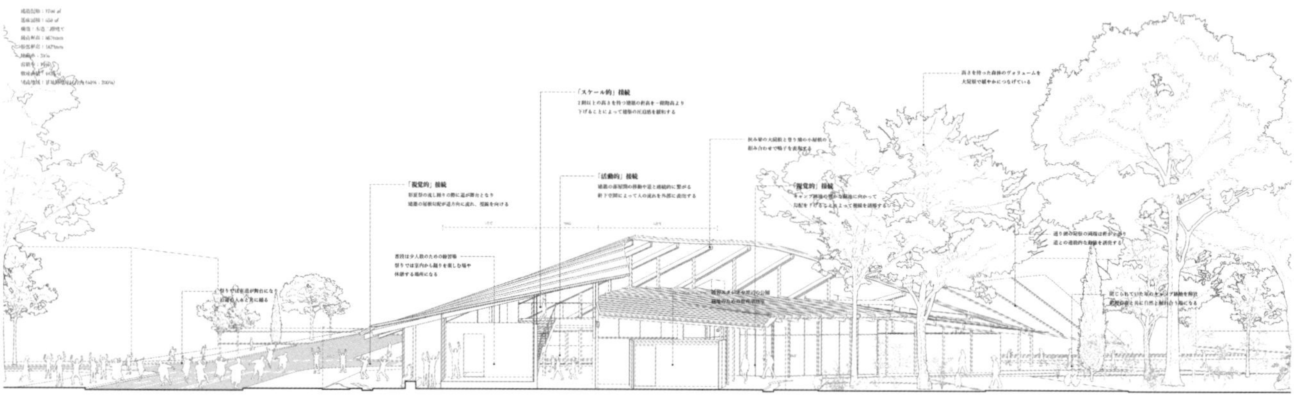

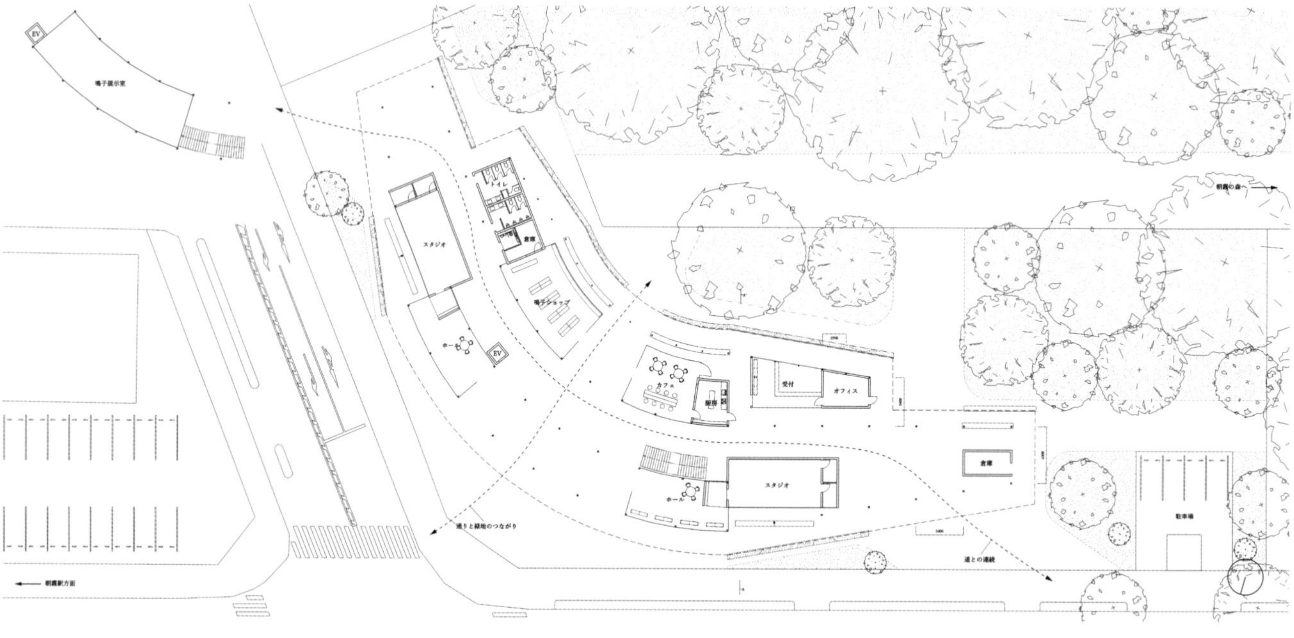

●なぞる屋根 ―柊塚古墳博物館―

古墳は、地形と直接繋がった特徴的な形を持っている。平面から見ると幾何学的な円形、断面から見ると、大きな勾配を持った丘である。この古墳に「なぞる」という行為を用いて設計を行う。なぞるという行為は既にあるものをたどって書き写すという意味を持ち、主に人々が学ぶときに行われる行為である。この建築においては古墳の外形を平面および断面からなぞり、人々が古墳をなぞる様な動線を描きながら、展示空間をまわり、この柊塚古墳や周辺の古墳群が持つ歴史を学ぶことである。

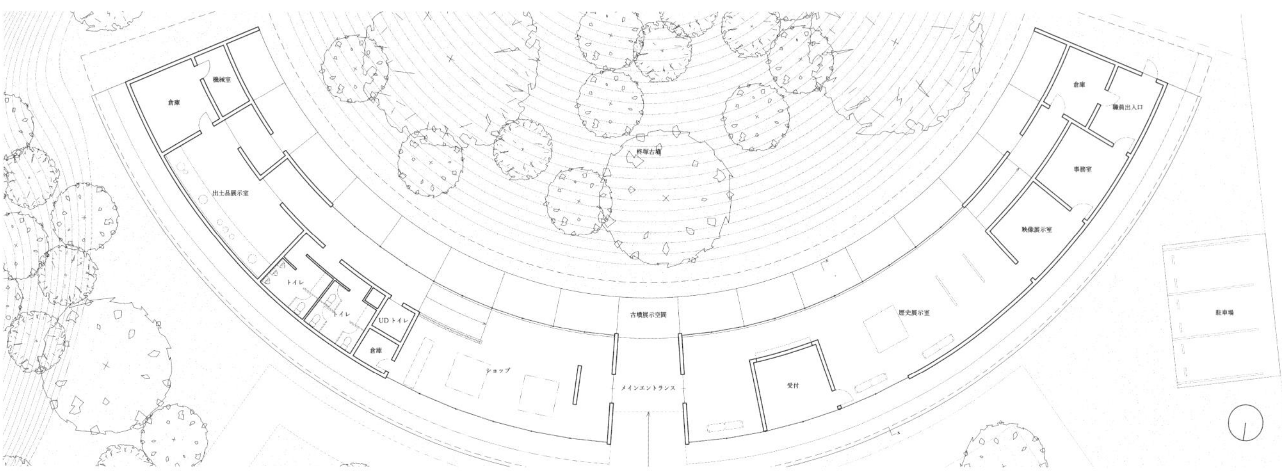

ソーシャルメディアにおける人気投稿の空間背景から考察する商業施設の設計提案

—ダイエー横浜西口店跡地開発事業を対象として—

荒木 鴻歩
Kou Araki

日本大学大学院
理工学研究科
建築学専攻
佐藤光彦研究室

近年、ECサイトの流行などによって存在意義を失いつつある商業空間に対し、本提案はSNS上で共有された『空間を背景としている画像』の分析を通じて、人々が空間において感じている空間の美的な認識を抽出し、それらを設計手法に組み込むことで、空間自体が目的地化するような新たな商業空間の在り方を追究した。

分析は「Instagram」を活用して行い、現存する20世紀前半から現在までの延床1万m^2以上の商業施設を対象として、パブリックスペースなどでその空間を背景に撮影された投稿の分析を行った。分析の結果、人々が美的な認識を持つ空間には、その空間の輪郭が生み出す構図が関係しており、その構図を生み出す21種類の空間モデルが抽出された。

本提案では、これらの抽出した空間モデルを活用して平面計画を行い、視線の分散による店舗誘導や、構図の視覚的な心地よさによる施設滞在の促進を図った、新しい商業施設の設計手法を提案している。また、構図を空間に適用したことで、さまざまな視覚的効果とともに、平面及び断面において多様な空間が表出され、その空間体験を偶発的に体験した人々が目的的に来店を繰り返すといった効果が期待できると考えている。本能的な美的認識に基づいた本提案によって、存在意義が問われることなく愛される商業空間像の確立を目指した。

1. 分析・調査の方法

調査は画像投稿型のソーシャルメディア「Instagram」で共有されている投稿を対象として、投稿画像における空間構成や配置、要素を分析することで、人々の体験共有を誘発する空間的な因子を追及する。現存する19世紀前半～現在までの延床1万㎡以上の商業施設を20施設選び、それぞれの施設のパブリックスペース、共用部、屋外庭園などで、その空間を背景に撮影された投稿を各施設10枚抽出し、合計200枚のサンプルを収集した。(ただしテナント内における投稿や、壁面のみの投稿は除く。)

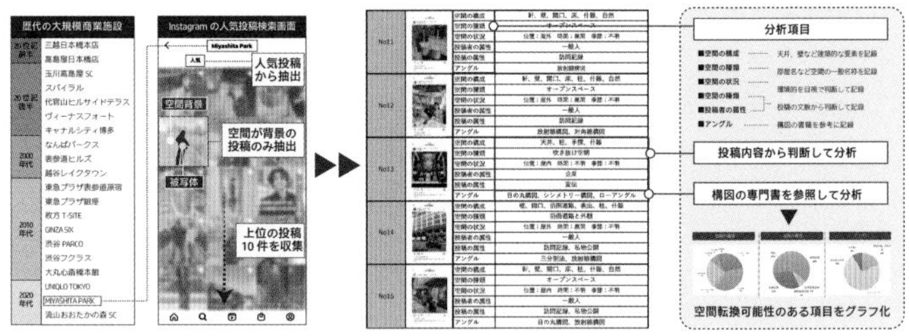

2. 分析結果

分析の結果、人々の投稿する空間のアングルには一定の傾向があり、それらは写真を撮る際の構図と関連していることがわかった。構図にはさまざまな種類があるが、投稿された画像では以下に挙げるような12種類の構図が確認された。人々が構図を心地よく感じる現象には理由があり、米国の神経科学者V・S・ラマチャンドランが『神経美学』という分野の中で提唱した、人々が『心地良く』感じる法則が構図を構成する視知覚と重なっていることから、人々は本能的に構図に対して美的な認識を受けているとわかる。これはすなわち、構図を構成する空間を一般論としての『心地よい空間』と読み替えることができ、本研究では分析で得たアングルを設計手法に取り入れることで、人々が心地よく過ごせる商業空間を創出できると考えた。

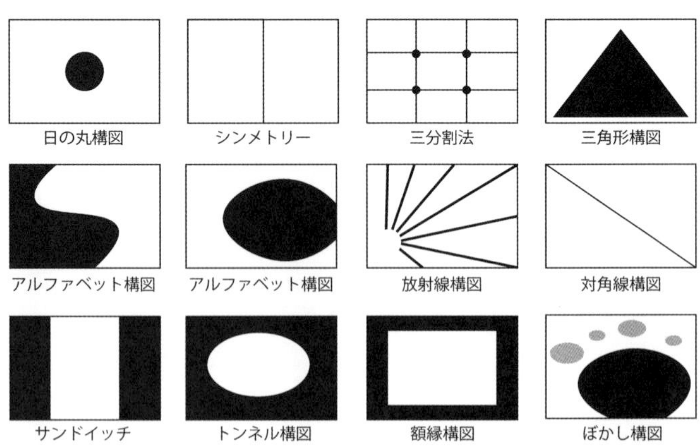

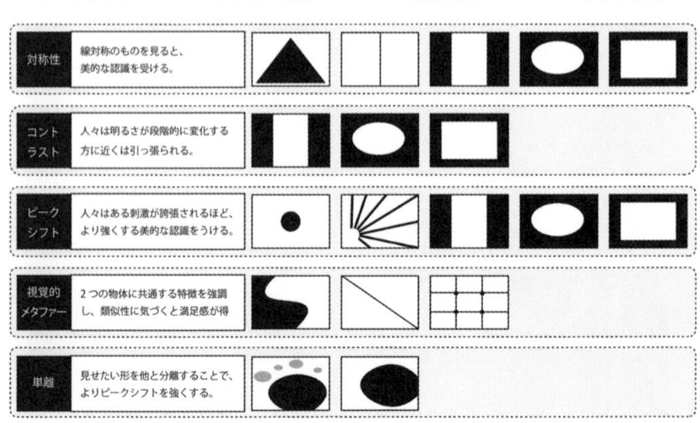

3. 設計適用可能性

2の分析から得られた構図に沿って空間を分類しモデル化すると、21種類の類型が得られた。これらのモデルを見てみると、空間を構成する建築要素のエッジが線を生み出し、構図を作り出していることがわかる。またこの線上の要素には、見る人の視線を導き動かす効果があり、視覚的な誘導、強調、想像、快楽などの効果が期待される。これらは人々の来店動機の誘発や滞在の促進に繋がることから商業空間の設計手法への転換に有効であると考えた。

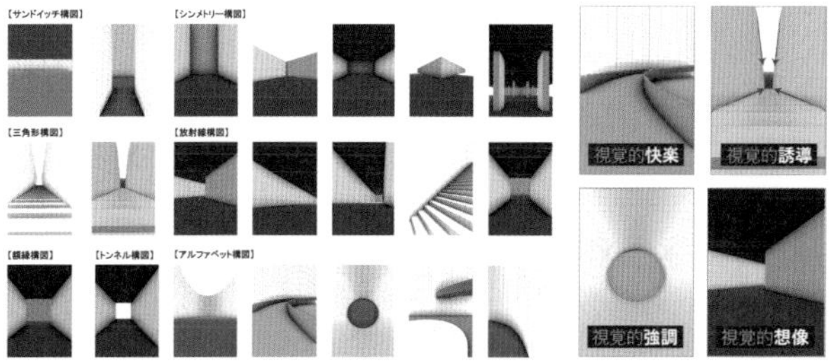

4. 設計手法

設計提案は、はじめに商業施設としてのヴォリュームの構成や動線を計画したうえで、施設内部の平面計画を①視覚的効果の検証、②モデルの分析、③モデルの分配と適用の３つの段階にわけて分析結果を適用した。

①視覚的効果の検証

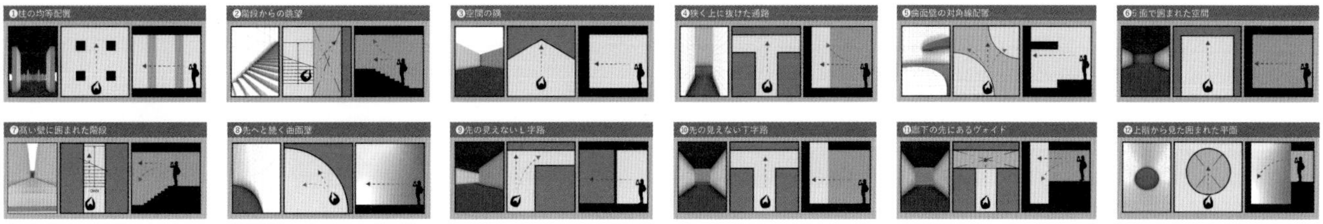

②モデルの分類

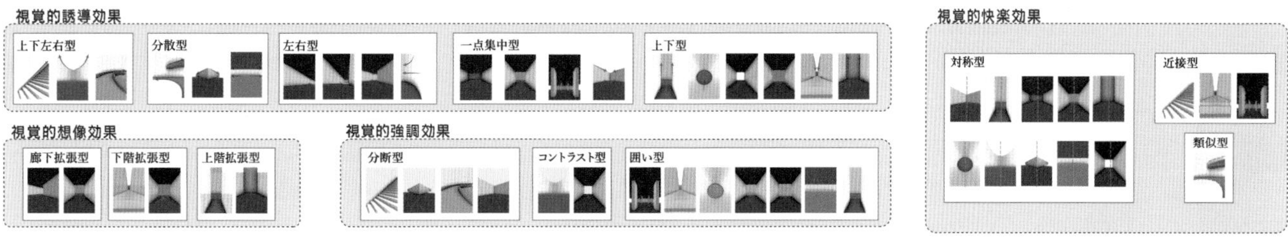

③モデルの分配と適用

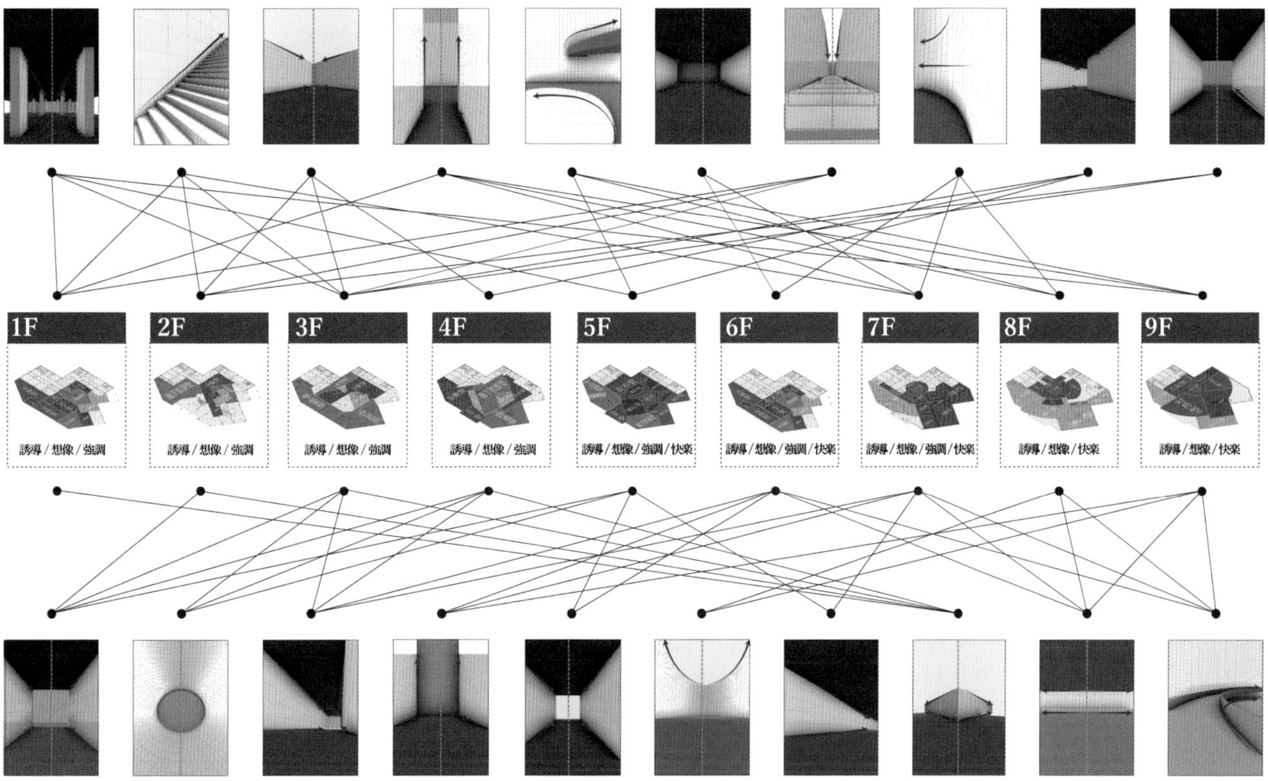

5. 計画敷地

本研究は、横浜駅近くの商業施設跡地で計画を行う。

当該敷地を選定した理由は以下の３点である。

❶敷地は若い世代が多く集まる横浜駅西口エリアに位置し、周辺には横浜ビブレなど、若いユーザー層が利用する施設が多く点在しており、ユーザー層が若いＳＮＳの分析結果を適用しやすい点。

❷みなとみらいエリアのある横浜東口エリアやＥＣ市場に劣らない実店舗としての象徴的な店舗像が求められる計画であり、本研究の目的と合致している点。

❸周囲に住宅や商業施設などの多様な都市環境やみなとみらいの風景など、建物を形成していくための環境要素が豊富に存在する点。

当敷地にはダイエー横浜西口店と一部高層階が賃貸住宅になっている1972年竣工の建物があったが、老朽化のため2019年に閉店。建て替え計画が進行している。

周辺敷地には商業施設が多数あるほか、規模がさまざまなオフィスや雑居ビルが密集しており、敷地南西側には居住エリアや住環境エリアが広がっている。東側にはみなとみらいエリアがあり、北側には道路を挟んで川が流れている。周辺敷地は繁華街特有の雑然とした環境である。

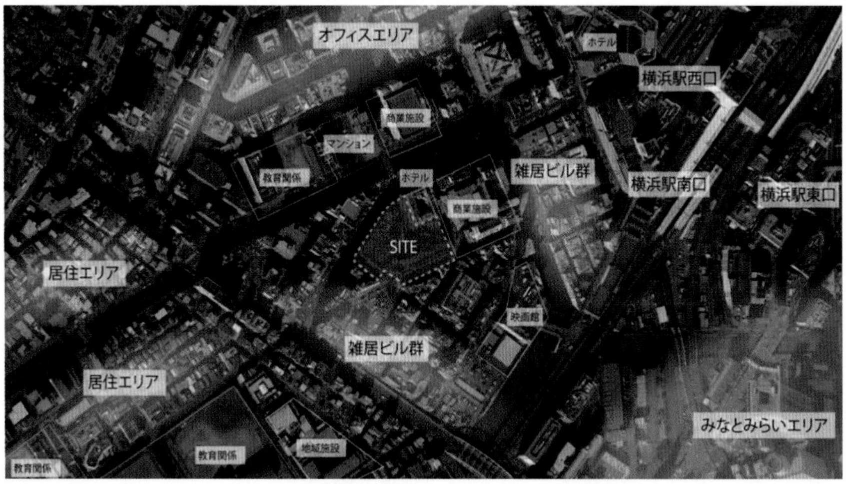

6. 動線計画

動線計画は、分析で抽出した構図を適用した空間により、施設全体に来客者の動線を促す計画としつつ、動線の効率化を図った。

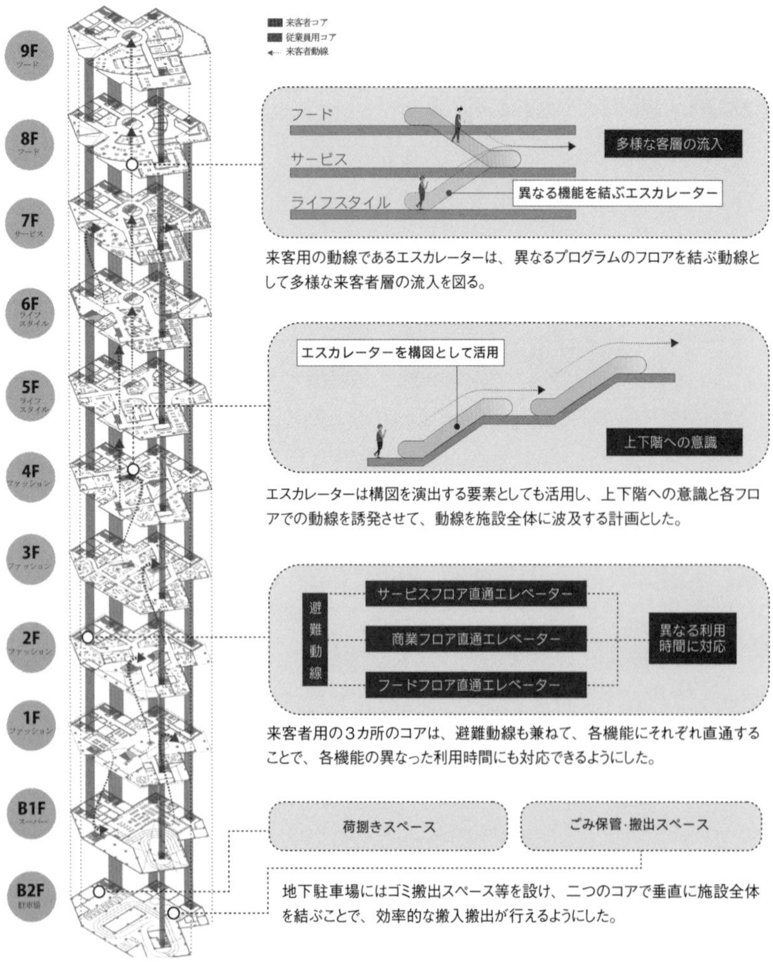

来客用の動線であるエスカレーターは、異なるプログラムのフロアを結ぶ動線として多様な来客者層の流入を図る。

エスカレーターは構図を演出する要素としても活用し、上下階への意識と各フロアでの動線を誘発させて、動線を施設全体に波及する計画とした。

来客者用の3カ所のコアは、避難動線も兼ねて、各機能にそれぞれ直通することで、各機能の異なった利用時間にも対応できるようにした。

地下駐車場にはゴミ搬出スペース等を設け、二つのコアで垂直に施設全体を結ぶことで、効率的な搬入搬出が行えるようにした。

7. 立面計画

全体的な立面の計画では、商業、サービス、飲食の各プログラムを積層したうえで、建物の特徴的な形状を外観として強調される中-高層の位置に配置することで、本研究における「視覚的な強調」によって周辺歩行客の視線を惹きつけ、施設に誘導する計画とした。

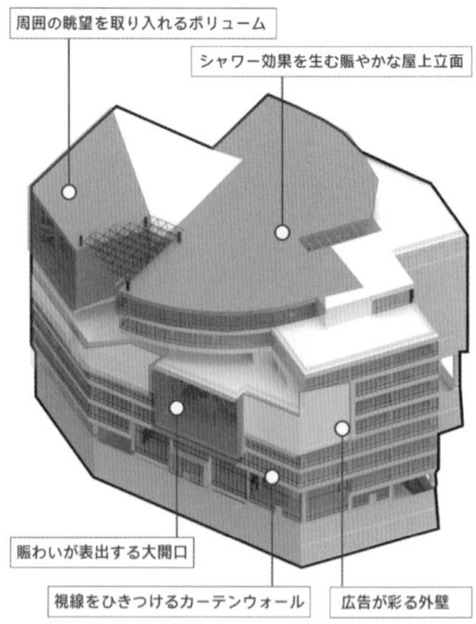

低層部は歩行者からの目線が届きやすい位置にあるため、ガラスカーテンウォールに囲まれた立面とした。中層部外壁面は広告で覆いつつ、内部の賑わいが表出する大開口を設けた。中-高層部はみなとみらいなどの夜景を眺めやすい形状で、内部の賑わいが表出させる箱状および円盤状のヴォリュームとして、シャワー効果や滞在の促進を狙った。

8. 設計提案

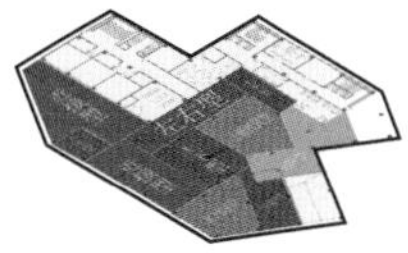

1Fに適用した空間モデル
動線が波及するような分析で得た空間モデルを組み合わせている。

1階には駅からの利用客が多い南面をメインエントランスとし、3階まで連なる大階段を設けて上下階への意識を発生させる。北側エントランスには分断型モデルを適用し、大階段と2階スラブが、3階及び4階のショーウインドウを強調し、南側と同様に上層部への意識を発生させる。

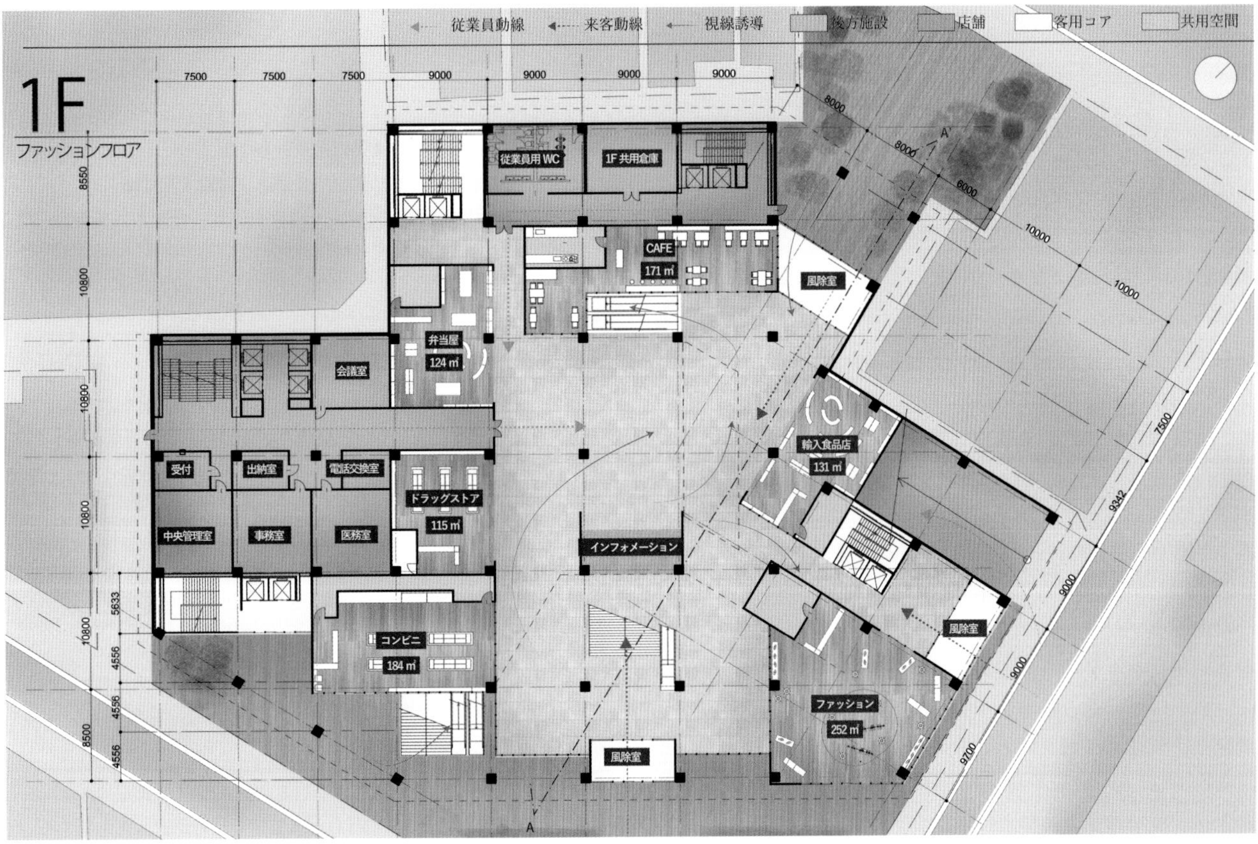

1階同様に2階以上にも構図を適用し、2～4階は視線の分散による店舗誘導を、5階以上は快楽的な効果のある構図による滞在の促進を図っている。

囲い込み型モデルの適用で、吹き抜けが上下階を囲い込み、ほかのフロアへの意識誘発を図っている。

視覚的快楽効果のある類似型モデルの適用により、視覚的な心地の良さで滞在の促進を図っている。

外部の景色をかたどる囲い型の適用によって、店舗からの景色による滞在の促進を図る。

9. 最後に

本研究によって得られた手法は、ソーシャルメディアという一時的な空間体験分析ではあるが、「映え」となる「構図」は本能的な美しさをもとに認識している。この研究で得た視覚的な心地よさは、ソーシャルメディアの流行を超えて人々の中に残り続け、存在意義が問われることなく愛される空間となっていくのではないだろうか。

1) BNN新社、レフ・マノヴィッチ・久保田晃弘・きりとりめでる著「インスタグラムと現代視覚論」2020年6月
2) 建築討論　大山顕著「討論」SNSで「表面化」する建築写真2020年11月

「スクラップ・アンド・ビルド」から「スクラップ・フォー・ビルド」へ

―建設過程と解体過程における「祝祭性」に着目した資材循環プロセスの提案―

石田 弘樹
Hiroki Ishida

日本大学大学院
理工学研究科
建築学専攻
古澤大輔研究室

本提案は、建設と解体が一体となった開発方法を目指すものである。常に建設と解体が繰り返され、変容し続ける動的な都市を目指す。持続可能社会の形成が叫ばれるこれからの都市開発においては、従来の直線的な「スクラップ・アンド・ビルド」を更新し、循環型の開発方法を目指す必要がある。そこで、建設過程と解体過程の「祝祭性」に着目した考察を行うことによってネガティブな行為として捉えられる解体の価値向上を図る。建設と解体を等価に扱うことで、都市内で資材の循環サイクルを生み出す循環型の開発方法「スクラップ・フォー・ビルド」を提案する。

考察では、様々なジャンルを横断した事例から解体過程の「祝祭性」についての考察を行うことで解体の価値向上を図り、通常行われない解体過程における祭事を定義する。また、資材の再利用や循環に関する考察を行うことで、都市内における資材循環の方法を体系化する。

東京都江戸川に位置する「妙見島」に、都市内で発生した資材を加工し、再び都市に供給するための資材加工工場を創出する。水辺のコンテクストを生かし、一般来場者も迎え入れる象徴的な工場を目指す。東京都江戸川区葛西地域において資材循環プロセスを構築するとともに、ポジティブなものに変換された祝祭的な解体の在り方を示す。

1. 設計理念

ジョヴァンニ・バッティスタ・ピラネージは廃墟を建設過程に見立て、想像力を駆使することによって建築の未来の姿を創造した。宮本隆司は解体過程をつかの間の廃墟と見立て、変容する都市や建築を写し出した。

建設と解体は等価であり、同時に廃墟でもある。目指すべき未来都市は、建設と解体が混在し、常に変容し続ける動的な廃墟である。

2. 建設過程における「祝祭性」

「地鎮祭」「上棟式」「竣工式」は建設過程において一般的に行われている祭事であり、建設行為における「祝祭性」を担保していると言える。これらの祭事の原型は、建設段階から数多くの祭事を行う式年遷宮であり、簡略化されながら一般にまで浸透したと言われている。

一方で、式年遷宮は建設過程以外においても祭事を行うことで、建設と解体の双方が祝祭性を持った循環型の建築を実現させている。現代において循環型の開発を実現させるためには、解体過程における「祝祭性」について考察し、解体行為の価値向上を図る必要があると考える。

3. 解体過程における「祝祭性」

以下の考察をもとに、解体前に行われる祭事を「展示式」、解体中に行われる祭事を「解体式」、解体後に行われる祭事を「転用式」と定義する。

●解体前

解体が決定した既存建築という自由度の高さを生かしたイベントが行われている。

・「建築の葬式」日本大学理工学部５号館
・「TOKYO2021」戸田建設本社ビル
・「『また明日も観てくれるかな？』～ See you again tomorrow, too? ～」歌舞伎町商店街振興組合
・「『消えるアート』プロジェクト～破壊と創造～」船場ビル（原宿）

●解体中

解体行為そのものや、解体中の空間を祝祭的に扱っている。

・『新・建築の黙示録』宮本隆司
・「リンゴ皮むき工法」ガスタンクの解体工法
・「Splitting」ゴードン・マッタ＝クラーク
・「聖蹟桜ヶ丘の家」セカイ
・「手入れ／Repair」GROUP

●解体後

機能を失った解体後の建築の全体、または一部が残され、慰霊の対象や別の機能として転用されることで、祝祭的な空間となっている

・「原爆ドーム」
・「ベルリンの壁」

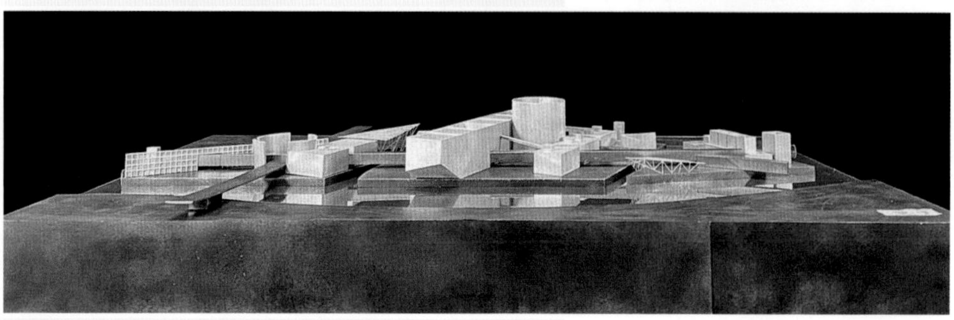

4. 建築資材の循環に関する考察

資材の循環を行っている事例を分類し、その効用について考察した。資材の循環範囲の大きさごとの効用を把握することで、円滑かつ効果的な資材の循環サイクルを生み出せると考える。

●室内循環

・「神泉のリノベーション」JUNPEI NOUSAKU ARCHITECTS

・「渥美の床」403architecture[dajiba]

●一棟循環

・「富士見台トンネル」JUNPEI NOUSAKU ARCHITECTS

●地域内循環

・「上勝ゼロ・ウェイストセンター」Hiroshi Nakamura & NAP

・「ReBuilding Center.Japan」東野唯史

●地域外循環

・「ヴェネチア・ビエンナーレ日本館」門脇耕三

5. 建築資材の加工方法に関する考察

また、建築の主な資材を「木系資材」「鉄系資材」「コンクリート系資材」に分類し、それぞれの加工方法を把握する。図の縦軸は資材の形状、横軸は加工の段階を示しており、資材の段階的な再利用の方法を示している。木材が最も枝分かれを起こしているのは、木材が最も多様な再利用の方法を有することを示している。設計の際、図中のアルファベットと数字を利用して資材の形状と段階を示す記号を表記する。例えば「鉄系資材」の型鋼は「S/1a」のように表記される。これにより、図面上で資材の流れという動的な要素を記すことが可能となる。

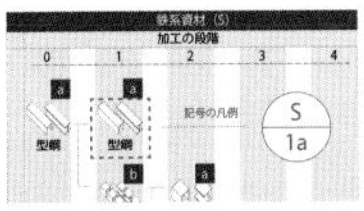

資材の流れを示す記号

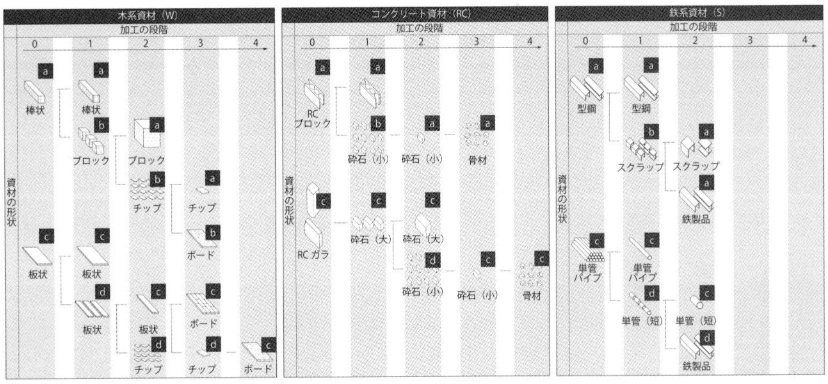

6. 設計プロセス

「資材加工工場の創出」「資材循環プロセス」の２段階の提案を通じて循環型の開発方法「スクラップ・フォー・ビルド」によるエリアリノベーションを行う。

「資材加工工場の創出」では、「スクラップ・フォー・ビルド」の中枢機能を果たす工場を設計する。都市内で発生した「木系資材」「鉄系資材」「コンクリート系資材」の３種類の資材が集められ、再利用可能な状態まで加工し、再び都市に供給することで資材の循環サイクルを生み出すための施設である。

「資材循環プロセスの構築」では、本研究で位置付けた「祝祭的な解体」の在り方について提示する。解体過程における３つの祭事、「展示祭」「解体式」「転用式」が行われることによって、今までネガティブなものとして捉えられていた解体過程をポジティブなものとして捉えなおすことが可能となった。これらの「祝祭的な解体」が行われることによって、都市内では資材を媒介とした新たなコミュニケーションが生まれる。

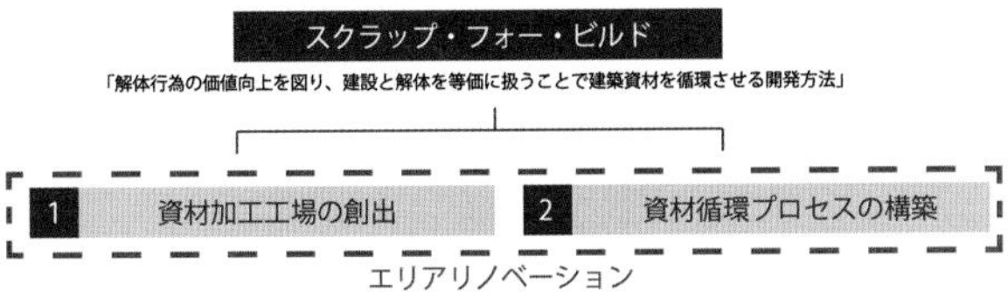

7. 計画敷地　妙見島

資材加工工場建設敷地は、東京都江戸川区に位置する「妙見島」とする。複数の工場が存在する準工業地域である妙見島は、江戸川上に浮かぶ中州状の島でありながら、水辺のコンテクストを活かしきれていないため、労働環境的観点や観光的観点において改善が必要である。本提案では、本建設敷地の環境を整えつつ、都市内で発生した資材を加工する資材加工工場を設計する。

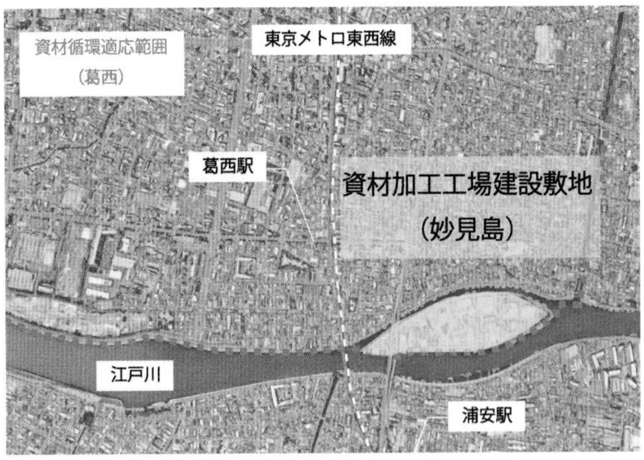

妙見島　周辺状況

8. 空間構成ダイアグラム

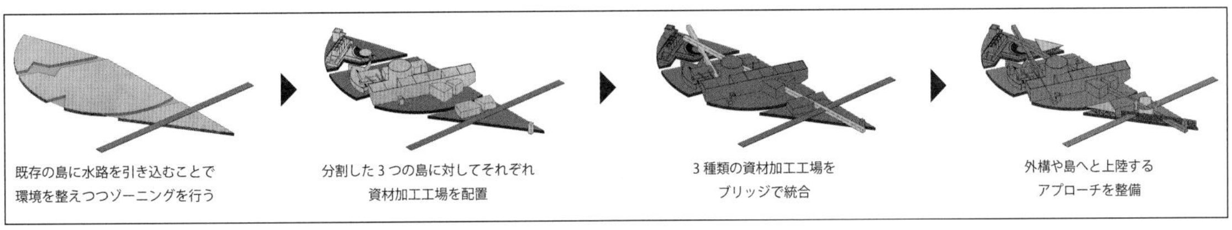

既存の島に水路を引き込むことで
環境を整えつつゾーニングを行う
分割した３つの島に対してそれぞれ
資材加工工場を配置
３種類の資材加工工場を
ブリッジで統合
外構や島へと上陸する
アプローチを整備

9. 平面図・動線計画

動線計画および配置計画を示す。前述の図面記号を表記することで、図面上での資材の流れを把握する。また、島全体で建築的な空間体験が生まれるように、幾何学的な工場を妙見島全体に配置する。

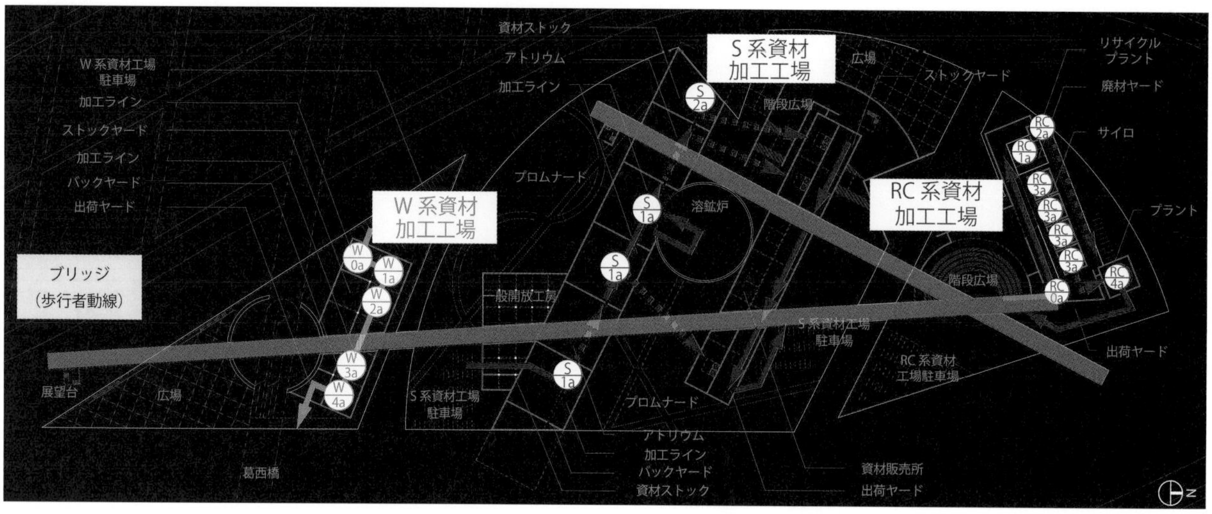

1F PLAN

全体外観

異なる形状の工場群をブリッジ（金色部分）が貫入することで全体を統合する。「スクラップ・フォー・ビルド」の象徴的な存在となるよう、幾何学的な形態で全体を構成した。幾何学的な形態を組み合わせることで、島全体で建築的な空間体験が生み出されるよう設計した

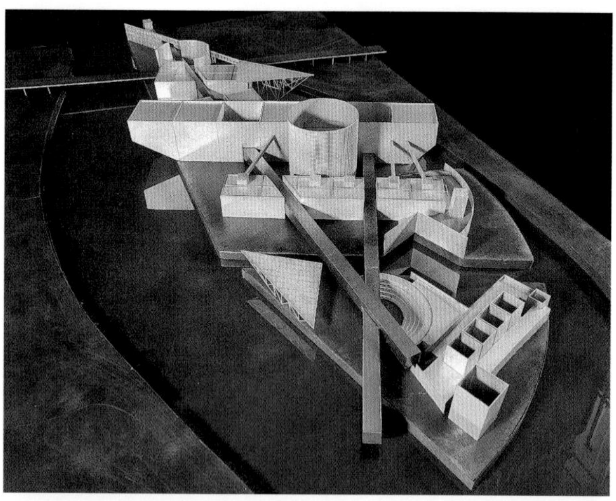

鉄系資材加工工場

鉄系資材加工工場と資材販売所の間の空地では、資材販売所で購入した資材を加工する一般来場者向けの加工工場を設ける。上空に架けられたブリッジによって工場から加工された資材を販売所へ運ぶ

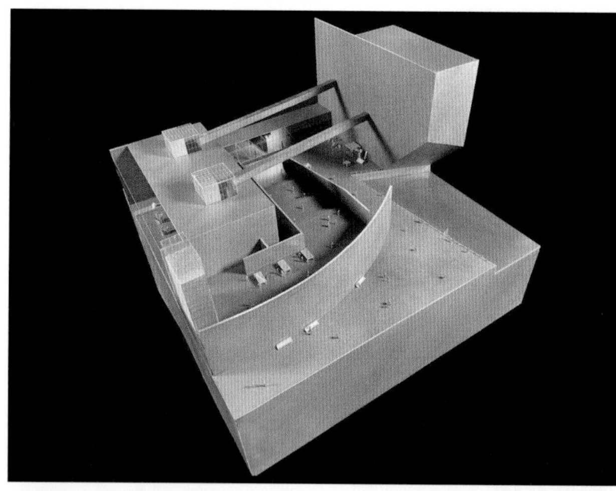

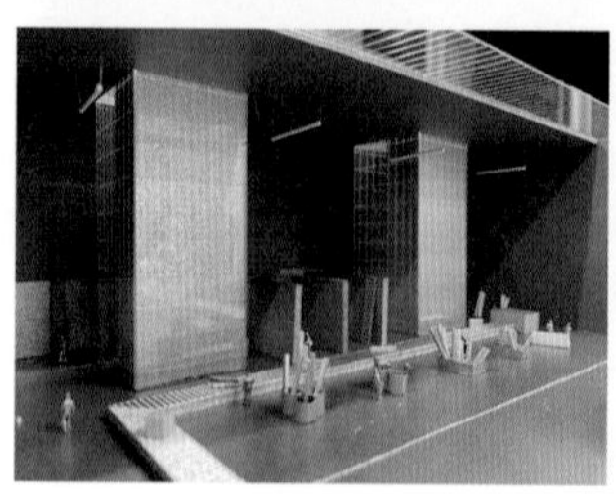

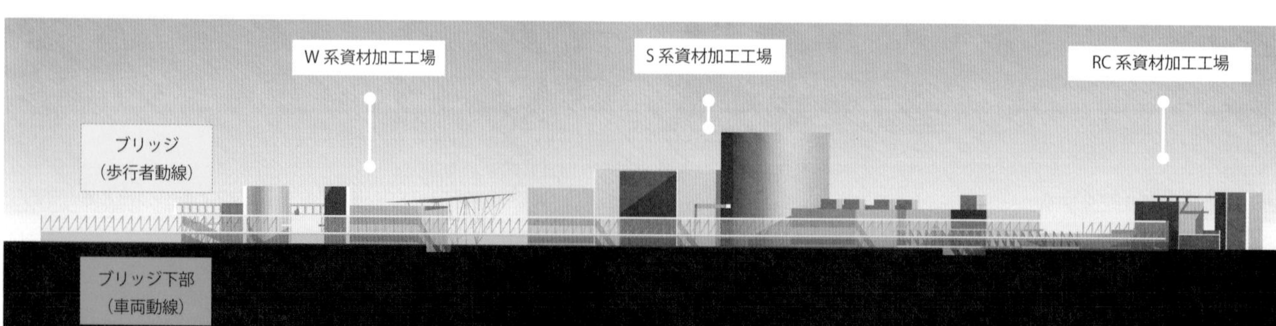

断面図

工場全体を貫入するブリッジの上下で歩車分離を図る。ブリッジ上部が一般来場者動線で、ブリッジ下部が車両動線となる

10. 資材循環プロセスの構築

東京都江戸川区葛西地域を資材循環適応範囲とした資材循環プロセスを構築する。資材加工工場を中枢とし、資材循環適応範囲において生じた資材を循環させる。考察によって得られた、祝祭的な建設と解体が資材循環適応範囲内で行われることで、資材を媒体とした新たなコミュニケーションが生まれる。

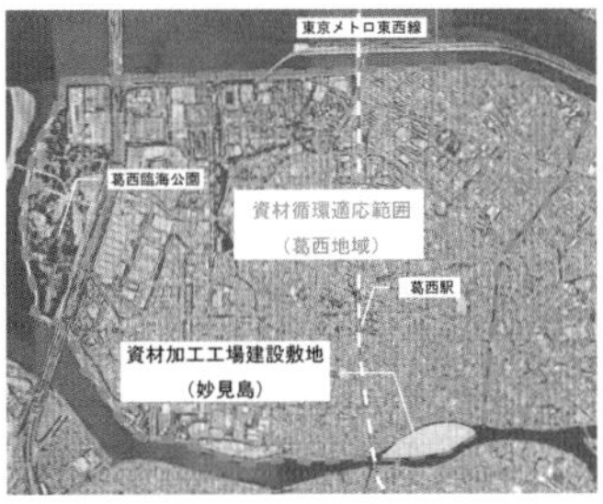

資材循環適応範囲

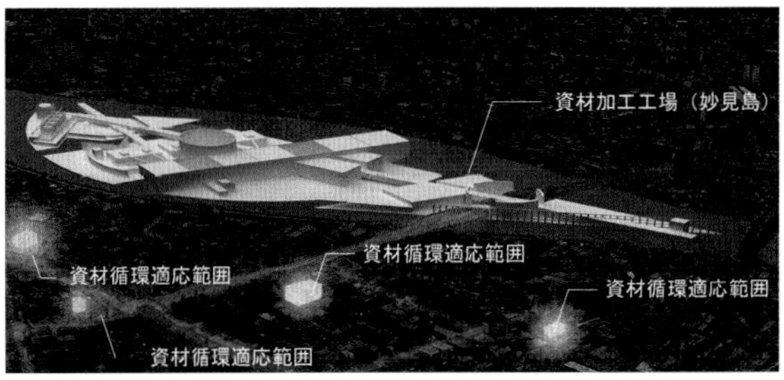

資材循環イメージ

11. 祝祭的な解体のイメージ

資材循環適応範囲内では、本研究で位置付けた祝祭的な解体が行われる。解体過程における３つの祭事「展示祭」「解体式」「転用式」が行われることで、資材を媒介とした新たなコミュニケーションが生まれる。

解体前「展示祭」

解体開始前に既存建築を活用したイベントを行う。解体前という自由度の高さを生かす

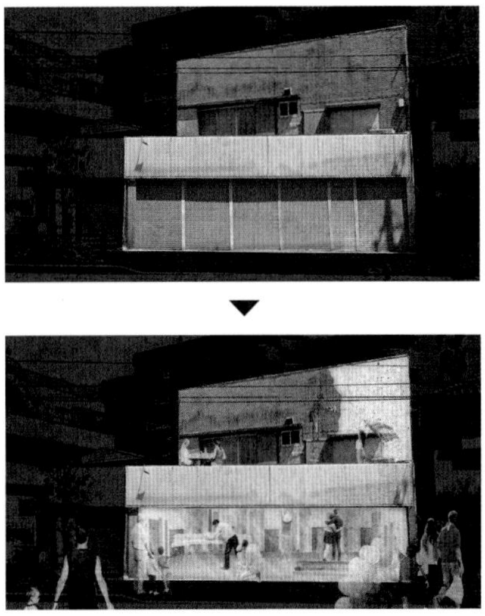

解体中「解体式」

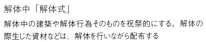

解体中の建築や解体行為そのものを祝祭的にする。解体の際生じた資材などは、解体を行いながら配布する

解体後「転用式」

既存建築の一部を残して解体を完了する。既存の一部を創作の一部として建設過程につなげる

12. 結

本論では建設過程と解体過程の「祝祭性」に着目した考察を行うことで、ネガティブなものとして扱われる解体をポジティブなものに変換し、建設と解体が一体となった開発手法を提示した。また、資材加工工場の創出と資材循環プロセスを構築することによって、持続可能社会の形成に有効な循環型の開発の在り方が提示できた。

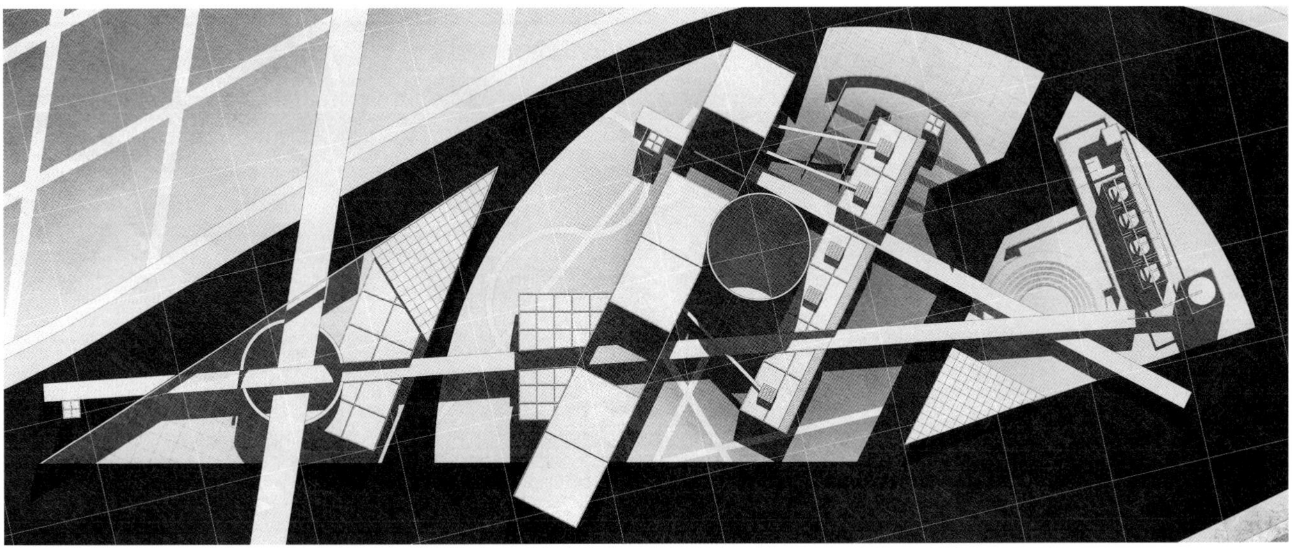

ROOF PLAN

南伊豆町下賀茂温泉における
地質的特徴を活かした地域再生のための空間計画

福井 優奈
Yuna Fukui

日本大学大学院
生産工学研究科
建築工学専攻
篠崎研究室

静岡県南伊豆町は自然、地形と密接に関わり、生業を立て活発な地域社会を維持し、独自の発展をしてきた。そこでかつての温泉や、石切場の空間を活かし身体的な空間体験をするスパホテルの計画である。衰退してしまった地域の固有資源を再構成することで、人々がこの町に集まり、地域再活性化を目指す。

計画の前提となる基礎情報は、文献調査とジオパークガイドのガイダンスに基づく実地調査を主とする。自分の足で地形や環境を体感し場所の経験を地形図に重ねて記述することで、実空間の特徴を掴み自身の感覚を深める。「経験マップ」を描き情報を蓄積する。現地の温泉に数次に渡り投入し、また長く滞在して画案をその場で立案するなど計画と身体の連続性を高める。

計画では石を切り出した山そのものに注目し、山の南側斜面と山の内部に、対照的な二つの空間を計画する。山の斜面には、等高線に合わせるように雁木のような半外部の空間を計画する。町の風景や自然の木々、剥き出しになった岩肌などの環境を取り込んだ、柔らかく、町に広がる空間である。ここには足湯や図書館、レストランがある。一方で、山の内部は、石切場の空間のように、強く硬く象徴的な、場所の固有の環境に包まれる、身体的なスパ空間である。また地熱エネルギーは、計画全体のエネルギー計画の基礎となる。

1. 地質学的特徴のある南伊豆町

静岡県南伊豆町は、伊豆半島の最南端に位置し、山・川・海の豊かな自然環境、独特な地形、地質、温泉、文化や産業などを有する。地質学的に見て国際的な価値のあるサイトとして近年、世界ジオパークに登録されている。当地の地質が火山性灰凝岩であること、植生が照葉樹林であること、多数の温泉が存在することが主な特徴である。

1.下賀茂地域周辺の表層地層図
下賀茂地域やその周辺の山中の地層は主に火山灰などが流水や風の作用などで堆積して固まってできた火山堆積岩類である。軟石の凝灰岩でこれが伊豆石に当たる。

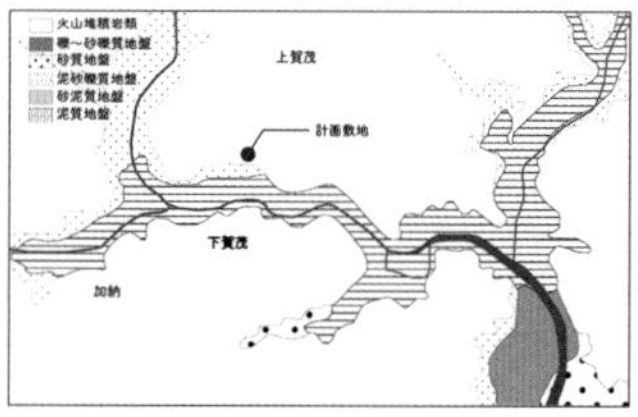

2.下賀茂周辺における温泉源位置図
主に川沿いには多くの温泉が存在し、加納から下賀茂にあるものを下賀茂温泉と定義される。この温泉は全て、塩分濃度1%の塩化物泉のため、呼吸器疾患や肌荒れに効果がある。現在、110余の源泉が有り、噴出温度が100度を超える自噴泉も10余ある。

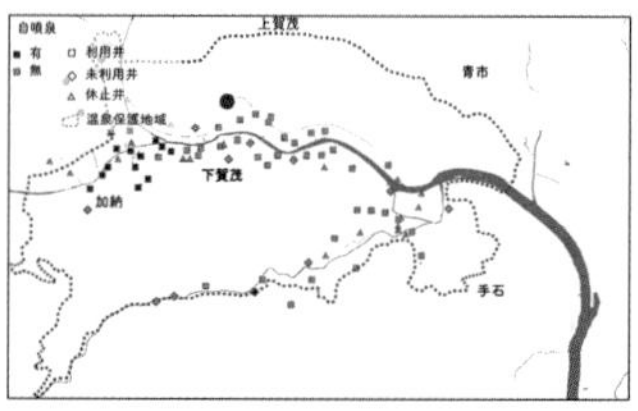

3.下賀茂温泉地域周辺の植生図
200m級の低い山に囲まれており、造植林は少なくいわゆる照葉樹林の里山である。コナラ属のウベメガシは町のシンボル木である。

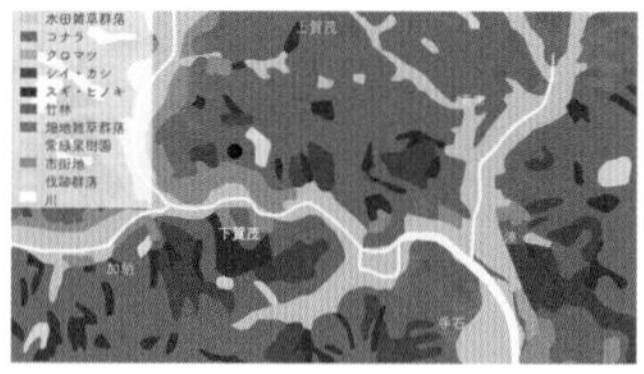

2. 固有資源が生み出した他地域との関係

南伊豆町における人類の暮らしの歴史は、弥生時代まで遡る。古来、下賀茂周辺に暮らす人々は大地や自然、地形と密接に関わり、生業を立てた。また、東西を結ぶ海上交通路の要所に位置する海沿いの土であることから、様々な地域との貿易が盛んで、独自の文化と活発な地域社会を維持している。

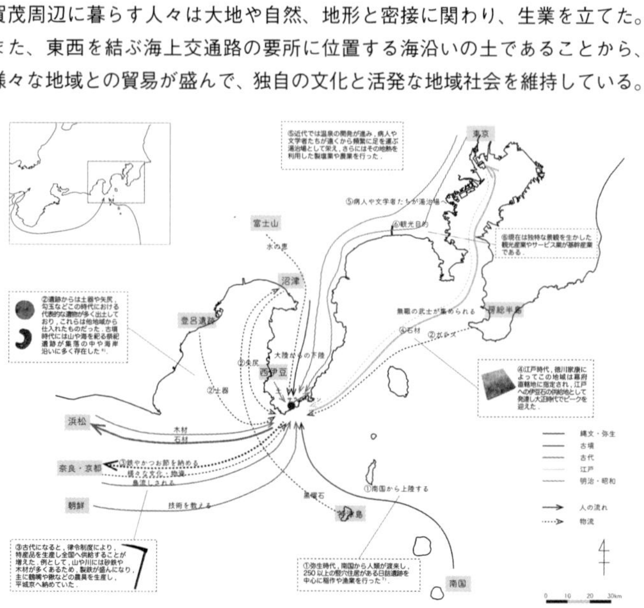

3. 計画と身体の連続性を高める実地調査

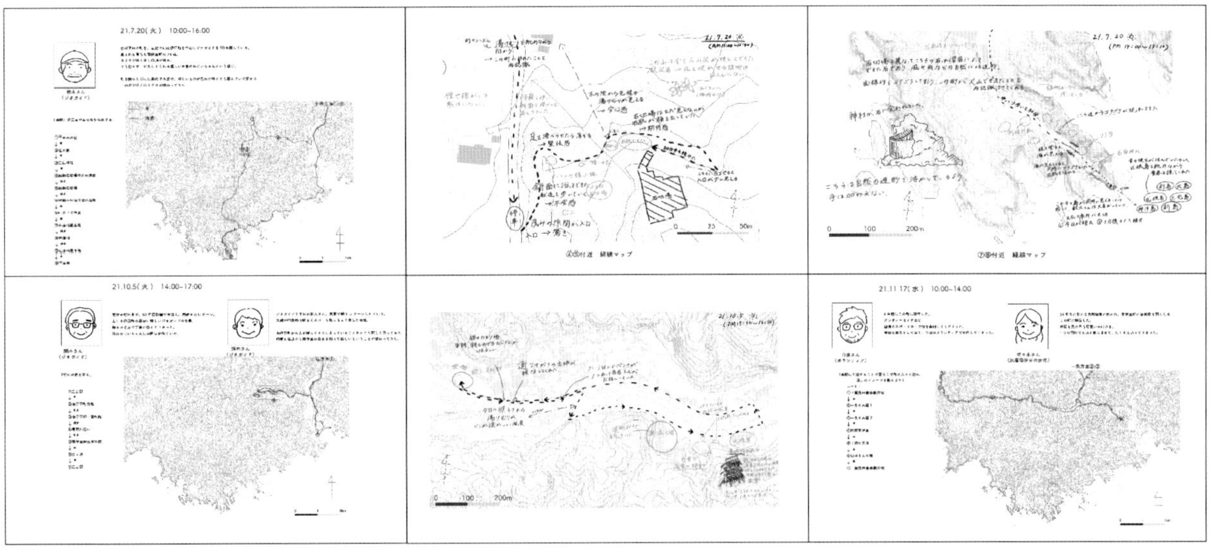

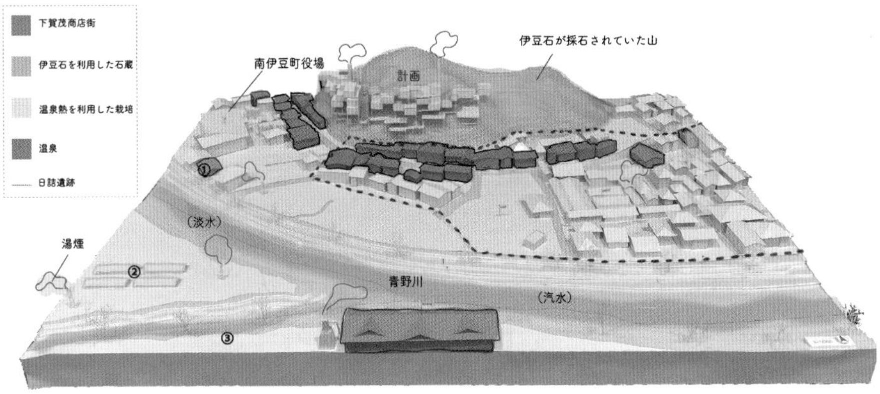

4. 対比的な2つの空間

川沿いの平地ではなく、石を切り出した山そのものに注目し、山の南側斜面と山の内側に対照的な二つの空間を計画している。山の斜面には、等高線に合わせるように木のような半外部の空間を計画している。町の風景や自然の木々、剥き出しになった岩肌などの環境を取り込んだ柔らかく、町に広がる空間である。一方で、山の内部は、あたかもかつての石切場の空間のように、強く硬く象徴的な場所の固有の環境に包まれる内向的な身体的空間である。

(山の斜面側)

川沿いのスケッチ

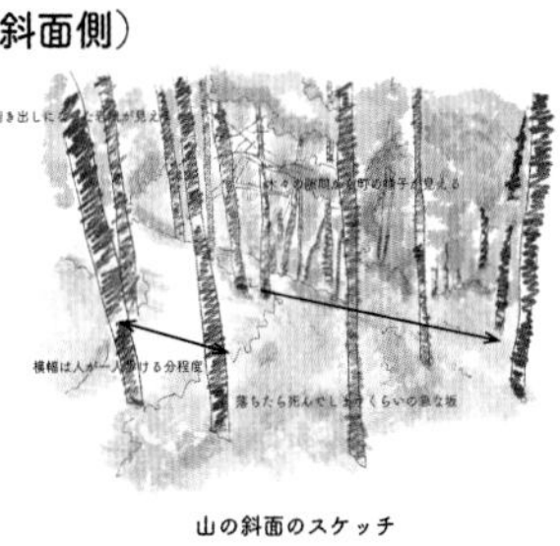

山の斜面のスケッチ

(山の内側)

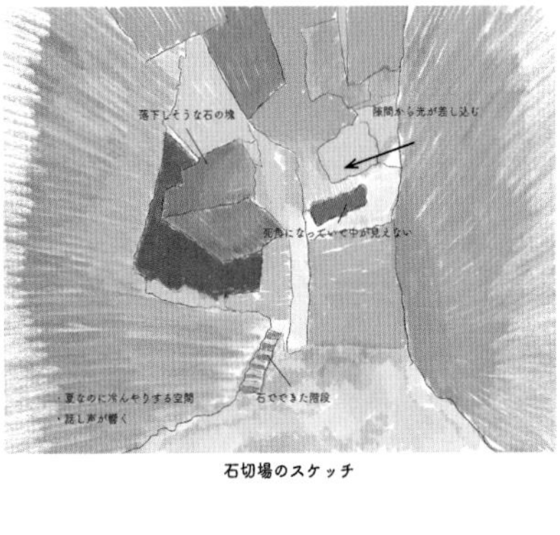

石切場のスケッチ

5. 周辺との関係を解く

斜面に沿った空間の1階は図書館と地域の食材と伝統料理も提供するレストラン、2階は湯煙が立ち昇るテラス空間で、温泉熱を利用した足湯や、かつて栄えていた製塩業を復活させた製塩スペースなど、下賀茂らしさを体験できる「下賀茂テラス」を計画する。このテラスはスパ空間への入り口となる。これら低層部分は地域に開かれ誰もが自由に利用できる。3階以上にはゲストルームを計画し、地域に人々を広く招く。山の内部の空間は、対照的に光や風が抜け、音が響く伊豆石の青さが際立つスパ空間である。

(断面配置)

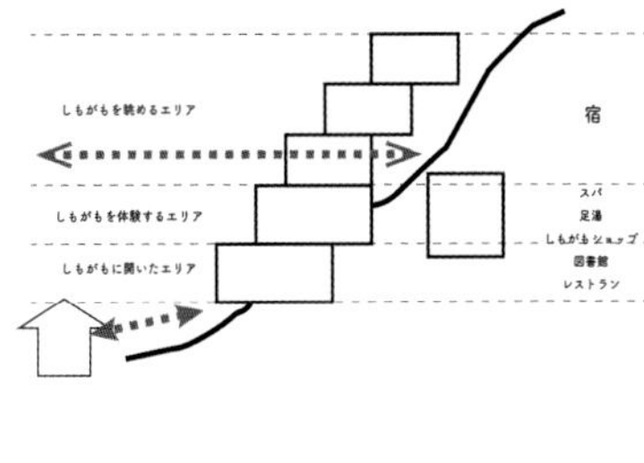

(平面配置)

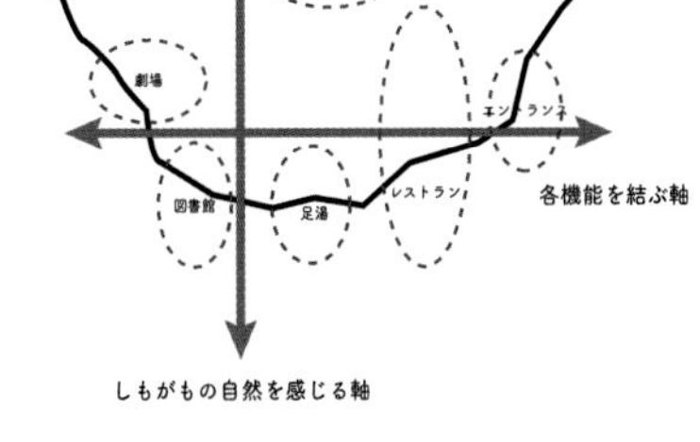

6. 歴史を体感するシークエンス

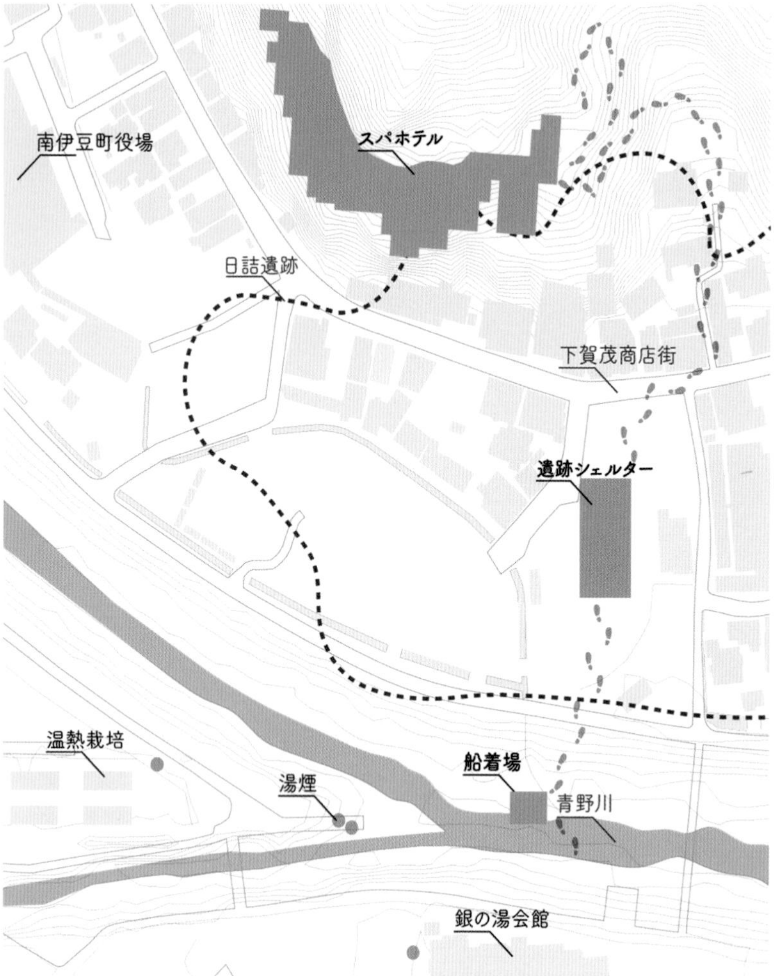

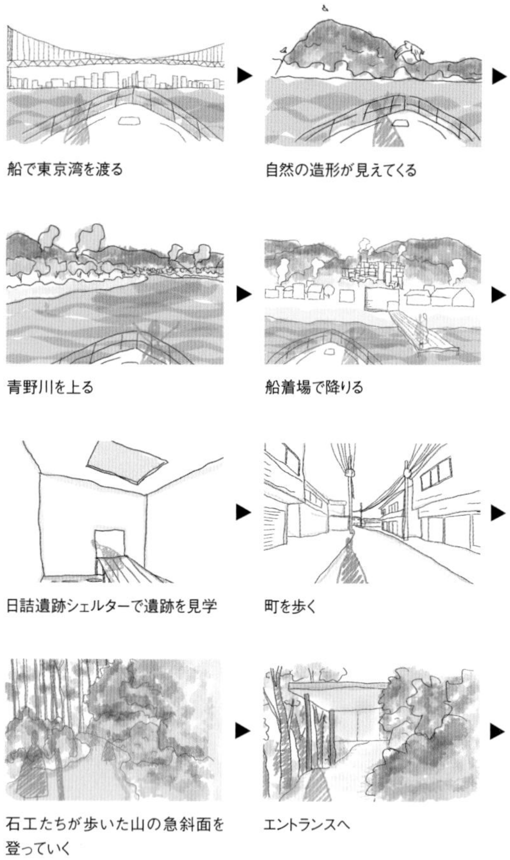

7. 環境エネルギーの利用

自然光や地熱などを利用し、環境エネルギーについても解く。川から斜面に沿って吹き上げる風を利用して、岩肌から立ち登る湯煙を上へ持ち上げ管に通し、セットバックされた各客室へ登り窯のように煙をのぼらせ、部屋を暖める装置として機能させる。また、源泉の熱から塩作りを行い、さらには発電を行うことで施設の電力を賄う。

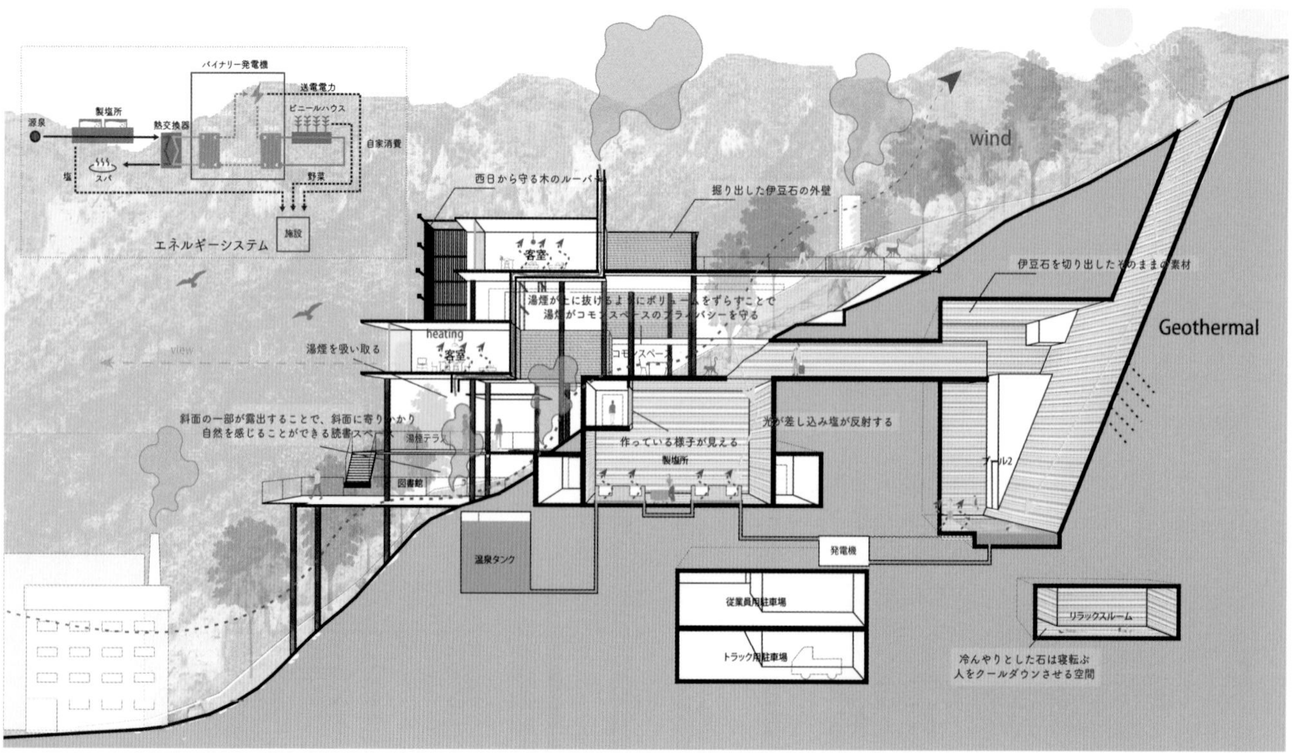

AA' 断面パース

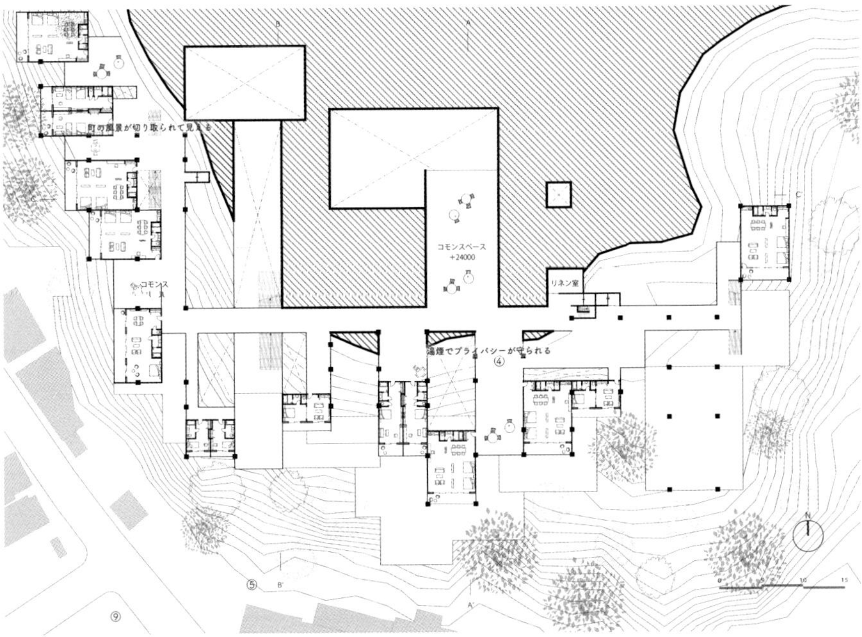

3階平面図　GL+28000

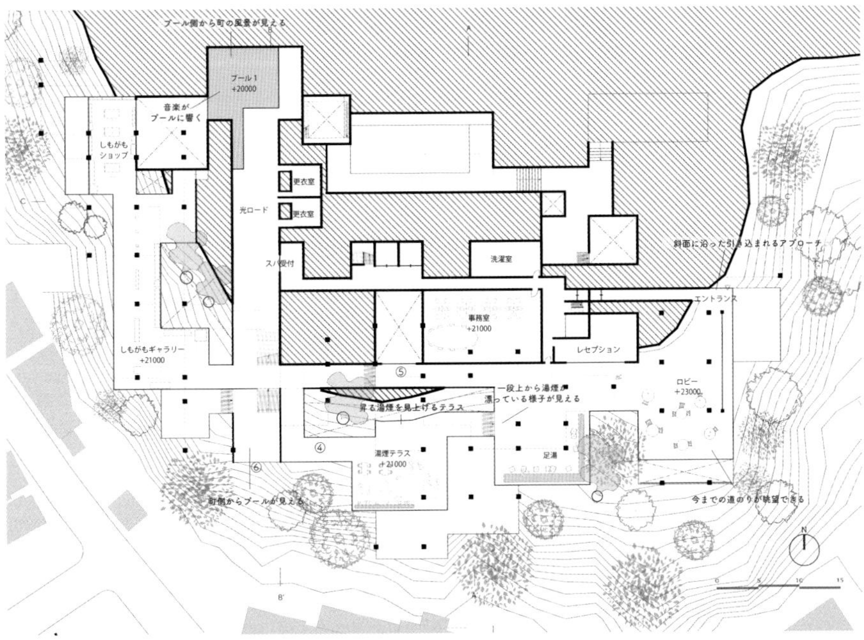

2階平面図　GL+23000

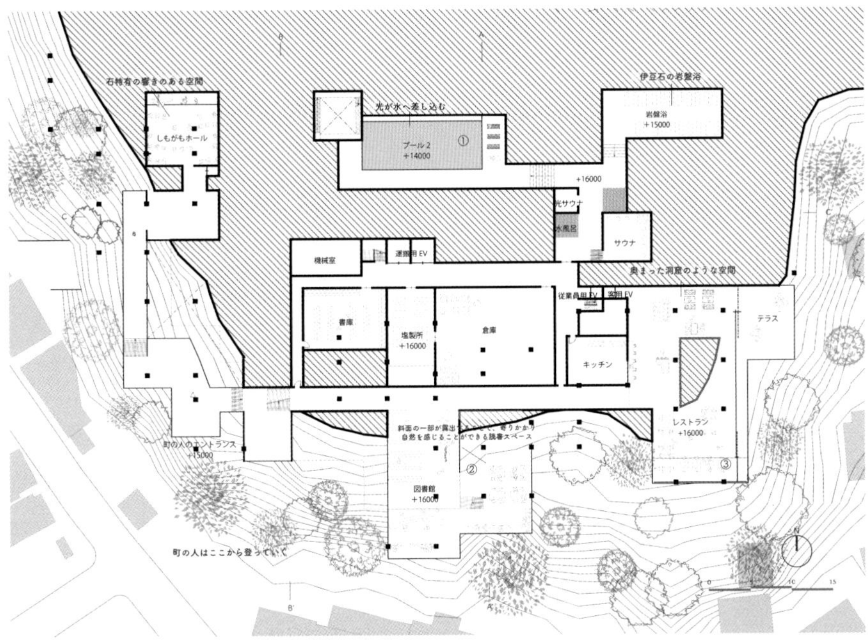

1階平面図　GL+18000

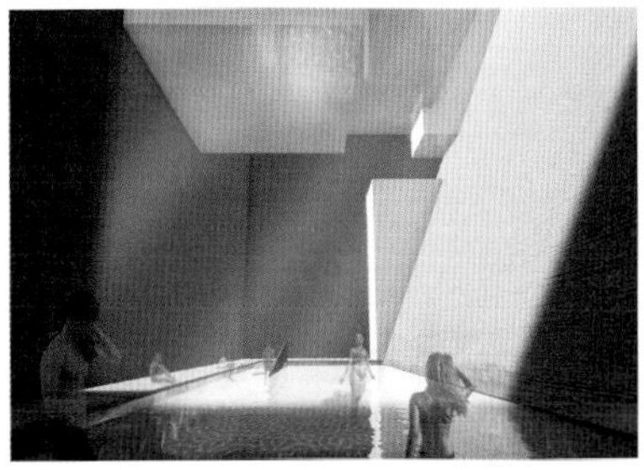

水に濡れ，伊豆石の青さが立つ石切場のようなスパ空間

湯煙が客室階のコモンスペースのプライバシーを守る

湯煙を見上げ佇むテラス空間

隙間から差し込む光に塩がキラキラと反射し、石空間をより引き立てる

斜面に寄りかかり自然を感じることができる読書スペース

客室と客室の間から岩肌の様子が見える

水辺のなりわい体験工房

射水市放生津内川における仕事と暮らしの新たな関係

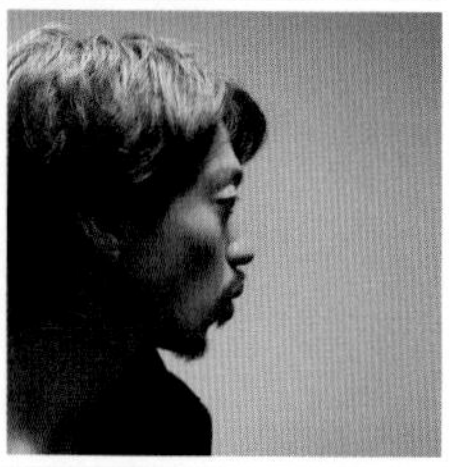

池田 陸人
Rikuto Ikeda

日本工業大学大学院
工学研究科
建築デザイン学専攻
小川次郎研究室

近年、新型コロナウィルス感染症の影響等により、場所を選ばず仕事を行えるリモートワークが普及しつつある。人口が少なく自然に恵まれた環境で仕事をしながら暮らすことを求め、地方移住を検討する人が増加傾向にあるが、実際に地方移住に至ることは少ない。仕事の選択肢が少なく、それらを学ぶ機会も乏しいことや、近隣との付き合いへの不安等の問題が、関心を持ちつつも地方移住に踏み出せない要因であると思われる。

射水市放生津内川は、「日本のベニス」とも言われ、川の流れが穏やかな落ち着きのある水辺が広がる街である。川の両岸には小型漁船と長屋形式の住宅が連なり、漁師の作業風景が垣間見られる。また、水辺空間に惹かれた居住者が内川沿いに新たに店舗を設けるなど、生活となりわいが滲み出す豊かな水辺空間が形成されつつある。

これらの背景をもとに本計画では、人々の生活の一部として地域を支えてきた放生津内川と、そこでのなりわいの関係を再考することを通してさまざまな職種を体験し、自分らしい仕事と暮らしを模索できる、水辺のなりわい体験工房を複数提案する。短・中・長期のさまざまなスパンで、地域にある既存の店舗や移住者が営む店舗・オフィス等を体験できるようにすることで、段階を踏みながら自分に向いた仕事を探すとともに、居住者と交流を重ねつつ地域に根差した暮らしを営む。水辺のなりわい体験工房を経て、自分に向いた仕事と暮らしを新たに展開する。

1. 射水市放生津内川

射水市は富山県のほぼ中央に位置し、海や川、丘陵など自然に溢れる都市である。海沿いにある放生津内川を起点に漁業や海運業、農業が発展した。この川は海と海を結び、古くから運河として人々の生活に深く関わってきた。かつてこの地域のほとんどが湿田地帯で、刈り取った稲を乾燥させるための「タゴの木」や稲を運ぶ「イクリ」等を駆使し農作業を行っていた。

出典：北陸農政局土地改良の歴史（上）
出典：富山県の産業と港湾（下）

放生津エリアには、越中浜往来や商店街通り、内川の水辺の通りがある。この街は各通りを時代ごとに賑わいの場を移しながら発展を遂げてきた。14世紀には国府や城があり、城下町が建てられ、内川沿いに通る越中浜往来が誕生した。18世紀には内陸部に店舗が連なる通りが誕生し、越中浜往来通りの賑わいが内陸部に移行した。商店街通りに店舗が設けられ、内川沿いには蔵や倉庫を設ける家屋が多くあった。現在では、少子高齢化や後継者不足等の問題から空き店舗や空き家、空き地が増加し、昔の活気は失われたが、内川と建物の間の道路が舗装され、水辺に向かって開かれる店舗が増加したことから、豊かな水辺の街並みとして内川に賑わいが移行しつつある。

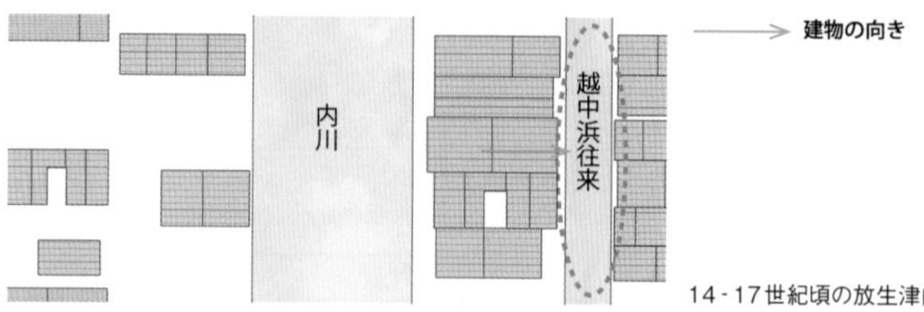

14-17世紀頃の放生津内川

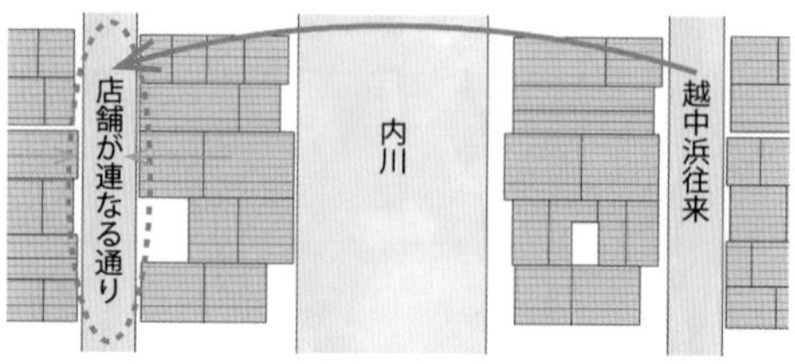

18世紀頃の放生津内川

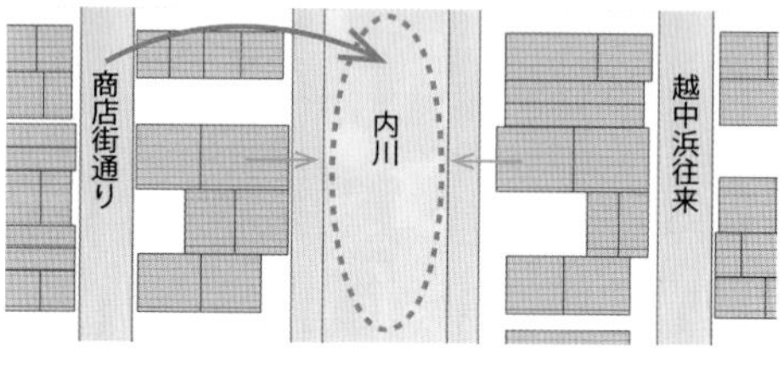

現在の放生津内川

2. 放生津内川におけるなりわい体験工房

●放生津内川の街並みの構成

高さや勾配が不揃いな切妻屋根が各通りに向けてかけられ、奥に見える山脈のように屋根が重なり合う。屋根形状を踏襲しながら、３つの通りをつなぐように建物を改修又は新築する。

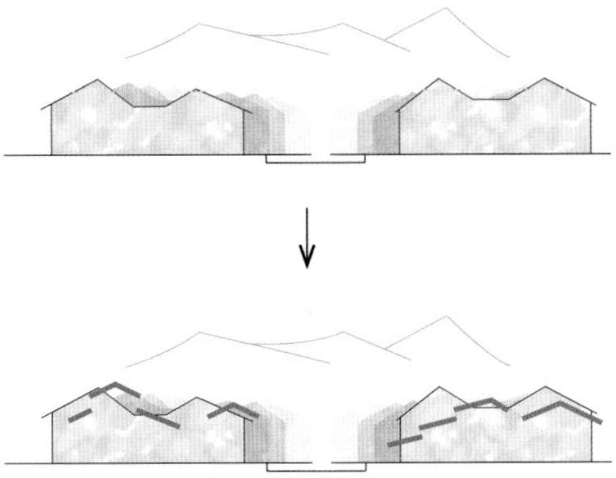

●職業体験の仕組み

街全体でさまざまな職種を体験し、自分らしい仕事と暮らしを展開できる場を複数計画する。

短・中・長期のさまざまなスパンで、地域にある既存の店舗や移住者が営む店舗・オフィスを紹介・体験できるようにする。なりわい体験工房に参加し自分らしい仕事を探すとともに、地域住民や移住者と交流を重ねることで地域での暮らしを営む。また、なりわい体験工房ではさまざまな移住を想定し、体験方法や働き方の選択肢を複数設ける。

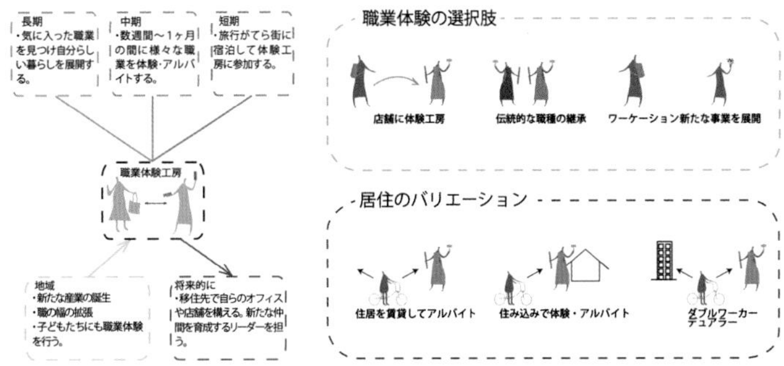

●放生津内川と各通りをつなぐ水辺空間の提案

放生津内川では、経済発展とともに海を埋立て拡大してきた陸地を、内川を軸に横に抜ける水辺に更新する。今後も人口減少や後継者不足等により増加するであろう空き店舗や空き家、更地を放置するのではなく、水辺に更新することで、建物と水辺が密接な関係を築くことができる。水辺空間を媒体に内川での賑わいが各通りに伝わる水辺のまちづくりを提案する。

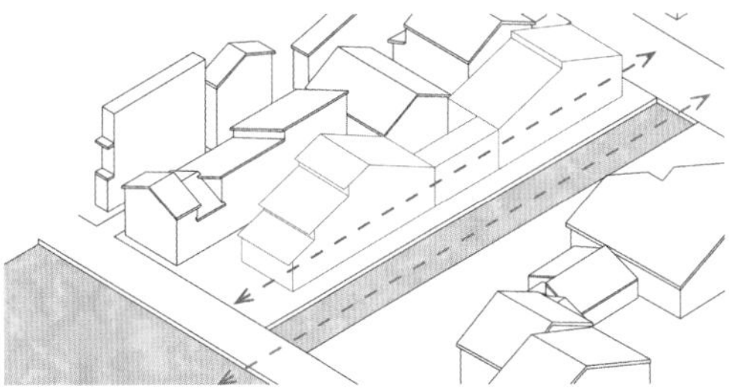

●水辺のなりわい体験工房

これらを踏まえ、昔から人々の生活の一部として地域を支えてきた放生津内川と、そこでのなりわいの関係を再考することを通して、段階を踏みながら体験工房を体験し、自分に向いた仕事と暮らしを模索する水辺のなりわい体験工房を５つ提案する。

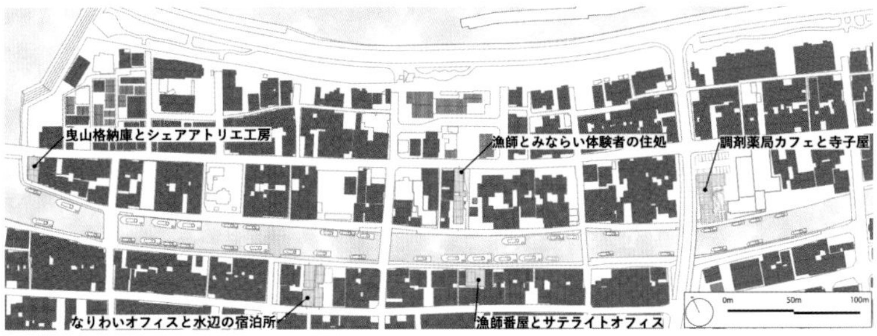

3. 漁師と見習い体験者の住処

漁師が使用していた蔵と母屋をリノベーションする。仕事の中で地域の暮らしや風土を知ってもらう。見習いとして、実際に漁師家族と共同生活を行い仕事と暮らしを学ぶ。また隣接する空き地に水を引き込み、鮃の養殖所と内川水族館を設け、観光から体験までさまざまな形で漁業に関われるようにする。

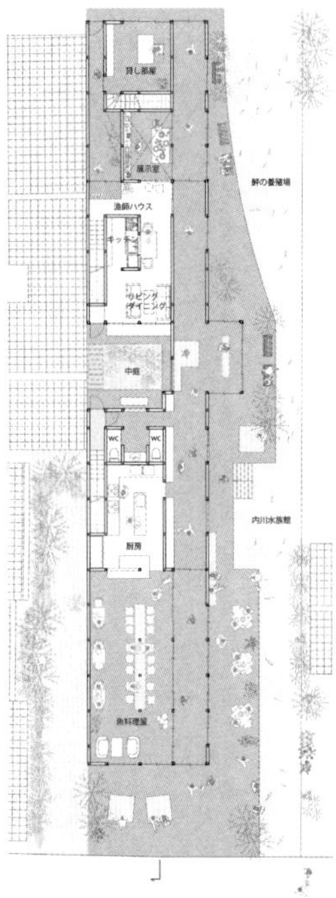

配置図兼１階平面図

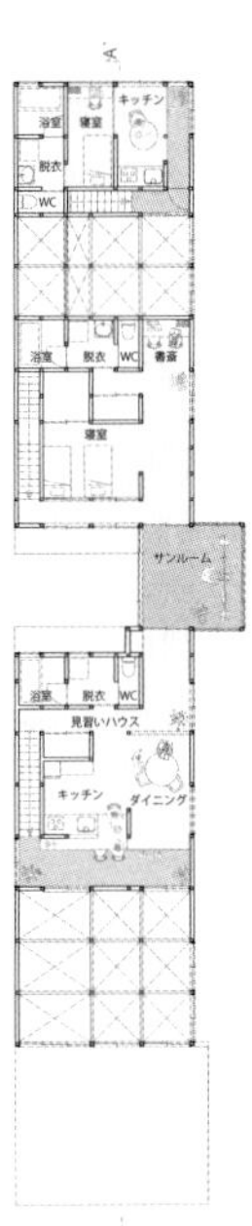

2階平面図

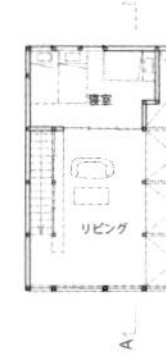

3階平面図

4. 漁師番屋とサテライトオフィス

既存の漁師小屋（番屋）を改修する。伝統的な職種である漁業を体験することができる。番屋で漁業作業をする漁師とサテライトオフィスを訪れるダブルワーカーはトラス屋根の下で各々作業をする。

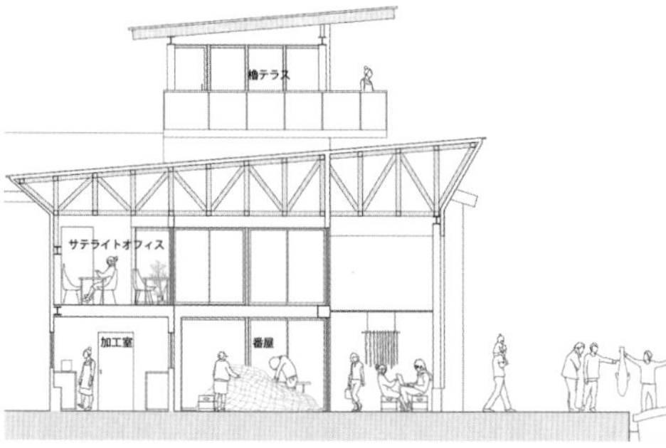

A-A'断面図

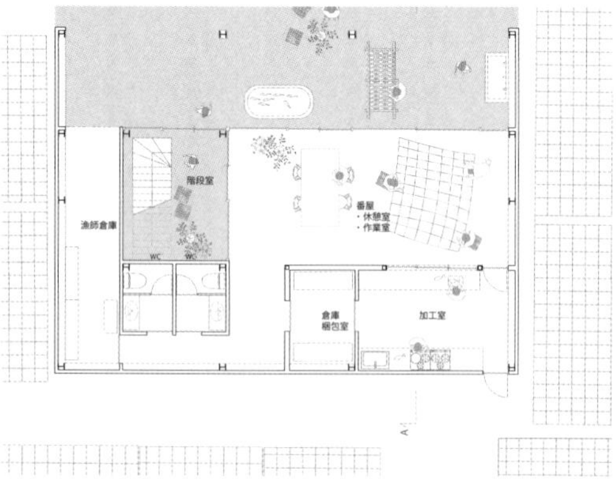

配置図兼1階平面図

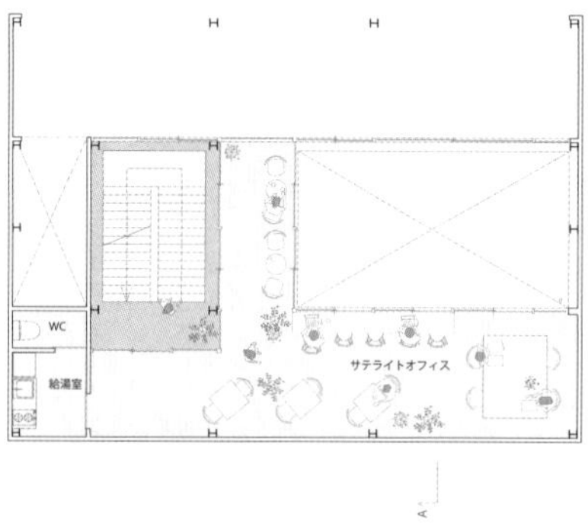

2階平面図

3階平面図

5. 曳山格納庫とシェアアトリエ工房

シェアアトリエ、木材工房、ものづくりやデザインを体験することができる。シェアアトリエを訪れるデザイナーや工房に訪れる地域住民と交流しながらものづくりを体験することができる。また、年に一度の祭りに使用される曳山を補修しながら管理・展示することで放生津内川を訪れた人に当地の文化を発信する。

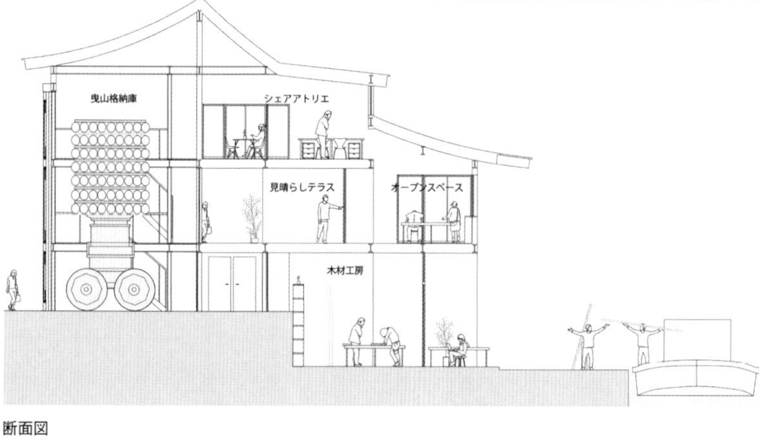

断面図

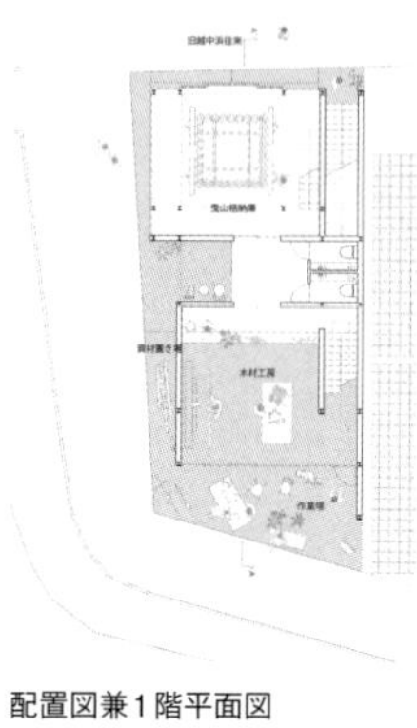
配置図兼1階平面図

2階平面図

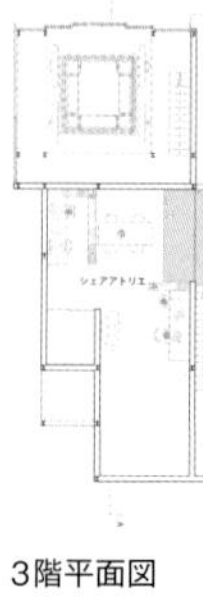
3階平面図

6. なりわいオフィスと水辺の宿泊所

まちに宿泊して体験工房に参加できるように２棟の長屋を宿泊施設や店舗・オフィスにコンバージョンする。ドミトリータイプと民泊タイプがあり、それぞれの働き方に合わせた暮らしを体験することができる、体験工房の拠点となる。

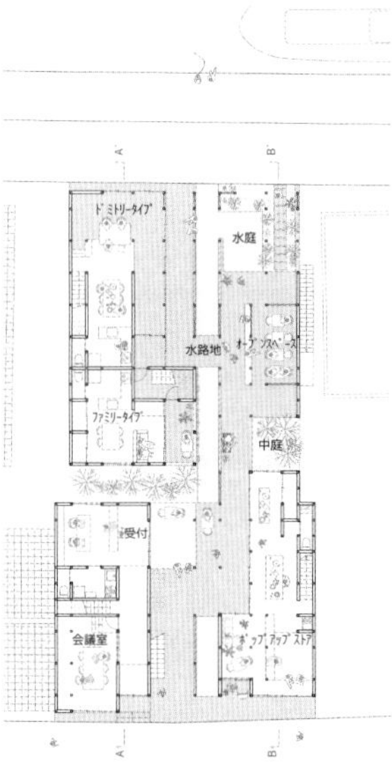

配置図兼１階平面図

２階平面図

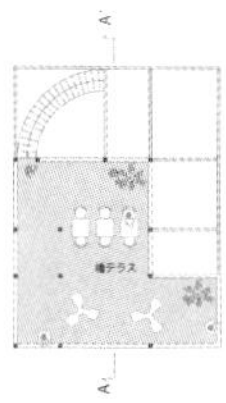

３階平面図

商店街通りからみる。通りに面して会議室や店舗を設けることで、通りに馴染む風景をつくる。櫓テラスからは内川とは違う商店街通りの風景を楽しめる。

7. 調剤薬局カフェと寺子屋

既存の公民館を改修すると共に新たに調剤薬局と寺子屋を計画する。なりわい体験工房に参加中子どもを預けられる寺子屋と、薬の処方を待つ間に気軽にカウンセリングを受けられる調剤薬局兼カフェを設ける。内川を計画地に引き込み、水辺の広場を設け、病院のリハビリ空間として利用可能にすると共に、お茶を飲む、散歩するなど、地域住民も気軽に訪れることのできる水辺の広場を計画する。

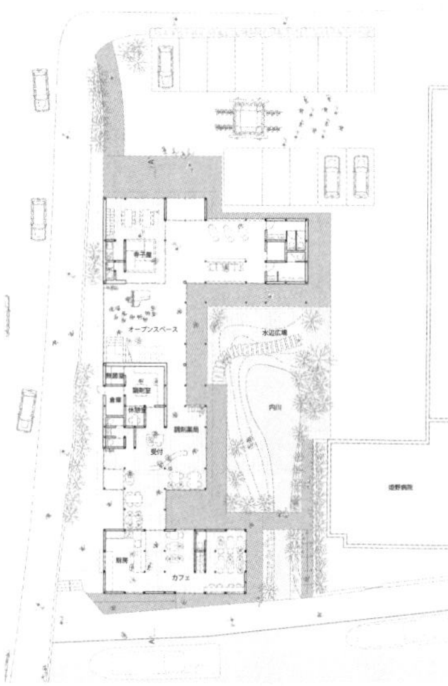

配置図兼１階平面図

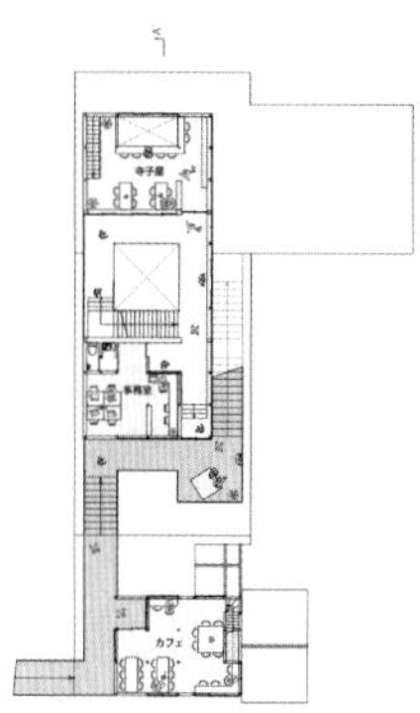

２階平面図

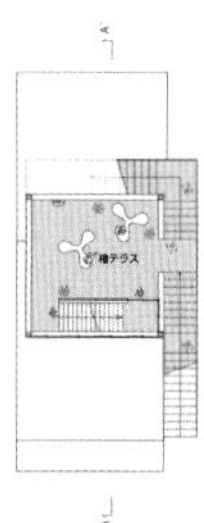

３階平面図

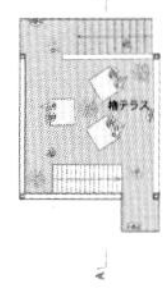

４階平面図

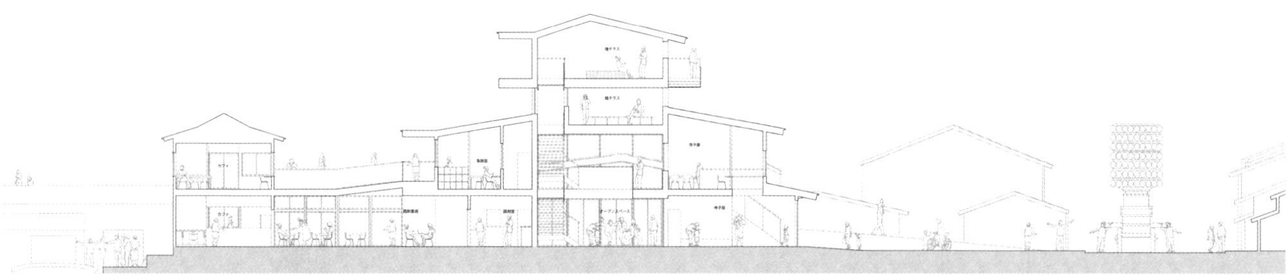

A-A'断面図

ワークキャンプ下赤塚

居職型商店街の再考と継承

林 聖馬
Seima Hayashi

日本工業大学大学院
工学研究科
建築デザイン学専攻
小川次郎研究室

近年、大規模再開発やチェーン店進出により既存商店の立ち退きが生じるとともに、駅前空間の均質化が進行し、町の個性が失われつつある。それに伴い商店街から居職がなくなり、商店街に人が住まないことにより町の活気が失われている。こうした状況を踏まえ、本計画では、現在の商店街を見直すことで現代に相応しい居職のあり方を考察するとともに、これらを用いた〈居職型商店街〉の設計と、既存商店街の存続の方法について提案する。

〈居職型商店街〉は、現代の多様な居職スタイルを持つ商店主が集うことで形成されるものとする。ここでは、指導者である〈メンター商店〉と、短期滞在を想定した師事者である〈キャンパー商店〉がグループとなり商店街を形成することで、商店街全体が新人商店主の学び場としても機能する。例えば、メンターがパン屋の建物には、コーヒー専門店を目指すキャンパーが隣に住み込み共同で商品を提供し合う、あるいはパン屋見習いが修行のために住み込むなど、両者による緩やかな協力関係が想定される。このような協力、あるいは競合関係が発生する商店街には、自然と活気が生じることが期待できる。

〈居職型商店街〉は、人が住み着く賑やかな商店街を復活させるとともに、商いを志す若者に経験を積ませることができる。さらに、これら若者が商店街を継承することに留まらず、各地の商店街で商い地域に貢献していくことを可能にすると考える。

1. 計画地域

●人口が集中する街 赤塚

全国の都心部で人口減少が問題視される中、板橋区は2045年までの人口減少率が東京23区内でも低いとされる。東武東上線や東京メトロなど、公共交通機関による都心アクセスのし易さや、安価な土地柄、商業福祉施設の充実度などが理由として挙げられる。板橋区と練馬区の隣線にある赤塚はこれらのポイントを全て満たす限られた場所である。

板橋区　町名区域図

赤塚一番街

東武東上線、下赤塚駅の北側駅前には70年以上の歴史を持つ赤塚一番街という商店街がある。個性的な個人商店が立ち並んでおり、地元住民らはより賑わいを見せている。車両の進入を拒むように細まった路地や、道にはみ出す店舗等で構成された商店街は、ヒューマンスケールのアメニティに富んだ空間となり、下町情緒溢れる独特な雰囲気を醸し出している。

商店街存続の問題

古くから栄えてきたが故に、建物の老朽化や木密化による防災対策の遅れ等の問題が顕著に現れている。また、老朽化した空き店舗は利用されにくく、放置されているものもある。さらに、赤塚駅周辺が注目されているためか、近年大規模高層マンションが続々と建設され、風情ある街並みが徐々に失われつつある。

2. 敷地概要

赤塚一番街の店舗種別を調べると、それぞれの業種割合が生活における利用率に沿っており、周辺地域からの日常利用が伺える。そのような多種多様な店舗が立ち並ぶ商店街のほぼ中央に位置するL字道路沿いの一角を計画予定地とした。この敷地は近隣商業地域と第一種住居地域の用途地域にまたがっており、住居地と商店街の中間地となる。赤塚一番街での居職の割合は全体の1割弱と低く、夕暮れを過ぎると商店街全体から明かりと賑わいが失われてしまう。これらの点を踏まえ、同地に問題点の改善・高度利用・未来への継承を目標に掲げた居職型商店街を計画する。

3. 計画概要

●居職の導入

生活の殆どの時間を商店街で暮らす商店主らの町への愛着心は強く、商売の勢いや活気として現れている。このことは訪れるお客さんにも伝播し、結果的に商店街の活性化につながったと思われる。そこで、いくつかの居職パターンと現代的な居職を加えた居職型商店街を赤塚一番街に計画することで、商店街への利用客を増大させるとともに、既存商店をも活気づくと構想した。

●新規商人の商店街加入

商店街を利用する利点の一つには、客が店舗ごとに商品を比べることができることがある。例えば八百屋が複数あり、それぞれの商店主が他店に負けないよう値段や品質、品揃えを工夫しアピールし合うことは、結果的に商店街の魅力の向上につながる。若者世代の新店舗は、個性や魅力を商店街に生み出すと考える。そして次世代に商店を受け渡し、継承していくことは商店街の存続には必須である。そこで、商店街というなりわいスポットに商いの卵たちのキャンプ地となる居職の拠点をつくる。この拠点で経験を積んだ新規の商人は、その商店街を継承するだけでなく、他の商店街でも商うことで貢献していくことが可能となる。

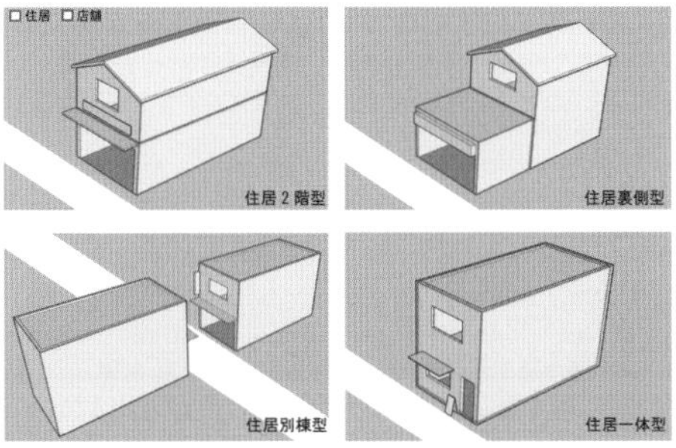

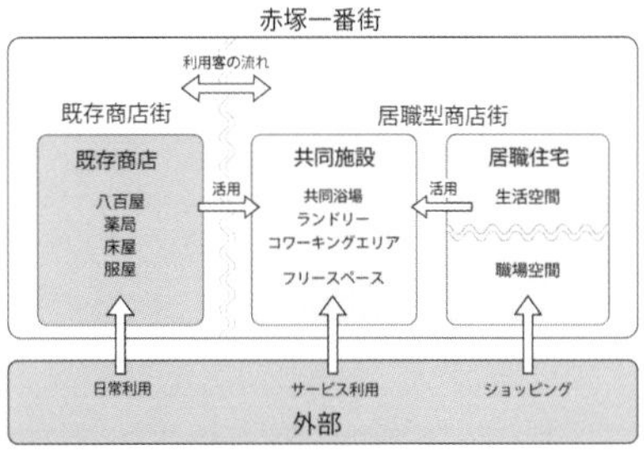

赤塚一番街と居職型商店街の関係

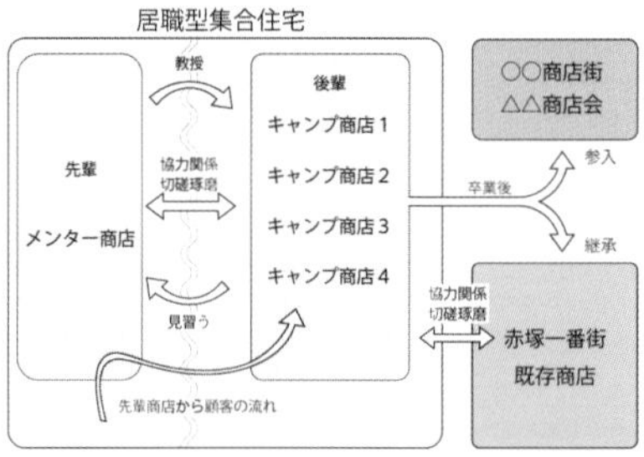

新規商人によるキャンプ計画

4. 設計概要

居職型商店街は、7棟の居職型集合住宅と共同棟が集まってできている。A～G棟からなる居職型集合住宅は、1部屋のメンター商店に対して3～4部屋のキャンプ商店を加えたものを基本として構成されている。それぞれの棟は渡り廊下や商店内部を通り抜けることで他の棟へつながる。それぞれの棟に隙間を設け、地上動線を張り巡らせることで人の居場所を増やした。

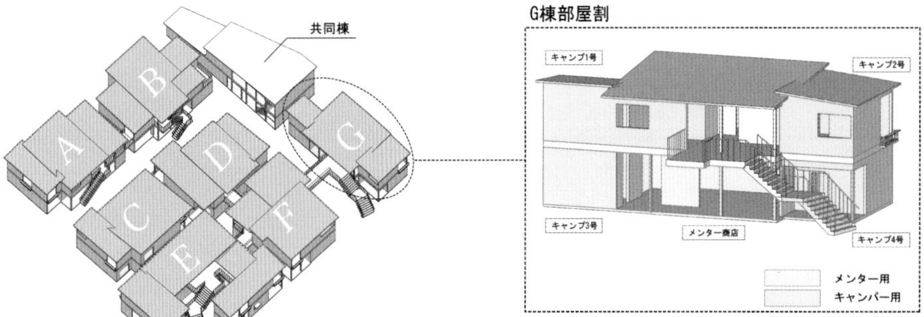

居職型集合住宅

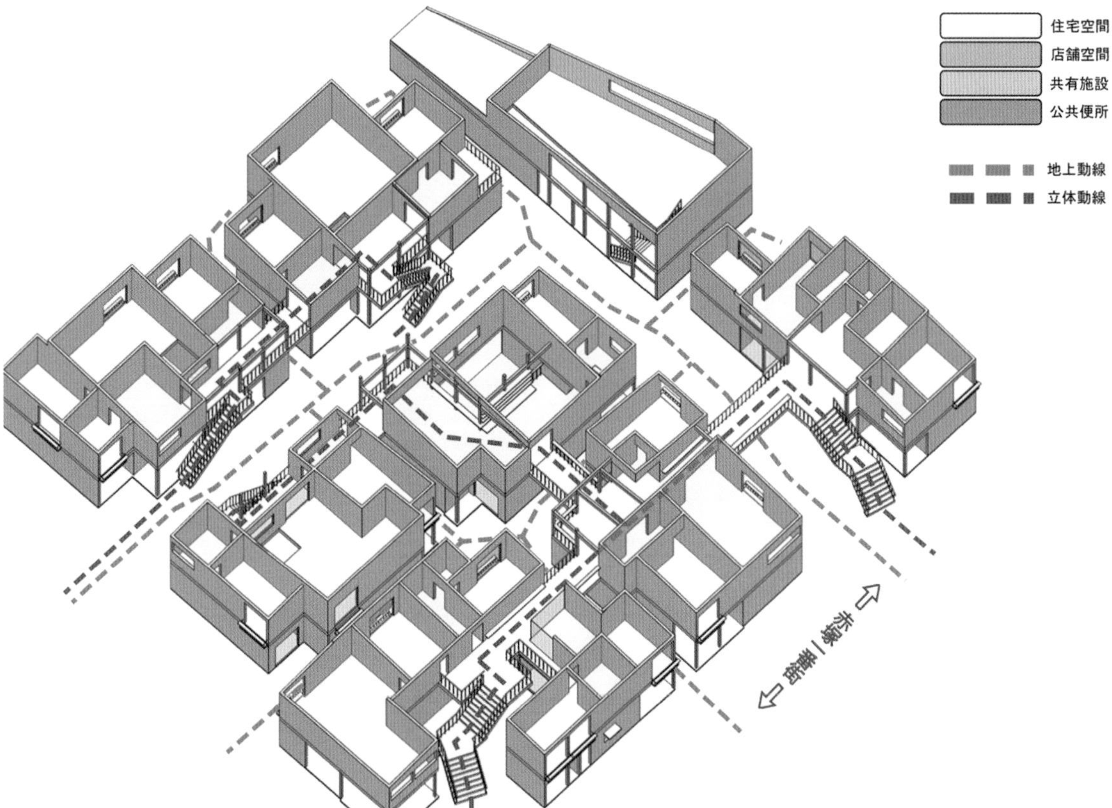

部屋構成・動線計画

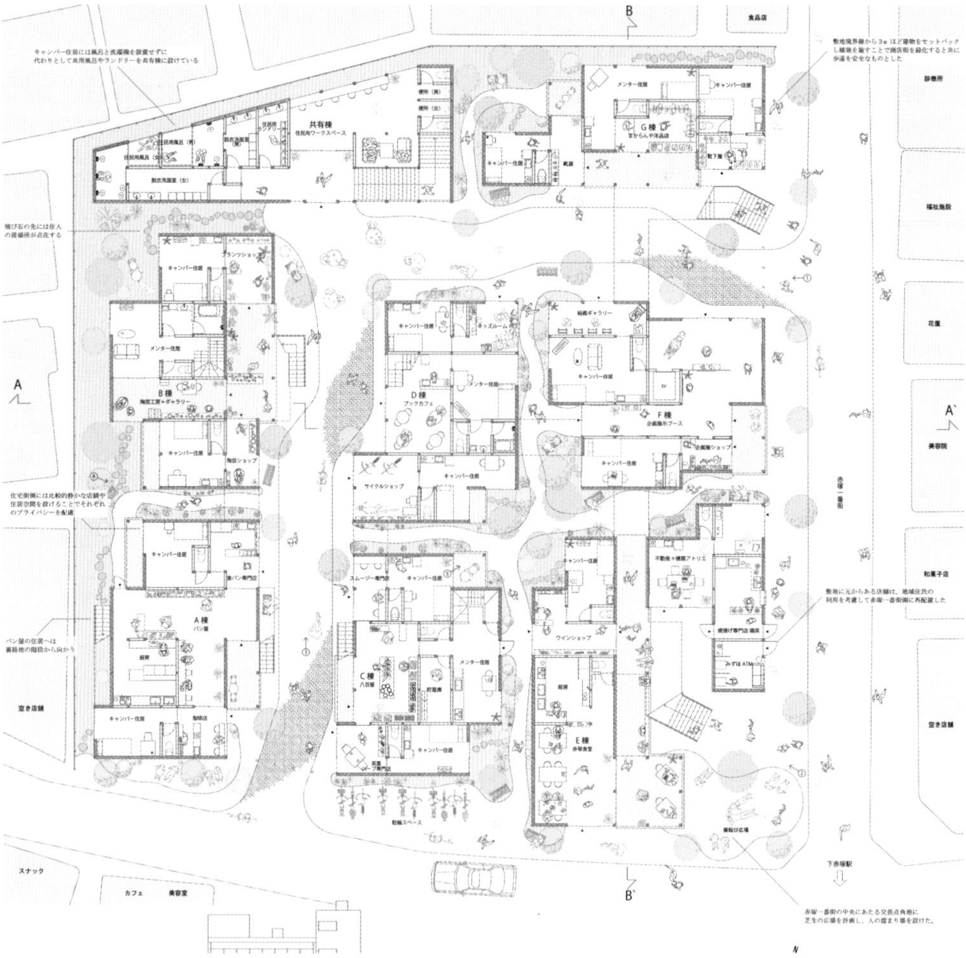

敷地兼1階平面図

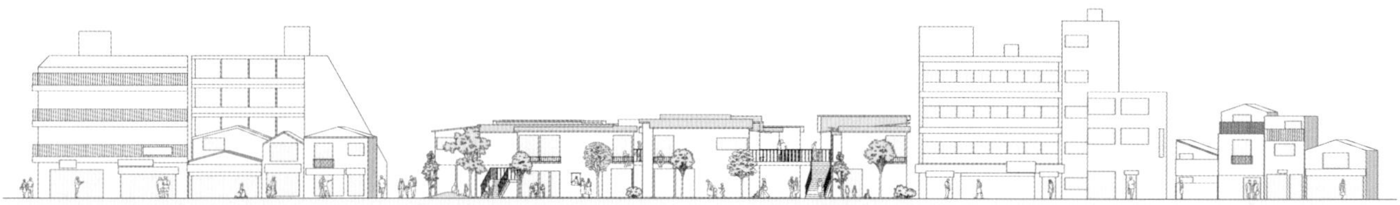

赤塚一番街側立面図

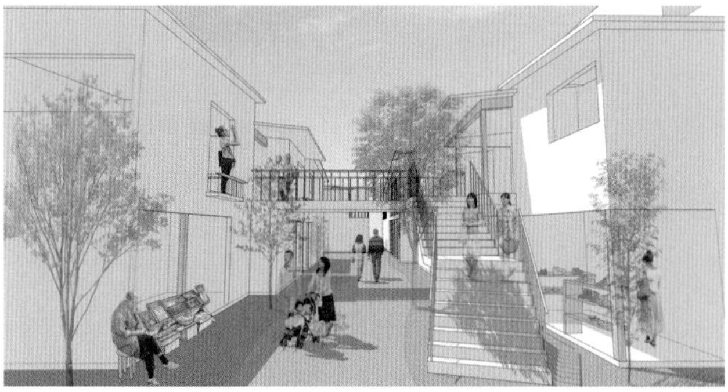

赤塚一番街からみる居職型商店街

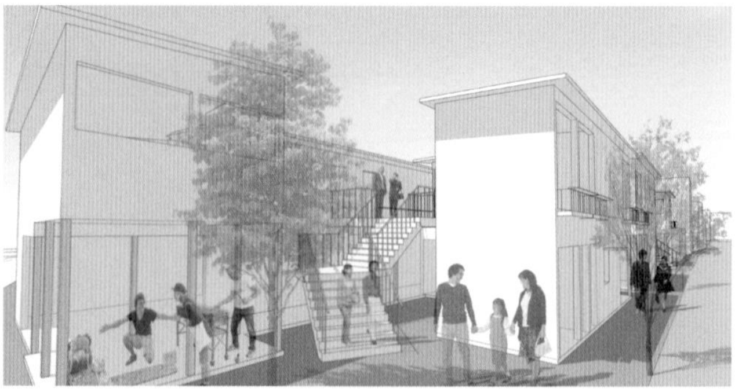

下赤塚駅からの玄関口

L字通りから見上げる立体動線

住宅街からみる裏路地

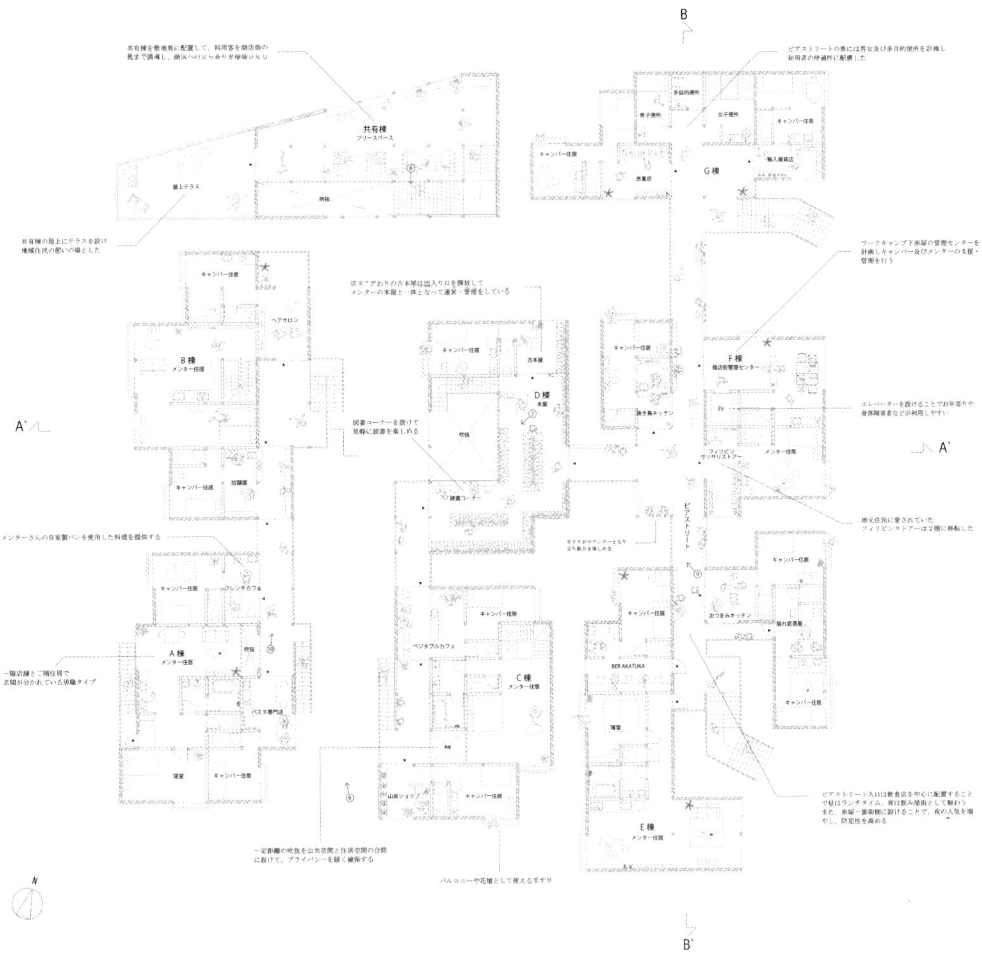

2階平面図

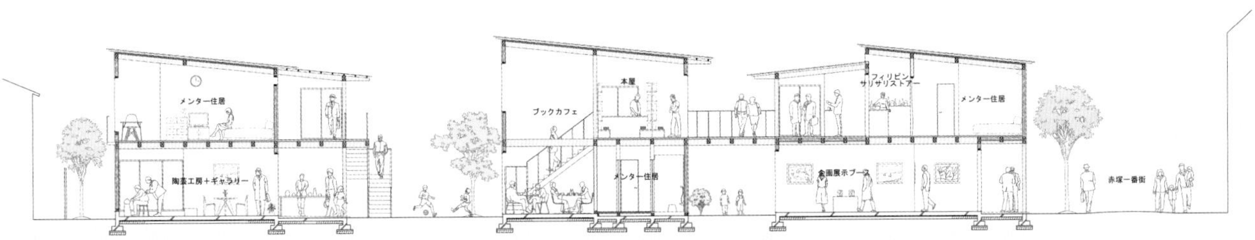

A - A'断面図

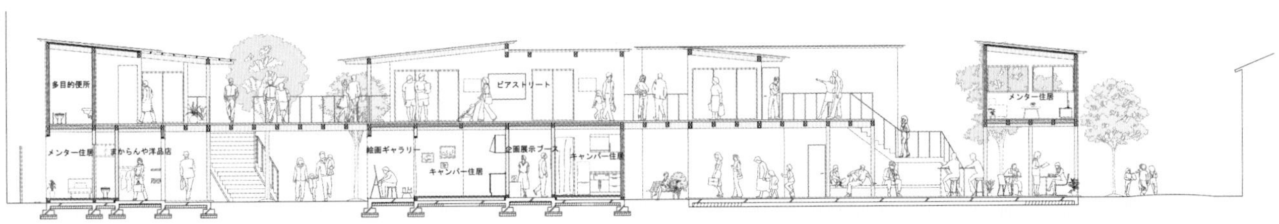

B - B'断面図

共有棟2階フリースペースからの景観

ビジネスマンで賑わうビアストリート

正岡子規の俳句的建築空間

白馬 千聡
Chisato Shirama

日本女子大学大学院
家政学研究科
住居学専攻
篠原聡子研究室

俳句とは17音という文字数の中で人々にその情景や心情を伝えることのできるツールである。

数多存在している俳人の中でも、愛媛県松山市出身の俳人・正岡子規は「写生的俳句」を確立させ、「風景」を題材に見たものをそのまま表現することの豊かさを説いた。建築もまた風景を扱う分野であり、さまざまな制約の中で展開される分野でもあるところに俳句との親和性を感じる。

そこで正岡子規の俳句と建築について分析し共通項を見出すことで、俳句のように簡潔な表現でありながら、空間体験を通してその場所に存在していた情景、記憶が想起される俳句的建築空間を目指した。子規の俳句論の特徴は大きく2つ挙げられる。一つは動物、植物、自然現象といった自然の季語のみ扱ったこと、二つ目は近景と遠景のみに焦点を当てて風景を捉えたことである。特定の場所全体の広いスケールに対してはより抽象的で大らかな印象を与えるように詠み、逆に近くにある具体的なモノに対してはより細かく具体的に表現することによって遠くから見た風景と、近くから見た風景のコントラストを生み出した。その俳句論を軸に柱とスラブの構造体とスラブのテクスチャによって展開する。

時代の流れによって風化又は埋没化してしまった松山の歴史的風景を対象に、歴史と俳句の息遣いが感じられる建築を目指す。

1. 俳句とは記憶を想起させる装置

子規の「写生的俳句」は見たままの風景を忠実に作品に落とし込む。そのため時を超えて同じ俳句を詠んだ時、誰でも鮮明に景色を想起させる可能性を秘めている。子規の俳句の分析を行い検知空間に結びつけることで風景の想起装置として働くと考えられる。

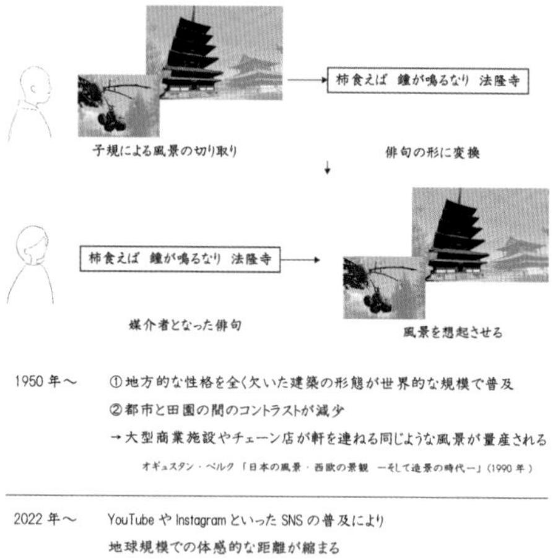

柿食えば　鐘が鳴るなり　法隆寺
子規による風景の切り取り
俳句の形に変換
柿食えば　鐘が鳴るなり　法隆寺
媒介者となった俳句
風景を想起させる
1950 年～
①地方的な性格を全く欠いた建築の形態が世界的な規模で普及
②都市と田園の間のコントラストが減少
→大型商業施設やチェーン店が軒を連ねる同じような風景が量産される
オギュスタン・ベルク「日本の風景・西欧の景観 ―そして造景の時代―」(1990 年)
2022 年～
YouTube や Instagram といった SNS の普及により
地球規模での体感的な距離が縮まる

●これからの地方の風景

加速するデジタルツールの発展によって見落とされがちだった地方都市の風景に目を向けられる時代になると予想される。その時これまでのような合理性を追求した街は魅力的に映らないのではないだろうか？

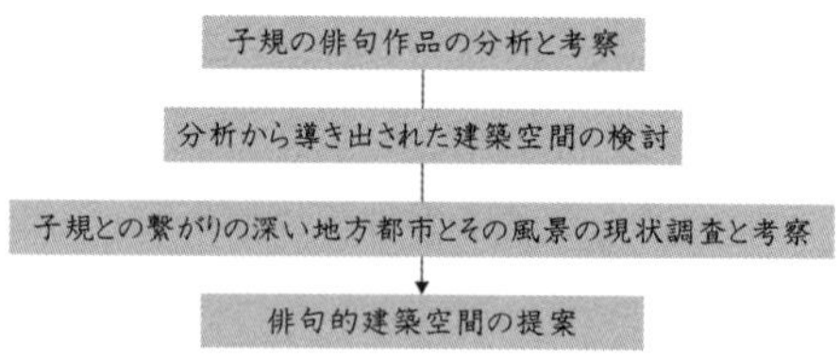

●記憶から「風景」のきっかけとなる建築

本研究ではまず子規の俳句作品の分析から「風景」に対する向き合い方を調査する。

そして子規の作品と深い関わりのある地方都市を挙げ、俳句作品から導き出した空間要素を利用し、過去を想起させ、今に繋げる「風景」となる俳句的な建築空間を創り出す。

2. 俳句の「普遍要素」と「特殊要素」

ヘンリー・H・リチャードソンの「建築形態の構造」を参考に俳句を分解すると、子規の唱える俳句論「特殊要素」と、作者が代わっても変化しない俳句の骨格となる「普遍要素」との二層構造になっていることがわかった。

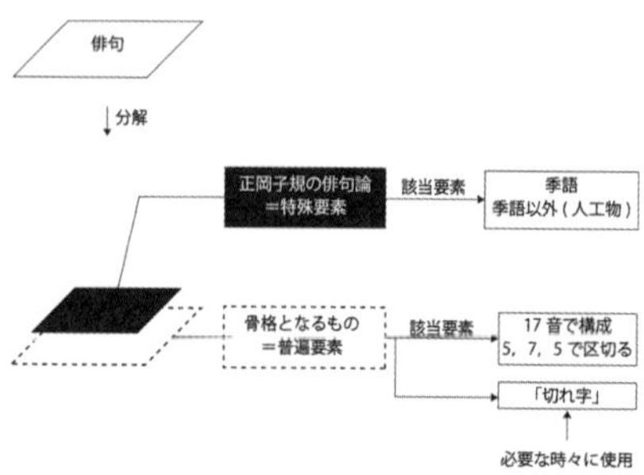

3. 分析から導き出される建築空間

●俳句の骨格となる普遍的要素

普遍的要素に該当するものは①17音で構成する、②5，7，5で区切る、③「切れ字」の主に3つ挙げられる。

それぞれの役割を踏まえながら建築要素に結びつけると、

①そぎ落とされた状態であることから柱とスラブの構造体に該当する

②5，7，5で区切ることは日本人になじむ一定のパターンとして「白銀比」を利用する

③余韻を表す言葉であるため必要な箇所に用いるものとして接合部と転換する

→これらによって子規の俳句論による建築空間を展開する

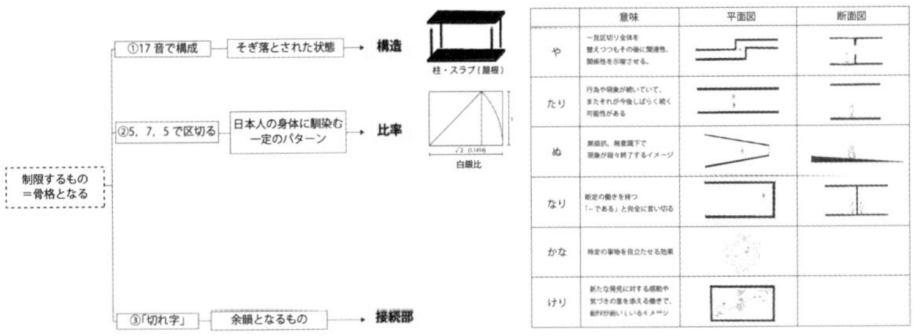

●遠景…自然現象の解釈によって構成する

特定の場所やスケールの大きい場所は自然現象によって抽象的で大らかに感じる表現になった。そこで自然現象を解釈し、柱とスラブによって全体のプロポーションに変換する。

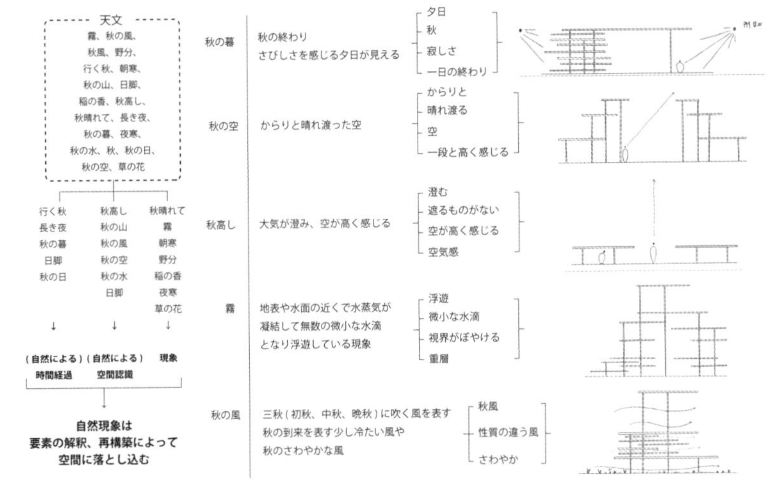

●近景…自然物の具体的なスケール感を利用する

具体的な機能を持つ場所は自然物によって強調された。そこで植物、動物の平均の高さや大きさを数値化して空間に落とし込む。

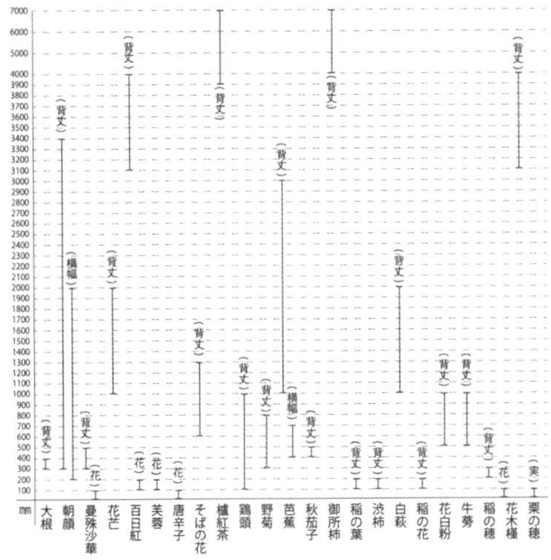

4. 地方都市…愛媛県松山市の歴史と風景に関する調査

●江戸時代、城下町として栄えた松山

・第四代目藩主、松平定直は自ら俳人でもあり短歌や俳句をたしなむ人物として知られている。

・明教館は松山藩が作った学校であり後に正岡子規も通ったとされている

→武士や豪商をはじめ庶民にも親しみ深い文学であった

出典：正岡子規記念博物館資料

●子規の幼少期の精神的位相

・松山藩士出身

・維新時の松山藩の政治動向の指導者が子規の親族であった

・二度にわたる長州征伐の大敗、政治的後退という不名誉

→社会的現実に関わる思想、感情を切り捨てていく心の軌跡が見られる。「写生主義」を受け入れる基盤となる

●子規の散策ルートから浮かび上がる歴史的遺構

空襲によって街の大部分は消えてしまったが、散策集のルートを辿っていくと江戸時代から明治時代の頃の遺構が残っているところをいくつか発見した。そのうちの特に特徴的であった二つを敷地に選定する。

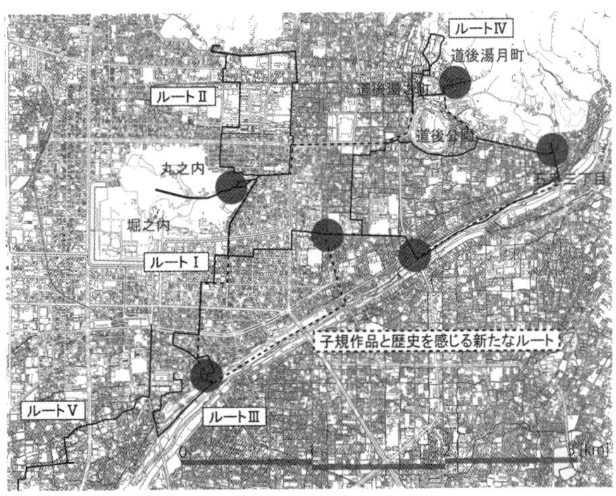

5. 敷地①旧松ヶ枝遊郭、朝日楼跡地

●手法の活用…消失した風景を想起させる

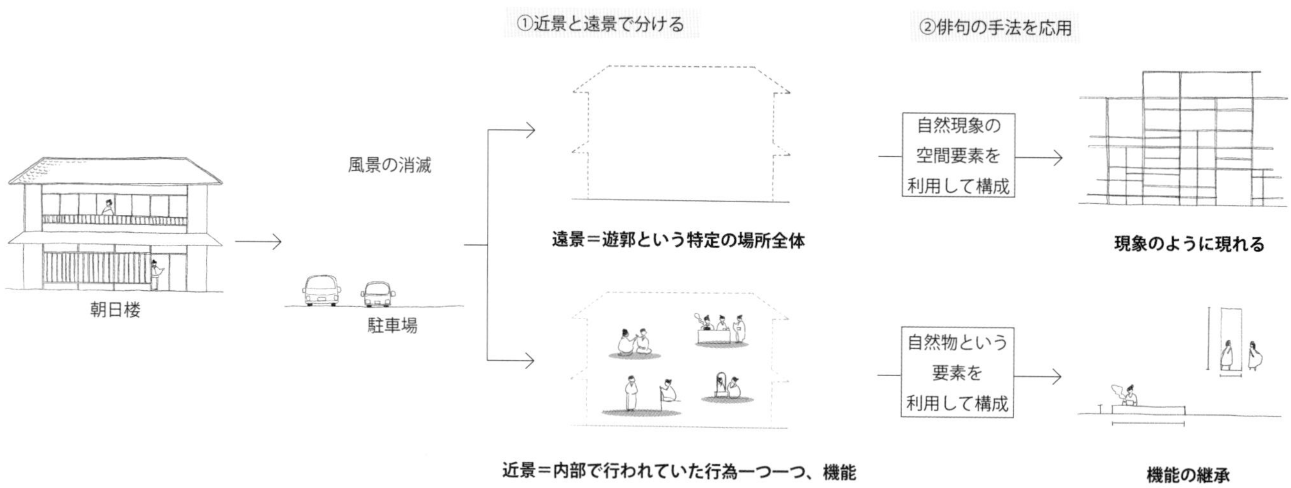

●提案

①手法の種となる季語を選択
…子規によって詠まれた俳句から引用

対象

歴史
朝日楼という遊郭
＋
詠まれた俳句
「色里や　十歩離れて　**秋の風**」
「古塚や　恋の冷めたる　**柳散る**」

近景と遠景で分ける
遠景…秋の風
近景…柳

②遠景…「朝日楼」の寸法を引用

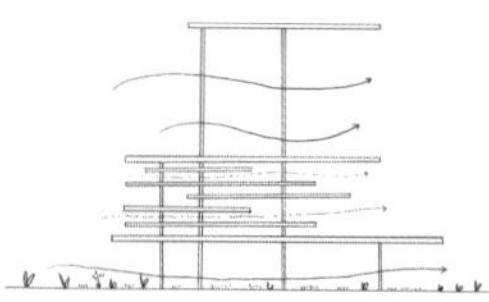

秋の風…様々な質の風が吹く
→スラブの高低差で風の質に変化を与える

＋

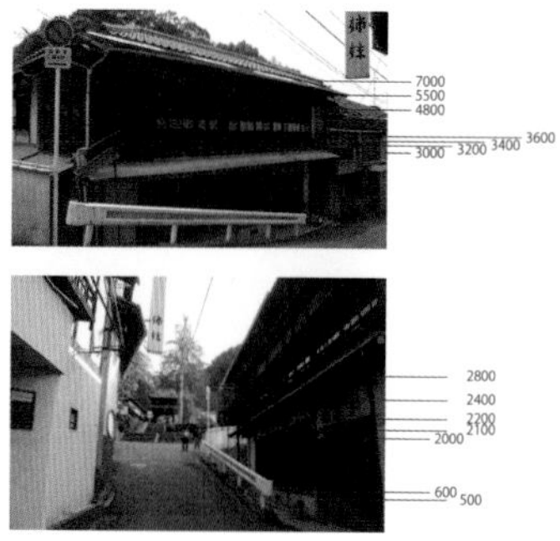

③近景…スケール感を反映

柳　3000㎜

機能…特定せず、行為が存在した場所を
スラブの素材によって決定する

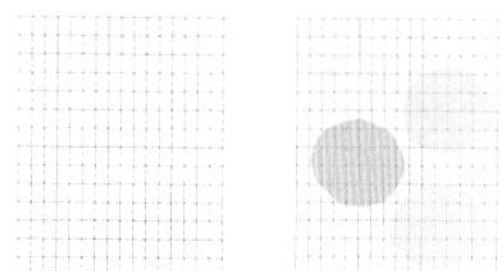

平面は白銀比によって構成

6. 敷地②砂土手

●提案…朝日楼と同様に手法を適用

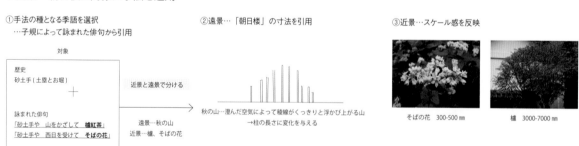

①手法の種となる季語を選択
…子規によって詠まれた俳句から引用

対象

歴史
砂土手（土塁とお堀）
＋
詠まれた俳句
「砂土手や　山をかざして　**櫨紅茶**」
「砂土手や　西日を受けて　**そばの花**」

近景と遠景で分ける
遠景…秋の山
近景…櫨、そばの花

②遠景…「朝日楼」の寸法を引用

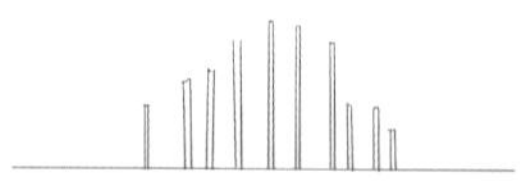

秋の山…澄んだ空気によって稜線がくっきりと浮かび上がる山
→柱の長さに変化を与える

③近景…スケール感を反映

そばの花　300-500㎜

櫨　3000-7000㎜

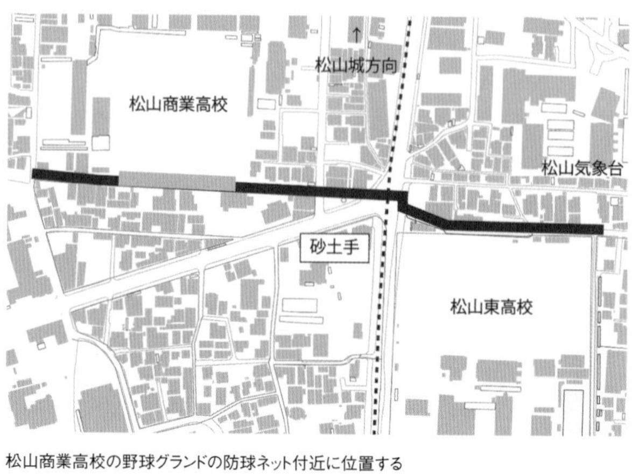

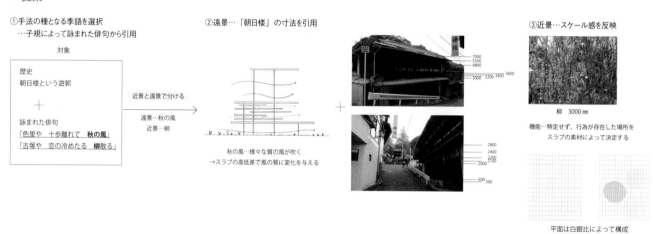

松山商業高校の野球グランドの防球ネット付近に位置する

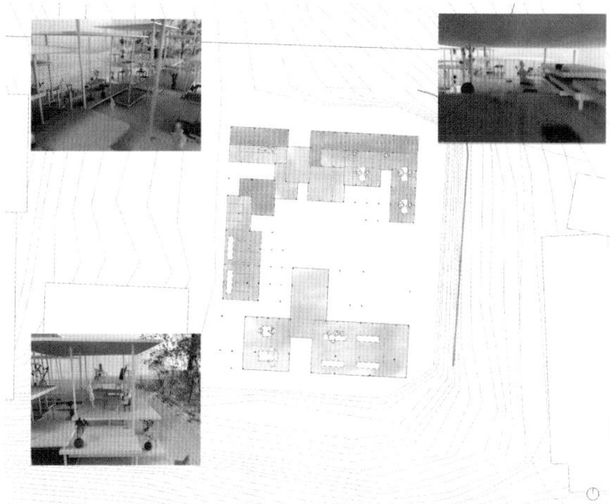

二階平面図

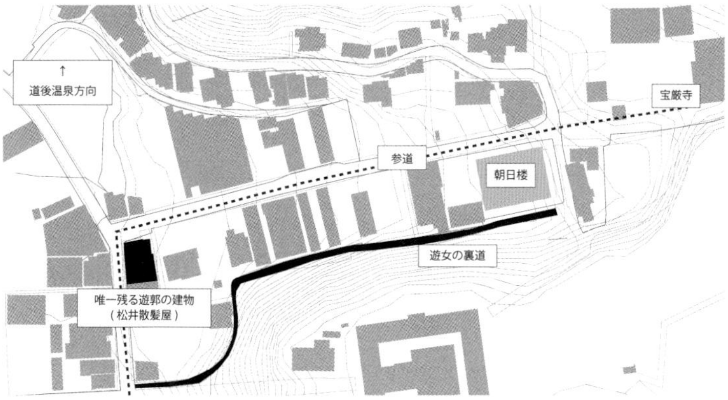

道後温泉から宝厳寺に向かう参道に位置する

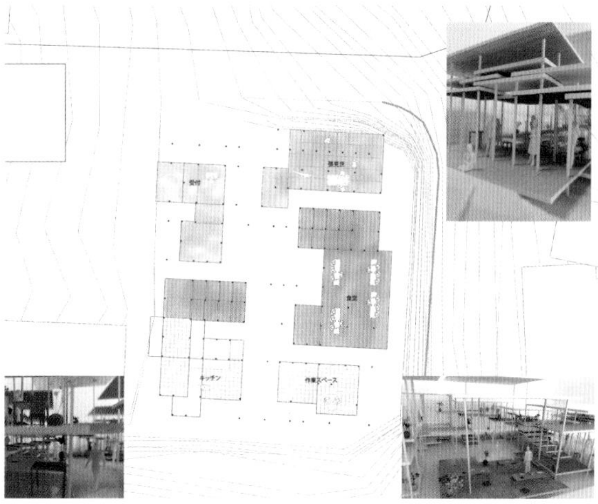

一階平面図

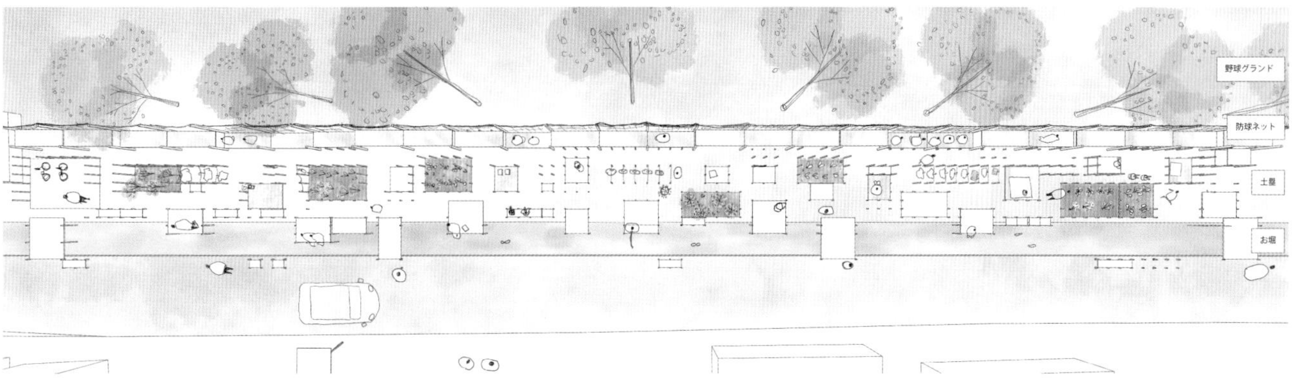

平面図

野球を見たら、洗濯物を干したり

ちょっとしたものを置く

画を飾ったり

みかんと移ろう小さな島のものがたり

池内 真奈
Mana Ikeuchi

法政大学大学院
デザイン工学研究科
建築学専攻
赤松佳珠子研究室

小さな島だからこそ起きる、地元住民群の太い繋がりに、都市型交流に慣れた移住者はどう交わっていけばいいのだろう。

大三島はみかんを生業としている島だ。かつてみかんを船で島内に集荷していたが、現在は生産量の減少によって船が廃止され、それに伴い港は閉鎖、周辺の離島をつなぐ定期船は衰退した。しかし離島の孤立は進み、島内に増加する移住者と地元住民との距離は深まるばかりだ。そこで私はもう一度舟運システムを復活させることで畑の再生を促し、移住者も生業に入り込みやすくなるのではないかと考えた。収穫の時期はみかんを運び、そうでない時期は大三島から周辺の離島へ移住者が行う店の出張サービスを提供するような舟運システムを提案する。離島に船をつなぐにつれて、移住者が離島を移ろいながら住むようになるのかもしれない。そうした、近い将来起こるかもしれないストーリーになぞり、島の個性が現われた小さな小屋を設計する。

設計にあたり、まず島を散歩し、見つけたお気に入りの場所をプロットした。並べていくと出会う風景が島らしさを構築する要素となっていることに気づいた。こういった島らしさは瀬戸内海の特徴的な気候から影響を受けているのではないかと考え、アイコン的に設計に取り入れていった。

これは、新たな船便によって離島に住む方々の日常が少しだけ豊かになり、船便を介して移住者と地元住民の生活が混ざり合っていく、小さな島のものがたり。

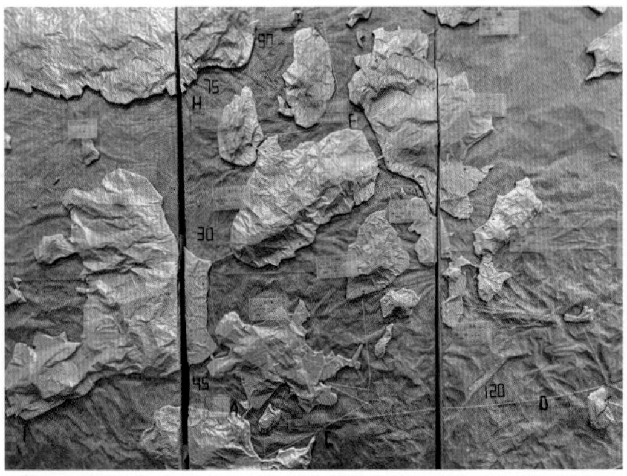

1. 13の集落ごとの特性

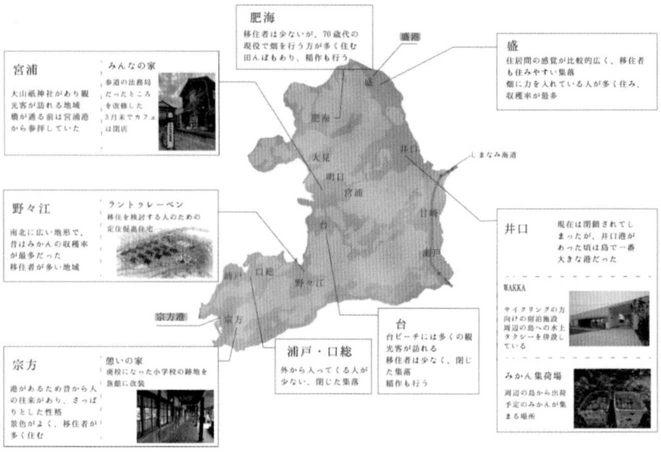

2. コミュニティの特徴

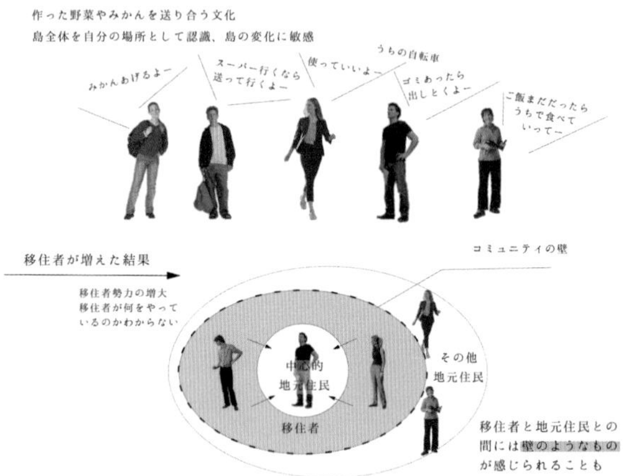

3. 周辺瀬戸内海諸島

調査の結果、大三島周辺の離島では生活の拠点に対する距離の取り方をいくつかの領域に分けられ、周辺の離島に対して生活拠点とはなっていないことがわかった。橋が通る大きな島なのにも関わらず周辺の拠点となっていない理由はさまざまだが、主に大三島島内に大きなスーパーや店がなく、船の利便性もよくないためだと考えられる。そのため、周辺の離島では少ない便を利用して月に一度今治や広島まで赴きまとめ買いをしたり、なるべく島を出ないで生活を完結できるよう自給自足を心がけている。そんな少し不便な状況でも、選べないことで迷わない楽さや、今あるものに目を向ける島の方々は今の生活に満足している。そんな生活も悪くない。それでも、今の生活を次の世代に受け継ぐためには、島の方々が待っていても訪れるような、生活の発見が必要なのではないかと考えた。そこで、離島に住む方々の生活に新たなきっかけを与えるべく、大三島から生活拠点がサービスとして移動する舟運システムを設計し、その際に先述した生活拠点との距離感を利用しようと考えた。

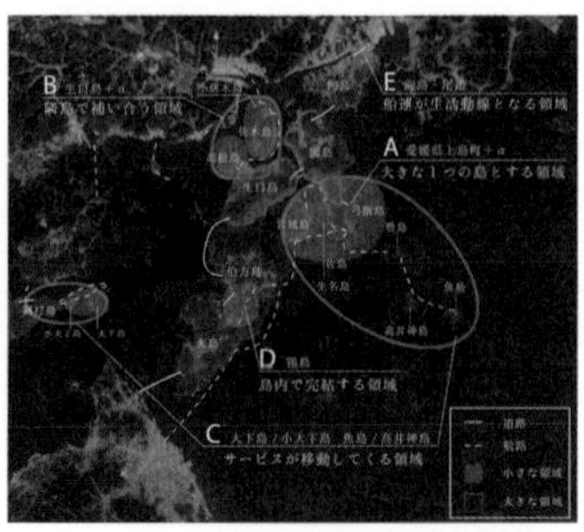

4. みかんと島の移ろい

明治

枝村ができる

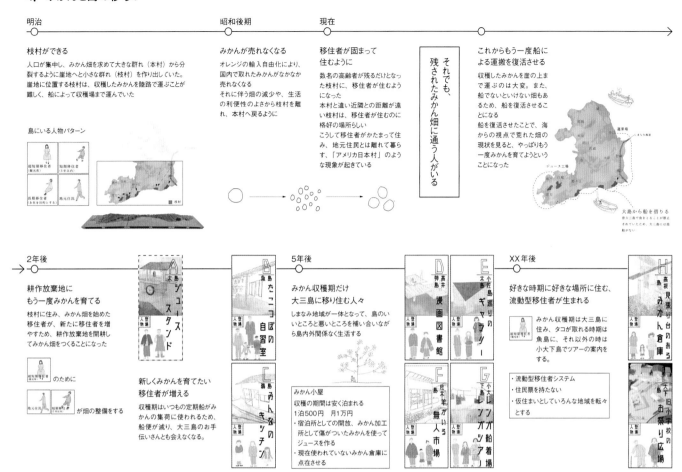

人口が集中し、みかん畑を求めて大きな群れ（本村）から分裂するように崖地へと小さな群れ（枝村）を作り出していた。崖地に位置する枝村は、収穫したみかんを陸路で運ぶことが難しく、船によって収穫場まで運んでいた

島にいる人物パターン

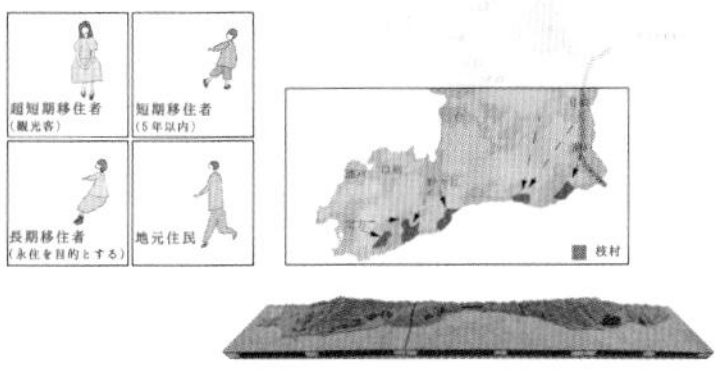

昭和後期

みかんが売れなくなる

オレンジの輸入自由化により、国内で取れたみかんがなかなか売れなくなる

それに伴う畑の減少や、生活の利便性のよさから枝村を離れ、本村へ戻るように

現在

移住者が固まって住むように

数名の高齢者が残るだけとなった枝村に、移住者が住むようになった

本村と違い近隣との距離が遠い枝村は、移住者が住むのに格好の場所らしい

こうして移住者がかたまって住み、地元住民とは離れて暮らす、「アメリカ日本村」のような現象が起きている

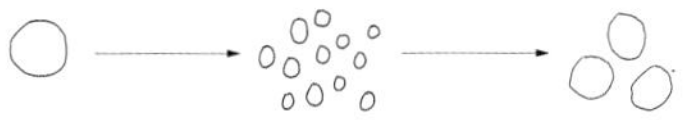

それでも、残されたみかん畑に通う人がいる

これからもう一度船によ る運搬を復活させる

収穫したみかんを崖の上まで運ぶのは大変。また、船でないといけない畑もあるため、船を復活させることになる

船を復活させたことで、海からの視点で荒れた畑の現状を見ると、やっぱりもう一度みかんを育てようということになった

2年後

耕作放棄地にもう一度みかんを育てる

枝村に住み、みかん畑を始めた移住者が、新たに移住者を増やすため、耕作放棄地を開耕してみかん畑をつくることになった

のために

が畑の整備をする

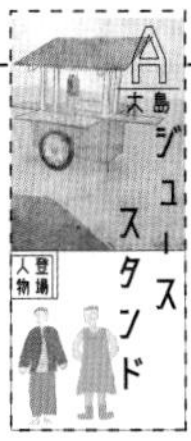

新しくみかんを育てたい移住者が増える

収穫期はいつもの定期船がみかんの集荷に使われるため、船便が減り、大三島のお手伝いさんとも会えなくなる。

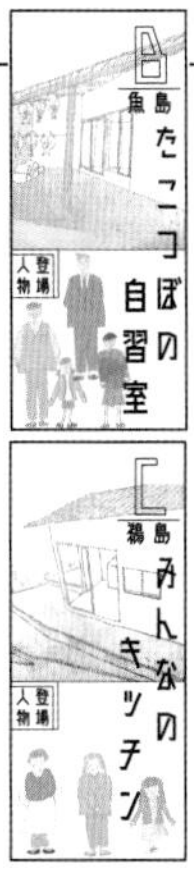

5年後

みかん収穫期だけ大三島に移り住む人々

しまなみ地域が一体となって、島のいいところと悪いところを補い合いながら島内外関係なく生活する

みかん小屋
収穫の期間は安く泊まれる
1泊500円　月1万円
・宿泊所としての開放、みかん加工所として傷がついたみかんを使ってジュースを作る
・現在使われていないみかん倉庫に点在させる

XX年後

好きな時期に好きな場所に住む、流動型移住者が生まれる

みかん収穫期は大三島に住み、タコが取れる時期は魚島に、それ以外の時は小大下島でツアーの案内をする。

・流動型移住者システム
・住民票を持たない
・仮住まいとしていろんな地域を転々とする

5. 設計手法

①島を住みこなす

大三島に住んでいる人は島全部を自分の家のように住みこなしている。毎日散歩して、自分の好きなルートを見つけ出したり、自分だけのお気に入りの場所を探したりする。そんなことは島にいるときにはあたりまえで、貴重なことだとは思わなかった。でも東京に帰ってきて自分の居場所が特定の場所しかないということに気づいた。

「島を住みこなす」ということによそ者なんてない。自分でお気に入りの場所を探すような体験をどんな時間軸で島に来ている人でも同じように体験する、島の方が集まる小さな公共をひらいていくような提案を行いたい。

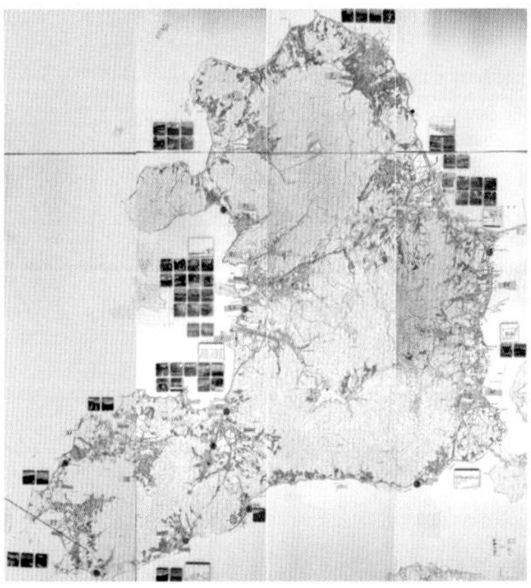

②島らしさを記録する

お気に入りの理由は島らしさが現われた場所だからなのではないか。

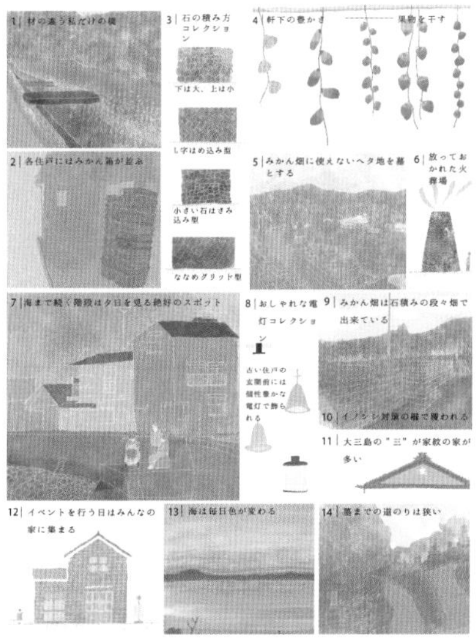

③設計要素を抽出する

島らしさは瀬戸内の特徴的な気候から生み出されている

アイコン的に設計に取り入れていく

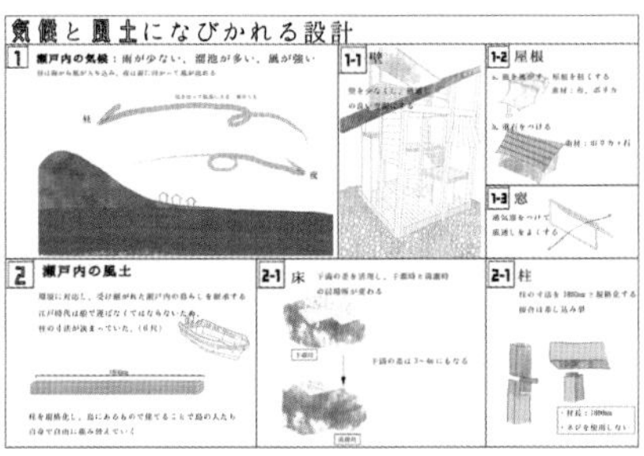

▶

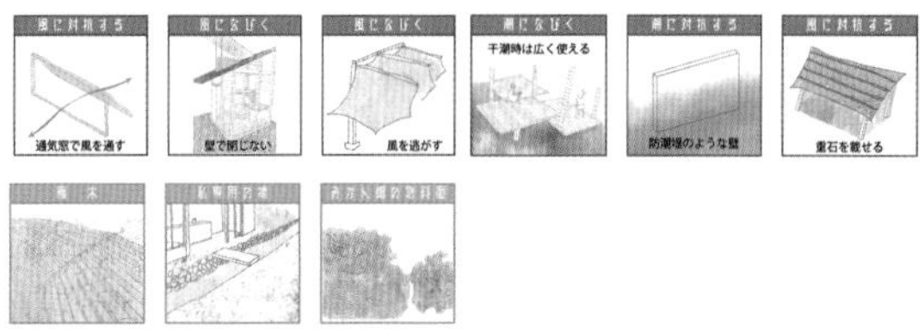

要素をアイコン化して設計に踏襲する

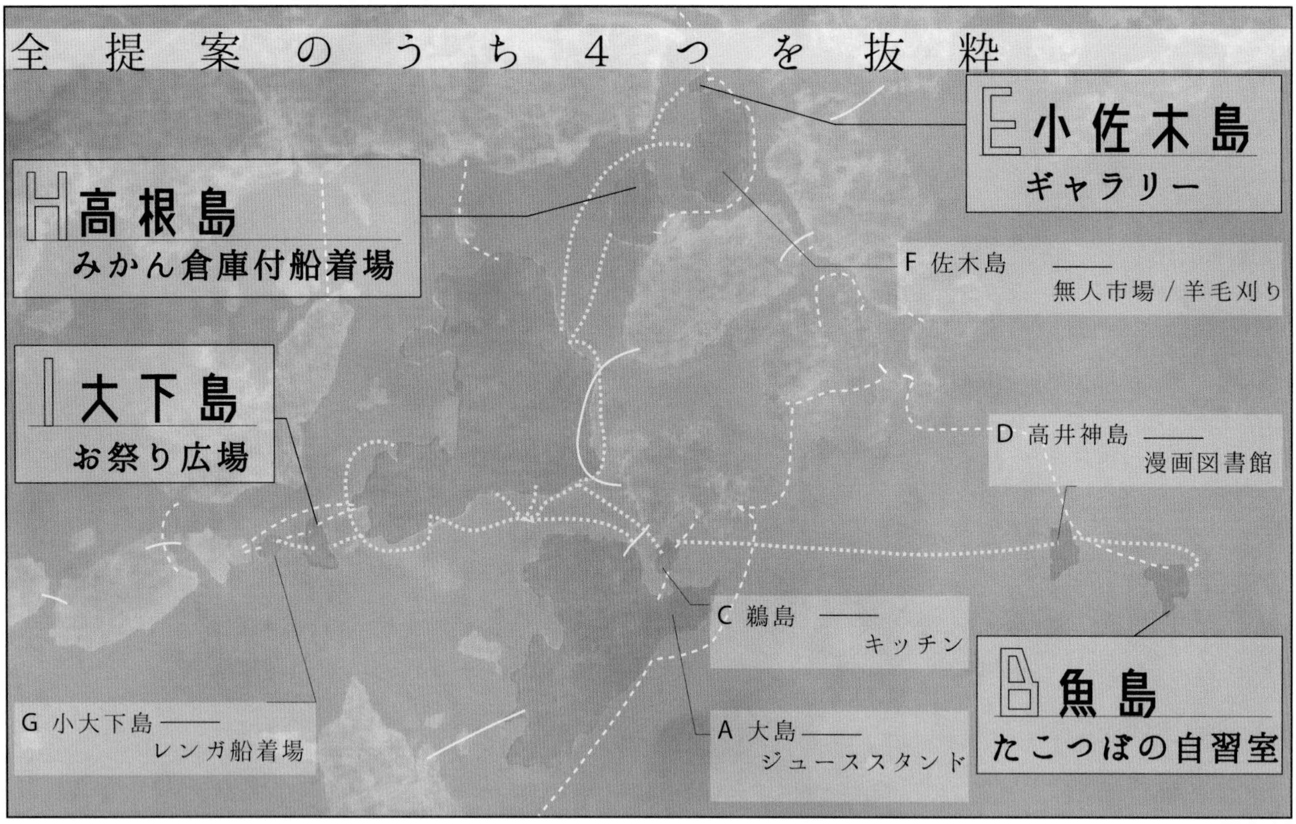
全提案のうち4つを抜粋
E 小佐木島
ギャラリー
H 高根島
みかん倉庫付船着場
F 佐木島 ―― 無人市場／羊毛刈り
I 大下島
お祭り広場
D 高井神島 ―― 漫画図書館
C 鶴島 ―― キッチン
G 小大下島 ―― レンガ船着場
A 大島 ―― ジューススタンド
B 魚島
たこつぼの自習室

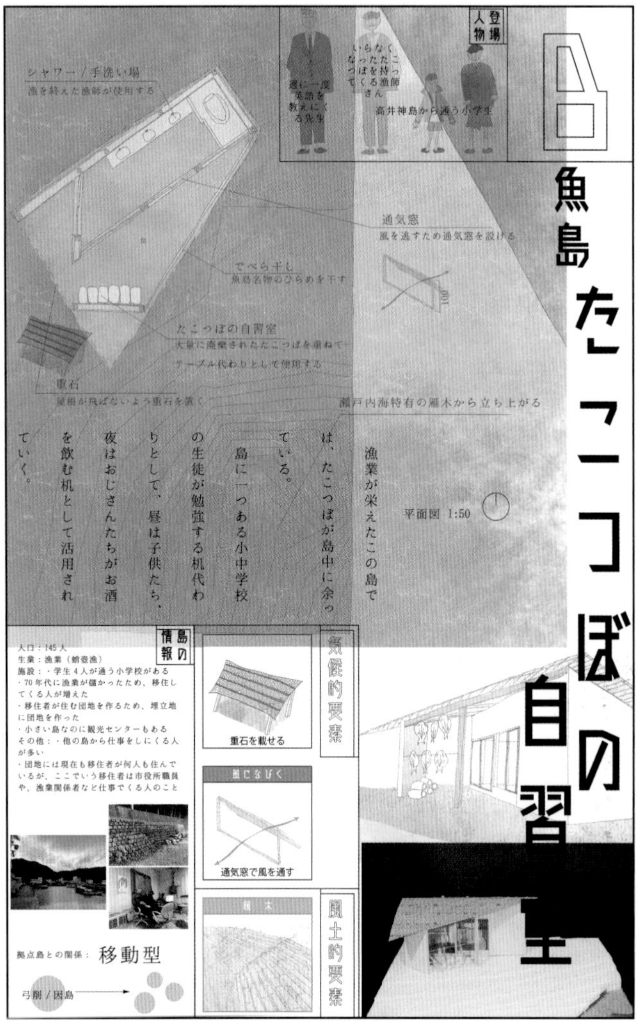
B
魚島 たこつぼの自習室
登場人物
週に一度英語を教えにくる先生
いらなくなったたこつぼを持ってくる漁師さん
高井神島から通う小学生
シャワー／手洗い場
漁を終えた漁師が使用する
通気窓
風を通すため通気窓を設ける
でべら干し
魚島名物のでべらを干す
たこつぼの自習室
大量に廃棄されたたこつぼを重ねて
テーブル代わりとして使用する
重石
屋根が飛ばないよう重石を置く
平面図 1:50
漁業が栄えたこの島では、たこつぼが島中に余っている。島に一つある小中学校の生徒が勉強する机代わりとして、昼は子供たち、夜はおじさんたちがお酒を飲む机として活用されていく。
島の情報
人口：145人
生業：漁業（蛸壺漁）
施設：・学生4人が通う小学校がある
・70年代に漁業が儲かったため、移住してくる人が増えた
・移住者が住む団地を作るため、埋立地に団地を作った
・小さい島なのに観光センターもある
その他：・他の島から仕事をしにくる人が多い
・団地には現在も移住者が何人も住んでいるが、ここでいう移住者は市役所職員や、漁業関係者など仕事でくる人のこと
気候的要素
重石を載せる
通気窓で風を通す
風土的要素
拠点島との関係：移動型
弓削／因島

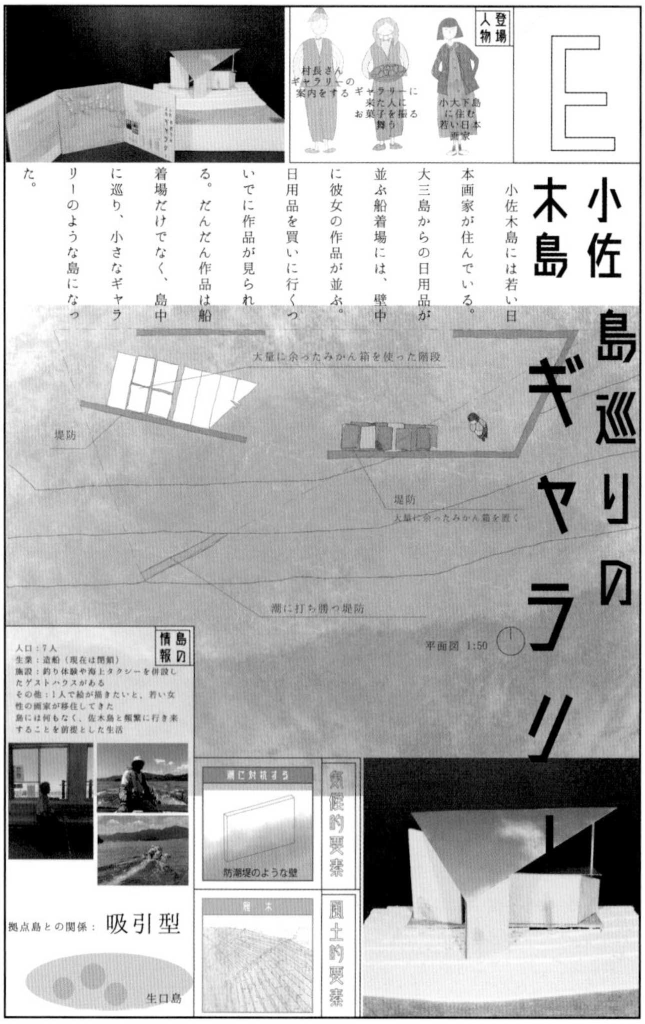
E
小佐木島 島巡りのギャラリー
登場人物
村長さん ギャラリーの案内をする
ギャラリーに来た人にお菓子を振る舞う
小大下島に住む若い日本画家
小佐木島には若い日本画家が住んでいる。大三島からの日用品が並ぶ船着場には、壁中に彼女の作品が並ぶ。日用品を買いに行くついでに作品が見られる。だんだん作品は船着場だけでなく、島中に巡り、小さなギャラリーのような島になった。
大量に余ったみかん箱を使った階段
堤防
堤防
大量に余ったみかん箱を置く
潮に打ち勝つ堤防
平面図 1:50
島の情報
人口：7人
生業：造船（現在は閉鎖）
施設：釣り体験や海上タクシーを併設したゲストハウスがある
その他：1人で絵が描きたいと、若い女性の画家が移住してきた
島には何もなく、佐木島と頻繁に行き来することを前提とした生活
気候的要素
防潮堤のような壁
風土的要素
拠点島との関係：吸引型
生口島

H 高根島 見張り台のあるみかん倉庫

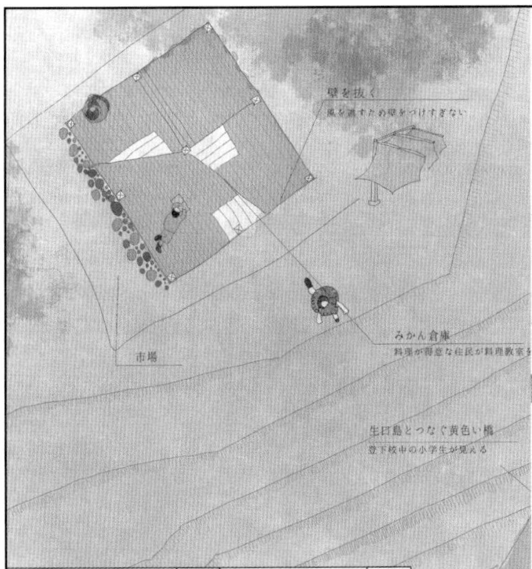

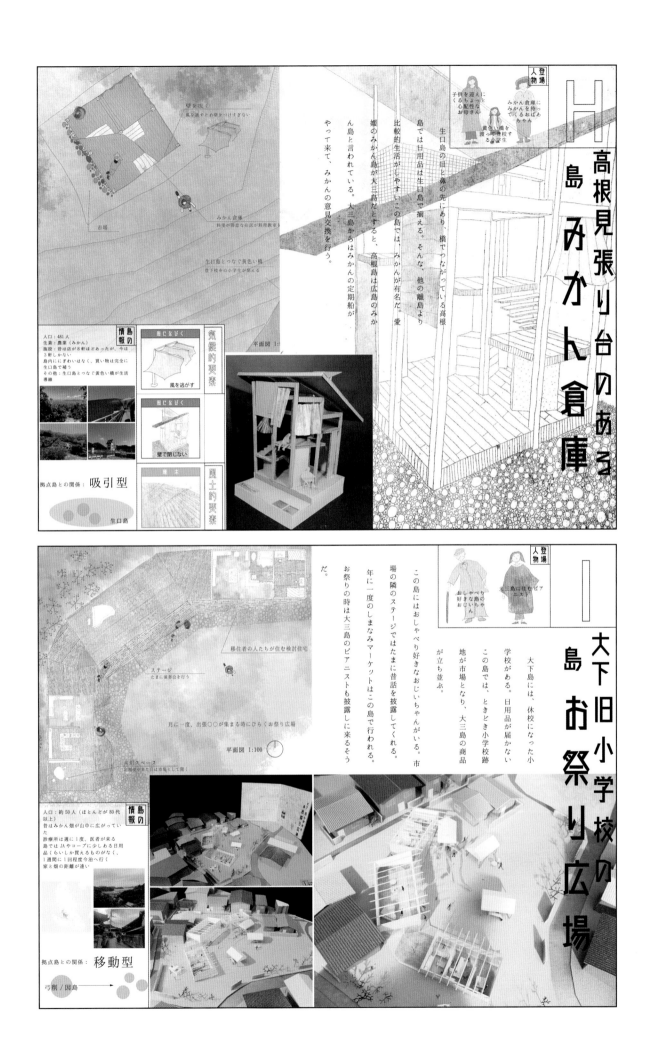

生口島の目と鼻の先にあり、橋でつながっている高根島では日用品は生口島で揃える。そんな、他の離島より比較的生活がしやすいこの島では、みかんが有名だ。愛媛のみかん島が大三島だとすると、高根島は広島のみかん島と言われている。大三島からはみかんの定期船がやって来て、みかんの意見交換を行う。

島の情報

人口：481人
生業：農業（みかん）
施設：昔は店が8軒ほどあったが、今は3軒しかない
島内ににぎわいはなく、買い物は完全に生口島で補う
その他：生口島とつなぐ黄色い橋が生活導線

拠点島との関係：吸引型

気候的要素

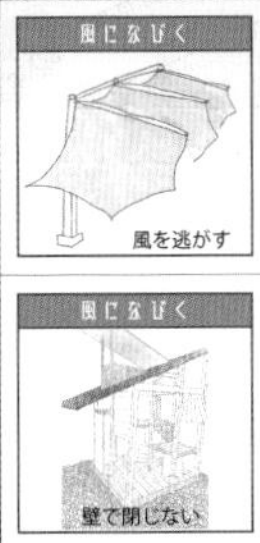

風土的要素

I 大下島 旧小学校のお祭り広場

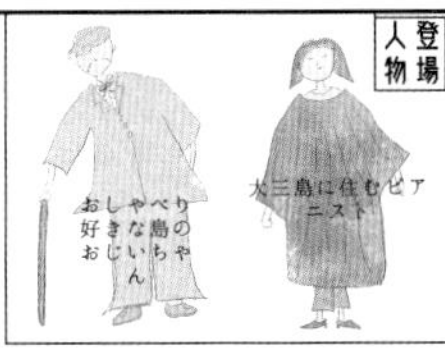

大下島には、休校になった小学校がある。日用品が届かないこの島では、ときどき小学校跡地が市場となり、大三島の商品が立ち並ぶ。

この島にはおしゃべり好きなおじいちゃんがいる。市場の隣のステージではたまに昔話を披露してくれる。

年に一度のしまなみマーケットはこの島で行われる。

お祭りの時は大三島のピアニストも披露しに来るそうだ。

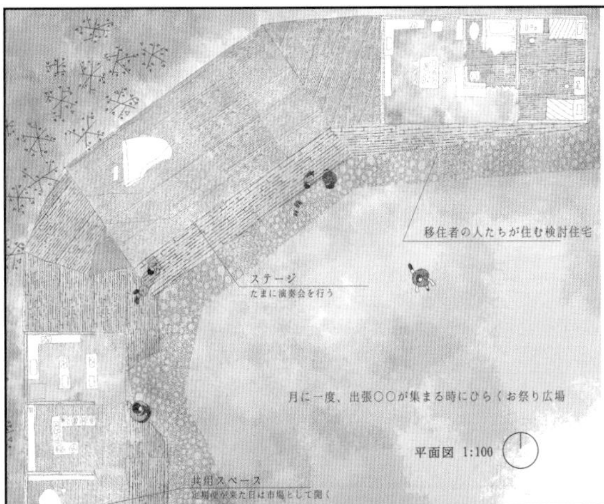

島の情報

人口：約50人（ほとんどが80代以上）
昔はみかん畑が山中に広がっていた
診療所は週に1度、医者が来る
島ではJAやコープに少しある日用品くらいしか買えるものがなく、
1週間に1回程度今治へ行く
家と畑の距離が遠い

拠点島との関係：移動型

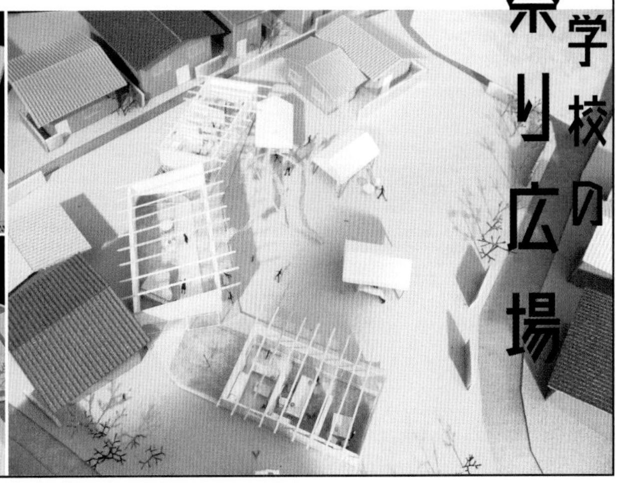

足尾銅山の銅産業における「文化の痕跡」に関する研究

—あかがね街道痕跡道中—

石川 光希
Mitsuki Ishikawa

前橋工科大学大学院
工学研究科
建築学専攻
若松均研究室

足尾銅山を有する栃木県日光市足尾町は国内有数の銅産出地域であり、明治から昭和にかけて日本の産業や経済の近代化に貢献した。1973年の操業停止以降、産業関連施設は遺構として街の各地に散在している。足尾町のフィールドワークを通して産業遺産に満たない「銅産業を支えてきた文化の痕跡」を見つけた。「文化の痕跡」は銅産業の関連施設の片割れであり、都市インフラの残骸でもあり、町人の生活の足跡である。一方で、日光市は「足尾銅山 —日本の近代化・産業化と公害対策の起点—」と題して、足尾銅山とその産業関連施設を世界遺産に登録しようと、平成19年頃から本格的に遺産の保存やNPO団体の植林活動を推し進めている。

しかしながら、世界遺産化により遺産の補修、観光資源化、インフラ整備等が行われると、道端や森の中、足尾町の各地に散らばる「文化の痕跡」を消滅させてしまうのではないだろうか。

したがって本研究では、産業遺産からこぼれ落ちた「文化の痕跡」をフィールドワークにより記録・収集していくことで、それらの保存方法や用途転用に関する一つの指標を見出すことを目的とする。

1. 足尾銅山の概略

足尾銅山は明治後期から昭和初期までが最盛期とされる。明治40年（1907年）に高品位巨大鉱床の「河鹿」が発見されて以降、足尾式の鑿岩機の開発や大型コンプレッサーの導入などが進められ、同時に銅採掘に従事する坑夫やその家族が暮らす街が開発されていった。足尾町の都市機能は銅産業の隆盛と密接につながっており、1973年の閉山を機に衰退の一途を辿っている。

2. 文化の痕跡の図式化

1. 産銅施設の片割れ

足尾製錬所の排煙機能を持っていた大煙突跡である。精錬工程の最後に出る有毒ガスを排出するという重要な役割があった。生産工程の一部として用いられ、現在は遺構と化しているものを産銅施設の「片割れ」とする。

2. インフラの残骸

銅の輸送のために整備された鉄道とトンネル跡である。現在は廃線になり、回復した森の中で静かに佇んでいる。足尾町のインフラは、銅産業のために設えられたものであるため、産業の衰退でその多くが「残骸」になっている。

3. 生活の足跡

炭鉱で掘削作業にあたっていた人々の体の汚れを洗い流していた入浴場跡である。現在は森に囲まれ、浴場には雨水や泥が入り込み、環境と一体化している。生活の一部に取り込まれ、かつて人がいたことを語りかけてくる「足跡」である。

3. 「文化の痕跡」図鑑

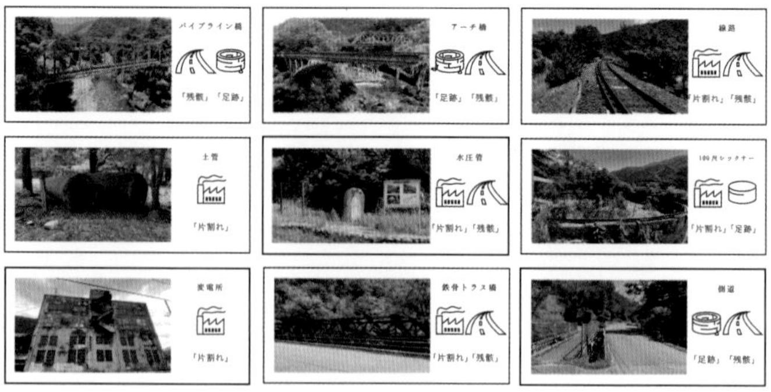

図鑑一部抜粋

4. マッピングによる分析

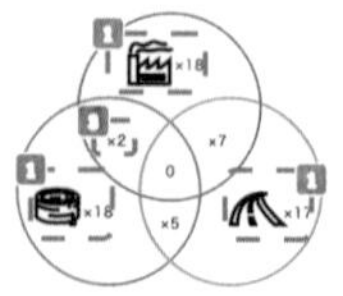

1. 数値的な変化が無いため特徴は見出せないが、3つのタイプは等しく分布している。
2. 産銅施設や生活空間が近接している地区は痕跡の混同が多く、分布数も比較的多い。
3. 産銅施設と生活空間をつなげる痕跡があり、読み替えによる利活用の形跡が窺える。
4. 産銅施設群から離れ、都市機能が少なくなると痕跡のタイプが1つに絞られていく。

痕跡の分布特性

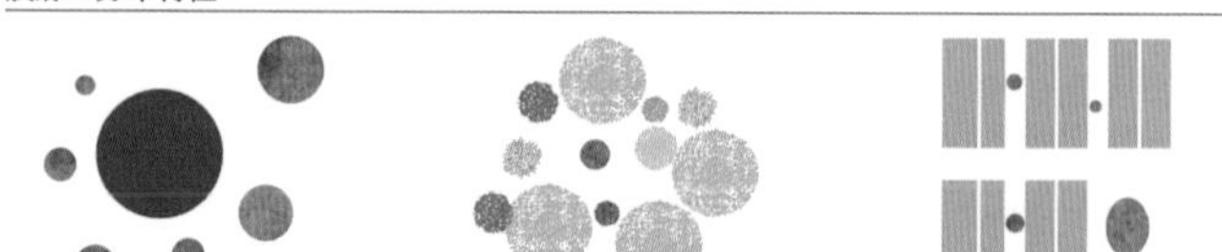

遺産に纏わり付くように　　森の中にポツンと　　住宅街に密集

5. 提案

●プログラム

産業観光の新しいあり方を提示する10の小さな建築

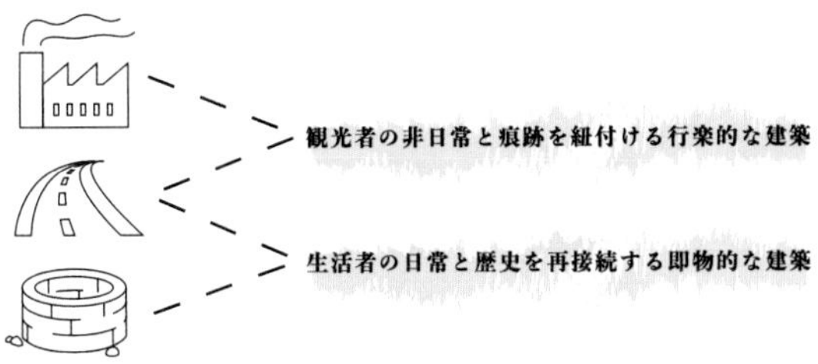

●地域ストックの利活用

地域の空き家や廃工場の構造体をストックとして捉え、地域循環型の木材利用へシフトし、小さな建築へ転用する。

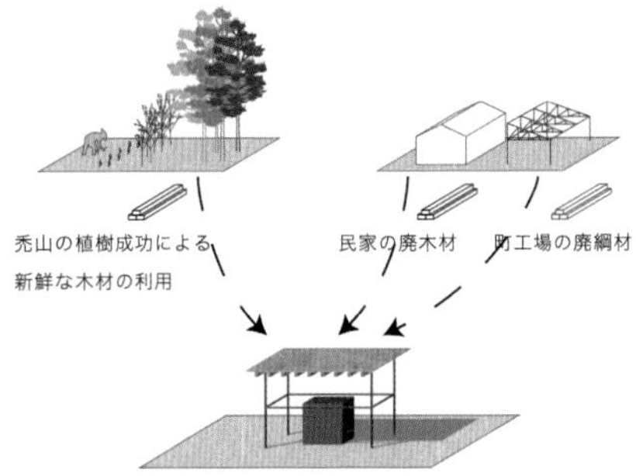

●事業スキーム

「私」が地域おこし協力隊として足尾町に移住し、建築家として本計画の主体となり活動していく。地域住民と協働し、地域おこし協力隊の活動を通して足尾町の「文化の痕跡」の発掘や行政と街をつなげる媒体の役割となる。

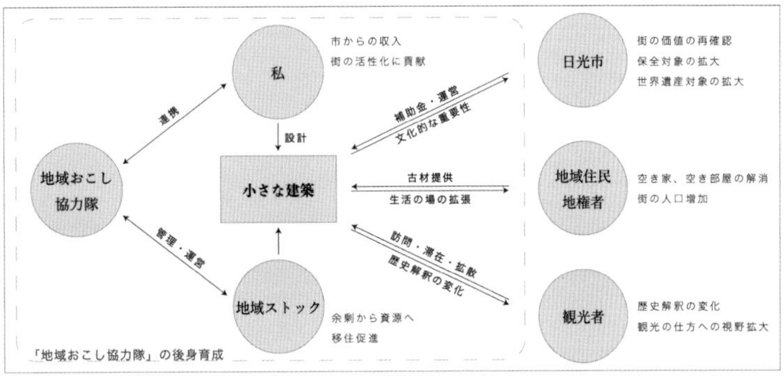

6. 痕跡転用図解手法

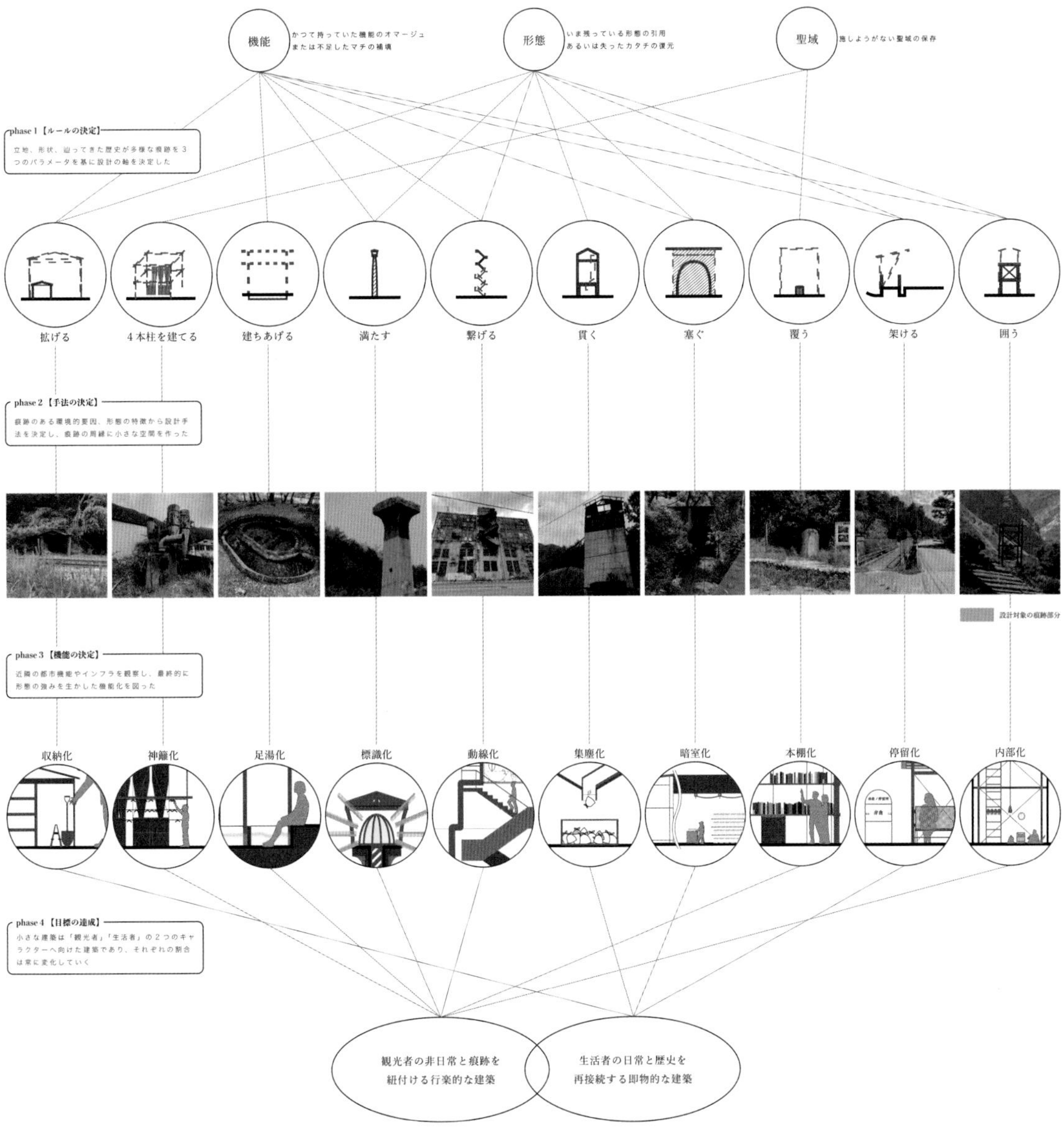

●No. 1　原向ノ直売所

線路脇の納屋だった施設跡。収納として再利用するために、無人で営める野菜の直売所を設置した。痕跡は近隣住民の生活の一部になり、生活の歴史が蓄積されていく。

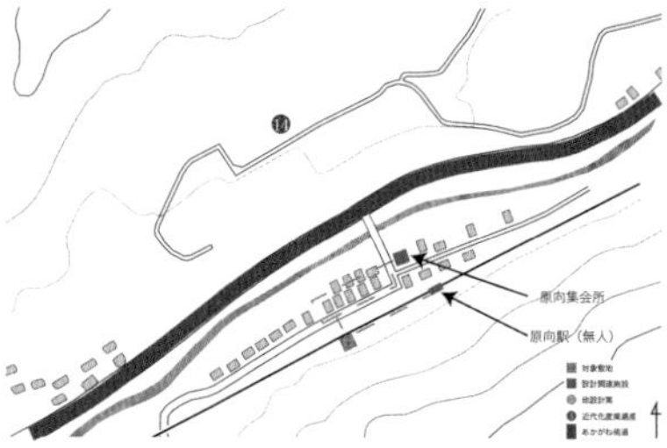

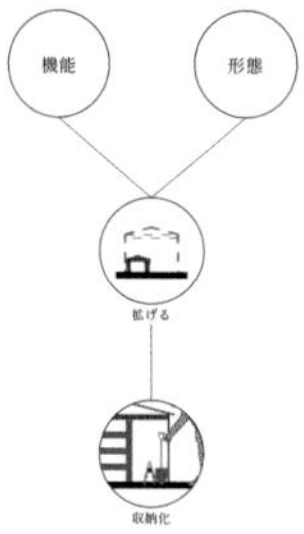

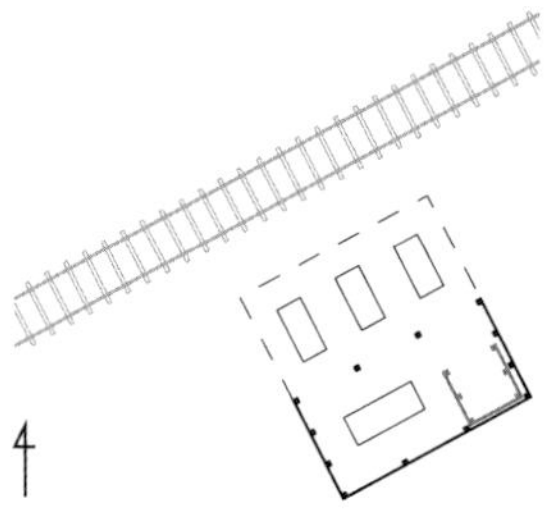
平面図
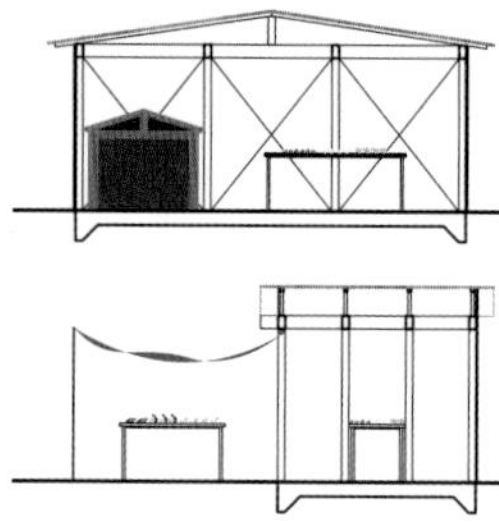
断面図

●No. 3　小滝ノ足湯庵

坑夫の体の汚れを洗い流していた入浴場跡。登山者や観光者の疲れを癒す足湯施設に転用するため、基壇に水を貯め、ボイラーを設置した。ヘドロが溜まった跡地は浄化され、かつて稼働していた姿が表出する。

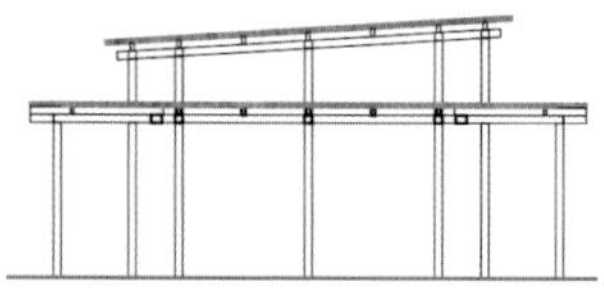
立面図
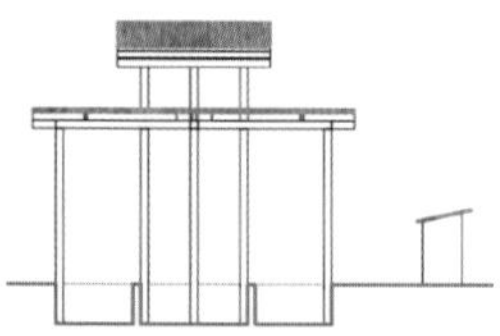
断面図

●No. 4　有越ノ鉄索灯台

鉱物輸送のための索道の支柱跡。支柱を街の標識にするため、頂部に灯台を設置する。昼間は観光者が街を見下ろせる展望台になり、夜間は街を灯し続ける灯台になる。

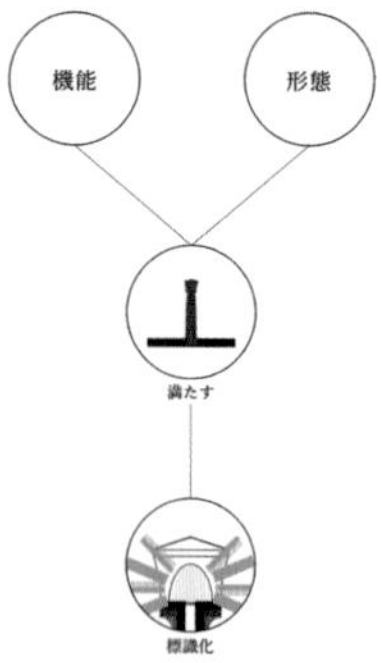

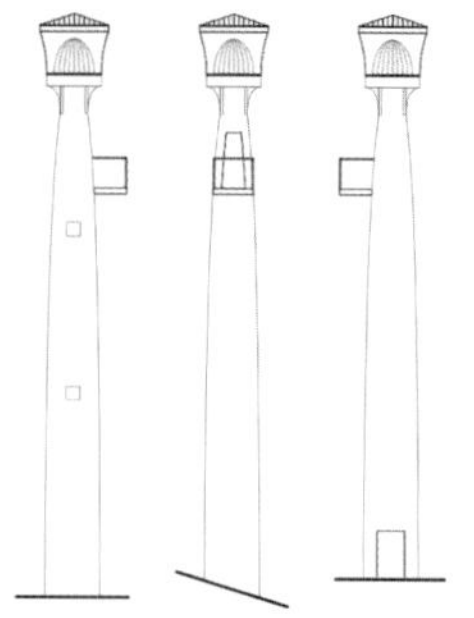
立面図
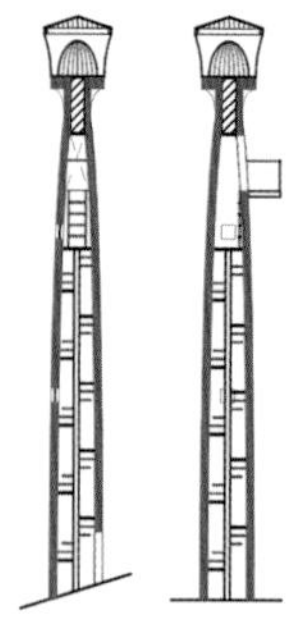
断面図

●No. 5　通洞ノ露天風呂

生産施設で用いる電力を変換する変電所跡。外部の動線を活用するために地階から階段を新設し、屋上に露天風呂を設置した。地階のポンプを用いて上水は屋上へ送られ、使用者は屋上からの見晴らしを嗜む。

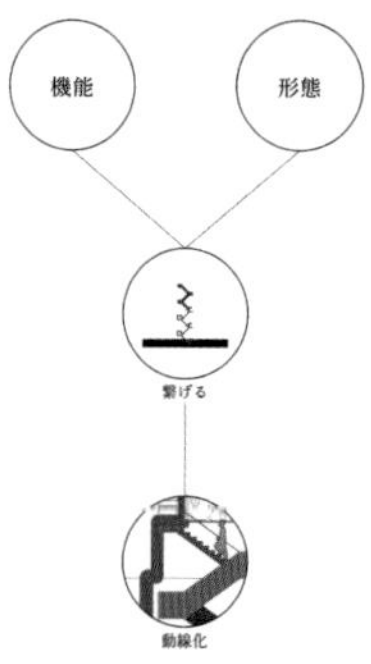

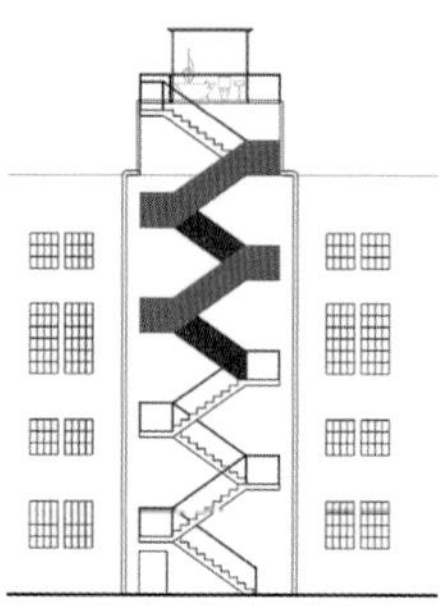
立面図
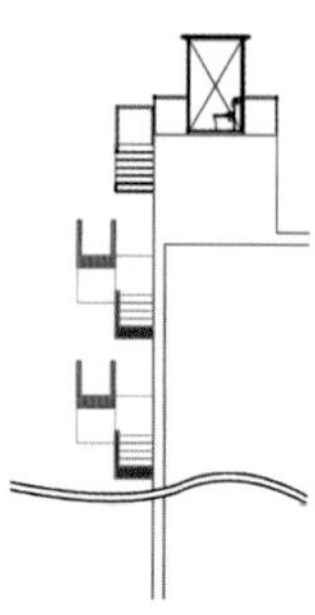
断面図

●No. 6　中才ノ集塵庫

鉱石から銅を取り出す選鉱所内の廃石庫跡。現在は民間企業の管理下であるため、施設関係者のためのゴミ捨て場を設置した。塔屋内は監理作業のために床を張り、連結する鉄骨トラスを主要動線として扱う。

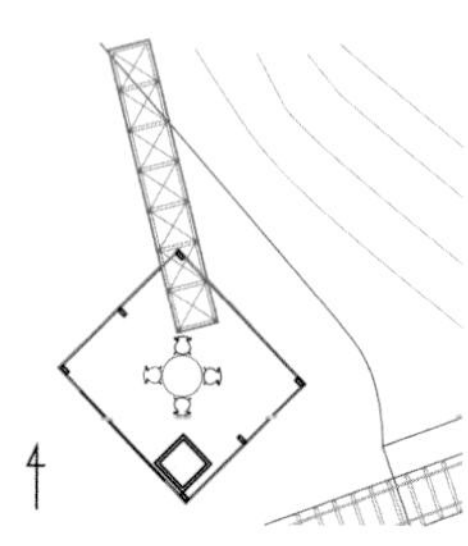
平面図
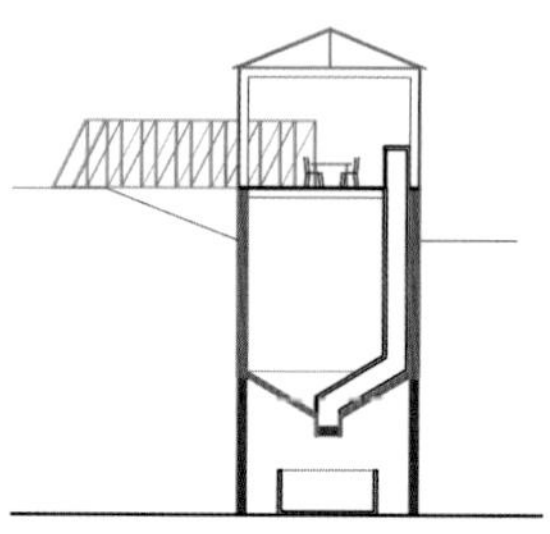
断面図

●No. 2　磐裂ノ授与所

工場の集塵機として用いられた設備跡。近所の磐裂神社の参道を拡張するため、集塵機を神籬として囲い、授与所を設置した。集塵機と街の歴史施設を紐付け、過去のモノだった痕跡を現在の歴史に接続する。

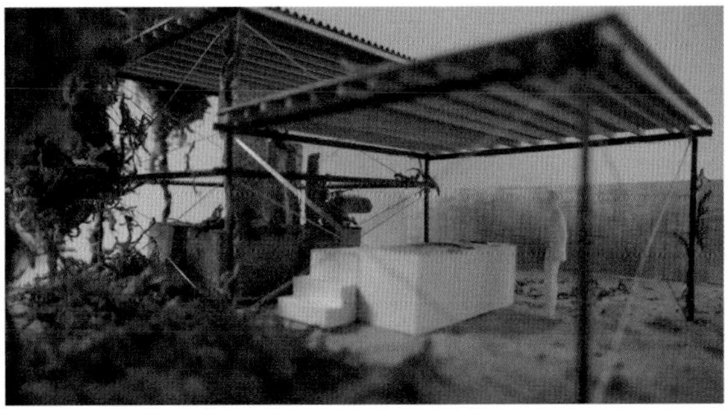

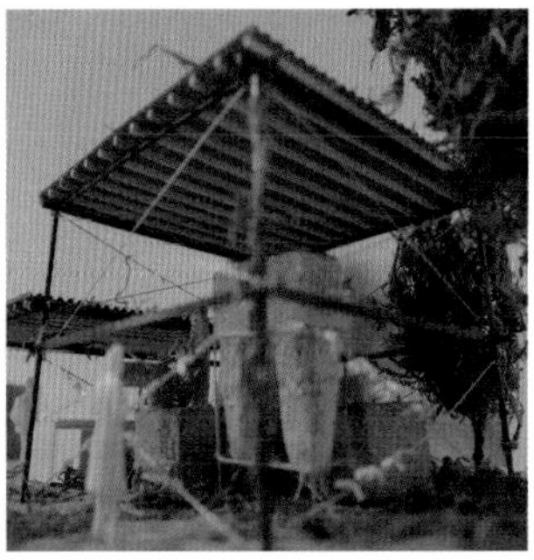

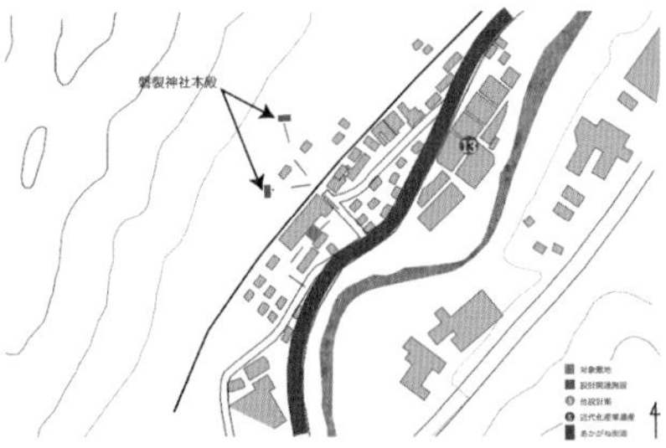

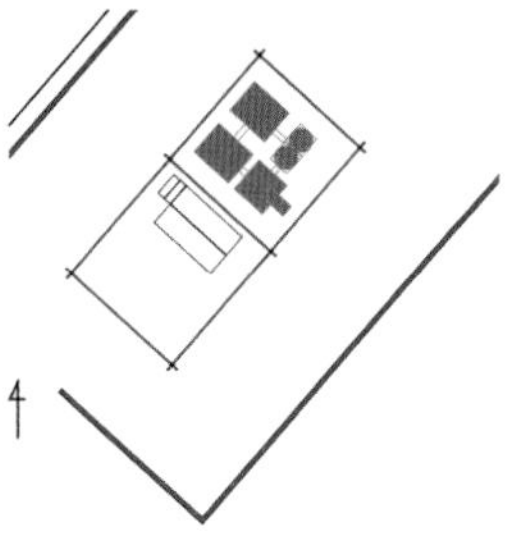

平面図

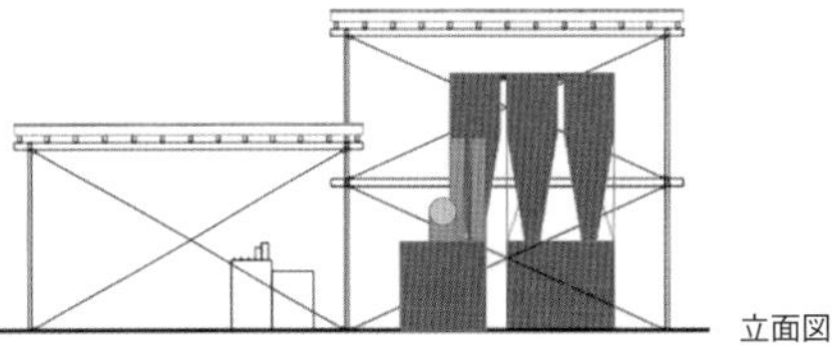

立面図

●No. 7　本山ノ窟栽培室

銅輸送のための鉄道、トンネル跡。内部の気候的条件や細長い形状から、住民のための野菜栽培室を設置する。銅輸送から野菜の栽培、出荷へと用途を変えながら使い続けられる街の潜在資源である。

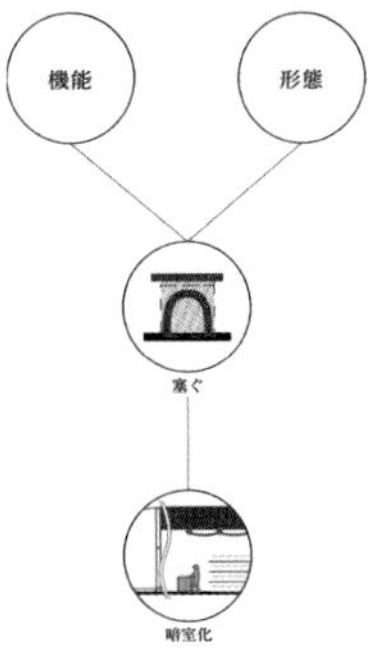

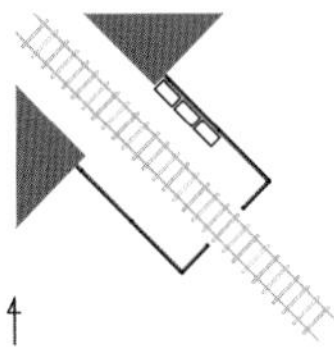

平面図

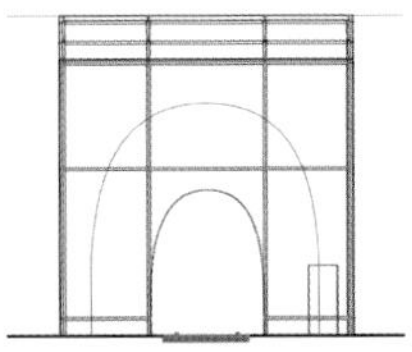

立面図

●No. 8　間藤ノ古本屋

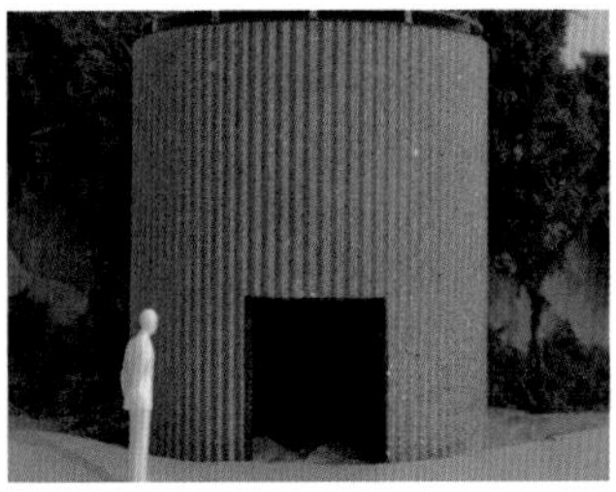

水力発電所の水圧管跡。無人バラックに放置された古本を収容するための古本屋を設置した。筒の建築は本棚と構造体を同時に担う。街の歴史としての古本と残された歴史としての痕跡を閲覧する場所である。

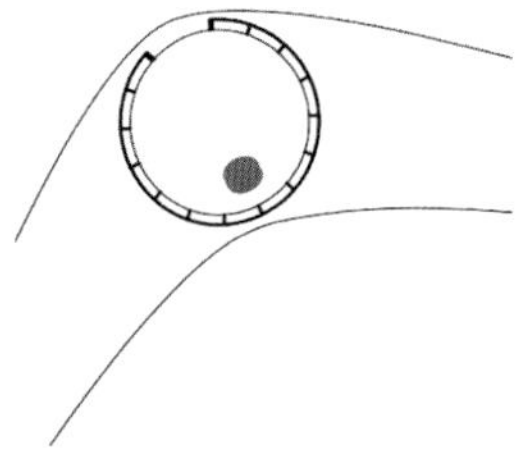

平面図

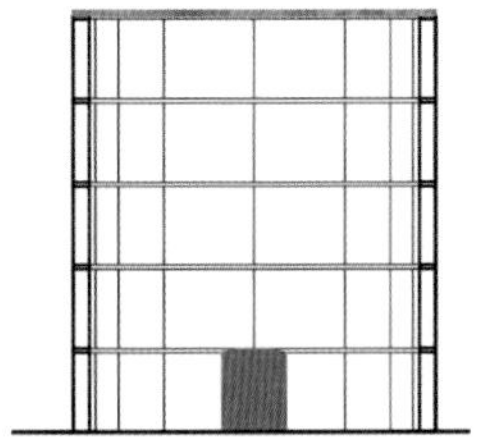

断面図

●No. 9　赤倉ノ待合所

生活者のインフラであった側道跡。近辺に住民用の停留所がないため、バス停を設置した。高齢化した住民の足としてのバス停であり、または観光手段としてのバス停である。

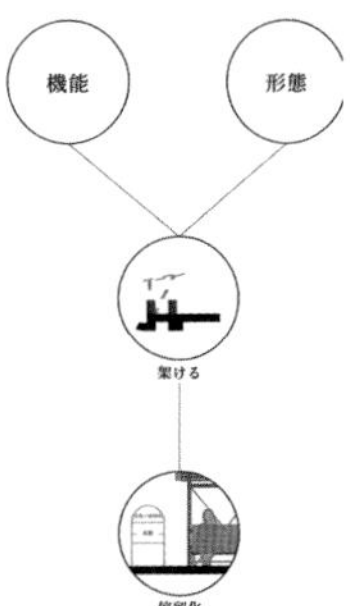

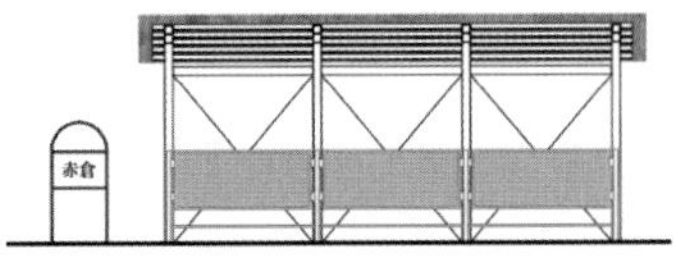

立面図

断面図

●No. 10　松木ノ山小屋

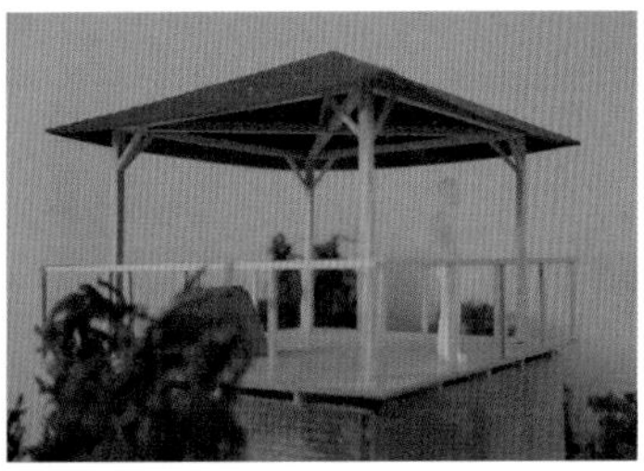

禿山の監視用の櫓跡。松木地区は足尾町の最北に位置し、登山者が多く訪れる。彼らのための休憩・避難所を設置する。禿げ山の回復後、山小屋は登山における一つの拠点となり、ランドスケープに馴染んでいく。

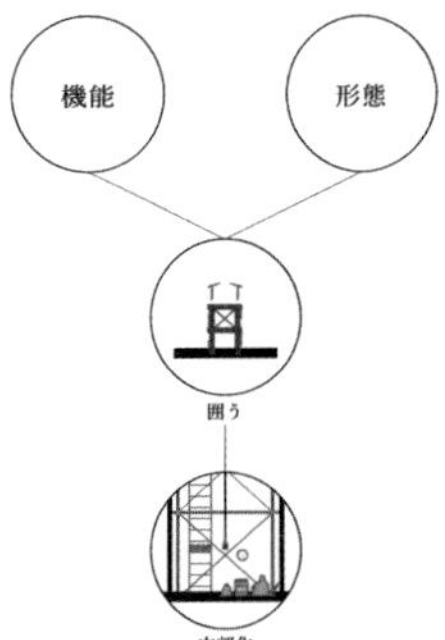

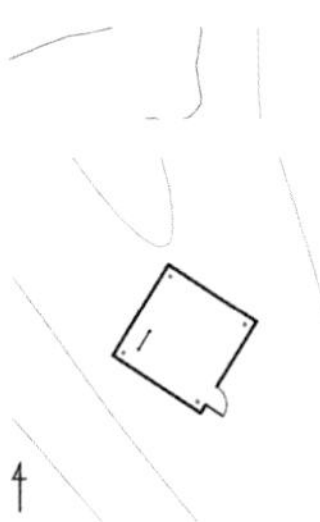

平面図

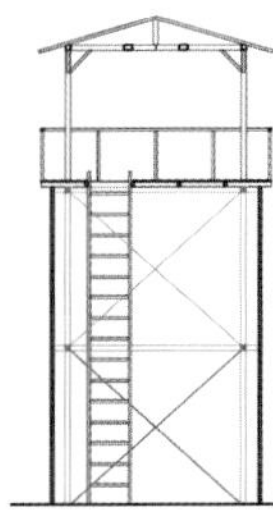

断面図

前橋市平和祈念・防火帯建築資料館

―前橋市に残る防火帯建築を活用した平和記念と復興の資料館の提案―

石渡 智彦
Tomohiko Ishiwatari

前橋工科大学大学院
工学研究科
建築学専攻
石黒由紀研究室

第2次世界大戦末期に日本の主要な都市は焦土と化し、その復興の中で全国の地方都市の中心市街地では、1950年代から1960年代にかけて都市の不燃化を目的とした「防火帯建築」という店舗兼住宅形式の不燃共同建築が建設された。当時の中心商業地において店舗と住宅を備えた近代的な建築が連続的に建てられたことは商店街に賑わいをもたらし、新しい都市景観を形成したと言える。

2022年現在、防火帯建築は築50年以上が経過し、地権者が複数存在するため、大規模な修繕等の方策をまとめることが困難な中で、建物の老朽化や空き家といった問題で取り壊しの危機に瀕している。

一方で、横浜市や鳥取市など多数の防火帯建築が現存する都市では、防火帯建築の歴史的な意義を認め、都市景観を維持する観点から、それらを保存・活用する運動が見られるようになった。

本設計では、前橋市において防火帯建築とみなせる19件（現存14件）の建物の実態を調査し、そのうちの県庁通りの建物について、市内の目抜き通りである場所性を最大限に活かした今後の活用方法を検討する。

前橋市は戦災都市であり、その悲惨さを語り継ぐ施設の再建が必要であること、防火帯建築は全国各地に建設されたが、まとまったアーカイブや資料館等がないことから、戦後の都市復興として建設された防火帯建築を活用した、都市の不燃化や耐火建築の歩みを紹介する機能を複合させた、平和祈念と復興の資料館を提案する。

1. 防火建築帯の法制度

防火建築帯は1952年5月31日に制定施行された耐火建築促進法に基づき、建設大臣により既存の防火地域の道路の両側に奥行き11mの帯状に指定される。区域内では木造建築を禁止し、主に地上3階以上、もしくは高さ11m以上の耐火建築物について補助金交付が定められ、大半はRC造、一部CB造の防火帯建築が建設された。

2. 前橋市の防火建築帯

防火建築帯に関する法律や他地域の動向、調査資料を1つの年表にまとめた。前橋市における防火建築帯は以下3つの特性がみられた。

（1）建設の集中時期：前橋市の防火帯建築の建設は耐火建築促進法の成立直後と10年後の2つの時期に集中している。前期は小規模な単独建築が多く、後期は大規模な共同建築が見られる。

（2）規模の大型化：1960年以降の防火帯建築は規模が大型化している。1954年以降の防火建築帯は共同化が奨励されたことや、都市区画整理事業に合わせて建設されたことが考えられる。

（3）共同化の遅れ：大規模な防火帯建築が多数残る他都市と比べ、前橋市の共同形式の防火帯建築は建設開始時期が約10年遅れている。県財政の困窮さと区画整理事業実施時期のずれが影響していると思われる。

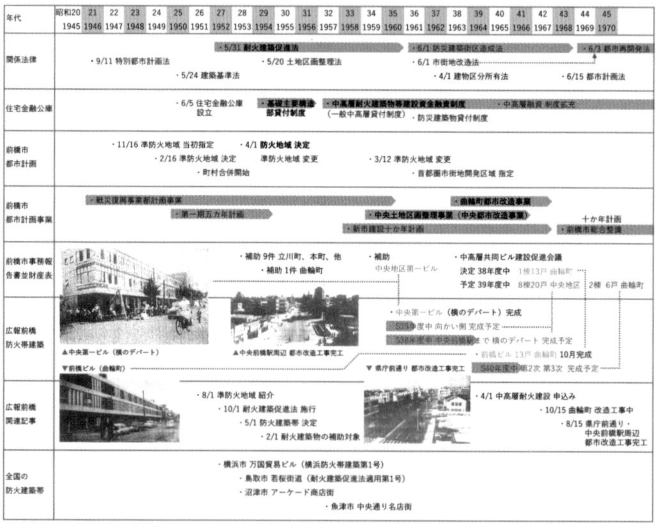

防火建築帯の年表

3. 前橋市の防火帯建築の実態

3-1. 防火帯建築の棟数

市内の防火帯建築の棟数を把握するため、「比較的共同形式の防火帯建築が残る、久留間橋通りと県庁通りにおいて、耐火建築促進法（1952）から都市再開発法（1969）に切替わる約20年間に建設された地上3階以上もしくは高さ11m以上のRC造の建物」と定義し、現状の外観調査や古写真、住宅地図を用いたところ、19件（現存14件）を確認することができた。

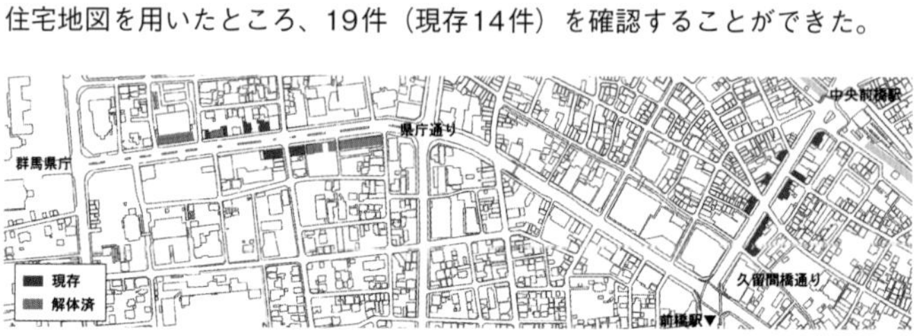

前橋市の防火帯建築

3-2. 地割による類型

過去の住宅地図で対象の敷地と地割りの変化を追い、防火帯建築を3類型に分類する。

（1）単独型［4件］

従来の地割りに基づき単独の敷地に建設されたペンシル状のビル。規模が小さく、1962年以前と1970年付近で建設されたものがある。

（2）複数型［12件］

地割りを踏襲するように建設された長屋型の共同ビル。土地境界がビルの平面構成に直接反映されている。件数が最も多く竣工時期も広いため、前橋市の防火帯建築の典型的な類型と言える。

（3）再編型［3件］

従来の地割りを再編し新たな区割りで建設された長屋型の共同ビル。1960年代後半にかけて土地区画整理事業に伴い建設された。規模が大きく、都市防火と高度利用に最も貢献した類型と言えるが、既に2件が解体された後、敷地を拡大し更に大きな建物が建設されていることから、都市更新の過度的なものとして位置づけられる。

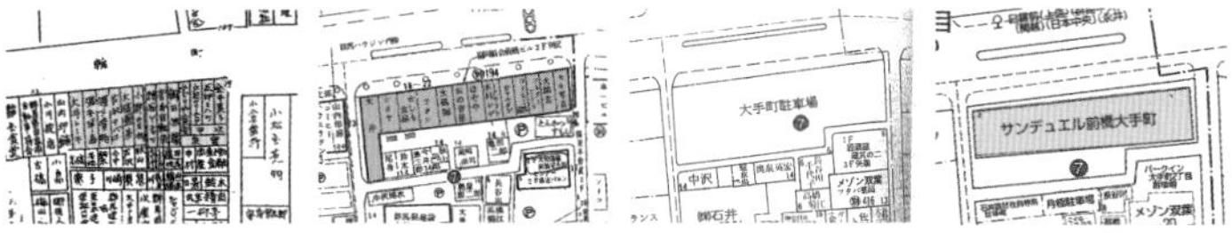

1959年　1983年　2003年　2021年

4. 敷地

設計はヒアリングで詳細な図面を確認できた建物で行う。敷地は群馬県庁、前橋市役所から約300mの距離にあり、他の公共施設とも緊密な連携が図りやすい場所である。戦災の跡が見られる、比刀根橋や旧安田担保倉庫等は1km程度の距離にあるため、資料館見学後に歩いて見学に行く教育プログラムも考えられる。

既存の様子

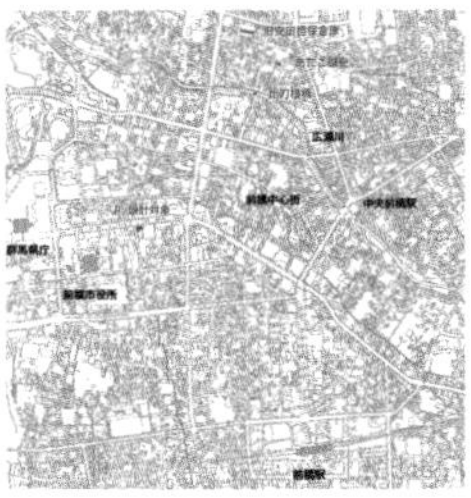
周辺案内図

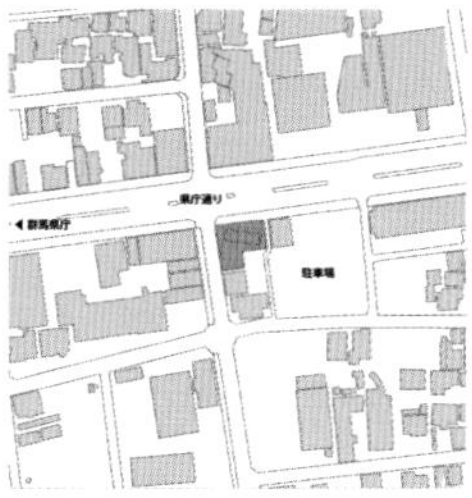
配置図

5. 配置計画

館内動線は複数ある既存の階段を活かし、建物全体で回遊性を持たせる。

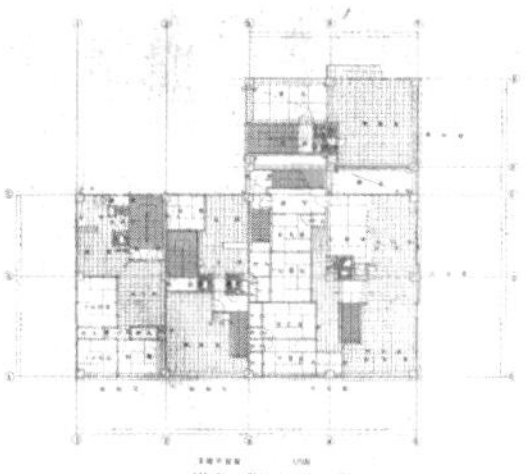

既存の防火帯建築の4戸の区割りの大きさに合わせて平和祈念の展示室、動線空間、都市復興の展示室、収蔵庫を配置する。

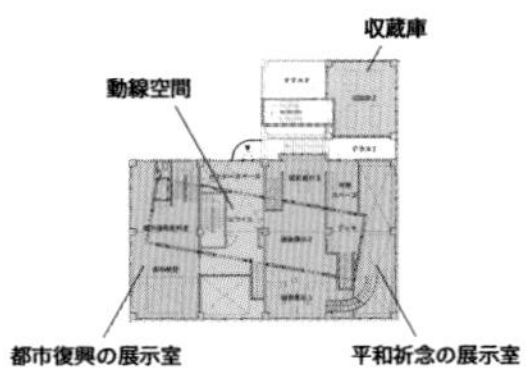

建物裏側へ抜ける動線、屋上の増築など、前橋市の防火帯建築で見られる要素を取り入れる。

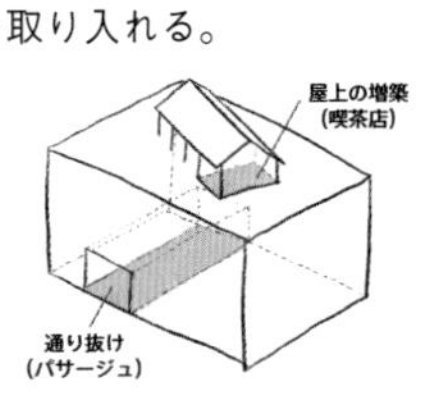

6. 入れ子の箱

内部は繊細な展示物を雨漏りから二重に保護するため、壁面の内側を調湿性のある桐で仕上げた箱状の展示室を入れ子状に配置する。

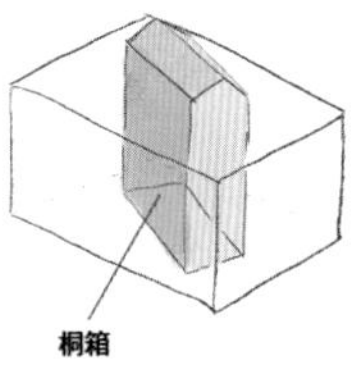

箱の向きは前橋市を爆撃したB29の進行方向を示し、戦災による隠れた都市軸を表す。

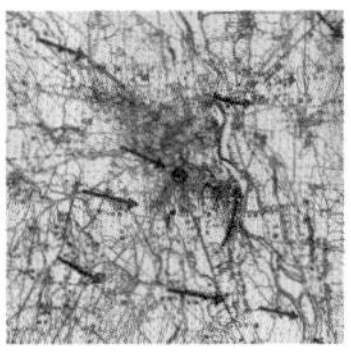
敵機の前橋空襲図

外側の壁は前橋中心街で見られた耐火性能の高い素材である、土壁、レンガ、モルタル、ガラスで4面をそれぞれ仕上げる。箱の大きさは既存の敷地の広さに従う。

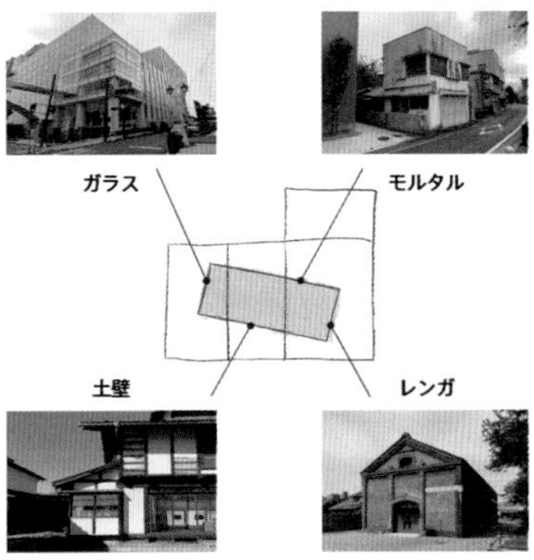

室内は既存と箱の壁面の向きがずれることで広狭の差が生まれ、展示物の大きさに合わせた空間をつくる。

資料館は展示室の他、エントランス脇のイベントホール、眺めの良い3階の図書室、屋上の喫茶店など、市民に親しまれる機能を複合する。

既存の建物に潜在的な都市軸を示す箱を挿入することで、施設の機能性を満たした上で防火帯建築の空間活用のプロトタイプとしての建ち方を示す。

—— 新設部分

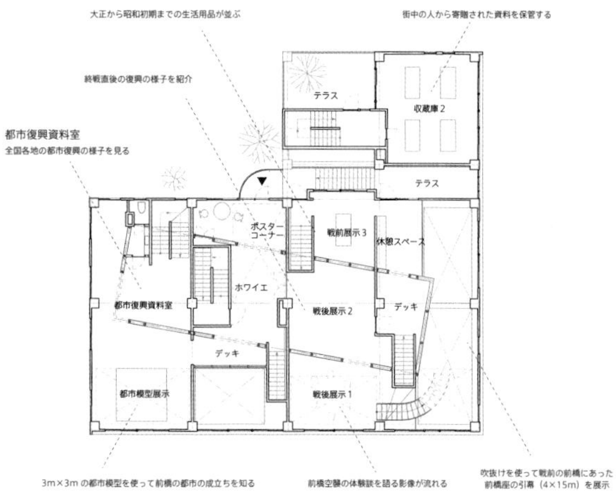

大正から昭和初期までの生活用品が並ぶ
街中の人から寄贈された資料を保管する
前戦直後の復興の様子を紹介
都市復興資料室
全国各地の都市復興の様子を見る
テラス
収蔵庫 2
テラス
ポスターコーナー
戦前展示 3
休憩スペース
ホワイエ
都市復興資料室
戦後展示 2
デッキ
デッキ
都市模型展示
戦後展示 1
3m×3m の都市模型を使って前橋の都市の成立ちを知る
前橋空襲の体験談を語る影像が流れる
吹抜けを使って戦前の前橋にあった前橋座の引幕（4×15m）を展示

2階平面図

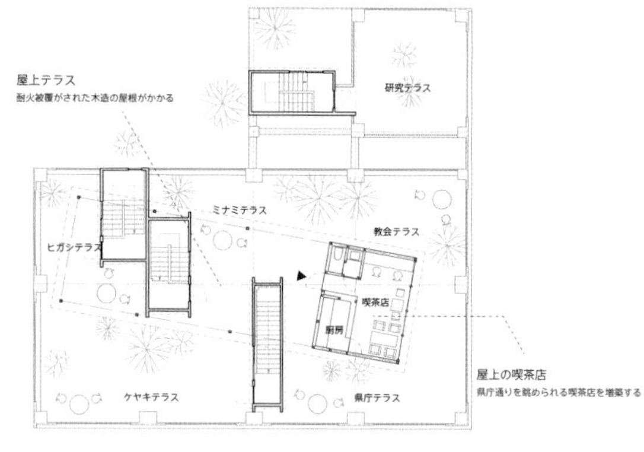

屋上テラス
耐火被覆がされた木造の屋根がかかる
研究テラス
ミナミテラス
教会テラス
ヒガシテラス
喫茶店
厨房
ケヤキテラス
県庁テラス
屋上の喫茶店
県庁通りを眺められる喫茶店を増築する

4階平面図

県庁通りから街の裏側へ通り抜ける
駐車場
イベントホール
毎年８月に開催される平和記念行事を執り行う
普段は倉庫から机を出し高校生の自習室として活用
搬出入口
荷解き室
収蔵庫 1
給湯室
職員入口
控室
事務室
倉庫
倉庫
コインロッカー
戦前展示 1
江戸から明治期までの生活用品が並ぶ
ホワイエ
パサージュ
エントランス
ショップコーナー
イベントホール
戦前展示 2
企画展示
6365
2000
5950
7280
道路
6000
5460
5636
5926
前橋座の公演状況を説明
待ち合わせ用のベンチ
歩道

配置図＋1階平面図

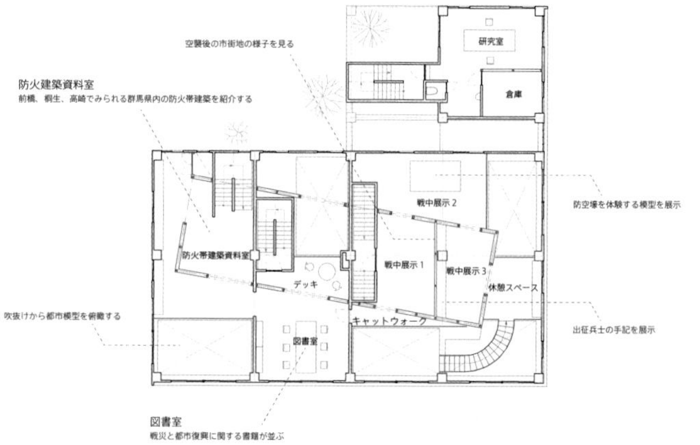

空襲後の市街地の様子を見る
防火建築資料室
前橋、桐生、高崎でみられる群馬県内の防火帯建築を紹介する
研究室
倉庫
戦中展示 2
防空壕を体験する模型を展示
防火帯建築資料室
戦中展示 1
戦中展示 3
デッキ
休憩スペース
吹抜けから都市模型を俯瞰する
キャットウォーク
図書室
出征兵士の手記を展示
図書室
戦災と都市復興に関する書籍が並ぶ

3階平面図

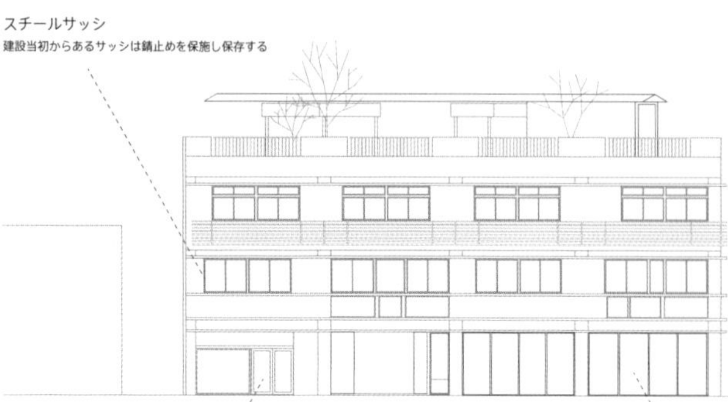

スチールサッシ
建設当初からあるサッシは錆止めを保施し保存する
元店舗の入口を使用する
歩道から展示室の様子が見えるガラス張りに変更する

北側立面図

南側立面図

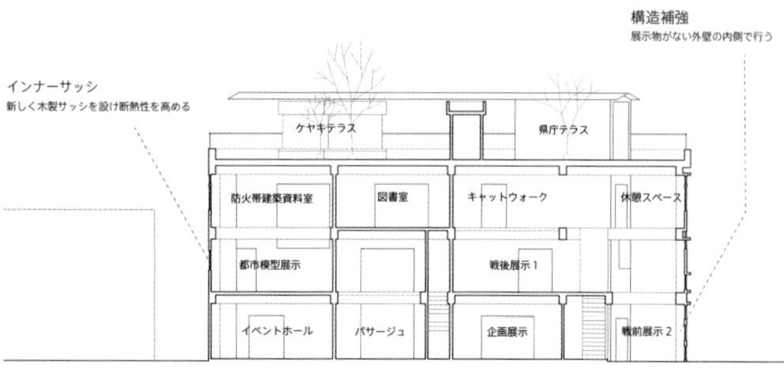

構造補強
展示物がない外壁の内側で行う
インナーサッシ
新しく木製サッシを設け断熱性を高める
ケヤキテラス
県庁テラス
防火帯建築資料室
図書室
キャットウォーク
休憩スペース
都市模型展示
戦後展示 1
イベントホール
パサージュ
企画展示
戦前展示 2

東西断面図

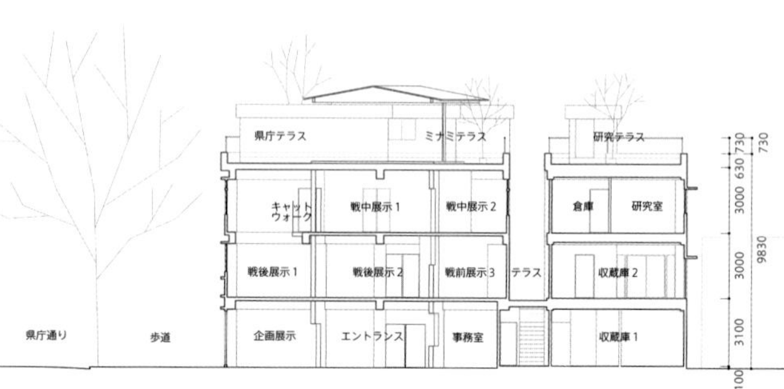

県庁テラス
ミナミテラス
研究テラス
キャットウォーク
戦中展示 1
戦中展示 2
倉庫
研究室
戦後展示 1
戦後展示 2
戦前展示 3
テラス
収蔵庫 2
県庁通り
歩道
企画展示
エントランス
事務室
収蔵庫 1
730
630
3000
3000
3100
100
9830
730

南北断面図

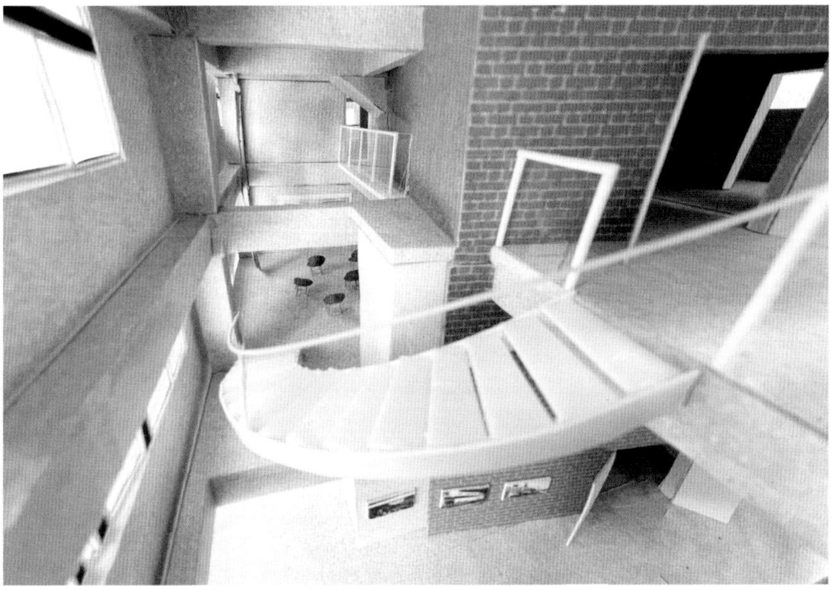

下保谷屋敷林プロジェクトにおける
コミュニケーションデザインとまちづくりの提案的研究

村上 まゆき
Mayuki Murakami

武蔵野大学大学院
工学研究科
建築デザイン専攻
伊藤泰彦研究室

西東京市下保谷の市街地に佇む「旧髙橋家屋敷林」は、西東京市が所有する特別緑地保全地区（平成24年11月指定）である。始まりは10年ほど前、約1.1ヘクタールの敷地を段階的に取得した。かつての武蔵野の民家と屋敷林の繋がり・暮らしを色濃く残す地域の歴史的遺産であり、西東京市緑化審議会では、平成30年より市民・ボランティア団体・各種専門家らにより当該屋敷林の保全活用計画の策定に取り組んでいる。本事業では、屋敷林の本質的価値を生かしながら地域のニーズに応えるべく、市民参加型で多岐にわたる活動を支えている。

私自身はこれまで、グラフィックを用いたコミュニケーションデザインを主軸として宮城県牡鹿半島や岩手県遠野市でまちづくりに関わってきた。本研究はこうした経験によって培った手法を実践し、その有効性を確認すること、またそこで得た情報に基づいて旧髙橋家屋敷林の施設活用に対し提案を行うものである。これにあたり、令和２年度より継続して西東京市緑化審議会に同席し、保全活用事業をサポートするだけでなく、市民イベントの企画運営にも携わってきた。今後数年をかけて推進される保全活用、またこれに続く下保谷の豊かなまちづくりを本提案が誘導していくことを期待している。

1. 敷地

●下保谷の歴史

下保谷は東京都西東京市の北部に位置し、西武池袋線保谷駅周辺をはじめとする商店と人家の密集市街地である。集落では主に日蓮宗、特に三十番神を篤く信仰しており、かつて江戸・東京の近郊農村としてお茶の栽培や養蚕、藍染の原料となる藍玉の生産などが盛んであった。その後1915年に武蔵野鉄道が開通し、近年では保谷駅北口の開発が進むなど現代の姿に発展した。

●計画敷地の現状および与条件

敷地は特別緑地保全地区、および第一種低層住居専用地域である。建築物の新築・改修・増築および土地の開墾や埋め立てはできず、大規模な伐採などから緑地を保護しなければならない。一方で、現存する建築物の図書館などへの用途変更ならびに仮設的建築物の新設は認められており、安全確保や保全活用を目的とした伐採は可能である。

●下保谷の中の旧髙橋家屋敷林

敷地周辺には社寺や髙橋家の分家が多く存在する。髙橋家は下保谷・荒屋敷の草分け、有力農家のひとつで、名主の固定・世襲制となった1724年以降は組頭を務めた家だった。現在の屋敷林は約1.1ヘクタールに相当するが、もとの屋敷林はこの２倍ほどあった。都道建設や公園整備などに敷地を提供してきた結果であり、長年保谷駅北口の開発へ尽力してきた。

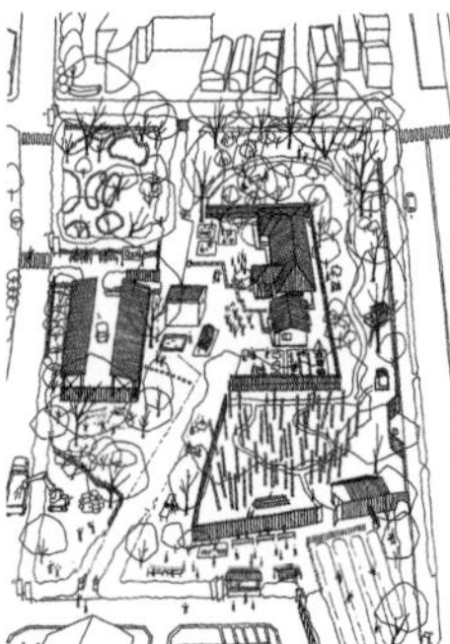

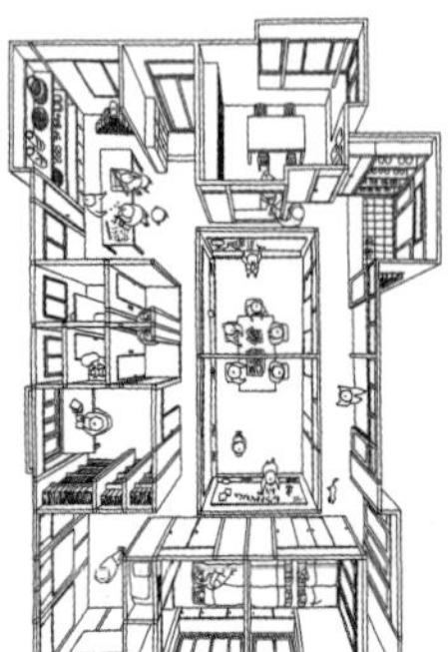

旧髙橋家母屋

旧髙橋家離れ

2. 手法の研究

●グラフィックを用いたコミュニケーションデザインの試行

コミュニケーションデザインとは、「人と人との繋がりや関わり方をデザインすること」と定義される。一般的にマーケティング領域で用いられるが、建築においては「場を考える」こと、またそうした状況において意義がある。本提案に向けて用いた手法は３つ。いずれも「コミュニケーションとグラフィックが同時進行していく」ことが特徴にあげられる。これにより本来は相互関係のない２つが影響しあい、対象者（話し合う人）たちと記録者（グラフィックにおこす人）によってその相乗効果が得られる。

●空間記憶俯瞰図

本提案における手法の確立にあたり、通い慣れた場所をフィールドにしてドローイングでのグラフィックスタディを行った。妹尾河童の『河童が覗いたシリーズ』で知られる一点透視図を分析・再考し、ヒアリングや目視に基づく情報を、頭の中で書き換えることなくそのままグラフィックや文字におこす。最後に描き終えたグラフィックを見た第三者が受け取る印象も記録することで、成果物を見る人間を第四者的視点に立たせることができる。スタディはあくまで「記録」であるが、主体が記録者であるため独自の視点から提案を交えて載せられる表現方法である。

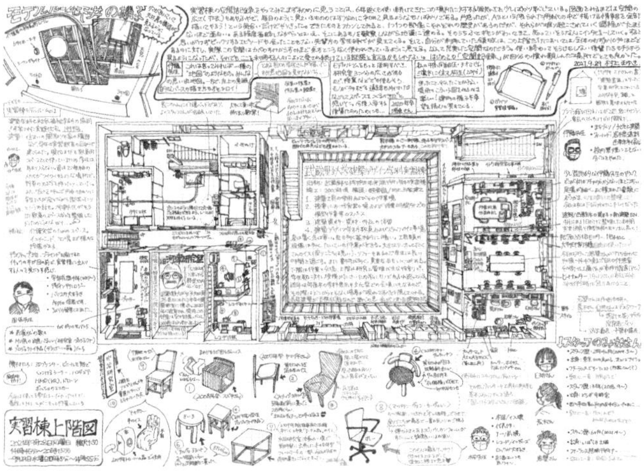

空間記憶俯瞰図　武蔵野大学武蔵野キャンパス実習棟2階

●グラフィックレコーディング

緑化審議会でのグラフィックレコーディングは会議の中で飛び交う意見や情報を記録者の頭の中で整理し、紙やホワイトボードといった媒体に配置する。会話をしている主体者ではなく、一歩引いた客観的な視点に立ち、会議の進行と共に埋もれてしまいがちな情報を余すところなく拾っていく。最後に全体を俯瞰する、あるいは部分にフォーカスして考え直すこともできる。

建築学実習伊藤ゼミ　コンペ案会議中のグラフィックレコーディング

●対話型自由記述式アンケート

直接的なコミュニケーションを通して相手に思考のアプローチをかけ、言語化してもらう。それらを、木の幹をあしらった布に銀杏や桜といったグラフィックへ仕立てるのはイベント参加者で、参加すること自体をひとつの体験と捉えることができる。またこれらは「掛け軸アンケート」と題し企画・デザインおよび制作を一貫して行い、計３回の屋敷林での市民向け一般開放イベントにて実施した。

2020年　秋の紅葉会

2021年　春の桜覧会

3. ドローイングから憩いをもたらす屋敷林のまちへ

●制作趣旨

生業を支え、家を守り、生活の礎となった木々たちや建物を整備し、人々が思い思いに集いあって安全に過ごせる環境をしつらえる。やがては、屋敷林によってもたらされる快適な空間や、下保谷の歴史や自然を伝えるフィールドミュージアムとして機能する。これらはすべてコミュニケーションデザインを通して得た市民の声から着想し、「保全活用未来図」として可視化することで、さまざまな活動ノウハウ集にもなる。髙橋家、そして西東京市へと受け継がれた空間が、時代の変化とともに少しずつまちへ開かれていく。市民と自治体をはじめとするさまざまな主体の連携のもと、地域の「学び」「遊び」「憩い」の場として還元されることを目指して。

●「絵を描く」という建築行為

建築行為のなかにもコミュニケーションやグラフィックは存在する。本提案は新しい建築物を建てることや都市計画を行うことはないが、まちづくりの過程全てに関わる行為のデザイン、つまり建築の専門領域に属するものである。この１つの手法として「空間を絵にする」という表現を用いる。読み手に絵の中の空間にいる人物になりきって空間体験をさせるだけでなく、そのフィードバックが次なる活用に向けた原動力となる。

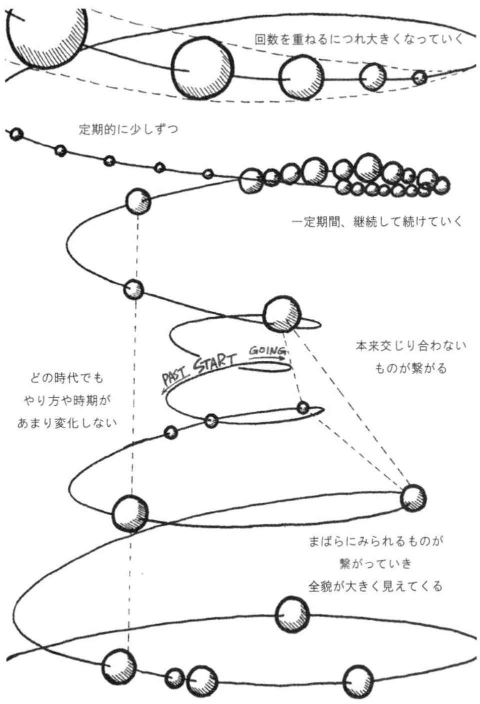

玉の一つひとつがグラフィックであり、輪の半径がまちの全貌やまちづくりの規模を表す。玉の大きさは視点の取り方によって変わり、グラフィックの規模を表すことも、関係する人や事柄のスケールにもなりうる。グラフィックを辿れば過去と未来が繋がるなど、より豊かな活動が展望できる

4. 保全活用未来図の提案書　屋敷林俯瞰

●地域のロールモデルへ

旧髙橋家は文化財指定に値するとはまだ言えないものの、周辺環境との調和について注意深く捉え、その希少価値を評価すべきである。地域の緑地減少に歯止めをかけるためにも、旧髙橋家をきっかけに、市民の意識を変えていく。

●特別緑地保全地区の強剪定

放置林となり外来種が増えたことで木密度が上がり、低木に十分な日照が得られない。疲弊した樹木は、枝の折れや倒木の懸念が高まる。都市緑地法第12条ただし書きの適用により早急に強剪定が必要である。

●建物群の景観

離れや母屋、蔵の景観保存は、武蔵野の原風景の趣を残すうえで意義がある。

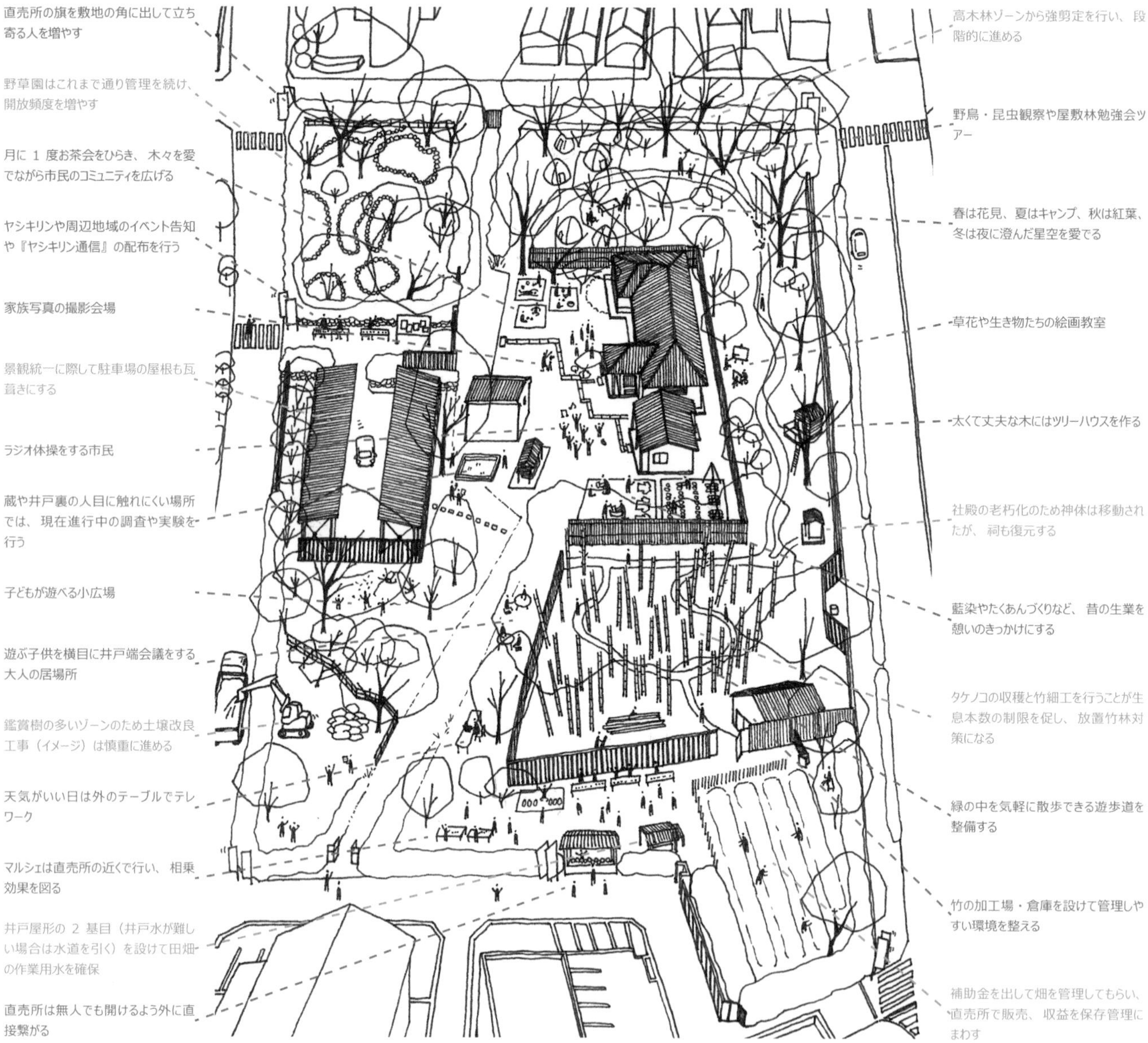
直売所の旗を敷地の角に出して立ち寄る人を増やす
野草園はこれまで通り管理を続け、開放頻度を増やす
月に１度お茶会をひらき、木々を愛でながら市民のコミュニティを広げる
ヤシキリンや周辺地域のイベント告知や『ヤシキリン通信』の配布を行う
家族写真の撮影会場
景観統一に際して駐車場の屋根も瓦葺きにする
ラジオ体操をする市民
蔵や井戸裏の人目に触れにくい場所では、現在進行中の調査や実験を行う
子どもが遊べる小広場
遊ぶ子供を横目に井戸端会議をする大人の居場所
鑑賞樹の多いゾーンのため土壌改良工事（イメージ）は慎重に進める
天気がいい日は外のテーブルでテレワーク
マルシェは直売所の近くで行い、相乗効果を図る
井戸屋形の２基目（井戸水が難しい場合は水道を引く）を設けて田畑の作業用水を確保
直売所は無人でも開けるよう外に直接繋がる
高木林ゾーンから強剪定を行い、段階的に進める
野鳥・昆虫観察や屋敷林勉強会ツアー
春は花見、夏はキャンプ、秋は紅葉、冬は夜に澄んだ星空を愛でる
草花や生き物たちの絵画教室
太くて丈夫な木にはツリーハウスを作る
社殿の老朽化のため神体は移動されたが、祠も復元する
藍染やたくあんづくりなど、昔の生業を憩いのきっかけにする
タケノコの収穫と竹細工を行うことが生息本数の制限を促し、放置竹林対策になる
緑の中を気軽に散歩できる遊歩道を整備する
竹の加工場・倉庫を設けて管理しやすい環境を整える
補助金を出して畑を管理してもらい、直売所で販売、収益を保存管理にまわす

●小広場の土壌改良

子どもたちが四季折々の陽だまりを探して遊べるよう、剪定は最小限にする。併設する地下駐輪場の建設廃土が持ち込まれた履歴があるため、自然なアンジュレーションを残しつつ土壌改良をする。

●食用栽培植物の再生、藍の保存

栗、柿、びわ、茶のほか、当時の生業を物語る藍の木は、今も染め物体験などに活用されている。これらの植物の種子を保存・育成し、髙橋家の暮らしから先人の知恵を学ぶ。

●活用のススメ

保全活用計画とリサーチをもとに制作した「保全のススメ」に対して、「活用のススメ」は掛け軸アンケートをもとに制作した。

5. 保全活用未来図の提案書　旧髙橋家母屋

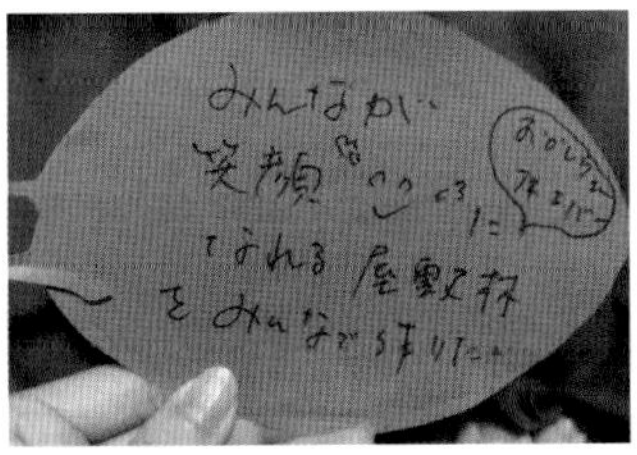

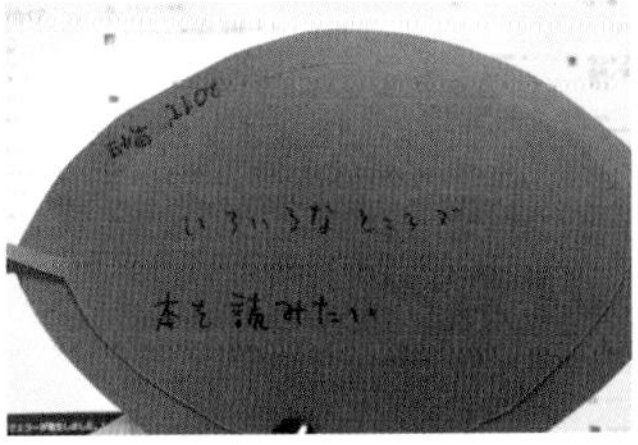

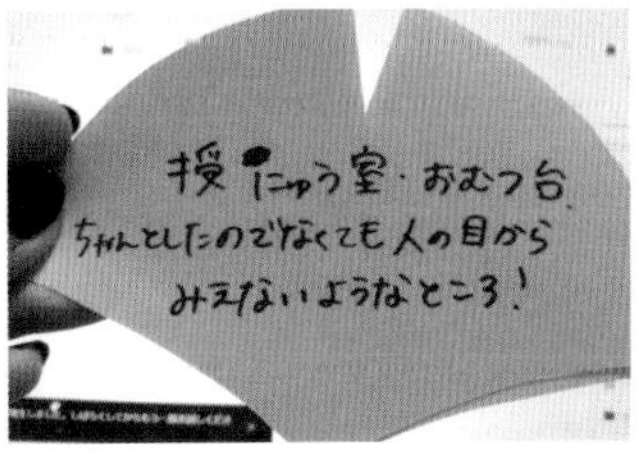

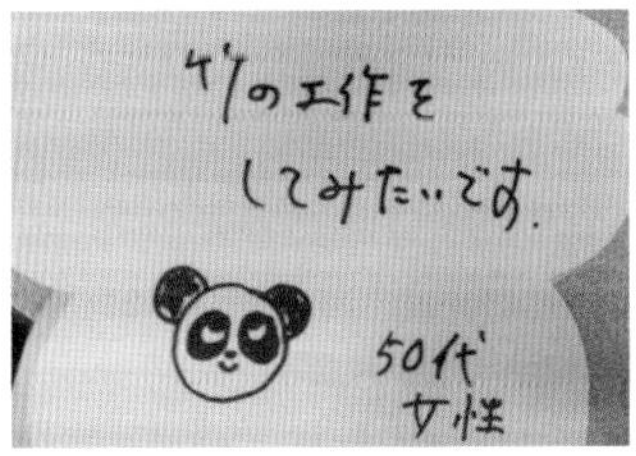

倉庫→展示室
保全活用に関する活動や他の類似施設・地域の事例などを展示し、「下保谷四丁目特別緑地保全地区の価値はなにか」「屋敷林が何を目指しているのか」を明確に発信する。パネルは常に更新し、バックナンバーは隣の図書室に保管される。

和室①→図書室
武蔵野や下保谷の歴史、髙橋家にまつわる史料を置く。ここの本は敷地内であれば持ち出し可能で、好きな場所で読むことができる。

浴室の一部→トイレの前室
女子トイレにはオムツ台を設置し、ここで授乳をしたり化粧を直したりするスペースをとる。こうした小さな配慮が、近くを散歩する際にふらっと立ち寄るきっかけにもなる。

台所と和室→工作体験室
敷地で採れる材料（竹、草花、木の枝 etc）でつくる工作体験の部屋。管理のうえで出る廃材を減らし、屋敷林の地産地消を促す。

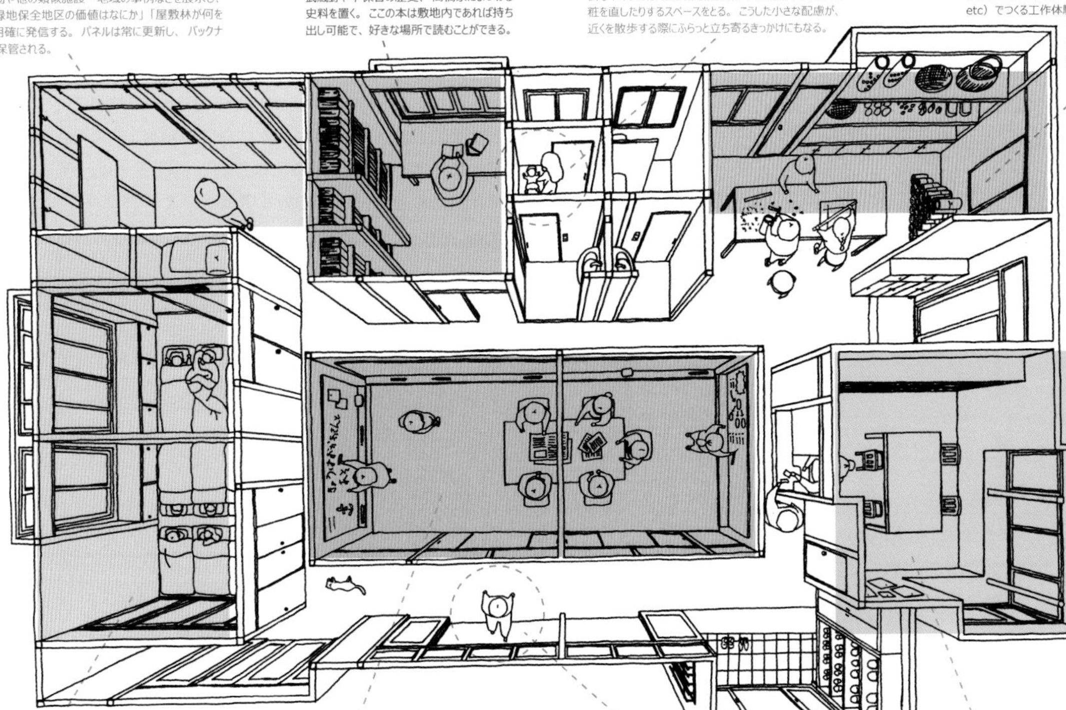

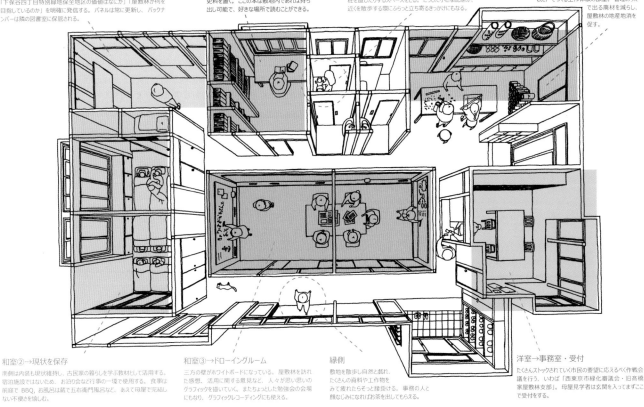

和室②→現状を保存
南側は内装も現状維持し、古民家の暮らしを学ぶ教材として活用する。宿泊施設ではないため、お泊り会など行事の一環で使用する。食事は前庭で BBQ，お風呂は蔵で五右衛門風呂など、あえて母屋で完結しない不便さを愉しむ。

和室③→ドローイングルーム
三方の壁がホワイトボードになっている。屋敷林を訪れた感想、活用に関する意見など、人々が思い思いのグラフィックを描いていく。またちょっとした勉強会の会場にもなり、グラフィックレコーディングにも使える。

縁側
敷地を散歩し自然と戯れ、たくさんの資料や工作物をみて疲れたらそっと腰掛ける。事務の人と顔なじみになればお茶を出してもらえる。

洋室→事務室・受付
たくさんストックされていく市民の要望に応えるべく作戦会議を行う、いわば「西東京市緑化審議会・旧髙橋家屋敷林支部」。母屋見学者は玄関を入ってまずここで受付をする。

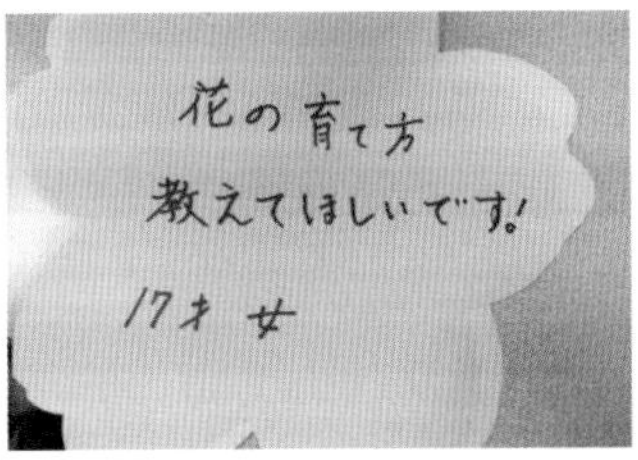

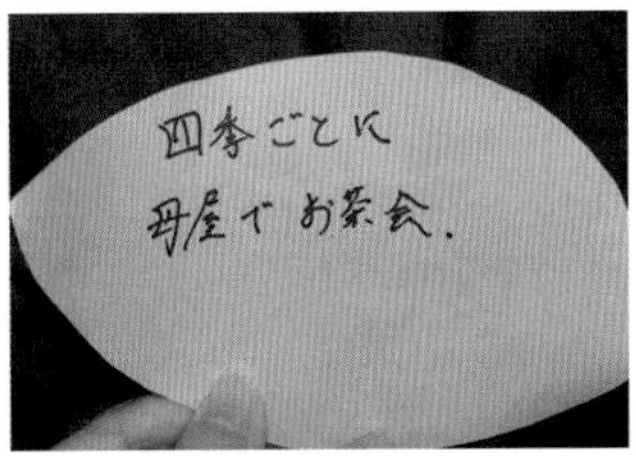

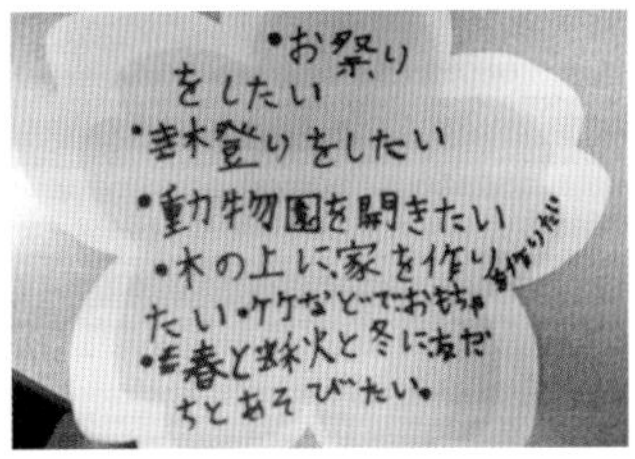

6. 今後の展望

旧髙橋家屋敷林の活用にあたっては、敷地内で完結する要素だけでは地域に還元されにくい。そこで伊藤泰彦研究室企画・緑化審議会広報のもと、市民参加を募ったまち歩きイベント実施に向け活動中である。本研究者である私は、これまで市民ボランティアや緑化審議会との協議を通じて蓄積した知識をもとに、当日のファシリテーターとして参加した。

この企画はフリーペーパー第３弾、『ヤシキリン通信３月号』にて成果報告も行った。右図はそのメインパースとなる下絵で、１つの絵の中で複数の着眼点を落とし込み、敷地の北側へ伸びるさまざまな地域がつながっていく。またとある地点から急転する画角やズームされる風景の抑揚は、ドローイングならではのグラフィックと捉えることができる。

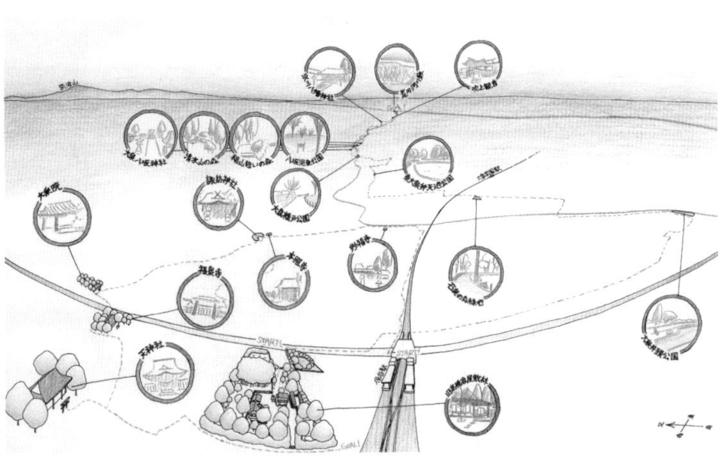

YYG project

大嶋 笙平
Shohei Oshima

武蔵野美術大学大学院
造形研究科
デザイン専攻 建築コース
布施茂スタジオ

はじめに、建築の本質とはなんだろうか。ここ最近、私は建築の建ち方こそが建築の本質であると思うのだ。なぜならその建築を利用する人よりもその前をただ通り過ぎるだけの人の方が圧倒的に多く、ほとんどの人にとってほとんどの建築は外観としてしか存在していないからだ。

しかし昨今建築の形、特に外観に関しては、内部の機能や空間のあり方の表れとして、あるいは周辺環境との連続性などといった切り口でしか語られない。語ることが許されないような空気さえ感じる。そこに建っていてしっくりくる形、というのは非常に感覚的であるが、しかしある種の建築の到達目標の一つであると言える。全体主義のシンボリックな建築は明らかにそうではないし、かといってコンテクスチュアリズムのように周囲に埋没してゆく建築もそうでないと考える。

さまざまな文脈や象徴性から適度に距離を取った、自律的な建築の建ち方について考えたい。ここでは建築の外形線の自律性を他者に求めることにした。敷地境界線や周辺環境との間係など、建築の形態を決定する上で無視できない要素を等価に扱い、建築の建ち方の有り様を探る。

1. 敷地選定

ここでは建築の自律性を他者に求めることにした。ここでの他者とは敷地境界線や建蔽率、斜線制限など建築の形態を決定する上で無視できない要素を指す。他者性を増やすため接道面が大きく、周辺環境が多様なことを条件に敷地を選定した。

自律性を他者に求めると先述したが、それは周辺環境やさまざまな規制に隷属するという意味ではない。特定の他者を特権化せず、等価に扱うことで初めて建築の自律性を他者に求めることが可能になると考える。敷地は代々木公園西の大きな法面に面し、全面が接道している。用途地域は第二種中高層住居専用地域、敷地の北側は第一種住居地域、西側は近隣商業地域。他者から抽出した線の選択を繰り返すことで、自律的な建築の建ち方の有り様を探る。

2. 自律的な建ち方

まず始めに建築のフットプリントを決めた。周辺環境を考慮し、敷地境界線をセットバックした線を建築のアウトラインとした。建蔽率を考慮してさらにその線を等距離でセットバックし、中心をボイドとした。

次に斜線制限と全面道路からの見えを踏まえ、屋根面の検討を行った。公園に向かって下がる片流れとすることで建築の両端の高さを抑え、敷地西側の建築群の高さの変化に沿った外形線をつくり、代々木公園の法面の土木スケールと対峙させた。

接道の状況と、敷地の南端で地下鉄代々木公園駅に接続することから、１階部分を基壇としてGLは解放し、通り抜けられるものとした。基壇の上にボリュームが載るような構成とし、上部のボリュームはパンチングメタルで覆うことで浮遊感を持たせた。

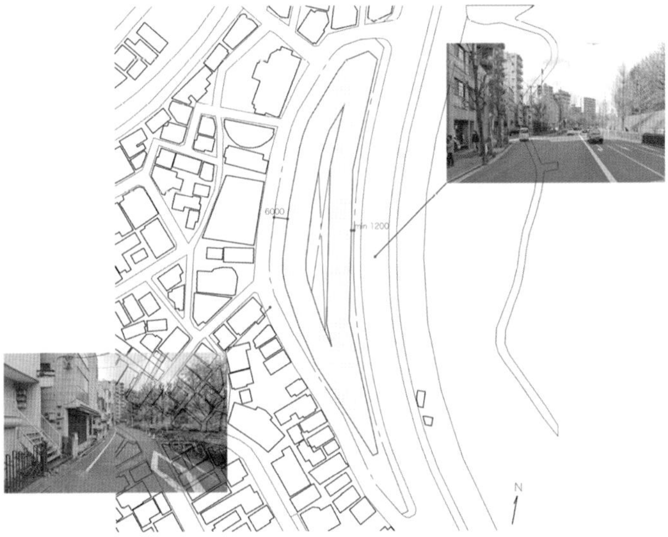

フットプリント

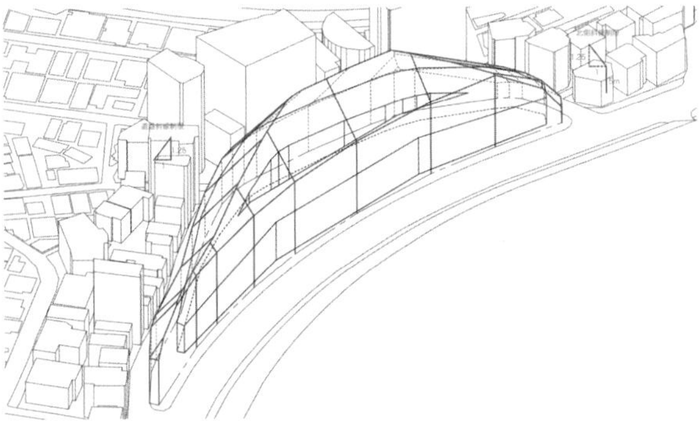
斜線制限とボリューム

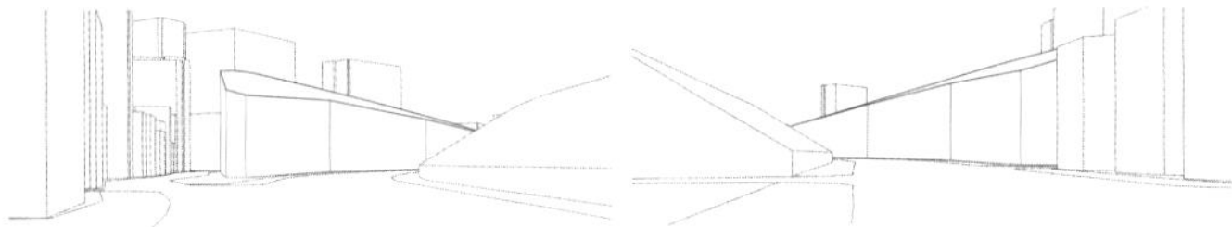
屋根勾配

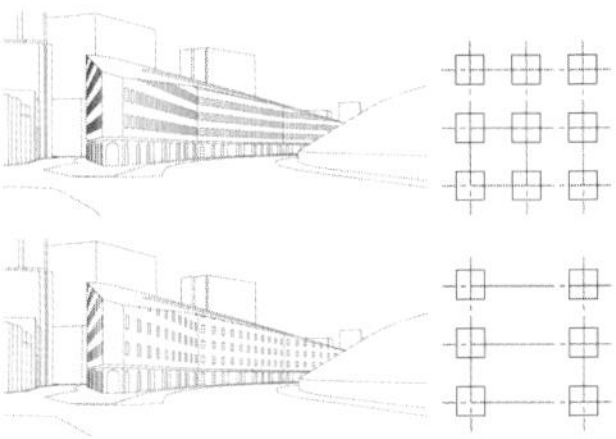
開口部

素材

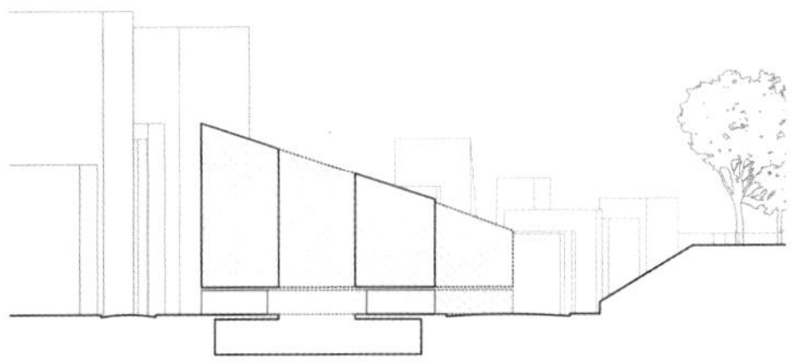
上下の分節

3. 内外の乖離／形式と持続性

さて、この建ち方に対し、内部はどのようにするかが問題となる。建ち方こそ建築の本質である、という立場としては内外を切り離して考えるというやり方は十分にあり得る。しかしそれではあまりに凡庸だ。ここでは都市の論理による建ち方に対し、内部は容積率や避難経路、平面の収まりなど、言うなれば建築の論理に従い、都市の論理とぶつける部分と、逆に設計の履歴を読み取る部分とを織り交ぜることで内外の乖離を前向きに捉えることを試みた。

プログラムは用途地域からRC造の集合住宅とし、上部に住居、GLは居住者がSO-HO的に使用、地下鉄に繋がる地階はテナントが入ることを想定し、それを補助線として建築の形式を考えた。平面を効率よく使い切るために6,000のスパンを基準にそれを短手方向に３分割した短冊状の平面を骨格とした。

リテラルに最大の床面積をつくり出すため場所ごとにスラブの積層数を変えた。スラブのレベル差が外壁面に設けた均一に配置された開口部と衝突することで、内部では開口部が階をまたいでいたり、妙な位置にあったりと、多様な関係が生まれている。

開口部とスラブ、そしてパンチングメタルが生み出す光の変化の三者の妙な関係性を巡るシークエンスは、内外の対立や想定したプログラムを超え、その変化に耐える持続性を持っているのではないだろうか。

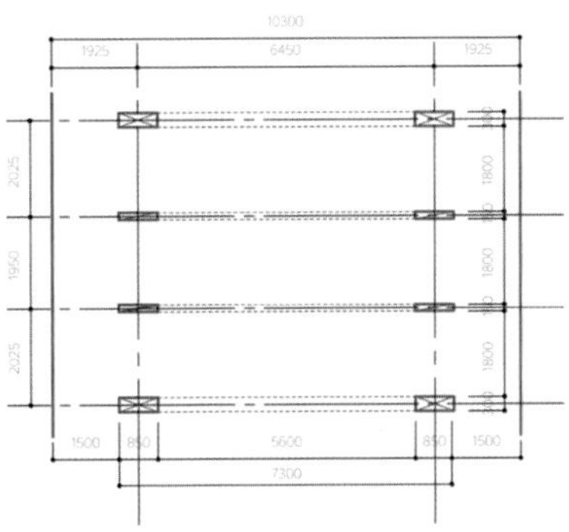
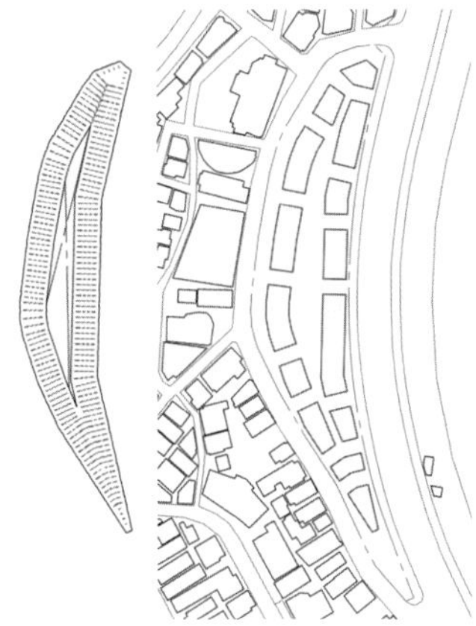
小さなモジュール

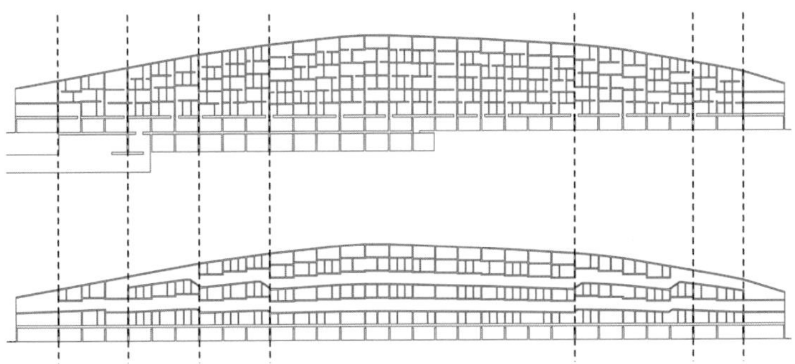
容積と積み方

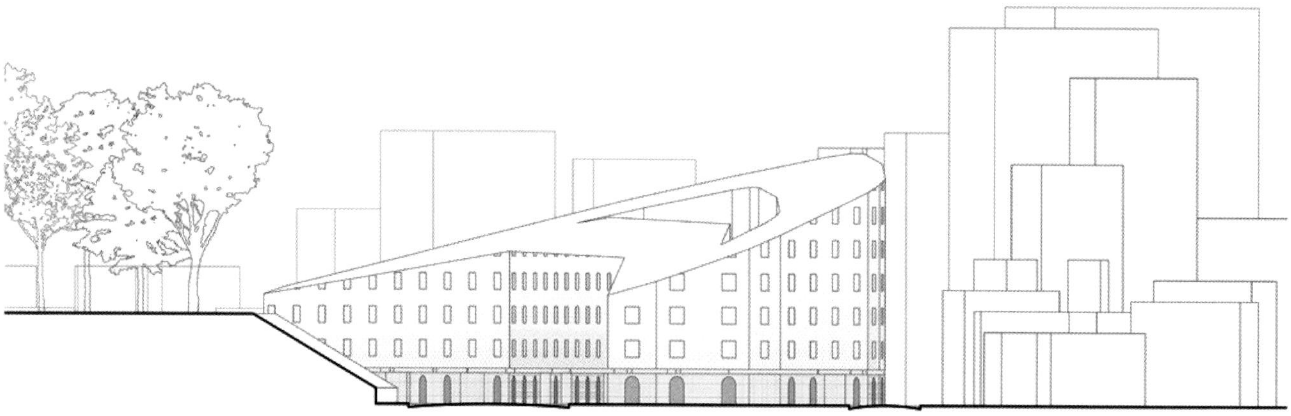

north elevation

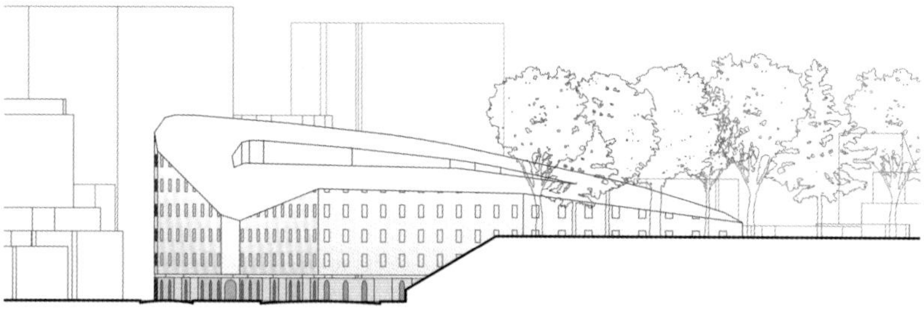

south elevation

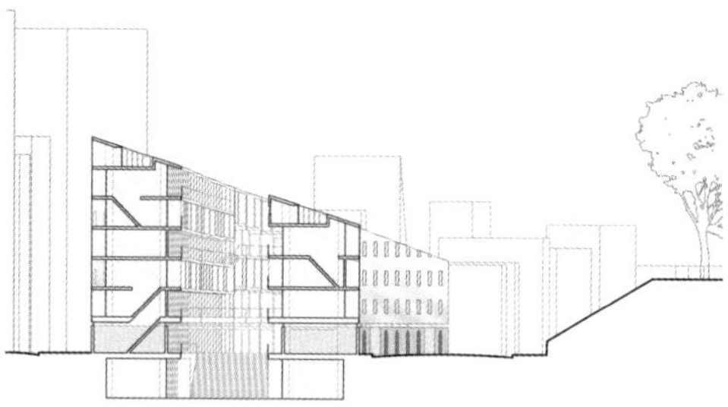

section1

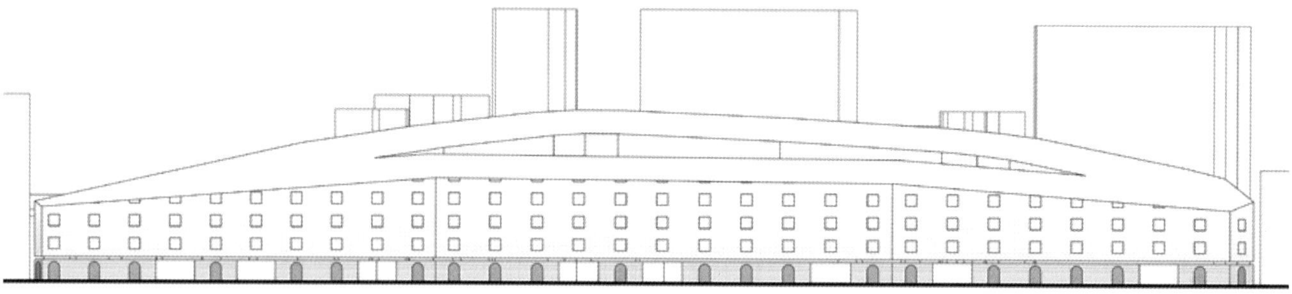

east elevation

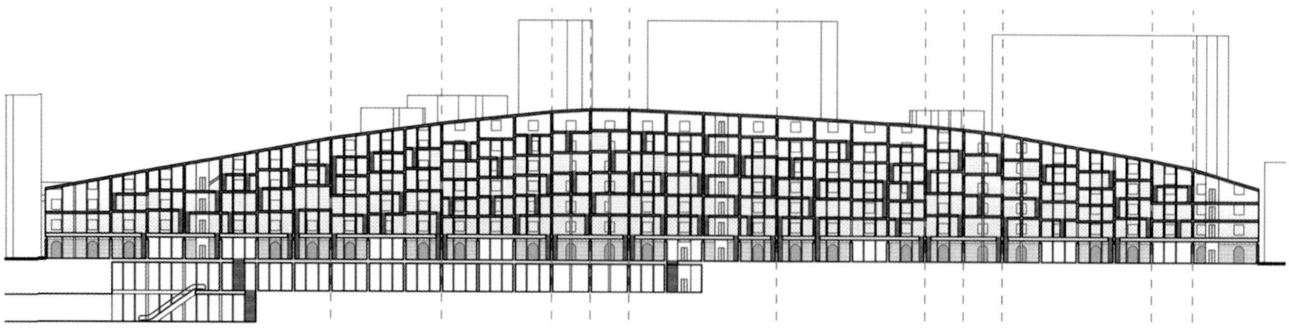

section1

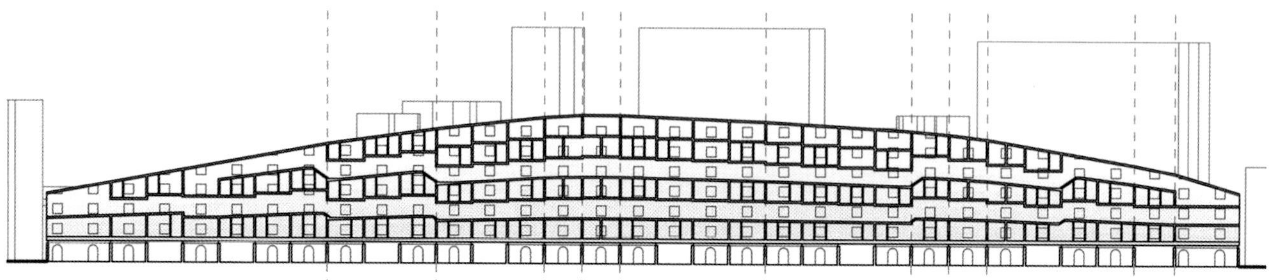

section3

1F plan

2F plan

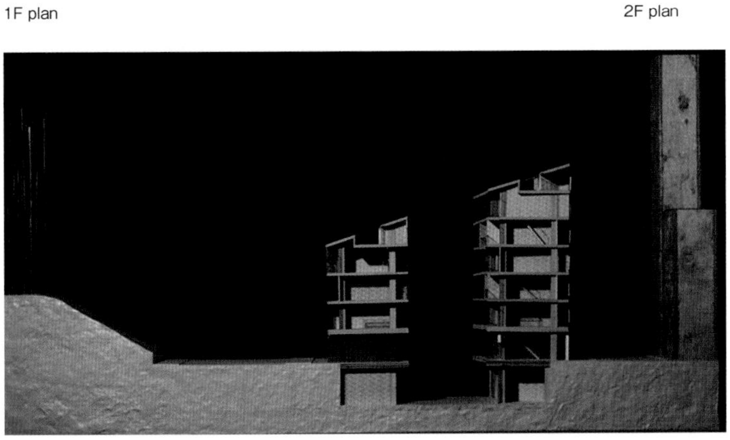

玉野市民会館計画 2022

大関 龍一
Ryuichi Ozeki

武蔵野美術大学大学院
造形研究科
デザイン専攻 建築コース
布施茂スタジオ

地方創生の課題は「継続」が重要である。私は地域の現状に目を向け、市民が主体的にまちづくりへ参加できる場をつくりたいと考えている。

本計画は岡山県玉野市の新たな市民交流拠点の設計提案である。瀬戸大橋の開通による宇高連絡船廃止により宇野港の港勢は変化し、フェリーの幹線航路としての機能は低下している。

一方で、フェリーターミナルの増設や瀬戸内国際芸術祭の開催により、現在も人流港として重要な役割を果たし年間約100万人が乗降している。

しかし、市の財政の負担となる公共施設の削減が進められ、玉野市民会館が2020年に閉館した。文化・芸術が交流する瀬戸内海の玄関口であるにも関わらず、市民の文化拠点の場が失われたことになる。

この計画は、宇野港周辺を芸術・文化の港として発展させることで、大半が瀬戸内海へ流れてしまっていた人流を宇野港の街側へ向けさせ、地域に新たな賑わいを創出する拠点としての市民会館であるが、市民の日常的な利用にとどまらず観光客の利便性向上を図る居場所とする。それにより市民の文化芸術活動と観光客の出会いと発見の場となり、施設の用途を超えた活動の場となることを目指している。

また、前市政では新市民会館の計画は未定のままであったが、2021年の市長選にて市民会館を推進している方が市長となったため、私の提案を一つの材料として市民団体と共同で議論と提案を今後も展開していく予定である。

①海が見える市民会館

瀬戸内海を航行するフェリーからの風景は私たちを穏やかな気持ちにさせる大らかさを持つ。市民と理想の市民会館を話し合うと「海が見えるホール」や「船のような市民会館」など宇野港の景観を生かし、象徴性を持つ外観が良いという声が多く上がっていた。計画敷地は港湾合同庁舎や立体駐車場が並ぶ敷地面積が15,741㎡の場所に設定した。「海を眺めに寄ってみる」くらいの気持ちで訪れたくなる場所を目指すと同時に、その内部空間の導線計画に回遊性、シーンの連続性を創り出すことを目標として設計を始めた。

②ビジターセンターとしての市民会館

瀬戸内国際芸術祭が開催されるようになってからは、外国人の観光客が増加した。駅にも観光案内所などが設置されているが、あくまでも形式的なものに感じる。JR宇野駅から宇野港フェリーターミナルの歩行導線の延長線上に位置する本計画は、瀬戸内海の島々を周遊する観光客が船や電車の待ち時間を過ごしたり、市民や旅人同士の出会いや交流のきっかけを生む場所となり得る。瀬戸内海の眺望を見ながらこれからの旅の計画を再確認することで、観光客の記憶の中に宇野港の風景が刻まれることを期待する。

③海と街の風景を回遊するスロープ導線

私が提案するのは船のようなプロポーションを持つ大きな屋根とスロープを持つ建築である。「港からの導線」と「街からの導線」の上にエントランスを設け、双方からの通り抜け導線を設けた。船の甲板の上を想起させる屋上テラスへ上る外部スロープは、港と広場のランドスケープを繋ぐ丘としての役割を持ち、建築の外観のプロポーションを決めている。回廊空間には休憩所や読書席などの機能を随所に配置することで、多目的な利用が可能となり、市民による日常的な活動を受け入れることのできる計画を目指した。

④スロープ導線に囲まれた「がらんどう」

市民会館を宇野港に作るとしたら、海の風景がどこからでも見える開放的な空間を目指したいと思った。コンサートや展覧会、マルシェなどの市民活動が行われる空間に閉鎖的な区切りをせず、建築の外周を囲むメイン導線の「スロープによるチューブ状の回廊」を介して外部へ開く構成とした。導線や機能が干渉することで多少性能が落ちたとしても、そこに新たな関係が生ずることで諸機能空間（ホール(448席)、ホワイエ、展示室、レストラン、みなとマルシェ）へ異なる目的で訪れた人々が、曖昧な境界によって他の活動が垣間見えるようなシーンの連続が生まれる。他者の活動や知識に触れることで刺激を受け、常に新しい出会いが生まれる市民会館を目指した。

⑤環境に溶け込むファサード

島々の景色を穏やかに反射することで環境の中に溶け込む建築となる。ファサード側の屋根の懐は1,300mm、スロープのスラブは500mmと可能な限り薄い表現とした。開口部のガラスにはlow-eのペアガラスを用い、断熱性能の確保とロールカーテンによる遮光が可能である。大きな屋根の下の空間に光が入り込むトップライトと中庭を5箇所に配置し、折れた天井面を介して自然光が館内に反射して日中は全体に明るさと透明感をもたらす。

⑥完成から1年越しの玉野での展示

2023年1月、私が設計した「玉野市民会館計画2022」の模型を玉野市立図書館・中央公民館ギャラリーにて展示し、市民や市長を前に作品の発表を行った。本展覧会は、「玉野みなと芸術フェスタ」の20年間の活動の軌跡を振り返り、玉野の未来を展望するものである。その活動の歴史の中に、外の人間である私が関わらせていただき大変ありがたく思うとともに、これまでの活動記録を元に今後の新たな活動へと発展させていきたい。

設計手法

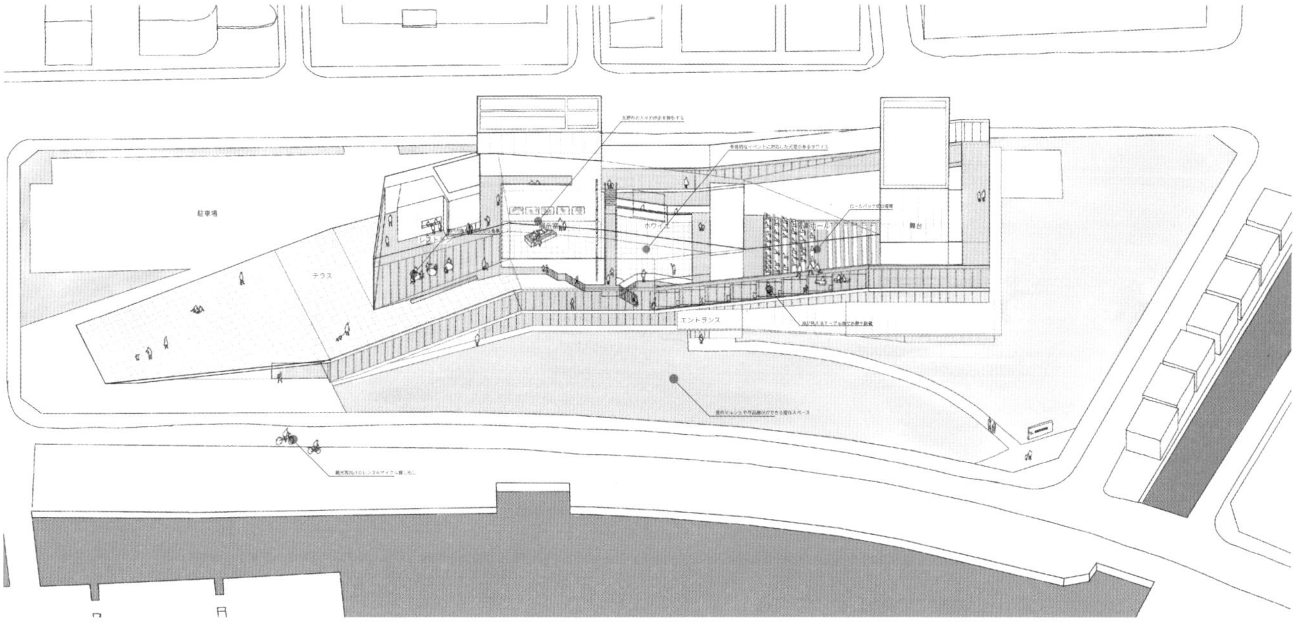

全体アクソメ図

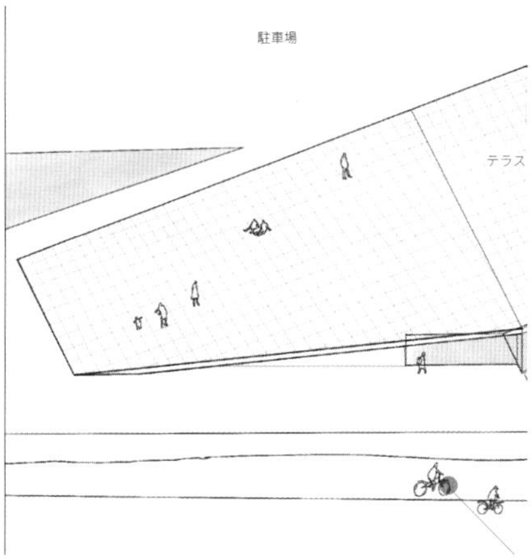

丘に登るように建物の上へアプローチする屋外テラス

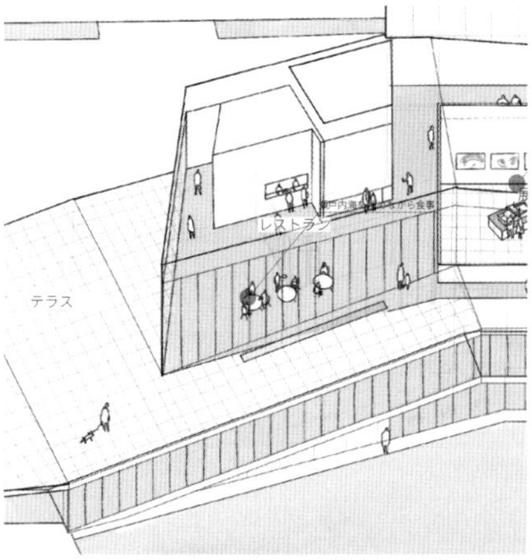

宇野港を眺められる市民の憩いのカフェテラス

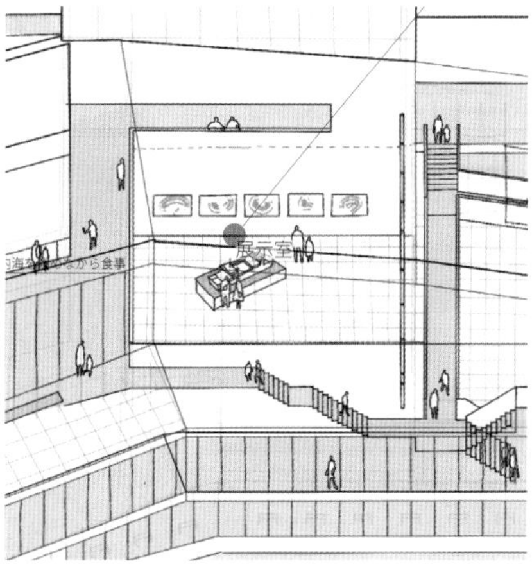

多様なイベントに対応可能な展示室

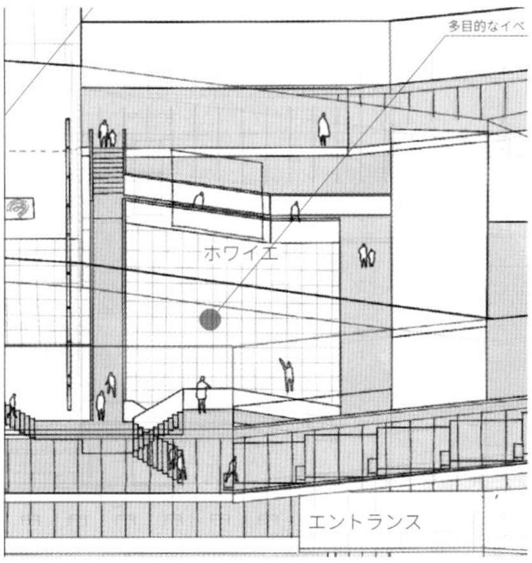

市民の同線のジャンクションとなるホワイエ

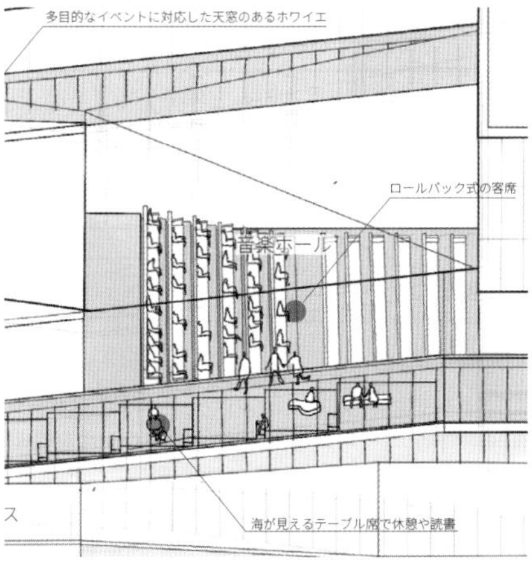

500人収容可能な可動式座席の海が見える音楽ホール

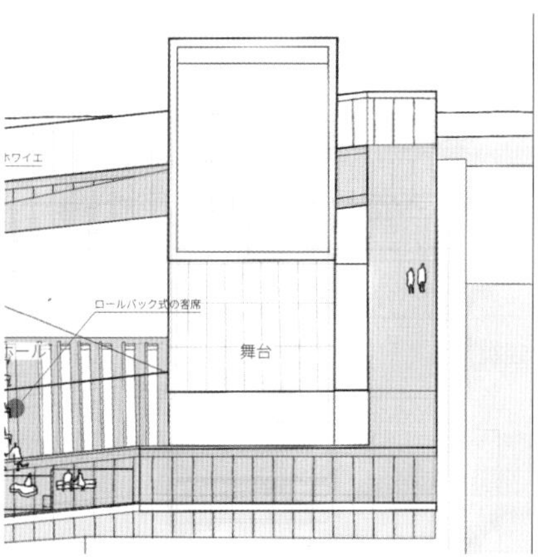

舞台の道具や照明を吊るフライタワー

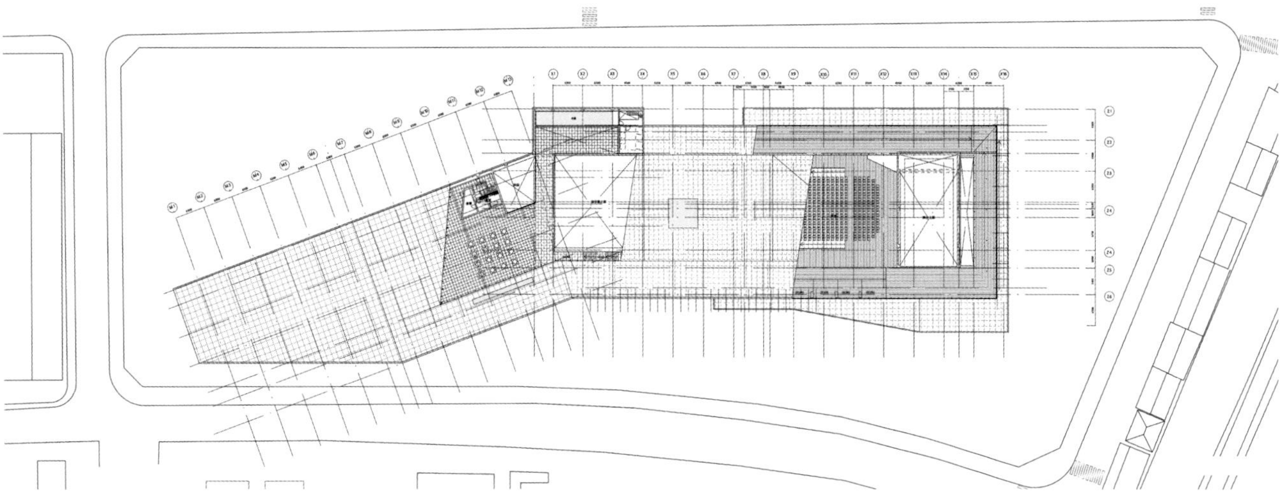

3F PLAN

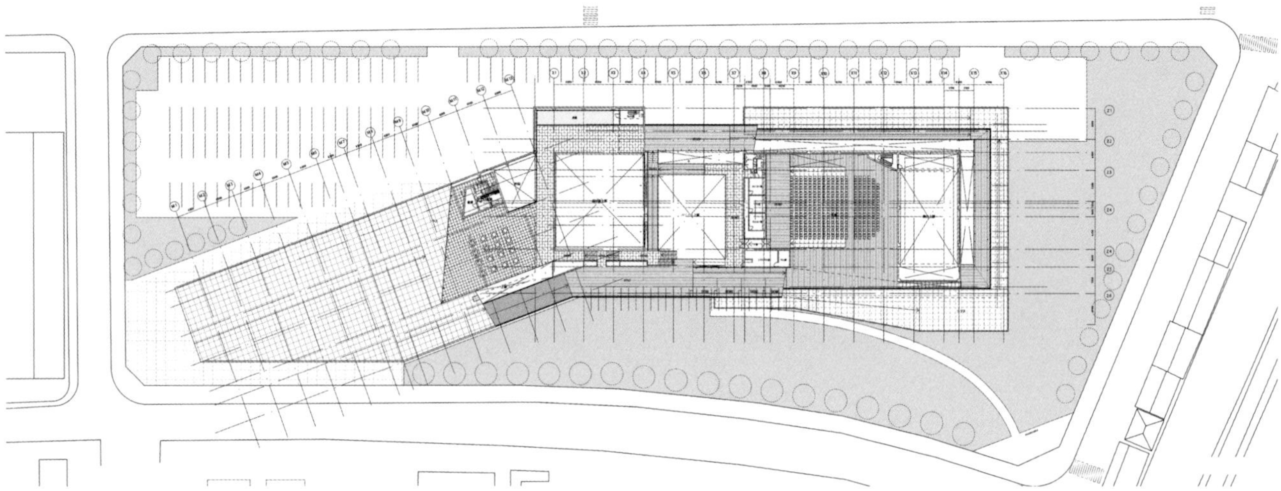

2F PLAN

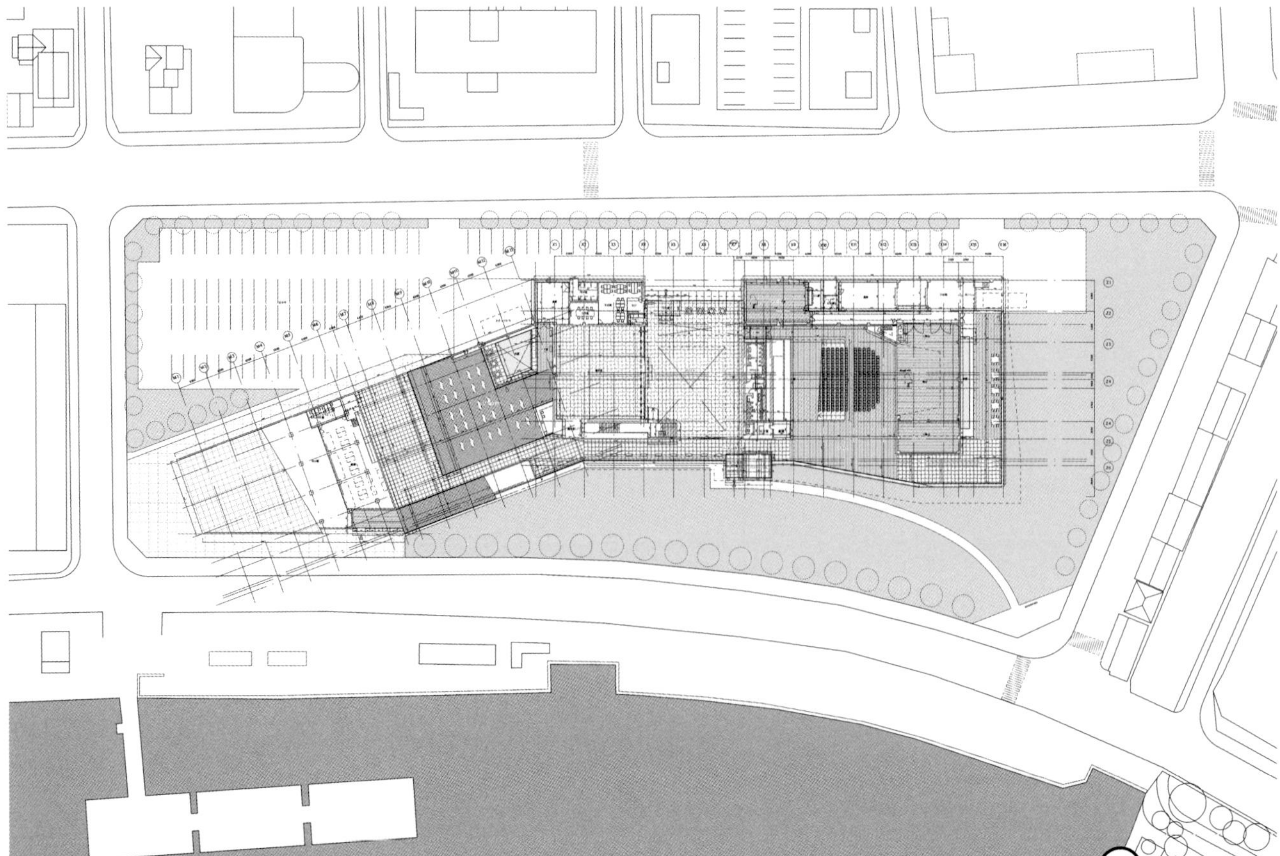

1F PLAN

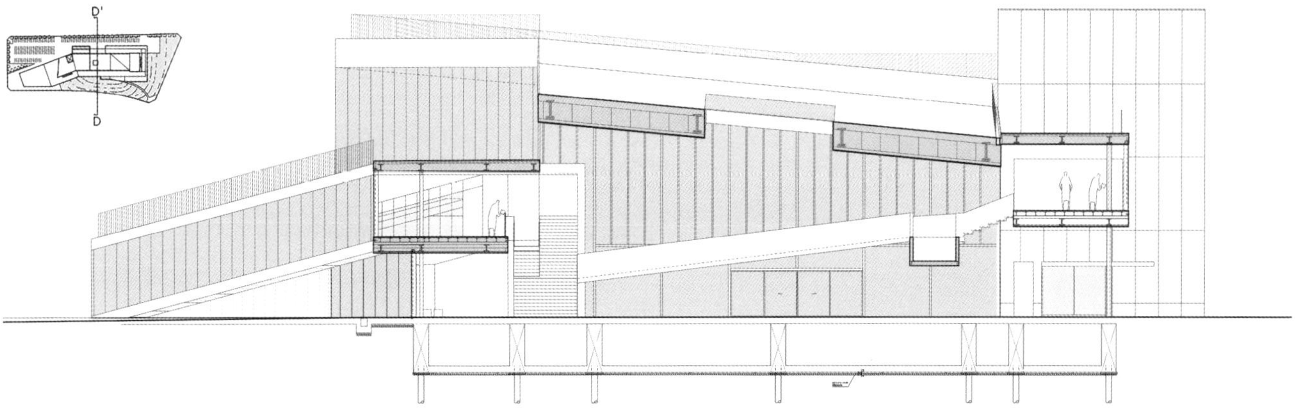

Section D - D'

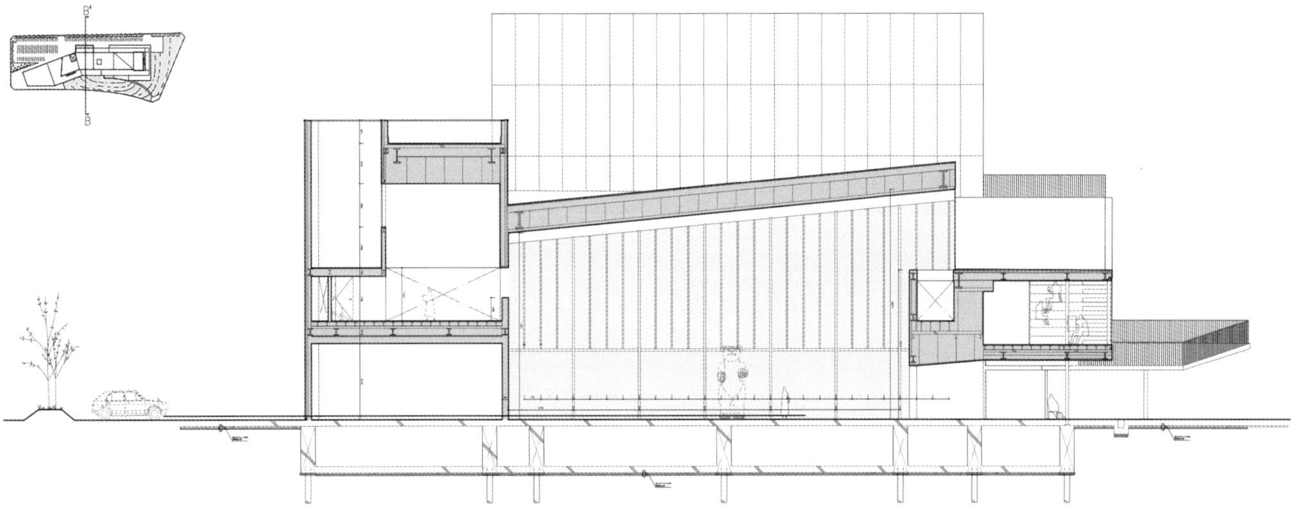

Section B - B'

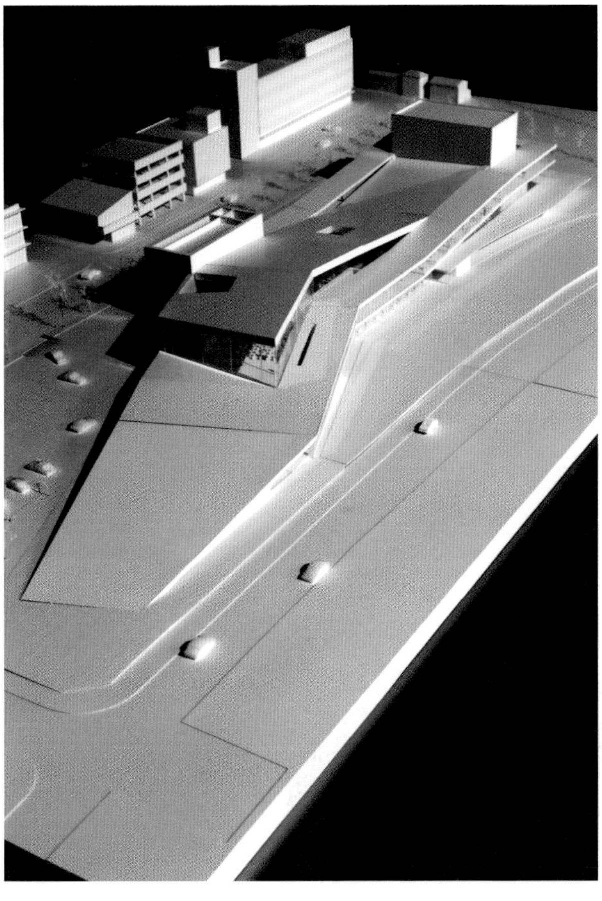

「リユースインフィル家具」を用いた新たな団地改修手法

―多摩ニュータウン永山・諏訪・豊ヶ丘団地を対象として―

建入 大地
Daichi Tateiri

明治大学大学院
理工学研究科
建築・都市学専攻
建築空間論（大河内学）研究室

建築と家具の両義的な性能を持ち、それらが分解可能で繰り返し使用することができる「リユースインフィル家具」（以下ReIF）を用いて新たな団地改修手法を提案する。これは間取りに対する居住者の選択の自由度と、空間の可変性を向上させ、団地の寸法体系を活かした汎用可能な改修方法である。

従来の団地改修手法を分析した上で、問題点を明示し、類似の「インフィル家具」についてのリサーチを行った。「ReIF」の設計指針を以下の4つに定める。

①ユニット化

②可動性

③団地に適合する寸法

④インフィルと家具の両義的な機能

改修のフローは、まず空き部屋の構造体を除く間仕切り壁や襖を撤去し、居住者が「ReIF」を団地の所有者から賃貸契約とは別にリース契約する。退去時にそれらを解体し団地の所有者に返却されるという流れである。そして今回設計を行った「ReIF」を対象とする永山・諏訪・豊ヶ丘団地に配置し、設計提案を行った。

以上の計画より、「インフィルの動産化」や「他用途にも転用できる汎用可能性」、「多様化する家族への順応」、「一室空間の有効利用」、「個室主義の解体」、「身体スケールの延長による空間構成」といったことが期待できる。

建築と家具の両義性と、繰り返し使用できるリユース性を有し、それらが団地というハコの中で、自由に入れ替えられるものとして機能したという点から、新たな団地再生手法として位置づけることができるのではないか。

1. 従来の団地改修手法の問題点

「インフィル改修型」（I改修型）と「インフィル改修+置家具型」（I改修+F型）の改修手法の問題点として、以下の４つが挙げられる。

①「I改修型」と「I改修+F型」は、固定物である建築と可動物である家具との線引きにより、居住者が間取りに対して選択できる範囲や空間の自由度が限定されている。

②改修されたインフィル部分を動かし、間取りを変更することや、インフィルを動産化して利用価値を高めることができない。

③改修されたインフィル部分は固定物で、家具は個人の所有物であるため、それらがリユースされ不特定多数の住民が繰り返し使うことができない。

④団地の持つ既存スケールと工業化されたメーカーの家具では、時折その間に寸法的な齟齬が生まれ、収まりの悪さや使いづらさを生じる場合がある。

2.「インフィル家具」について

「インフィル家具」の設計手法は以下の３つの性能に着目して行っていることが指摘できる。これらの性能を掛け合わせ、建築と家具の両義的な性能を有した「インフィル家具」をつくり出している。

①建築や家具の機能性に着目した手法であり、建築と家具の機能を掛け合わせて新たなプロダクトをつくることを目指したものである。

②スケール性に着目した設計手法であり、人間の行為を支える家具としての機能を延長させ、それらを集積することで空間を形成する手法である。

③可動性に着目した設計手法であり、間仕切り壁などにレールやキャスターなどを用いることや、建築物の組み立て・解体を容易にすることで、不動である建築物に可動性を持たせたものである。

作品名	設計者	特徴
KID' S REPUBLIC	SAKO 建築設計工社	②スケール性
ウィチタハウス「ポッド」	バックミンスター・フラー	①機能性　③可動性
家具住居	GK デザイングループ	①機能性　②スケール性
Roto-Living	ジョエ・コロンボ	①機能性
Cabrioret-Bed	ジョエ・コロンボ	①機能性
Domestic Transformer	ゲイリー・チャン	①機能性　③可動性
つな木	日建設計	②スケール性　③可動性

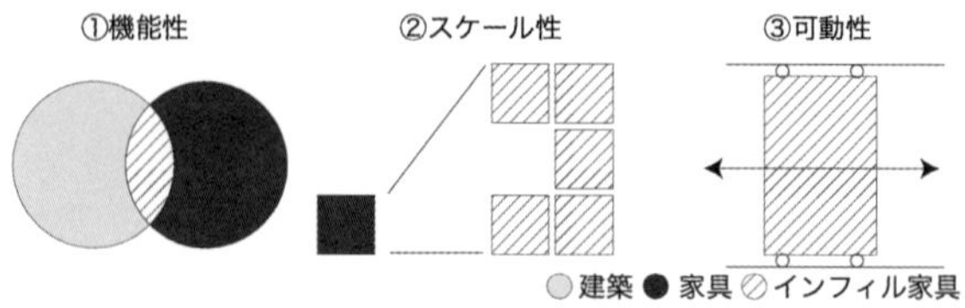

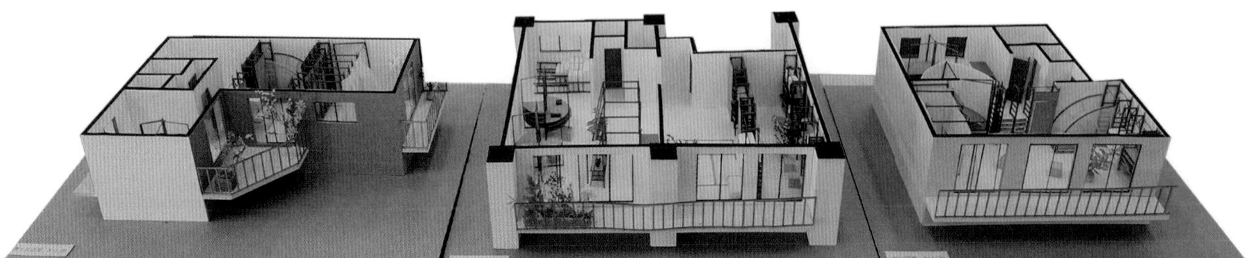

3. 敷地

多摩ニュータウンは、高度経済成長期の住宅不足に対する問題解決として、稲城市、八王子市、多摩市、町田市の4市にまたがる多摩丘陵を開発してつくられた。開発主体は、日本住宅公団・東京都・東京都住宅供給公社等である。多摩ニュータウンのエリアは5つに分かれており、本計画で対象とするのは、諏訪永山エリアの多摩ニュータウン永山・諏訪・豊ヶ丘団地である。このエリアは入居時期が早いため、住民が高齢化し、2050年には人口は32%減と多摩ニュータウンの中で最も空洞化が深刻なエリアである。

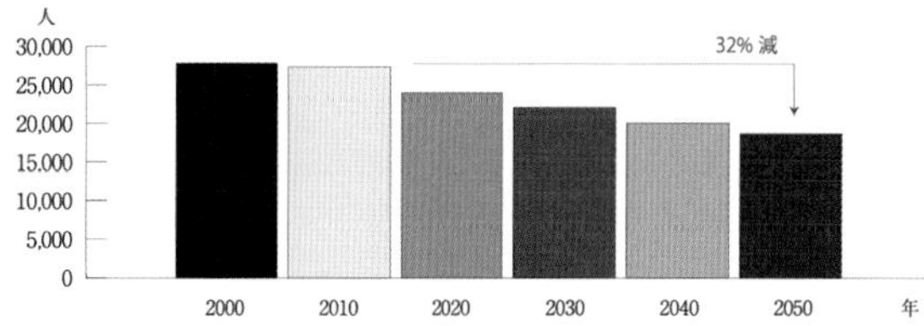

多摩ニュータウン（永山・諏訪地区）将来人口グラフ

case03　諏訪団地
住所：東京都多摩市諏訪2丁目
管理年数：42～50年
構造：鉄筋コンクリート造、鉄骨鉄筋コンクリート造
戸数：518戸

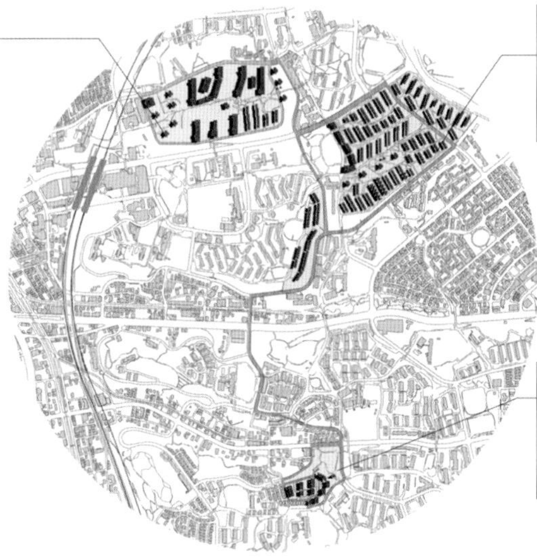

case01　永山団地
住所：東京都多摩市永山3丁目
管理年数：30～50年
構造：鉄筋コンクリート造、鉄骨鉄筋コンクリート造
戸数：3209戸

case02　豊ヶ丘団地
住所：東京都多摩市豊ヶ丘2丁目
管理年数：41～45年
構造：鉄筋コンクリート造、鉄骨鉄筋コンクリート造
戸数：897戸

多摩ニュータウン永山・諏訪・豊ヶ丘団地はそれぞれの距離が3km圏内に位置し、その隣接関係から本提案で設計する「リユースインフィル家具」の資材の共有が可能である。
利用が増えたら他の団地から借り、減ったら貸すといった、団地間相互の効率的な資材の循環を可能にし、無駄なく「リユースインフィル家具」を提供できる。
また、住空間だけでなく、オフィスや食堂といった他用途への転用を可能にする改修方法となることで、団地の居住者層や住民タイプに合わせて利用できる。

4.「リユースインフィル家具(ReIF)」の設計指針4箇条

定義:建築と家具の両義的な性能を有し、組み立て・解体が容易で、繰り返し利用が可能なもの

①ユニット化…「ReIF」では部材をユニット化して作成することで、誰もが簡単に組み立てられるものとする。また解体の容易さや移動性も高めることでインフィルの動産化を図る。

②可動性…これまでの団地のインフィルは固定的で動かすことは困難である。間取りの自由度の面では、改修手法として襖の撤去などで空間の可変性を上げている事例はあるが、いまだに居住者が選択できるのはnLDK型であり、長期的な需要に応えられているとは言えない。そこで、固定物である間仕切りや床天井等のインフィルを可動的にできる「ReIF」を設計する。

③団地に適合する寸法…「I改修+F型」では、家具と間取りの間に寸法の齟齬が生じている。「ReIF」は団地に適合する寸法体系を持つ。基準寸法は450mmとし、それ以下の余り寸法に対しては伸縮可能なアジェスターや骨組みを用いることで、団地ごとに異なる寸法に対応している。

④「インフィル家具」…「インフィル家具」はインフィルと家具の性能を兼ね備えており、一室空間を有効に利用することができる。またインフィルと家具の組み合わせにより、住空間以外の多様な空間を創出することができる。

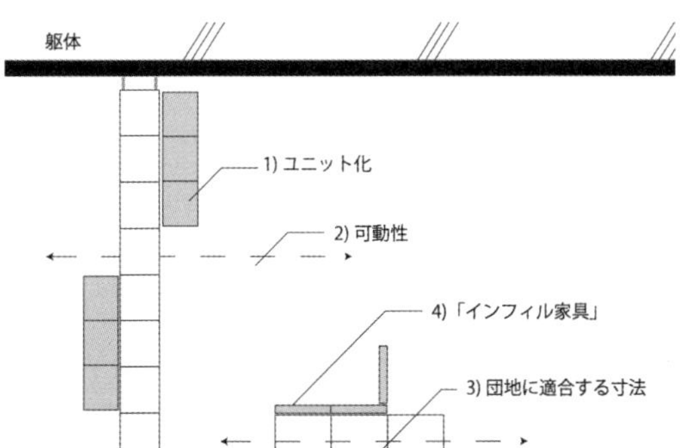

5. 改修フロー

設計指針をもとに、改修フローの策定、「ReIF」の設計を行う。まず、改修のフローは以下の4つの段階に分けて考える。

第1段階（既存改修）：空き部屋の構造体を除く、間仕切り壁や襖を撤去する

第2段階（選択・貸し出し）：居住者は、「ReIF」とそれらを構成するユニット部材を選択する。団地の所有者から1ヶ月単位でリース契約できる

第3段階（設置・組み立て）：居住者は、組み立て方法が記載してある「ReIFの組み立て方法」を見ながら組み立てる

第4段階（撤去・返却）：居住者の「ReIF」のリース期間が終了した場合に、「ReIF」を解体し団地に返却する。返却された「ReIF」はリユースされ第2段階に戻る。

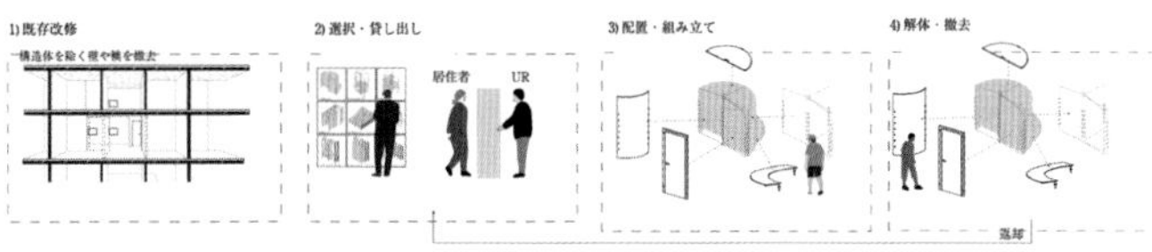

6. 設計

「ReIF」は折り畳みが可能で可動的であり、骨組み同士の間隔を自由に決めることができる「可動骨組み」と、それらに適合する「基本ユニット」で構成される。これにより、一定数のユニット部材で多様なReIFを組み立てることが可能となる。

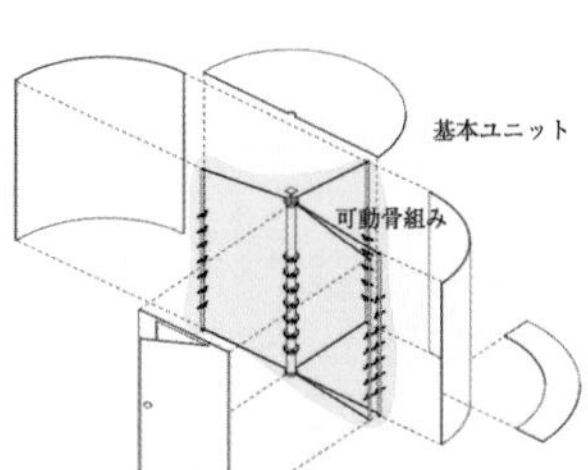

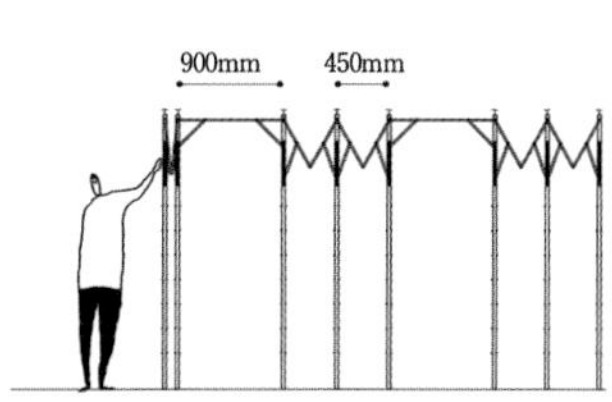

case01 永山団地

○用途：住宅　○居住者構成：夫婦と子供１人　○部屋割り：リビング＋ダイニング＋子供部屋＋夫婦個人空間

可動骨組み	基本ユニット		
a1. 円形骨組み x1	c.1/2 テーブル x2	g. 取り付けドア x3	j. ボックス x18
a2. 円形骨組み x1	e. 外付テーブル x1	h. ベッド x1	k. 棚板各種 x25
b1. 四角形骨組み x2	f. 円形目隠し板 x1	i. ソファ各種 x32	l. 四角形目隠し板 x7

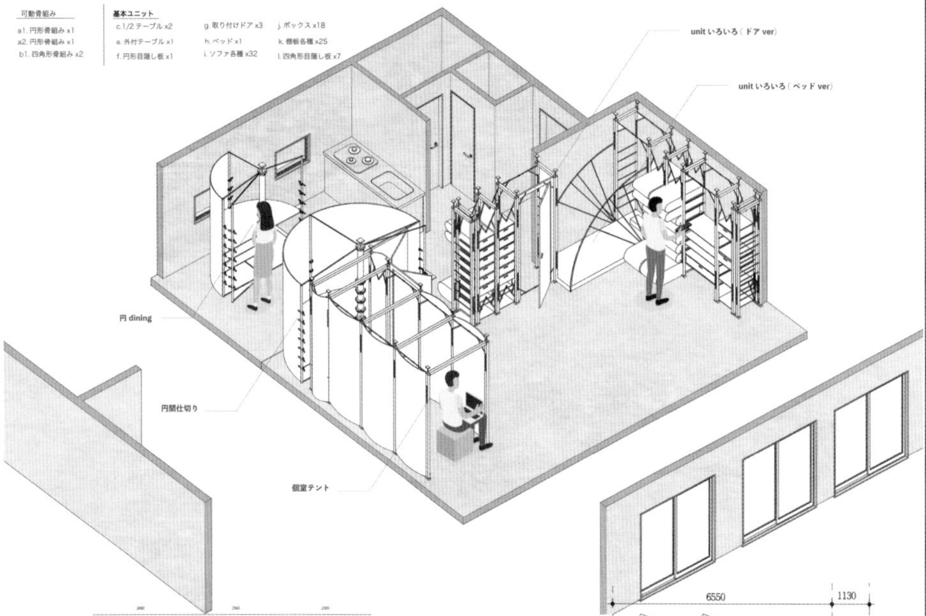

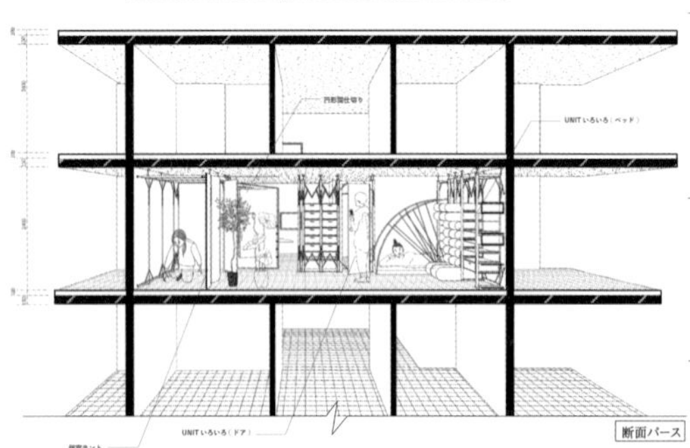

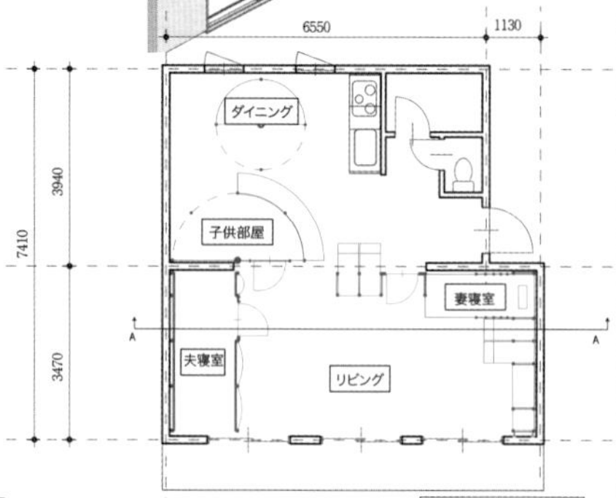

永山団地改修後　S=1:100

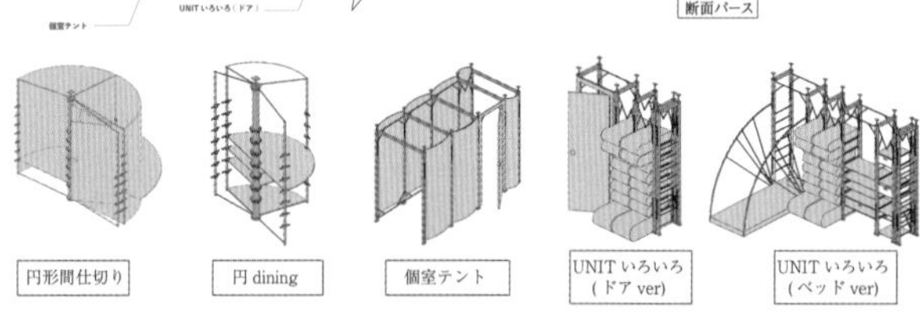

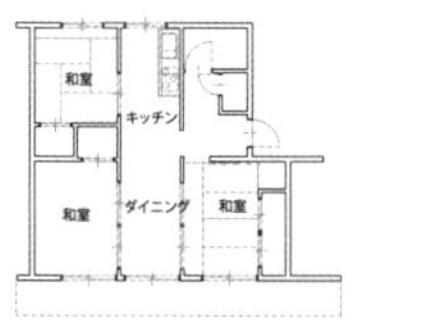

永山団地改修前　S=1:200

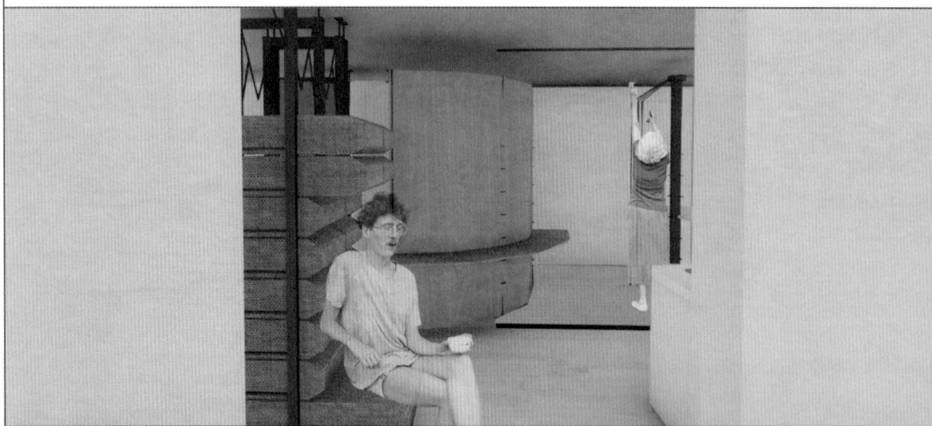

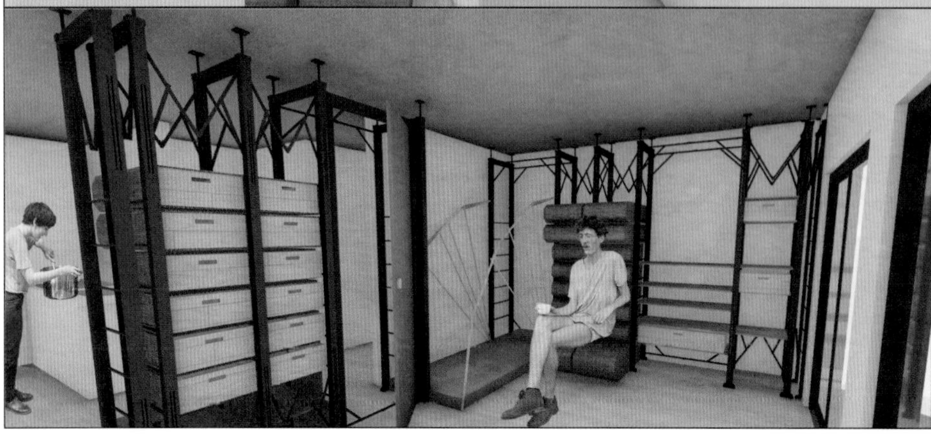

case02 豊ヶ丘団地

○用途：シェアハウス　○居住者構成：3 人　○部屋割り：共有ダイニング＋個室 x3

可動骨組み	基本ユニット		
a2. 円形骨組み x1	c.1/2 テーブル x1	k. ソファ各種 x27	m. 棚板各種 x4
b1. 四角形骨組み x2	g. 取り付けドア x3	l. ボックス x29	n. 四角形目隠し板 x4
b2. 四角形骨組み x1			

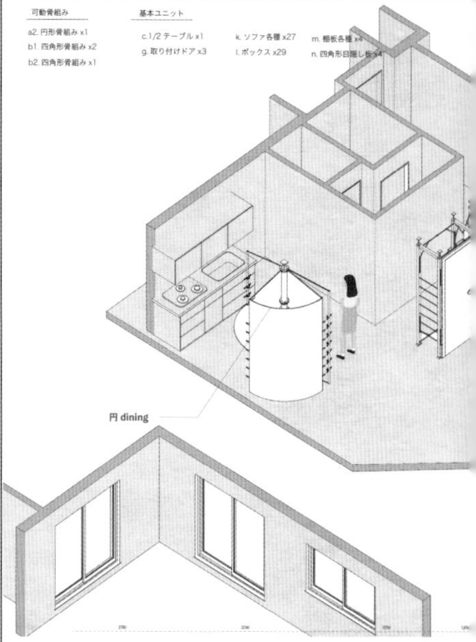

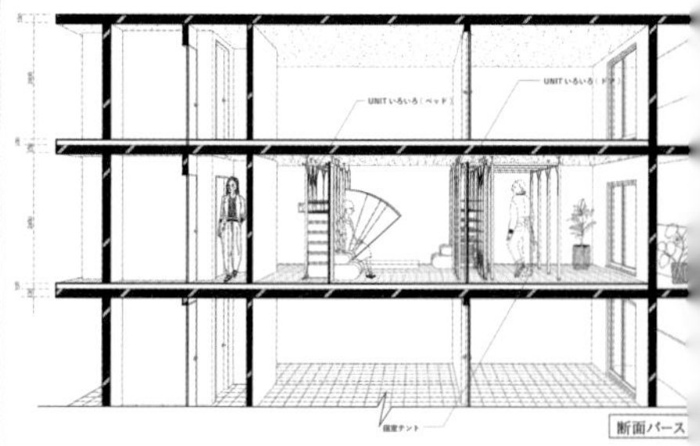

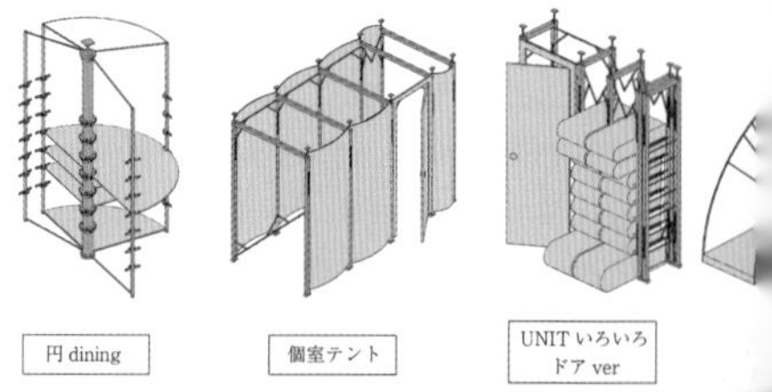

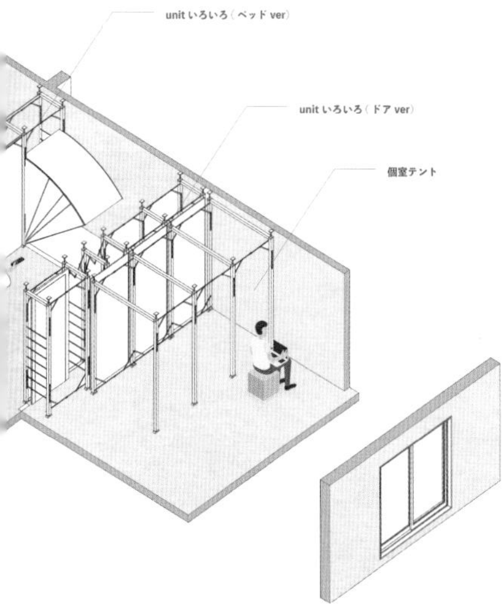

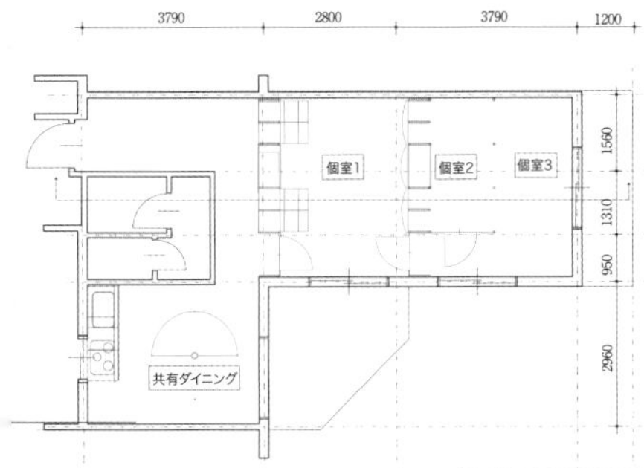

畳ヶ丘団地改修後　S=1:100

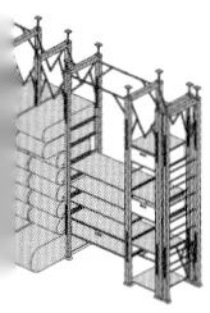
Tいろいろ
ッド ver

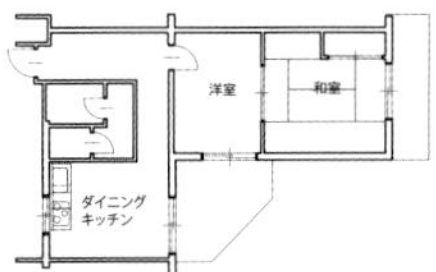

畳ヶ丘団地改修前　S=1:200

case03　諏訪団地

○用途：食堂兼コワーキングスペース　○部屋割り：キッチン・食堂・休憩所・コワーキングスペース

可動骨組み	基本ユニット		
a2. 円形骨組み x2	c.1/2 テーブル x2	g. 取り付けドア x1	i. ボックス x14
b1. 四角形骨組み x2	d.1/4 テーブル x10	j. 上カバー	m. 棚板各種 x29
b2. 四角形骨組み x1	f. 円形目隠し x2	k. ソファ各種 x53	n. 四角形目隠し板 x6
b3. 四角形骨組み x2			

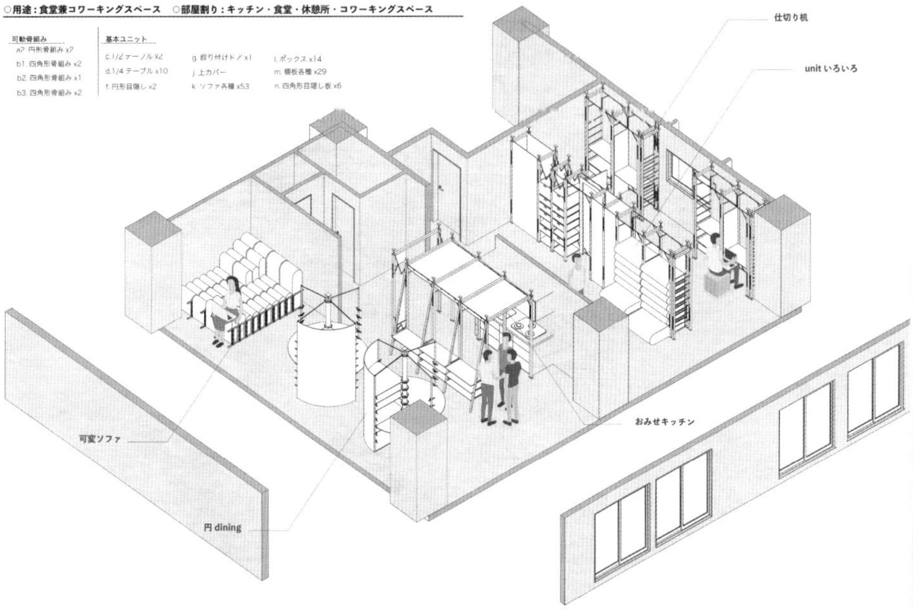

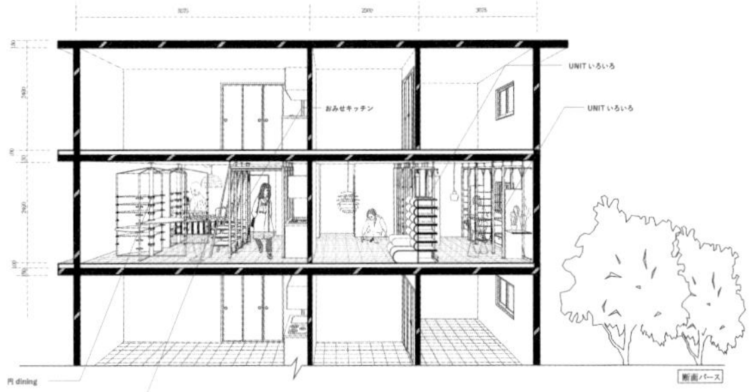

断面パース

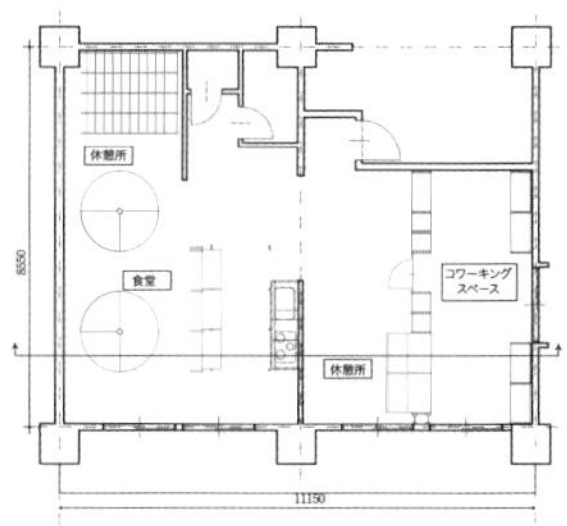

諏訪団地改修後　S=1:100

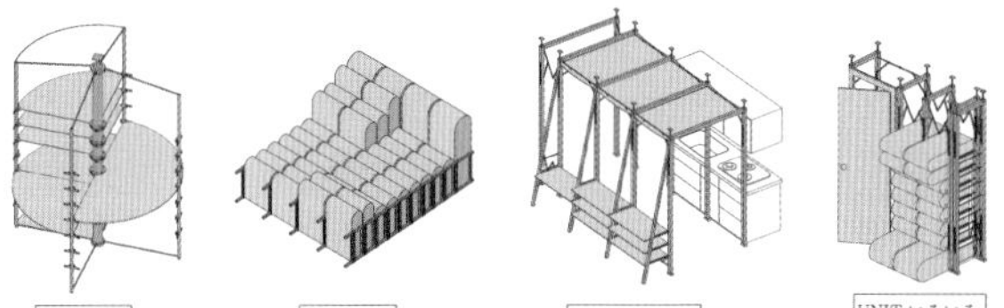
円 dining　可変ソファ　おみせキッチン　UNIT いろいろ（ドア ver）

諏訪団地改修後　S=1:100

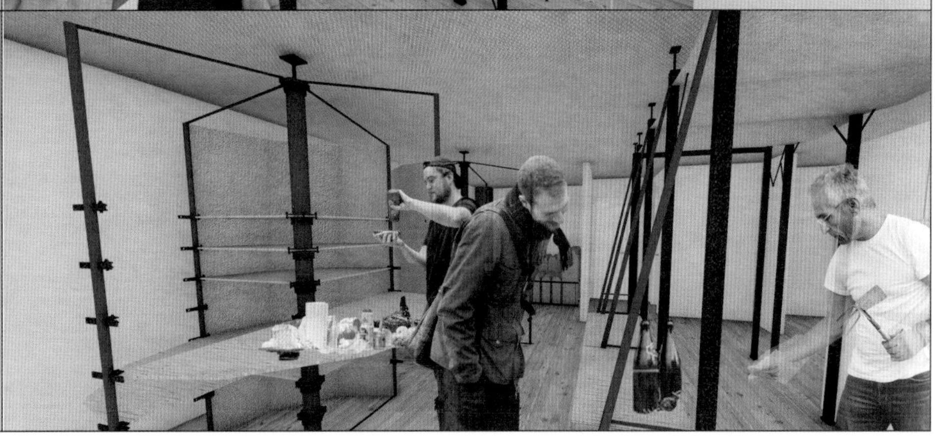

MADE BY TSUKIJI

—TSUKIJI DIY MANUAL—

古川 靖也
Seiya Furukawa

明治大学大学院
理工学研究科
建築・都市学専攻
国際建築・都市デザイン系（I-AUD）
小林正美スタジオ

この修士プロジェクトは、ゼロから新たにものをつくるのではなく、すでにあるモノや空間、街などを創意工夫することで、現状を手軽にアップデートする事を目的とする。

築地にはDIY精神が根付いている。魚屋では早朝から売り場を作る姿、飲食店ではお客さんが座るために机や椅子を組み立てる姿を築地に行けば毎日見ることができる。そして、発泡スチロールや木材など建築をするための材料が築地にはたくさんある。つまり築地には、豊洲市場移転により老朽化建築物や空き地が増加する中、誰もがプレーヤーとして街を更新できるポテンシャルを持っているのである。

そこで本製作では、築地の人々が街を楽しみ直すきっかけとして、DIY本「TSUKIJI DIY MANUAL」を製作した。まず、築地で集められる材料と技術をまとめたマップを作り、なるべくそこにあるものを使って気軽にDIYできる手法を25個のマニュアルを通じて考えた。それに加え、利用できる空きテナントや空き地をプロットしたマップから3つの敷地を対象とし、「WHOLESALE AND BAR」「AFTERNOON CHILL」「TSUKIJI PAVILION」を設計した。ここではマニュアルを通じた築地の更新手法を家具スケールだけでなく建築スケールまで具体的に提案している。

「TSUKIJI DIY MANULAL」を通じて、築地に住む誰もが町のプレーヤーになれること、築地を再び楽しめることを示し、築地の自主的なエリアリノベーションが促進されることが本修士製作の目標である。

1. TSUKIJI DIY SPIRITS　築地に潜む建築的活動

築地には建築をするための多くの材料と技術があり、さらには昔からずっと売り場を自分たちで作っていたことから、築地にはDIY精神が深く根付いていることがわかった。

SIGNBOARD　FLOWER BASE　DISPLAY STAND1　DISPLAY STAND2

2. PROBLEM　老朽化建築物と空き地、空きテナントの増加

現在築地場外市場では、豊洲市場移転に伴う空き店舗の増加、老朽化建築物が課題となり、かつての活気ある築地の姿が失われつつある。調査した結果、早急なエリアリノベーションが必要となっていることがわかった。

AGING　VACANT STORE　VACANT LAND

3. POTENTIAL SITE　編集・改変可能な場所

今回はスタディとして、TSUKIJI DIY　MANUAL を用いた築地のアップデート手法を三つの敷地で考えてみる。

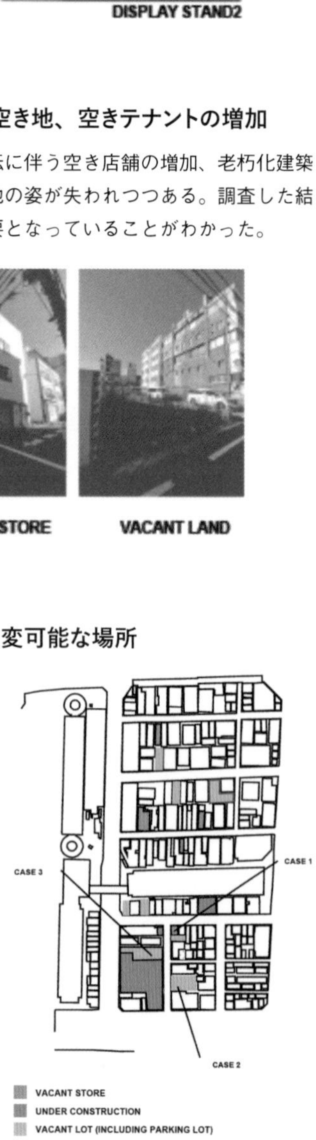

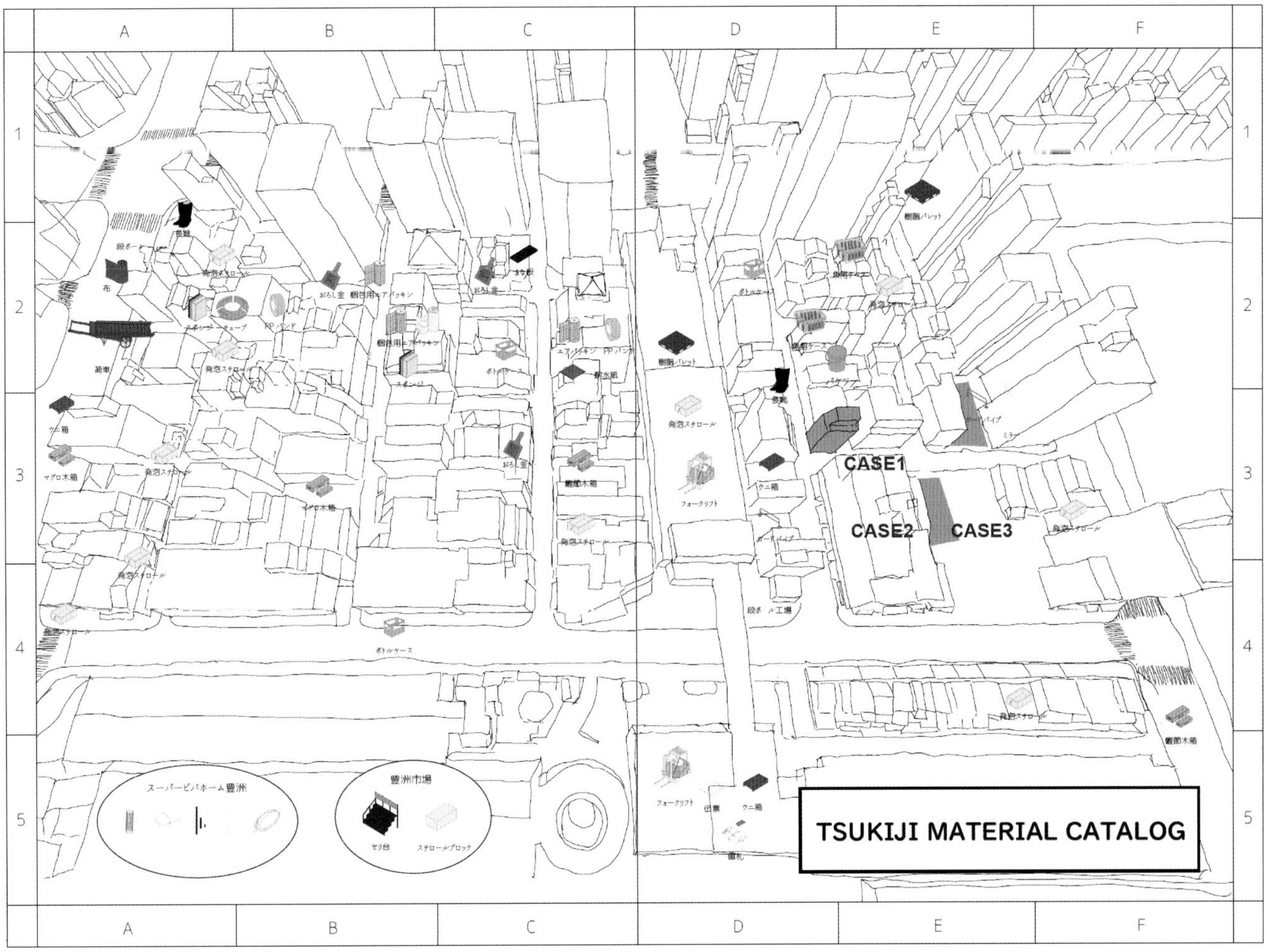
A
B
C
D
E
F
1
2
3
4
5
段ボール
長靴
布
発泡スチロール
おろし金
梱包用エアパッキン
台車
ウニ箱
マグロ木箱
樹脂パレット
フォークリフト
ボトルケース
ラーパイプ
CASE1
CASE2
CASE3
段ボール工場
スーパービバホーム豊洲
豊洲市場
セリ台
スチロールブロック
伝票
ウニ箱
鰹節木箱
TSUKIJI MATERIAL CATALOG

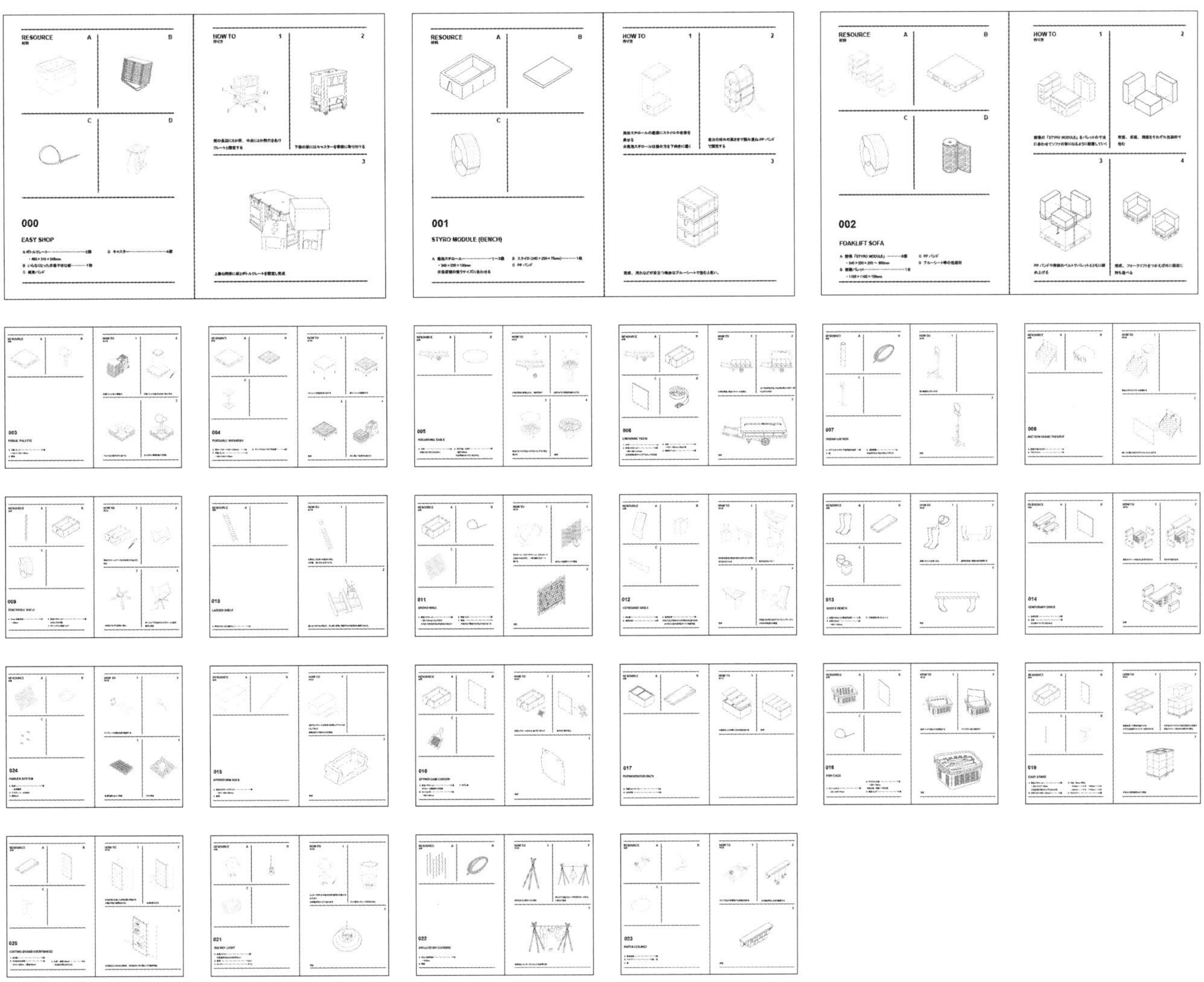
RESOURCE
HOW TO
000
EASY SHOP
RESOURCE
HOW TO
001
STYRO MODULE (BENCH)
RESOURCE
HOW TO
002
FOAKLIFT SOFA

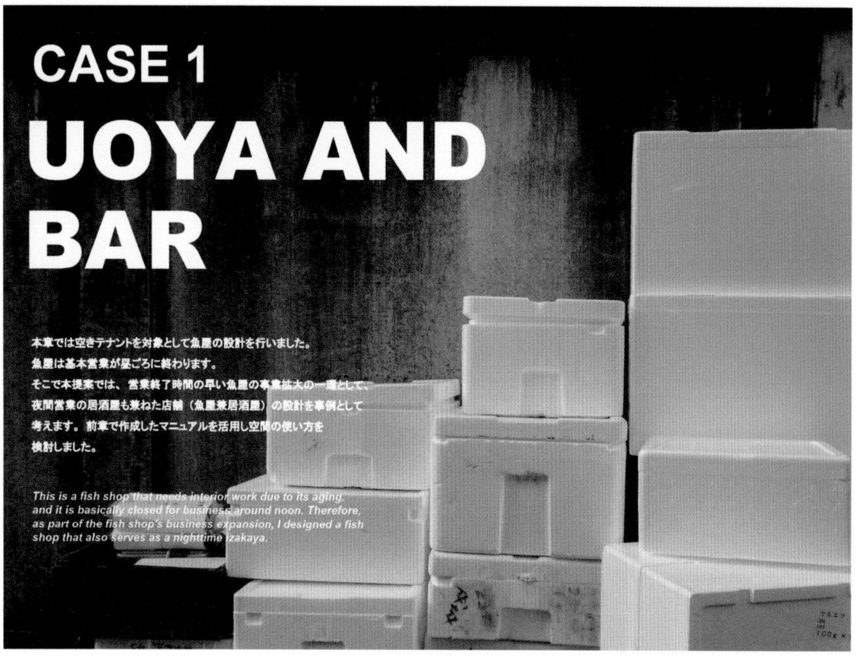

CASE 1
UOYA AND BAR

本章では空きテナントを対象として魚屋の設計を行いました。
魚屋は基本営業が昼ごろに終わります。
そこで本提案では、営業終了時間の早い魚屋の事業拡大の一環として、
夜間営業の居酒屋も兼ねた店舗（魚屋兼居酒屋）の設計を事例として
考えます。前章で作成したマニュアルを活用し空間の使い方を
検討しました。

This is a fish shop that needs interior work due to its aging, and it is basically closed for business around noon. Therefore, as part of the fish shop's business expansion, I designed a fish shop that also serves as a nighttime izakaya.

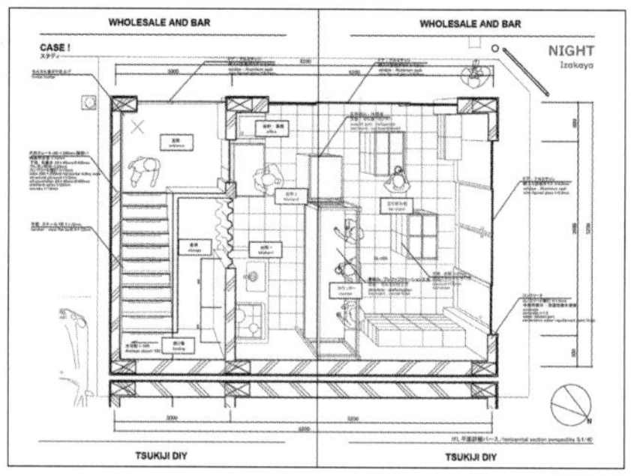

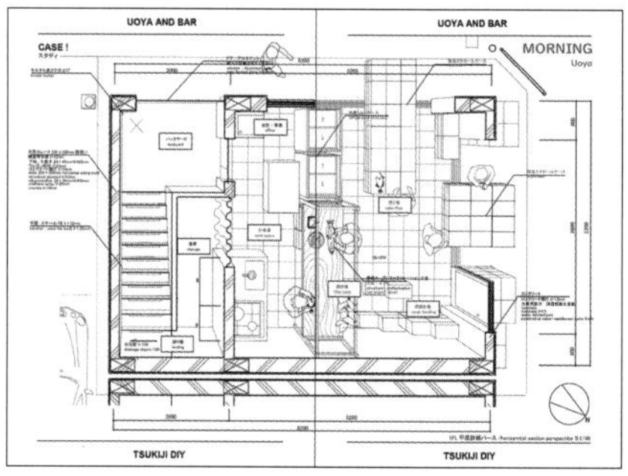

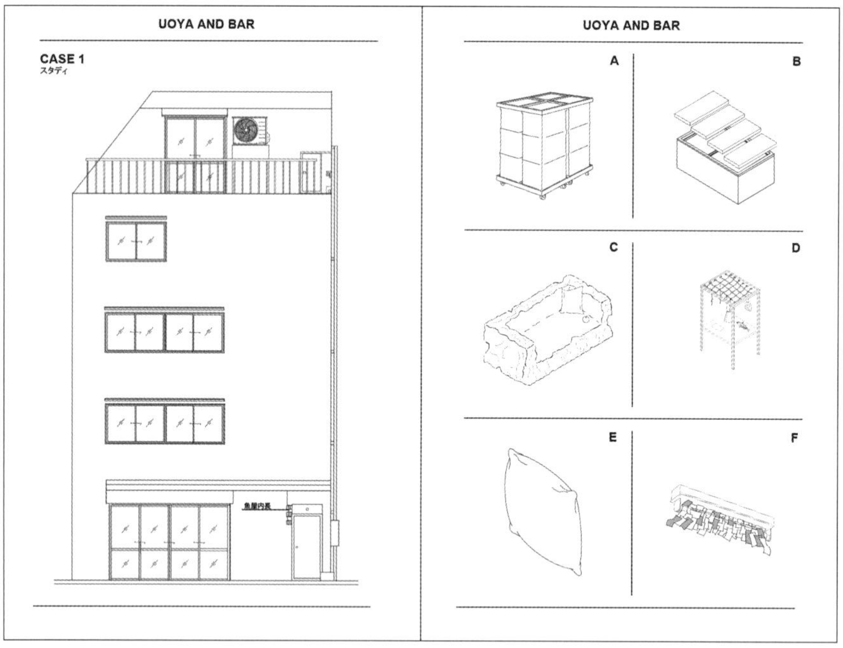

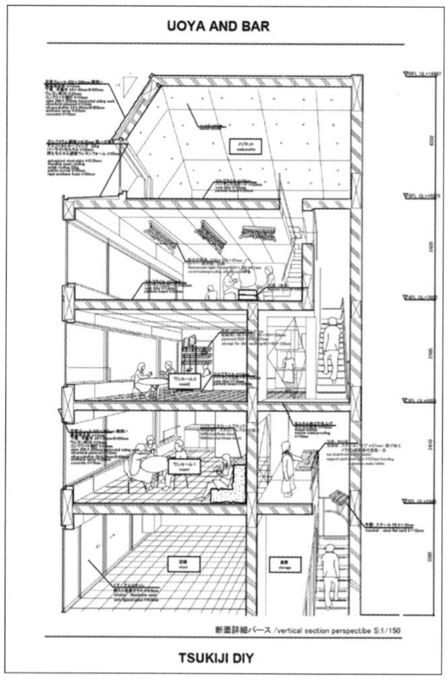

CASE 2
AFTERNOON CHILL

調査を進めいていくうちに私は築地の人々のやさしさ、あったかさに感動を覚えました。
発泡スチロールをただでたくさんくれたり、自分の研究の話をしたらすごい真剣に聞いてくれたり
ご飯までごちそうになったこともあります。
そんな人情味あふれる築地はすぐに人と打ち解け仲良くなる不思議な魅力があります。
本章では、午後の魚屋さんの空き時間を利用したコミュニティの作り方を提案します。
みんなが作り手となり町を楽しみなおしてくれる事を願って。

As I continued my research, I was moved by the kindness and warmth of the people of Tsukiji.They gave me a lot of Styrofoam for free, listened to me very seriously when I talked about my research, and even treated me to dinner once.
Tsukiji is a place full of humanity, and there is a strange charm to it that makes you feel at ease and at ease with people.
In this chapter, I propose a way to create a community using the free time of the fishmongers in the afternoon.
I hope that everyone will become a creator and start enjoying the toasa

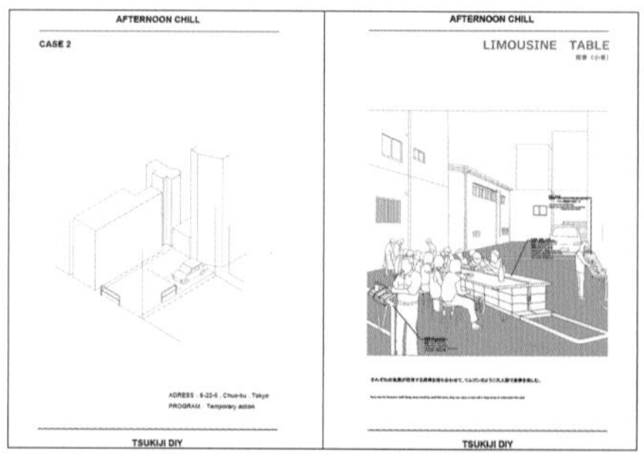

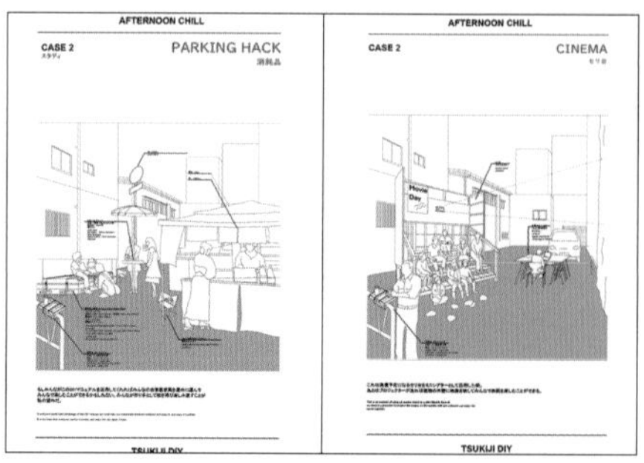

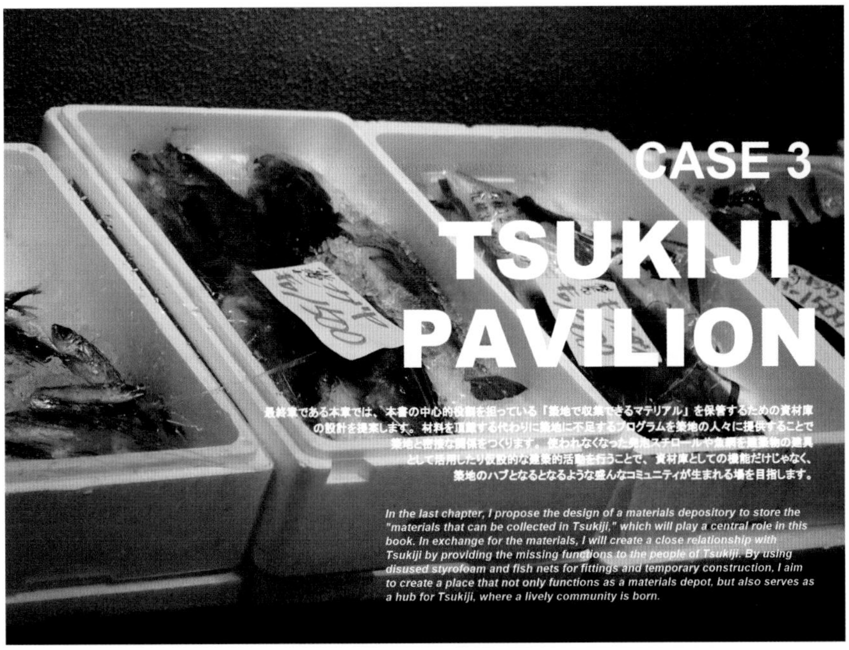

CASE 3

TSUKIJI PAVILION

最終章である本章では、本書の中心的役割を担っている「築地で収集できるマテリアル」を保管するための資材庫の設計を提案します。材料を頂戴する代わりに築地に不足するプログラムを築地の人々に提供することで築地と密接な関係をつくります。使われなくなった発泡スチロールや漁網を建築物の建具として活用したり仮設的な建築的活動を行うことで、資材庫としての機能だけじゃなく、築地のハブとなるとなるような盛んなコミュニティが生まれる場を目指します。

In the last chapter, I propose the design of a materials depository to store the "materials that can be collected in Tsukiji," which will play a central role in this book. In exchange for the materials, I will create a close relationship with Tsukiji by providing the missing functions to the people of Tsukiji. By using disused styrofoam and fish nets for fittings and temporary construction, I aim to create a place that not only functions as a materials depot, but also serves as a hub for Tsukiji, where a lively community is born.

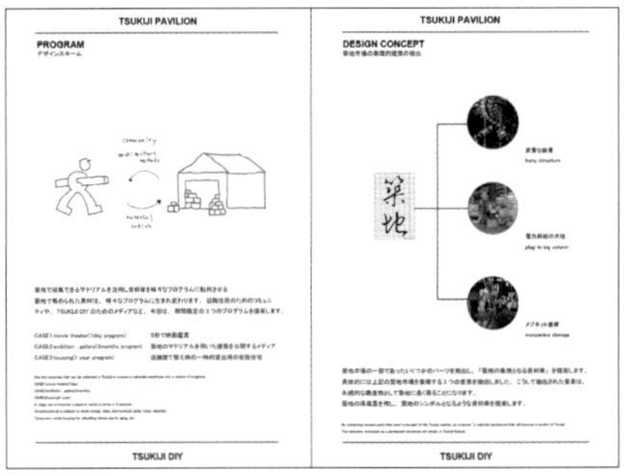

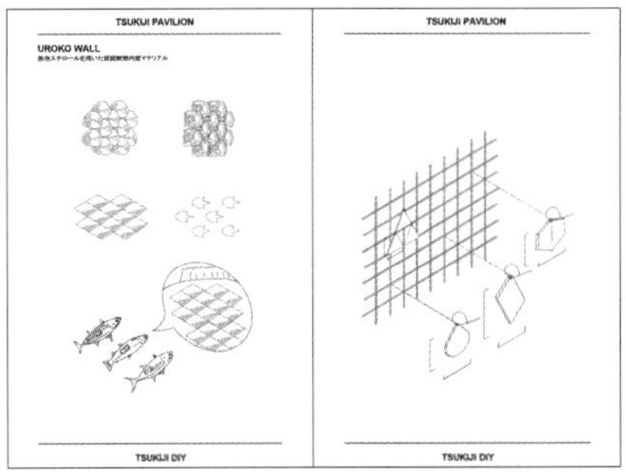

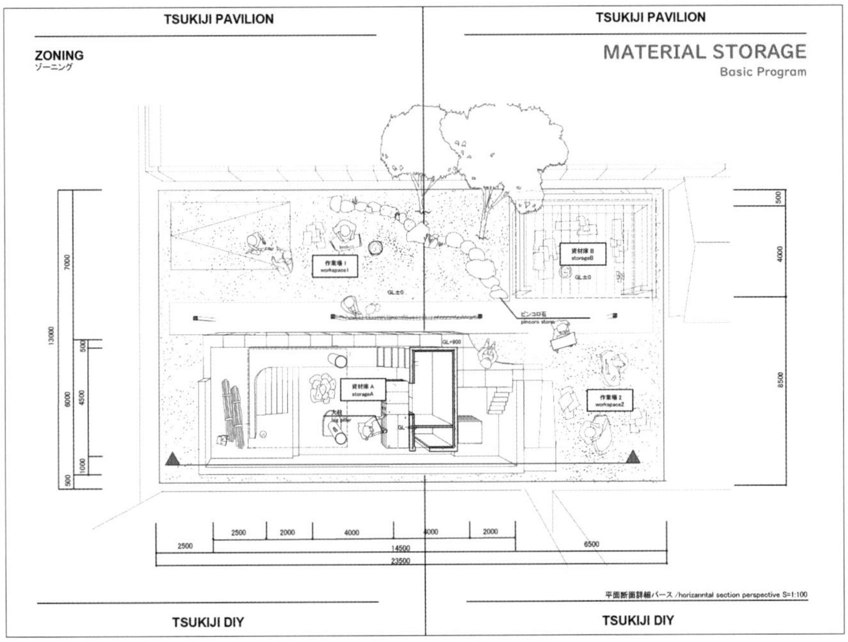

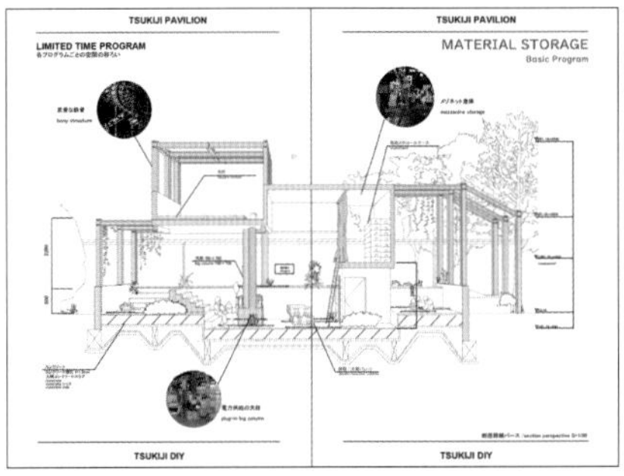

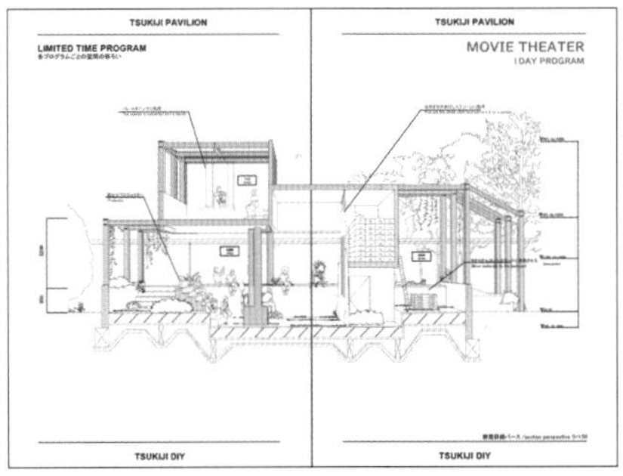

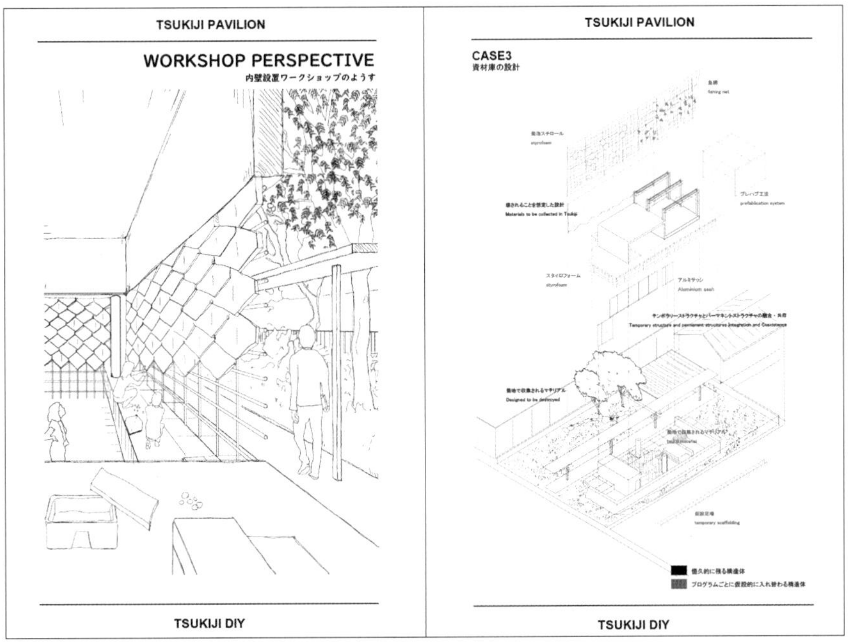

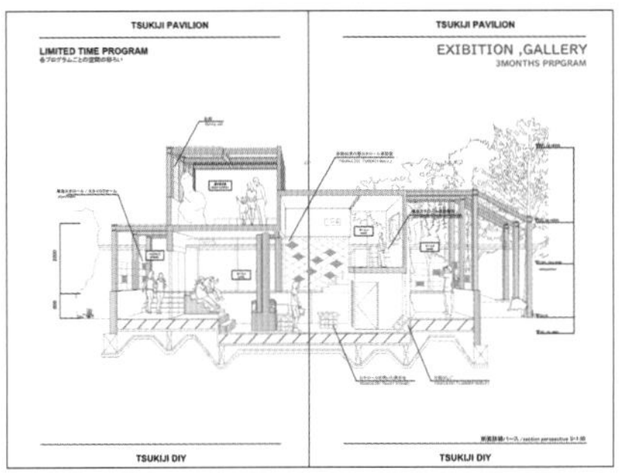

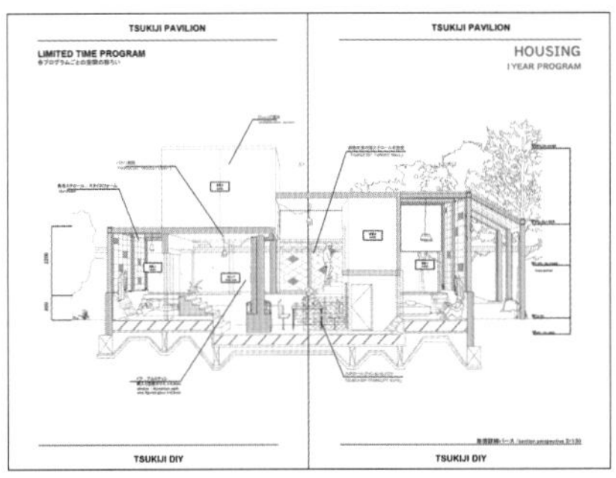

舟宿水楼

― 柳橋における船宿の構法を応用した舟運一体型ホテルの設計 ―

中尾 直暉
Naoki Nakao

早稲田大学大学院
創造理工学研究科
建築学専攻
吉村靖孝研究室

神田川と隅田川が合流する位置に柳橋という場所がある。かつての柳橋にあった料亭街では、隅田川を眺めながら料亭遊びや舟遊びが行われており、料亭と舟宿が連携して豊かな水文化を形成していた。しかし、鉛直堤防の建設を境に料亭街はマンション街へと姿を変えた。舟宿はバブル期に流行した屋形船の運営を今でも続けているが、大人数貸し切りの娯楽スタイルは需要が低下し続けており、水文化の消滅が危惧される。

そこで、堤防によって分断された陸域と水域を再び結び付ける手法を探るため、柳橋の堤防沿いに残る舟宿を調査した。舟宿の歴史的変遷を整理し、現在の舟宿を観察して３つの舟宿構法を抽出した。そして、舟宿構法を応用して、最後の料亭亀清楼が入る水辺のマンションに、半分をホテルへ改修した「舟宿水楼」を設計した。それに加えて、料亭や屋形船を機能分化・小舟群化して集合分散可能にした「料艇街」を設計した。舟宿水楼の積層する川床と、料艇街の連なる甲板は地域に開放されており、ホテルのオフシーズンでも水辺に賑わいを生む。舟宿水楼は、小舟群による柔軟な舟運のネットワークによって東京中の防災船着き場や既存の船宿、屋形船と結びつけられる。それによって土木・建築・舟運が一体となって陸域と水域を縫合し、新旧の水文化が混在する、都市の豊かな水辺の景観をつくる。

1. 東京に点在する新旧の船着き場

東京はかつて水の都だった。河川舟運が発達し、舟のレンタルを生業とする舟宿が至る所にあった。現在残る舟宿の位置は、かつての漁師町や花街と重なっている。なかでも柳橋は、隅田川と神田川の交点に位置することから、一大花街が形成されていた。舟宿は古くからある船着き場として、屋形船や釣り船の発着所になっている一方、現在整備が進む防災船着き場は平時の利活用が進んでいないのが現状である。災害時に舟運を活用して迅速に物資や避難者を運ぶためには、平時に防災船着き場を利活用して市民への認知を広げ、舟運のネットワークをあらかじめ作っておくことが求められる。さらに、舟宿と防災船着き場を結びつける舟運があれば、新旧の船着き場が有機的につながり、都市の歴史が河川沿いに蓄積していくことができる。

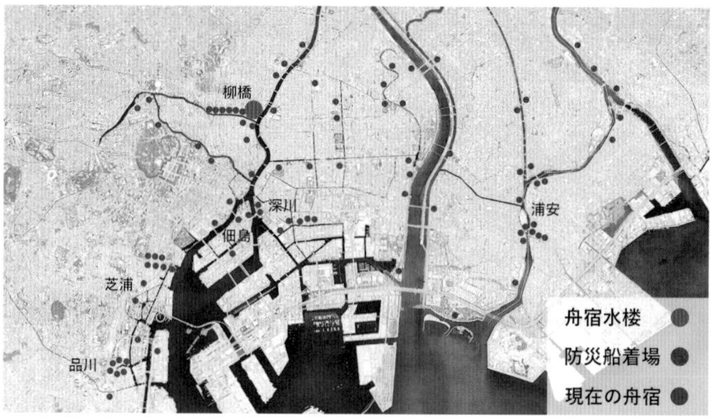

2. 柳橋における水文化の衰退

豊かな水文化を持っていた柳橋だが、高度経済成長期の水質汚染と鉛直堤防の建設によって陸域と水域は分断され、水辺との関係を断たれた料亭街は角地の亀清楼を残して消滅した。舟宿は屋形船の営業を続けているが、大人数貸し切りの娯楽スタイルは時代と共に需要が低下し続けている。そこで私は、かつて柳橋にあった豊かな水文化を、鉛直堤防に覆われた、亀清楼が２階に入るマンションの水辺に復活させることはできないかと考えた。

江戸期の柳橋

《江戸高名会亭尽　両国柳橋　大のし》歌川広重

撮影者：中尾直暉

3. 舟宿の変遷

堤防によって分断された陸域と水域を再び結び付ける手法を探るため、柳橋の堤防沿いに残る舟宿を調査した。柳橋の舟宿は鉛直堤防をまたぐように掛かる家型の桟橋で、１階に作業場兼倉庫、２階に事務所の部屋がある。既得権によって行政に存在を許された、建築と桟橋の融合体である。この桟橋は、江戸時代には簡易的な桟橋だったものが護岸整備とともに高床になって階段がつき、戦後のバラック街が形成された時期に家型になったものである。鉛直堤防の建設や、バブル期の船の大型化に対応して増改築し、現在の形に至る。

江戸：二階建の建築と簡易桟橋
《江戸高名会亭尽　両国柳橋　梅川》歌川広重

明治：二階建の建築と高床桟橋

昭和：建築と桟橋が一体化して二階建の家型桟橋に
《柳橋月明》藤島武二

昭和：家型桟橋の拡張

柳橋年表

室町		1456年	太田道灌による、平川(旧神田川)の流路変更。現日本橋川の流路が完成。
江戸		1620年	神田山の切り通し完成。現日本橋川を神田川から切り離す。
		1698年	樽屋藤右衛門により木橋が架橋される。当時の名称は「川口出口之橋」
		1733年	両国川開き花火大会　開始
		1798年	万八楼で席画会の開催。江戸に書画会が広まる。
		1817年	14名の芸妓が文書に記載
		1842年	水野忠邦による改革で深川などの岡場所から逃れてきた芸妓が柳橋に移住
	①簡易桟橋期	1848-54	料理茶屋番付に「万八」「亀清」の名が記載
		1853-68	芸妓100、船宿30と記載『角川日本地名大事１３東京都』
		1854年	亀清楼が万八楼跡地に移動
		1859年	芸妓140名から150名に増加
		1860年	成島柳北「柳橋新誌」初編
		1848-70	柳橋が洋式木造桁橋にかけ替え・護岸の改修
明治		1871年	成島柳北「柳橋新誌」二編
	②石段・桟橋期	1876年	成島柳北「柳橋新誌」三編
		1881年	神田松枝町の大火
		1887年	柳橋が鋼鉄製桁橋に架け替え・護岸の改修
		1910年	明治43年の大水害
大正		1919年	都市計画法・市街地建築物法の施行
	③階段付き桟橋期	1923年	関東大震災、柳橋の崩落
昭和		1927年	船宿小松屋が柳橋に移る。既に船宿は沢山あった。
		1928年	芸妓366名、料理屋、待合あわせて62軒、
		1929年	復興事業として上路アーチ橋を架橋・護岸の改修
	消滅期	1945年	東京大空襲
	家型桟橋誕生期	1946年	臨時建築制限令、通称「バラック令」の施行
		1950年	建築基準法の施行、バラック街の撤去開始
	④家型桟橋増加期	1952年	料亭57軒
		1953年	小松屋が佃煮を売り始める
		1955年	高度経済成長期による水質悪化（一1972）、料亭と舟宿が営業中止し始める
	活動停止期	1962年	両国の川開きが中止、柳橋の衰退がはじまる
		1965年	河川敷地占有許可準則を発出（河川区域内の土地占有に関して管理者の許可が必要に）
		1970年代	神田川全域の直立護岸工事
	⑤直立堤防適応期	1975年	隅田川護岸工事完了
		1977年	水質の改善により船宿小松屋が再開、旅客不定期航路事業者として認可を受ける
	⑥水平拡張期	1978年	隅田川花火大会が開始、屋形船の再流行、大型化
		1978年	柳橋リバーサイドマンション建設
平成		1991年	バブル経済崩壊

4. 現在の舟宿の観察

柳橋に残る９軒の舟宿の舟宿のうち、許可をいただけた３軒の室内外を実測、観察し、ほかの舟宿は外観的な特徴を記録した。その結果、一般的な建築とは異なるさまざまな特徴を収集した。以上の変遷と観察調査から、水際の建築の設計に応用可能な舟宿の構法を３つ抽出した。

鉛直堤防の内外をつなぐ、建築と桟橋の融合体である。

似た形状の舟宿が並ぶ

川沿いに床を拡張している

鉛直堤防上端に部材をひっかけて固定している

各階で構造が切れている

筋交いを場当たり的に付け足している

5. 舟宿構法の応用

舟宿　断面図

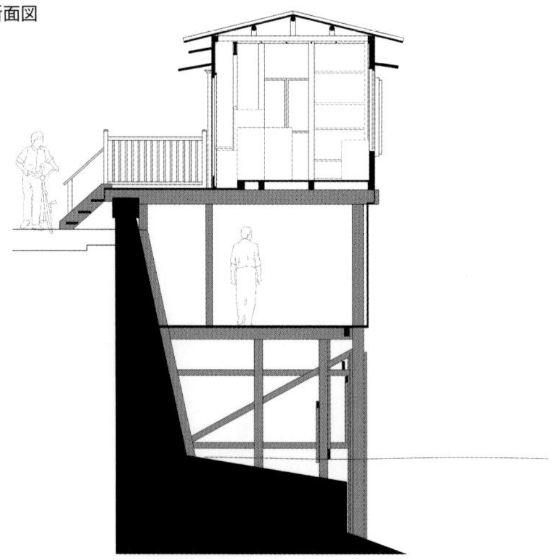

舟宿水楼　断面図

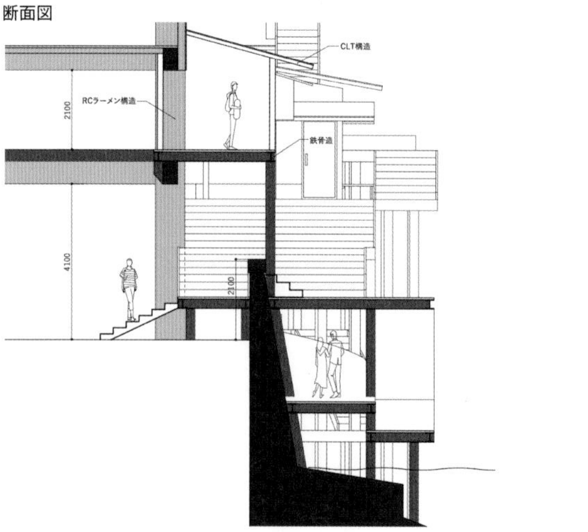

●舟宿構法①　堤防の強い構造に木造の弱い構造を噛み合わせる

舟宿構法の1つ目は、木造の弱い構造を堤防の強い構造に噛み合わせる構法である。例えば、梁は堤防の上端に引っ掛けてあり、柱は護岸の形に添うように配されている。これによって堤防の治水機能、土地の歴史を損なうことなく構造的な強度を得ている。

●応用①　ラーメン構造と鉛直堤防の構造に鉄骨造を噛み合わせる

この構法を応用して、既存マンションのラーメン構造と鉛直堤防に噛み合うように、鉄骨造の構造体を配置した。ラーメン構造の梁の上に鉄骨の梁を載せ、鉄骨部材でRC梁に固定している。

舟宿　アクソメ図

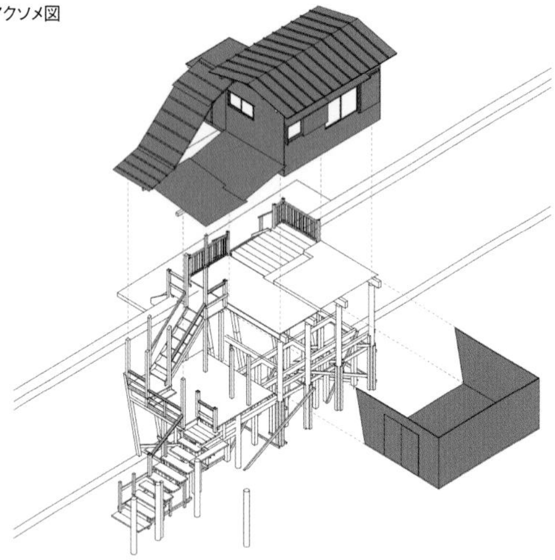

舟宿水楼　アクソメ図

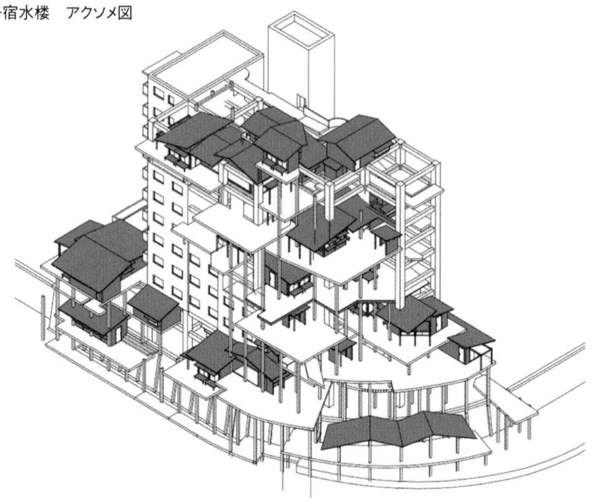

●舟宿構法②　川床を支える木造の構造に、後から屋根と壁をつける

舟宿構法の2つ目は、歩道・堤防・水面の高低差をつなぐ桟橋としての構造部分を先行してつくり、その構造を利用して後から壁と屋根をつけるという構法である。これによって、船宿は非構造部分の増改築を容易に行うことができる。

●応用②　川床を支える鉄骨造の構造に、後から屋根と壁をつける

この構法を応用して、まず10階建てのマンションの頂上から水面までの高低差をつなぐ桟橋としての構造体をつくり、それを利用してあとからホテルの客室を付加した。客室は、オフシーズンに部屋をつなげてシェアキッチンやオフィスとしても使うことができ、地域のニーズに合わせ容易に増改築できる。

舟宿　立面図

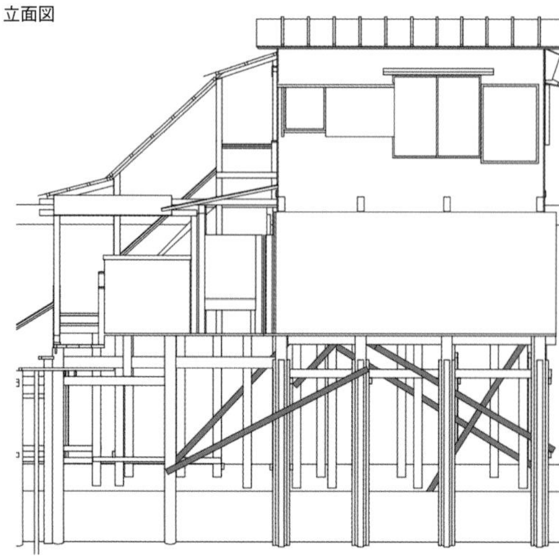

舟宿水楼　立面図

●舟宿構法③　増改築の時には場当たり的に小さいブレース材を付け足す

舟宿構法の3つ目は、メンテナンスや増改築のたびに場当たり的に小さい部材をつけ足す構法である。部材を細分化することでメンテナンスが容易になり、また床の拡張にも対応できる。

●応用③　ブレース材を兼ねた階段を客室に合わせて分散配置する

この構法を応用して、ブレースを兼ねた小さい階段を分散して配置した。これによって、増改築に対応しやすいだけでなく、縦動線に動きを加え、隅田川に対する多様な視点場を獲得できる。

6. 料亭街から料艇街へ

料亭や屋形船が、厨房と個室を大きな箱に閉じ込めているのに対して、調理と食事の場所を細分化・小舟化した料艇街を提案する。料亭街は、料理をする厨船と、食事・観光する旅船に加えて、栽培ができる庭船で構成されている。料艇街ででた生ごみは堆肥化して、川床にある畑や庭船の土に混ぜて循環させる。平面形状を多角形にして角度を揃えることで、ホテルのオンシーズンに集合し、オフシーズンに分散が可能である。また、高潮時には神田川の安全な場所に避難する。将来的に、既存の屋形船は、広い座敷を生かして図書スペースやギャラリー、カフェなどに改修し、料艇街と混在していく。

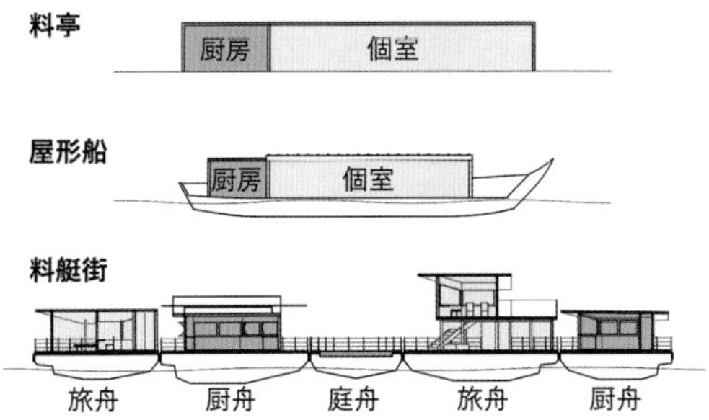

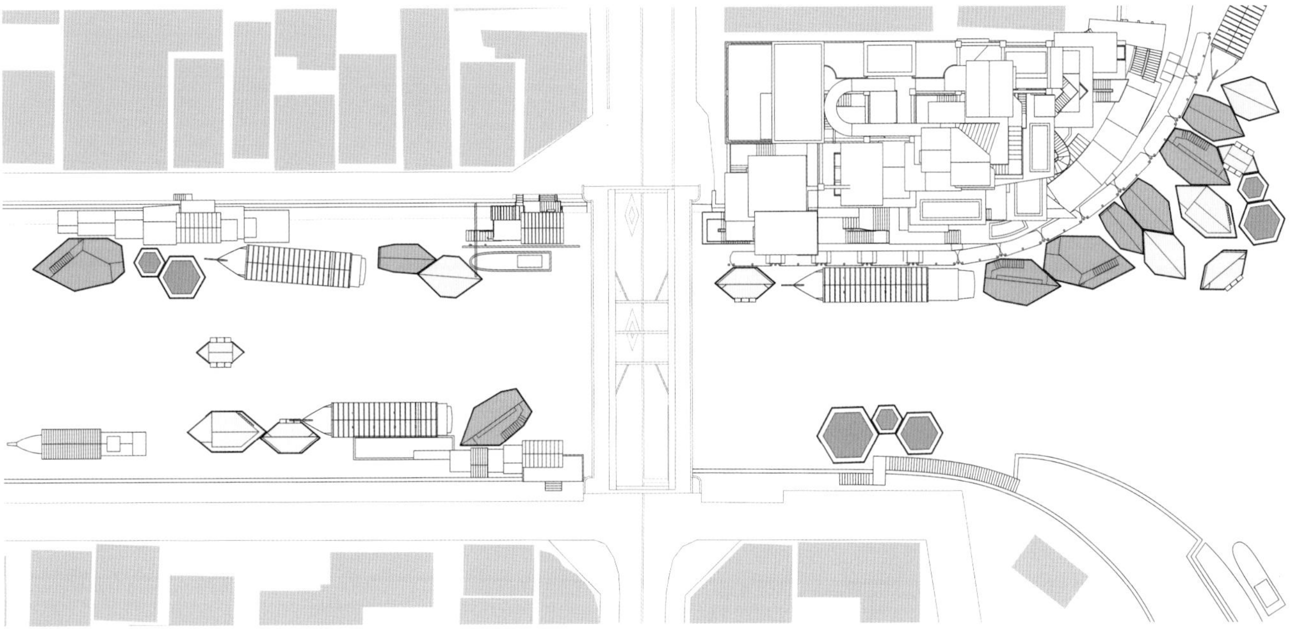

配置図

川床が階段でつながる。客室に加えてシェアキッチンやオフィスも混在し、地域に開かれた川床はホテルのオフシーズンでも賑わう。さまざまな向き・形状の階段は隅田川への多様な視点場になる。客室と舟の壁には蔀戸があり、開閉が可能。江戸時代の水際の料亭のように、水辺の涼しい風を室内に取り込み、自然喚起を行う。また、室内外の交流を生む装置でもある

料艇街は、ホテルのオンシーズンは柳橋に集合し、宿泊客と地域住民が水上で食事を楽しむ。厨舟で買った料理を、旅舟でくつろぎながら食べる

宿泊客は旅船で隅田川を移動し、整備が進む防災船着き場を活用して、東京観光ができる。オフシーズンには、旅船は水上タクシーとして地域のインフラとなり、厨船は移動販売を行う。舟運のネットワークを構築しておくことで、災害時の舟運の活用が容易になる

舟宿水楼と舟宿、料艇街と屋形船が混在する。かつての水文化に学び活用しつつ、現代の舟運で新旧の船着き場を結びつけていくことで、新旧の水文化が混ざり合う、都市の豊かな水辺の風景をつくる

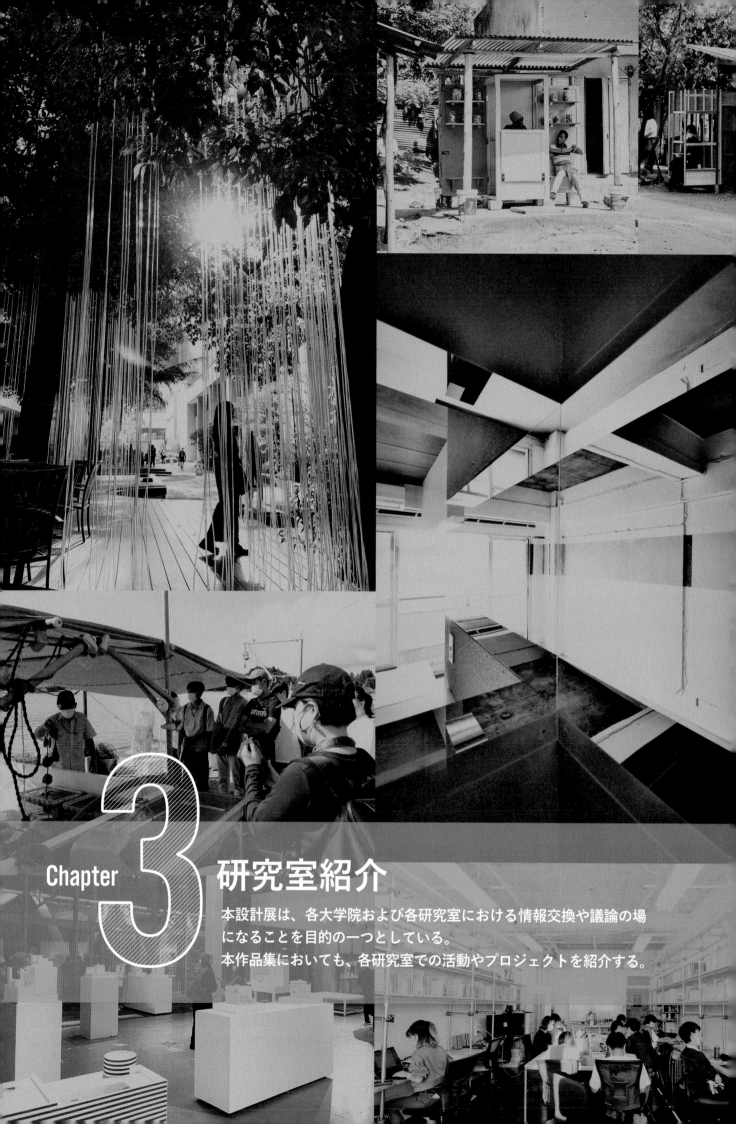

Chapter 3 研究室紹介

本設計展は、各大学院および各研究室における情報交換や議論の場になることを目的の一つとしている。
本作品集においても、各研究室での活動やプロジェクトを紹介する。

205
— Laboratory Feature —
JIA
EXHIBITION
OF STUDENT
WORKS FOR
MASTER'S
DEGREE
2022

関東学院大学大学院 工学研究科 建築学専攻

酒谷粋将 研究室

■ MEMBER
指導教員：酒谷粋将
学部4年生 14名／修士1年生 3名、修士2年生 1名

■ PROJECT
「こずみのANNEX」

■ SUPERVISOR
酒谷 粋将 Suisho Sakatani
1988年大阪府生まれ、2013年京都大学大学院工学研究科建築学専攻修士課程修了、2014年日本学術振興会特別研究員DC2、2015年京都大学大学院工学研究科建築学専攻博士課程修了、2015年日本学術振興会特別研究員PD（学位取得に伴う資格変更）、2016年日本学術振興会特別研究員PD、2019年関東学院大学専任講師、2022年関東学院大学准教授

手で触れられる距離感で実践

「活動量の多い研究室ですが、地域と関わることや、チームプレーでの共同作業を厭わない、むしろそういうことを楽しめる学生が多いです」と、酒谷粋将先生は自身の研究室の特徴を語る。「個人として設計課題に集中して取り組むことの重要性の一方で、研究室で集団として建築に触れる経験を得る学生の学びの大きさは想像を大きく超えるものがあります」と言うように、先輩からの助言や仲間との横のつながりが学生たちの成長を促す、好循環がここにはあるようだ。

研究室の作業風景（設計と論文が混沌）

また、酒谷研では毎年学生たちが、研究室の部屋の改修や家具づくりに取り組んでいる。「人の建物を建てる前に自分たちの環境を整えることが大事」という観点から、皆で意見を出し合う。最近はシンクを新しいものに変えたが、採寸から部材の発注、施工まで学生たちが手掛け、どのメンバーが何をするか、一つのプロジェクトとしてきちんとマネジメントもする。「小さな空間でも一式携わると、人とのコミュニケーションなど、生きていくための基本的な作法のようなものをバランスよく学べる良い機会になります」と酒谷先生は話す。

元々は設計の理論を研究していた酒谷先生だが、転機となったのは「ビルディングワークショップ」という授業を担当したこと。建築を企画してつくり、壊して廃棄するまでのライフサイクルを一通り体験するという内容だった。「設計する意味、何のために線を引くのかが身に沁みてわかります。つくることで創造性がリアリティーを持って感じられるようになる」という。そこから、自分の手で触れられる距離感での実践に力点を置くようになり、学生たちがつくる家具のクオリティも年々上がり、着実に成果が実ってきているようだ。

プロジェクトで自信を得る

酒谷研がここ数年取り組んでいるプロジェクトは「こずみのANNEX」。酒谷先生の自宅が入居するアパートメント「八景市場」の大家から、10年ほど空き家になっている2階建て戸建住宅を紹介されたことがきっかけで始まった、シェアハウスと地域に貢献する場を計画するプロジェクトだ。2020年秋には、近隣住民のために区内の店舗を集めたマルシェイベント「ENJOY LOCAL！八景市場」の企画・運営にも関わった。

その流れの中で、「ヨコハマ市民まち普請事業」に本プ

巨大模型を用いたワークショップ

窓を開けてみる実験ワークショップ

ロジェクトで応募。同事業は、横浜市が市民から地域の問題解決や魅力向上につながる施設整備の提案を募集し、コンテストの審査結果をもとに助成金を交付するというもの。耐震改修を手始めに、地域に貢献する場を考えるためのワークショップを何度も実施して、提案を具体化していった。そして2021年7月に一次コンテストを通過。2022年2月には二次コンテストで提案が採択され、助成金を活用して改修することが決定した。

同年4月からはデザインを検討するための「考えるワークショップ」が本格的にスタート。7月まで毎月、計4回のワークショップを実施してきた。ワークショップでは学部生と修士の多くの学生が参加して、壁に穴を開けて窓をつくったり、大きな開口を設けて外が見えるのを体感したり、リアリティーを持って検討するために、モックアップも1／30、1／10、1／1と回を重ねるごとに大きなものをつくっていった。一般の参加者も入れ替わりながら徐々に増えていき、ポストイットに意見を書いてもらって貼っていくスタイルで、地域住民からの多種多様なアイデアが集まっていったという。

「縁側をつくるところから始めて、その大きさや、庇を付けるなど草案をいくつか考えて持っていくと、参加者からアイデアがたくさん出てきて、さまざまな反応があり、コミュニケーションが生まれます。ものを通して人とのつながりができていくのもこのプロジェクトの大きなコンセプトの一つです」（酒谷先生）。コンクリートハンマーを使うため大きな音が出るので、近隣の住民に事前に挨拶に行くと、その人がたまたまシェアハウスに興味を持っていて、そこでまた新たなつながりが生まれることもあった。「建築をつくる時は必ずものと触れることになるので、怖がらずに積極的に触れようとすると、そこから得られるものは大きい」のだという。また、「創造性に対する自信」を意味する、「クリエイティブコンフィデンス（Creative Confidence）」という言葉が酒谷研のキーワードの一つ。「活動をやり遂げた成功体験が次の体験への自信につながり、学生たちの様子もガラッと変わります」と、プロジェクトがもたらす成果を酒谷先生は語ってくれた。

本プロジェクトは、施設運営をどう続けていくか、誰が管理するのか、金銭面も含めたシステムづくりなどまだ課題が残っており、2023年度春のオープンから、また新たなステージへと進む予定だ。

『自分にはできる』という自信と感覚

酒谷先生は、原則として修士論文を書くように指導している。それは研究して文章を書くという活動が大きな成長をもたらす、先生自身の過去の経験から来ているという。また、修士1年の時点で、ほとんどの学生の取り組むテーマが固まっていることも酒谷研の特徴だ。「2年間続けるためのモチベーションを保てることが大事ですが、待っていても決まらないので、学生たちにどんどんヒントを投げかけます。その反応から、深めていけそうなテーマを見つけます」と酒谷先生。テーマを決めてからは、「次にどうするか明確な答えはないので、常に実験・探究をしていく感覚です。学生にはなるべく研究室に来てもらい、話す機会を増やします。日常の何気ない会話の中から新しいアイデアが生まれるので、その確率の分母を増やしています」という。

卒業後の学生たちに求めることを問うと、「楽しく仕事をできることが一番。そのためには『自分にはできる』という自信と感覚が必要」だと酒谷先生は答えてくれた。その自信と感覚、クリエイティブコンフィデンスを得ることができる環境と仲間がいて、建築家として地域に根ざして大きく成長できる土壌がこの研究室にはある。

工学院大学大学院 工学研究科 建築学専攻

樫原徹 研究室

■ MEMBER
指導教員：樫原徹
学部4年生 12名／修士1年生 5名、修士2年 5名

■ PROJECT
「ISDCプログラム」「トカイナカビレッジプロジェクト」「百島支所リノベーション」など

■ SUPERVISOR
樫原 徹 Toru Kashihara
1972年兵庫県生まれ、1996年京都大学工学部建築学科卒業、1998年東京大学大学院研究科建築学専攻修士課程修了、2000年デザインヌーブ一級建築士事務所共同設立、2004年樫原徹建築設計事務所設立、2009年（株）ヌーブを太田浩史と設立、2014年工学院大学建築学部建築デザイン学科准教授、2022年同大学教授

学外コンペに果敢にチャレンジ

2014年に発足した樫原研究室。「好奇心旺盛な多種多様な学生たちに来て欲しい」と指導教員の樫原徹先生が言うように、研究室が所属する建築デザイン学科だけでなく、建築学科やまちづくり学科の学生もその門を叩く。多様な学生が集まるのは広く門戸を開く樫原先生の姿勢によるところもあるが、学生メンバーの働きかけも大きく影響している。「SODA」は、研究室発足当時のメンバーが中心になって立ち上げた建築の勉強会。PCのソフトや就職活動に関するレクチャーなどを1年生・2年生へ行っている。「SODA」の活動を通して低学年と高学年の交流が図られているという。

「樫原研に所属する前から、コンペなどへ誘ってくださる先輩が多く、自然と研究室に入りやすい環境ができあがっていました」と話すのは修士1年の新美詩織さん。また、修士2年の黒田尚幹さんは、「学生同士で、独自に学外のコンペやプロジェクトに参加しているところが研究室の特徴です。学生が主体的に動いていると感じ、樫原研に進みました」という。実際、樫原研究室の学生は毎年、多くのコンペに応募し実績をあげている。2021年は「セントラル硝子国際建築設計競技」、「毎日・DAS学生デザイン賞」はじめ多数のコンペに応募し入賞を果たした。特に557作品の出展があった「POLUS-ポラス-学生・建築デザインコンペティション」では、新実さんや黒田さん、そして本書のJIA修士設計展に出展した除村高弘さんらによるチームが最優秀賞を獲得。積極的にコンペに参加してきた研究室の実力が見て取れる。

「研究室の立ち上げ当初は、学生へ出展の後押しをしていました。しかし、近年は学生の方でコンペを見つけて自主的に応募している状況です」と樫原先生。実は樫原先生も学生時代はよく仲間と一緒にコンペに出展したという。ジャパンアートスカラーシップコンペでは最優秀を獲得し、青山のスパイラルに実作を制作した経験を持つ。

「学生からコンペに関する質問があったらアドバイスしたり、一緒に考えたりというスタンスで臨んでいます。指導というより、一緒に楽しんでいると言った方がよいかもしれません。学生たちは普段みっちりと指導を受けているので、学外コンペは自由にやりたいという想いがあるでしょう。私も学生時代はそうでした」と樫原先生。これまで10以上のコンペに出展したという新実さんは、「最初はまったく入選しませんでしたが、めげずにチャレンジすることで次第に入賞するようになりました」という。新美さんの卒業設計は立体駐車場を劇場にリノベーションした作品で、「卒、」や「デザインレビュー」、「赤れんが卒業設計展」など全国規模の設計展で最優秀賞や優秀賞を受賞した。コンペに出展し続ける中で、コンペのコツはもちろんのこと、企画からプレゼンまで設計の実力が培われたのは間違いない。

企業とコラボするISDCプログラム

学外コンペの他に、研究室の発足当初から力を入れている活動に「ISDCプログラム」がある。「ISDCプログラム」は、企業（Industry）と学生（Student）が直接的（Direct）に協働（Collaboration）するプログラムで、企業が出した課題に対して、学生が企画書を提出し、採択されれば企

「第8回 POLUS-ポラス-学生・建築デザインコンペティション」で最優秀賞を受賞した「街の遊牧民」の模型（除村高弘、黒田尚幹、遠山亮介、新美詩織）

ISDCプログラムでセブン＆アイ最優秀賞を受賞した「農業構築物の研究とその応用・展開方法についての考察」（除村高弘）

ISDCプログラムでフジタ賞を受賞した「アフターコロナにおける都市部のネイバーフッドプレイスのシステムの提案および実証実験 ―西新宿公開空地を対象地域として―」（滝実彩喜）

業からコラボ支援金が提供される。また、企業の現場担当者やリーダーも参加する中間発表や最終発表で自身の研究の評価を受ける。実際に企業とワークショップやプロジェクトを実施することもあり、その研究や活動を卒業論文や修士設計に発展させることもできる。2021年は流通大手のセブン＆アイで商業施設の開発を担うセブン＆アイ クリエイツと、ゼネコン準大手のフジタの最優秀賞を樫原研究室のメンバーがそれぞれ受賞した。セブン＆アイ クリエイツの受賞者は除村さんで、この研究が修士設計につながっているわけだが（作品紹介66ページ）、研究は後輩の新美さんと廣井さんに引き継がれ、企業もセブン＆アイ クリエイツに加えフジタからも支援を受けている。研究対象は2022年にその多くが農業用地としての使用義務を終える生産緑地帯。義務期間を終え、一気に土地が売りに出されるなどの懸念がある一方、法規制の緩和により、作物の加工・販売や農家レストランの運営などが可能となる。研究では、農業仮設物や工作物、支保材を利用して新たな仮設物を作り出しながら、生産緑地帯が農としての機能だけではなく、コミュニティが集うための場となることを目指している。新美さんと廣井さんは「トカイナカヴィレッジ」という農業体験ができる川崎市の施設で実証実験に取り組んでいる。手始めとして、農地でよく使用される藁や単管パイプなどを用いて屋根を架け、食事処のスペースを設計した。地域の人が自ら施工する簡易さが前提となっているため、それを念頭に工法も考えなくてはならず大変ではあるが、社会人の視点を知るなど学びが多いと新実さんは話す。また、コミュニティの運営方法や仕組みを考える必要がある。そういった運営や仕組みづくりは廣井さんが担う。廣井さんは、所属はまちづくり学科で、もともとソフト面に興味を持っていた。設計だけでなくワークショップの運営など、幅広い分野を手掛ける樫原研であれば、自身のやりたいことが実現できると考えたという。

「コンペやISDCプログラムで、多種多様な人と議論を重ね調整しながらプロジェクトを進める経験は、将来の進路の幅を広げ、自ら切り開いていく力になると思います」と樫原先生は話す。

研究室はライフ・ロング・キンダーガーデン

一方、研究室で長年取り組んでいるプロジェクトがある。現代アートの作家・柳幸典氏とコラボレーションしたプロジェクトで、瀬戸内海に浮かぶ百島が中心となる。柳氏は同じ瀬戸内海の犬島で、精錬所の遺構を美術館に改修した「犬島精錬所」を手掛け、そのプロジェクトは瀬戸内国際芸術祭の先駆けとなった。百島では、尾道市から委託を受けて島のマスタープランを作成したり、古い民家を宿泊施設にリノベーションしたりとさまざまな活動を積み重ねてきた。現代アートの主流がインスタレーションに移り、現代アートと建築との境界が曖昧になる中、両者の協働から生まれるものを探っていると樫原先生は話す。2021年は、旧百島支所を宿泊施設にリノベーションするプロジェクトに黒田さんが参加。消防署等へ提出する図面の作成を担った。「コンセプトをデティールにどう落とし込んでいくかについて、島とリモートでつなぎ会議を何度も行いました」と黒田さん。普段の大学やコンペでの設計とは異なり、気付きが多かったという。

百島以外にも熊本県津奈木町の海の上に建つ旧赤崎小学校で柳氏とプロジェクトを進めており、研究室の活動はますます多彩になっていく。プロジェクトに関わるメンバーは、樫原先生が声を掛けたりするのではなく、興味を持った学生が手を挙げて参加してくるという。研究室は幼稚園（ライフ・ロング・キンダーガーデン　※1）と定義する樫原先生。砂場で園児同士がお互いを刺激しながら独自の砂山（アウトプット）を築くLearningを実践したいと話す樫原先生の笑顔に、学びの本質的なおもしろさを体現する研究室の姿が窺えた。

※1：子ども向けプラグラミング言語「スクラッチ」を開発したミッチェル・レズニックの著作。創造的な思考を持ち、時代の変化についていくためのヒントは、幼児が積み木などの玩具を通して創造性を育む幼稚園の活動の中にあるする。

芝浦工業大学大学院 理工学研究科 建築学専攻

建築デザイン研究室

（谷口大造研究室）

■ MEMBER
指導教員：谷口大造
学部4年生 8名／修士1年生 9名、修士2年生 8名／研究生 1名

■ PROJECT
「気仙沼プロジェクト」「ハウスメーカー共同プロジェクト」
「石巻プロジェクト」（2023年度始動予定）

■ SUPERVISOR
谷口 大造 Taizo Taniguchi
1964年サンパウロ生まれ、1987年東京藝術大学美術学部建築科卒業、1989年東京藝術大学大学院美術研究科建築専攻修士課程修了、1989‐1996年丹下健三・都市・建築設計研究所、1996‐1999年東京藝術大学助手、1999年スタジオトポス設立、2004‐2010年鳥取環境大学准教授、2010年芝浦工業大学デザイン工学科教授、2017年芝浦工業大学建築学科教授

自分のテーマに沿って調査する

谷口大造先生の建築デザイン研究室は、学部からそのまま修士へ上がり、3年間所属して、しっかりと根を下ろして学ぶ学生が多いのが特徴だ。また、「建築は人間の営みのさまざまな場面で直面する課題に対処しなければならず、多様な分野の知識が求められることもあります。好奇心旺盛な学生にはぜひ門を叩いてもらいたい」と谷口先生が言うように、いろいろなプロジェクトに取り組みたいという意欲的な学生が多いのも特徴。卒業後はほとんどの学生が設計の道に進むが、アニメーターや江戸切子の職人になった卒業生もいるようで、枠にとらわれない個性豊かなメンバーが集っている。

現地住民へのヒアリング調査

芝浦工業大学建築学部では、3年生の後期にプレゼミに当たる「プロジェクトゼミ」があり、学生が自身の専門性を見据えて、研究室に体験入室できる。そして4年生から正式な所属となり、前期からさっそくフィールドワークに乗り出すという。そこでは自分のテーマに沿った調査をすることになるが、「テーマは自分で気づいて見つけてきたものでないと意味がありません。学生が自主的に見つけてきたものに対して、私はアドバイスするという立場です」と谷口先生は話す。なかには、「外界と身体との間にフィルターを隔てることで環境がどう変わるか」を調査するため、頭からダンボールを被り、そこから見える世界を体験してみた学生もいたといい、テーマも調査方法も切り口はさまざま。ここでも学生たちの個性が見られるようだ。

フィールドワークでリアルな世界を見る

谷口研究室では現在、気仙沼でのプロジェクトに取り組んでいる。2020年11月に谷口先生が現地を訪問し、東日本大震災の復興から10年目を迎えて、国の復興計画がどのように進んでいるかを見てきたことがきっかけだという。「復興事業によって、震災以前とはまちや地域の姿、人々の生活が大きく変わって異なるものになってしまったケースが多いのです」と谷口先生。そこで、まちや地域、そこに住む人たちの生活や営みを以前のように戻せるのか、復興計画の検証とそれを生かした今後のまちづくりの可能性の探究について、学生たちと話し合ってプロジェクトとして進めることになった。

コロナ禍の影響もあり、本プロジェクトが始動したのは2021年4月。学生たち十数名でプロジェクトチームを組み、特定の2つの地域を選定して現地調査を実施した。調

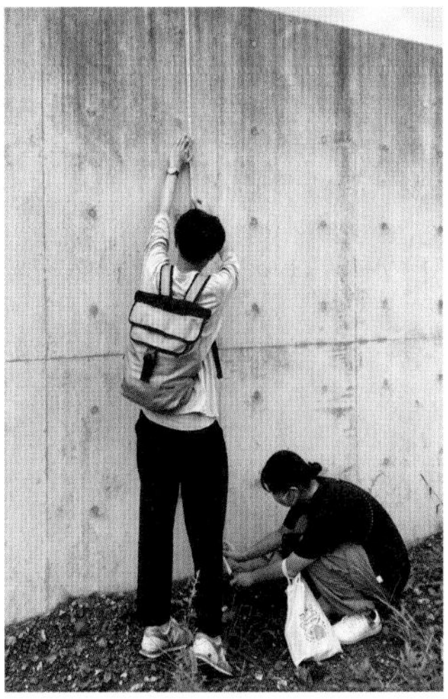

現地での採寸の様子

現地の人たちと関わりを持ち、リアルな話を聞く

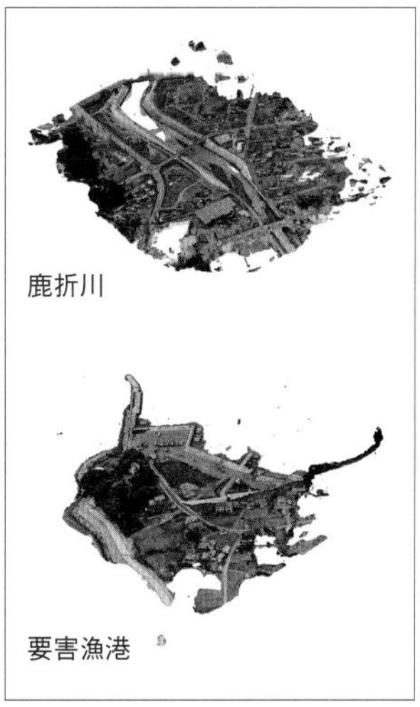

フォトグラメトリーの3D写真

査では、現地住民へのヒアリングや景観を調べるなど、足で歩いて魅力のある場所を見つけてプロットし、いろいろな方向から地域の特徴的なものをあぶり出して、今後に活かせるデータを蓄積。一方で新しい技術も取り入れており、学生たちで専門の班をつくってドローンを活用している。また2022年度では、さまざまなアングルから写真を撮影して三次元化し、その3Dデータをベースにデザインする『フォトグラメトリー』の手法も用いるという。そうしたさまざまな調査、研究、技術を駆使して、2つの地域それぞれに建築の提案をするのがプロジェクトのゴールとなる。

本プロジェクトのように、谷口研究室の活動の中心はフィールドワーク。これまでも、長野県塩尻市での「まちづくりガイドライン」の作成や同県白馬村での景観調査・ワークショップなど、地方での現地調査や住民との対話を重視した活動を続けてきた。「学生たちにはリアルな世界を見せて、さまざまな環境のなかでさまざまに思考して建築をつくる力を磨いてもらいたい。現地の人たちと関わりを持ち、リアルな話を聞くことで、物事の見方や考え方が変わってきます」と谷口先生は話す。大学で頭の中だけで想像していた建築の世界に、フィールドワークを通じてリアリティーが生まれるのだという。また、プロジェクトによる学生の成長について問うと、「抽象的な思考性の部分と現実的なところを行ったり来たりするのが建築です。抽象化能力を高めるトレーニングだけでなく、フィールドワークでリアルな世界から、自分なりの視点でいろいろなものを見つけることは、自らの設計へのフィードバックも大きい」という。

谷口研究室では他にも、ハウスメーカーとの共同研究を平行して進めている。こちらは気仙沼のプロジェクトとは別の学生たちでチームを組んで活動。先方との対話を繰り返し、さまざまなデータをもらって、機械学習させてAIを活用した実験をするなど、デジタルと住環境の交わりから起こる変化を調べている。プロジェクトごとに学生をチームに分けているが、両方やりたいという声も上がっているようで、ここでも学生たちの旺盛な意欲がうかがえる。

多種多様な視点を養う

研究室の本棚に目をやると、建築だけでなくさまざまなジャンルの本が並んでいる。そこには、いろいろな分野に好奇心を持ってアプローチして欲しいという谷口先生の想いがある。

「私はあくまで可能性を提示するだけで、学生が自分で何かを発見することが大切です。建築は一生続けていくことができる仕事だけれど、時代とともにさまざまな社会の変化があり、その中で自分の建築が社会にどう還元できるか考えなければいけません。世の中には多様な考え方・ものの見方があることを知り、それに対してどういう姿勢で臨むかが重要」と谷口先生。最近は、LGBTやホームレス、貧困などをテーマにする学生もおり、谷口先生の指導方針のもと、多種多様な視点が養われているようだ。また、「人によってできることとできないことがある。自分にできない場合はできる人とチームを組めばいいのです。できないことを解決するためにはそのネットワークをつくることも大切」だという。

自分なりの視点で社会へ広く視野を持ち、多様に思考を巡らせるという、建築を一生続けていくための土台が築ける。谷口研究室にはそのための豊かな土壌があり、好奇心旺盛な学生たちがしっかりと根を張り、ノビノビと茎を伸ばしているようだ。

昭和女子大学大学院 生活機構研究科 環境デザイン研究専攻

杉浦久子 研究室

4年生・ゼミ最終日に（上） 院生・卒研展搬入日に（下）

■ MEMBER
指導教員：杉浦久子
学部3年生 10名、学部4年生 11名／修士1年生 2名、修士2年生 1名

■ PROJECT
「木々ノウチ」「三茶っ子のウチ」

■ SUPERVISOR
杉浦 久子 Hisako Sugiura
1958年東京都生まれ、1982年昭和女子大学家政学部生活美学科卒業、1987年早稲田大学大学院（建築）修了、1989-1992年フランス留学（国立建築学校パリ・ラ・ヴィレット校修了、ジャン・ミッシェル・ヴィルモット建築事務所にて研修）、1992年昭和女子大学（現）環境デザイン学科（建築）現在・教授、1994年フランス政府建築家資格取得

サイト・リノベーション・場所からの発見

30年の歴史がある杉浦久子研究室は、設立間もない90年代には、世田谷区と協働で、公共空間での設計プロジェクトに取り組んできた。そのきっかけの一つは、研究室の一人目の卒業生が世田谷区の遊歩道について論文を書いたことに始まる。「住民へのヒアリングや徹底的なリサーチをもとに密度の高い論文に仕上がっていたので、この住民の声を届けたいと考え、世田谷区に持っていきました。ここから遊歩道の実施のプロジェクトを協働することにつながりました」と杉浦先生は当時を振り返る。

2004年には、公共性の高い空間の利活用を図る「サイト・リノベーション」という言葉を、研究室でつくり出した。これは「既存空間の意味を見出し、空間全体を関係づけていくような環境をつくること」を意味し、ただ利活用するのではなく場所や風土性からデザインベースを発見し、空間を設計することにこだわり、杉浦研究室は建築の立場から、人と環境・場所の関係をテーマにプロジェクトを続けている。

2003年から2018年にかけては、アートによる地域再生をテーマに3年に一度開催される、「大地の芸術祭 越後妻有アートトリエンナーレ」に6回継続して参加。地域の人たちにはない外からの視点を活かし、サイト・リノベーションのプロジェクトを展開してきた。「空間全体と場所性を読み込んで1／1で作品をつくります。現地の人たちと一緒になってつくる協働体験そのものも、その場所の新たな誇りや記憶になります」と杉浦先生は話す。

セルフビルドでその場所の現象を空間化する

2021年度は「木々ノウチ」というプロジェクトで、学内の「秋桜祭」に出展した。校舎の間に4本の古い巨木が立つ細い通路があるが、コロナ禍の中、木の下にあるデッキで休む人も少なく、木々の存在感が希薄となっていた。しかし、この場所を観察すると午後の数時間だけ夕暮れの日差しが長く届くことを見出した。そこでこの光とこの場所にある現象を顕在化する空間をつくることを企画した。検討した結果、木の枝からチューブを吊って雨のカーテンのような多くの仕切りにより囲まれた空間をつくる案となった。

「フォルムをつくり出そうとするのではなく、光や風をはらんだ仕切りをイメージして、この場所の空間性を考えました。『休む』という字が『人と木』からできているように、木と人によりできる空間がテーマです」（杉浦先生）。

長い棒を用いてチューブを木に吊るす、セルフビルドの空間を、学生たちとともに試行錯誤しながら制作。「全てを建築の方法

「木々ノウチ」夕日に映える

「三茶っ子のウチPart.1」設営風景

「三茶っ子のウチPart.1」八角堂

「三茶っ子のウチPart.2」開催前夜 光葉庵

でやろうとすると上手くいきません。よりメタレベルから思考することで生きた知恵と工夫が生まれてきます」と、杉浦先生は学生たちにアドバイスした。そこから、チューブを台など使用せずに、長い棒だけで枝に吊る手法を見出し、結果として約1,000本のチューブを枝に吊るすことができ、「木々ノウチ」が完成。風や光を受けて揺らぐ空間に人々が集い、休息するシーンが生まれた。また、ファッションショーの屋外ステージとしても機能した。

アップサイクルな空間を建築に内包する

また2022年度は、9月に「三茶っ子のウチ」と題した空間設置を、世田谷区と共催する「三茶のミライ」にて行った。「三茶のミライ」は三軒茶屋駅周辺の新たなまちづくりを目指すもので、公共空間を利活用するイベントなど、社会実験的な活動を続けている。杉浦研究室では、世田谷線の三軒茶屋駅に近い、「八角堂」を利用してのサイト・リノベーションを実施。かつては休憩所のような役目を果たす建物だったが、コロナ禍で閉鎖している間に鳩の糞害問題もあり、現在は時折イベントに使用される程度の存在となっていたため、再生と利活用を試みることにした。

「案出しのデザインミーティングではいつも、関係学生全員でブレインストーミングを何度も行う中から、皆の想いの根底にある共通項を集約していきます」と杉浦先生は話す。原案から図面や模型、モックアップも色々つくり、試行錯誤を何度も繰り返した。その結果、八角堂を「三茶っ子のウチ」と見立て、三軒茶屋周辺で集めた素材（割り箸、小枝）や廃材（竹）をアップサイクルし、建物の中に蔓植物の連なる森のような空間をつくり、手づくりの照明も販売した。南京玉すだれ状の割り箸2,000本のラインが重力によって描く自然のアーチの連続体となり、見え方が角度によって変わる、八角堂の空間性を利用した森のような空間をつくり出し、交流空間となった。

11月には「三茶っ子のウチPart.2」として、大学内の最奥にある池に面する東屋「光葉庵」の建築に合わせ、もう一つの空間を入れ子状につくることで、新たな質感の内包空間をつくった。前作と同様の素材と手法を使用し、この場所性を読み込み空間も変容した。南京玉すだれ状の割り箸6,000本のつくり出すラインは放射状に広がり、東屋外周に吊るされた竹とともに風に揺らぎ、光も揺らいだ。三軒茶屋で集めた古本のある休憩スペースとして機能し、2冊の古本を持参すると1冊の古本と物々交換もできる場となった。

手を動かしながら思考し、自分でつくる

「頭で考えるだけでなく、トライアンドエラーが大切。失敗から次の可能性が出てきます」と杉浦先生が説くように、学生たちは手を動かしながら答えを模索する。ハンドクラフトで1/1でつくることが学生に与える影響を尋ねると、「手を動かすと素材や空間が五感で体得できます。そして自分の手で大きな空間をつくった経験を持つと、建築やまちや自分たちの周りの環境を、自分たちの手で変えることへのモチベーションが生まれてきます」と、杉浦先生は学生たちの成長を語ってくれた。

杉浦研究室では、90年代から続く公共空間への提案が「サイト・リノベーション」に昇華し、自分たちの手を動かして空間を紡ぎ出す伝統が、現在進行形で学生たちにしっかりと受け継がれ、建築をつくる原動力となっているようだ。

「三茶っ子のウチPart.2」風に揺れる竹

女子美術大学大学院 美術研究科 デザイン専攻 環境デザイン研究領域

横山勝樹 研究室

■ MEMBER
指導教員：横山勝樹
学部4年生 7名／修士1年生 3名、2年生 1名

■ PROJECT
相模大野ステーションスクエアピアノ装飾プロジェクト（2022年度大学院生は駅直結の商業施設内にある南区インフォーメションBOXのディスプレイを担当予定）

■ SUPERVISOR
横山 勝樹 Katsuki Yokoyama
1960年京都府生まれ、1983年東京大学工学部建築学科卒業、1985年東京大学大学院工学研究科建築学専攻修士課程修了、1987-1990年住宅総合研究財団特別研究員、1989-1990年常盤大学短期大学部非常勤講師、1990年東京大学大学院工学研究科建築学専攻博士課程修了（工学博士）、1990年女子美術大学専任講師、1994-2003年東京工業大学大学院非常勤講師、2001年-女子美術大学教授

やりたいことをやる「自由」な学びから

横山勝樹先生は「研究室の指導方針はとにかく自由なこと」と明るく宣言する。「女子美術大学の学生は、ものをつくることや手を動かすことが好きな学生が多い」と話す横山先生の言葉を裏付けるように、研究室のある校舎には、建築模型やアートなどのたくさんの制作物が並んでいる。「大学院は、自分がやりたいことを見つけて、やりたいことを極める場所であってほしい」と話す横山先生の口調からは、そんな彼女たちへの期待や信頼が垣間見える。

人へ伝えることで自らの思考を深める

女子美術大学環境デザイン研究室は、学部で1学年25人程度、大学院で1学年5人程度という比較的小規模な学生数によって構成されている。しかしながら、その強みとして各教員の研究室や学年の垣根にとらわれない開かれた教育環境によって、多くの課外プロジェクトに学部のときから取り組んでいるという。例えば、「相模大野ステーションスクエアピアノ装飾プロジェクト」では、相模大野駅の吹き抜け空間でのインスタレーションを作成した。クライアントの要望に加えて、コロナ禍という特殊な社会状況への対応など、学生自らが考えながらデザインに落とし込み、自らの手で制作していく一連の経験は、学生にとって大きな学びの機会となっている。

一方で、横山研究室での活動は週に1回のゼミをベースに進められている。ゼミで行われる個人研究の発表とそれに対する議論をもとに、学生たちはそれぞれ自らのやりたいテーマを深めていく。個人研究の発表は月に1回以上行われる。横山研究室において、個人発表の位置づけは非常に重要で、「自分がやりたいことを極めるためには、まず自分で話せることが第一歩。人に話すことは考えること、人に伝えることで自分の考えが深まる」と横山先生が言うように、文献収集やフィールドワークでのリサーチ結果など、多角的な視点からの分析をまとめた重厚なプレゼンテーションを、学生たちは積み重ねている。

地理学や地形学に関わるさまざまな理論や文献のリサーチをもとに、「建築と地面」という

相模大野ステーションスクエアピアノ装飾プロジェクト（2020年度、平野さんが学部生のときに参加）

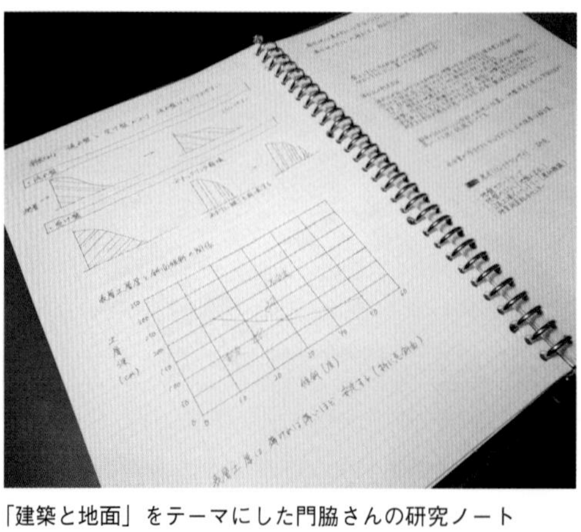

「建築と地面」をテーマにした門脇さんの研究ノート

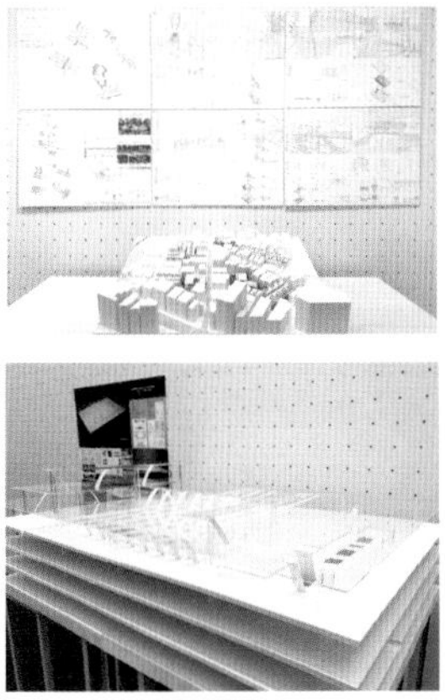

過去の学生選抜作品展で展示された作品

東京都美術館での展示風景

平野さんの現地調査。不動通りを板橋駅方面入口から見る。マンションや空き店舗が増え、寂しい雰囲気になっているという

テーマで埋没谷を対象敷地にした美術館の設計を進めている修士２年生の門脇水萌さん。谷だったところに土砂が堆積し埋め立てられてできた埋没谷で、地面を面白いと思うような独自の世界観を持った美術館をつくる計画だ。つくりたい建築のイメージから入り、周辺状況や敷地とすり合わせていく手法を想定している。門脇さんは抽象的なテーマからスタートした自らの研究活動を振り返りながら、「困ったときは、自分の発表に対して横山先生が適切なアドバイスを道しるべとして示してくれる。先生とのコミュニケーションの時間が多いことは、少人数の横山研究室の良さだと思う」と話す。横山先生は、「僕からは何も教えていない」と冗談まじりに話すが、学生の自主性に重きをおきながらも、やはりその裏には横山先生からの適切な助言や指導によって、“自由”という研究室のテーマが実現されているようだ。

また、大学院の２年をかけて制作された修了制作は、専攻の枠を超えて上野の東京都美術館にて行われる「学生選抜作品展」や、学内会場での「修了制作作品展」で展示され、大学外部の人に向けて発表される。大学全体として論文ではなく制作を選択する学生が過半を占める美術大学ならではの特徴が、学生の個人発表を重要視している要因の一つでもあると横山先生は話す。「他の専攻と比べて、実物を展示できない建築の展示は難しい。その中で、自らの作品を完成度の高い展示とするためにも、日頃から発表する機会が多くなるようにしている。プレゼンテーションをすることで一番大事なのは、自らに“気づき”があること。少しでもそういった“気づき”を発見できる機会を増やしたい」。

理論的／実践的二つの側面から

学生の自らの学びを尊重し研究室として課題を課すことがない横山研究室では、修士１年の前期を、文献や関連研究などリサーチを通して、自らのテーマ深めるための期間としている。修士1年の平野令花さんは、自らが育った商店街がシャッター街化していく経験をもとに「商店建築と住宅の関係性」をテーマに定め、商店街の歴史調査や事例研究を進めている。修士１年の章競尹さんは、中国の伝統的集落や民家の分析から、現代の過疎地域の社会的孤立を緩和するための居住モデルの構築を目指している。修士１年の王靖怡さんは、現代都市空間の不自由性に対して、遊園地や公園などの分析を通して社会的ストレスを解消する空間に関する研究を進めている。学部時代に経験した設計課題や課外プロジェクトとは異なり、研究テーマに関わる論文などを調べたりすることは初めての経験だったという平野さんは「慣れてなくて、初めはやり方がわからなかったが、図書館に行って文献を探したり、商店街の歴史を調べたりすることは楽しかった」と話す。

さらに、このように前期の活動を通して、自らの興味に立脚した研究テーマを深めていった学生たちは、後期に学外で行われるコンペティションへと参加しているという。「理論的な研究は重要ですが、やはりそれだけではダメ。実際にデザインや設計することを通してもテーマを深めてほしい」と横山先生が話すように、１年生の前期の理論的な学びと後期の実践的な学びの異なる側面から、学生たちは自身の研究テーマを深めることができる。

互いに教えあう、学びあいの場としての研究室

学生各々の多様なテーマによる発表や議論が活発に行われる横山研究室。そんな中で「学生たちから、驚くようなアイディアやテーマを発表されることが多い。そんな時には一緒に勉強する。学生たちとお互いに教えあうのです」と笑う横山先生。学生が、ただ一方的に先生から教えをこうための場ではなく、学生自らの興味に立脚した自由な活動を通して、互いに新しいことを学び・教えあいながら、教員と学生という垣根を超えたフラットな“学びあいの場”が育まれていることが、横山研究室の最大の特徴なのである。

東京藝術大学大学院 美術研究科 建築専攻

樫村芙実 研究室

■ MEMBER
指導教員：樫村芙実（准教授）、メイサ・ムスバ（教育研究助手）
修士1年生 2名、修士2年生 3名（交換留学中）、修士3年生 2名／
交換留学生 1名（2023年3月現在）

■ PROJECT
ウガンダ／日本のプロジェクト（モバイルマネー キオスク、ゲートキーパーズハウス）

■ SUPERVISOR
樫村 芙実 Fumi Kashimura
1983年横浜生まれ、2007年東京藝術大学大学院修士課程修了、八島建築設計事務所、Boyd Cody Architects（Ireland）勤務の後、2011年よりTERRAIN architects共同主宰、2021年より東京藝術大学准教授

ウガンダでの活動に惹かれて

2019年にスタートし、翌年大学院生３名を初代メンバーとして迎えた樫村芙実研究室では、アフリカ・スーダン共和国出身のメイサ・ムスバさんが助手を務めていることもあり、日本語と英語の両方が飛び交う。「第二言語を使って話すことで、自分が話したいことだけでなく、相手に伝わっているかにも気を配るようになり、それが思考にも影響してきます。英語そのものが上達してほしいわけではなく、ドローイングや模型表現など、建築という共通言語でのコミュニケーションを磨いてもらいたい」と樫村先生。研究室のプロジェクトも、アフリカのウガンダ共和国の大学と共同で取り組むなど、その活動において、英語と建築

研究室でプロジェクトに取り組む学生たち

の２つの共通言語を駆使してコミュニケーションを取らなければならないシーンが多い。

このプロジェクトのきっかけは、樫村先生の事務所が2011年より、ウガンダで教育施設、商業施設などの設計を手掛け、現地でワークショップも実施していたことにある。「2015年に、非常勤講師として担当していた授業で出会った学生を連れて、首都カンパラ近郊でワークショップを行いました。事務所の設計業務とは別に、短期間の制作を通して学生とともに建築を探究することは私自身も面白かったし、初めてアフリカを訪れた学生たちにとっても、制作を通して都市を体感することができ、充実した経験だったようです」と樫村先生は言う。そして、藝大に講師として着任後、研究室主体でウガンダとのプロジェクトがスタートした。

研究室の学生たちに樫村研を選んだ理由を尋ねると、「樫村先生のウガンダでの活動に興味があった」、「海外から東京を見てみたかった」といった声がほとんど。ウガンダのプロジェクトが学生たちを惹き付ける非常に魅力的な活動であることがわかる。また、「アフリカは場所自体のポテンシャルが高く、実務だけでなく、アカデミックの面から建築をつくることもとても重要です」とムスバさんは話す。当初は、ウガンダの学生たちの図面・報告書のクオリティの高さや、話す英語が綺麗であることに日本の学生たちが気後れするところもあったようだが、徐々にやり取りしながらデザインを発展できるようになり、成果が積み上がってきているという。

プロジェクトを軸に思考を巡らす

プロジェクトはその形式によって「ワークショップ」ではなく「ジョイントスタジオ」とも呼ばれ、１／１でさまざまなものをつくっている。2021年度は「モバイルマ

ネー キオスク（街中の小さな公共）」と題し、売買以外の人を巻き込むキオスクを設計しつくった。「研究室で寸法や素材や機能など草案を作成して、ウガンダの学生に伝えました。ただし、細かな寸法や材料は向こうに任せています。そこから日本とウガンダのそれぞれの場所でつくり続けたらどういう違いができるのか、出来上がったものからそれぞれのバックグラウンドが見えてきました」と学生は話す。それも最初から主旨としてあったわけではなく、「ゴールを決めずにその場の状況を上手く取り込んで、少しずつ方向転換するというやり方で進めた結果、見えてきたのです。同じ建築を学んでいるため通じるところもいろいろありました」という。同じ草案を共有してもそれぞれ読み取り方が異なり、素材も違ってくる。ウガンダでつくるに当たって、草案の条件ではどういった点が難しく、どうそれを修正するのか。また、日本でつくるものとはどのように異なるものへ変化していくのか、逆にどこが共通点となり得るのかなど、学生たちにとって収穫は大きかったようだ。１／１で施工まで取り組み、キャンパス内で公開して期間限定のカフェをオープンし、各種イベントにも出展するなど学内外の多くの人に見て、触れてもらう機会も積極的に設けている。また、2022年度に取り組んだのは「ゲートキーパーズハウス」。首都近郊の建設計画地を敷地として、計画中の建築が出来上がるまでの見張り小屋を建てるという、これも実施設計・施工のプロジェクトである。

ウガンダのプロジェクトに取り組むのは修士１年生が中心であり、２年生は個人の研究を突き詰めていき修了制作に取り組むことになる。学生たちにプロジェクトと個人の研究テーマの関連について聞くと、「それぞれ相互関係にある学生が多いです。個人の研究が進むとそれがウガンダのプロジェクトに生かされ、その逆もあります」という。初年度の「ストールインクラウズ（人混みの中の小さな構造物）」で「建築と移動」を考えたことをさらに深めて、「移動式建築」を修了制作のテーマに決めた学生や、「焼鳥屋の装いに興味があり、プロジェクトと関連づけて研究に落とし込みたい」と語る学生も。一方で、「スケートボードをテーマに、ゲートキーパーズハウスと関連付けることで何か新しいものが見えてくるのではないか」と、一見全く異なるジャンルから紐づけて考える学生もおり、ウガンダのプロジェクトを軸に、学生たちがさまざまに思考を巡らせていることが窺える。

世界に出て、共通言語として建築をつくる

ウガンダのプロジェクトがまさにそうであるように、樫村先生は学生たちに世界に出てほしいと考えており、在学中に留学することを勧めている。2022年度は留学が再開したため、２年生の３名全員がヨーロッパへ留学している。「卒業後の進路はどのような道でも構いませんが、世界でさまざまな国を見てもらいたい。各地の制約などに触れながらも、共通言語として建築をつくっていくというのはとても面白いことだと思います」と樫村先生。

また、修士２年間での学生の成長について尋ねると、「この研究室はとても小さなチームなので、何事も共同作業で進めています。大学院は、個人の内部を見つめ研究を掘り下げていく重要な時期でもあるけれど、それをオープンにしてチームで議論し、皆で一緒につくる経験もまた重要です。他者と比較しながら、自分が得意なこと、苦手なことを改めて発見し、大学を出た後も育つような、自身の制作における長所・特徴を見つめてほしい」という。

樫村研究室では、豊かな思考力と協働する力、そして世界を見ることで広い視野と感性が培われ、ここから飛び立った学生たちが日本国内に留まらず、世界で活躍する日は近そうだ。

ストールインクラウズ（左：日本、右：ウガンダ）

モバイルマネー キオスク（左：日本、右：ウガンダ）

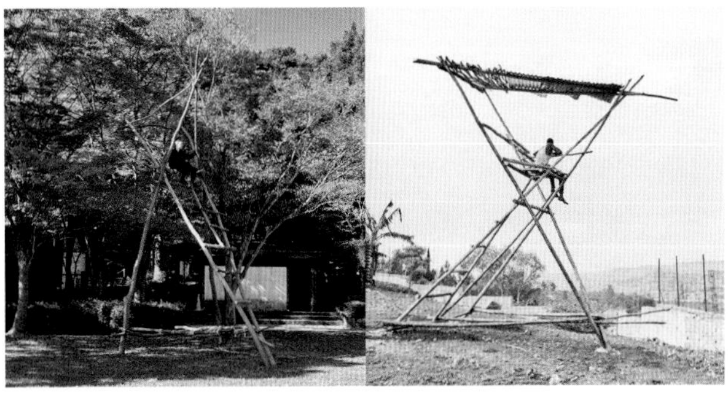

ゲートキーパーズハウス（左：日本、右：ウガンダ）

東京都市大学大学院 総合理工学研究科 建築・都市専攻

堀場弘 研究室

■ MEMBER
指導教員：堀場弘
学部3年生 7名、4年生 7名／修士1年生 8名、2年生 6名

■ PROJECT
「新7号館家具製作」「キャンパスデザイン各所提案」「嘉右衛門町の石蔵計画」
「葉山の棚田と民家」

■ SUPERVISOR

堀場 弘 Hiroshi Horiba

1983年武蔵工業大学卒業(現、東京都市大学)、1986年東京大学大学院修士課程修了、1986年シーラカンス共同設立、1998年シーラカンスK&Hに改組、代表取締役として現在に至る。1994-1996年昭和女子大学非常勤講師、1995-1997年武蔵工業大学大学院特別講師、1996-1999年東京都立大学非常勤講師、2000年-武蔵工業大学非常勤講師、2004年-武蔵工業大学客員教授、2011年-東京都市大学教授

新7号館「グローバルフロア」

2022年1月末に竣工式を迎えた、スケルトンな外観が一際目を引く「東京都市大学新7号館」。意匠設計は、堀場弘先生が主宰するシーラカンスK&Hによるものだ。

新7号館の外観

世田谷キャンパスにできた新7号館は、2029年に東京都市大学創立100周年を迎えるにあたり、アクションプラン2030のもと、等々力キャンパスの都市生活学部・人間科学部の移転先となる複合施設として計画された。

グローバルフロアに設置されたサイコロチェア

新7号館の中でも2階は「グローバルフロア」というコンセプトのもと、主に留学などの国際化に関わる事務を取りまとめたり、学生同士が交流したりする場所として設けられている。職員や学生が分け隔てなく自由につながれるようなイメージを持ってつくられたフロアの中で、職員・学生のさまざまな活動を許容するための一翼を担っているのが家具である。家具の一部（椅子や本棚）は堀場研究室の学生たちが主体となり、提案・製作したものだ。製作した家具の一つ、「サイコロチェア」は持ち運びが容易で、腰掛けたり、中に荷物を入れたりすることができ、愛着が持てるキューブ状のフォルムである。

また、意匠設計に入る前段階の既存の実験室・研究室の調査にも、堀場研究室が関わった。設計の初期段階では「部屋と廊下」で構成される大学の「従来的なプラン」が要求された一方で、PBL（課題解決型学習）やアクティブラーニングといった学生たちが能動的に学ぶ、これからの教育のあり方をどう空間に取り入れるかが問われた。その中で、研究室で関わった調査が基盤となり、小さな部屋を最小限に留め、行き止まりのない回廊型にすることで、従来の既成概念に捉われない「グローバルフロア」という考え方に相応しい空間づくりにつながった。

「大学の時間割に注目してみると、部屋で行わずとも成立する授業があり、実際には必要のない部屋を見極めたりすることで、主体的に学べる場を粘り強く模索した」と堀場先生は設計までの道のりを振り返る。

キャンパスデザインに積極的に参加

堀場研究室が関与するキャンパス内のプロジェクトは、新7号館だけに留まらない。堀場先生が属する大学の

「キャンパス再整備推進室」に向けて、これからのキャンパスを見越したさまざまなアイデアを学生たちと共に考え、提案を投げかけている。

例えば、世田谷キャンパス自体が風致地区にあるが故にクリアランスされる予定のある場所に、新たに地域に開かれるカフェを提案したり、子育て支援施設の世田谷キャンパス5号館への移転に伴う改修計画の提案を行ったりしている。

また、2019年の台風19号の影響によって、世田谷キャンパスが甚大な浸水被害にあったことを受けて今後の対策が検討される中、内水氾濫に備えて設けられた、既成の止水板にも目を向けた。既製品ながらもより良い止水板の見せ方や、周囲の景観に馴染むランドスケープ的なデザインによって止水板の代替え案を提示するなど、キャンパスデザインへの参画の領域は幅広い。このランドスケープ的な水害対策の提案は、予算や時間の関係で結果的には採用されるには至らなかったが、素早い対策案の提示が求められる中で見落とされがちな、周囲の環境との共存までを配慮する挑戦的な提案をコツコツと積み重ねてきた。

実施プロジェクトとプロポーザルとの両輪で

これらのキャンパスデザイン以外にも、堀場研究室として継続的に取り組んでいる課題や活動もある。

学部3年生と大学院1年生が共同で行う「東京百景」は、毎年の堀場研究室の伝統課題といえるだろう。各々の学生が東京に関するテーマを見出し、東京の中を歩いて回り、最終的にはドローイングと言葉でまとめ、冊子に製本化される。

また、学生はこの課題以外にも自身の研究・設計を進めながら、研究室全体の活動に任意で加わる。研究室全体の活動には、実施のプロジェクトを扱うことと、プロポーザルに参加することの大きく2つに分けられる。

実施のプロジェクトでは、現在進行中のものとして、伝統的建築物群保存地区に指定されている栃木県栃木市の嘉右衛門町での取り組みがある。ここでは主に、地区内にある現在使用されていない味噌工場の石蔵の再活用のため、まずは実測を行い図面化することから始めている。今後は、耐震補強を含めた改修案を構造系の先生方と協働で提示する方針だ。

嘉右衛門町での実測調査

さらに、葉山の民家プロジェクトでは、棚田を再生する活動を行う移住者と共に、棚田の魅力が感じられる民泊として再生する計画を進めようと思案している段階である。その第一歩として研究室のメンバーで稲刈りにも参加し、現地の人との親睦を深めた。棚田の再生に共感する人たちのための活動拠点としても今後期待ができそうな取り組みだ。また、使い方の提案に加え、堀場研究室で民家の簡易耐震診断を実施し、建築のテクニカルな部分のフォローもする予定だという。本格的な耐震診断が必要となる際には、構造系の先生にも協力を求めることも想定している。本プロジェクトは、ある学生が現地に行き、移住者に会ったことがきっかけとなり、研究室のプロジェクトに発展したようだ。そういった、個人の学生の主体的な働きを受け入れる寛容さが堀場研究室には備わっている。

止水板の代替案として提案した、ランドスケープ的デザインの水害対策。左上から時計回りに既存の状態、蛇籠を利用した提案、石積みの提案、蛇籠と土盛りの提案

一方で、プロポーザルに参加するグループは、年に1回のペースで継続して応募しているという。昨年は「徳島文化芸術ホール（仮称）」、今年は「富谷市民図書館等複合施設」基本設計のプロポーザルに挑戦した。プロポーザルは、シーラカンスK&Hと堀場研究室が協働することも多く、学生にとっては、より実務的な器量を磨く機会となる。

粘り強く考え、提案を投げかける

新7号館や水害対策の提案をはじめ、いずれの取り組みについても、地道に粘り強く、堀場先生と学生が一緒になって考え抜く研究室のスタイルがあると感じられる。また、粘り強く考えた先にできた提案を「研究室の外」に投げかけることで、これまでの既成概念を取り払い、その場所に本当にふさわしい建築に行き着くことを示しているようにも感じられた。進行中のプロジェクトやプロポーザルに至っても、そういった堀場研究室の特徴から生まれた提案がその場所にふさわしい建築を生み、また新たな建築の可能性を見出してくれることだろう。

東京理科大学大学院 理工学研究科 建築学専攻※

岩岡竜夫 研究室

■ MEMBER
指導教員：岩岡竜夫・堀越一希
学部4年生 12名／修士1年生 6名、修士2年生11名／博士 1名

■ PROJECT
「ジャン・プルーヴェ展覧会で展示模型（BLPS組立住宅復元モデル）を制作」「三島市・御殿川沿いのまちづくり」「Inter University Workshop」「まちデザインゼミ」

■ SUPERVISOR

岩岡 竜夫 Tatsuo Iwaoka
1960年長崎県生まれ。1983年武蔵野美術大学卒業、1985年武蔵野美術大学大学院修士課程修了、1988年パリ建築大学ベルヴィル校留学、1990年東京工業大学大学院博士課程修了。1992年東海大学講師、1995年同大学助教授、2003-2010年同大学教授。2003年アトリエ・アンド・アイ／岩岡竜夫研究室設立。2011年東京理科大学教授

堀越 一希 Kazuki Horikoshi
1993年千葉県生まれ。2015年東京理科大学卒業、2017年東京理科大学大学院修士課程修了、2018年IST（リスボン工科大学）ポルトガル留学、2020年東京理科大学大学院博士後期課程 単位取得満期退学。2020年Kazuki Horikoshi主宰、2021年博士（工学）取得、東京理科大学助教

ジャン・プルーヴェ展での展示模型を制作

展覧会の会場構成や国際ワークショップ、フィールドワークなど多岐にわたる活動が多い岩岡竜夫研究室。これらの活動は、建物のスケールや単位空間に関する調査をベースとした、建築物、外部空間、街並み、集落、都市空間などに見られるデザインの解読につながっている。

2022年度は、東京都現代美術館で開催されたフランス人建築家のジャン・プルーヴェの展覧会に関するプロジェクトに取り組んだ。プルーヴェが1930年代に考案したヴァカンス用の組み立て住宅の原寸大展示模型をつくるという内容で、大きさは3m×3m。大人2人で、2時間ほどで組み立てられる。もともとはプルーヴェがつくったもので、一度展示されたきり現存していない。そのため、残された図面をもとに、研究室の4年生が図面をデータ化して組み立てる予定だが、実寸でつくる前に1/10サイズでつくり、形やジョイント部分の組み合わせ方を検証した。その結果、ボルトで一部つなげて差し込み式にすることで解体も容易に可能とし、中央にある門型で、屋根や壁など全体を支える構造とした。

「ジャン・プルーヴェ展」BLPS組立住宅復元模型の組み立て前（左）と組み立て後（右）

水のまちで新たな散策ルートを考える

2022年度に始動したプロジェクトとして、静岡県の三島市を対象にしたフィールドワークがある。せせらぎの街と言われる三島は湧き水が有名で、全長約1.5kmの農業用水路が市街地を通り、水路には飛び石や木道などが設けられ、子どもたちが水遊びをしている。この水路をもっと観光化したいという依頼を市から受け、ルートマップのようなものをつくったほか、まだ使われていない水路（御殿川など）があるので整理して新しいルートを考案中だ。現地に何度も足を運び、観光客の動きを調査しつつ、賑わいを創出するためにはどういうものをつくるべきかを検討している。

「小さい街だから駅から歩く人が多いため、そこから源兵衛川までつなげて1周できればと考えています。うまく周回できるようにして、2時間、3時間の散歩コースにで

「三島市・御殿川沿いのまちづくり」にて御殿川の調査

きたらいいですね。行きの道はあるので、帰りの道のようなものをどこかにつくるといいかもしれない。メインの源兵衛川とは別にもう1つ川が流れているので、その川沿いを上ると、散歩コースにいいかもしれないとは思っています。川沿いに空地や空き家もあるので、それらをうまく使えれば」と岩岡先生。まだリサーチ段階なので、これからプロジェクトに結び付ける予定だ。

大学の垣根を超えたワークショップ

昨年からは「Inter University Workshop」に参加している。これは、建築系大学の研究室の垣根を超えたワークショップであり、東京理科大学（理工学部、工学部）、工学院大学、国士舘大学、宇都宮大学、千葉工業大学、東京大学大学院、明治大学の研究室が同じテーマで提案を出し合っている。

2021年の企画趣旨は、丹下健三が設計した愛媛県の「今治市庁舎広場（周囲の丹下建築を含む）」を対象とし、彼の理念を継承し精神的にも物質的にも真の“まちのコア”を実現するために、建築・都市・ランドスケープの観点から提案するというものだった。対象敷地は前述の通り、市庁舎とその隣にある二つの建物、それらの中央にある広場であり、すべて丹下が設計している。ただ、50年以上経て中央の広場がただの駐車場という扱いになっていることに対して改善案を考える。

岩岡研究室からは、学部4年生の4名が参加して「イマバリ・ダイアゴナル」という再生計画案を発表した。広場に斜めの交差点のようなものをつくることで、今までの街の碁盤の目を少し崩す。それにより、いろいろな場所と連結できるような機能を広場に持たせた。現地でのフィールドワークはコロナ禍のため断念したが、岩岡先生は現地に行く前からイメージを温めて想像力を働かすのも重要だと話す。実際に、9月の発表時に初めて現地入りすると、広場が想像よりも少しコンパクトに見えたが、提案としては違和感がなかったようだ。2022年度は長野県の小布施町が敷地で、そこに建物を建てるという具体的な内容となる。

大学の枠に囚われない活動として、ほかにも、北関東を中心とした10大学（東京理科大学・足利大学・茨城大学・宇都宮大学・信州大学・千葉大学・筑波大学・日本工業大学・前橋工科大学・武蔵野美術大学）による大学連携ゼミ「まちデザインゼミ」にも参加している。2014年に始動し、各校が持ち回りで企画を担当しながら、各キャンパスの周辺地域の特色を生かしたワークショップなどを行っている。

対象にとことん向き合い掘り下げる

岩岡先生は学生時代にフランスへ留学した経験から、国際交流に力を入れている。建築においてはもちろん、日本とは異なる街並みを見ることで視野が広がる。今回出展した南あさぎさんも、留学先のフィンランドで修士設計に取り組んだ。現地で木が好きになって木造の案を考えたという南さんに、助教の堀越一希先生がオンライン上で指導をしたという。「やるなら、とことん取り組みなさいというのは伝えました。木の特性や素材だけでなく、どこでつくられているのか、どこから持ってきたのか。設計者にしかわからないことまで考えないといけない」。バラエティに富んだプロジェクトを多発的に実施している岩岡研究室では、徹底的に掘り下げて対象と向き合うことを大切にしている。どのようなプロジェクトでもきちんと対象と向き合い、デザインを読み解く。そして、研究と設計の両方を行うことも重視している。研究だけではなく、設計も併せて行い、それらをうまく重ね合わせられることが設計者に必要なのだ。

「イマバリ・ダイアゴナル」の模型

※2023年4月より創域理工学研究科に改称

東京理科大学大学院 理工学研究科 建築学専攻※

垣野義典 研究室

■ MEMBER
指導教員：垣野義典
学部4年生 10名／修士1年生 12名、修士2年生 9名

■ PROJECT
「自由学園の建て替えプロジェクト」「北欧やオランダの学校建築調査」「道の駅調査」「東京のキッチンカーとマーケット調査」「研究室の家具の設計」

■ SUPERVISOR
垣野 義典 Yoshinori Kakino
1975年京都府生まれ、1999年東京理科大学卒業、2001年同大学大学院修士課程修了、2004年東京大学大学院博士課程修了。2004年東京理科大学助手、2007 - 2008年同大学助教、2008 - 2011年フィンランド・アアルト大学（旧ヘルシンキ工科大学）研究生客員研究員、2011 - 2016年豊橋技術科学大学准教授、2016年東京理科大学准教授、2019 - 2020年オランダ・デルフト工科大学客員研究員、2022年 東京理科大学教授

建て替えプロジェクトで 実際の学校建築により空間の検討を行う

「学校建築は個人商店の寄せ集めのようなもので、それぞれのニーズを読み取って1つの建築にまとめる。そこが面白いですね」と語る垣野義典先生。研究室では、学校建築を中心に、人間の行動を観察・調査して建築設計へ落とし込む研究を行っている。

現在進行中のプロジェクトとして、幼稚園から大学部まで擁する自由学園の校舎の移転と建て替えに、2019年より携わっている。もともとは女学校として創設され、昭和初期に男子部も併設されたが、2024年度より女子部と男子部の隔たりがなくなって共学となる。その際の建て替えとイノベーションについて、研究室の学生とともに検討している。実際に、中学生や高校生からヒアリングをしたりワークショップを開いたり、また、提案内容を4班に分かれて考え、それらの案をプレゼンテーションするなどを行った。男子部の体育館をラーニングセンターへつくり替える際には、家具をレイアウトして、どのような学習環境が生まれるかをみんなで考えた。

学校建築の現地調査

ゾーニングの重なりから空間の最適解を探す

研究室では、コロナ前まで毎年実施していたオランダなどでの海外調査は中止となり、国内に活動の軸足を移している。2021年度は北海道と愛知県に足を運んだ。教室外の廊下というオープンスペースの形状により、隣り合う教室の教員同士がどのように空間を占有して、どのように空間を心地よく使っているかを調べたそうだ。廊下の形状による少しのずれの差で互いの占有空間が共用部として混ざり合うが、互いの心地いい距離間が分かることで、雁行した空間でのずれが設計する際の材料となる。昨今は、教室とオープンスペースをどのようにまとめて設計するか、日本中でプロポーザルコンペが実施され、学校建築のアイデアの需要が高まっているという。それらのバリエーションを増やすための材料の1つとして、注目しているのだ。

自由学園でのプレゼンテーション

「研究室の家具の設計」にて、完成後の様子。中央のテーブルと本棚の距離は、10分の１の模型でスタディして最終決定し、動線を確保した

床に白線を引いて交差する線でスケールを表現

単管パイプの組み立て

身近な空間を家具の設計・施工で整える

このように学校建築を多角的に研究している垣野研究室だが、最も身近な教育空間である研究室についても、居心地の良い空間を追及している。きっかけは本棚の容量不足であり、３、４年前に所属していた先輩が隣の部屋に仮設足場を使ってロフトのようなものをつくったことから、自分たちもメインの部屋の家具をつくることにしたとプロジェクトのリーダーである修士２年の飯森謹成さんは話す。

「もともとあった本棚などはすべて撤廃し、まず塗装から始めました。７月に塗装が終わったので、８月末から２週間程度で本棚を施工しようと思っています。コンセプトとして、本棚に、研究室に来る人たちの居場所のようなものを組み込みます。部材に関しては、隣の部屋で使っていた足場の部材を引き継いだデザインとします。構成自体は簡単にしました。単管パイプを組み合わせてつくります」

垣野先生の意見を聞きつつ、もちろん研究室のメンバーからもヒアリングを行い、２、３カ月かけてブラッシュアップしてきた。メンバーの要望もまとまり、９月頭に完成予定である。「もともと３席か４席のみでしたが、今回は席数を少し増やしました。ただ、４席すべて使われるかどうかは重要ではなく、使われなくなっても棚として使えるようにしています。例えば少し飛び出た机についても、違う使い方をしてみようという試みが自然と生まれてくるように、あえてすべて設計しきらず残しています」と飯森さん。これらを一種の建築計画の実験的な試みとしつつ、来年以降に後輩が引き継いでくれることを期待しているという。

一方で学校建築以外に、コロナを追い風に爆発的に増えたキッチンカーを題材とした調査もしている。キッチンカーがあることで人の集まる場が生まれるが、それらが都市空間にどのような影響を与えるのか、顧客は買ってからどこで食べるのかといったリサーチを行う。さらに、客観的な視点での研究とは別に、研究室の学生自らキッチンカーの運営もする予定だ。

常識に縛られない知識や経験を得る

「研究室としては、海外調査を必ず毎年行っていました。６月にオランダ、８月に北欧、たまに台湾。今は一つひとつの建築が多機能化、複合化していることもあり、どうしても日本の中のアイデアだけだと限界があります。だから、海外の面白いものをたくさん知っていて欲しい。それから、日本での常識が世界の非常識ということもあり得ます。日本を相対化することで、日本の中で行っていることを常識として見ないようにして欲しい。そのため代替案として、千葉や東京近辺だけでなく、広島などに調査に行っています。要するに、自分が見聞きしているものに騙されないようにして欲しいのです。それから、大学で設計しているだけだと、現場のことが全く分からないので、ワークショップやヒアリングを通して生の声を聞くようにしています」と垣野先生。「これから学校建築はどんどん建て替わっていかないといけない。僕も卒業したら、組織設計事務所に就職するので、学校建築に関わる機会が多くなると思います。垣野研究室は学校建築を主軸にたくさん調査をしているので、修士２年になって僕もようやく熱が上がってきたところはあります」と飯森さんも応える。今後ますます需要が高まる学校建築。研究室での活動を通して、卒業までに自分の引き出しを存分に吸収して社会に出てもらうのが垣野先生の望みである。垣野研究室では、学校建築という今最も面白い題材をもとに、固定観念にとらわれず、自身の肌感覚で理解すること、また、それらをもとに設計する力を養っているのだ。

※2023年4月より創域理工学研究科に改称

東洋大学大学院 ライフデザイン学研究科 人間環境デザイン専攻

櫻井義夫 研究室

■ MEMBER
指導教員：櫻井義夫
学部4年生 11名／修士1年生 1名、2年生 3名

■ PROJECT
「ローマ大学との交流」「アドルフ・ロースの空間を体験できるウォークスルー・ムービーの制作」

■ SUPERVISOR
櫻井 義夫 Yoshio Sakurai
1981年東京大学卒業、1984 - 1986年ヴェネツィア建築大学に留学、1987年東京大学大学院修士課程修了、1991年文化庁芸術インターンシップ奨学生、1987 - 1991年丹下健三都市建築設計研究所、1991 - 1992年マリオ・ボッタ事務所、1992 - 1993年クリスチャン・ド・ポルザンパルク事務所、1994年 - 櫻井義夫＋I/MEDIA、2000 - 芝浦工業大学非常勤講師、2007年 - 東洋大学教授

ローマ大学との交流

2022年9月、コロナ禍以前から協定を結んでいたイタリアのローマ大学と櫻井義夫研究室との交流がようやく実現した。1週間のローマ滞在の中で、「共同住宅を通してどう近代空間を捉えるか」が今回の交流のメインテーマとなった。欧州ならではの、解体せずして維持管理する建築空間と、すべてを建て替える前提の経済効率主義を基本とする日本の建築空間は対比的に捉えられる側面がある。ローマ大学との交流を通じて、ヨーロッパの社会資産に対する感覚を肌で感じ、日本の公営住宅のこれからのあり方を考え直すことを試みた。

参加者は、櫻井先生の他、学部生と大学院生合わせて計5名。変わらぬコロナ禍の制約によって限られた人数での交流となったが、現地では、1920年代から1970年代に至る戦前戦後を通した共同住宅の実例を見て回った。今回のローマ滞在の成果は今後レポートとしてまとめられる予定だ。

アドルフ・ロースの空間研究

櫻井先生が、こうした欧州の建築文化を積極的に捉えることに重きを置くきっかけとなったのは、1980年代にヴェネツィア建築大学へ留学した自身の経験に遡る。その後も丹下健三都市建築設計研究所での欧州のプロジェクト担当や、マリオ・ボッタ事務所（スイス・ルガーノ）やクリスチャン・ド・ポルザンパルク事務所（フランス・パリ）で働くなど、常に欧州諸国との接点を持ってきた。

近年、櫻井研究室では、20世紀のオーストリアの建築家であり、「装飾は犯罪である」と主張したアドルフ・ロースの空間研究に力を注いでいる。

2018年、建築雑誌『a+u』（株式会社新建築社）の二冊に渡るアドルフ・ロース特集の編集および協力では写真や図面の提供及び、28個の模型制作を行った。これを皮切りに、2019年にプラハのヴィンターニッツ邸、2020年にチェコ・ブルノの国立文化財保護研究所、2021年にチェコセンター・ウィーンにて、模型とパネルを用いた展覧会も行った。

また昨年度2021年には、パリ高等建築大学ヴァル・ドゥ・セーヌ校及び、チェコセンター東京での展覧会も開催し、これまでの模型やパネルによる見せ方に加えて、ウォークスルー・ムービーを制作するなど、表現の方法についても挑戦的に模索してきた。

ウォークスルー・ムービーは、VRデータへ変換されることで、没入型の空間体験を追求することを目的としている。ロースが設計する歴史的な建物は、内部を見学することが不可能なものが多いことから、VRゴーグルを使用することでの極力リアルな疑似空間体験を試みている。

そういった活動の中で、蓄積される膨大なデータの管理や、データと実空間との整合性を判断していくことも研究室としての学びの一端となっている。

また、同時代を生きたル・コルビジエなどの名だたる建築家に比べ、ロースについて研究する人は限られ、関連書籍も少ないことも本研究の意義として注目すべき点である。それだけ「理解されにくい」側面のあるロースであるが、これまで積み重ねてきた展覧会でのアウトプットに加え、ウィーンを訪れた際に内部空間を実際に見せてもらう

ローマ大学との交流の様子

櫻井先生の自宅でクリスマスパーティー

パリ高等建築大学ヴァル・ドゥ・セーヌ校での展示風景

など、実空間を体験する経験を重ねることで、学生と共にロースへの理解を深めてきた。

「実物を見ると、彼が生きた1800年代の古典的で重厚な価値観が空間に現れている一方で、非常にダイナミックで躍動的な、完成度の高い空間を感じ取ることができた」と櫻井先生は振り返る。

学生がそれぞれにテーマを持ち寄る研究会

ローマ大学との交流やアドルフ・ロースの空間研究など海外でも活躍する櫻井研究室だが、各々の学生の興味・関心を育てることにも目を向けている。毎週の研究室のゼミは、担当者を決めてテーマを持ち寄り、発表に対して他のゼミ生がコメントを投げかける形式だ。大学院生に至っては、そういった日々のゼミでの交流を通して、自身の修士設計につながるテーマを探ることが多いという。

「大学院での学びは、自分の強い思いと、その周りの人たちとの関係の中でつくられていく」。櫻井先生がそう話すように、学生同士で質問が錯綜し、議論が交わされることを研究室として重要視している。

アンオフィシャルな議論の場をつくる

それでもゼミという畏まった場では、なかなか各自が思うように発言することは容易ではない。「もう少し打ち解けた関係性を構築したい」という思いから、コロナ禍以前は、公式には年に3回（非公式には10回ほども）、櫻井先生の自宅に学生たちを招き、一緒に料理や食事を愉しむことが習慣化されていた。

海外から先生を呼んだ際にも、大学でのオフィシャルな講義の後に櫻井先生宅に集まり、また別のテーマで「講義の続き」をしてもらい親睦を深めることもあった。そういった交流の中では不思議と、学生から自発的に本音をこぼしたり、これまで聞けなかったことを質問したりするようだ。

そんな研究室の外での環境づくりも厭わず行う櫻井先生の退官が今年度3月に迫っている。

OB・OGに向けた最終課題

今年度の退官記念展に向けての準備が着々と進む中、櫻井先生から160人以上のOB・OGに向けて「最終課題」が出された。

テーマは「研究室みんなの家」。敷地は、彼らが繋がりを築いてきた「櫻井邸」である。

OB・OGから集まった課題の成果物は退官記念展で展示し、現役の学生たちが投票して決める学生賞と、櫻井賞が用意され、記念冊子にも収録される予定だ。

他の大学での非常勤講師の時代から数えると、22年。長く教鞭をとってきた中で、「結局は自分が学んだことの方が多かった」と思い返す。大学教員をやっていく中で最も充実感を感じることとしては、「若い人たちは何も知らないところから何かを見出して最終的な形にしていく。その中に自分がどう関われたのかを感じることだ」と話した。

「櫻井研究室の学生がつくり出すものが、私の成果物にもなる。彼らにどう影響を与えられるのかをいつも重視している。」とも語る櫻井先生。

研究室みんなの家の最終課題では、先生がOB・OGに与えてきた影響が形になるだろう。

東洋大学大学院 理工学研究科 建築学専攻

住環境 研究室

（篠崎正彦研究室）

■ MEMBER
指導教員：篠崎正彦
学部4年生 12名／修士2年生 2名

■ PROJECT
「ベトナムの住宅調査」「埼玉県所沢市における住宅調査」「住宅に関する文献調査」「古建築見学旅行」

■ SUPERVISOR
篠崎 正彦 Masahiko Shinozaki
1968年東京都生まれ、1992年東京大学卒業、1997年同大学大学院博士課程修了。1999 - 2004年昭和女子大学短期大学部講師、2005年同大学助教授、2006年東洋大学助教授、2007年同大学准教授

住宅の変遷を科学的に検証する

篠崎正彦研究室では、「住環境研究室」の名の通り、集合住宅の住戸平面の変遷、郊外住宅地の変容と住環境の継承、建築家以外が手がけた建築の計画性をテーマに研究している。

近年は新型コロナウイルスの流行もあって、文献調査による住宅の変遷の研究を進めている。調査を進めていくうちに、データとともにまとめられた資料が少ないことに篠崎先生は気付いたという。「例えば集合住宅の場合、住戸のプランがどう変わってきたか。これまで論じられていたけれど実証されていなかったことが、資料の中で事例として多く見られました。一方で、昔は個室があるnLDKのタイプの住宅が多かったけれど、大きな居間があり個室の境目がそれほどしっかりないタイプのものもあったことは新たな発見でした。そのほかに、住戸の中を回れるようなプランも出てきました。これらもデータとしてはっきり示せそうです」と篠崎先生。住宅は最も身近な存在であり、かつ、最も基本的な建築でもあるがゆえにデータの量は膨大にある。それらを学生とともにしらみつぶしに調査をし、これまで当たり前と言われてきたが、科学的にまだ示されていないものを明らかにしていく。住宅の変遷以外に、“家開き”についての研究にも着手することで、住宅にどのような用途が付随するのか、そのためにどの程度の大きさの空間がつくられているのか、事例を集めて分析することで、住宅についての新たな視野が広がることを期待できる。

ベトナムの伝統的住宅からサステナブルを探る

コロナが流行する前は研究室の主な活動として、ベトナムの住宅のフィールドワークがあった。これは篠崎先生が大学院生の時代から20年以上継続していることで、これまでは、ホイアンのまち並みや、首都ハノイでの集合住宅の変遷、ホーチミン市での市場などの現地調査を行ってきた。ただ、ベトナムの都市での暮らしは、最近は日本とさほど違いはなく、2人っ子政策（ベトナムでは2017年廃止）により個室は少なくていいことから、大きなリビングに対して個室が少し付いているのが特徴だという。そして2014年からは毎年、ハノイ近郊の農村・ドゥオンラム村にて住まい方を調査・検証している。この村には、切妻屋根で庇が深く、中庭があり、10mほどの大きな開口部から風が入るという空間構成の住宅が多い。この環境が酷暑のベトナムでも過ごしやすくし、なおかつ、家族内や近隣とのコミュニケーションにも役立っているのではないかとい

「ベトナムの住宅調査」現地での活動の模様

「埼玉県所沢市における住宅調査」変遷の模様。同じ原形の住宅が、居住者の手によりさまざまな増改築が行われている様子を表している（作成：熊井康博）

う仮説を研究室で立て、検証しようとしている。

現地では、基本的に１軒の家に２チームを振り分け、１チームは建物の実測をする。そしてもう１チームは朝から夕方まで、住民が家の中のどこで誰と何をしているかを記録にとり、それらの行動時間と温度も詳細に書き記す。「現地のフィールドワークが始まると、学生たちもかなり積極的に動いてくれます。実際の生活や建築を前に調査することで、何か刺激を受けて、より良い調査をするためにどうしたらいいかを自然に考えるようです」と篠崎先生は海外調査での学生たちの成長を語る。

国内では、埼玉県所沢市にある住宅団地でフィールドワークをしている。高度経済成長期に同じプランで900戸以上建てられていた住宅が50年以上を経て、それぞれの家で増改築が行われているという。すべての住戸を写真に収めて増築部分を色分けし、それらの変化を類型化してまとめつつ、原因を探っている。2016年からスタートした本プロジェクトだが、現在は増築改築に関わる資料の整理をしつつ、自治体レベルでどのようなことが行われてきたのかを調べている。それらがある程度まとまったら、次は居住者へのインタビューと住戸内の調査も予定しているという。修士１年の潘聰（はん・そう）さんは、これらの住民たちの改修のプロセスを研究しており、どの程度の利用をしてどの時期に改修という行為に至るかを居住者にインタビューして論文にまとめるそうだ。

そのほかに、古建築や集落を見て回る見学旅行を毎年春に実施している。これは、木造建築をはじめとした古建築やバナキュラー建築の魅力を改めて学ぶ機会となっているそうだ。目的地は関西方面が中心で、古い建築の修復現場の見学なども盛り込まれている。これは研究室の枠にとどまらず、非常勤の教員なども参加して現地での建築の解説も担当するそうだ。2023年は琵琶湖の周辺が候補に挙がっている。

ものごとを深く考え、根本から見つめ直す

これらの活動を通して、「すごく新しくて誰も気付かないことも大事だけれど、僕らが取り組んでいるような、新しいわけではないけれど、これらが何故成立しているのか、仕組みから掘り下げて、きちんとデータで示すことが大学の研究室の役割として重要ではないかと考えています。学生たちにもそういうところに気付いてもらえればいいですね」と篠崎先生は話す。ある程度定説となった事柄について、それは本当に正しいのかを問い直しつつ、その事柄が起こった要因を突き止める。さらに、大学ならではの自由に考え、調べながら試行錯誤して論文や設計作品にまとめ上げて欲しいという願いから、研究室では、自分なりの視点を持つこと、自分の体感に背かないこと、自分のテーマを社会の動きの中に位置づけること、境界線を引く時はよく注意すること、を意識するよう指導しているそうだ。コロナ対策が徐々に進むなか、社会も落ち着きを見せ始めたことから、篠崎研究室もフィールドワークを少しずつ再開する予定だという。現地でのリサーチと文献調査の経験は気付きと検証の積み重ねとなり、学生たちが社会に出てからも、物事に向き合う際の力となることだろう。

「住宅に関する文献調査」のミーティングの様子

日本大学大学院 理工学研究科 建築学専攻

建築設計 研究室
（古澤大輔研究室）

■ MEMBER
指導教員：古澤大輔
学部3年生 15名、学部4年生 14名／修士1年生 7名、2年生 6名

■ PROJECT
「飲食店のリノベーション」「集合住宅のリノベーション」「新建築住宅設計競技への参加」「合同ゼミ合宿（GDZ）」「杉並建築展への出展」ほか

■ SUPERVISOR
古澤 大輔 Daisuke Furusawa
1976年東京都生まれ、2000年東京都立大学工学部建築学科卒業、2002年東京都立大学大学院工学研究科建築学専攻修了、2002年メジロスタジオ一級建築士事務所設立・共同主宰、2013年メジロスタジオをリライトデベロップメントへ組織改編、2013-2019年日本大学助教、2016年メジロスタジオをリライト_Dへ名称変更、2020年日本大学理工学部建築学科准教授

名の知れぬ設計者の痕跡を引き受ける

「建築の両義性／転用建築論」を通底するテーマとして、理論と実践の両輪で活動を展開する古澤大輔研究室。「新築には出せないだらしなさが魅力的」と、転用操作による再生建築に注目する古澤先生は、「両義性」をキーワードにそれを探求している。名の知れぬ設計者の痕跡へ自分の設計を上塗りする再生建築。時にはその痕跡に手を焼きつつも、全て引き受け融合することに、そのダイナミズムがあるという。

阿佐ヶ谷にある飲食店で、古澤研究室による学生たちの実践を見ることができる。老朽化した店内のリノベーションである（2022年４月竣工）。学生が実際にクライアントの要望をヒアリングして改修案を策定、実施設計図書も描き上げた。図面の修正など、施工が始まる前の段階から活動に参加した木内康介さん（学部４年）は、「どこにどんな家具や設備機器を置きたいとか、予算は抑えたいけれど照明をグレードアップさせたいとか、クライアントからいろいろとお話を聞いて、実際の設計ではこのようなところまで考慮しなくてはならないというのは新しい発見でした」と振り返る。

阿佐ヶ谷の飲食店のリノベーション

現場では、低い天井を上げるために剥がしたところ、思いがけず鉄骨の梁が出現。重量のあるスチール棚を木造の天井からどのようにして吊るか、という最大の議論に対し、予想外の解答が生まれた形となった。木造部分の根太や、鉄骨部材の１本１本について寸法を算出し、既存鉄骨梁・新設フレーム・スチール棚をかみ合わせた。「なぜそこに鉄骨の梁があったのか事前には分からないし、他にも『どうしてこんな納まりをしたのだろう』と思うような箇所もありました。しかし、それを受け入れて新しく設けたフレームや棚と時空を超えて融合したのです」（古澤先生）。

これまでにも、共同住宅においてオーナー住戸の一部と空き室となっていた賃貸住戸の改修を、学生が手掛けた実績がある。築約40年、RC造３階建ての「サニーハイツ」は、もともと１階全てと２階の一部をメゾネット形式のオーナー住戸としていたが、２階部分を賃貸住戸へ転用。オーナー住戸を転用し新設した賃貸住戸は、柱や梁などの線部材で空間をゆるやかに区切っている。また、他の住戸の改修では、既存の賃貸住戸全てが共用廊下側に同じ開口部を持つことに着目し、その開口部の高さに合わせて内部の間仕切りを水平に切断。内部から外部へと視線が抜ける開放的な設えとするとともに、他の住戸にも応用可能な手法をとった。

教員も学生も、全員が探求者となる場

建築をつくることと並行して、「建築とは何か」という根源的な問いにも積極的に向き合う。

「サニーハイツ」。既存の開口部の高さに合わせて内部の間仕切りを水平に切断（写真右）

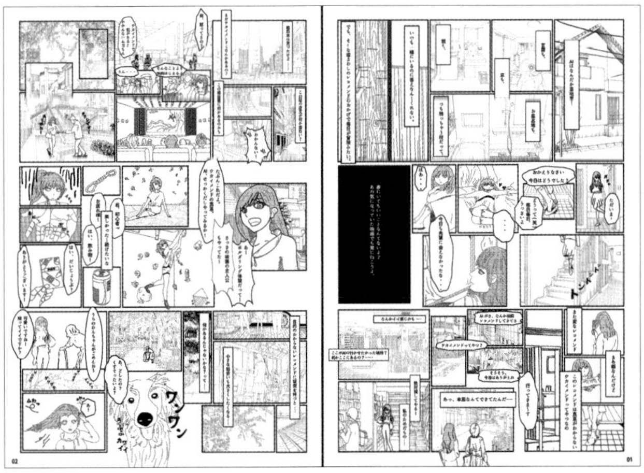

「ウカイメンド」。AIが建築に実装された暮らしを漫画で表現

例えば「新建築住宅設計競技2018」に出展した作品「ウカイメンド」では、将来、ＡＩ（人工知能）が建築に実装されたときの人の暮らしを漫画で表現した。漫画では、建築に実装されたＡＩが、最短距離ではなくわざと迂回させるようなレコメンドをするのではないかという想定のもと物語が進む。それによって引き起こされる想定外の事態を、人間としてどう切り抜けていくかがポイントだ。この作品は、同コンペで見事１等を受賞（増本慶、山地大樹、ともに６期生）。日本人の１等受賞は2007年以来の快挙となった。

７大学８研究室での合同ゼミ合宿（ＧＤＺ）によって、議論の場を広げることも行われている。ＧＤＺ2021では横断ゼミのテーマとして古澤研究室から「両義的な異質さ」を提案し、他の研究室から「両義的」を表すと思う写真を集め議論した。例えば、斜面に設けられたコンクリートブロックの階段の写真がある。別の場所につくられた階段があるにもかかわらず、何らかの計画を持って並べられたブロックだが、その形は全く揃っておらず、秩序と無秩序が１つの風景の中で同時に感じられる。

このほか、「杉並建築展2022」へ、フィリッポ・ブルネレスキの鏡像装置を再現したモックアップを出展した。市民向けの展覧会であったため、体験型の展示として、多くの人が楽しめるようにしたという。ルネサンス期の建築家であり、透視図法を確立したブルネレスキ考案の鏡像装置は、透視図法で本来は目の前の対象に結ばれるはずの消失点を鏡によって反射させ、主体である自身に結ばれるという、主体と客体を反転させる装置である。これを現代へ再現したのだ。「装置自体は当時を忠実に再現し、対象とする図版をいろいろと検討しました。中心に消失点があるということで、レオナルド・ダ・ヴィンチの『最後の晩餐』や曼荼羅が候補にあがりました。装置を通して見たときに、より奥行きが感じられ、視覚的に楽しめることから、『最後の晩餐』を選びました」と、松野駿平さん（学部４年）は振り返る。

古澤先生によれば「焦点を結ぶことは人間の操作であり、理性的です。主体と客体が入れ替わり、自分たちに焦点が結ばれ、操作される。再生建築の魅力としてあげた転用の結果としての両義的な“だらしなさ”は“非理性的”と言い換えられます。理性を疑い、主体と客体が入れ替わるような非理性的なるものに光を当てていきたい。理性を重んじることこそ危険な思想であるのに、誤解されているのです」という。転用建築論の文脈は、昨今の世界情勢にも触れる。

「戦争の目的である、自国の利益の最大化こそ理性の塊です。両義性を語ることで理性の危険性を指摘し、戦争を止めようとすることに無理があるのは承知です（笑）。でも、とても大事なことだと思っています」

当たり前と思われていることを疑う。議論の場においては教員と学生という境界も取り払い、全員が探求者として協同作業をするのである。

「学生たちに古澤“先生”のようにならなくては、と理性的に思われてしまっては、僕の教育は失敗です」

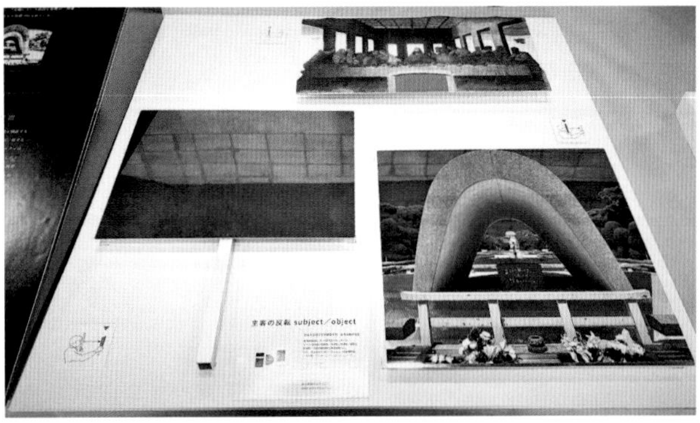

「杉並建築展 2022」でフィリッポ・ブルネレスキの鏡像装置を再現した

日本女子大学大学院 家政学研究科 住居学専攻

篠原聡子 研究室

■ MEMBER
指導教員：篠原聡子
学部3年生 6名、4年生 7名／修士1年生 5名、2年生 1名

■ PROJECT
「国際ハウジングワークショップ」「ぷらっとあさひ」「アジアハウジング調査」

■ SUPERVISOR
篠原 聡子 Satoko Shinohara
1958年千葉県生まれ、1981年日本女子大学卒業、1983年日本女子大学大学院修了。1983 - 1985年香山アトリエ、1986年空間研究所設立。1997年日本女子大学専任講師、2001年同大学助教授、2010年 - 同大学教授、2020年 - 同大学学長。2013 - 2015年日本建築学会建築雑誌 編集長

現実社会とアカデミックの接点としての研究室

篠原聡子研究室では、週に一度学年ごとに行われるゼミと、学期始めおよび学期末に行われる全学年の学生が参加するゼミが基本的な活動となるが、それに加えて多くのプロジェクトに研究室として取り組んでいる。篠原先生が「大学院の立ち位置はアカデミックと現実社会の接点としてあるべき。卒業すれば現実的な仕事をやるのが当たり前だが、建築や都市を市場原理に限定されない価値観から考えられる最後の機会が大学院だと思っている」と話すように、それらの多くが「リアル」なプロジェクトであることが大きな特徴だ。また、これらのプロジェクトの背景には、賛同してくれる企業や地域住民といった多様なアクターの存在があり、学生たちはそうした人たちとのやり取りを通して、建築や都市が多くの人たちとの共同的な活動によって成立しているという、現実的な設計プロセスを学ぶことができるのだ。「賛同してくれる人たちにとっても、長期的に取り組むメリットがあるような仕組みをつくることで、その時々の学生が主体的に参加できて、研究室としても長期間にわたって取り組むことができるプロジェクトになっている」と篠原先生は話す。このような研究室プロジェクトの在り方は、学生にとって、抽象的な設計課題や活動では得ることができない貴重な経験の場であるといえ、このことが篠原研究室の強みだといえる。

「国際ハウジングワークショップ」で敷地となった沖縄県那覇市の栄町市場

多様なアクターを巻き込む「リアル」なプロジェクト活動

毎年、夏季休暇期間に開催される「国際ハウジングワークショップ」は、台湾の淡江大学との共同研究として行われている設計ワークショップである。台湾や中国、日本などの各大学の学生たちが参加し、2週間程度のワークショップ活動を通して、グループごとにリサーチから設計の提案までを行う。コロナ禍により2年ぶりの開催となった2022年度は、日本女子大学の他研究室との合同プロジェクトとして開催され、沖縄県那覇市の栄町市場に対して、そのよりよい未来像を提案することがテーマとなった。修士1年生の田川幸さんと徐冰巧さんの班では、配管や電柱などに市場を象徴する「チューブ」と人の行為を結びつけることで新しい滞在空間の提案を行った。また、同じく修士1年生の 尾﨑美都さんと亀岡莉子さんの班では、異なるスケールから市場を再構成し、各々のスケールに対して新しい機能や空間を提案した。各班のこれらの成果は、全体講評会にて発表、議論された後、最終的に冊子としてまとめられるが、この冊子のデザイ

田川幸さんと徐冰巧さんの班の提案

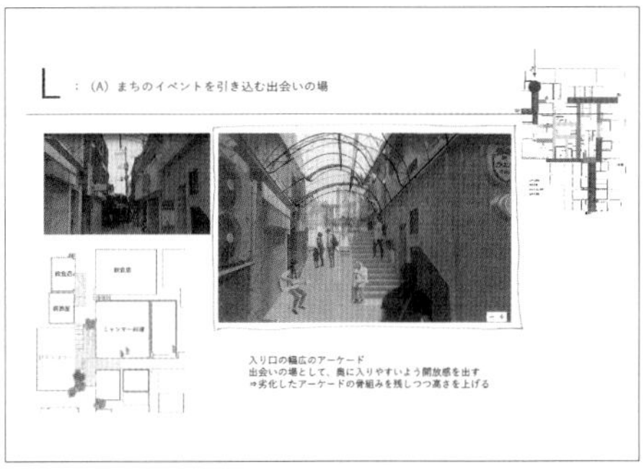

尾﨑美都さんと亀岡莉子さんの班の提案

「国際ハウジングワークショップ」の提案作品をまとめた冊子

ンや構成なども学生が担当することになっている。

東京都清瀬市の清瀬旭が丘団地の商店街「あさひがおかぐりーんモール」の一画を、コミュニティスペース・レンタルスペースへと改修した「ぷらっとあさひ」は、日本総合住生活株式会社（以下JS）との産学共同によるプロジェクトだ。2019年度に開催された、JS主催の日本女子大学との連携リノベーションコンペにおいて最優秀賞を受賞したことに伴いスタートしたプロジェクトで、3年が経過した2022年の夏に運営が開始された。コロナ禍でやり取りが制限される中でも、地域住民へのアンケートや設計案のプレゼンテーションなどを通して、新しい公共空間の提案をしていったという。また、竣工後も実際に運営が開始されるまで、週に2回のペースで現地へと通い、地域の人たちとのコミュニケーションを重ねながら、この場所を地域へと浸透させていった。参加していた修士2年生の谷萌水さんは、「具体的な場所ができるまで、地域の人たちとのコミュニケーションが大変だった。特に『コミュニティスペース』という言葉がなかなか伝わらなかった」と振り返る。そうした中で、現在使われている「きっかけヒロバ」や「ぷらっとエリア」、「ヒトマス展示棚」等の名前は、プロジェクトメンバー同士の会議の中で生まれたアイデアだったという。現在、住民によるイベントや展覧会が開催されるなど、この場所がたくさんの人たちに親しまれていることからも、このポップなネーミングの効果がうかがえる。

2010年から長年にわたって取り組んでいる「アジアハウジング調査」は、篠原研究室を代表するプロジェクトの一つだ。学生からの人気も高く、これまでに、タイやミャンマーなどのアジア諸国の都市や集落のフィールドワークを行い、住宅の空間構成やコミュニティの調査を通して、各地域性や文化に根差した住宅計画や都市計画の在り方を考えてきた。その地域の歴史を知るために、伝統的な都市集落や住宅をはじめとし、近代につくられたモダンハウジングから現代的なコンドミニアムに至るまで、大きく3つの時代に着目した調査をしているという。本年度は、大学院と学部の学生４名が参加し、ベトナムのハノイにて伝統的集落や現代的な住宅に関して、建物の実測や観察、現地の人たちへのインタビュー調査を行った。参加した田川さんは「現地の人たちへのインタビューの中で、建築に限らず、生活や文化等の側面から多くの違いを発見できた」と話してくれた。寺院の僧侶へインタビューをしたという谷さんは「この集落や村がどのように出来たのか、その成り立ちや仕組みを聞けたことが面白い体験だった。また、住宅への価値観が日本と大きく違うのも新しい発見だった」と話す。ハノイでのハウジング調査は今後、今回の調査を基にハノイ土木大学などと共同で進めていくことを計画しているという。

多角的な視点から都市・建築へのまなざし

篠原先生は、研究室の指導方針に関して「人と人、人と集団がどう共存できるのか、そのために建築がどう貢献できるのか、建築に何ができるのかということが、私自身のテーマです。このことは、研究室の中でも伝えていますが、学生たちにはプロジェクト活動等を通して、多角的な視点から研究テーマや卒業後の進路を、自分自身で決めていって欲しいです」と語る。実際、篠原先生がハウジング調査を始めたのは、当時の学生から提案された研究テーマがきっかけだったという。今回の取材の中でも、学生が自らの意見や考えを積極的に話す様子が印象的だったが、その姿からは篠原先生の考えが、脈々と受け継がれていることが感じられた。

「アジアハウジング調査」のフィールドワークの様子

武蔵野大学大学院 工学研究科 建築デザイン専攻

水谷俊博 研究室

■ MEMBER
指導教員：水谷俊博
学部4年生 10名／修士2年生 4名

■ PROJECT
「トロールの森」「アーチの森」「Grove Dub（小石川ハウス 別棟）」「エコreゾートの模型制作」ほか

■ SUPERVISOR
水谷 俊博 Toshihiro Mizutani
1970年神戸市生まれ、1995年京都大学工学部建築学科卒業、1997年京都大学大学院工学研究科建築学専攻修了、1997年-2005年佐藤総合計画、2005年水谷俊博建築設計事務所設立、2005年より武蔵野大学、2015年より同大学、工学部建築デザイン学科教授

木を使った空間づくり

設計の実務に携わり、「アーツ前橋」「武蔵野クリーンセンター・むさしのエコreゾート」などの作品を手掛けた水谷先生が主宰する水谷研究室。建築を、設計やデザインの側面から、実際の「モノづくり」や「モノガタリづくり」を通して学ぶことをテーマに掲げている。

特徴的な活動として第一にあげられるのは、木を使った空間、インスタレーションの制作だ。杉並区のJR西荻窪駅周辺から都立善福寺公園のエリアで毎年開催されている国際野外アート展「トロールの森」へ継続的に出展している。このほか、オープンキャンパスなど学内イベントの会場設営や什器の制作なども手掛けてきた。

立川GREEN SPRINGSにて制作・展示した「アーチの森」

2021年11月には複合施設「立川GREEN SPRINGS」にて「アーチの森」と題した展示を行った。井桁状に組まれた木材を、アーチを描くように形づくっている。木の根をイメージし、コロナ禍の社会を元気づける意図でつくられた作品だが、コロナ禍ゆえの困難が実施に至るまでにあったようだ。例えば場所選びにおいては、人が集まる可能性があると管理者側は慎重になってしまうし、天候により2度、開催を延期。候補地の管理者に対し学生自ら問合せ、さまざまな折衝を乗り越えて実現した。アート作品ではあるが、実空間で人が体験できるものであるから、その過程は建築のプロジェクトにも共通するものがある。

「建築と身体性」の実践

水谷先生が手がけた住宅のリノベーション「Freeze Frame－小石川ハウス－」（2022年竣工）。このクライアントが、小石川の家に越す前に住んでいた同じく文京区内にある住宅を、研究室活動の題材として提供してくれた。居住用ではなく、趣味の部屋や、友人と集まる場所にしたいという要望を受け、8畳ほどのスペースに柱を複数立て、そこへ梁のように部材を組むことで新しい機能を加える計画とした。「構造を変えずに空間を変えられないかを考えました。柱を増やすと狭く感じてしまいますが、それによって生まれるプラスアルファを試行錯誤しました」と学生は話す。具体的な機能としては、友人と囲めるテーブルや、作業スペースを想定している。梁を上下させることで、ひとつの部材が机にも椅子にもなる。都会の中にありながら、人の肩幅ほどの間隔で柱が林立する、森のような空間がイメージされる。そこへ実際に人が身を置いたとき、どのような行為が生まれるか、

「むさしのエコreゾート」の内観と展示した模型

「むさしの文学館」。本に囲まれた最小限のスケールの多様な居場所を創出している

「Grove Dub（小石川ハウス 別棟）」。写真下は学生による施工風景

身体感覚を大切しながら検討しているという。

建築をつくったその先、その建築がどのように使われるか。水谷研究室にはもう一つ、それを探ることのできる場がある。武蔵野市のごみ処理施設「武蔵野クリーンセンター」（2017年竣工）と、隣接する「むさしのエコreゾート」（2020年竣工）である。もともとあった市のごみ処理場を、工期を分けて建替えまたは改修したもので、いずれも水谷研究室が設計段階でのデザイン・プロジェクトに携わった。住宅街に囲まれた立地が特徴的なクリーンセンターは、開館中は施設内部へ自由に入ることができ、ごみ処理の様子を目の前で観ることができる見学コースがある。ごみを通して環境問題を考える場所だ。一方、エコreゾートは既存躯体を残しながら、市民によるさまざまな活動が生まれる空間をつくった。「エコreゾートは、コロナ禍のため開館直後は活用に制限がありましたが、子どもたちが廃材で工作をするコーナーを設けたり、環境に係るワークショップを開催したほか、エコreゾートの模型展示の依頼が来るなどして、だんだんと動き出しているようです」と水谷先生。模型づくりは研究室で担当した。エコreゾートの全体像を、実際に触れて知ることができる。「設計課題などでつくるのは白模型が多いですが、床や壁の色、家具の置き方などを忠実に再現し、実際の空間とリンクさせながら見ることができるようにしました」と、制作を担当した学生は振り返る。

このほか、大学敷地内にある「むさし野文学館」（2018年竣工）も、水谷研究室が設計に関わった施設である。武蔵野大学で教鞭を執っていた文芸評論家・秋山駿氏が、亡くなるまでに所蔵していた約1万４３００冊の蔵書などを収めた。天井まである本棚が、時には床レベルを変えながら半同心円を描くように配置されており、本棚の隙間を縫うような動線を移動していると、向こう側の空間や外が垣間見える。

設計者の想いを込める

水谷研究室による建築やものづくりには、身体性が常に寄り添う。そうした活動を経て、修士の学生はどのような研究テーマを持つのだろうか。工藤聖奈さんは、前述した「小石川ハウス」のクライアント提供による空間づくりから、その使われ方をテーマにするという。また、岡室李さんは、メタボリズム建築を取り上げる。当時の時代背景に合わせて、その考えが提唱されたものの、今も残り使われている建築は少ない。これを現代に応用した設計を試みている。長岡由華さんは、建築デザイン専攻に進む以前は服飾を学んでいたという経歴の持ち主だ。服飾の延長線上にある建築など思考を巡らせながら、２つを融合させてできるものを目指す形としている。

多様な研究テーマに取り組む水谷研究室の学生。「私自身が設計を生業としているので、知っていることを掘り下げること以外にも、異分野との横断や、過去を踏まえてどう未来につなげるかということに興味があります。学生が持ってくるさまざまなテーマと一緒に、私も新しいことを学んでいます」と水谷先生は話す。また、彼らの指導については、「学生たちには、設計をするにあたり、社会的な意味を押さえること、クライアントの意図をくみ取ること、それからユーモアが必要だと言っています。このユーモアが、建築家の特色や個性になりますから、それをどう出していくか。その特色へ共感してもらえるように、どう説明していくかも大切だと考えています」という。特に学生のうちは、社会課題のリサーチとそれに対する処方の上手さだけを追究するのではなく、つくるものに対して、設計者の想いをもっと込めて欲しいと話す。現実の空間に身を置き、その構築を試みる水谷研究室の活動から、学生たちは自身の建築の個性を見つけようとしている。

JIA EXHIBITION OF STUDENT WORKS FOR MASTER'S DEGREE 2022

第20回 JIA関東甲信越支部
大学院修士設計展

発行日	2023年6月10日
編　著	JIA関東甲信越支部大学院修士設計展実行委員会
発行人	岸 和子
発行元	株式会社 総合資格　総合資格学院 〒163-0557 東京都新宿区西新宿1-26-2　新宿野村ビル22F TEL 03-3340-6714（出版局） 株式会社 総合資格 ……… http://www.sogoshikaku.co.jp/ 総合資格学院 ……… https://www.shikaku.co.jp/ 総合資格学院 出版サイト ……… https://www.shikaku-books.jp/
編　集	株式会社 総合資格　出版局（新垣宜樹、金城夏水、梶田悠月、藤谷有希） 波島 諒
デザイン	株式会社 総合資格　出版局（志田 綸）
印　刷	シナノ書籍印刷 株式会社

Printed in Japan
ISBN 978-4-86417-468-8